Handbuch zum Neuen Testament

Begründet von Hans Lietzmann
Fortgeführt von Günther Bornkamm
Herausgegeben von Andreas Lindemann

15/I

Christoph Burchard

Der Jakobusbrief

Mohr Siebeck

Christoph Burchard, geboren 1931; Theologiestudium in Göttingen, Heidelberg, Montpellier und Boston; Promotion 1961, Habilitation für das Fach Neues Testament 1969, beides in Göttingen; 1971–1997 o. Professor für Neutestamentliche Theologie an der Universität Heidelberg; seit 1997 emeritiert.

Die Deutsche Bibliothek – CIP-Einheitsaufnahme

Burchard, Christoph:
Der Jakobusbrief / Christoph Burchard. – Tübingen : Mohr Siebeck, 2000
(Handbuch zum Neuen Testament ; 15,1)
ISBN 3-16-147368-X Br.
ISBN 3-16-147393-0 Ln.

Das Buch wurde von Gulde-Druck in Tübingen aus der Bembo-Antiqua gesetzt, auf alterungsbeständiges Papier gedruckt und von der Großbuchbinderei Heinr. Koch in Tübingen gebunden.

Der Faculté de Théologie Protestante de Montpellier

in Dankbarkeit

Vorwort

Günther Bornkamm beauftragte mich 1975, den Jakobusteil von Hans Windischs Handbuch zu den Katholischen Briefen durch einen Einzelband zu ersetzen. In der Festschrift zu Bornkamms 75. Geburtstag 1980 fing ich an, Jakobus zu üben. Andere Pflichten und Neigungen, die Literaturflut und langsame Schreibe zögerten den Abschluß bis jetzt hinaus. Verlag und Herausgeber, seit 1982 Andreas Lindemann, haben das mit Engelsgeduld ertragen.

Die Dankesschuld ist groß. Viele halfen all die Jahre hindurch, vor allem Carsten Burfeind, Christina Jeremias-Hofius, Bettina von Kienle, Irene Mildenberger, Sibylle Moser-Schaber, Wolfgang Reiß, Ulrich Rüsen, Christina Rüsen-Weinhold, Redmer Studemund und Helga Wolf. Am meisten gelernt habe ich von Matthias Konradt. Rat und Hilfe in Einzelfragen gaben Barbara Aland, Petra von Gemünden, Matthias Karsten, Andreas Lindemann, Wiard Popkes (auf seinen fast fertigen Kommentar kann ich nur noch hinweisen, s. u. Literatur 3) und Holger Strutwolf. Iris Beverung, Carsten Burfeind, Silja Joneleit-Oesch und Ute Schmidt fütterten das schwierige Manuskript in den Computer. Wenn meiner nicht so wollte wie ich, brachte Oliver Habiger, der EDV-Beauftragte des Wissenschaftlich-Theologischen Seminars, uns beide ohne Murren zurecht. Mitkorrigiert haben Iris Beverung, Uta Schwabe, Sigrid Wasserberg und Christian Macholz. Daß trotzdem Fehler durchgeschlüpft sind, liegt nicht an ihnen; ich bitte um Nachsicht und Berichtigung.

Heidelberg, Juli 2000 Christoph Burchard

Inhaltsverzeichnis

Auslegung

Exkurse

Einleitung

1. Einführung

1. Der Hauptteil dieses Bandes ist ein Glossenkommentar im alten Stil des Handbuchs zum Neuen Testament, bestehend aus dem Text in Übersetzung und philologisch-historischen Anmerkungen, die aber nicht als Fußnoten ausgebracht sind, sondern versweise aufeinander folgen. Der Unterbau aus Quellenzitaten und Literaturhinweisen steht in Klammern. Übergreifendes behandeln Einleitung und Exkurse.

2. Es gelten folgende Grundannahmen:

Der Brief stammt nicht von Jakobus, dem Bruder Jesu von Nazareth, sondern ist ein Stück pseudepigraphischer Literatur in Briefform von einem sonst unbekannten Kirchenmann aus den letzten Jahrzehnten des 1. Jh.s n.Chr. Er schrieb ein gutes Griechisch, vielleicht in Syrien.

Der Brief ist stark traditionsgebunden, aber keine Sammlung von Traditionsstoffen. Der Verfasser folgt einer Disposition auf dem Hintergrund einer theologischen Konzeption mit einem aktuellen Ziel. Sein Eigenanteil am vorliegenden Text ist größer als früher oft angenommen.

Jak vertritt eine stark jüdisch grundierte Form von Christentum, die sich selber als Israel und die biblischen Frommen als die eigenen Vorfahren versteht; im übrigen schweigt er über das historische Israel ganz. Die häufig gestellte Frage, ob sich der Brief an Juden- oder Heidenchristen richtet, ist deshalb zu simpel. Wenn die Adressaten so dachten wie der Brief, dachten sie judenchristlich. Aber daß sie sich, gleich welcher Herkunft, als Juden verstanden, ist eher unwahrscheinlich. Insofern waren sie keine Judenchristen.

Jak setzt sich nicht mit Paulus oder seiner Nachwirkung auseinander. Was so aussieht, erklärt sich durch gemeinsame Tradition.

3. Textkritik findet nur gelegentlich statt. Die Zeugengruppen unterscheiden sich in den Katholischen Briefen viel weniger als sonst im NT. Zudem müßte man Spezialist sein, um Lesarten gegen den seit 125 Jahren herrschenden, jetzt durch die Münsteraner Editio critica maior (ECM) mit vollständigem Apparat versehenen Text durchzusetzen, der weithin der des Vaticanus (B) ist, und das Ergebnis würde die Auslegung nirgends entscheidend ändern.

4. Dem Nachweis von Parallelen und Traditionen ist viel Platz gegeben. Die Belegketten sind manchmal lang, um Verbreitung anzudeuten. Griechische und lateinische Zitate bleiben in ihrer Sprache (wichtige sind nach einer Anregung des Herausgebers manchmal auch übersetzt), orientalische nur ausnahmsweise. Bei Bibelstellen wird der Wortlaut gewöhnlich nicht genannt. Es folgen sich in der Regel pagane Literatur griechisch, lateinisch, AT mit Apokryphen, Pseudepigraphen, jüdische Literatur, NT, christliche Literatur; die Reihenfolge besagt nichts über den Erklärungswert.

5. Die Papierflut der letzten Jahrzehnte (ein Produkt aus Personalvermehrung und Innovation) hat standesgemäß verzögert auch Jak erreicht. Viel mehr Exegeten als früher

schreiben über den Brief, neuerdings außer Kommentaren sogar Bücher, und auch Neues dank neuer oder erneuerter Nachbarschaftshilfe durch Epistolographie, Kulturanthropologie, Psychologie, Religionsgeschichte (besonders jüdische Weisheitstheologie), Rhetorikforschung, Sozialgeschichte, Textgeschichte und neue sprach- oder literaturwissenschaftliche Verfahren. Inzwischen ist Jak exegetisch so zersagt wie fast die ganze Bibel. Ich habe mich bemüht, im allgemeinen Literaturverzeichnis und in den Literaturköpfen zu den Abschnitten von Einleitung und Auslegung eine repräsentative Auswahl quer durch Zeiten, Konfessionen und Sprachen anzugeben. In der Exegese sind vor allem andere Meinungen genannt. Von den Übersetzungen habe ich nur EÜ stärker berücksichtigt, weil ich an der Revision beteiligt war und heute manches anders machen würde. Das 19. Jh. und die frühere Zeit kommen insgesamt nur spärlich vor, aber ganz ohne Tiefenschärfe geht es nicht.

2. Herkunft

Literatur: Adamson, James. – Agourides, Origin. – Ahrens, Der Realitäten Widerschein. – K. Aland, Der Herrenbruder Jakobus und der Jakobusbrief, ThLZ 69, 1944, Sp. 97–104 = in: Aland, Neutestamentliche Entwürfe, 1979, 233–245. – Amphoux, Hypothèses. – Baasland, Weisheitsschrift; Literarische Form. – R. Bartnicki, Problem autorstwa listu Jakuba, CoTh 50, 1980, 61–72. – Bauckham, Pseudo-Apostolic Letters; James. – Baur, Paulus. – Berger, Theologiegeschichte. – Bernheim, Jacques. – Beyschlag, Geschichtsdenkmal. – Bolich, Dating James. – N. Brox, Falsche Verfasserangaben, 1975. – N. Brox (Hg.), Pseudepigraphie in der heidnischen und jüdisch-christlichen Antike, 1977. – Brückner, Zur Kritik des Jakobusbriefs. – Chester, Theology of James. – Chilton/Evans (eds.), James the Just. – Davids, Modern Discussion. – G. Delling, Biblisch-jüdische Namen im hellenistisch-römischen Ägypten, BSAC 22, 1974/75, 1–52. – Dillman, Matthew and James. – Eisenman, James the Brother of Jesus; James the Just. – Elliot-Binns, Galilean Christianity. – Fabris, Figura. – Feine, Abhängigkeit; Jakobusbrief. – Fonjallaz, Problème de l'épître de Jacques. – Geyser, Letter of James. – Grafe, Stellung und Bedeutung des Jakobusbriefes. – Hadidian, Palestinian Pictures. – Hahn/Müller, Jakobusbrief. – Harnack, Chronologie. – Hartin, James and the Q Sayings. – M. Hengel, Anonymität, Pseudepigraphie und „Literarische Fälschung" in der jüdisch-hellenistischen Literatur, in: O. Reverdin (éd.), Pseudepigrapha I, 1972, 229–308; Jakobus der Herrenbruder – der erste »Papst«?, in: E. Gräßer/O. Merk (Hg.), Glaube und Eschatologie (FS W.G. Kümmel), 1985, 71–104; Polemik. – M. Hengel/C. Markschies, Das Problem der „Hellenisierung" Judäas im 1. Jahrhundert nach Christus, in: Hengel, Judaica et Hellenistica. Kleine Schriften I, 1996, 1–90. – Holtzmann, Einleitung; Zeitlage. – Johnson, Social World. – Kennedy, Hellenistic Atmosphere. – Kern, Charakter und Ursprung des Briefs Jakobi. – Kittel, Ort; Jakobusbrief und Apostolische Väter. – Klauck, Briefliteratur. – Klein, „Vollkommenes Werk". – Kümmel, Einleitung. – Konradt, Existenz. – Lampe, Die stadtrömischen Christen. – Leutzsch, Wahrnehmung. – Lüdemann, Paulus der Heidenapostel, II. – Lührmann, Gal 2,9. – R.P. Martin, The Life-Setting of the Epistle of James in the Light of Jewish History, in: G.A. Tuttle (ed.), Biblical and Near Eastern Studies (FS W.S. LaSor), 1978, 97–103. – Maynard-Reid, Poverty and Wealth. – D.G. Meade, Pseudonymity and Canon. An Investigation into the Relationship of Autorship and Authority in Jewish and Earliest Christian Tradition, 1986. – Meinertz, Jakobusbrief. – Meyer, Rätsel. – Michaelis, Einleitung. – Neudorfer, Sachkritik. – Niebuhr, Jakobusbrief. – Painter, Just James. – Penner, James and Eschatology. – Popkes, Adressaten. – Pratscher, Herrenbruder; Standort. – Rauch, Ueber den Brief Jacobi. – E.R. Richards, The Secretary in the Letters of Paul, 1991. – Robinson, Redating the New Testament. – P. Rolland, La date de l'épître de Jacques, NRTh 118, 1996, 839–851. – Rose, L'Épître de saint Jacques. – Ruegg, Temps de Jacques. – Schammberger, Einheitlichkeit. – Schegg, Jakobus der Bruder des Herrn. – Schleiermacher, Einleitung. – Schmidt, Lehrgehalt. – Schmithals, Paulus und Jakobus. – Schnelle, Einleitung. – Schoeps, Judenchristentum.

– SCHULZ, Ethik; Mitte. – J.N. SEVENSTER, Do You Know Greek? How Much Greek Could the First Jewish Christians Have Known?, 1968. – SIMONIS, Der gefangene Paulus. – SOUČEK, Zu den Problemen des Jakobusbriefes. – W. SPEYER, Die literarische Fälschung im heidnischen und christlichen Altertum, 1971. – STECK, Konfession des Jakobusbriefes. – STUHLMACHER, Theologie, II. – THYEN, Stil der Jüdisch-Hellenistischen Homilie. – TOXOPEÜS, Karakter en Herkomst. – TROCMÉ, Les Eglises pauliniennes vues du dehors. – TSUJI, Glaube. – VERSEPUT, Wisdom; Genre and Story. – VIELHAUER, Urchristliche Literatur. – DE VRIES, Brief van Jakobus. – B. WANDER, Gottesfürchtige und Sympathisanten, 1998. – WANKE, Die urchristlichen Lehrer. – R.B. WARD, James of Jerusalem in the First Two Centuries, in: ANRW II 26.1, 1992, 779–812. – B. WEISS, Jakobusbrief. – WESSEL, Inquiry into the Origin etc. of James. – DE WETTE, Einleitung. – WUELLNER, Jakobusbrief. – Mehr zu den Adressaten s.u. im Exkurs zu 2,7.

2.1 *Verfasser*

Das Präskript nennt ihn „Jakobus, Gottes und des Herrn Jesu Christi Diener" (1,1). Der Name war wie andere Patriarchennamen im antiken Judentum verbreitet. Nach dem NT heißen so der Vater Josephs (Mt 1,15f.), ein Sohn des Zebedäus (Mk 1,19 par. u.ö., Mitglied des Zwölferkreises, nach Apg 12,2 schon 41/44 n.Chr. unter Agrippa I. in Jerusalem hingerichtet), ein Sohn des Alphäus (Mk 3,18 par.; Apg 1,13, auch einer der Zwölf), ein oder zwei, die nur zur Identifizierung einer Maria (J. der Kleine Mk 15,40 u.ö.) und eines Judas (Lk 6,16 par. Apg 1,13, noch einer der Zwölf) vorkommen, schließlich einer der Brüder Jesu aus Nazareth in Galiläa (Mk 6,3 par. u.ö.). Womöglich gab es noch andere frühe Christen des Namens.

Der Herrenbruder (übliche Bezeichnung, aber im NT nur Gal 1,19) ist der einzige Jakobus, über den wir mehr wissen (z.B. Hengel, Pratscher), wohl weil nur er bedeutend war. Er wurde anscheinend erst durch eine Vision des Auferstandenen Anhänger Jesu (1Kor 15,7, vgl. Apg 1,14), brachte es aber dann und deswegen zum maßgebenden Mann in der Jerusalemer Gemeinde (Gal 1,19; 2,6–10.12; Apg 12,17; 15,13–21; 21,18–26; Jos Ant XX 200–203; zu den Hegesipp-Fragmenten bei Euseb, Hist. eccl. II 23,4ff.; IV 22,4 s. Pratscher, Herrenbruder; in der Qumranliteratur kommt Jakobus nicht vor, anders Eisenman). Er blieb offenbar ein toratreuer Jude(nchrist). Zwar schlossen er, Petrus und Johannes auf dem sogenannten Apostelkonzil (48 n.Chr.?) mit Paulus und Barnabas die Vereinbarung, auf Grund derer diese beiden ihre Mission unter den Heiden fortsetzen konnten, ohne sie zu Proselyten zu machen (Gal 2,6–10; Apg 15). Aber bald bewirkten Jerusalemer Christen, die vom Herrenbruder geschickt waren oder sich auf ihn beriefen, daß in Antiochia die jüdischen Jesusanhänger einschließlich der inzwischen übergesiedelten Petrus und Barnabas nicht mehr mit den heidnischen zusammen aßen, doch wohl unter Berufung auf die Tora (Gal 2,11–14; „antiochenischer Zwischenfall"). Mitte der fünfziger Jahre empfing und beriet Jakobus Paulus bei dessen letztem Besuch in Jerusalem (Apg 21,18–26). Reisen sind nicht bezeugt. 62 n.Chr. ließ der sadduzäische Hohepriester Ananos den Herrenbruder während einer Statthaltervakanz wegen angeblicher Verletzung der Tora steinigen und stürzte darüber, weil fromme Kreise (Pharisäer?) bei Herodes Agrippa II. und dem anreisenden neuen Statthalter Albinus protestierten (Jos Ant XX 197–203).

Es ist fast unbestritten, daß 1,1 sich auf den Herrenbruder Jakobus bezieht (anders z.B. Hauck: Jak, Moffatt: Epistles, Schammberger, Windisch: Kath[1] wie schon Luther: ein unbekannter Christ gleichen Namens; nach Meinertz, Jak ist der Herrenbruder, wie schon die Alte Kirche öfter annahm, mit dem Sohn des Alphäus identisch und ein naher Verwandter, aber kein Bruder Jesu; zu den Vertretern einer jüdischen Urschrift s.u. Einl. 4.1). Fraglich ist, ob der Brief wirklich von ihm stammt. Die Beweislast hat, wer es bestreitet. Das ist im 20. Jh. die Mehrheit, nach gelegentlicher Skepsis vielleicht von Anfang an (s.u. Einl. 7), die in der Reformationszeit (z.B. Cajetan, Erasmus, Luther; Meinertz: Jakobusbrief 216–236, Holtzmann: Einleitung 339f.) wieder auflebte, und wachsender Ablehnung der Echtheit im 19. Jh. (seit Kern: Charakter, Schleiermacher, de Wette: Einleitung, dann Baur und seiner Schule, anders Kern: Jak, de Wette: Einleitung[5]). Die Minderheit scheint aber wieder zuzunehmen (s. gleich und u. Einl. 2.3).

Die Mehrheit hat m.E. recht. Man darf sich die Sache aber nicht zu leicht machen. Falls der Herrenbruder nicht schon von Haus aus neben Aramäisch auch Griechisch sprach, konnte er es in Jerusalem lernen (z.B. Hengel, Sevenster) und dort auch die LXX lesen. Er muß nicht theologisch naiv oder höchstens in bodenständig palästinischer Tradition gebildet gewesen sein und deshalb zu einem Brief wie Jak nicht fähig. Je höher seine Autorität war, desto weniger spricht gegen ihn, daß der Brief Jesusüberlieferung nicht als solche zitiert (s.u. Einl. 4.3); Paulus tut es in den meisten Briefen auch nicht. Man muß dem Herrenbruder nicht anlasten, Paulus mißverstanden zu haben, wenn der Brief sich nicht mit ihm auseinandersetzt (s. 2,14–26). Man braucht gerade vom Herrenbruder nicht zu erwarten, daß er anders als Jak auf Beschneidung, Speisegebote, Sabbat u.a. drängte, wenn er an Heidenchristen schrieb (s.u. zu Hengel, Polemik). Daß er Besseres hätte zustandebringen müssen als eine Sammlung von paränetischem Traditionsgut, ist kein starkes Argument und gar keins, wenn der Brief theologisch unterbaut und inhaltlich durchgegliedert ist (s.u. Einl. 3.1; 5). Gegen den Herrenbruder sprechen aber m.E. die griechische Rhetorik (s.u. Einl. 3.2), die hellenistischen, wenn auch oft jüdisch vermittelten Züge seiner Theologie und Ethik, die sprachlichen und sachlichen Berührungen mit der nachpaulinischen frühchristlichen Literatur und was sich über die Adressaten ausmachen läßt (s.u. Einl. 2.2). Dazu kommt ergänzend, daß Jak außer vielleicht durch Jud 1 (s.u. Einl. 2.3) vor Origenes griechisch nicht bezeugt ist, lateinisch und syrisch noch länger nicht, und selbst im 4. und 5. Jh. offenbar nicht allen als echt galt (s.u. Einl. 7).

Was dagegen angeführt wird, sind oft nur Fehlanzeigen, die bei 108 Versen mit begrenzter Thematik nicht viel besagen (z.B. keine Autorfiktion wie etwa in den Pastoralbriefen, keine ausgebaute Christologie, keine Erwägungen zur Parusieverzögerung, keine Ämterlehre, keine Betonung grundlegender Tradition, keine Berührung mit Jesusüberlieferung in der von den Evangelisten redigierten Fassung). Es wäre ein positives Argument, wenn sich der ganze Brief versteckt mit Paulus auseinandersetzte (nicht nur in 2,14–26 offen, wie oft angenommen), um die durch dessen Verhaftung verstörten Gemeinden neu zu orientieren (Hengel, Polemik; z.B. in 4,13–17). Aber, von Einzeleinwänden abgesehen, dann hätte der Herrenbruder einen Text geschrieben, der wie ein Hologramm changiert; ist das vorstellbar?

Als Ausweg erwägen manche, daß der Brief mittelbar auf den Herrenbruder zurückgeht: Er beschäftigte Mitarbeiter, mindestens für die griechische Formulierung (z.B. Mußner: Jak, Niebuhr: Jakobusbrief). Er redigierte eigene Texte zum jetzigen Brief (vgl. Agourides) oder ließ redigieren. Der Brief wurde von einem oder mehreren Dritten, beauftragt oder nicht, vielleicht auch erst nach seinem Tod, aus Texten des Herrenbruders komponiert (z.B. Davids: Jas, vorsichtig Chester; nach Mitton: Jas brachten Besucher etwa von Wallfahrtsfesten solche Texte mit nach Hause) oder auf Grund von Kenntnissen über ihn (vgl. z.B. Popkes: Adressaten, Wall: Jas, als Möglichkeit Eisenman). Oder ließ er einen

Vertrauten selbständig in seinem Namen schreiben wie nach manchen Paulus den Kolosserbrief? Schließlich: Der Brief könnte zwar nicht in der heute als die älteste akzeptierten alexandrinischen Textform, aber in einer früheren vom Herrenbruder oder aus seiner Umgebung stammen (Amphoux, s.u. Einl. 6.4). Der Brief hätte dann auktoriale und/oder inhaltliche Beziehungen zum Herrenbruder, wäre aber aus den oben genannten Gründen trotzdem nach Form und Inhalt nicht seiner.

Es hilft wohl nichts, Jak ist ein pseudepigraphischer (nicht: pseudonymer) Brief wie nach Mehrheitsmeinung im NT auch Eph, Kol, 2Thess, 1–2Tim, Tit, 1–2Petr und Jud, dazu in der Umwelt viele jüdische Briefe (s.u. Einl. 3.1) und Briefe griechischer Dichter, Rhetoren oder Philosophen. Freilich besagt Pseudepigraphie zunächst nicht mehr, als daß ein Text unter dem Namen einer bekannten Person verbreitet wurde, die nicht der Verfasser war; Grund und Zweck können ganz verschieden sein (Überblick z.B. bei Klauck, Schnelle). Die pseudepigraphischen Briefe des NT tragen abgesehen von Jud den Namen einer der wenigen Urgestalten, die durch Christusunmittelbarkeit ausgezeichnet und überregional bekannt waren (vgl. Gal 2,9, dazu Lührmann; von den meisten der Zwölf wußte man offenbar wenig, zum Patriarchen Jakob paßt 1,1 nicht). In ihnen versuchte nach dem Tod der Gründer und der meisten ihrer Schüler die dritte und vierte Generation einige Jahrzehnte lang, deren Erbe ohne Anspruch auf eigene Originalität zu sichern und es zu legitimieren, sowohl gegenüber dem Judentum, das die Jesusanhänger immer schärfer ausgrenzte, als auch gegenüber der griechisch-römischen Umwelt, die desto mißtrauischer wurde, je stärker sich christliche Identität herausbildete. Daß sie das auch in Briefen taten (auf andere Weise geschah es in den Evangelien), liegt eher an Paulus als an Gewohnheiten der Umwelt. Jak ist also unecht, jedenfalls nach modernen Begriffen von Autorschaft und geistigem Eigentum. Nur sollte der Brief gerade nichts Neues und Eigenes bringen, sondern das Echte und Ursprüngliche bewahren, wie es der große Jerusalemer Urchrist repräsentiert hatte oder haben mußte. Wenn auch für Jak die antike Regel gilt, daß ein Brief einen Abwesenden anwesend sein läßt, dann den Herrenbruder, nicht den tatsächlichen Verfasser.

Ihn (kaum eine Frau) kennen wir nur durch den Brief (zur Problematik von Rückschlüssen vgl. z.B. Lampe 172–182 über den Verfasser von 1Klem). Er war ein beachtlicher christlicher Theologe (s.u. Einl. 5) mit guter (jüdisch-)hellenistischer Bildung (s.u. Einl. 3) und vermutlich hoher Autorität, ob mit Amt oder ohne (s. 3,1). Für einen Wanderlehrer oder -propheten spricht m.E. nichts. Zur christlichen Existenz, wie Jak sie im Brief fordert, gehört nicht der Anschluß an das Judentum als Proselyt oder Gottesfürchtiger (hierzu Wander) samt entsprechender Bindung an die Tora (s. 1,25). Da das auch für ihn selber gegolten haben dürfte, war er in diesem Sinn kein Judenchrist. Jüdische Herkunft ist trotzdem möglich.

Bleibt die Frage, warum der Brief vom Herrenbruder geschrieben sein soll. Hatte der Verfasser Zugang zu Stoffen unter dem Namen des Jakobus? Glaubte er zu wissen, daß der Herrenbruder so geschrieben hätte, aber woher? Weil das kirchliche Milieu, das er repräsentierte, durch den Herrenbruder oder seine Richtung mitbestimmt war (wie z.B. Antiochia; vgl. Gal 2,1–14; Apg 15) und deshalb das, was in ihm galt, unter den Namen des Jakobus gestellt werden durfte? Sollte er dazu beitragen, das Israelbewußtsein, das der Brief zeigt (s. 1,1), zu legitimieren? Oder war unter den möglichen Namen für einen pseudepigraphischen Brief nur Jakobus noch frei? Dessen individuelles Profil wollte der Verfasser womöglich gar nicht treffen.

Jak wurde vermutlich durch Diktat zu Papyrus gebracht (zu den Realien allgemein Klauck, Richards). Stammt er vom Herrenbruder, müßte er als eine Art Enzyklika (mißverständlich: Rundbrief) in mehreren Exemplaren verschickt worden sein (z.B. Bauckham, James), sicher auch nach Antiochia (oder nur dorthin zwecks Weiterleitung?); stammt er nicht von ihm, soll der Leser sich das wohl etwa so vorstellen. Wie Jak als pseudepigraphischer Brief wirklich unter die Leute kam, weiß man nicht. Es ist am leichtesten denkbar, wenn er von vornherein Teil eines größeren Werkes war oder im Rahmen einer Schriftensammlung verbreitet wurde, aber er war wohl ein Einzelstück (s.u. Einl. 6 und 7).

2.2 Adressaten

Der Brief ist adressiert an die zwölf Stämme in der Diaspora, d.h. Israel, das oder soweit es unter den Heiden zerstreut lebt. Jak meint damit aber nicht das jüdische Volk oder die Jesusanhänger in ihm (so z.B. Verseput), sondern die Christenheit (s. 1,1). In jedem Fall schließt die allgemeine Adresse nicht aus, daß Jak sich faktisch an einen engeren Kreis wandte oder sein Bild von den Adressaten (und Adressatinnen, s. 1,2) partikular bestimmt war (zur Problematik des Rückschlusses vom Bild auf die Wirklichkeit vgl. Ahrens, Leutzsch: Wahrnehmung).

Stammt der Brief vom Herrenbruder oder aus seiner Umgebung, kann man an Gemeinden denken, die besonders im Jerusalemer Blickfeld lagen, etwa Syrien oder vielleicht speziell Antiochien (z.B. Geyser: die Opfer der Stephanusverfolgung, vgl. Apg 8,1.4; 11,19; Hartin: James and the Q Sayings, Mußner: Jak; zu Hengel s.o. Einl. 2.1). Daß die Probleme, die das Apostelkonzil und den antiochenischen Zwischenfall bestimmten, nicht vorkommen, muß nicht dagegen sprechen. Sie könnten noch keine oder eher erledigte gewesen sein. Für einen pseudepigraphischen Brief hat sich der Verfasser womöglich an seiner näheren oder weiteren Umgebung orientiert. Das mag auch in diesem Fall Antiochia oder Syrien gewesen sein, nach Mindermeinung paulinisches Missionsgebiet außerhalb (z.B. Popkes: Adressaten, Souček, Tsuji, Wanke, vgl. Rolland, Trocmé).

Allerdings stellt das Bild der Adressaten, das Jak erkennen läßt, eher so etwas wie ein Klima dar als die kirchliche Wetterlage an einem bestimmten Ort zu bestimmter Zeit (städtische Gemeinden mit Israelbewußtsein, aber ohne sich als Synagogen zu verstehen, eigene Presbyter; gute Bibelkenntnisse und mindestens passives Verständnis für theologische Argumente; keine theologischen Richtungskämpfe, aber Konkurrenz um Meinungsführerschaft; Anfechtung des Glaubens an Gott und Christus und des zugehörigen strengen Ethos durch die ablehnende Welt, deren Lebensweise trotzdem lockt; Spannungen zwischen Unterschichtmehrheit und relativ Wohlhabenden, hier unsoziales Verhalten, dort rücksichtsloses Streben nach oben, Mängel in der Versorgung der Bedürftigen; genauer s.u. die Exkurse zu 2,7 und hinter 5,6). Man kann Jak nicht wie z.B. 1Kor lesen.

2.3 Zeit und Ort

Die Annahmen schwanken je nach Urteil über Verfasser, literarische Beziehungen, Sprache, Adressaten u.a. (Datentabelle bei Davids, Jas 4). Stammt der Brief vom Herrenbruder, entstand er in Jerusalem, und zwar zwischen dem Zeitpunkt, zu dem seine Autorität so gestiegen war, daß ihm ein Diasporabrief (s.u. Einl. 3.1) nicht absurd vorkommen mußte, und seinem Tod 62 n.Chr. Die meisten entscheiden sich entweder für eine Frühdatierung vor das Apostelkonzil (z.B. Belser: Jak, Beyschlag: Jac, Geyser, Hiebert: Jas, Huther: Jac, Kittel, Maynard-Reid: Poverty and Wealth, Mayor: Jas, Michaelis, Moo: Jas, Rendall, Robinson, Schneckenburger: Jac, Stulac: Jas, Wessel, Zahn: Einleitung, vgl. Agourides, vorsichtig Cadoux) oder für die Zeit danach, als die paulinische Mission in Kleinasien und Griechenland im Gang, vielleicht auch schon abgeschlossen war (z.B. Bauckham: James, Chaîne: Jc, Fonjallaz, Hartin: James and the Q Sayings, Hengel: Polemik, Hort: Jas, Kern: Jak, R.P. Martin, Mitton: Jas, Mußner: Jak, Neudorfer, Rolland, Schmidt, Stuhlmacher: Theologie, II, Wuellner). Bei Frühdatierung ist Jak wahrscheinlich die älteste christliche Schrift (extrem Hodges, Jas: 32/35 n.Chr.), und Paulus könnte auf sie reagiert haben. Einige legen sich nicht fest (z.B. Adamson: Jas, Bolich, Dillman, Eisenman, Johnson: Jas, Michl: Kath, Schlatter: Jak, vorsichtig Penner).

Wenige von denen, die den Herrenbruder nicht als Verfasser ansehen, setzen den Brief noch zu dessen Lebzeiten an (z.B. Elliott-Binns: Galilean Christianity, Hauck: Jak). Aber wenn Jak pseudepigraphisch ist, kann er kaum vor dem Tod des Herrenbruders entstanden sein. Spätdatierungen bis 130 n.Chr. (z.B. Aland: Herrenbruder, Bartnicki, Brückner, Dibelius: Jak, Grafe, Holtzmann, Lüdemann, von Soden: Hebr, Ropes: Jas, Vielhauer) oder noch weiter in das 2. Jh. hinein (z.B. Schoeps, Toxopëus, vorsichtig Schammberger; zu Harnack s.u. Einl. 4.1) kommen kaum noch vor.

Den spätesten Zeitpunkt markiert möglicherweise der Judasbrief, überwiegend ebenfalls für pseudepigraphisch gehalten. Als dessen Verfasser gemeint ist ein weiterer Bruder Jesu (Mk 6,3 par.), der sich als „Jesu Christi Diener, Bruder aber des Jakobus" identifiziert. Das lesen viele als Hinweis auf Jak. Allerdings ist Jud nicht genau zu datieren (80/120, vielleicht eher 80/100?). Da sonst keine frühchristliche Schrift Jak zu kennen und er von keiner literarisch abzuhängen scheint (s.u. Einl. 4.2), läßt sich sein Datum kaum eingrenzen. Traditionsgeschichtliche Verwandtschaft mit Mt und 1Petr mag für ein zeitliche Nähe sprechen (Konradt, Existenz), aber die beiden lassen sich ebenfalls nicht genauer datieren als auf die letzten Jahrzehnte des 1. Jh.s. Dahin neigt heute die Mehrheit auch für Jak, wohl mit Recht.

Der Abfassungsort ist dann nicht Jerusalem, im übrigen schwer zu bestimmen. Lokalkolorit fehlt. Weder sprechen 1,10f.; 3,11f.; 5,1–6.7.18 für ländliche Gegend, genauer Palästina (so aber z.B. Hadidian), noch 1,6; 3,4; 4,13–17 für eine Hafenstadt (so aber z.B. Schnelle). Wenn Jak nicht auf Paulus oder seine Nachwirkung eingeht (s. 2,14–26), legen sich dessen Missionsgemeinden nicht nahe (das nimmt auch kaum jemand an). Vorgeschlagen werden Antiochia bzw. Syrien (Mehrheitsmeinung), Rom (z.B. Brückner, Grafe, Harnack, Holtzmann, Laws: Jas, Reicke: Jas, Simonis, von Soden: Hebr, de Vries; vgl. Meyer: Cäsarea, aber früh nach Rom) und Alexandria, neuerdings verstärkt (z.B. Berger: Theologiegeschichte, Schnider: Jak, vorsichtig Cantinat: Jc, Schnelle, Vouga: Jc). Daß wir über alexandrinisches Christentum im 1. Jh. wenig wissen, macht die Lokalisierung dort ebenso schwierig wie reizvoll. Wenn ich mich entscheiden muß: Antiochia, wegen des Apostelkonzils samt seinen Folgen und einiger Nähe zu Mt (s.u. Einl. 4.3).

2.4 Integrität

Daß dem ursprünglichen Text außer vielleicht kleinen Ausfällen beim Abschreiben (z.B. in 2,18; 3,11) etwas fehlt, nimmt wohl niemand an. Zusätze oder Änderungen erwägen nur ganz wenige (z.B. Moffatt, Epistles: einige Umstellungen; Rauch: 5,12–20 später angefügt; zu Amphoux s.u. Einl. 6.4; zu 1,1 s.u. Einl. 4.1). Daß ein Eschatokoll bei der Eingliederung des Briefs in eine Schriftensammlung weggefallen ist, läßt sich theoretisch denken, aber mehr spricht nicht dafür. Zu Überschrift und Subscriptio s.u. vor 1,1 und nach 5,20.

3. Literarische Form

3.1 Gattung und Gliederung

Literatur: C.-B. AMPHOUX/M. BOUTTIER, La prédication de Jacques le Juste, ETR 54, 1979, 5–16. – C.-B. AMPHOUX, Une relecture du chapitre I de l'Épître de Jacques, Bib. 59, 1978, 554–561; Systèmes anciens de division de l'épître de Jacques et composition littéraire, Bib. 62, 1981, 390–400; Hypothèses. – BAASLAND, Weisheitsschrift; Literarische Form. – R.J. BAUCKHAM, Pseudo-Apostolic Letters; James. – BECK, Composition. – BECQUET U.A., La lettre de Jacques. – BERGER, Bibelkunde; Formgeschichte; Gattungen. – BIEDER, Existenz. – BLENKER, Jakobs brevs sammenhæng. – BOLICH, Dating James. – A. CABANISS, A note on Jacob's homily, EvQ 47, 1975, 219–222. – CADOUX, Thought of St. James. – A.L. CAMP, Another View on the Structure of James, RestQ 36, 1994, 111–119. – CARGAL, Restoring the Diaspora. – CHURCH, A *Forschungsgeschichte*. – H.J. CLADDER, Die Anlage des Jakobusbriefes, ZKTh 28, 1904, 37–57; Der formale Aufbau des Jakobusbriefes, a.a.O. 295–330. – R.B. CROTTY, The Literary Structure of the Letter of James, ABR 40, 1992, 45–57. – DAVIDS, Modern Discussion. – W.G. DOTY, Letters in Primitive Christianity, 1973, [3]1979. – J.O. EKSTROM, The Discourse Structure of the Book of James, International Linguistics Center, Dallas, TX 1975 (masch.). – ELLIOTT, Epistle of James. – F.X.J. EXLER, The Form of the Ancient Greek Letter. A Study in Greek Epistolography, 1923, Nachdruck 1976. – F.Ó. FEARGHAIL, On the Literary Structure of the Letter of James, ProcIrBibAss 19, 1996, 66–83. – FELDER, Wisdom, Law and Social Concern. – P.B.R. FORBES, The Structure of the Epistle of James, EvQ 44, 1972, 147–153. – FRANCIS, Form and Function. – H. FRANKEMÖLLE, Das semantische Netz des Jakobusbriefes. Zur Einheit eines umstrittenen Briefes, BZ 34, 1990, 161–197 mit Falttafel hinter S. 320. – E. FRY, The Testing of Faith. A Study of the Structure of the Book of James, BiTr 29, 1978, 427–435. – GANS, Ueber Gedankengang usw. im Briefe des Jakobus. – GENUYT U.A., Épître de Saint Jacques. – GERTNER, Midrashim in the New Testament. – GOPPELT, Theologie, II. – HAHN/MÜLLER, Jakobusbrief. – HARTIN, James and the Q Sayings. – HARTMANN, Aufbau. – HEISEN, Hypotheses. – HENGEL, Polemik. – D.E. HIEBERT, The Unifying Theme of the Epistle of James, BS 135, 1978, 221–231. – R. HILL, An Overview of the Discourse Structure of James, International Linguistics Center, Dallas, TX 1978 (masch.); An Analysis of James 3–5 to the Paragraph Constituent Level, a.a.O. 1978 (masch.). – HOPPE, Hintergrund. – D. HYMES, The General Epistle of James, IJSL 62, 1986, 75–103. – KLAUCK, Briefliteratur. – KLEIN, „Vollkommenes Werk". – KONRADT, Existenz. – H. KOSKENNIEMI, Studien zur Idee und Phraseologie des griechischen Briefes bis 400 n.Chr., 1956. – KÜMMEL, Einleitung. – KÜRZDÖRFER, Charakter des Jakobusbriefes. – VON LIPS, Weisheitliche Traditionen. – MALHERBE, Moralists. – MEYER, Rätsel. – MICHAELIS, Einleitung. – A.Q. MORTON/S. MICHAELSON, The Qsum Plot, University of Edinburgh. Department of Computer Science, Internal Report CSR-3-90, April 1990. – NIEBUHR, Jakobusbrief. – ONG, Metaphorical Reading. – PENNER, James and Eschatology. – L.G. PERDUE, Paraenesis and the Epistle of James, ZNW 72, 1981, 241–256. – E. PFEIFFER, Der Zusammenhang des Jakobusbriefes, ThStKr 23, 1850, 163–180. – W. POPKES, James and Paraenesis, Reconsidered, in: T. Fornberg/D. Hellholm/C.D. Hellholm (eds.), Texts and Contexts (FS L. Hartman), 1995, 535–561; Adressaten; Composition; Paränese. – PRATSCHER, Herrenbruder. – PRETORIUS, Coherency. – RAUCH, Ueber den Brief Jacobi. – J.M. REESE, The Exegete as Sage: Hearing the Message of James, BTB 12, 1982, 82–85. – RIVERA, Epístola de Santiago. – CATHERINE ROUNTREE, Further Thoughts on the Discourse Structure of James, International Linguistics Center, Dallas, TX 1976 (masch.). – RUSTLER, Thema und Disposition. – SATO, Wozu wurde der Jakobusbrief geschrieben? – SCHAMMBERGER, Einheitlichkeit. – SCHILLE, Wider die Gespaltenheit des Glaubens. – SCHLATTER, Glaube. – SCHMELLER, Paulus und die „Diatribe". – SCHMIDT, Lehrgehalt. – SCHOEPS, Judenchristentum. –

SCHULZ, Ethik; Mitte. – SCHULZE, Der schriftstellerische Charakter und Werth. – SOUČEK, Zu den Problemen des Jakobusbriefes. – M.L. STIREWALT, JR., Studies in Ancient Greek Epistolography, 1993. – S.K. STOWERS, Letter Writing in Greco-Roman Antiquity, 1986. – IRENE TAATZ, Frühjüdische Briefe. Die paulinischen Briefe im Rahmen der offiziellen religiösen Briefe des Frühjudentums, 1991. – R.B. TERRY, Some Aspects of the Discourse Structure of the Book of James, JOTT 5, 1992, 106–125. – J. THAYER, On James, International Linguistics Center, Dallas, TX 1974 (masch.). – K. THRAEDE, Grundzüge griechisch-römischer Brieftopik, 1970. – L. THURÉN, Risky Rhetoric in James?, NT 37, 1995, 262–284. – THYEN, Der Stil der Jüdisch-Hellenistischen Homilie. – TIELEMANN, Versuch einer neuen Auslegung. – K.D. TOLLEFSON, The Epistle of James as Dialectical Discourse, BTB 27, 1997, 62–69. – K. TORAKAWA, Literary-Semantic Analysis of James 1–2, International Linguistics Center, Dallas, TX 1978 (masch.). – TSUJI, Glaube. – H. VATER, Einführung in die Textlinguistik, ^{2}1994. – VERSEPUT, Genre and Story. – VIELHAUER, Urchristliche Literatur. – VLACHOS, Ἡ ἐπιστολὴ τῆς διψυχίας. – DE VRIES, Brief van Jakobus. – B. WEISS, Jakobusbrief und neuere Kritik. – K. WEISS, Motiv und Ziel der Frömmigkeit. – J.L. WHITE, New Testament Epistolary Literature in the Framework of Ancient Epistolography, in: ANRW II 25.2, 1984, 1730–1756; Light from Ancient Letters, 1986. – WATSON, James 2. – WUELLNER, Jakobusbrief. – F. ZIEMANN, De epistularum Graecarum formulis sollemnibus quaestiones selectae, Diss. phil. Halle 1911. – ZMIJEWSKI, Christliche «Vollkommenheit». – Mehr s.u. in Einl. 3.2.

1. Laut Präskript ist Jak ein Brief (s. 1,1). Zu einem Brief paßt, daß der Verfasser seine Adressaten, eher Hörer als Leser, immer wieder als Brüder anredet (s. 1,2) und weithin in der 2. Person Plural schreibt. Gegen Brief spricht nicht, daß der Verfasser außer 1,1 nichts über sich selber oder Anlaß, Pläne u.a. sagt, auch nicht grüßt, und damit die Briefteile Proömium und Eschatokoll fehlen, an die man bei Paulus gewöhnt ist. Das erklärt sich ganz gut, wenn man Jak zur Untergattung Diasporabriefe rechnen darf (z.B. Bauckham: James, Frankemölle: Jak, Niebuhr: Jakobusbrief, Taatz, Tsuji), mit denen Jerusalemer Autoritäten die oder Teile der Diaspora an sich binden und ihre Identität als Glieder des von den Heiden unterschiedenen Gottesvolkes stärken, auch ethische oder kultische Anweisungen geben (2Makk 1,1–9; 1,10–2,18; Jer 29; EpJer; ParJer 6,19–25; syrBar 78–86 u.a., christl. vgl. das Aposteldekret Apg 15,23–29; 1Petr; ausführlich Taatz, Tsuji). Einige sind wohl echt und wurden wirklich verschickt, andere sind pseudepigraphische Literatur wie vermutlich Jak auch (s.o. Einl. 2.1). Er berührt sich denn auch am ehesten mit den Prophetenbriefen. Es kommt dazu, daß Jak wohl von frühchristlichen Apostelbriefen wußte und dasselbe von den Adressaten annimmt.

Nun bezeichnet „Brief" freilich eine Rahmengattung, die alles mögliche enthalten kann (u.U. von kleineren Gattungen geprägt, dazu s. die Einzelexegese). Zur genaueren Beschreibung abgesehen von 1,1 kommen in der Literatur je nach dem Verständnis des Inhalts die verschiedensten Gattungsbezeichnungen vor (Diatribe, ethisches Handbüchlein, Homilie, Kampfschrift, Katechese, Neophytenbelehrung, gottesdienstliche Paraklese, Paränese, Protreptikos, halachischer Traktat, Weisheitsschrift u.a.; genauer z.B. Frankemölle: Jak 64–70, Johnson: Jas 16–26, Tsuji 5–12). Davon sind zumindest Diatribe und Paränese für den ganzen Brief kaum brauchbar. Diatribe bezeichnet heute keine Gattung, sondern eine Unterrichtsform und ihren Stil; der kann auch geschriebene Texte prägen, findet sich aber in Jak nur streckenweise. Paränese, ursprünglich auch ein Vorgang, ist Gattungsbezeichnung für Reihen kurzer Mahnsprüche, die es bei Jak kaum gibt (allenfalls 5,12ff.), oder aber Sammelbegriff für sittliche Mahnungen verschiedener Form. Andere Gattungsbezeichnungen sollte man für Jak nur in Verbindung mit Brief gebrauchen. Er ist m.E. ein Mahnbrief, der erstens alle Adressaten auffordert, in Distanz zur Welt vollkommene Täter des Wortes zu werden, durch das Gott sie zu Erstlingen seiner Geschöpfe machte, und zweitens bestimmte an den Rand Geratene drängt, in Buße zu ungespaltener Existenz zurückzukehren (vgl. Popkes, Adressaten 126f.).

Falls der Brief nicht zu spät entstand (s.o. Einl. 2.3) und relativ frische Erinnerung an den Tod des Herrenbruders voraussetzt, könnte die Situation ihn zum Vermächtnis gestempelt haben (vgl. Gen 49; Jos 23; TestPatr; syrBar 78,5), obwohl testamentarische Elemente fehlen (anders 2Tim und 2Petr).

2. Der Jakobusbrief ist weder ein Wortschwall noch ein sprachlicher Scherbenhaufen, sondern eine Folge von meist gut gebauten, sinnvollen griechischen Sätzen; 1,1 setzt einen Anfang, 5,20 läßt durch nichts erkennen, daß kein Ende sein soll. Aber es ist schwierig, den Text dazwischen zu gliedern, d.h. zu unterteilen und dann zu zeigen, nach welchem Muster die Teile zusammenpassen. Luthers vielzitierte Urteile, daß Jak so „vnordig eyns yns ander" wirft (Septembertestament 1522, Vorrede zu Jak und Jud, WA, DB 7, 1931, 386) und „Dazu ist da kein *ordo* noch *methodus*" (1542, WA, TR 5, 1919, 157), sind nicht von ungefähr. Gewiß lassen sich Abschnitte abgrenzen. Die Sätze stehen nicht jeder für sich, sondern sind oft durch Konjunktionen (manchmal auch Asyndese), wiederholte Wörter, Parallelismus u.a. mit anderen verbunden und streckenweise durch Aussagen mit Eröffnungs- oder Abschlußfunktion, Reihenbildung, Unterrichtsstil (Diatribe) u.a. geschart. Aber schon innerhalb von Abschnitten scheint der Zusammenhang oft locker oder sprunghaft zu sein, erst recht der Fortschritt von Abschnitt zu Abschnitt. Dieselben Themen kommen an verschiedenen Stellen vor. Deutliche Signale für eine Gesamtdisposition fehlen: keine ausdrücklichen Themenangaben, keine Bemerkungen zur Textregie, keine Querverweise. Nur in 1,1 tritt Jak seinem Text gegenüber. Deshalb ist bis heute an vielen Stellen strittig, wieso er von einem Gedanken oder Abschnitt auf den nächsten kommt, insbesondere, ob er dabei einem Plan folgt oder sich treiben läßt (Übersichten z.B. bei Cladder: Anlage 37–40, Hahn – Müller 16–24, Klein 33–38, Kürzdörfer 3–20, Popkes: Adressaten 18–23). Je nach Urteil fällt die Auslegung anders aus (und umgekehrt). Ich versuche zu typisieren.

a) Bis weit in das 20. Jh. war die Disposition oft kein eigenes Thema. Viele Ausleger begnügten sich damit, bedachte Übergänge zwischen Versen und Abschnitten festzustellen (z.B. Gans; Schlatter, Glaube[3] 418: „logische Bänder"). Soweit sie mit Vorlagen rechneten, die Jak bearbeitete oder an die er sich anlehnte (s.u. Einl. 4.1), war Jak für den Aufbau ohnehin nicht verantwortlich. Im übrigen ist gleitende Gedankenführung hellenistischen Texten allgemein nicht fremd.

b) Daneben stand und steht die Sicht, die wie Luther Jak den inneren Zusammenhang abspricht, am eindrücklichsten in der form- und traditionsgeschichtlich unterbauten Form, die Dibelius, Jak ihr gab: der Brief ist eine Sammlung von popularethischen Überlieferungen verschiedener Form und Herkunft sowie kleinen paränetischen Abhandlungen, die ein unbekannter Lehrer für einfache Christen des späten 1. oder frühen 2. Jh.s. zu einer Haus- oder vielleicht besser Gemeindeapotheke gegen eventuelle moralische Übel verschiedener Art zusammenstellte („Buch der Massenlosungen", Vorwort). Sie ist nicht ohne gattungsgeschichtliche Stütze. Auch in paganen paränetischen Schriften kann Sprunghaftigkeit gewollt (vgl. Isokrates, Or. XV 68) oder in Kauf genommen sein. Dibelius blieb für mehr als ein halbes Jahrhundert weithin maßgebend (z.B. bei Cantinat: Jc, Goppelt, Kümmel, Laws: Jas, Marty: Jc, Michaelis, Mußner: Jak, Schrage: Jak, Schulz, Vielhauer). Das gilt noch für neuere Versuche, Jak in geschlossenere homiletische Einheiten zu gliedern (z.B. Cabaniss: eine Homilie, die sich nacheinander an Gemeindeleiter, Diakone, Lehrer, Witwen oder Jungfrauen, Pönitenten und die Gläubigen insgesamt richtet; Forbes: zwei in sich geschlossene Teile mit Thema und Abschluß 1,2–4 – 2,26; 3,1 – 5,19f., die vorgelesen werden sollten; Kürzdörfer: eine Folge von 12 Paränesen zur Verlesung im Gottesdienst zwecks Bekehrung von Abgeirrten).

c) Ohne die formale Zusammenhanglosigkeit grundsätzlich zu bestreiten, suchen viele dem Brief innere Einheit zurückzugeben durch einen oder einige wenige Leitgedanken, nahegelegt durch die Wiederkehr bestimmter Begriffe oder Themen (z.B. Berger, Bibelkunde: christliches Sprachverhalten; Bieder: Aufruf an bloß glaubende Christen, mit den Früchten der Weisheit dem kommenden Kyrios entgegenzuwandern, ähnlich Braumann; Camp: Stärkung armer Christen gegen reiche, die sie bedrükken; Chaîne, Jc: Notwendigkeit der Taten; Felder: Weisheit, Gesetz; Hengel: Polemik gegen Paulus, um dessen Gemeinden über den Verlust des Apostels hinwegzubringen; Hiebert, Unifying Theme: lebendiger Glaube auf dem Prüfstand, ähnlich Hodges, Jas; Hoppe, Hintergrund: Weisheit, Glaube, ähnlich Wall, Jas; Ong: Leben ist Erprobung durch Gott; Pratscher, Herrenbruder: Realisierung des Glaubens im Handeln kraft geschenkter Weisheit; Pretorius, Coherency: Leben entsprechend der Erlösung angesichts des Gerichts; Sato: Warnung an Aufsteiger, die reich werden wollen und die Armen verachten, wobei sie sich mit paulinischer Rechtfertigungslehre ein gutes Gewissen machen; Schammberger: Abwehr paulinisierender Gnosis, danach Schoeps; Schille: ungespaltener Glaube, weil Gott ungespalten ist, ähnlich Vlachos; Souček: Solidarität statt Rückzug in Innerlichkeit und Individualismus; K. Weiss: Glaube an Gott fordert Absage an Weltverhaftung, vgl. Johnson, Jas, der 1,26f. als Kernaussage für 2,1–5,18 nimmt; Zmijewski: Vollkommenheit; ungewöhnlich Amphoux, Hypothèses, für die Erstfassung, s.u. Einl. 6.4: achtteiliger Grundriß der Christologie mit den Hauptthemen Gottheit Christi, Erfüllung der Schrift, Sühnetod).

d) Versuche mit systematischen, themazentrierten Dispositionen hatten es begreiflicherweise schwer. Einige Ältere machten ein Textstück als Thema aus (z.B. 1,2–4 Rauch, Tielemann, vgl. schon Heisen; 1,19 Pfeiffer, Schmidt, B. Weiß; 1,26f. Cladder, danach Belser: Jak, vgl. Johnson o. unter c), das der Brief dann wie ein Schulaufsatz oder eine Themapredigt mit angesagter Proposition mehr oder weniger kunstgerecht (und z.B. bei Cladder künstlich mit Stichen, Strophen, Krebsgängen) ausführt. Einige Neuere arbeiten mit dem logischen Verhältnis von Abschnitten; sie kommen so auch zu einem Gesamtthema (z.B. Rustler: Ausgleich sozialer Spannungen; Fry: Prüfung des Glaubens; vgl. auch Martin: Jas, Vouga: Jc). Zwingend wirkt das alles nicht. Offenbar ist mit den herkömmlichen Auslegungsmethoden wenig zu machen.

e) Dagegen überrascht es nicht, daß die Erweiterung der Perspektiven und des Handwerkszeugs in den letzten Jahrzehnten (s.o. 1.5) auch das Problem der Disposition neu in den Blick brachte. Allerdings haben die sprach- und literaturwissenschaftlichen Verfahren, die am Brief erprobt wurden (Amphoux, Becquet, Bolich, Cargal, Ekstrom, Genuyt, Hill, Hymes, Morton – Michaelson, Rountree, Terry, Thayer, Tollefson, Torakawa, vgl. auch Frankemölle: Jak; Netz, Wuellner; Überblick bei Cargal 32–35), ihre Stärke offenbar im Zergliedern („Mikrostruktur"). Sie bestätigen, daß Jak ein kohärenter Text ist. Für den Aufbau („Makrostruktur") leisten sie weniger, vermutlich weil die meisten Anwender nicht viel Kontakt mit der historisch-kritischen Exegese haben. Auch wo das anders ist, scheint öfter eher der Text die Theorie zu erläutern als umgekehrt (z.B. Cargal, der einem Kommentar dieser Richtung bisher am nächsten kommt: 1,1 und 5,19f. bilden einen „inverted parallelism", der Thema und Absicht des Briefes angibt; daran ist etwas, aber daß das mittels der Untereinheiten 1,1–21; 1,22–2,26; 3,1–4,12; 4,11[?]-5,20 ausgeführt wird, leuchtet schwer ein; anders z.B. Frankemölle: Jak, s. gleich). Im übrigen gehen die Ansätze stark auseinander, auch in der Fachsprache. Mehr haben mir die Anregungen eingeleuchtet, die die Neubesinnung auf die antike Epistolographie (seit Francis) und Rhetorik (seit Wuellner) brachte. Nicht wenige würden sich heute darauf einigen, daß man im Brief nach dem Präskript einen thematisch vorbereitenden (nicht nur einstimmenden) Eingangs-, einen ausführenden Haupt- und einen bekräftigenden Schlußteil unterscheiden kann, rhetorisch gesagt *exordium* bzw. *prooemium* und/ oder *propositio*, *probatio* bzw. *argumentatio*, *peroratio*. Freilich schwankt die Abgrenzung des Eingangs (z.B. 1,2–11 oder 12 Elliott, Fearghail, Konradt: Existenz, von Lips, Wuellner; gedoppelt parallel 1,2–11.12–27 Davids: Jas, Francis, Hartin: James and the Q Sayings; additiv 1,2–18.19–27 Klein, Thurén, vgl. Tsuji). Der Aufbau des Hauptteils wird sehr verschieden beurteilt (hier können die oben unter a-c gruppierten Ansichten wiederkehren). Als Schluß steht 5,7–20 einigermaßen fest (anders z.B. Penner: Schluß des Hauptteils 4,6–5,12, Briefschluß 5,13–20). Rhetorische Feingliederung von Einzelabschnitten wirkt meist aufgesetzt, zumal wenn nach dem verbreiteten Schema: die Kunstregeln fordern, der Text gehorcht.

Ich möchte auf dieser Linie 1,2–11 als „summarische Exposition“ (von Lips) auffassen. Sie stellt ein untergliedertes Thema auf, über dessen Glieder der Hauptteil dann mehr sagt, und zwar in deren Reihenfolge (mit Konradt: Existenz, anders Thurén, in umgekehrter Folge z.B. Davids: Jas, in loser z.B. von Lips, Klein; auch Frankemölle, Jak: ein „semantisches Netz“ sichert die Einheit). Daß der Hauptteil oder der ganze Brief nach dem Eingang eine Ringkomposition ist (z.B. um 2,20–25 de Vries; um 3,1–18 Reese; um 3,13–18; 4,1–10 Hartin, James and the Q Sayings; um 4,1–3 Crotty), gibt der Text kaum her („Chiasmus“ sollte man in der Stilistik belassen). Damit ist nicht behauptet, daß die Unterteile des Hauptteils ihren Kopf in der Exposition regelrecht und nur ihn auslegen oder daß umgekehrt die Exposition nachträglich aus Stoff oder Text des Hauptteils abgezogen ist; es ist nicht bestritten, daß Themen, die einen Unterteil bestimmen, auch anderswo vorkommen.

Die angenommene Gliederung sieht so aus:

1 **1,1–11** Eingang: Wer an wen was

1.0 Überschrift

1.1 **1,1:** Präskript

1.2–3 1,2–11 Eröffnung: Was im Brief kommt.

1.2 **1,2–4:** Generalthema an alle Adressaten. Nehmt Anfechtungen freudig hin, sie machen den Glauben dauerhaft; die Ausdauer sei begleitet von vollkommenem Tun, damit ihr ganze Christen seid.

1.3 **1,5–11:** Anwendung des Themas auf bestimmte Personengruppen

1.3.1 **1,5–8:** Anwendung 1. Wem Weisheit fehlt, der bitte Gott darum, aber mit entschiedenem Glauben; Zweiseeler bekommen nichts.

1.3.2 **1,9–11:** Anwendung 2. Der niedrige Christenbruder gründe sein Selbstbewußtsein auf seinen Rang vor Gott, der reiche auf Selbsterniedrigung.

2–3 **1,12–5,6** Das Corpus des Briefes

2 *1,12–3,11 Erster Hauptteil. Mahnungen an alle: Verlaßt euch auf die Güte eures Schöpfers und werdet Täter des vollkommenen Gesetzes der Freiheit.*

2.1 **1,12–25:** Grundlegung. Für die Anfechtung macht nicht Gott verantwortlich, sondern erinnert euch an eure Erschaffung durch sein Wort und lebt dem Gesetz der Freiheit nach; dann habt ihr euer Glück in Ewigkeit gemacht.

2.2 **1,26–3,11:** Erläuterungen. Beispiele für ethischen Gottesdienst, der im Gericht zählt.

2.2.1 **1,26f.:** Was vergeblicher und was reiner ethischer Gottesdienst ist.

2.2.2 **2,1–13:** Macht eurem Glauben keine Schande durch Ansehen der Person.

2.2.3 **2,14–26:** Keiner meine, daß Glaube ohne Taten rettet; Glaube ohne Taten ist tot.

2.2.4 **3,1–11:** Schulmeistert nicht, die Zunge ist brandgefährlich.

3 3,12–5,6 Zweiter Hauptteil. Schelte der Unvollkommenen: Kehrt um.

3.1 **3,12–4,12:** Ihr streitsüchtigen Besserwisser und Weltfreunde, demütigt euch.

3.1.1 **3,12–18:** Wer unter euch weise zu sein beansprucht, begründe das durch aktive Sanftmut.

3.1.2 **4,1–12:** Eure Streitereien kommen durch weltförmige Besitzgier, die euch zu Feinden Gottes macht; tut Buße, aber verurteilt euch gegenseitig nicht.

3.2 **4,13–5,6:** Ihr reichen Weltfreunde begeht Sünde, wenn ihr auf lange Handelsreisen geht, statt Gutes zu tun, und Schätze hortet, Lohnraub verübt, praßt und die Gerechten unterdrückt; heult über die bevorstehenden Qualen des Gerichts.

4 **5,7–20** Briefschluss: Ermunterung. Erinnerung an Grundregeln. Verheissung.
4.1 **5,7–11:** Habt Geduld bis zum guten Ende bei der Parusie des Herrn.
4.2 **5,12–18:** Grundsätzlich tut Folgendes.
4.3 **5,19f.:** Wer einen von der Wahrheit abgeirrten Christen auf den rechten Weg zurückbringt, rettet ihn und bereinigt eigene Sünden.
4.4 Subscriptio

Begründen muß die Auslegung. Mag sein, daß ich das Gras wachsen höre, wo Dibelius und seine Nachfolger nicht einmal eine Wiese sahen, sondern nur Büschel getrockneter Heilkräuter; aber es schien einen Versuch wert. Für die Textlandschaft gelten jedenfalls die hermeneutischen Beschränkungen nicht mehr, die Dibelius' Ansatz nahelegte (Kontextverbot, dazu fügte Popkes: Adressaten ein Situationsverbot, man könnte auch noch ein Präzisierungsverbot erfinden). Für die Geologie des Untergrunds bleibt Dibelius wegweisend.

3.2 Sprache und Stil

Literatur: C.-B. Amphoux, Langue de l'Épître de Jacques. Etudes structurales, RHPhR 53, 1973, 7–45; Vers une description linguistique de l'Épître de Jacques, NTS 25, 1978/79, 58–92; L'emploi du coordonnant dans l'Épître de Jacques, Bib. 63, 1982, 90–101. – Berger, Formgeschichte; Gattungen. – Beyer, Semitische Syntax; Woran erkennt man? (s.u. Literatur, Hilfsmittel). – R. Bultmann, Der Stil der paulinischen Predigt und die kynisch-stoische Diatribe, 1910, Nachdruck 1984. – Cutter, The *Aktionsart* of the Verb. – Gieger, Figures of Speech. – A. Kenny, A Stylometric Study of the New Testament, 1986. – Kuechler, De rhetorica epistolae Jacobi indole. – H. Lausberg, Handbuch der literarischen Rhetorik, 2 Bde., [2]1973. – R.A. Martin, Syntax Criticism of Johannine Literature, the Catholic Epistles, and the Gospel Passion Accounts, 1989. – J.H. Moulton, A Grammar of New Testament Greek, IV. Style, by N. Turner, 1976. – C. Perelman, Das Reich der Rhetorik. Rhetorik und Argumentation, 1980. – H.F. Plett, Einführung in die rhetorische Textanalyse, [4]1979. – Poss, Articular and Anarthrous Constructions. – Rydbeck, Fachprosa. – Schmeller, Paulus und die „Diatribe". – R. Schütz, Der Jakobusbrief. Kolometrisch übersetzt, ThBl 1, 1922, Sp. 24–32; Jakobusbrief nach Sinnzeilen. – E. Sievers, Metrische Studien, IV, 1919. – A.H. Snyman/J.v.W. Cronje, Toward a New Classification of the Figures (Σχήματα) in the Greek New Testament, NTS 32, 1986, 113–121. – Aida B. Spencer, Function of the Miserific and Beatific Images. – R.A. Spencer, Significance of the Illustrative Language. – Stuhlmacher, Theologie, II. – Thyen, Stil der Jüdisch-Hellenistischen Homilie. – Turner s. Moulton. – Wifstrand, Stylistic Problems. – Wilke, Rhetorik (s.u. Literatur 2). – J. Wordsworth, The Corbey St. James (ff), and its Relation to Other Latin Versions, and to the Original Language of the Epistle, SBEc 1, 1885, 113–150.232–263. – S. auch o. Einl. 3.1. Die ausführlichen Kommentare haben meist ein Kapitel über die Sprache (am materialreichsten wohl Mayor, Jas ccvi – cclcviii).

Falls es ein hebräisches oder aramäisches Original gab (z.B. Agourides, R.A. Martin, Wordsworth, zur Methode Beyer), so ist dem griechischen Text davon nichts anzumerken. Sein Verfasser schreibt eine abwechslungsreiche, rhetorisch durchgebildete, gelegentlich preziöse Koineprosa. Semitismen kommen vor, stammen aber entweder aus übernommenen Traditionen oder der Kenntnis der Septuaginta und stilistisch verwandter Literatur oder jüdisch-christlicher Sprachtradition. Sie bezeugen deshalb weder aramäische Muttersprache oder hebräische Kenntnisse noch „semitisches Denken".

Zum Vokabular wird immer angemerkt, daß Jak relativ viele Wörter anscheinend als erster gebraucht (ἀνέλεος, ἀνεμίζεσθαι, ἀποσκίασμα, δαιμονιώδης, δίψυχος, θρησκός, πολύσπλαγχνος, προσωποληµπτεῖν, χρυσοδακτύλιος); sie sind aber aus bekannten Wurzeln oder Wörtern regulär gebildet. Dazu kommen Wörter und Wortverbindungen, die vor Jak selten oder unbelegt sind (z.B. τὸ δοκίμιον ὑμῶν τῆς πίστεως 1,3; ὁ πατὴρ τῶν φώτων 1,17; τροπῆς ἀποσκίασμα 1,17; ὁ ἔμφυτος λόγος 1,21; ποιητὴς λόγου 1,22; τὸ πρόσωπον τῆς γενέσεως 1,23; ὁ νόμος τῆς ἐλευθερίας 1,25, vgl. 2,12; ἀκροατὴς ἐπιλησμονῆς, ποιητὴς ἔργου 1,25; κριταὶ διαλογισμῶν πονηρῶν 2,4; ὁ τροχὸς τῆς γενέσεως 3,6; σητόβρωτος 5,2). Jak liebt zusammengesetzte Adjektive (Mußner, Jak 28). Er hat also Freude am gesuchten Ausdruck und ist auch kreativ, soweit Neologismen von ihm selber stammen.

Stilistisch fallen die vielen kurzen Sätze und Participia coniuncta auf. Längere Perioden sind selten. Häufiger Imperativ überrascht nicht (imperativische Partizipien sind ein Mißverständnis, s. 1,3). Nur einmal kommt das Imperfekt vor (2,22). Akkusativ mit Infinitiv (außer in substantivierter Form) und absoluter Genitiv fehlen. Asyndeton begegnet sehr oft. Häufig sind auch Alliteration bzw. Paronomasie (z.B. 1,2.17.25; 3,5.6.7.8.17; 4,1.13.14.16; 5,16) und Homoioteleuton (z.B. 1,6; 2,16.19.26; 4,2.8f.13.15; 5,5f.10.13, ausführlicher Mayor, Jas ccl-ccliv), Hendiadyoin (1,4.6.14.17.21.27; 3,13.14.16; 4,1.2; 5,5.10.11) und Hyperbaton (1,2.5.13; 2,1.8.14.16; 3,3.8.12; 5,10.17). Parallelismus membrorum kommt nicht oft vor (z.B. 1,9; 3,9; 4,7–9; 5,4.17f.). Hexameter sind fraglich (1,17; 4,5).

Diatribestil (s.o. Einl. 3.1) sind die häufigen Anreden (meist ἀδελφοί o.ä., s. 1,2; ὦ ἄνθρωπε κενέ 2,20; μοιχαλίδες 4,4; ἁμαρτωλοί, δίψυχοι 4,8; οἱ λέγοντες 4,13; οἱ πλούσιοι 5,1), rhetorischen Fragen (ab 2,2–4.5–7.14.15f.20f.25; 3,11f.13; 4,1.4.5.12; 5,6?, bezeichnenderweise nicht davor und danach), Bilder, Vergleiche und Metaphern (1,6.10f.14f.18.23f.; 2,26; 3,3f.5.8.11f.; 4,1.4.14; 5,3.4.7), die klassischen Beispielgestalten (2,21.25 Abraham und Rahab für Gerechtsprechung auf Grund von Taten, 5,10 die Propheten für endzeitlich belohnte Standhaftigkeit, 5,11 Hiob für in Ewigkeit geltenden Lohn und 5,17f. Elia für einen erfolgreich betenden Gerechten) und der fingierte Gegner (2,18). Auch die Schriftzitate passen dazu (2,8 Lev 19,18; 2,11 Ex 20,13f. par. Dtn 5,17f.; 2,23 Gen 15,6 erweitert; 4,5 unbekannter Herkunft; 4,6 Prov 3,34). Daß der Text durchweg in Stichen gelesen und geschrieben werden kann oder sollte (z.B. Cladder, Frankemölle: Jak, Hauck: Jak, Kenny, Schlatter: Jak, Schütz), hat mir nicht eingeleuchtet; die Syntax kommt nicht zu ihrem Recht. Schallanalyse (Sievers, Hauck: Jak 242f. und vier Falttafeln) war ein Windei.

Die neueste Forschung versucht, über die herkömmliche Registrierung von lexikalischen und grammatikalischen Erscheinungen, stilistischen Figuren und rhetorischen Verfahren (Überblick unter dem Oberbegriff Figur bei Frankemölle, Jak 75–79; BDR 485–496 reicht nicht, vgl. Snyman – Cronje) hinaus ein einheitliches Strukturbild der Sprache zu zeichnen, in der Jak die Adressaten zum Umdenken und -handeln drängt (z.B. Amphoux, Frankemölle, Wuellner). Die verschiedenen Theorien und Terminologien erschweren aber die Auswertung (zu den strukturalistischen Versuchen s.o. Einl. 3.1).

4. Vorgeschichte

Literatur: BAKER, Speech-Ethics. – BAUCKHAM, James etc. – BECK, Composition. – BEYSCHLAG, Geschichtsdokument. – BLENKER, Jakobs brevs sammenhæng. – M.-E. BOISMARD, Une liturgie baptismale dans la Prima Petri. II. – Son influence sur l'épître de Jacques, RB 64, 1957, 161–183. – G.C. BOTTINI, Sentenze di Pseudo-Focilide alla luce della lettera di Giacomo, SBFLA 36, 1986, 171–181. – BRAUN,

Qumran und das Neue Testament. – BRÜCKNER, Zur Kritik des Jakobusbriefs. – N. CALDUCH, Ben Sira 2 y el Nuevo Testamento, EstB 53, 1995, 305–316. – P.H. DAVIDS, James and Jesus, in: D. Wenham (ed.), The Jesus Tradition Outside the Gospels, 1985, 63–84; The Pseudepigrapha in the Catholic Epistles, in: J.H. Charlesworth/C.A. Evans (eds.), The Pseudepigrapha and Early Biblical Interpretation, 1993, 228–245; Modern Discussion; Tradition and Citation. – DEPPE, Sayings of Jesus. – DILLMAN, Matthew and James. – EISENMAN, James the Brother of Jesus; James the Just. – ELEDER, Jakobusbrief und Bergpredigt. – ELLIOTT-BINNS, Galilean Christianity. – C.A. EVANS, Noncanonical Writings. – FEINE, Abhängigkeit; Jakobusbrief. – T.E.S. FERRIS, The Epistle of James in Relation to I Peter, CQR 128, 1939, 303–308. – FRANKEMÖLLE, Zum Thema. – GARCÍA ARAYA, Santiago, il profeta. – GERTNER, Midrashim in the New Testament. – F. GRYGLEWICZ, L'Épître de St. Jacques et l'Évangile de St. Matthieu, RTK 8, 1961, 33–55. – HAGNER, Old and New Testaments in Clement of Rome. – HAHN/MÜLLER, Jakobusbrief. – HANSON, Old Testament in James. – HARNACK, Chronologie. – HARTIN, James and the Q Sayings; The Poor. – HARTMANN, Aufbau. – HOLTZMANN, Einleitung; Zeitlage. – HOPPE, Hintergrund. – JOHNSON, Leviticus 19; James 3:13–4:10; Jas. – KENNEDY, Hellenistic Atmosphere. – KERN, Charakter und Ursprung des Briefs Jakobi. – KITTEL, Ort; Jakobusbrief und Apostolische Väter. – KNOCH, Eschatologie im theologischen Aufriß des ersten Clemensbriefes. – W.L. KNOX, The Epistle of St. James, JThS 46, 1945, 10–17. – KONRADT, Existenz. – MACGORMAN, Comparison of James with Jewish Wisdom Literature. – MALHERBE, Moralists. – G.C. MARTIN, The Epistle of James as a Storehouse of the Sayings of Jesus, Exp. 7th Series, 3, 1907, 174–184. – MASSEBIEAU, L'Épître de Jacques. – MEYER, Rätsel. – MORRIS, James and Isaiah. – J.H. MOULTON, The Epistle of James and the Sayings of Jesus, Exp. 7th Series, 4, 1907, 45–55. – PALMER, Traditional Materials in James. – PHILONENKO, Écho (s.u. Exkurs zu 3,6). – POPKES, Adressaten; Composition; James and Scripture. – RAUCH, Ueber den Brief Jacobi. – ROSE, L'Épître de saint Jacques. – RUEGG, Temps de Jacques. – O.J.F. SEITZ, Relationship of the Shepherd of Hermas to the Epistle of James, JBL 63, 1944, 131–140. – M.H. SHEPHERD, JR., The Epistle of James and the Gospel of Matthew, JBL 75, 1956, 40–51 = in: Shepherd (ed.), The Authority and Integrity of the New Testament, 1965. – STECK, Konfession des Jakobusbriefes. – STRECKER, Theologie. – THYEN, Stil der Jüdisch-Hellenistischen Homilie. – TSUJI, Glaube. – VOWINCKEL, Jakobus verglichen mit den ersten Briefen des Petrus und Johannes. – DE VRIES, Brief van Jakobus. – WACHOB, Voice of Jesus. – B. WITHERINGTON III, Jesus the Sage. The Pilgrimage of Wisdom, 1994. – F.W. YOUNG, The Relation of I Clement to the Epistle of James, JBL 67, 1948, 339–345. – ZIMMER, Verhältnis des Jacobusbriefes zur paulinischen Literatur. – Mehr in den meisten Exkursen zur Auslegung, zu Paulus auch im Literaturkopf zu 2,14–26.

4.1 Verarbeitete Quellen?

Die Suche nach Vorlagen, die Jak für den Brief oder Teile benutzte, hat nicht viel Überzeugendes gebracht (zu Hypothesen, die den Brief indirekt auf den Herrenbruder zurückführen, s.o. Einl. 2.1).

Nicht mehr vertreten werden die weitestgehenden Annahmen. Der Brief ist keine jüdische Schrift, die früh womöglich nur durch Einfügung des Namens Jesus Christus in 1,1 und 2,1 getauft wurde (so Massebieau: 1. Jh. v.Chr.; unabhängig von ihm Spitta, Jak: 1. Hälfte des 1. Jh.s n.Chr. oder früher; anders Meyer: Bearbeitung einer oder eher Auszug aus einer jüdischen Schrift unter dem Namen des Patriarchen Jakob, aufgebaut auf allegorischen Deutungen vor allem der Namen Jakob-Israels und seiner zwölf Söhne; Tabelle S. 282f.; Grundschrift 1. Hälfte des 1. Jh.s, Jak 80/90 n.Chr.; zustimmend Thyen, vorsichtig Hauck: Briefe, Windisch: Kath[2], weiterentwickelt von Easton: Jas; zu Hartmann s. gleich). Er ist auch keine christliche Schrift, die nachträglich zu einem Jakobusbrief gemacht wurde (z.B. Elliott-Binns, Galilean Christianity: ganz früh, aus Galiläa, Präskript 1,1 Mitte des 2. Jh.s; Harnack: Texte eines christlichen Lehrers aus der Zeit 100/130 n.Chr. nach seinem Tod vor 150 gesammelt, Präskript Ende des 2. Jh.s; Llewelyn).

Hypothetisch bleiben auch die Versuche, Teilquellen nachzuweisen (z.B. Knox, Epistle: hinter 1,2–4.9–12.19f.26f.; 3,13 ein vielleicht vom Herrenbruder stammender Text, der Rest von 1,5–24 ist hellenistischer Kommentar dazu, beides wurde mit Traditionsgut zum jetzigen Brief aufgefüllt, wenn ich richtig verstanden habe; de Vries: ältere homiletische Fragmente hinter 2,1–7.14–26; 3,1–4,10, eine erste Bearbeitung fügte 1,13–25; 2,8–13; 4,11f. zu, eine zweite den Rest; mehr zur Annahme stufenweiser Entstehung s.o. Einl. 3.1). Dasselbe gilt für Vorlagen, an die Jak sich angelehnt haben soll (z.B. Beck: eine Vorform von 1QS; Blenker: Hi, benutzt nach einem vermuteten Schema frühchristlicher Predigt über alttestamentliche Texte; Boismard: Jak und 1Petr benutzen unabhängig voneinander das Schema einer Taufliturgie; Gertner: Jak ist eine gekürzte Paraphrase eines homiletischen Midraschs über Ps 12, der eine Bearbeitung von Hos 10,1–4 war, was der Homilet wußte; Hartmann: 12 Teile, die an die Namensdeutungen Gen 29,32–35,18 als Stichworte für Eigenes anknüpfen; auch Frankemölle: Jak, der den Brief weithin als relecture von Sir auffaßt, sieht m.E. mehr, als der Text hergibt).

Dagegen ist einleuchtend, aber im einzelnen schwer zu beweisen, daß Jak mindestens streckenweise eigenes schon Gedachte, Gesagte, Notierte verarbeitete und seine Gedanken nicht erst beim Schreiben verfertigte. Der Brief dürfte letztlich wie z.B. andere neutestamentliche Briefe oder auch viele Schriften Philos der Ertrag von Redetätigkeit sein.

4.2 Benutzte Literatur

Daß Jak pagane Literatur kannte und stellenweise benutzte, denkt kaum jemand (doch vgl. Mayor: Jas cxxiv-cxxvii, Johnson: Jas 27–29). Aus der LXX, die seine Bibel war und seine Sprache beeinflußte, hat Jak Zitate und Personenbeispiele (s.o. Einl. 3.2; zum Schriftgebrauch z.B. Bauckham: James etc., Davids: Tradition, Hanson, Johnson: Leviticus 19; Jas 29–34, MacGorman, Morris; Exkurse zu 2,8; 4,5; zur Vermittlung bes. Popkes, James and Scripture: „Zettelkasten"?). Die beträchtliche Schriftkenntnis, die er bei den Adressaten voraussetzt, besaß er selber und vermutlich mehr; wieviel genau, bleibt freilich unsicher (zu Sir s.o.). Das gilt erst recht für die außerbiblische Literatur des antiken Judentums. Daß er Philo kannte, wird öfter erwogen (z.B. Frankemölle, Jak); zu beweisen ist es m.E. nicht.

Die Berührungen mit frühchristlichen Schriften wurden Dutzende von Malen in beiden Richtungen auf literarische Abhängigkeit untersucht (z.B. schon von Kern, Charakter). Die ältere Forschung rechnete gern mit Benutzung, die neuere ist zurückhaltender, wohl mit Recht. Gemeinsame Tradition erklärt die Kontakte meist besser (mit Konradt, Existenz 317–338), auch da, wo sie dicht sind wie mit 1Petr (immerhin fällt auf, daß sich Jak 1,1.2f.10f.12.18–21; 4,6–10; 5,20 mit 1Petr 1,1.6f.; 5,4; 1,23–2,2; 5,5–9; 4,8 in ähnlicher Reihenfolge berühren; s. auch oben Boismard) oder wenigstens stellenweise eng wie mit Hermas (s. zu 1,5f.6–8.21.27; 2,7; 3,2.8.15; 4,5.7.11f.; 5,4.5.11; wenn, dann ist Hermas der Abhängige, z.B. Feine: Abhängigkeit, Hort: Jas, Johnson: Jas, Laws: Jas, Mayor: Jas). Auszunehmen ist aber möglicherweise Paulus, und zwar auch dann, wenn Jak sich nicht mit ihm oder seiner Nachwirkung theologisch auseinandersetzt (s. 2,14–26 mit Exkursen). Man stößt auch außerhalb dieser Perikope auf Berührungen, die sich als Paulusreminiszenzen verstehen lassen (z.B. 1,15.22; 2,2–4.5; 3,15, aber wohl nicht 1,2f.; mehr Strecker 710f.) und durch Kenntnis von Paulusbriefen verursacht sein könnten.

4.3 Mündliche Traditionen

Wo Jak sich durch Zitat, Berührung mit anderer Literatur oder aus literarkritischen Gründen als gebunden erweist, ist das also kaum durch Lektüre verursacht, jedenfalls nicht ad hoc (auch die LXX-Kenntnisse wohl nicht), sondern beruht abgesehen vielleicht von Zitaten abgelehnter Meinungen (wie 1,13; 2,14.18) im Zweifel auf Tradition, die zum Bildungshaushalt des Verfassers gehörte. Sie war mindestens zum Teil christlich. Auch Aussagen, die ebensogut jüdisch sein könnten (z.B. die Abrahamdeutung 2,21–24), werden oft christlich vermittelt sein und ursprünglich pagane Traditionen oft schon zum jüdischen Erbe gehört haben (z.B. 3,2a, vielleicht nicht z.B. 4,15). Mit der Qumranliteratur berührt Jak sich nicht besonders (Braun, anders Eisenman). Mag sein, daß viel Stoff seinen ursprünglichen oder einen Sitz im Leben in der Anfängerbelehrung hatte (z.B. Popkes, Adressaten), auch wenn Jak ihn anders einsetzt (s. z.B. u. den Exkurs zu 1,18).

Jak reproduziert aber meist nicht einfach (jedenfalls weniger, als z.B. Dibelius, Jak annahm; so hatte etwa schon sein Kritiker Kürzdörfer bei grundsätzlicher Zustimmung 1,1–11; 2,14–26; 4,11f.?; 5,12.19f. für Redaktion erklärt). In der Regel wird der vorliegende Wortlaut seiner sein, ohne daß er erst beim Schreiben entstanden sein müßte. Auch Sentenzen, die man sich gut als Zitate vorstellen kann (z.B. 1,12; 2,26; 3,18; 4,17), sind anderswo bisher nicht belegt.

Ein Sonderfall sind die Kontakte mit der Jesusüberlieferung (z.B. Davids: James and Jesus, Deppe, Hartin: James and the Q Sayings, Hoppe: Hintergrund, Konradt: Existenz, G.C. Martin, Mußner: Jak, Tsuji, Wachob, Witherington; s. auch 1,5f.; 2,5; 5,12). Jak nennt Jesus so wenig wie irgendeine andere Quelle außer der Schrift. Was er von ihm hat, muß wie sonst durch Vergleichsstellen erschlossen werden. Daß er ein Evangelium kannte, läßt sich kaum erhärten (wenn doch, dann am ehesten Mt, so z.B. Dillman, Gryglewicz, Shepherd). Also bildet das Vergleichsmaterial die mündliche Jesusüberlieferung vor und neben den Evangelien, die aber im wesentlichen durch die Evangelien zugänglich ist (bis hin zu ThEv, vgl. Hartin, The Poor?), und vielleicht die verlorene Logienquelle, die viele hinter den Partien sehen, die Mt und Lk über Mk hinaus gemeinsam haben, als vermittelnde Größe (z.B. Davids: James and Jesus, Hartin: James and the Q Sayings; manche postulieren eine ähnliche Quelle). Das sind also Texte, die alle erst rekonstruiert werden müssen.

Ausleger, die den Herrenbruder als Verfasser annehmen (oder auch einen frühen anderen, s.o. Einl. 2.1), rechnen meist damit, daß Jak stark von Jesusüberlieferung geprägt ist. Sie können voraussetzen, daß er viel kannte, und Benutzung liegt dann nahe, womöglich auch an Stellen, die keine Parallele haben. Ist der Brief pseudepigraphisch, muß man Kenntnis und Benutzung erst plausibel machen. Das ist nicht leicht, wenn man Beziehungen zu bestimmten Einzelworten nachweisen will. Die Schnittmengen im Wortlaut zwischen Jak und möglichen Parallelen sind meist klein (z.B. 1,4.5–7.17.22; 2,5.8.13; 3,12; 4,3.9.10.11; 5,1f.8.9), nur ein Vers hat so etwas wie eine synoptische Parallele (5,12/Mt 5,34–37; diese Stellen sind das z.B. von Hahn – Müller anerkannte Minimum). Die Listen der anklingenden oder benutzten Jesusworte, die man in der Literatur findet, schwanken nicht zufällig sehr stark; man sollte sich im Zweifel gegen Abhängigkeit entscheiden (Irene Mildenberger, Seminararbeit 1986). Ergiebiger ist es, Jak und Jesusüberlieferung auf gemeinsame Themen hin zu untersuchen (z.B. Davids: James and Jesus, Hartin: James and the Q Sayings, Hoppe: Hintergrund). Nur bleibt auch hier unsicher, ob für Jak der Name Jesu mit ihnen verbunden war.

Wer den Gehalt an Jesusüberlieferung hoch einschätzt, sollte übrigens Jak zu den Quellen für die Jesusforschung rechnen; das tun aber abgesehen von 5,12 nur wenige (doch z.B. Beyschlag: Geschichtsdenkmal, Dillman, G.C. Martin, vgl. Witherington).

5. Theologie

Literatur: ADAMSON, James. – BAASLAND, Literarische Form. – BARKMAN, Psychologie des Jakobusbriefes. – BERGER, Theologiegeschichte. – BEYSCHLAG, Geschichtsdenkmal. – BIEDER, Existenz. – BLONDEL, Fondement théologique de la parénèse. – BRANDENBURGER, Pistis. – BRAUMANN, Hintergrund. – SARTOR BRESSÁN, Culto y compromiso social. – CADOUX, Thought of St. James. – CHESTER, Theology of James. – CHILDS, Biblical Theology. – CRANFIELD, Message of James. – DAVIDS, Modern Discussion. – ELLIOTT, Epistle of James. – FAY, Weisheit – Glaube – Praxis. – FEINE, Jakobusbrief; Literarische Abhängigkeit. – FELDER, Wisdom, Law and Social Concern. – FONJALLAZ, Problème de l'épître de Jacques. – FRANKEMÖLLE, Gesetz; Gespalten oder ganz; Zum Thema. – GAUGUSCH, Lehrgehalt. – GRAFE, Stellung und Bedeutung des Jakobusbriefes. – HAHN / MÜLLER, Jakobusbrief. – HOLTZMANN, Theologie. – HOPPE, Hintergrund. – HÜBNER, Biblische Theologie, II. – JACKSON-MCCABE, Letter to the Twelve Tribes. – JEREMIAS, Paul and James. – KARRER, Christus der Herr. – KERN, Charakter und Ursprung des Briefs Jakobi. – KLEIN, „Vollkommenes Werk". – KONRADT, Existenz; Theologie. – LAWS, Doctrinal Basis. – LAUTENSCHLAGER, Gegenstand des Glaubens. – LOHSE, Glaube und Werke. – LUCK, Weisheit und Leiden; Jakobusbrief; Theologie. – LUDWIG, Wort als Gesetz. – MASSEBIEAU, L'Épître de Jacques. – MAYNARD-REID, Poverty and Wealth. – NIEBUHR, Jakobusbrief. – OBERMÜLLER, Themen. – ONG, Metaphorical Reading of the Epistle of James. – PENNER, James and Eschatology. – PRETORIUS, Coherency. – RAUCH, Ueber den Brief Jacobi. – RENDALL, Epistle of St James. – RUEGG, Temps de Jacques. – RUSTLER, Thema und Disposition. – SÁNCHEZ BOSCH, Llei i Paraula de Déu. – SCHAMMBERGER, Einheitlichkeit. – SCHILLE, Wider die Gespaltenheit des Glaubens. – SCHLATTER, Glaube. – SCHMIDT, Lehrgehalt. – SCHULZ, Ethik; Mitte. – STECK, Konfession des Jakobusbriefes. – STRECKER, Theologie. – STUHLMACHER, Theologie, II. – SYREENI, Olkikirje [Stroherne Epistel]? – TAMEZ, Santiago. – TSUJI, Glaube. – VIA, Right Strawy Epistle. – VOWINCKEL, Jakobus verglichen mit den ersten Briefen des Petrus und Johannes. – DE VRIES, Brief van Jakobus. – B. WEISS, Jakobusbrief und neuere Kritik. – K. WEISS, Motiv und Ziel der Frömmigkeit. – ZMIJEWSKI, Christliche «Vollkommenheit». – VAN ZYL, Cosmic Dualism. – Mehr Literatur zu Einzelthemen im Kommentar zu den unten angegebenen Stellen.

Im 19. Jh. war die Theologie des Jakobusbriefs ein häufiger Gegenstand, gern im Gegenüber zu Paulus und auch monographisch. Er trat zurück, wo man die Unordnung und Traditionsgebundenheit des Briefes betonte (s.o. Einl. 3.1), und verschwand dann weithin dank Dibelius, weil „der Jak keine ‚Theologie'" hat (Jak$^{11(5)}$ 36, gesperrt). Das sollte nicht heißen, daß die Traditionen theologisch gedankenlos wären. Aber Jak benutzte theologische Aussagen nur, um Paränese zu begründen. Sie zu einer Konzeption zusammenzuinterpretieren ist nicht in seinem Sinn und oft auch nicht möglich, weil sie verschiedene Wurzeln haben. Seit die Forschung wieder nach der formalen und gedanklichen Einheit des Briefes fragt, ist auch neu von seiner Theologie die Rede in Aufsätzen, Kommentaren (z.B. Adamson, Davids, Frankemölle, Hiebert, Johnson, Laws, R.P. Martin, Schnider, Vouga) und Büchern (z.B. Baker, Barkman, Bottini, Fabris, Hoppe, Ludwig, Marconi, Maynard-Reid, Ong, Penner, Tamez, de Vries, dazu viele ungedruckte Dissertationen), von denen einige an Gesamtdarstellungen herankommen (Adamson: Man, Cargal, Chester, Klein, Popkes: Adressaten, Tsuji, am nächsten Konradt, Existenz, vgl. auch Konradt, Theologie). Das Verhältnis zu Paulus ist immer noch ein Orientierungspunkt, aber die Mindermeinung wächst, daß Jak, obwohl nachpaulinisch, sich weder mit dem Apostel direkt oder in Gestalt von Paulusbriefen noch mit seiner/ihrer Nachwirkung auseinandersetzt. Es bleibt dabei, daß der Brief nicht die Absicht hat, Theologie mitzuteilen, schon gar nicht systematisch und vollständig.

An Themen kommen vor:

Abraham: 2,20–24 mit Exkursen; s. auch Schrift. – *Älteste*: 5,14; s. auch Gemeinde. – *Anfechtung, Prüfung*: 1,2–4.12.13–15. – *Armut, Reichtum*: 1,9–11.27; 2,1–7 mit Exkurs; 2,15f.; 4,13–5,6 mit Exkurs; *Armenfürsorge*: 1,27; 2,15f.; 4,17; Exkurse hinter 2,7 und 5,6. – *Ausdauer, Geduld*: 1,3f.12; 5,7–11; s. auch Sanftmut. – *Barmherzigkeit*: 2,13; 3,17; 5,11; s. auch Liebe. – *Begierde*: 1,14f.; 4,1–3.5; s. auch Sünde. – *Beichte*: 5,15f. – *Bekehrung*: 1,21–25; 4,7–10; 5,19f. – *Brüder, Schwestern*: 1,2 u.ö.; s. auch Frau, Mann. – *Christus der Herr*: 1,1; 1,18 mit Exkurs; 2,1 mit Exkurs; 5,14?; s. auch Parusie. – *Böses*: 1,13 mit Exkurs; 1,21; 2,4; 3,8; 4,3.16; 5,10.13; s. auch Gutes, Sünde. – *Conditio Jacobaea*: 4,15; s. auch Gott. – *Credo*: Exkurs zu 2,19; s. auch Christus, Gott. – *Demut, Niedrigkeit*: 1,9f.; 4,6.10; s. auch Erhöhung, Hochmut. – *Dämonen*: 2,19 mit Exkurs; 3,15. – *Diaspora* s. Zwölf Stämme. – *Ehebruch, metaphorisch*: 4,4. – *Eifersucht, Streit*: 3,12–4,3; s. auch Neid, Sünde. – *Erhöhung*: 1,9; 4,10; s. auch Demut, Zukunft. – *Erlösung* s. Erschaffung, Rettung, Zukunft. – *Erschaffung der Christen durch das Wort der Wahrheit*: 1,18 mit Exkurs; *Schöpfung, Geschöpf sonst*: 1,23; 3,6.7f.9; s. auch Erlösung, Erstling, Gott, Gottebenbildlichkeit, Mensch, Tiere. – *Erstling*: 1,18. – *Fleisch* s. Körper. – *Frau*: 1,27; 2,15.25; s. auch Brüder, Mann. – *Freiheit* s. Gesetz. – *Freude*: 1,2; 4,9. – *Freund, Freundschaft*: 1,5; 2,23; 4,4. – *Friede*: 2,16; 3,17f. – *Frucht*: 3,17f.; 5,7.18. – *Gebet*: 1,5–8; 4,2f.; 5,13–18; s. auch Riten. – *„Gegner"*: Exkurse zu 2,14.18; 3,13; s. auch Paulus. – *Gehenna*: 3,6; s. auch Teufel. – *Geist*: 2,26; 4,5 mit Exkurs; s. auch Seele. – *Gemeinde*: 5,14; s. auch Älteste, Armenfürsorge, Gottesdienst, Lehrer, Riten. – *Gerechtigkeit Gottes*: 1,20; *menschliche G.*: 2,21–25; 3,18; 5,6.16; s. auch Ungerechtigkeit. – *Gericht*: 2,4.6.12f.; 3,1; 4,11f.; 5,1–3.9.12; Exkurs nach 5,11; s. auch Gott, Rettung. – *Geschöpf* s. Erschaffung. – *Gesetz, G. der Freiheit*: 1,25 mit Exkurs; 2,8 mit Exkurs; 2,9–11; 4,11. – *Gesetzgeber* s. Gott. – *Glaube*: 1,3.6; 2,5.19; 5,15; *G. und Taten*: 2,14–26 mit Exkursen. – *Glieder* s. Körper. – *Gnade*: 4,6. – *Gott*: 1,1.5.13 mit Exkurs; 1,20.27; 2,5.19.23; 3,9; 4,4.6–8; *Herr*: 1,7; 3,9; 4,10.15; 5,8?.10f.14f.; *Herr Sabaoth*: 5,4; *Vater*: 1,17f.27; 3,9; *Geber von Gutem, nicht Schlechtem, und von Schlechtem nicht berührt*: 1,13–17; *Richter*: 4,12; 5,9; *Gesetzgeber*: 4,12; *Schöpfer*: 1,18 mit Exkurs; s. auch Erschaffung, Freund, Freundschaft, Gerechtigkeit Gottes, Gottebenbildlichkeit, Gottesdienst, Liebe, Reich Gottes. – *Gottebenbildlichkeit*: 3,9; s. auch Erschaffung. – *Gottesdienst*: 1,26f.; 2,1–4.15f.; s. auch Gemeinde. – *Gutes*: 1,17; 2,7; 3,13.17, vgl. 2,3.8.19; s. auch Böses. – *Heil* s. Erlösung. – *Heilung*: 5,14–16. – *Herabsetzung, gegenseitige*: 4,11; s. auch Sünde. – *Herr* s. Christus, Gott. – *Herrschaft über die Tiere*: 3,3.7; s. auch Tiere. – *Herz*: 1,26; 3,14; 4,8; 5,5.8. – *Hochmut*: 4,16; s. auch Demut, Rühmen, Sünde. – *Hören*: 1,19; 2,5; 5,11; – *Jesus* s. Christus. – *Kinder* s. Waisen. – *Körper, Fleisch, Glieder*: 2,16.26; 3,2–6; 4,1; 5,3. – *Krankheit* s. Heilung. – *Leben, ewiges*: 1,12; *menschliches*: 4,14f.; s. auch Tod, Zukunft. – *Lehrer*: 3,1.13 mit Exkurs; s. auch Gemeinde. – *Liebe zu Gott*: 1,12; 2,5; *zum Nächsten*: 2,8 mit Exkurs; s. auch Barmherzigkeit, Gott, Nächster. – *Mann*: 1,8.12.20.23; 2,2; 3,2; s. auch Brüder, Frau. – *Mensch*: 1,7.19; 2,20.24; 3,8f.; 5,17; *natürlicher Mensch* s. Armut, Begierde, Böses, Eifersucht, Frau, Geist, Gottebenbildlichkeit, Herrschaft über die Tiere, Herz, Körper, Krankheit, Leben, Mann, Reinheit, Seele, Sünde, Tod, Waisen und Witwen, Wort, Zorn, Zukunft, Zunge; *Christenmensch* s. Anfechtung, Ausdauer, Barmherzigkeit, Bekehrung, Brüder, Demut, Erhöhung, Erschaffung, Erstling, Freiheit, Freude, Friede, Gemeinde, Gerechtigkeit, Gericht, Gesetz, Glaube, Gottesdienst, Gutes, Heilung, Hören, Leben, Liebe, Nächster, Reinheit, Rettung, Riten, Rühmen, Sanftmut, Taten, Taufe, Vergebung, Vollkommenheit, Wahrheit, Weisheit, Wort, Zwölf Stämme, Zukunft. – *Nächster*: 2,8 mit Exkurs; 4,12; s. auch Liebe. – *Neid*: 4,5 mit Exkurs; s. auch Eifersucht, Sünde. – *Niedrigkeit* s. Armut, Demut. – *Parusie*: 5,7f.; s. auch Christus, Zukunft. – *Paulus*: 2,14–26 mit Exkursen zu 2,14 und vor 2,20; 3,13 mit Exkurs; 4,13–17; s. auch „Gegner". – *Rechtfertigung* s. Gerechtigkeit, Paulus. – *Reden* s. Wort, Zunge. – *Reich Gottes*: 2,5; s. auch Gott, Zukunft. – *Reichtum* s. Armut. – *Reinheit, Unreinheit*: 1,21.27; 3,6; 4,8, vgl. 2,2; s. auch Sünde. – *Rettung*: 1,21; 2,14; 4,12; 5,15.20; s. auch Zukunft. – *Richten*: 2,4.12; 4,11f.; s. auch Parusie; *Richter* s. Gott. – *Riten*: 5,13–18; s. auch Gebet, Gemeinde, Taufe. – *Rühmen*: 1,9f.; 2,13; 3,14; 4,16; s. auch Sünde. – *Sanftmut*: 1,21; 3,13.17; s. auch Ausdauer. – *Schöpfer* s. Gott. – *Schöpfung* s. Erschaffung. – *Schrift*: 2,8 mit Exkurs; 2,10f.23; 4,5 mit Exkurs; 4,6, s. auch 1,10f.; 2,21.25; 3,7.9; 5,4f.10f.17f. – *Schwanken*: 1,6; 2,4; 3,17; s. auch Zweiseeler. – *Schwestern* s. Brüder. – *Seele*: 1,21; 3,15; 5,20; s. auch Geist, Körper. – *Sünde, Sünder*: 1,15; 2,9.11; 4,8.17;

Es fehlen z.B. Tod und Auferstehung Jesu, Sakramente (Taufe allenfalls erschließbar), Pneumatologie einschließlich Charismen, Auferstehung der Toten, Heilsgeschichte, Israel, Ämter außer Presbytern.

Deshalb wird die Theologie des Briefes als ganze wohl strittig bleiben, nicht zuletzt wegen der Fehlanzeigen. Aber es ist zu einfach, Jak abzusprechen, wovon er schweigt (so z.B. Berger: Theologiegeschichte, Karrer: Christus der Herr). Mir scheint insgesamt, daß Jak eine stark jüdisch grundierte, theozentrische (Frankemölle, Jak) Art von Theologie des Wortes vertritt, deren soteriologischer Hauptsatz in 1,18 steht (Konradt, Existenz), und damit evangelischer ist als seit Luther oft angenommen (Septembertestament, 1522, Vorrede, WA, DB 6, 1929, 10: „eyn rechte stroern Epistel", weil „sie doch keyn Euangelisch art an yhr hat").

6. Text

Ausgaben: Erasmus Roterodamus, Novum Testamentum Graece et Latine, 1516, [5]1535. – Novum Testamentum Graece et Latine (Biblia Polyglotta Complutensia, V), gedruckt 1514, veröffentlicht 1522. – J.J. Wettstein, Prolegomena ad Novi Testamenti Graeci editionem, 1730; Ἡ Καινὴ Διαθήκη. Novum Testamentum Graecum editionis receptae, I-II, 1751–1752 = 1962. – S.P. Tregelles, The Greek New Testament, I-VI, 1857–1872. – C. Tischendorf, Novum Testamentum Graece. Editio octava critica maior, I-II, 1869–1872 = 1965; III. C.R. Gregory, Prolegomena, 1894. – B.F. Westcott/F.J.A. Hort, The New Testament in the Original Greek, I-II, 1881–1882 = 1974. – H(ermann) von Soden, Die Schriften des Neuen Testaments in ihrer ältesten erreichbaren Textgestalt hergestellt auf Grund ihrer Textgeschichte, I,1.2.3, 1902–1910 = [2]1911; II, 1913. – Eberhard Nestle, Novum Testamentum Graece [1898], neu bearb. von Erwin Nestle und K. Aland, [25]1963. – Z.C. Hodges/A.L. Farstad, The Greek New Testament According to the Majority Text, 1982, [2]1985. – K. Aland /M. Black/ C.M. Martini/B.M. Metzger/A. Wikgren, The Greek New Testament [1966], [3]1983; Nestle-Aland, Novum Testamentum Graece, [26]1979. – Barbara Aland/A. Juckel, Das Neue Testament in syrischer Überlieferung, I. Die Großen Katholischen Briefe, 1986 (mit Rückübersetzung der Harklensis). – W. Grunewald/K. Junack, Das Neue Testament auf Papyrus, I. Die Katholischen Briefe, 1986 (ohne P^{100}). – W.G. Pierpont/M.A. Robinson, The New Testament in the Original Greek According to the Byzantine/Majority Textform, 1991. – Barbara Aland/K. Aland/J. Karavidopoulos/C.M. Martini/B.M. Metzger, The Greek New Testament, [4]1993; Nestle-Aland, Novum Testamentum Graece, [27]1993. – Barbara Aland/K. Aland †/ G. Mink/K. Wachtel, Novum Testamentum Graecum. Editio critica maior, IV. Die Katholischen Briefe. Teil 1, Text, 1. Der Jakobusbrief; Teil 2, Begleitende Materialien, 1. Der Jakobusbrief, 1997. – R. Hübner, [Edition von P.Oxy. 4449, Jak 3,13–4,4; 4,9–5,1: P^{100}], in: M.W. Haslam et al. (eds.), The Oxyrhynchus Papyri, LXV, 1998, 20–25 and plates. – Mehr u. bei Aland/Aland, Text (s. gleich).

Literatur: BARBARA ALAND, Die Editio critica maior des Neuen Testaments. Ziel und Gestaltung, Bericht der Hermann Kunst – Stiftung zur Förderung der neutestamentlichen Textforschung für die Jahre 1988 bis 1991, 1992, 11–47; Neutestamentliche Textforschung und Textgeschichte. Erwägungen zu einem notwendigen Thema, NTS 36, 1990, 337–358. – K. ALAND (Hg.), Die alten Übersetzungen des Neuen Testaments, die Kirchenväterzitate und Lektionare. Der gegenwärtige Stand ihrer Erforschung und ihre Bedeutung für die griechische Textgeschichte, 1972. – K. ALAND, Über die Möglichkeit der Identifikation kleiner Fragmente neutestamentlicher Handschriften mit Hilfe des Computers, in: J.K. Elliott (ed.), Studies in New Testament Language and Text (FS G.D. Kilpatrick), 1976, 14–38 (7Q8). – K. ALAND/BARBARA ALAND, Der Text des Neuen Testaments. Einführung in die wissenschaftlichen Ausgaben sowie in Theorie und Praxis der modernen Textkritik, 1981; ^{2}1989; The Text of the New Testament, 1987, ^{2}1989; Il testo del Nuovo Testamento, 1987. – K. ALAND/ANNETTE BENDUHN-MERTZ/G. MINK, Text und Textwert der griechischen Handschriften des Neuen Testaments, I. Die Katholischen Briefe, 3 Bde., 1987 (25 Teststellen mit vollständiger Bezeugung). – K. ALAND/M. WELTE/BEATE KÖSTER/K. JUNACK, Kurzgefaßte Liste der griechischen Handschriften des Neuen Testaments, 1963, ^{2}1994. – C.-B. AMPHOUX, Les manuscrits grecs de *l'Épître de Jacques* d'après une collation de 25 lieux variants, RHT 8, 1978, 247–276; La parenté textuelle du sy^{h} et du groupe 2138 dans l'épître de Jacques, Bib. 62, 1981, 259–271; Systèmes anciens (s.o. Einl. 3.1); Quelques témoins grecs des formes textuelles les plus anciennes de l'épître de Jacques: Le groupe 2138 (ou 614), NTS 28, 1982, 91–115; Les lectionnaires grecs, in: Amphoux/Bouhot, Lecture liturgique 19–47; Rezension von B. Aland u.a., Jakobusbrief, Filologia Neotestamentaria, im Druck; Hypothèses. – C.-B. AMPHOUX/B. OUTTIER, Les leçons des versions géorgiennes de l'épître de Jacques, Bib. 65, 1984, 365–376. – AMPHOUX/BOUHOT, Lecture liturgique. – M.-A. ARIS, Die Glossen zum Jakobusbrief aus dem Victor-Codex (Bonifatianus 1) in der Hessischen Landesbibliothek zu Fulda, 1996. – H.P.S. BAKKER, Towards a Critical Edition of the Old Slavic New Testament. A Transparent and Heuristic Approach, Diss., University of Amsterdam 1996. – J.N. BIRDSALL, The Recent History of New Testament Textual Criticism (from Westcott and Hort, 1881, to the present), in: ANRW II 26.1, 1992, 99–197. – J.-P. BOUHOT, Les lectionnaires latins, in: Amphoux/Bouhot, Lecture liturgique 239–268. – J.-P. BOUHOT/C.-B. AMPHOUX, Lecture liturgique et critique textuelle des Épîtres Catholiques, in: Amphoux/Bouhot, Lecture liturgique 283–307. – CHR. BURCHARD, Zur altarmenischen Übersetzung des Jakobusbriefes, in: M. Kohlbacher/M. Lesinski (Hg.), Horizonte der Christenheit (FS F. Heyer), 1994, 195–217 (Literatur, Überlieferung, Ausgaben, neue Lesarten, Vorlage, Übersetzung als Auslegung) = in: Burchard, Studien zur Theologie, Sprache und Umwelt des Neuen Testaments, hg. von D. Sänger, 1998, 358–386; A Further Glimpse at the Armenian Version of the Epistle of James, in: N. Awde (ed.), Armenian Perspectives. 10th Anniversary Conference of the Association Internationale des Etudes Arméniennes, 1997, 9–19.366f. = in: Studien 345–357. – A. DESREUMAUX, Les lectionnaires syro-palestiniens, in: Amphoux/Bouhot, Lecture liturgique 87–103. – J. DUPLACY, Les divisions du texte de l'Épître de Jacques dans B (03) du Nouveau Testament (Vatic. gr. 1209), in: Elliott (ed.), Studies 122–136 = in: J. Délobel (éd.), Jean Duplacy, Etudes de critique textuelle du Nouveau Testament, 1987, 169–183. – B.D. EHRMAN, The Orthodox Corruption of Scripture. The Effect of Early Christological Controversies on the Text of the New Testament, 1993. – B.D. EHRMAN/M.W. HOLMES (eds.), The Text of the New Testament in Contemporary Research. Essays on the *Status Quaestionis* (FS B.M. Metzger), 1995. – J.K. ELLIOTT, A Bibliography of Greek New Testament Manuscripts, 1989, ^{2}2000; Rezension von B. Aland u.a., Jakobusbrief, NT 40, 1998, 195–203. – E. FRITSCH, Les Lectionnaires éthiopiens, in: Amphoux/Bouhot, Lecture liturgique 197–219. – J. JOHANNET, Les apostolaires slaves anciens, in: Amphoux/Bouhot, Lecture liturgique 47–52. – K. JUNACK, Zu den griechischen Lektionaren und ihrer Überlieferung der Katholischen Briefe, in: K. Aland, Die alten Übersetzungen 498–591. – KÖNNECKE, Conjecturen; Emendationen. – L. LELOIR, Traduction latine des versions syriaques et arméniennes de l'épître de Jacques, Muséon 83, 1970, 189–208 (mit Lesarten aus armenischen Lektionaren und Kirchenvätern). – B.M. METZGER, A Textual Commentary on the Greek New Testament, 1971, ^{2}1994; The Text of the New Testament. Its Transmission, Corruption, and Restoration, ^{3}1992. – G. MINK, Eine umfassende Genealogie der neutestamentlichen Überlieferung, NTS 39, 1993, 481–499. – J. O'CALLAGHAN, ¿Papiros neotestamentarios en la cueva 7 de Qumrān?, Bib. 53, 1972, 91–100; Los papiros griegos de la cueva 7 de Qumrán, 1974. – B. OUTTIER, Les lectionnaires géorgiens, in: Amphoux/

Bouhot, Lecture liturgique 75–85. – C. Renoux, Les lectionnaires arméniens, in: Amphoux/Bouhot, Lecture liturgique 53–74. – G. Rouwhorst, Les lectionnaires syriaques, in: Amphoux/Bouhot, Lecture liturgique 105–140. – H. Strutwolf, Methodologische Überlegungen zur Auswertung der neutestamentlichen Kirchenväterzitate, Bericht (s.o. B. Aland) für die Jahre 1992 bis 1994, 1995, 69–82. – Trobisch, Endredaktion. – L. Vaganay/C.-B. Amphoux, Initiation à la critique textuelle du Nouveau Testament, ^{2}1986 (^{1}1934); ergänzt Vaganay/Amphoux/Jenny Heimerdinger, An Introduction to New Testament Textual Criticism. Second edition, 1991. – K. Wachtel, Der byzantinische Text der Katholischen Briefe. Eine Untersuchung zur Entstehung der Koine des Neuen Testaments, 1995 (mit Besprechung aller Teststellen von Aland/Benduhn-Mertz/Mink). – M. Welte, Über die Herkunft einiger Lesarten in den Katholischen Briefen, Bericht (s.o. B. Aland) für die Jahre 1995 bis 1998, 1998, 61–71. – Winer, Observationes. – U. Zanetti, Les lectionnaires coptes, in: Amphoux/Bouhot, Lecture liturgique 141–190; Les lectionnaires arabes, a.a.O. 191–196; Les leçons du Paris, B.N., éthiopien 42, a.a.O. 220–237. – Die älteren Kommentare lassen sich in Einleitung und/oder Auslegung oft ausführlich auf Textkritik ein, die neueren seltener. – Sigla im allgemeinen nach NA^{27}.

1. Der Jakobusbrief ist wie die ganze antike Literatur nur in Abschriften von Abschriften und deren Nachwirkung überliefert, aber wie bei allen biblischen Büchern anders als bei den übrigen antiken relativ früh und sehr breit. Der Text der (alt)griechischen Urschrift muß also erst wiederhergestellt werden. Das wurde längst und oft gemacht, aber erst durch die Editio critica maior (ECM) in Kenntnis und mit Dokumentation fast der gesamten Überlieferung. In den letzten Jahrzehnten ist die Erforschung der Textgeschichte des NT zu einer eigenen Unterdisziplin (der Kirchengeschichte) geworden, die Nichtfachleute kaum beurteilen können. Ich halte mich vor allem an die Arbeiten des Münsteraner Instituts für neutestamentliche Textforschung (Alternative: Vaganay – Amphoux).

2. Die Überlieferung sieht so aus:

a) Primärüberlieferung sind die griechischen Handschriften der Bibel (selten vollständig) oder des Neuen Testaments oder von dessen Teilen (zur knappen Hälfte Apg-Kath-Paulus bzw. weniger oft Apg-Paulus-Kath), die Jak enthalten, sei es auch lückenhaft: nach heutiger Kenntnis 581 (von Kath ohne Jak gibt es noch 22 mehr). Das Münsteraner Institut hat fast alle auf Mikrofilm. Nach der üblichen, äußerlichen Einteilung:

5 Papyri (Majuskel- oder Unzialschrift, alle fragmentarisch): P^{20} (3. Jh.), P^{23} (Ende 3. Jh.), P^{54} (Wende 5./6. Jh.), P^{74} (6./7. Jh.), P^{100} (3./4. Jh., R. Hübner); daß auf dem Papyrusfetzen 7Q8 Buchstaben aus 1,23f. stehen (O'Callaghan; 1. Jh. n.Chr.?), hat nicht überzeugt;

15 Majuskeln auf Pergament: die „großen Unzialen" א (Sinaiticus, 4. Jh.), A (Alexandrinus, 5. Jh.), B (Vaticanus, 4. Jh.), C (Ephraemi rescriptus, 5. Jh.; verloren 1,1f.; 4,2–5,20), vier fragmentarische Handschriften aus dem 5. und 6. Jh. (048 0166 0173 0246) und sieben mehr oder weniger vollständige aus dem 9. und 10. Jh. (K L P Ψ 049 056 0142);

rund 560 Minuskeln auf Pergament oder Papier, meist vollständig, ab dem 9. Jh., in dem die Minuskelschrift eingeführt wurde.

b) Nebenüberlieferung sind erstens die Jakobuszitate der griechischen Kirchenväter, soweit sie den benutzten Text erkennen lassen. Sie beginnen im frühen 3. Jh. mit Origenes (um 185/86–253/54, s.u. Einl. 7; ECM: 1,13.17; 2,26; 3,15; 4,7.10; 5,13.16) und Dionysius von Alexandrien († 264/65; ECM: 1,13), falls echt, im übrigen erst ab 4. Jh. (Register ECM, B 20–26). Aus den ersten Jahrzehnten des 3. Jh.s stammen möglicherweise auch die pseudoklementinischen Epistulae de virginitate, die Jak öfter zitieren oder auf ihn anspielen, ohne ihn zu nennen; sie sind aber vollständig nur syrisch, griechisch nur fragmentarisch erhalten und textkritisch nicht auswertbar. Dazu kommen zweitens die etwa 400 griechischen Lektionare mit Jakobusperikopen (nur Minuskeln). Die Drucke des NT überliefern kein nennenswertes Textmaterial, das sonst verloren ist.

c) Sekundärüberlieferung sind die z.T. mehrfachen alten Versionen des Briefs, wobei Jak wohl als Teil einer Schriftengruppe übersetzt wurde, zumindest der Katholischen Briefe (immer an der Spitze):

Lateinisch	„Altlateinische" Übersetzung, ab Ende 2. Jh.?, aber von Jak vor 400 nur Spuren erhalten; Vulgata, um 400?, nicht von Hieronymus, vielleicht von Rufin
Koptisch	in mehreren Dialekten, ab Ende 3./Anfang 4. Jh.?
Syrisch	Peschitta, 420/30, nur Jak 1Petr 1Joh; Harklensis, 615/16, mit Varianten der als solche verlorenen Philoxeniana, 507/8; keine Vetus Syra
Armenisch	5. Jh.
Georgisch	ab 5./6. Jh.?
Äthiopisch	5./6. Jh.?
Slawisch	Altkirchenslawische Übersetzung, 9. Jh.

Auch hier gibt es Zitate und Lektionare (Amphoux – Bouhot). Gotisch sind die Katholischen Briefe nicht erhalten (je übersetzt?). Über ihren Text in anderen alten Übersetzungen (palästinisch-syrisch, arabisch, auch persisch?) scheint man wenig zu wissen (vgl. Vaganay – Amphoux). Textausgaben in ECM 3*–7*, vgl. B 27–31 (nur it vg sy aeth auf umfassender Zeugenbasis).

Griechische Handschriften, die Jak vollständig enthalten, gibt es also erst seit der 2. Hälfte des 4. Jh.s (א B), vorher nur drei fragmentarische Papyri aus dem 3. (P[20] P[23]) und 3./4. Jh. (P[100]) mit 44 z.T. lückenhaften Versen von 108. An Majuskeln folgen dann A C 048 0166 0173 im 5. Jh., 0246 im 6. Jh., K L P 049 im 9. Jh., in dem dann die Minuskeln einsetzen, Ψ im 9./10. Jh. und 056 0142 im 10. Jh. Davon ist C unvollständig und 048 0166 0173 0246 sind Fragmente; nur 10 Majuskeltexte sind also vollständig erhalten. Die Lücke im 7. und 8. Jh. dürfte kein Zufall sein; in dieser schwierigen Zeit wurde wenig abgeschrieben.

3. Gruppiert man nach Textcharakter, ergibt sich für Jak (und Kath) dieselbe Grobgliederung wie im übrigen NT außer Apk, nur einfacher.

a) Etwa dreiviertel der griechischen Texthandschriften (ab 9. Jh., außer K L 049 056 0142 nur Minuskeln), die griechischen Lektionare und slav lassen sich einer sehr einheitlichen Textform zurechnen, die seit dem 9. Jh. der neutestamentliche Standardtext der byzantinischen Kirche war und bis ins 19. Jh. als „textus receptus" auch die Drucke beherrschte: „Byzantinischer Text" (Byz in ECM, etwa gleich dem „Mehrheitstext" 𝔐 in NA seit [26]1979). Die Textkritik erkannte aber schon im 18. Jh., was im 19. Jh. durchgehend erwiesen wurde und heute nur von wenigen (vor allem in den USA, vgl. D.B. Wallace, The Majority Text Theory: History, Methods, and Critique, in: Ehrman – Holmes, Text of the New Testament 297–320) bestritten wird: Byz ist eine für den kirchlichen Gebrauch geglättete, verdeutlichte und harmonisierte Form, in Kath aber viel zurückhaltender als etwa in den Evangelien. Sie entstand wohl nicht wie früher angenommen durch den Einfluß einer Bearbeitung des 3./4. Jh.s in Antiochia, die von der Reichshauptstadt aus protegiert wurde (vgl. Vaganay – Amphoux), jedenfalls bei den Katholischen Briefen nicht, sondern als wachsende „Variantenschicht", die sich in mehreren Überlieferungslinien anreicherte: „Koinetext". Byz machte daraus eine feste Größe (Wachtel, Der byzantinische Text).

b) Etwa 25–30 Texthandschriften, darunter die ältesten Majuskeln, und drei Übersetzungen lassen sich für Jak einer Textform zurechnen, die sich ab dem 4. Jh. wohl von Alexandria aus in Ägypten verbreitete und dabei veränderte, vor allem durch Bildung oder

Übernahme von Koine-Lesarten: „alexandrinischer" und „ägyptischer" Text (z.B. P[74] ℵ A B C Ψ 048 33 1739 co vg aeth). Der Übergang ist fließend. Die drei frühen Papyri (P[20] P[23] P[100]) gehören nach Münsteraner Ansicht in die Zeit des „frühen Textes", als es abgrenzbare, womöglich kontrollierte Textformen mit regionaler Verbreitung noch nicht gab. Sie setzen erst nach und nach ein, als der Bedarf an Bibeltexten nach der diokletianischen Verfolgung, die viele Handschriften vernichtet hatte, und mit der konstantinischen Eingliederung der Kirche in Staat und Gesellschaft steil stieg. Bis dahin variierte der Text im wesentlichen in den Grenzen der jeweils üblichen Schreiberregeln. Die drei frühen Papyri lesen sich aber wie Vorstufen des alexandrinisch-ägyptischen Textes. Diese Form beruht nicht wie oft angenommen auf einer professionellen philologischen Textrekonstruktion, hat aber gute Vorlagen. Sie steht nach fast allgemeinem Urteil dem Urtext relativ am nächsten (einschränkend Vaganay – Amphoux) und bestimmt seit Tregelles, Tischendorf und Westcott – Hort den Text der Ausgaben.

c) Das restliche Fünftel der griechischen Handschriften der Katholischen Briefe und mehrere Übersetzungen haben bei einem überwiegenden Anteil von Koine-Lesarten je individuellen Charakter und bilden keine eigene Textform (für Jak außer P[54]? P nur Minuskeln und it? sy[p.ph.h] arm). Es lassen sich aber Zeugengruppen ermitteln, in denen ein viel älterer Vorfahre nachwirkt (so schon von Soden). Nach Barbara Aland kann man für die Katholischen Briefe (samt Apg und Paulus) mit Hilfe der Minuskelfamilie 2138 (1505 1611 2138 2495) die griechische Vorlage Hk[gr] von sy[h] rekonstruieren, eine Majuskel des 6. Jh.s oder früher (Jak: B. Aland – Juckel 271–275). Hk[gr] hat mit der Minuskelgruppe Hk (206 429 522 614 630 1292 2200 2412 [1448 1852] + f^{2138}, identifiziert auch von Amphoux, Manuscrits grecs; Quelques témoins) als Ahn eine alexandrinische Majuskel des 5. Jh.s (mehr dazu und weitere Versuche bei Wachtel, Welte). Beziehungen von Hk und sy[p] lassen vielleicht einen syrischen Lokaltext erschließen. Dagegen ist es fraglich, ob sich mit Amphoux auf diese Weise weitere frühe Textformen identifizieren lassen wie in anderen Teilen des NT (Spuren eines „westlichen" Textes der Katholischen Briefe zeigen 2138 mit Verwandten, it und sy[h] nach Amphoux, Parenté, eines palästinischen P[72], 1739 mit Verwandten und geo[alt] nach Amphoux – Outtier, Leçons, vgl. auch Amphoux, Systèmes anciens).

d) Insgesamt sieht es eher so aus, daß die griechische Textgeschichte der Katholischen Briefe einschließlich Jak vor Byz das Ergebnis von Entwicklung, nicht von Gestaltung (Rezension, Revision, Adaption) war. Wenn der Text trotzdem nicht zerlief, dann vor allem deswegen, weil er kanonisch war und spätestens seit dem 5. Jh. liturgisch gebraucht wurde.

4. Seit Tregelles und Tischendorf steht in den wissenschaftlichen Ausgaben des NT ein rekonstruierter Text, der besonders ℵ und B berücksichtigt. Die Rekonstruktionen unterscheiden sich im Wortbestand des Jakobusbriefs kaum (vgl. die Übersichten NA[26], 736; NA[27], 743). GNT (ab [3]1975) und NA (ab [26]1979) sind darin gleich. ECM hat abgesehen von Großschreibung und Interpunktion an NA[27] nur zwei Kleinigkeiten geändert (S. 1*: 1,22 ἀκροαταὶ μόνον statt μόνον ἀκροαταί und 2,3 ἢ κάθου ἐκεῖ statt ἐκεῖ ἢ κάθου, beide Male mit B; dazu steht in 5,10 κακοπαθείας statt -θίας, diesmal gegen B). Im Apparat verzeichnet ECM alle Lesarten aller Papyri einschließlich des frisch identifizierten P[100] (P.Oxy. 4449), aller Majuskeln, aller Minuskeln, die bei Kath an mehr als 10% der Teststellen (für Jak nach Aland – Benduhn-Mertz – Mink: 1,5.12.17.20.22.25.26; 2,3.4.5.18.19.20.24; 3,3.8 [zwei]; 4,4.9.11; 5,7.9.11.16.20) vom Mehrheitstext (Byz plus

alle gleichlautenden griechischen Handschriften, also leicht wechselnder Umfang) abweichen, und einiger (fast) rein byzantinischer Minuskeln, insgesamt 182 Handschriften; dazu kommen, meist zur Unterstützung von Varianten der griechischen Texthandschriften, die Lesarten von 19 ausgewählten Lektionaren, die der Versionen it vg co sy arm geo slav aeth und die der benutzbaren griechischen Zitate bis Johannes Damaszenus (7./8. Jh.) und z.T. darüber hinaus (Übersicht B 20–26). Lesarten, die sich aus Versionen rekonstruieren, aber griechisch bisher nicht nachweisen lassen, sind nur sparsam aufgenommen, manchmal vielleicht zu sparsam (s. z.B. zu 1,17).

Textkritische Entscheidungen fallen in NA²⁷ und ECM oft mit ℵ (01), A (02), B (03), C (04) erster Hand gemeinsam und nur in 5,10 gegen ℵ A B, die hier aber alle verschieden sind (C fehlt schon; liest man mit NA²⁷ κακοπαθίας, s.o., fällt B weg). Der beste Einzelzeuge für Jak bleibt B. Gegen ihn entscheiden die Herausgeber nur in 1,9.11.17.26 (dreimal); 2,4.8.14.16.19.26; 3,4; 4,3.8.12.14 (zweimal).15; 5,4 (zweimal).10 (s.o.).11.14 (zweimal).16.19.20, gegen ℵ schon fast doppelt und gegen eine sehr gute Minuskel wie 1739 zweieinhalb mal so oft, gegen ℵ B gemeinsam nur bei 1,17 παραλλαγὴ ἢ τροπῆς ἀποσκιάσματος ℵ* B und 5,4 ἀφυστερημένος ℵ B* (in beiden Fällen stehen ℵ B allein). Nicht berücksichtigt sind im vorigen Überschrift, Doxologie, Subscriptio und die unentscheidbaren Fälle, meist den Spiritus betreffend.

Daß man manchmal anders urteilen kann, deutet ECM an, indem sie in 1,20 (mit C*); 2,3 (A).19 (B); 3,4 (A).8 (ℵ A).15 (C); 4,12 (P^{74} P^{100} B).14 (zweimal: mit A und P^{74} und P^{100} ℵZ A); 5,10 (A).18 (A) fast gleichwertige Alternativlesarten auszeichnet. Die Diskussion muß entscheiden, ob sich der älteste Text gelegentlich allein in Minuskeln und Übersetzungen findet, wie Amphoux meint (z.B. Hypothèses: 1,17.18; 2,1.23); diese Urfassung sei die Einleitung einer unter der Autorität des Herrenbruders Jakobus entstandenen griechischen Ausgabe der Worte Jesu gewesen (s. dazu auch o. Einl. 2.1).

5. Frühere Ausleger versuchten öfter, vor allem an philologisch schwierigen Stellen, den Text durch Konjekturen (einmal später durch eine Handschrift bestätigt, s. 4,2) zu verbessern, z.B. Könnecke in 1,17; 2,4; 3,6; 4,5.17; 5,3.11. Noch Dibelius, Jak hat das für 1,17; 2,1.18; 3,6.12; 4,2 (zweimal).5; 5,11 ernsthaft erwogen (S. 91), sich aber nur an einigen Stellen dafür entschieden. Heute wird nicht mehr gern konjiziert. NA und ECM tun es aus Prinzip nicht, ECM registriert auch keine Konjekturen mehr (in NA²⁵ insgesamt rund 200, S. 11*; für Jak in 1,17 [drei]; 2,18; 3,1; 4,2.5, ebenso NA²⁶·²⁷).

6. Nach weit überwiegender Meinung läßt sich also aus der Überlieferung kein anderer Textarchetyp von Jak rekonstruieren, als er in B praktisch schon steht. Auch die umfassende Bearbeitung der Minuskeln in Münster hat zwar für Text-, Liturgie- und Kirchengeschichte sehr viel gebracht und so die moderne Textrekonstruktion gesichert, sie aber kaum verändert. Sind GNT⁴, NA²⁶·²⁷ und ECM auch so gut wie der Urtext? Ja, wenn er sich vom Ende des 1. Jh.s (s.o. Einl. 2.3) bis zum frühen 3. Jh. nicht stärker veränderte als von da bis zu B 150 Jahre später. Das dürfte man annehmen, wenn der Brief, ursprünglich doch wohl eine selbständige Schrift (anders Amphoux, Hypothèses), die auf einer Rolle stand, nur für sich abgeschrieben worden wäre. Er war aber wohl schon zu Origenes' Zeit mit anderen neutestamentlichen Schriften zu einer Sammlung (Katholische Briefe?) oder sogar einem NT verbunden (s.u. Einl. 7). Möglicherweise war eine solche Sammlung der Ausgangsort der erhaltenen Überlieferung des Briefs, und wenn, dann wohl nicht in Gestalt einer Rolle (in die womöglich sogar das Original eingeklebt wurde), sondern in Kodexform, die im Gegensatz zur Umwelt anscheinend von Anfang an für kirchliche Litera-

tur benutzt wurde. Jedenfalls sind oder waren alle erhaltenen Jakobushandschriften Kodizes, und Jak steht, soweit erkennbar, vor (den) anderen Katholischen Briefen. Bei der Herstellung der Sammlung sind Eingriffe in den Text denkbar, die über das beim Abschreiben Übliche hinausgehen (so wohl Überschrift und Subscriptio, s. vor 1,1 und nach 5,20), später weniger, jedenfalls wenn die Sammlung von vornherein für kirchlichen Gebrauch bestimmt und dadurch mit Autorität versehen war. Daß ein Text durch Zusammenstellung mit anderen auch ohne Veränderung einen neuen Interpretationsrahmen bekommt, steht auf einem anderen Blatt.

7. Ich versuche, mit dem Wortbestand von NA^{27} und ECM (zum Unterschied s.o. 4) auszukommen. Es bleibt zu beachten, daß der Brief ursprünglich wohl wie bei Majuskelschrift üblich ohne Wortabstände, Abkürzungen, Trennungsregeln für Zeilenumbruch und andere konsequente Lesehilfen geschrieben war (gelegentliche Interpunktion und Absätze sind nicht undenkbar). Groß- und Kleinschreibung, Wortzwischenräume (z.B. 5,6), Spiritus und Akzente (durchlaufend erst in Minuskeln), Perikopeneinteilung, Kapitel (13. Jh.) und Verse (16. Jh.), konsequente Interpunktion und durchlaufende Gliederung durch Zeichen und Spatien (schon B), Sinnzeilen (in NA^{27} nur 4,6), Absätze, Leerzeilen sind Zutaten. Die Gliederung in NA^{27} hat mir nicht immer eingeleuchtet (ECM hat keine außer durch Interpunktion und Kapitel- und Verszahlen im Text).

7. Zur Nachgeschichte

Literatur: P. ALTHAUS, „Bekenne einer dem andern seine Sünden". Zur Geschichte von Jak. 5, 16 seit Augustin, in: Festgabe für Theodor Zahn, 1928, 165–194. – AMPHOUX, Hypothèses. – AMPHOUX/BOUHOT, Lecture liturgique. – BAUCKHAM, James (Kierkegaard). – P. BERGAUER, Der Jakobusbrief bei Augustinus und die damit verbundenen Probleme der Rechtfertigungslehre, 1962. – J. BEUMER, Et daemones credunt (Iac. 2, 19). Ein Beitrag zur positiven Bewertung der fides informis, Gr. 22, 1941, 231–251. – B. BISCHOFF, Wendepunkte in der Geschichte der lateinischen Exegese im Frühmittelalter, SE 6, 1954, 189–281, überarb. in: Bischoff, Mittelalterliche Studien, I, 1966, 205–273. – J.B. BORD, L'Extrême Onction d'après l'Épître de Saint Jacques (V, 14.15) examinée dans la tradition, 1923. – J.-P. BOUHOT, La lecture liturgique des Épîtres Catholiques d'après les sermons d'Augustin, in: Amphoux/Bouhot, Lecture liturgique 269–281. – VON CAMPENHAUSEN, Entstehung der christlichen Bibel. – CHESTER, Theology of James. – ALISON CORNISH, The Epistle of James in Inferno 26, Tr. 45, 1989/90, 367–379. – EICHHOLZ, Glaube und Werke; Jakobus und Paulus (Luther, Kierkegaard). – FABRIS, Legge della libertà. – R.D. FOUBISTER, Healing in the Liturgy of the Post-Apostolic Church, SBTh 9, 1979, 141–155. – FRANKEMÖLLE, Jak. – H. FRIESENHAHN, Zur Geschichte der Überlieferung und Exegese des Textes bei Jak V, 14f., BZ 24, 1938, 185–190. – T. GEORGE, "A Right Strawy Epistle": Reformation Perspectives on James, RExp 83, 1986, 369–382. – J. HAAR, Initium creaturae Dei. Eine Untersuchung über Luthers Begriff der „neuen Creatur" im Zusammenhang mit seinem Verständnis von Jakobus 1, 18 und mit seinem „Zeit"-Denken, 1939. – H. HEINZ, Jakobus 2, 14–26 in der Sicht Martin Luthers, AUSS 19, 1981, 141–146. – HEISEN, Hypotheses. – P. HENNE, La datation du *Canon* de Muratori, RB 100, 1993, 54–75. – JOHNSON, Jas. – G. KAWERAU, Die Schicksale des Jakobusbriefes im 16. Jahrhundert, ZKWL 10, 1889, 359–370. – E.J. KILMARTIN, The Interpretation of James 5.14–15 in the Armenian Catena on the Catholic Epistles: Scholium 82, OrChrP 53, 1987, 335–364. – E. KINOWAKI, Erasmus' Paraphrasis in Epistolam Jacobi and His Anthropology, in: J. Chomarat etc. (éds.), Érasme. Actes du Colloque International (Tours 1986), 1990, 153–160. – KLAUCK, Briefliteratur. – LACKMANN, Sola fide. – LÜHRMANN, Gal 2,9. – W. MAURER, Luthers Verständnis des neutestamentlichen Kanons, FuH 12, 1960, 47–77. – MAYNARD-REID, Poverty and Wealth. – M. MEINERTZ, Luthers Kritik am Jakobusbriefe nach dem Urteile seiner Anhänger, BZ 3, 1905, 273–286; Der Jakobusbrief und sein Verfasser. – MEYER, Rätsel. – NEU-

DORFER, Sachkritik. – NOACK, Jakobsbrevet. – J. NORET/H. GASPART, Un éloge de Jacques le frère du Seigneur par un Pseudo-André de Crète avec une paraphrase ancienne de l'épître catholique de saint Jacques, 1978. – PEARSON, James etc. – G. PFLIGERSDORFFER, Demut und Gnade. Zu Jakobus 4,6 bei Augustinus, in: Chartulae (FS W. Speyer), 1998, 244–252. – J.-C. PIGUET, La foi et les œuvres. Un dialogue interdisciplinaire, RThPh 118, 1986, 291–296. – PRATSCHER, Herrenbruder. – S. SCANNERINI, Giustificazione per la fede, giustificazione per le opere. Linee di storia dell'esegesi di *Giacomo* 2,20–24 e 26, AnStEs 6, 1989, 165–187. – F. SCHMIDT-CLAUSING, Die unterschiedliche Stellung Luthers und Zwinglis zum Jakobusbrief, Ref. 18, 1969, 568–585. – SCHNEEMELCHER, Neutestamentliche Apokryphen, I (s. Literatur 1; frühe Zeugnisse). – H.J. SIEBEN, Kirchenväterhomilien zum Neuen Testament. Ein Repertorium der Textausgaben und Übersetzungen. Mit einem Anhang der Kirchenväterkommentare, 1991. – J.S. SIKER, The Canonical Status of the Catholic Epistles in the Syriac New Testament, JThSt 38, 1987, 311–340. – J. SILY, El texto de Santiago „Confesaos los unos a los otros los pecados" en los once primeros siglos de la Iglesia, CiFe 6, 1950, 7–22; „Confesaos los unos a los otros los pecados" en los siglos XII. XIII. XIV. XV, CiFe 9, 1953, 7–21. – VON SODEN, Schriften des NT, I,1 (s.o. Einl. 6). – K. STAAB, Die griechischen Katenenkommentare zu den Katholischen Briefen, Bib. 5, 1924, 296–353. – TAMEZ, Santiago. – W. THIELE, Augustinus zum lateinischen Text des Jakobusbriefes, ZNW 46, 1995, 255–258. – TROBISCH, Endredaktion. – WALL, James and Paul. – WELTE, Herkunft einiger Lesarten (s.o. Einl. 6). – Zur Textgeschichte und -kritik s.o. Einl. 6.

1. Die erhaltene Literatur vor Origenes (um 185/6–253/54) erwähnt oder zitiert den Jakobusbrief nicht. Jud 1 setzt ihn vielleicht voraus (s.o. Einl. 2.3). Anklänge in 1Petr, 1Klem, Hermas deuten eher auf Traditionsverwandtschaft als auf Kenntnis. Papias von Hierapolis' verlorenes Werk über Jesusüberlieferung (um 110? 125/130?) benutzte von den Katholischen Briefen 1Joh und (1)Petr, aber Jak nicht (nach Euseb, Hist. eccl. III 39,17). Nach dem Canon Muratori (Ende 2. Jh.?, vgl. Henne; wohl aus dem Westen), Z. 68f. *epistolae sane iude et superscrictio* [!] *iohannis duas in catholica habentur* „Ferner werden ein Brief des Judas und zwei mit der Aufschrift (oder: zwei des oben erwähnten) Johannes in der katholischen Kirche gehalten" (Übers. W. Schneemelcher); Jak fehlt. Sichere äußere Belege für Jak gibt es im Osten erst bei Origenes (Meinertz, Jakobusbrief 106–112), der ihn wohl schon in Alexandria kannte (also vor 230?). Im Westen ist der erste Hilarius von Poitiers, De trin. IV 8 (356/60) *Tum quod hunc* [Gott] *nouerint inconuersibilem et indemutabilem, quia per profetam dixerit*: Ego sum Dominus Deus uester et non demutor [Mal 3,6]; et *Iacobus apostolus dixerit*: Apud quem non est demutatio [1,17]. Hilarius schrieb das zwar in kleinasiatischer Verbannung und er zitiert die Arianer, die er bekämpft (zu möglichen früheren Anspielungen Johnson, Jas 135–137); aber der Brief wird kaum erst in diesem Zusammenhang für ihn zu einer apostolischen Autorität geworden sein. Im Canon Mommsenianus (um 360, Afrika?, *olim* Cheltenham, Phillipps, wo heute?) fehlen Jak und Jud.

Man hätte neue Lebenszeichen für den Brief, wenn sich aus der Textüberlieferung (s.o. Einl. 6) mit kodikologischen, text- und literarkritischen Gründen ein Platz in einer neutestamentlichen Schriftensammlung schon im 2. Jh. erschließen ließe (Trobisch: eine Erstausgabe aller 27 Bücher des NT, Mitte des 2. Jh.s, Kleinasien?; Amphoux, Hypothèses: Jak, 1Petr, Hebr, Eph, 1Joh, 2–3Joh wurden schon Anfang des 2. Jh.s gesammelt, daraus entstand erst im 3. Jh., vielleicht um 280 in Cäsarea, die übliche Gruppe ohne Hebr und Eph, dafür mit 2Petr und Jud). Aber für ein Urteil ist es noch zu früh. Vorläufig bleibt Jak bis um 200 n.Chr. im Dunklen.

Anscheinend hat der Brief es schwer gehabt, als Autorität anerkannt, im Gottesdienst gelesen und Teil des Kanons zu werden, wohl weil nicht sicher war, wer ihn geschrieben hatte. Origenes nennt ihn allgemein bekannt und zitiert ihn als Schrift, läßt aber erkennen, daß andere anders dachten (Comm. in Joh, Fr. 6 zu 1,8 über Jak 1,17: ὅπερ ἡγοῦμαι εἰρῆσθαι ὑπὸ τῆς γραφῆς; XIX 23 zu 8,24 über Jak 2,17 oder 26: ὡς ἐν τῇ φερομένῃ Ἰακώβου ἐπιστολῇ ἀνέγνωμεν). Euseb ist deutlicher (Hist. eccl., Anf. 4. Jh., II 23,24f. nach Zitat von Jos Ant XX 197.199–203: τοιαῦτα καὶ τὰ κατὰ Ἰάκωβον, οὗ ἡ πρώτη τῶν ὀνομαζομένων καθολικῶν ἐπιστολῶν εἶναι λέγεται· ἰστέον δὲ ὡς νοθεύεται μέν, οὐ πολλοὶ γοῦν τῶν παλαιῶν αὐτῆς ἐμνημόνευσαν, ὡς οὐδὲ τῆς λεγομένης Ἰούδα, μιᾶς καὶ αὐτῆς οὔσης τῶν ἑπτὰ λεγομένων καθολικῶν· ὅμως δ' ἴσμεν καὶ ταύτας μετὰ τῶν λοιπῶν ἐν πλείσταις δεδημοσιευμένας ἐκκλησίαις „Dies (nämlich das zuvor in II 23 von Euseb Berichtete) ist die Geschichte des Jakobus, von dem der erste der sogenannten katholischen Briefe sein soll. Es ist aber zu bedenken, daß er für unecht gehalten wird. Jedenfalls haben ihn nicht viele der Alten erwähnt wie auch den sogenannten Judasbrief nicht, der ebenfalls einer der sieben sogenannten katholischen Briefe ist. Gleichwohl wissen wir, daß auch diese mit den übrigen Briefen in den meisten Gemeinden öffentlich verlesen worden sind", Übers. W. Schneemelcher; III 25,1f.: von den Schriften des NT sind die 4 Evangelien, Apg, die Paulusbriefe, 1Joh, 1Petr und nach den meisten Apk anerkannt; 3: καὶ ταῦτα μὲν ἐν ὁμολογουμένοις· τῶν δ' ἀντιλεγομένων, γνωρίμων δ' οὖν ὅμως τοῖς πολλοῖς, ἡ λεγομένη Ἰακώβου φέρεται καὶ ἡ Ἰούδα ἥ τε Πέτρου δευτέρα ἐπιστολὴ καὶ ἡ ὀνομαζομένη δευτέρα καὶ τρίτη Ἰωάννου, εἴτε τοῦ εὐαγγελιστοῦ τυγχάνουσαι εἴτε καὶ ἑτέρου ὁμωνύμου ἐκείνῳ „Diese Schriften gehören zu den anerkannten. Zu den umstrittenen, jedoch bei den meisten angesehenen gehören der sogenannte (Brief) des Jakobus, der des Judas, der zweite Brief des Petrus sowie der sogenannte zweite und dritte Brief des Johannes, sei es nun, daß sie dem Evangelisten zugehören oder einem anderen gleichen Namens", Übers. W. Schneemelcher; 4: unecht sind ActPaul, Herm, Barn u.a.). Auf Euseb fußt wohl Hieronymus, De vir. ill. 2 *Vnam tantum scripsit epistulam, quae de septem catholicis est, quae et ipsa ab alio quodam sub nomine eius edita adseritur, licet paulatim tempore procedente obtinuerit auctoritatem.* Durch die beiden blieb der Zweifel bekannt. Er verhinderte nicht, daß Jak im 4. Jh. den Platz im neutestamentlichen Kanon, den er nach Euseb um 300 bei den meisten schon hatte, in der griechischen und lateinischen Kirche endgültig bekam (א B; Athanasius, 39. Osterfestbrief für 367: Apg und Kath zwischen Evangelien und Paulus; Verzeichnis des Codex Claromontanus, 4. Jh.?, Westen: Jak zwischen 1–2Petr und 1Joh-Jud; Augustin, De doctr. chr. II 8,13, 396/97, abgeschlossen 426: Jak am Ende von Kath; vgl. Meinertz, Jakobusbrief 1 Anm. 1, dort mehr zur Stellung). Freilich lehnte z.B. noch Theodor von Mopsuestia (um 352–428) Jak und vielleicht alle Kath ab. Auf syrisch sind Jak, 1Petr und 1Joh erst durch die Peschitta (420/30) belegt, die übrigen erst durch die Philoxeniana (508).

2. Zur Geschichte des Textes und seines liturgischen Gebrauchs s.o. Einl. 6. Obwohl Luther Jak für unevangelisch hielt und im deutschen NT Hebr Jak Jud bis vor Apk zurückstellte, behielt der Brief bis heute auch in den lutherischen Kirchen seinen Platz in den Agenden und auf der Kanzel (leicht zu sehen in den Calwer Predigthilfen oder den Göttinger Predigtmeditationen). Luther selber hat ihn weiter zitiert und gelegentlich über ihn gepredigt.

3. Die Auslegungsgeschichte ist noch nicht geschrieben (viele Namen bei Meinertz, Jakobusbrief, vgl. auch Meyer; Überblick bei Frankemölle: Jak 93–118, Johnson: Jas 124–161; zu Einzelstellen Althaus, Beumer, Bord, Fabris: Legge della libertà, Friesenhahn, Haar, Heinz, Kilmartin, Pfligersdorffer, Piguet, Scannerini, Sily).

Jak wurde seit dem 4. Jh. viel zitiert (vgl. Johnson, Jas 130–140). Merkwürdigerweise zeigen die Schriften von Nag Hammadi, unter denen es auch drei Jakobuspseudepigrapha gibt (einen Brief und zwei Apokalypsen), keine Spur des kanonischen Briefs (zum gnostischen Jakobusbild insgesamt Pratscher, Herrenbruder 151–177). Exegetisch bearbeitet wurde Jak aber nur selten. Ausführlicher behandelt haben ihn zuerst Didymus der Blinde von Alexandria (313–398), dessen Kommentar, wenn es einer war, aber nicht im ganzen überliefert ist (Staab 314–320), und Augustin (354–430) in einer verlorenen *Expositio epistolae Iacobi* (Retract. II 58; vgl. Althaus, Bergauer, Bouhot: Lecture liturgique d'après les sermons d'Augustin, Pfligersdorffer; Thiele notiert Lesarten, die offenbar Augustins Korrekturen sind, weil *ipsam epistolam ... non diligenter ex Graeco habebamus interpretatam*). Der älteste erhaltene, aber nur punktuelle Kommentar ist die griechische Katene (Ende des 7. Jh.s?, Grundstock 6. Jh.?; armenische Übersetzung bearbeitet und herausgegeben von Nerses von Lambron, 1176; arabische Übersetzung?). Sie wurde neben viel anderem Material, darunter einer Texthandschrift vom Typ 2138 (s.o. Einl. 6.3) mit Randglossen, verwertet in einem anonymen Kommentar, der ab dem 10. Jh. in drei Rezensionen belegt ist (Ps-Ökumenius, Ps-Theophylakt und eine ungedruckte; Welte). Katene und Kommentar sind schlecht herausgegeben (s.u. im Literaturverzeichnis, Kommentare; zur Überlieferung von Soden I,1, 270–279. 682–712, s.o. Einl. 6). Auf syrisch gibt es nur wenig (Hauck, Jak 30). Auf lateinisch (Johnson, Jas 138–140) schrieb den besten und einflußreichsten Kommentar Beda Venerabilis (672 oder 673 – 26. 5. 735) in seiner Auslegung der Katholischen Briefe (nach seinem ersten deutschen Übersetzer Karsten, der auch Methode und Stoßrichtung untersuchte, entstand er 709/16, vielleicht um 715; Zentralthema 3,1: rechtes und falsches Lehren, offenbar angesichts zeitgenössischer Kontroversen). Beda benutzte wohl Pseudo-Hilarius' Auslegung und die eine anonyme, die u.a. irische Exegese verarbeitete, beide nur wenig älter (Bischoff, vor allem 269–272 bzw. 266f.). Die vielen späteren Kommentare des Mittelalters (Johnson: Jas 139f., Mußner: Jak XIf.) sind meist ungedruckt.

Humanismus und Reformation belebten die Kommentierung neu (dazu z.B. Eichholz, George, Haar, Heinz, Kawerau, Kinowaki, Lackmann, Maurer, Meinertz, Schmidt-Clausing, Trenkle: Jac; wie dachte der linke Flügel der Reformation?). Ein barockes Unicum ist Heisen, Hypotheses, 1739: auf XVII + 951 Seiten statt eines geplanten Kommentars 27 *Dissertationes* über die *canonica autoritas* des Briefes, den Aufbau und einzelne Stellen mit unglaublichen Belegsammlungen nebst Verzeichnis der benutzten Textausgaben und Register der behandelten Wörter und herangezogenen Autoren. Seit dem Anfang des 19. Jh.s ist die wissenschaftliche Forschung in Schwung, begleitet von wachsendem Zweifel an der Echtheit des Briefes (s.o. Einl. 2.1). In den letzten Jahren wurden wahrscheinlich viel mehr Titel geschrieben als in den 1800 davor (Überblicke z.B. bei Baasland: Literarische Form, Davids: Modern Discussion, Hahn – Müller, Klein, Konradt: Existenz; Theologie, Tsuji). Die praktische Auslegung blieb nicht zurück (zur Rezeption in Lateinamerika, die erst relativ spät begann, vgl. z.B. Maynard-Reid: Poverty and Wealth, Palomino, Tamez: Santiago). Der am häufigsten für sich besprochene Abschnitt war und bleibt 2,14–26; hier setzt auch gewöhnlich die theologische Kritik an und die Frage, was Jak im Kanon zu suchen hat. Die meistbesprochene Einzelstelle ist vermutlich 5,14f., aber auch z.B. 1,17f. und 3,7f. (s. dort) haben in theologischen Erörterungen schon der Alten Kirche eine Rolle gespielt.

Die Breitenwirkung des Briefes auf Sprache und Literatur außerhalb von Kirche und Theologie war offenbar nie groß (aber s. z.B. Frankemölle, Jak 339f. zur Bedeutung von 1,22 für die Weiße Rose). Im Gegenwartsdeutsch sind noch „alles Gute kommt von oben" (falls auf 1,17 zurückgehend) und „die Zunge im Zaum halten" (1,26, vgl. 3,2) lebendig, die Conditio Jacobaea (4,15) wohl nur unter christlich Gebildeten.

8. Abkürzungen

Die Abkürzungen richten sich in der Regel nach S.M. Schwertner, Theologische Realenzyklopädie. Abkürzungsverzeichnis, ^{2}1994 (S. 1–488 für Zeitschriften, Serien, Lexika, Quellenwerke = S.M. Schwertner, Internationales Abkürzungsverzeichnis für Theologie und Grenzgebiete, ^{2}1994). Schriften paganer Autoren werden abgekürzt in Anlehnung an G. Friedrich (Hg.), Theologisches Wörterbuch zum Neuen Testament, X 1, 1978 (aber mit Abkürzungspunkt), Ausgaben von Papyri und Inschriften und grammatische Fachwörter nach Bauer^{6}, die Kommentare zum Brief des Jakobus, James, Jacques mit Verfassernamen und Jak, Jas, Jc. Im besonderen:

Bauer^{6}	W. Bauer, Griechisch-deutsches Wörterbuch zu den Schriften des Neuen Testaments und der frühchristlichen Literatur, ^{6}hg. von K. Aland/B. Aland, 1988
BDR	F. Blass/A. Debrunner/F. Rehkopf, Grammatik des neutestamentlichen Griechisch, ^{14}1976, ^{17}1990 (nach Paragraphen zitiert)
Bill.	H.L. Strack/P. Billerbeck, Kommentar zum Neuen Testament aus Talmud und Midrasch, 4 Bde., 1922–1928, Nachdrucke
Byz	Byzantinische oder Koine-Textform des NT in ECM, etwa gleich dem „Mehrheitstext" in NA (s.o. Einl. 6)
cj.	Konjektur (von)
CH	Corpus Hermeticum
diff.	im Unterschied zu
ECM	B. Aland u.a. (Hg.), Editio critica maior, IV 1 (s.o. Einl. 6)
EÜ	Einheitsübersetzung der Heiligen Schrift. Die Bibel, 1980
Fanning	B.M. Fanning, Verbal Aspect in New Testament Greek, 1990
Jak	Jakobusbrief oder sein Verfasser (nicht der Herrenbruder)
Kath	Katholische Briefe (Jak, 1–2Petr, 1–3Joh, Jud)
LS	H.G. Liddell/R. Scott/H.S. Jones/R. McKenzie, A Greek-English Lexicon. A New Edition, $^{(9)}$1940, Nachdrucke; P.G.W. Glare/A.A. Thompson, Greek-English Lexicon. Revised Supplement, 1996
NA	Nestle-Aland, Novum Testamentum Graece (s.o. Einl. 6); dessen Handschriftensigla sind gebraucht
opp.	im Gegensatz zu
v.l.	varia lectio, andere Lesart
WKG	Weisheitsschrift aus der Kairoer Genisa (hg. von K. Berger, s.u. Literatur, 1)
zit.	in einem Zitat von

Bei Belegangaben zu Vokabeln bedeutet

jüd.-gr.	in der griechischen und der aus verlorenem Griechisch übersetzten jüdischen Literatur, soweit durch die Konkordanzen von Denis (griech. und lat.), Hatch – Redpath, Mayer, Rengstorf erfaßt (s.u. Literatur, 2)
frühchr.	im Neuen Testament und den Apostolischen Vätern nach den Konkordanzen von Aland und Kraft (s.u. Literatur, 2)
→	siehe dort das Vorkommen der Vokabel, ihrer Stamm- und Bedeutungsverwandten im Jakobusbrief

Literatur

In den Abschnitten 1 (Quellen) und 2 (Hilfsmittel) steht nur das Nötigste. Ausgaben paganer Autoren erreicht man über die Wörterbücher von Liddell – Scott oder Bauer, die neuesten ausführlich bei Strecker u.a. (Hg.), Neuer Wettstein II 2, und die Kirchenväter über Lampes Wörterbuch (s.u.). Abschnitt 3 enthält die Jakobuskommentare (in der Regel erste und letzte Auflage, soweit ermittelbar). Kommentare zu den übrigen Schriften des NT findet man in den Einleitungen in das NT (z.B. Kümmel, Schnelle), den oder die neuesten zu den Apostolischen Vätern (Barn, 1–2Klem, Did, Diog, Herm, Ign, Polyk) unter den Quellen. Abschnitt 4 nennt Jakobusliteratur, die mehr als eins der in der Einleitung behandelten Themen oder mehr als einen der Abschnitte der Auslegung betrifft, aber einschließlich aller Bücher und ungedruckten Dissertationen, auch wenn dem Titel nach zu einem Einzelthema oder -text gehörig (Ausnahme: Ausgaben des Jakobusbriefs und die Bücher zu Text und Textkritik s.o. in Einl. 6). Alles übrige steht im Literaturkopf des zuständigen Abschnitts. Einschlägige Arbeiten aus 4 sind dort mit Verfassernamen und Kurztitel wiederholt, die Quellen, Hilfsmittel und Kommentare muß man dazudenken. Bibelübersetzungen, Wörterbuchartikel (einschließlich Spicq, ThWNT, TRE) und allgemeinverständliche oder praktische Auslegungen (einschließlich Predigtmeditationen, obwohl oft exegetisch fundiert) sind nur ausnahmsweise aufgenommen. Vornamen von Autorinnen bleiben unabgekürzt. Beachten: Jakobus heißt engl. James, franz. Jacques, ital. Giacomo, katalan. Jaume, port. Tiago, span. Santiago.

1. Quellen

Elliger, K./Rudolph, W., u.a. (Hg.), Biblia Hebraica Stuttgartensia, 1967/77, ^{4}1990

Rahlfs, A. (Hg.), Septuaginta, 2 Bde., 1935, Nachdrucke

Septuaginta. Vetus Testamentum Graecum Auctoritate Societatis/Academiae Scientiarum Gottingensis editum, Einzelbände, 1931ff.

Novum Testamentum Graece s.o. Einl. 6

Berger, K./Nord, Christiane, Das Neue Testament und frühchristliche Schriften, 1999

Die Bibel nach der Übersetzung Martin Luthers. Mit Apokryphen, 1985, Nachdrucke

Einheitsübersetzung s.o. Einl. 8

Berger, K., Die Weisheitsschrift aus der Kairoer Geniza, 1989

Beyer, K., Die aramäischen Texte vom Toten Meer samt den Inschriften aus Palästina, dem Testament Levis aus der Kairoer Genisa, der Fastenrolle und den alten talmudischen Zitaten, 1984; Ergänzungsband, 1994

Billerbeck, P., Die Briefe des Neuen Testaments und die Offenbarung Johannis erläutert aus Talmud und Midrasch (H.L. Strack/P. Billerbeck, Kommentar zum Neuen Testament aus Talmud und Midrasch, III), 1926, ^{2}1954

Charles, R.H. (ed.), The Apocrypha and Pseudepigrapha of the Old Testament in English, 2 Bde., 1913, Nachdruck 1963

Charlesworth, J.H. (ed.), The Old Testament Pseudepigrapha, I, 1983; II, 1985
Cohn, L./Wendland, P. (Hg.), Philonis Alexandrini opera quae supersunt, 7 Bde., 1896–1930, Nachdruck 1963
Cohn, L. u.a. (Hg.), Philo von Alexandria. Die Werke in deutscher Übersetzung, Bd. I-VI, 1909–1938, [2]1962; Bd. VII hg. von W. Theiler 1964
Denis, A.-M., Fragmenta Pseudepigraphorum quae supersunt Graeca una cum historicorum et auctorum Judaeorum hellenistarum fragmentis, 1970, 45–246
–, Concordance grecque und Concordance latine s.u. Hilfsmittel
Dupont-Sommer, A./Philonenko, M. (éds.), La Bible. Écrits intertestamentaires, 1987
García Martínez, F., Textos de Qumrán, 1992; The Dead Sea Scrolls Translated, 1994
Kautzsch, E. (Hg.), Die Apokryphen und Pseudepigraphen des Alten Testaments, 2 Bde., 1900, [4]1975
Kümmel, W.G. u.a., seit 1997 Lichtenberger, H. u.a. (Hg.), Jüdische Schriften aus hellenistisch-römischer Zeit, 6 Bde. in Einzelheften, 1973ff.
Maier, J., Die Qumran-Essener: Die Texte vom Toten Meer, I, 1995; II, 1995; III, 1996
Schwemer, Anna Maria, Studien zu den frühjüdischen Prophetenlegenden *Vitae Prophetarum*, I, 1995; II, 1996
Siegert, F., Drei hellenistisch-jüdische Predigten. Ps.-Philon, „Über Jona", „Über Simson" und „Über die Gottesbezeichnung ‚wohltätig verzehrendes Feuer'", 1980
Sparks, H.F.D. (ed.), The Apocryphal Old Testament, 1984
Thackeray, H.S.J./Marcus, R./Wikgren, A./Feldman, L.H., Josephus, 9 Bde., 1926–1965, Nachdrucke

Bauer, W., Die Briefe des Ignatius von Antiochia und der Brief des Polykarp von Smyrna, HNT 18, [2]neubearb. von H. Paulsen, 1985
Brox, N., Der Hirt des Hermas, KAV 7, 1991
Fischer, J.A., Die Apostolischen Väter, 1956, [9]1986 (1Klem, Ign, Polyk, Quadratus griech. bzw. lat. und deutsch)
Goodspeed, E.J., Die ältesten Apologeten, 1914 = 1984 (Quadratus, Aristides, Justin, Tatian, Melito, Athenagoras)
Körtner, U.H.J./Leutzsch, M., Papiasfragmente. Hirt des Hermas, 1998 (griech. bzw. lat. und deutsch)
Kramer, Bärbel/Shelton, J.C., Das Archiv des Nepheros und verwandte Texte, 1987
Lindemann, A., Die Clemensbriefe, HNT 17, 1992
Lindemann, A./Paulsen, H., Die Apostolischen Väter. Griechisch-deutsche Parallelausgabe, 1992
Lona, H.E., Der erste Clemensbrief, 1998
Niederwimmer, K., Die Didache, KAV 1, 1989, [2]1993
Prostmeier, F.-R., Der Barnabasbrief, KAV 8, 1999
Schneemelcher, W., Neutestamentliche Apokryphen in deutscher Übersetzung, I, [3]1959, [6]1990; II, [3]1964, [5]1989
Schoedel, W.R., Ignatius of Antioch. A Commentary on the Letters of Ignatius of Antioch, 1985
Wengst, K., Didache (Apostellehre). Barnabasbrief. Zweiter Klemensbrief. Schrift an Diognet, 1984 (griech. und deutsch)

Berger, K./Colpe, C., Religionsgeschichtliches Textbuch zum Neuen Testament, 1987
Lichtheim, Miriam, Late Egyptian Wisdom Literature in the International Context. A Study of Demotic Instructions, 1983
Nock, A.D./Festugière, A.-J. (éds.), Corpus Hermeticum, I, 1946; II, 1946; III, 1954; IV, 1954 (griech. und franz.), Nachdrucke
Robinson, J.M. (ed.), The Nag Hammadi Library in English, 1977, [3]1988
Strecker, G./Schnelle, U./Seelig, G. (Hg.), Neuer Wettstein. Texte zum Neuen Testament aus Griechentum und Hellenismus, II, 2 Teilbde., 1996 (S. 1701–1771 Ausgaben und Übersetzungen der benutzten Autoren)
Wettstein s.o. Einl. 6

2. Hilfsmittel

Biblia Patristica. Index des citations et allusions bibliques dans la littérature patristique, 1, 1975ff.
Bibliografia Bíblica Latino-Americana, 1, 1988ff.
Elenchus Bibliographicus Biblicus, 1, 1920 – 1965, 1984; Elenchus of Biblica, 1, 1985ff.
Evans, C.A./Webb, R.L./Wiebe, R.A., Nag Hammadi Texts and the Bible. A Synopsis and Index, 1993
Friedrich, G. (Hg.), Theologisches Wörterbuch zum Neuen Testament, X. Register. Literaturnachträge, 1978–1979
Internationale Zeitschriftenschau für Bibelwissenschaft und Grenzgebiete, 1, 1951/52ff.
Lehnardt, A., Bibliographie zu den Jüdischen Schriften aus hellenistisch-römischer Zeit (JSHRZ VI 2), 1999 (sehr viele Druckfehler)
New Testament Abstracts, 1, 1956ff.
Pöschl, V./Gaertner, Helga/Heyke, Waltraud, Bibliographie zur antiken Bildersprache, 1964
Sieben, H.J., Voces. Eine Bibliographie zu Wörtern und Begriffen aus der Patristik (1918–1978), 1980

Aland, K. (Hg.), Vollständige Konkordanz zum griechischen Neuen Testament, I, 1983; II, 1978
Charlesworth, J.H. (ed.), Graphic Concordance to the Dead Sea Scrolls, 1991
Denis, A.-M./Janssens, Yvonne, Concordance grecque des Pseudépigraphes d'Ancien Testament, 1987 (einschließlich aller übrigen jüd. Texte außer LXX, Philo und Josephus; griech. im Anhang)
Denis, A.-M., Concordance latine des Pseudepigraphes d'Ancien Testament, 1993 (lat. Texte im Anhang)
Goodspeed, E.J., Index apologeticus, 1912
Hatch, E./Redpath, H.A., A Concordance to the Septuagint And the Other Greek Versions of the Old Testament (Including the Apocryphal Books), I-II, 1897; III, 1906, Nachdrucke; ^{2}1998 mit R.A. Kraft/E. Tov, Introductory Essay; T. Muraoka, Hebrew/Aramaic Index to the Septuagint
Kraft, H., Clavis Patrum Apostolicorum, 1963
Kuhn, K.G., u.a., Konkordanz zu den Qumrantexten, 1960; Nachträge, RdQ 4 (1963–64), 163–234
Lechner-Schmidt, W., Wortindex der lateinisch erhaltenen Pseudepigraphen zum Alten Testament, 1990
Mayer, G., Index Philoneus, 1974
Rengstorf, K.H. u.a., A Complete Concordance to Flavius Josephus, 4 Bde., 1973–1983
Schmoller, A./Köster, Beate, Handkonkordanz zum griechischen Neuen Testament, 1989, ^{3}1994

Balz, H./Schneider, G. (Hg.), Exegetisches Wörterbuch zum Neuen Testament, 3 Bde., 1980–1983, ^{2}1992
Bauer, Wörterbuch, s.o. Abkürzungen
Kittel, G., ab Bd. V Friedrich, G. (Hg.), Theologisches Wörterbuch zum Neuen Testament, 10 Bde., 1933–1979, Nachdrucke
Krause, G., Müller, G. u.a. (Hg.), Theologische Realenzyklopädie, 1, 1977ff.
Lampe, G.W.H., A Patristic Greek Lexicon, 1961, Nachdrucke
Liddell/Scott, Lexicon, s.o. Abkürzungen
Lust, J./Eynikel, E./Hauspie, K., A Greek – English Lexicon of the Septuagint, I, 1992; II, 1996
Moulton, J.H./Milligan, G., The Vocabulary of the Greek Testament Illustrated from the Papyri and Other Non-Literary Sources, I, 1914; II, 1915; einbändige Ausgabe, 1930, Nachdrucke
Preisigke, F., Wörterbuch der griechischen Papyrusurkunden mit Einschluß der griechischen Inschriften, Aufschriften, Ostraka, Mumienschilder u.s.w. aus Ägypten, hg. von E. Kießling, 4 Bde. u. Suppl., 1925-1971
Rehkopf, F., Septuaginta-Vokabular, 1989
Sophocles, E.A., Greek Lexicon of the Roman and Byzantine Periods (From B.C. 146 to A.D. 1100), 1914, Nachdruck 1992
Spicq, C., Notes de lexicographie néo-testamentaire, 3 Bde., 1978–1982
Stephanus, H. u.a., Thesaurus Graecae Linguae, 8 Bde., 1831–1865, Nachdruck 1954

BEYER, K., Semitische Syntax im Neuen Testament, I. Satzlehre, Teil 1, 1962, ^{2}1968
–, Woran erkennt man, daß ein griechischer Text aus dem Hebräischen oder Aramäischen übersetzt ist?, in: Maria Macuch/Christa Müller-Kessler/B.G. Fragner (Hg.), Studia semitica necnon iranica (FS R. Macuch), 1989, 21–31
BLASS/DEBRUNNER/REHKOPF, Grammatik, s.o. Abkürzungen
FANNING, Verbal Aspect, s.o. Abkürzungen
KÜHNER, R./GERTH, B., Ausführliche Grammatik der griechischen Sprache, 2 Bde., ^{3}1898–1904, Nachdrucke; W.M. Calder, Index locorum, 1965
MAYSER, E., Grammatik der griechischen Papyri aus der Ptolemäerzeit, 2 Bde. in 6 Teilen, 1906–1934, ^{2}1970
PORTER, S.E., Verbal Aspect in the Greek of the New Testament, with Reference to Tense and Mood, 1989, ^{2}1993
RADERMACHER, L., Neutestamentliche Grammatik, 1911, ^{2}1925
SCHWYZER, E., U.A., Griechische Grammatik, 4 Bde., 1939–1971
WILKE, C.G., Die neutestamentliche Rhetorik, 1843

3. Kommentare zum Jakobusbrief

ADAMSON, J.B., The Epistle of James, NIC, 1976, ^{2}1993
ALONSO DÍAZ, J., Carta de Santiago, in: La Sagrada Escritura, Nuevo Testamento, III, 1962
DE AMBROGGI, P., Le epistole cattoliche di Giacomo, Pietro, Giovanni e Giuda, ^{2}1949, 1957
BALJON, J.M.S., Commentaar op de katholieke brieven, 1904
BARDENHEWER, O., Der Brief des Heiligen Jakobus, 1928
BEDA VENERABILIS: Bedae Venerabilis Opera, Pars II. Opera exegetica, 4. Expositio Actuum Apostolorum ..., In epistulas VII catholicas, ed. D. Hurst, 1983
–, Beda Venerabilis, In epistulam Iacobi expositio. Kommentar zum Jakobusbrief übers. u. eingel. von M. Karsten, 2000
BELSER, J.E., Die Epistel des heiligen Jakobus, 1909
BENGEL, J.A., Gnomon Novi Testamenti, 1742, ^{3}1773, Nachdruck 1915
BEYSCHLAG s. Huther
BLACKMAN, E.C., The Epistle of James, TBC, 1957
BRATCHER, R.G., A Translator's Guide to the Letters from James, Peter, and Jude, 1984
CANTINAT, J., Les Épîtres de Saint Jacques et de Saint Jude, SBi, 1973
CARGAL s.u. 4.
CEDAR, P.A., James, 1, 2 Peter, Jude, CCS.NT 11, 1984
CHAÎNE, J., L'Épître de Saint Jacques, EtB, 1927
CHARUE, A., Les Épîtres Catholiques, 1946, 1951
DAVIDS, P.H., The Epistle of James, NIGTC, 1982
DÍAZ, R.M./CAMPS, G.M., Epístolas Catòliques ... Apocalipsi, 1958
DIBELIUS, M., Der Brief des Jakobus, KEK 15, $^{7(1)}$1921, ^{8}mit Ergänzungsheft von H. Greeven 1956, ^{9}1957, ^{10}1959, ^{11}hg. und erg. von H. Greeven 1964, ^{12}mit erg. Literaturverzeichnis hg. von F. Hahn 1984; James. A Commentary on the Epistle of James, 1976
EASTON, B.S., The Epistle of James, in: IntB 12, 1957, 3–74
EWALD, H., Das Sendschreiben an die Hebräer und Jakobos' Rundschreiben, 1870
FEKETE, K., JUN., Jakab apostol levelének magyarázata [Erklärung des Briefs des Apostels Jakobus], 1994
FRANKEMÖLLE, H., Der Brief des Jakobus, 2 Bde., ÖTK 17/1–2, 1994
GARCÍA AB ORBISO, T., Epistola Sancti Jacobi, 1954
GEBSER, A.R., Der Brief des Jakobus, 1828
GROSHEIDE, F.W., De Brief aan de Hebreeën en de Brief van Jakobus, ^{2}1955
GRYGLEWICZ, F., Listy katolickie [Die katholischen Briefe], 1959
HAUCK, F., Der Brief des Jakobus, KNT 16, 1926
–, Die Briefe des Jakobus, Petrus, Judas und Johannes, NTD 10, 1936, ^{8}1957

HIEBERT, D.E., The Epistle of James. Tests of a Living Faith, 1979, 1984, ^{2}1992
HODGES, Z.C., The Epistle of James. Proven Character Through Testing, 1994
HOLLMANN, G./BOUSSET, W., Der Jakobusbrief, in: W. Bousset/W. Heitmüller (Hg.), Die Schriften des Neuen Testaments neu übersetzt und für die Gegenwart erklärt, III, ^{3}1917, 219–247
HOPPE, R., Jakobusbrief, SKK.NT 15, 1989
HORT, F.J.A., The Epistle of St James, 1909, Nachdruck 1980
HUTHER, J.E., Kritisch exegetisches Handbuch über den Brief des Jakobus, KEK 15, 1857, ^{2}1863, ^{3}1870, ^{4}...Jacobus, umgearb. von W. Beyschlag, 1882, ^{5}1888, ^{6}1898; The Epistles of James and John, 1882
JOHNSON, L.T., The Letter of James, AncB 37A, 1995
KATENE: J.A. Cramer, Catenæ Græcorum Patrum in Novum Testamentum, VIII. In Epistolas catholicas et Apocalypsin, 1844, Nachdruck 1967, 1–40.583–586.597f.; N. Kalogeras (Hg.), Εὐθυμίου τοῦ Ζιγαβήνου ἑρμηνεία εἰς τὰς ιδ' ἐπιστολὰς τοῦ ἀποστόλου Παύλου καὶ εἰς τὰς ζ' καθολικάς, 1887 (Zuschreibung falsch); C. Renoux, La chaîne arménienne sur les Épîtres Catholiques, I. La chaîne sur l'Épître de Jacques, 1985
KERN, F.H., Der Brief Jakobi, untersucht und erklärt, 1838
KEULERS, J., De Katholieke brieven en het Boek der Openbaring, 1946, ^{2}1956
KNOWLING, R.J., The Epistle of St. James, WC, 1904, ^{2}1922
KOMMENTAR, ANONYMER: Ps-Ökumenius, PG 119, 1864, Sp. 451–510; Ps-Theophylakt, PG 125, 1864, Sp. 1131–1190; s. auch Welte (o. Einl. 7)
KOTZÉ, P.P.A., Die brief van Jakobus, 1990
LAWS, SOPHIE, A Commentary on the Epistle of James, BNTC, 1980
LOH, I-J./HATTON, H.A., A Handbook on the Letter from James, 1997
MARCONI, G., La lettera di Giacomo, 1990
MARTIN, R.P., James, WBC 48, 1988
MARTY, J., L'Épître de Jacques. Étude critique, 1935
MAYOR, J.B., The Epistle of St. James, 1882, ^{2}1897, ^{3}1913; Nachdruck The Epistle of James, 1990
MAYNARD-REID, P.U., James. True Religion in Suffering, 1996
MEINERTZ, M., Der Jakobusbrief, in: M. Meinertz/W. Vrede, Die katholischen Briefe, HSNT 9, 1912, ^{4}neu bearb. 1932
METZGER, B.M., A Textual Commentary on the Greek New Testament, 1971, ^{2}1994
MICHL, J., Die Katholischen Briefe, RNT 8,2, 1953, ^{2}1968
MITTON, C.L., The Epistle of James, 1966
MOFFATT, J., The General Epistles, 1928, Nachdrucke
MOO, D.J., The Letter of James, TNTC, 1985, ^{2}1993
MUSSNER, F., Der Jakobusbrief, HThK XIII/1, 1963, ^{5}1987; La lettera di Giacomo, 1970
OESTERLEY, W.E., The General Epistle of James, in: W.R. Nicoll (ed.), The Expositor's Greek Testament, IV, 1910, 383–476
POPKES, W., Der Jakobusbrief, 2000
POTT, D.J., Novum Testamentum Graece perpetua annotatione illustratum, vol. IX, fasc. 1, ^{3}1816
PRETORIUS, E.A.C., Die brief van Jakobus, 1988
PS-ÖKUMENIUS s. Kommentar, anonymer
PS–THEOPHYLAKT s. Kommentar, anonymer
REICKE, BO, The Epistles of James, Peter, and Jude, AncB 37, ^{2}1964
RICHARDSON, K.A., James, The New American Commentary 36, 1997
RENOUX s. Katene
ROPES, J.H., A Critical and Exegetical Commentary on the Epistle of St. James, ICC, 1916, Nachdrukke bis 1991
SALGUERO, J., Epístolas Católicas. Apocalipsis, 1965
SATO, M., Yakobu-no-tegami chukai [Kommentar zum Jakobusbrief], im Druck
SCHEGG, P., Der katholische Brief des Jakobus, 1883
SCHLATTER, A., Der Brief des Jakobus, 1932, ^{2}1956, ^{3}mit einem Geleitwort von F. Mussner 1985
SCHNECKENBURGER, M., Annotatio ad epistolam Jacobi perpetua cum brevi tractatione isagogica, 1832

SCHNEIDER, J., Die Briefe des Jakobus, Petrus, Judas und Johannes. Die Kirchenbriefe, NTD 10, 9(1)1961, 101967
SCHNIDER, F., Der Jakobusbrief, RNT, 1987; La lettera di Giacomo, 1992
SCHRAGE, W., Der Jakobusbrief, in: H. Balz – W. Schrage, Die „Katholischen" Briefe, NTD 10, 11(1)1973, 5–58, 14(4)1993, 5–59
SIDEBOTTOM, E.M., James, Jude and 2 Peter, NCBC, 1967, 21982
SIMON, L., Une éthique de la sagesse. Commentaire de l'Épître de Jacques, 1961
VON SODEN, H(ERMANN), Hebräerbrief, Briefe des Petrus, Jakobus, Judas, HC III.II, 1891, 31899
SOUČEK, J.B., Dělná víra a živá naděje. Výklad epištoly Jakubovy a první epištoly Petrovy [Tätiger Glaube und lebendige Hoffnung. Auslegung des Jakobusbriefs und des ersten Petrusbriefs], 1968
SPITTA, F., Der Brief des Jakobus, 1896
STRACK/BILLERBECK s.o. Quellen
STULAC, G.M., James, The IVP New Testament Commentary Series, 1993
TASKER, R.V.G., The General Epistle of James, 1957, 31963, 1979
THEILE, C.G.G., Commentarius in epistolam Jacobi, 1833
PS-THEOPHYLAKT s. Kommentar, anonymer
TOWNSEND, M.J., The Epistle of James, 1994
TRENKLE, F.S., Der Brief des heiligen Jacobus, 1894
VOUGA, F., L'Épître de saint Jacques, CNT(N) XIIIa, 1984
WALL, R.W., Community of the Wise. The Letter of James, 1997
WEISS, B., Die Apostelgeschichte, Katholischen Briefe, Apokalypse im berichtigten Text mit kurzer Erläuterung (Das Neue Testament. Handausgabe, III), 21902
DE WETTE, W.M.L., Kurze Erklärung der Briefe des Petrus Judas und Jakobus, 1847, 31865
WINDISCH, H., Die katholischen Briefe, HNT 15, 1911, 21930, 3stark umgearb. Aufl. von H. Preisker 1951
ZODHIATES, S., The Epistle of James and the Life of Faith, 3 Bde., 1959–1960

4. Übergreifende Literatur zur Auslegung

ADAMSON, J.B., James. The Man and His Message, 1989
AGOURIDES, S.C., The Origin of the Epistle of St. James. Suggestions for a Fresh Approach, GOTR 9, 1963/64, 67–78
AHRENS, M., Der Realitäten Widerschein oder Arm und Reich im Jakobusbrief, 1995
ALFÖLDY, G., Römische Sozialgeschichte, 1975, 3völlig überarb. 1984
AMPHOUX, C.-B./BOUHOT, J.-P. (éds.), La lecture liturgique des Épîtres catholiques dans l'Église ancienne, 1996
AMPHOUX, C.-B., Hypothèses sur l'origine des Épîtres Catholiques, in: Amphoux/Bouhot, Lecture liturgique 308–332
AVEMARIE, F., Tora und Leben. Untersuchungen zur Heilsbedeutung der Tora in der frühen rabbinischen Literatur, 1996

BAASLAND, E., Der Jakobusbrief als Neutestamentliche Weisheitsschrift, StTh 36, 1982, 119–139
–, Literarische Form, Thematik und geschichtliche Einordnung des Jakobusbriefes, in: ANRW II 25.5, 1988, 3646–3684
BAKER, W.R., Personal Speech-Ethics in the Epistle of James, 1995
BARKMAN, P.F., Der heile Mensch. Die Psychologie des Jakobusbriefes, 1968
BARTLETT, D.L., The Epistle of James as a Jewish-Christian Document, in: SBL.SPS 17, 1979, 173–186
BARTMANN, B., St. Paulus und St. Jacobus über die Rechtfertigung, 1897
BARTH, G., Pistis in hellenistischer Religiosität, ZNW 73, 1982, 110–126
BAUCKHAM, R., James, 1 and 2 Peter, Jude, in: D.A. Carson/H.G.M. Williamson (eds.), It is Written: Scripture Citing Scripture (FS B. Lindars), 1988, 303–317

–, Pseudo-Apostolic Letters, JBL 107, 1988, 469–494
–, James. Wisdom of James, disciple of Jesus the sage, 1999
BAUR, F.C., Paulus, der Apostel Jesu Christi, 1845, [2]1866–1867
BECK, D.L., The Composition of the Epistle of James, Diss., Princeton Theological Seminary, Princeton, NJ 1973
BECQUET, G., U.A., La lettre de Jacques. Lecture socio-linguistique, 1987; La Carta de Santiago. Lectura sociolingüística, 1988; A carta de Tiago – leitura sociolingüística, 1991
BERGER, K., Die Gesetzesauslegung Jesu. Ihr historischer Hintergrund im Judentum und im Alten Testament, I, 1972
–, Die impliziten Gegner. Zur Methode der Erschließung von »Gegnern« in neutestamentlichen Texten, in: D. Lührmann/G. Strecker (Hg.), Kirche (FS G. Bornkamm), 1980, 373–400
–, Formgeschichte des Neuen Testaments, 1984, [2]1988
–, Hellenistische Gattungen im Neuen Testament, in: ANRW II 25.2, 1984, 1031–1432.1831–1885
–, Theologiegeschichte des Urchristentums. Theologie des Neuen Testaments, 1994, [2]überarb. und erw. 1995
–, Bibelkunde s. Preuß/Berger
BERNHEIM, P.-A., Jacques, frère de Jésus, 1996; James, Brother of Jesus, 1997
BEYSCHLAG, W., Der Jakobusbrief als urchristliches Geschichtsdenkmal, ThStKr 47, 1874, 105–166
BIEDER, W., Christliche Existenz nach dem Zeugnis des Jakobusbriefes, ThZ 5, 1949, 93–113
BINDEMANN, W., Weisheit versus Weisheit. Der Jakobusbrief als innerkirchlicher Diskurs, ZNW 86, 1995, 189–217
BLENKER, A., Jakobs brevs sammenhæng, DTT 30, 1967, 193–202
BLONDEL, J.-L., Le fondement théologique de la parénèse dans l'épître de Jacques, RThPh 29[111], 1979, 141–152
BOGGAN, C.W., Wealth in the Epistle of James, Diss. Ph.D., Southern Baptist Theological Seminary, Louisville, KY 1982
BOLICH, G.G., On Dating James: New Perspectives on an Ancient Problem, Diss., Gonzaga University, Spokane, WA [?] 1983
BOTTINI, G.C., La preghiera di Elia in Giacomo 5,17–18, 1981
BRANDENBURGER, E., Pistis und Soteria. Zum Verstehenshorizont von »Glaube« im Urchristentum, ZThK 85, 1988, 165–198
BRAUMANN, G., Der theologische Hintergrund des Jakobusbriefes, ThZ 18, 1962, 401–410
BRAUN, H., Qumran und das Neue Testament, 2 Bde., 1966
BRÜCKNER, W., Zur Kritik des Jakobusbriefs, ZWTh 17, 1874, 530–541
BURCHARD, CHR., Gemeinde in der strohernen Epistel. Mutmaßungen über Jakobus, in: D. Lührmann – G. Strecker (Hg.), Kirche (FS G. Bornkamm), 1980, 315–328
–, Nächstenliebegebot, Dekalog und Gesetz in Jak 2,8–11, in: E. Blum/C. Macholz/E.W. Stegemann (Hg.), Die Hebräische Bibel und ihre zweifache Nachgeschichte (FS R. Rendtorff), 1990, 517–533
–, Zu einigen christologischen Stellen des Jakobusbriefes, in: C. Breytenbach/H. Paulsen (Hg.), Anfänge der Christologie (FS F. Hahn), 1991, 353–368

CADOUX, A.T., The Thought of St. James, 1944
VON CAMPENHAUSEN, H., Die Entstehung der christlichen Bibel, 1968
CARGAL, T.B., Restoring the Diaspora. Discursive Structure and Purpose in the Epistle of James, 1993
CHESTER, A., The Theology of James, in: A. Chester – R.P. Martin, The Theology of the Letters of James, Peter, and Jude, 1994 = 1996, 1–62.164f.169–174
CHILDS, B.S., Biblical Theology of the Old and New Testaments, 1992
CHILTON, B./EVANS, C.A. (eds.), James the Just and Christian Origins, 1999
CHURCH, C.L., A *Forschungsgeschichte* on the Literary Character of the Epistle of James, Diss., Southern Baptist Theological Seminary, Louisville, KY 1990
COLLINS, J.J., Jewish Wisdom in the Hellenistic Age, 1998
CRANFIELD, C.E.B., The Message of James, SJTh 18, 1965, 182–193.338–345

CUTTER III, C.R., The *Aktionsart* of the Verb in the Epistle of James, Diss. D.Th., Southwestern Baptist Theological Seminary, Fort Worth, TX 1959

DASSMANN, E., Der Stachel im Fleisch. Paulus in der frühchristlichen Literatur bis Irenäus, 1979
DAVIDS, P.H., Themes in the Epistle of James that are Judaistic in Character, Diss. Ph.D., Manchester, 1974
–, Tradition and Citation in the Epistle of James, in: W.W. Gasque/W.S. LaSor (eds.), Scripture, Tradition, and Interpretation (FS E.F. Harrison), 1978, 113–126
–, The Epistle of James in Modern Discussion, in: ANRW II 25.5, 1988, 3621–3645
–, Palestinian Traditions in the Epistle of James, in: Chilton/Evans (eds.), James the Just 33–57
DELLING, G., Die Bewältigung der Diasporasituation durch das hellenistische Judentum, 1987
DEPPE, D.B., The Sayings of Jesus in the Epistle of James, 1989
DIHLE, A., Das Gebet der Philosophen, in: E. Campi/L. Grane/A.M. Ritter (Hg.), Oratio. Das Gebet in patristischer und reformatorischer Sicht, 1999, 23–41
DILLMAN, C.N., A Study of Some Theological and Literary Comparisons of the Gospel of Matthew and the Epistle of James, Diss. Ph.D., University of Edinburgh 1978
VON DOBBELER, A., Glaube als Teilhabe. Historische und semantische Grundlagen der paulinischen Theologie und Ekklesiologie des Glaubens, 1987
DRÖGEMÜLLER, H.-P., Die Gleichnisse im hellenistischen Epos, Diss. phil., Hamburg 1956

ECKART, K.-G., Zur Terminologie des Jakobusbriefes, ThLZ 89, 1964, Sp. 521–526
EICHHOLZ, G., Jakobus und Paulus. Ein Beitrag zum Problem des Kanons, 1953
–, Glaube und Werke bei Paulus und Jakobus, 1961
EISENMAN, R.H., James the Just in the Habakkuk *Pesher*, 1984, 1986
–, James the Brother of Jesus, I. The Cup of the Lord, 1997
ELEDER, F., Jakobusbrief und Bergpredigt, Diss. theol., Katholisch-Theologische Fakultät Wien, 1964
ELLIOTT, J.H., The Epistle of James in Rhetorical and Social Scientific Perspective: Holiness – Wholeness and Patterns of Replication, BTB 23, 1993, 71–81
ELLIOTT-BINNS, L.E., Galilean Christianity, 1956
EVANS, C.A., Noncanonical Writings and New Testament Interpretation, 1992
EVANS, M.J., The Law in James, VoxEv 13, 1983, 29–40

FABRIS, R., Legge della libertà in Giacomo, 1977
–, La «sapienza che viene dall'alto» e la «Legge della libertà» in Giacomo, ASB 29, 1987, 153–163
–, Figura e ruolo di Giacomo nell'antipaolinismo, in: R. Penna (ed.), L'Antipaolinismo, 1989, 77–92
FAY, S.C.A., Weisheit – Glaube – Praxis. Zur Diskussion um den Jakobusbrief, in: J. Hainz (Hg.), Theologie im Werden. Studien zu den theologischen Konzeptionen im Neuen Testament, 1992, 397–415
FEINE, P., Der Jakobusbrief nach Lehranschauungen und Entstehungsverhältnissen untersucht, 1893
–, Ueber literarische Abhängigkeit und Zeitverhältnisse des Jakobusbriefes, NJDTh 3, 1894, 305–334.411–434
FELDER, C.H., Wisdom, Law and Social Concern in the Epistle of James, Diss. Ph.D., Columbia University, New York, NY 1982
FITZGERALD, J.T., Friendship, Flattery and Frankness of Speech, 1996
DA FIUGGI, U., Il cuore diviso. Studio esegetico su Giac. 1,8; 4,8ff., Diss. theol., Università Gregoriana, Rom 1966/67
FONJALLAZ, O., Le problème de l'épître de Jacques, Thèse de licence en théologie, Faculté de Théologie de l'Eglise évangélique libre du Canton de Vaud, Lausanne, 1965
F.O. FRANCIS, The Form and Function of the Opening and Closing Paragraphs of James and I John, ZNW 61, 1970, 110–126
FRANKEMÖLLE, H., Gespalten oder ganz. Zur Pragmatik der theologischen Anthropologie des Jakobusbriefes, in: H.-U. von Brachel/N. Mette (Hg.), Kommunikation und Solidarität, 1985, 160–178

–, Gesetz im Jakobusbrief. Zur Tradition, kontextuellen Verwendung und Rezeption eines belasteten Begriffes, in: K. Kertelge (Hg.), Das Gesetz im Neuen Testament, 1986, 175–221
–, Zum Thema des Jakobusbriefes im Kontext der Rezeption von Sir 2,1–18 und 15,11–20, BN 48, 1989, 21–49

GANS, E.A., Ueber Gedankengang, Gedankenentwicklung und Gedankenverbindung im Briefe des Jakobus, 1874
GARCÍA ARAYA, A., Santiago, il profeta. La tradición profética en la Carta de Santiago, Diss., Salamanca 1991
GAUGUSCH, L., Der Lehrgehalt der Jakobusepistel, 1914
VON GEMÜNDEN, PETRA, Vegetationsmetaphorik im Neuen Testament und seiner Umwelt, 1993
–, Einsicht, Affekt und Verhalten. Überlegungen zur Anthropologie des Jakobusbriefes, im Druck
GENUYT, F., U.A., Épître de Saint Jacques, SémBib 17, 1980, 38–45; 19, 1980, 25–31; 22, 1981, 55–59; 23, 1981, 44–56; 24, 1981, 28–36
GERTNER, M., Midrashim in the New Testament, JSSt 7, 1962, 267–292
GEYSER, A.S., The Letter of James and the Social Condition of His Adressees, Neotest. 9, 1975, 25–33
GIEGER, L.G., Figures of Speech in the Epistle of James. A Rhetorical and Exegetical Analysis, Diss., Southwestern Baptist Theological Seminary, Fort Worth, TX 1981
GOLDHAHN-MÜLLER, INGRID, Die Grenze der Gemeinde. Studien zum Problem der Zweiten Buße im Neuen Testament unter Berücksichtigung der Entwicklung im 2. Jh. bis Tertullian, 1989
GOPPELT, L., Theologie des Neuen Testaments, II, 1976, Nachdrucke
GRAFE, E., Die Stellung und Bedeutung des Jakobusbriefes in der Entwicklung des Urchristentums, 1904
GRAVES, A.W., The Judaism of James, Diss., Southern Baptist Theological Seminary, Louisville, KY 1942
GREENLEE, J.H., An Exegetical Summary of James, Summer Institute of Linguistics, Dallas, TX 1993

HADIDIAN, D.Y., Palestinian Pictures in the Epistle of James, ET 63, 1951/52, 227f.
HAGNER, D.A., The Use of the Old and New Testaments in Clement of Rome, 1973
HAHN, F./MÜLLER, P., Der Jakobusbrief, ThR 63, 1998, 1–73
HAINTHALER, THERESIA, »Von der Ausdauer Ijobs habt ihr gehört« (Jak 5,11). Zur Bedeutung des Buches Ijob im Neuen Testament, 1988
HALSON, B.R., The Epistle of James: 'Christian Wisdom?', StEv 4, 1968, 308–314
HAMMAN, A., Prière et culte dans la lettre de Saint-Jacques, EThL 34, 1958, 35–47
HANSON, A., Seminar Report [The Use of the Old Testament in the Epistle of James], NTS 25, 1978/79, 526f.
HARAGUCHI, T., The Prohibition of Oath-Taking in the Gospel of Matthew, Diss. theol., Lutheran School of Theology, Chicago, IL 1991
HARNACK, A., Die Chronologie der altchristlichen Litteratur bis Eusebius, I, 1897, ^{2}1958
HARTIN, P.J., James and the Q Sayings of Jesus, 1991
–, The Poor in the Epistle of James and the Gospel of Thomas, HTS 53, 1997, 146–162
HARTMANN, G., Der Aufbau des Jakobusbriefes, ZKTh 66, 1942, 63–70
HAUPT, E., Rez. D. Erdmann, Der Brief des Jakobus, 1881; Huther, Jak^{4}, ThStKr 56, 1883, 177–194
–, Rez. Spitta, Jak; Wandel, Der Brief des Jakobus, 1896, ThStKr 69, 1896, 747–777
HEILIGENTHAL, R., Werke als Zeichen. Untersuchungen zur Bedeutung der menschlichen Taten im Frühjudentum, Neuen Testament und Frühchristentum, 1983
HEISEN, H., Novæ Hypotheses interpretandæ felicius Epistolæ Jacobi Apostoli septem et viginti dissertationibus adsertæ, 1739 [Universitätsbibliothek Tübingen, G.e. 279.4]
HENGEL, M., Eigentum und Reichtum in der frühen Kirche, 1973; Property and Riches in the Early Church, 1974 = in: Hengel, Earliest Christianity, 1986; Propriedad y riqueza en el cristianismo primitivo, 1983; Kodai kyokai ni okeru zaisan to tomi, 1989
–, Der Jakobusbrief als antipaulinische Polemik, in: G.F. Hawthorne/O. Betz (eds.), Tradition and Interpretation in the New Testament (FS E.E. Ellis), 1987, 248–278

HILGENFELD, A., Der Brief des Jakobus, untersucht, ZWTh 16, 1873, 1–33
HODGES, Z.C., 'Dead Faith' What is It? A Study on James 2:14–26, 1987
HØYBERG, L.J.N., De indole Epistolae Jacobi inprimis cap. 2, 14–26, 1825
HOGAN, L.P., Healing in the Second Tempel [!] Period, 1992
HOGAN, M., The Law in the Epistle of James, StNTU 22, 1997, 79–91
HOLTZMANN, H.J., Die Zeitlage des Jakobusbriefes, ZWTh 25, 1882, 292–310
–, Lehrbuch der historisch-kritischen Einleitung in das Neue Testament, 1885, ²1886, ³1892
–, Lehrbuch der neutestamentlichen Theologie, II, 1897, ²hg. von A. Jülicher – W. Bauer, 1911
HOPPE, R., Der theologische Hintergrund des Jakobusbriefes, 1977, ²1985
HORN, F.W., Das Angeld des Geistes. Studien zur paulinischen Pneumatologie, 1992
HÜBNER, H., Biblische Theologie des Neuen Testaments, II, 1993
HUMBERT, A., Examen des principales motivations religieuses dans l'enseignement moral de l'épître de Jacques, StMor 15, 1977, 385–400

JACKSON-MCCABE, M.A., A Letter to the Twelve Tribes in the Diaspora: Wisdom and "Apocalyptic" Eschatology in the Letter of James, in: SBL.SPS 35, 1996, 504–517
JAKOBSEN, H.B., Jakobsbrevet – et jødisk, jødekristeligt eller kristeligt skrift?, DTT 24, 1961, 193–219
JANOWSKI, B. (Hg.), Weisheit außerhalb der kanonischen Weisheitsschriften, 1996
JEREMIAS, J., Paul and James, ET 66, 1954/55, 368–371
JOHNSON, L.T., The Use of Leviticus 19 in the Letter of James, JBL 101, 1982, 391–401
–, James 3:13–4:10 and the *Topos* περὶ φθόνου, NT 25, 1983, 327–347
–, Friendship with the World / Friendship with God: A Study of Discipleship in James, in: F.F. Segovia (ed.), Discipleship in the New Testament, 1985, 166–183
–, The Social World of James: Literary Analysis and Historical Reconstruction, in: L.M. White/O.L. Yarbrough (eds.), The Social World of the First Christians (FS W.A. Meeks), 1995, 178–197

KARRER, M., Christus der Herr und die Welt als Stätte der Prüfung. Zur Theologie des Jakobusbriefs, KuD 35, 1989, 166–188
–, Der Gesalbte. Die Grundlagen des Christustitels, 1990
–, Jesus Christus im Neuen Testament, 1998
KELLY, F.X., Poor and Rich in the Epistle of James, Diss. Ph.D., Temple University, Philadelphia, PA 1973
KENNEDY, H.A.A., The Hellenistic Atmosphere of the Epistle of James, Exp. 8th Series, 2, 1911, 37–52
KERN, H., Der Charakter und Ursprung des Briefs Jakobi, TZTh 8, 1835, 2. Heft, 3–132
KIRK, J.A., The Meaning of Wisdom in James: Examination of a Hypothesis, NTS 16, 1969/70, 24–38
KITTEL, G., Der geschichtliche Ort des Jakobusbriefes, ZNW 41, 1942, 71–105
–, Der Jakobusbrief und die Apostolischen Väter, ZNW 43, 1950–1951, 54–112
KLAUCK, H.-J., Die antike Briefliteratur und das Neue Testament, 1998
KLEIN, M., „Ein vollkommenes Werk". Vollkommenheit, Gesetz und Gericht als theologische Themen des Jakobusbriefes, 1995
KLINGHARDT, M., Gemeinschaftsmahl und Mahlgemeinschaft. Soziologie und Liturgie frühchristlicher Mahlfeiern, 1996
KLOPPENBORG, J.S., Status und Wohltätigkeit bei Paulus und Jakobus, in: R. Hoppe/U. Busse (Hg.), Von Jesus zum Christus. Christologische Studien (FS P. Hoffmann), 1998, 127–154
KNOCH, O., Eigenart und Bedeutung der Eschatologie im theologischen Aufriß des ersten Clemensbriefes, 1964
KOCH, D.-A., Die Schrift als Zeuge des Evangeliums. Untersuchungen zur Verwendung und zum Verständnis der Schrift bei Paulus, 1986
KÖHLER, A., Glaube und Werke im Jakobusbrief, Jahresbericht des Gymnasiums in Zittau über das Schuljahr 1912–1913, 1913, 3–24
KÖNNECKE, C., Beiträge zur Erklärung des Neuen Testaments, I. Conjecturen zu Stellen des Neuen Testaments, in: Programm des Königlichen und Gröningschen Gymnasiums zu Stargard in Pommern für das Schuljahr von Ostern 1895 bis Ostern 1896, 1896, 1–9
–, Emendationen zu Stellen des Neuen Testaments, 1908

KONRADT, M., Christliche Existenz nach dem Jakobusbrief. Eine Studie zu seiner soteriologischen und ethischen Konzeption, 1998
–, Theologie in der „strohernen Epistel". Ein Literaturbericht zu neueren Ansätzen in der Exegese des Jakobusbriefes, VF 44, 1999, 54–78
KORN, J., Πειρασμός. Die Versuchung des Gläubigen in der griechischen Bibel, 1937
KÜBEL, R., Über das Verhältnis von Glauben und Werken bei Jakobus, 1880
KUECHLER, C.G., De rhetorica epistolae Jacobi indole, 1818
KÜCHLER, M., Frühjüdische Weisheitstraditionen, 1979
KÜHL, E., Die Stellung des Jakobusbriefes zum alttestamentlichen Gesetz und zur Paulinischen Rechtfertigungslehre, 1905
KÜMMEL, W.G., Einleitung in das Neue Testament, $^{17(1)}$1973, $^{21(5)}$1983; Introduction to the New Testament, 1975
KÜRZDÖRFER, K., Der Charakter des Jakobusbriefes (Eine Auseinandersetzung mit den Thesen von A. Meyer und M. Dibelius), Diss. theol., Evangelisch-Theologische Fakultät Tübingen, 1966
KUHN, G., Beiträge zur Erklärung des Jakobusbriefes, NKZ 41, 1930, 113–131

LACKMANN, M., Sola fide. Eine exegetische Studie über Jakobus 2 zur reformatorischen Rechtfertigungslehre, 1949
LAMPE, P., Die stadtrömischen Christen in den ersten beiden Jahrhunderten, 1987, ^{2}1989
LAUTENSCHLAGER, M., Der Gegenstand des Glaubens im Jakobusbrief, ZThK 87, 1990, 163–184
LAWS, SOPHIE, The Doctrinal Basis for the Ethics of James, StEv 7, 1982, 299–305
LEUTZSCH, M., Die Wahrnehmung sozialer Wirklichkeit im „Hirten des Hermas", 1989
LINDEMANN, A., Paulus im ältesten Christentum, 1979
VON LIPS, H., Weisheitliche Traditionen im Neuen Testament, 1990
LLEWELYN, S.R., The Prescript of James, NT 39, 1997, 385–393
LOHSE, E., Glaube und Werke. Zur Theologie des Jakobusbriefes, ZNW 48, 1957, 1–22 = in: E. Lohse, Die Einheit des Neuen Testaments, 1973, 285–306
LUCK, U., Weisheit und Leiden. Zum Problem Paulus und Jakobus, ThLZ 92, 1967, Sp. 253–258
–, Der Jakobusbrief und die Theologie des Paulus, ThGl 61, 1971, 161–179
–, Die Theologie des Jakobusbriefes, ZThK 81, 1984, 1–30
LUDWIG, MARTINA, Wort als Gesetz. Eine Untersuchung zum Verständnis von "Wort" und "Gesetz" in israelitisch-frühjüdischen und neutestamentlichen Schriften. Gleichzeitig ein Beitrag zur Theologie des Jakobusbriefes, 1994
LÜDEMANN, G., Paulus, der Heidenapostel, II. Antipaulinismus im frühen Christentum, 1983
LÜHRMANN, D., Glaube im frühen Christentum, 1976
–, Gal 2 9 und die katholischen Briefe. Bemerkungen zum Kanon und zur regula fidei, ZNW 72, 1981, 65–87

MACARTHUR, J.F., Faith According to the Apostle James, JETS 33, 1990, 13–34
MACGORMAN, J.W., A Comparison of the Book of James with the Jewish Wisdom Literature, Diss. Th.D., Southwestern Baptist Theological Seminary, Fort Worth, TX 1956
MAIER, G., Reich und arm. Der Beitrag des Jakobusbriefes, 1980
MALHERBE, A.J., Hellenistic Moralists and the New Testament, in: ANRW II 26.1, 1992, 267–333
MARCONI, G., «Sia ognuno restio a parlare». Invito di Giacomo a non parlare di Dio. Esegesi di Gc 1,19–27; 3,1–12, 1985
–, La struttura di Giacomo 2, Bib. 68, 1987, 250–257
MARCUS, J., The Evil Inclination in the Epistle of James, CBQ 44, 1982, 606–621
MASSEBIEAU, L., L'Épître de Jacques est-elle l'œuvre d'un chrétien?, RHR 32[16], 1895, 249–283
MAYER, R., Über den Jakobusbrief, in: Ute Gniewoss u.a. (Hg.), Störenfriedels Zeddelkasten (FS F.-W. Marquardt), 1991, 49–70
MAYNARD-REID, P.U., Poverty and Wealth in James, 1987
MEINERTZ, M., Der Jakobusbrief und sein Verfasser in Schrift und Überlieferung, 1905 (daraus S. 55–

130 mit eigener Paginierung als Dissertationsdruck: Der Jakobusbrief und sein Verfasser nach der ältesten Überlieferung, 1905)
MÉNÉGOZ, E., Étude comparative de l'enseignement de saint Paul et de saint Jacques sur la justification par la foi, 1901; Die Rechtfertigungslehre nach Paulus und nach Jakobus, 1903
METZNER, R., Die Rezeption des Matthäusevangeliums im 1. Petrusbrief, 1995
MEYER, A., Das Rätsel des Jacobusbriefes, 1930
MICHAELIS, W., Einleitung in das Neue Testament, 1946, ²1954, ³mit Anhang oder Ergänzungsheft 1961
MORRIS, K.F., An Investigation of Several Linguistic Affinities between the Epistle of James and the Book of Isaiah, Diss., Union Theological Seminary, Richmond, VA 1964
MÜLLER, P. s. Hahn
MUSSNER, F., »Direkte« und »indirekte« Christologie im Jakobusbrief, Cath(M) 24, 1970, 111–117
–, Die Tauflehre des Jakobusbriefes, in: H. auf der Maur/B. Kleinheyer (Hg.), Zeichen des Glaubens (FS Balthasar Fischer), 1972, 61–67
–, Die ethische Motivation im Jakobusbrief, in: H. Merklein (Hg.), Neues Testament und Ethik (FS R. Schnackenburg), 1989, 416–423

NEANDER, A., Paulus und Jakobus. Die Einheit des evangelischen Geistes in verschiedenen Formen, 1822
NEUDORFER, H.-W., Ist Sachkritik nötig? Anmerkungen zu einem Thema der biblischen Hermeneutik am Beispiel des Jakobusbriefs, KuD 43, 1997, 279–302
NIEBUHR, K.-W., Gesetz und Paränese. Katechismusartige Weisungsreihen in der frühjüdischen Literatur, 1987
–, Der Jakobusbrief im Licht frühjüdischer Diasporabriefe, NTS 44, 1998, 420–443
–, Tora ohne Tempel. Paulus und der Jakobusbrief im Zusammenhang frühjüdischer Torarezeption für die Diaspora, in: Beate Ego/A. Lange/P. Pilhofer/Kathrin Ehlers, Gemeinde ohne Tempel. Community without Temple. Zur Substituierung und Transformation des Jerusalemer Tempels und seines Kults im Alten Testament, antiken Judentum und frühen Christentum, 1999, 427–460
NOACK, B., Jakobsbrevet som kanonisk skrift, DTT 27, 1964, 163–173

OBERMÜLLER, R., Hermeneutische Themen im Jakobusbrief, Bib. 53, 1972, 234–244
–, Santiago – La Iglesia en minoría, CuadT 1,4, 1972, 11–31
OEGEMA, G.S., Für Israel und die Völker. Studien zum alttestamentlich-jüdischen Hintergrund der paulinischen Theologie, 1999
ONG, S.H., A Strategy for a Metaphorical Reading of the Epistle of James, 1996

PAINTER, J., Just James. The Brother of Jesus in History and Tradition, 1997
PALMER, C.L., The Use of Traditional Materials in Hebrews, James and 1 Peter, Diss., Southwestern Baptist Theological Seminary, Fort Worth, TX 1985
PALOMINO, D., Paradigmas Bíblicos para una Pastoral Obrera, Tesis de licenciatura, Seminario Bíblico Latinoamericano, 1984
PARRY, R.S.J., A Discussion of the General Epistle of St. James, 1903
PAULSEN, H., Jakobusbrief, TRE 16, 1987, 488–495
PEARSON, B.A., James, 1–2 Peter, Jude, in: E.J. Epp/G.W. MacRae (eds.), The New Testament and Its Modern Interpreters, 1989, 371–406
PENNER, T.C., The Epistle of James and Eschatology. Re-reading an Ancient Christian Letter, 1996
PFLEIDERER, O., Das Urchristentum, seine Schriften und Lehren, in geschichtlichem Zusammenhang, 1887, ²1902
DU PLESSIS, P.J., Τέλειος. The Idea of Perfection in the New Testament, 1959
POPKES, W., Adressaten, Situation und Form des Jakobusbriefes, 1986
–, Paränese und Neues Testament, 1996
–, The Composition of James and Intertextuality: an Exercise in Methodology, StTh 51, 1997, 91–112

–, James and Scripture: An Exercise in Intertextuality, NTS 45, 1999, 213–229
POSS, R.H., The Articular and Anarthrous Constructions in the Epistle of James, Diss. D.Th., Southwestern Baptist Theological Seminary, Fort Worth, TX 1948
PRATSCHER, W., Der Herrenbruder Jakobus und die Jakobustradition, 1987
–, Der Standort des Herrenbruders Jakobus im theologischen Spektrum der frühen Kirche, SNTU 15, 1990, 41–58
PREISKER, H., Der Eigenwert des Jakobusbriefes in der Geschichte des Urchristentums, ThBl 13, 1934, Sp. 229–236
PRETORIUS, E.A.C., Drie nuwe verklaringsopsies in die Jakobusbrief (Jak 2: 1, 4: 5; 5: 6), HTS 44, 1988, 650–664
–, Coherency in James: A Soteriological Intent?, Neotest. 28, 1994, 541–555
PREUSS, H.D., Einführung in die alttestamentliche Weisheitsliteratur, 1987
PREUSS, H.D./BERGER, K., Bibelkunde des Alten und Neuen Testaments. Zweiter Teil: Neues Testament, 1980, [5]1997
PRINS, P./WIERSINGA, H.A., Om het goud des geloofs. Over den brief van Jakobus, 1939

RADMACHER, E.D., First Response to 'Faith According to the Apostle James' by John F. MacArthur, JETS 33, 1990, 35–41
RAUCH, E.C., Ueber den Brief Jacobi; ein exegetisch-kritischer Versuch, NKJTL 6, 1827, 257–306
REICKE, Bo, Diakonie, Festfreude und Zelos in Verbindung mit der altchristlichen Agapefeier, 1951
REINMUTH, E., Geist und Gesetz. Studien zu Voraussetzungen und Inhalt der paulinischen Paränese, 1985
RENDALL, G.H., The Epistle of St James and Judaic Christianity, 1927
RIVERA, L.F., La epístola de Santiago como modelo de halakhá cristiana, CuTe(BA) 1,4, 1972, 32–48 = in: Mito y hermenéutica, 1973, 145–169
ROBINSON, J.A.T., Redating the New Testament, 1976; Wann entstand das Neue Testament?, 1986
ROHLS, J., Geschichte der Ethik, 1991
ROLOFF, J., Die Kirche im Neuen Testament, 1993
ROSE, V., L'Épître de saint Jacques est-elle un écrit chrétien?, RB 5, 1896, 519–534
RUCK-SCHRÖDER, ADELHEID, Der Name Gottes und der Name Jesu. Eine neutestamentliche Studie, 1999
RUEGG, U., A la recherche du temps de Jacques, in: D. Marguerat/J. Zumstein (éds.), La mémoire et le temps (FS P. Bonnard), 1991, 235–257
RUSTLER, M.K., Thema und Disposition des Jakobusbriefes. Eine formkritische Studie, Diss. theol., Katholisch-Theologische Fakultät Wien, 1952
RYDBECK, L., Fachprosa, vermeintliche Volkssprache und Neues Testament, 1967

SALZMANN, J.C., Lehren und Ermahnen. Zur Geschichte des christlichen Wortgottesdienstes in den ersten drei Jahrhunderten, 1994
SÁNCHEZ BOSCH, J., Llei i Paraula de Déu en la carta de Jaume, RevCatTeol 1, 1976, 51–78
SANDERS, J.T., Ethics in the New Testament, 1975
SARTOR BRESSÁN, R., Culto y compromiso social según la epístola de Santiago, RevBib 34, 1972, 21–32
SATO, M., Wozu wurde der Jakobusbrief geschrieben? – eine mutmaßliche Rekonstruktion, AJBI 17, 1991, 55–76
SAUCY, R.L., Second Response to 'Faith According to the Apostle James' by John F. MacArthur, JETS 33, 1990, 43–47
SCHAMMBERGER, H., Die Einheitlichkeit des Jakobusbriefes im antignostischen Kampf, 1936
SCHANZ, P., Jakobus und Paulus, ThQ 62, 1880, 3–46
SCHEGG, P., Jakobus der Bruder des Herrn. Eine Vorstudie zu seinem Briefe, 1883
SCHILLE, G., Wider die Gespaltenheit des Glaubens – Beobachtungen am Jakobusbrief, ThV 9, 1977, 71–89
SCHLATTER, A., Der Glaube im Neuen Testament, 1885, [2]1896, [3]1905, [4]1927, [5]1963, [6]1982 mit einer Einf. von P. Stuhlmacher

SCHLEIERMACHER, F., Einleitung ins Neue Testament, hg. von G. Wolde, 1845
SCHMELLER, T., Paulus und die „Diatribe". Eine vergleichende Stilinterpretation, 1987
SCHMIDT, W.G., Der Lehrgehalt des Jacobus-Briefes. Ein Beitrag zur neutestamentlichen Theologie, 1869
SCHMITHALS, W., Paulus und Jakobus, 1963; Paul and James, 1965
SCHNABEL, E.J., Law and Wisdom from Ben Sira to Paul. A Tradition Historical Enquiry into the Relation of Law, Wisdom, and Ethics, 1985
SCHNACKENBURG, R., Die sittliche Botschaft des Neuen Testaments. Völlige Neubearbeitung, II, 1988
SCHNAYDER, G., De antiquorum hominum taciturnitate et tacendo, 1956
SCHNELLE, U., Einleitung in das Neue Testament, 1994, ²1996, ³1999
SCHOEPS, H.J., Theologie und Geschichte des Judenchristentums, 1949; Jewish Christianity, 1964
SCHRAGE, W., Ethik des Neuen Testaments, ⁴⁽¹⁾1982 = 1985 (anders paginiert), ⁵⁽²⁾1989
SCHÜTZ, R., Der Jakobusbrief nach Sinnzeilen ins Deutsche übertragen, 1922
SCHULZ, S., Die Mitte der Schrift. Der Frühkatholizismus im Neuen Testament als Herausforderung an den Protestantismus, 1976
–, Neutestamentliche Ethik, 1987
SCHULZE, J.D., Der schriftstellerische Charakter und Werth des Petrus, Judas und Jakobus zum Behuf der Specialhermeneutik ihrer Schriften untersucht und bestimmt, 1802
SEITZ, O.J.F., Two Spirits in Man: An Essay in Biblical Exegesis, NTS 6, 1959/60, 82–95
–, James and the Law, StEv 2, 1964, 472–486
SIGAL, PH., The Halakhah of James, in: Y. Hadidian (ed.), Intergerini parietis septum (FS M. Barth), 1981, 337–353
SIMONIS, W., Der gefangene Paulus. Die Entstehung des sogenannten Römerbriefs und anderer urchristlicher Schriften in Rom, 1990
SOUČEK, J.B., Zu den Problemen des Jakobusbriefes, EvTh 18, 1958, 460–468 = in: P. Pokorný/J.B. Souček, Bibelauslegung als Theologie, 1997, 211–219
SPENCER, AIDA B., The Function of the Miserific and Beatific Images in the Letter of James, EvJ 7, 1989, 3–14
SPENCER, R.A., The Significance of the Illustrative Language in the Epistle of James, Diss., Southwestern Baptist Theological Seminary, Fort Worth, TX 1977
STECK, R., Die Konfession des Jakobusbriefes, ThZS 15, 1898, 169–188
STEGEMANN, E.W./STEGEMANN, W., Urchristliche Sozialgeschichte. Die Anfänge im Judentum und die Christusgemeinden in der mediterranen Welt, 1995; The Jesus Movement. A Social History of Its First Century, 1999
STEIN, R.H., Difficult Passages in the Epistles, 1988
STORR, G.C., U.A., Dissertatio exegetica in epistolam Jacobi, 1784, in: Storr, Opuscula academica ad interpretationem Librorum Sanctorum pertinentia, II, 1797, 1–74
STRECKER, G., Theologie des Neuen Testaments, 1996
STUHLMACHER, P., Gerechtigkeit Gottes bei Paulus, 1965, ²1966
–, Biblische Theologie des Neuen Testaments, I. Grundlegung. Von Jesus zu Paulus, 1992, ²1997; II. Von der Paulusschule bis zur Johannesoffenbarung. Der Kanon und seine Auslegung, 1999
SYREENI, K., Olkikirje? Näkökulmia Jaakobin kirjeen ajatusmaailmaan [Stroherne Epistel? Beobachtungen zur Gedankenwelt des Jakobusbriefes], TAik 99, 1994, 577–596

TAMEZ, ELSA, Santiago. Lectura latinoamericana de la epístola, 1985; The Scandalous Message of James. Faith Without Works Is Dead, 1990
–, Elementos bíblicos que iluminan el camino de la comunidad cristiana. Un ejercicio hermenéutico de la carta de Santiago, RIBLA 1, 1988, 59–66; Elementos bíblicos que iluminam o caminho da comunidade cristã – um exercício hermenêutico da epístola de Tiago, RIBLA 2, 1990, 64–71; Elemente der Bibel, die den Weg der christlichen Gemeinde erhellen. Eine hermeneutische Übung anhand des Jakobusbriefes, EvTh 51, 1991, 92–100
THEISSEN, G., Die Religion der ersten Christen. Eine Theorie des Urchristentums, 2000

THYEN, H., Der Stil der Jüdisch-Hellenistischen Homilie, 1955
TIELEMANN, T., Versuch einer neuen Auslegung und Anordnung des Jakobusbriefes, NKZ 5, 1894, 580–611
TOXOPEÜS, H.J., Karakter en Herkomst van den Jacobusbrief, 1906
TRAVIS, A.E., James and Paul, A Comparative Study, SWJT 12, 1969, 57–70
TROBISCH, D., Die Endredaktion des Neuen Testaments. Eine Untersuchung zur Entstehung der christlichen Bibel, 1996
TROCMÉ, E., Les Eglises pauliniennes vues du dehors: Jacques 2, 1 à 3, 13, StEv 2, 1964, 660–669
TSUJI, M., Glaube zwischen Vollkommenheit und Verweltlichung. Eine Untersuchung zur literarischen Gestalt und zur inhaltlichen Kohärenz des Jakobusbriefes, 1997

VAN UNNIK, W.C., Das Selbstverständnis der jüdischen Diaspora in der hellenistisch-römischen Zeit. Aus dem Nachlaß hg. und bearb. von P.W. van der Horst, 1993

VALGIGLIO, E., Postille [Randbemerkungen] alla Lettera di Giacomo, Orpheus 6, 1985, 109–117
VERSEPUT, D.J., Reworking the Puzzle of Faith and Deeds in James 2.14–26, NTS 43, 1997, 97–115
–, Wisdom, 4Q185, and the Epistle of James, JBL 117, 1998, 691–707
–, Genre and Story: The Community Setting of the Epistle of James, CBQ 62, 2000, 96–110
VIA, D.O., The Right Strawy Epistle Reconsidered: A Study in Biblical Ethics and Hermeneutic, JR 49, 1969, 253–267
VIELHAUER, P., Geschichte der urchristlichen Literatur. Einleitung in das Neue Testament, die Apokryphen und die Apostolischen Väter, 1975, [4]1985
VLACHOS, C., Ἡ ἐπιστολὴ τῆς διψυχίας, DBM 3, 1975, 61–74.134–145
VOWINCKEL, E., Die Grundgedanken des Jakobusbriefes verglichen mit den ersten Briefen des Petrus und Johannes, 1898
DE VRIES, E., De brief van Jakobus: Dispositie en theologie, 1991

WACHOB, W.H., The Voice of Jesus in the Social Rhetoric of James, 2000
WALL, R.W., James as Apocalyptic Paraenesis, RestQ 32, 1990, 11–22
–, James and Paul in Pre-Canonical Context, in: R.W. Wall/E.E. Lemcio, The New Testament as Canon. A Reader in Canonical Criticism, 1992, 250–271
WANKE, J., Die urchristlichen Lehrer nach dem Zeugnis des Jakobusbriefes, in: R. Schnackenburg/J. Ernst/J. Wanke (Hg.), Die Kirche des Anfangs (FS H. Schürmann), 1978, 489–511
WARD, R.B., The Communal Concern of the Epistle of James, Diss. D.Th., Harvard Divinity School, Cambridge, MA 1966
WATSON, D.F., James 2 in Light of Greco-Roman Schemes of Argumentation, NTS 39, 1993, 94–121
–, Rhetorical Criticism of Hebrews and the Catholic Epistles since 1978, CR.BS 5, 1997, 175–207
WEBBER, R.C., Reader Response Analysis of the Epistle of James, 1996
WEGENER, HILDBURG, Allen die Bibel, die sie brauchen. Die Übersetzung der Bibel in heutigem Deutsch, kritisch gesichtet aus der Perspektive von Frauen, in: S. Meurer (Hg.), Die vergessenen Schwestern. Frauengerechte Sprache in der Bibelübersetzung, 1993, 13–36
WEIFFENBACH, W., Exegetisch-Theologische Studie über Jac. cap. II, v. 14–26, 1871
WEISS, B., Der Jakobusbrief und die neuere Kritik, NKZ 15, 1904, 391–439; auch sep., 1904
WEISS, K., Motiv und Ziel der Frömmigkeit des Jakobusbriefes, ThV 7, 1976, 107–114
WESSEL, W.W., An Inquiry into the Origin, Literary Character, Historical and Religious Significance of the Epistle of James, Diss. Ph.D., Edinburgh, 1953
DE WETTE, W.M.L., Lehrbuch der historisch-kritischen Einleitung in die kanonischen Bücher des Neuen Testaments, 1826, [5]1848, [6]1860
WETTSTEIN s.o. Quellen
WIERSMA, S., Enige opmerkingen over de betekenis van de woorden diakrinesthai en pistis in de brief van Jacobus, GThT 56, 1956, 177–179
WIFSTRAND, A., Stylistic Problems in the Epistles of James and Peter, StTh 1, 1947 [ersch. 1948], 170–182
WILLIAMS, R.L., Piety and Poverty in James, WTJ 22, 1987, 37–55

WINER, G.B., Observationes in Epistolam D. Iacobi ex versione Syriaca in maximam partem criticae, 1827
WUELLNER, W.H., Der Jakobusbrief im Licht der Rhetorik und Textpragmatik, LingBibl 43, 1978, 5–66

YSEBAERT, J., Die Amtsterminologie im Neuen Testament und in der Alten Kirche. Eine lexikographische Untersuchung, 1994

ZAHN, T., Einleitung in das Neue Testament, 2 Bde., 1897–1899, [3]1906–1907, Nachdruck [4]1924
–, Die sociale Frage und die Innere Mission nach dem Briefe des Jakobus, ZKWL 10, 1889, 295–307; auch sep., 1890
ZELLER, D., Die weisheitlichen Mahnsprüche bei den Synoptikern, 1977, [2]1983
ZIMMER, M., Das schriftstellerische Verhältnis des Jacobusbriefes zur paulinischen Literatur, ZWTh 36, 1893, 481–503
ZIMMERMANN, A.F., Die urchristlichen Lehrer. Studien zum Tradentenkreis der διδάσκαλοι im frühen Urchristentum, 1984, [2]1988
ZMIJEWSKI, J., Christliche «Vollkommenheit». Erwägungen zur Theologie des Jakobusbriefes, SNTU A 5, 1980, 50–78 = in: J. Zmijewski, Das Neue Testament – Quelle christlicher Theologie und Glaubenspraxis, 1986, 293–324
VAN ZYL, S.M., Cosmic Dualism in the Epistle of James, EkklPh 78, 1996, 35–49

1,1–11 Eingang. Wer an wen was

vor 1,1 Überschrift

In den meisten Handschriften hat der Brief eine Überschrift. Ihre Form wechselt. Am häufigsten sind Ἰακώβου ἐπιστολὴ καθολική samt allen anderen möglichen Reihenfolgen (nur Minuskeln) und weniger oft Ἰακώβου ἐπιστολή (schon B; NA, ECM) oder umgekehrt. Gelegentlich fehlt sie (z.B. א A, anscheinend P[74], nicht erhalten C). Vermutlich gibt es Überschrift(en), jedenfalls diese, erst seit Jak zusammen mit anderen Schriften überliefert wurde (s.o. Einl. 7). Zur Subscriptio s.u. nach 5,20.

1,1 Präskript

[1]Jakobus, Gottes und (des) Herrn Jesu Christi Knecht, (wünscht) den Zwölf Stämmen in der Diaspora Wohlbefinden.

Literatur: CARGAL, Restoring the Diaspora. – DELLING, Bewältigung; Namen (s.o. Einl. 2). – HEISEN, Hypotheses. – JACKSON-MCCABE, Letter to the Twelve Tribes. – KLEIN, „Vollkommenes Werk“. – KONRADT, Existenz. – LLEWELYN, Prescript. – NIEBUHR, Jakobusbrief. – PENNER, James and Eschatology. – PRATSCHER, Herrenbruder. – TSUJI, Glaube. – VAN UNNIK, Selbstverständnis der jüdischen Diaspora. – VERSEPUT, Wisdom. – Mehr s.o. in Einl. 2.

Ἰάκωβος θεοῦ καὶ κυρίου Ἰησοῦ Χριστοῦ δοῦλος ταῖς δώδεκα φυλαῖς ταῖς ἐν τῇ διασπορᾷ χαίρειν . Jak beginnt gattungsgerecht mit einem Briefpräskript (früher gelegentlich für sekundär gehalten, s.o. Einl. 4.1; wohl vorausgesetzt von Jud 1, s.o. Einl. 2.3). Es besteht konventionell aus festen Angaben, die heute in der Regel auf Briefkopf, Adresse, Anrede, Schlußgruß verteilt sind. Sie können Ergänzungen bei sich haben, die gern auf den Brief hin formuliert sind, so daß er und sie sich gegenseitig erläutern. Jak verwendet den älteren Typ (Absender voran) der „griechischen“ Ein-Satz-Form ‚Absender (Nom.) ... Adressat(en; Dat.) ... Gruß (Inf.) ...‘ (jüd.-gr. 1Makk 12,6.20; 2Makk 1,10 [Adressaten voran 1,1; 9,19]; Bar Kochba-Briefe; frühchr. noch Apg 15,23 [der Herrenbruder Mitabsender, aber nicht genannt; Reminiszenz?]; 23,26, aufgebläht Ign; sonst immer die „orientalische“ Zwei-Satz-Form, auch Apk 1,4f.; andere Formen Apk 2f.; Barn; 2Klem ist kein Brief). Die Ein-Satz-Form ist ein narrativer Text in der 3. Person (kein „ich“ und „euch“ dazudenken). Jak soll also als Brief gehört oder gelesen werden (im Gottesdienst, so z.B. Tsuji?). Ist er echt, kann er als solcher verschickt worden sein (gerollt, Anschrift gegebenenfalls außen, mangels öffentlicher Post durch Überbringer, vermutlich in mehreren Exemplaren). Ist er wie angenommen pseudepigraphisch (s.o. Einl. 2.1), läßt sich das allenfalls für die Zeit kurz nach dem Tod des angegebenen Absenders denken. Jedenfalls wird der Verfasser die Gattung gewählt haben, weil er von ähnlichen jüdischen und/

oder frühchristlichen Briefen wußte und voraussetzte, daß die Adressaten es auch wußten.

Ἰάκωβος (Jak nur hier, gräzisierte Form des biblischen Ἰακώβ, hebr. *ya'aqob*, jüd. und frühchr. als Eigenname häufig) wird fast durchweg auf den Bruder Jesu in Jerusalem bezogen, gleichviel ob er der Absender ist oder nicht; doch läßt sich ein sonst unbekannter Jakobus nicht völlig ausschließen (s.o. Einl. 2.1). Die Apposition θεοῦ καὶ κυρίου Ἰησοῦ Χριστοῦ δοῦλος (δουλ- sonst im Brief nicht) ist eine hohe Funktionsbezeichnung, kein Demutszeugnis, und frühchristlich durch das doppelte Attribut einmalig, paßt aber nicht nur auf den Herrenbruder. Sie gehört in die Tradition, die besondere Werkzeuge Gottes als seine Diener betitelt (z.B. Erzväter, Hiob, Mose, David, den Gottesknecht Jes 53 u.ö., sogar den König von Babel z.B. Jer 25,9, pauschal die Propheten, frühchr. die Apostel o.ä. z.B. Apg 4,29; 16,17, pauschal alle Christen z.B. 1Petr 2,16; Hermas oft; einzelne Diener Christi z.B. Apk 1,1 und gleich). Die frühchr. Präskripte nennen als Attribut von δοῦλος nur einmal Gott (Tit 1,1, vgl. ParJer 6,17 Βαρούχ ὁ δοῦλος τοῦ θεοῦ), öfter Christus (Röm 1,1; Phil 1,1; 2Petr 1,1; Jud 1); ihre Grußsätze stellen aber öfter Gott und Christus zusammen (vgl. auch 1Thess 1,1).

Jak heißt Diener Gottes (θεοῦ gewollt voran, vgl. Polyk 5,2; nach Mindermeinung ist θεός hier Christusprädikat, z.B. Vouga, vorsichtig Klein; vgl. Joh 20,28; Röm 9,5?; 1Thess 2,12?; Tit 2,13; 2Petr 1,1?) und Christi (zur Stellung der Attribute vgl. auch 2,1; wegen der Formelhaftigkeit von κυρίου Ἰησοῦ Χριστός ist κυρίου hierin kaum Regens). Als solcher ist Jak zwar den beiden bedingungslos verpflichtet, aber für die Adressaten Autorität. Der Brief ist also Auftragsarbeit (vgl. EpJer, Präskr.). Durch ihn wirkt (aber kaum: spricht, offenbart sich) der Herr Jesus Christus (im Himmel, s.u. den Exkurs zu 2,1, auch zu κύριος) namens Gottes (vgl. Apk 1,1; zum Gottesbild s.o. Einl. 5).

Daß der Herrenbruder vor Ostern von Jesus nichts wissen wollte, wird hier nicht dementiert. Fehlt „Bruder des Herrn" (frühchr. nur Gal 1,19; Verbreitung?) mit Bedacht? Ein spezifisch judenchristliches Jakobusbild (z.B. Tsuji) wird kaum sichtbar. Allenfalls vermuten kann man, daß Hegesipp bei Euseb, Hist. eccl. II 23,7 διά γέ τοι τὴν ὑπερβολὴν τῆς δικαιοσύνης αὐτοῦ ἐκαλεῖτο ὁ δίκαιος καὶ ὠβλίας, ὅ ἐστιν Ἑλληνιστὶ περιοχὴ τοῦ λαοῦ „Wegen des Übermaßes seiner Gerechtigkeit wurde er [der Herrenbruder] der Gerechte genannt und Oblias, was auf griechisch ‚Festungsmauer [?] des Volkes' bedeutet" mit V.1 zu tun hat oder umgekehrt, vorausgesetzt, ὠβλίας ist aus ὠβδίας „Obadja (Knecht Jahves)" verderbt (z.B. Pratscher, Herrenbruder 116–118).

„Die zwölf Stämme" (δώδεκα und φυλή im Brief nur hier) bilden Israel (pagan Diodor S. XL 3,3 nach Hekataeus, Aegypt. διεῖλε δὲ [Mose] τὸ πλῆθος εἰς δώδεκα φυλάς, weil Zahl der Vollkommenheit und der Monate; atl. und jüd. nicht besonders häufig, aber z.B. Ex 24,4; Ez 47,13; Sir 44,23; syrBar 78,4; TestBenj 9,2; LibAnt 17,1; 1QM 3,14; 5,1; 4Q158, Fr. 4,3; 4Q379, Fr. 1,5; 11QTempel[a] 23,7; Philo Fug 185, vgl. auch z.B. Esr 6,17; Jos Ant V 149; XI 107; frühchr. noch Mt 19,28 par.; Apk 21,12; Barn 8,3; Herm sim 9,17,1f.; Justin, Dial. 68,6; 126,1; τὸ δωδεκάφυλον ἡμῶν Apg 26,7; τὸ δωδεκάφυλον τοῦ Ἰσραήλ 1Klem 55,6; λαὸς ὁ δωδεκάφυλος Sib III 249; τὰ δώδεκα σκῆπτρα τοῦ Ἰσραήλ TestNaph 5,8; τὸ δωδεκάσκηπτρον τοῦ Ἰσραήλ 1Klem 31,4). Die Bezeichnung ist freilich selten einfach Wechselausdruck für Israel, die Juden o.ä.; meist kommt es auf die Zahl an, d.h. Vollständigkeit. Der biblischen Tradition zufolge erhielten nach der Landnahme die Nachkommen der zwölf Söhne Jakobs außer Levi, aber mit Ephraim und Manasse statt Joseph jeweils einen Teil des heiligen Landes (vgl. Jos 13–22); sie existierten bis zur Einrichtung des Königtums als Stämmeverband; als demographische Theorie ging die Gliederung nie verloren, auch im Exil und unter Fremdherrschaft nicht (daß das Ganze auf einer geschichtstheologischen Konstruktion beruht, besagt für Jak nichts).

Das Attribut ταῖς ἐν τῇ διασπορᾷ (vgl. BDR 269,4; 272,1) ist wohl Orts-, nicht Zustandsbestimmung (vgl. z.B. 2Makk 1,10; Kol 1,2); ob partitiv (‚soweit') oder nicht, läßt sich erst später sagen. Διασπορά stammt aus dem jüdischen Wörterbuch (pagan ganz selten und nie von Menschen; jüd.-gr. außer LXX, wo διασπορά nie *gôlā* wiedergibt, nur TestAss 7,2; Philo Conf 197 zit. Dtn 30,4, immer von Menschen; metaphorisch Praem 115 ὥσπερ ἐκ διασπορᾶς ψυχικῆς ἣν εἰργάσατο κακία „sozusagen aus der seelischen Zerstreuung, die die Schlechtigkeit bewirkte"; vielleicht Origenes, Cels. I 55, aber häufig διασπείρειν; kein rabbin. Fremdwort; das Subst. frühchr. nur noch Joh 7,35; 1Petr 1,1; auch Justin, Dial. 113,3; 117,2.4.5; 121,4, das Verb nur Apg 8,1.4; 11,19; 1Klem 29,2 zit. Dtn 32,8; ἐν διασπορᾷ nur Jer 15,7; TestAss 7,2; ἐν τῇ διασπορᾷ nur noch Justin, Dial. 117,2.4). Substantiv und Verb bezeichnen die Zerstreuung (Vorgang, Ergebnis, metonymisch Ort, Personen) der Juden aus dem heiligen Land „unter alle Völker" o.ä. (z.B. Ez 36,19; PsSal 9,2; vgl. Lk 21,24; nicht hierher gehört der Topos von der Omnipräsenz der Juden und der Tora, z.B. Philo SpecLeg II 62; Flacc 45f.; LegGai 281–283; Jos Bell II 398; Ap II 282; Apg 2,9–11; 15,21; vgl. Röm 2,17–24). Es ist nicht speziell die babylonische Diaspora gemeint, wenn auch die Deportationen aus dem Nordreich nach 722 v.Chr. und dem Südreich nach 586 v.Chr. paradigmatisch wurden. Die westliche Diaspora (in den Grenzen des römischen Reichs) beruhte im übrigen vorwiegend auf (oft unfreiwilliger) Auswanderung. Doch gab es immer wieder auch Deportationen, zuletzt nach dem Fall Jerusalems 70 n. Chr. Mit dem Verlust der letzten Reste von Eigenstaatlichkeit, der heiligen Stadt und des Tempels war fortan ganz Israel in der Diaspora (vgl. syrBar 78,4; Lk 21,24). Die zwölf Stämme galten gleichwohl als erhalten (z.B. Arist 32.39.46–50; TestPatr; AssMos 4,8f. und oben; zum Fortleben der 10 Stämme des Nordreichs vgl. 4Esra 13,41–46; Jos Ant XI 133). Der Vorgang und sein Ergebnis wurden als von Gott über Israel wegen seiner Sünden verhängtes Unheil verstanden (van Unnik), nur ergänzend als Chance für weltweite Gesetzespredigt und Gotteslob (z.B. Tob 13,3f.; PsSal 9,2), aber nicht als endgültig. Gott würde selber oder durch eine messianische Gestalt die Zerstreuten in historischer oder eschatologischer Zukunft wieder zu gemeinsamem Leben als Zwölfstämmevolk zusammenbringen (vgl. Jes 11,12; 49,5f.; Ez 37,15–28; 47,13–48,29; Sir 36,11 MT; 2Makk 1,27; PsSal 8,28; 17,21–46; 4Esr 13,39–50, frühchr. noch z.B. Mt 8,11f. par.; Apk 7,4–8). Der vermutlich von Jesus gebildete Zwölferkreis (Mk 3,13–19 par.) sollte das wohl symbolisch vorwegnehmen (Mt 19,28 par.; 1Kor 15,3–5?). Ob Jak davon wußte, läßt sich nicht sagen.

Die Adresse ist ohne bekannte Parallele, auch außerhalb von Präskripten. Sie steht hier wohl, weil der Absender Jakobus heißt (vgl. Sir 44,23; syrBar 78,4; 1Klem 31,4). Die zwölf Stämme sind seine geborenen Adressaten, auch wenn er sie nicht als Nachkommen anredet (s. 1,2; weil nicht er ihr Erzeuger ist, sondern Gott, s. 1,18?). Mitabsender fehlen nicht zufällig. Die Adresse macht den Brief „katholisch", auch soweit er bestimmte historische Personen und Verhältnisse vor Augen hat (s.o. Einl. 2.2), und beansprucht für seinen Absender noch einmal entsprechenden Rang. Falls Jak als Vermächtnis aufgefaßt werden sollte (s.o. Einl. 3.1.1), konnten ihn auch alle späteren Leser als direkt an sich gerichtet und allgemeingültig verstehen. Für die meisten anderen neutestamentlichen Briefe war dafür eine hermeneutische Zusatzannahme nötig.

Damit ist gesagt, daß Jak die zwölf Stämme alle in der Diaspora sieht, aber noch nicht, wer sie sind. Der lexikalische Befund spricht für das jüdische Volk, und zwar als im ganzen zerstreutes, wie es nach 70 n.Chr. erscheinen konnte (ein schon zu seinem Heil wiederhergestelltes und trotzdem noch oder wieder in der Diaspora befindliches Israel wäre eine kaum verständliche Paradoxie). Daß der Herrenbruder an alle Juden schrieb, ist kaum vorstellbar (trotz Schlatter, Jak); eher, daß jemand ihm einen so adressierten Brief zutraute (als Pendant zu Apg 15,23–29?). Aber der Brief geht nicht an Juden, auch nicht an christgläubige (s.o. Einl. 2.2). Deutet man das Präskript nicht isoliert, sind die zwölf Stämme die Christenheit (Mehrheitsmeinung), auch wenn es dazu kaum frühchr. Parallelen gibt (immerhin vgl. Herm sim 9,17,1 τὰ ὄρη ταῦτα τὰ δώδεκα δώδεκά εἰσι φυλαὶ αἱ κατοικοῦσαι ὅλον τὸν κόσμον. ἐκηρύχθη οὖν εἰς ταύτας ὁ υἱὸς τοῦ θεοῦ διὰ τῶν ἀποστόλων. 2 … αἱ δώδεκα φυλαὶ αὗται αἱ κατοικοῦσαι ὅλον τὸν κόσμον δώδεκα ἔθνη εἰσί „Diese zwölf Berge sind die zwölf Volksstämme, die die ganze Welt bewohnen. Zu ihnen nun wurde der Sohn Gottes durch die Apostel verkündigt. … Diese zwölf Volksstämme, die die ganze Welt bewohnen, sind zwölf Völker", Übers. M. Leutzsch; sie unterscheiden sich freilich nicht ethnisch oder organisatorisch, sondern nach Gesinnung und Ethos; steht dahinter die Vorstellung, daß jeder der zwölf Apostel zu einem bestimmten Volk gesandt wurde, vgl. Euseb, Hist. eccl. III 1 nach Origenes; Schneemelcher, Apokryphen II 11–41, und schon 1Klem 42,3f.; Barn 8,3, vielleicht auch Jak 1,1?). Auf die Christenheit angewandt (frühchr. nur noch 1Petr 1,1, aber partiell) ist Diaspora dann insofern Metapher, als die Christen nicht durch historische Vorgänge an ihren Ort gekommen waren. Sie besagt in erster Linie nicht, daß sie auch zerstreut sind (so z.B. Klein), sondern daß sie in der Welt getrennt von der Welt leben müssen (s. 1,27), dadurch angefochten und zu Kompromissen verführbar sind (vgl. Herm sim 9,17–29; zu stark Cargal: daß sie alle von der Wahrheit abgeirrt sind, 5,19f.). Daß sie auch fern der (himmlischen) Heimat in der Fremde wären (vgl. z.B. Philo Cher 120; Phil 3,20; Hebr 11,13; 13,14; 1Petr; Herm sim 1; 2Klem 5,1.5; Diog 5,5; 6,8, auch Sir Prol 34), wird gern dazugedacht, spielt im Brief aber keine Rolle.

Jak faßt im Präskript wie später (s. 1,18; 2,7; 3,13 u.ö.), ohne den Namen zu gebrauchen, die christlichen Adressaten ohne weiteres als Israel, mit der biblischen Geschichte (die aber nur in Gestalt von Personbeispielen vorkommt, s.o. Einl. 3.2) und Tradition als der eigenen. Die atl. Frommen gehören also dazu. Das schließt ein Vollendungsbewußtsein ein. Besprochen wird es nicht, wohl auch nicht implizit bekanntgemacht, sondern bei den Adressaten vorausgesetzt. Der Brief schweigt davon, daß Israel heilsgeschichtlich abgelöst, ein Volk wie andere geworden oder verworfen wäre, genauso wie davon, daß in Gestalt der Christenheit Israel wiederhergestellt, erneuert, vollendet, typologisch überboten oder mit den Heiden zu einer neuen Menschheit vereinigt worden wäre.

Bloßes χαίρειν (Jak nur hier; ellipt. Inf., scil. „sagt" o.ä., vgl. BDR 389 Anm. 2; 480,5) ist die häufigste Form des Eingangsgrußes im „griechischen" Präskript und ganz blaß. Merkwürdig ausgerechnet in einem Jakobusbrief (um die Anknüpfung mit χαρά in 1,2 zu ermöglichen? wegen Apg 15,23?).

1,2–11 Eröffnung. Was im Brief kommt

[2]Als (Anlaß zu) ganze(r) Freude begreift es, meine Brüder, wenn ihr in alle möglichen Anfechtungen geratet, [3]weil ihr (ja) wißt, daß das (d.h. dieses) Läu-

terungsmittel eures Glaubens Ausdauer bewirkt. [4]Die Ausdauer aber möge vollkommene Tat (bei sich) haben, damit ihr vollkommen und ganzheitlich seid, in nichts mangelhaft.

[5]Wenn dagegen jemand von euch Mangel an Weisheit hat, (er)bitte er (das Fehlende) von Gott, der allen vorbehaltlos gibt und nicht nörgelt, und ihm wird gegeben werden. [6]Er bitte aber im Glauben, ohne zu schwanken; denn der Schwankende gleicht vom Wind getriebenem und aufgepeitschtem Meeresgewoge. [7]Es meine dieser Mensch doch nicht, daß er etwas vom Herrn bekommen wird, [8]ein zweiseeliger Mann, unstet auf allen seinen Wegen.

[9]Es rühme sich dagegen der niedrige Bruder seiner Hoheit, [10]der reiche aber seiner Erniedrigung, denn er wird (sonst) wie eine Blüte des Grüns vergehen. [11]Es ging nämlich die Sonne auf mit(samt) dem Glutwind und ließ vertrocknen das Grün, und seine Blüte verfiel und die Wohlgestalt seines Aussehens verging. So wird auch der Reiche (mitten) in seinen Gängen verdorren.

Literatur: BAKER, Speech-Ethics. – G.C. BOTTINI, Giacomo 1,9–11: Minaccia o parenesi?, SBLFA 34, 1984, 191–206. – BROX, Hermas. – CARGAL, Restoring the Diaspora. – DIHLE, Gebet der Philosophen. – FITZGERALD, Friendship. – FRANCIS, Form and Function. – J. FRIEDRICH, Gott im Bruder? Eine methodenkritische Untersuchung von Redaktion, Überlieferung und Traditionen in Mt 25,31–46, 1977. – VON GEMÜNDEN, Vegetationsmetaphorik; Einsicht. – HAINTHALER, »Ausdauer Ijobs«. – P.J. HARTIN, Call to Be Perfect through Suffering (James 1,2–4). The Concept of Perfection in the Epistle of James and the Sermon on the Mount, Bib. 77, 1996, 477–492. – HEILIGENTHAL, Werke als Zeichen. – HEISEN, Hypotheses (1,2–8). – HOPPE, Hintergrund. – JOHNSON, Friendship. – KLEIN, „Vollkommenes Werk“. – KONRADT, Existenz. – KORN, Πειρασμός. – LAUTENSCHLAGER, Gegenstand des Glaubens. – VON LIPS, Weisheitliche Traditionen. – LUCK, Weisheit. – LUDWIG, Wort als Gesetz. – MEYER, Rätsel. – MORRIS, James and Isaiah. – DU PLESSIS, Τέλειος. – H. RIESENFELD, Ἁπλῶς. Zu Jak 1,5, CNT 9, 1944, 33–41. – G. THEISSEN, Lokalkolorit und Zeitgeschichte in den Evangelien, 1989. – TSUJI, Glaube. – VALGIGLIO, Postille (1,5 ἁπλῶς). – VERSEPUT, Wisdom. – VLACHOS, Ἡ ἐπιστολὴ τῆς διψυχίας. – ZELLER, Die weisheitlichen Mahnsprüche. – ZMIJEWSKI, Christliche «Vollkommenheit». – Mehr s.u. in den Exkursen zu 1,2–4.6.8; 2,14; 3,13.

Ich betrachte 1,2–11 als „summarische Exposition“ (von Lips; s.o. Einl. 3.1). Sie besteht wie der ganze Brief im wesentlichen aus Mahnungen. V.2–4 nennen das Generalthema, das für alle Adressaten gilt. V.5–8.9–11 ergänzen es zweifach für bestimmte Personengruppen. 1,2–4 werden in 1,12–3,11, dem ersten Hauptteil des Briefcorpus, unterbaut und verbreitert, 1,5–8.9–11 in 3,12–4,12; 4,13–5,6, dem zweiten Hauptteil. Genaue Formparallelen zur Exposition gibt es nicht, aber funktional vergleichbare Grundmahnungen am oder im Anfang von paränetischen Kompositionen (z.B. Isokrates, Or. I 13–16; PsPhok 3–8; Röm 12,1f.; 1Petr 2,11–12(17?); Did 1,1–3; Herm mand 1; von Lips). Textanfänge sind in der alten Welt überhaupt oft überlegt und mit u.U. impliziten Hinweisen auf das Folgende gestaltet (schon weil man in Rollen nicht blättern kann). Wer das wußte, kann 1,2ff. leicht als Exposition gelesen haben und war darauf gefaßt, daß angeschlagene Themen wiederkehren.

1,2–4 Generalthema an alle Adressaten. Nehmt Anfechtungen freudig hin, sie machen den Glauben dauerhaft; die Ausdauer sei begleitet von vollkommenem Tun, damit ihr ganze Christen seid.

Zwei kurze imperativische Satzgefüge V.2f. und 4. Besonders das erste ist rhetorisch bedacht (vorgezogenes Objekt, Anklang an χαίρειν V.1, π-Alliteration, Hyperbaton, s.o. Einl. 3.2), deswegen aber nicht ganz durchsichtig; es motiviert das zweite.

Jakobus 1,2–4a traditionsgeschichtlich

Literatur, soweit nicht o. nach der Übers. genannt: H. Millauer, Leiden als Gnade. Eine traditionsgeschichtliche Untersuchung zur Leidenstheologie des ersten Petrusbriefes, 1976. – W. Nauck, Freude im Leiden. Zum Problem einer urchristlichen Verfolgungstradition, ZNW 46, 1955, 68–80. – L. Ruppert, Der leidende Gerechte. Eine motivgeschichtliche Untersuchung zum Alten Testament und zwischentestamentlichen Judentum, 1972. – J. Thomas, Anfechtung und Vorfreude. Ein biblisches Thema nach Jakobus 1,2–18, im Zusammenhang mit Psalm 126, Röm. 5,3–5 und 1. Petr. 1,5–7, formkritisch untersucht und paraklетisch ausgelegt, KuD 14, 1968, 183–206. – J.L.P. Wolmarans, Making Sense out of Suffering: James 1:2–4, HTS 47, 1991, 1109–1121.

Die Aufforderung 1,2–4a hat im NT zwei enge Verwandte:

Röm 5, 3–5a	Jak 1,2–4	1Petr 1,6f.
[3]οὐ μόνον δέ, ἀλλὰ καὶ καυχώμεθα	[2]Πᾶσαν χαρὰν ἡγήσασθε, ἀδελφοί μου, ὅταν	[6]ἐν ᾧ [über die Gewissheit der ewigen Rettung] ἀγαλλιᾶσθε, ὀλίγον ἄρτι εἰ δέον [ἐστὶν] λυπηθέντες
ἐν ταῖς θλίψεσιν,	πειρασμοῖς περιπέσητε ποικίλοις,	ἐν ποικίλοις πειρασμοῖς,
εἰδότες	[3]γινώσκοντες	
ὅτι ἡ θλῖψις	ὅτι τὸ δοκίμιον ὑμῶν τῆς πίστεως	[7]ἵνα τὸ δοκίμιον ὑμῶν τῆς πίστεως
ὑπομονὴν κατεργάζεται,	κατεργάζεται ὑπομονήν.	
[4]ἡ δὲ ὑπομονὴ δοκιμήν,	[4]ἡ δὲ ὑπομονὴ ἔργον τέλειον ἐχέτω,	πολυτιμότερον χρυσίου τοῦ ἀπολλυμένου διὰ πυρὸς δὲ δοκιμαζομένου,
ἡ δὲ δοκιμὴ ἐλπίδα.		
[5]ἡ δὲ ἐλπὶς οὐ καταισχύνει …	ἵνα ἦτε τέλειοι καὶ ὁλόκληροι ἐν μηδενὶ λειπόμενοι.	εὑρεθῇ εἰς ἔπαινον καὶ δόξαν καὶ τιμὴν ἐν ἀποκαλύψει Ἰησοῦ Χριστοῦ·

V.2–4 bis ὑπομονή ähneln Röm 5,3–5a (Thema, Syntax und καυχώμεθα ἐν ταῖς θλίψεσιν, εἰδότες ὅτι ἡ θλῖψις ὑπομονὴν κατεργάζεται, ἡ δὲ ὑπομονὴ δοκιμήν) und 1Petr 1,6f. (ἀγαλλιᾶσθε und ἐν ποικίλοις πειρασμοῖς, ἵνα τὸ δοκίμιον ὑμῶν τῆς πίστεως, Thema und Syntax sonst anders). Jak geht durchweg mit Röm oder 1Petr parallel, diese beiden miteinander nur in δοκιμήν/δοκιμαζομένου. Sind die Briefe literarisch voneinander unabhängig (s.o. Einl. 4.2), erklärt sich die Ähnlichkeit aus gemeinsamer Tradition (Mehrheitsmeinung). Führt man alles auf sie zurück, worin Jak mit Röm und 1Petr wörtlich oder sinngemäß übereinstimmt, sah sie etwa so aus wie V.2–4 Anfang, d.h. Jak zitiert. Aber ein Zitat als Briefanfang? Das ließe sich allenfalls erwägen, wenn es gut bekannt und anerkannt war. Dafür sehe ich keinen Anhalt. Sicher stammen aus der Tradition wegen der wörtlichen Parallelen V.2 πειρασμοὶ ποικίλοι und V.3, inhaltlich die Freude (imperativisch?); vielleicht war auch von Leiden die Rede (vgl. Röm 5,3 θλῖψις; 1Petr 1,6 λυπηθέντες). Im übrigen bleiben syntaktische Struktur und Wortlaut unbekannt.

1Petr benutzte ein sehr ähnliches Traditionsstück, aber freier, Paulus womöglich nur ein verwandtes (vgl. Konradt, Existenz). Als Herkunftsort ist Unterweisung von Neubekehrten denkbar.

Doch steckt in der Tradition jüdisches Erbe, das auch anderswo frühchristl. nachwirkt.

a) Breit belegt ist, daß Gott die Seinen allgemein durch Härten erzieht (z.B. Prov 3,11f.; Hi 36,1–21; Sir 2,1–6; 4,17–19; vgl. Seneca, Prov. 1,6; 2,6 *Patrium deus habet aduersus bonos uiros animum, et illos fortiter amat et : « Operibus, inquit, doloribus, damnis exagitentur, ut uerum colligant robur. »* „Wie ein Vater ist der Gott gegenüber den guten Menschen gesinnt, energisch ist die Art, wie er sie liebt. ‚Tätigkeit', spricht er, ‚Schmerzen, Verluste sollen sie nicht zur Ruhe kommen lassen, damit sie wahre Kraft gewinnen'.", Übers. M. Rosenbach; 4,7f.). Er stellt aber auch gezielt Treue oder Ethos auf die Probe (z.B. ψ 16,3; 25,2; Prov 17,3; Jdt 8,25–27; Sap 2,17; 3,4–6; TestJos 2,7 ἐν δέκα πειρασμοῖς δόκιμόν με ἀνέδειξε, καὶ ἐν πᾶσιν αὐτοῖς ἐμακροθύμησα· ὅτι μέγα φάρμακόν ἐστιν ἡ μακροθυμία, καὶ πολλὰ ἀγαθὰ δίδωσιν ἡ ὑπομονή „In zehn Versuchungen [durch Potiphars Frau, 3,1–9,5] fand er mich erprobt, und in allen diesen erwies ich Geduld. Denn ein starkes Heilmittel ist die Geduld, und viel Gutes gibt die Ausdauer", Übers. J. Becker; vgl. Av 5,3; zu Abraham s. Jak 2,21, zu Propheten und Hiob 5,10f.; Millauer 52–58.142–145). Weil Gott das u.U. durch Mittelspersonen tut, ist er nicht notwendig als Verursacher zu denken, falls keiner genannt ist. Auf keinen Fall stiftet Gott zu Bösem an (1,13 muß deshalb nicht Widerspruch gegen die Tradition sein). Er steht im Gegenteil denen bei, die ihm vertrauen (z.B. Sir 2,6 πίστευσον αὐτῷ, καὶ ἀντιλήμψεταί σου; Sap 2,18; TestJos 2,1–6).

b) Freude ist in diesem Zusammenhang nicht typisch. Sie stammt eher aus dem verwandten Topos „Freude nach, in, trotz, wegen Leiden", die grade die Gerechten treffen (programmatisch Ps 34,20), aber sie auch der Erwählung versichern und ewigen Lohn bewirken (Nauck, traditionsgeschichtlich differenzierter Millauer 167–179; Ruppert 176–179; im Zusammenhang von Verfolgung z.B. 4Makk 9,31; syrBar 52,5–7; vgl. Lk 6,22f. par.; Hebr 10,32–34; 12,11). Weil auch Leiden πειρασμοί sein können, ergab sich die Verbindung leicht.

c) Erprobungen und Leiden mit der Aussicht auf Gottes Bewahrung, sei es auch erst im ewigen Leben, gelten seit der Makkabäerzeit als Kennzeichen jüdischer Existenz (4Makk 18,10–19: der Vater der makkabäischen Märtyrer lehrte das aus Gesetz und Propheten; vgl. Hebr 11,35–38). Das frühe Christentum knüpfte daran an (z.B. Mt 6,13 par.; Lk 8,13; Apg 14,22 [Tertullian, Bapt. 20,2?]; 20,19; 1Kor 10,13; 1Thess 3,3f.; 2Tim 3,12; Apk 2,10; 3,10; Herm vis 4,3,4f.; situations- oder standesspezifische Versuchungen wie z.B. 1Kor 7,5; Gal 4,14; 1Tim 6,9 gehören nicht unmittelbar hierher). Deshalb wird schon das hinter Jak 1,2–4 par. stehende Traditionsstück von πειρασμοὶ ποικίλοι als Merkmalen authentischen christlichen Lebens gesprochen haben.

Es folgt, daß πειρα- kaum konsistent zu übersetzen ist und im Einzelfall oft nicht mit einem Wort.

Jakobus setzt also nicht beliebig ein, sondern mit etwas Grundlegendem, das zudem vertraut und tröstlich ist: kein schlechter Anfang.

2 Πᾶσαν χαρὰν ἡγήσασθε läßt χαίρειν V.1 nachklingen. Dergleichen kommt öfter vor (z.B. P. Gieß. 21,2f. ...χαίρειν. Λίαν ἐχάρην...; BGU 531 [P. 6830],2–4 ...χαίρειν...[ἐ]χάρην...; Ps-Plato, Ep. 8,352b ...εὖ πράττειν. Ἃ δ' ἂν διανοηθέντες μάλιστα εὖ πράττοιτε ὄντως, πειράσομαι ταῦθ' ὑμῖν κατὰ δύναμιν διεξελθεῖν; Archiv des Nepheros Nr. 9,3–5 ...ἐν κ(υρί)ῳ χαίρειν. χάριν ὁμολογῶ τῇ θείᾳ προνοίᾳ... (Kramer – Shelton 63); vgl. Philostrat, Vita Apoll. VI 29 Ende; Tob 5,10 S; 2Tim 1,2f.).

Χαρά (noch 4,9) steht metonymisch für Anlaß, Grund, Gegenstand (wie z.B. Lk 2,10; 1Thess 2,19; vgl. 2Petr 2,13 ἡδονὴν ἡγούμενοι). Πᾶς (im Briefanfang z.B. Phil 1,3f.; 1Thess 1,2; 2Petr 1,3; 3Joh 2; Jud 3; bei χαρά z.B. Tob 13,16 S, frühchr. noch Röm 15,13; Phil 2,29; 1Thess 3,9) setzt das artikellose Substantiv sozusagen in den Superlativ (vgl. BDR 275 Anm. 2): viel und immer. Der Imperativ von ἡγεῖσθαι (das Verb im Brief nur hier) mahnt gern zu Einsicht, die dauern soll (z.B. Isokrates, Or. II 20; Philo Post 101 ταύτην δ' ἡγοῦ φιλοσοφίαν, οὐχ ἣν...; 2Petr 3,15; zu matt „seid voller Freude" Bauer[6], ἡγέομαι 2; anders Cargal: kritische Feststellung). Der Aorist ist komplexiv (kaum ingressiv) und als solcher entweder nachdrücklich (vgl. BDR 337,2; Fanning

369f.) oder distributiv (jeden einzelnen betreffend; vgl. Fanning 367f., doch s. auch 370–379).

Ἀδελφοί μου: Jak redet fast immer so o.ä. an (noch 2,1.14; 3,1.10.12; 5,12.19; ἀδελφοί μου ἀγαπητοί 1,16.19; 2,5, so frühchr. sonst nur 1Kor 15,58; Phil 4,1, jüd.-gr. vgl. Tob 10,13; ἀδελφοί 4,11; 5,7.9f.; am Satzanfang nur 2,1; 5,19, vgl. BDR 474,6; andere Anreden im Pl. 4,4.13; 5,1, im Sg. nur 2,20; ἀδελφός sonst 1,9; 2,15; 4,11 zweimal; ἀδελφή 2,15; τέκνα u.ä. fehlt). Unter den frühchristl. Briefen steht die Anrede ähnlich dicht in 1Kor, 1Thess; sie fehlt in Eph, Kol, Past, 1Petr, 2Petr außer 1,10, 1–3Joh außer 1Joh 3,13. Bei Jak Gegengewicht gegen den oft scharfen Ton? Die christl. Bezeichnung stammt aus jüd. Tradition (alle Juden sind Brüder als Stamm- und Religionsverwandte; briefliche Anrede z.B. 2Makk 1,1; syrBar 78,3 u.ö.; im engeren Sinn auch Freunde, Kollegen u.ä.; in Qumran vgl. 1QS 6,10.22; CD 6,20; 7,1; 20,18, doch Jos Bell II 122 reflektiert eher Freundschaftsethik). Sie wurzelt aber zumindest auch in einem besonderen Zusammengehörigkeitsbewußtsein der ersten Christgläubigen als familia Dei (das vielleicht auf Jesus zurückgeht, vgl. Mk 3,34f. par.; Mt 6,9; zu Mt 25,31–46 und Hintergrund Friedrich 220–239) und erneuertes Israel. Daß auch pagan Volksgenossen wie Mitglieder religiöser Vereine ἀδελφοί heißen können, ist eher Parallelerscheinung. Für Jak sind ἀδελφοί wohl einfach die Glieder der „zwölf Stämme in der Diaspora" (V.1), mit denen man solidarisch sein muß. Er wertet den Brudernamen aber theologisch und ethisch nirgends aus, auch wenn man sein ethisches Ziel als Brüderlichkeit bezeichnen kann. Frauen (1,27 Witwen; 2,15.25) werden mitgemeint sein, soweit vom Text betroffen (ἀδελφαί mitangeredet dagegen 2Klem 19,1; 20,2; vgl. Phm 2; Barn 1,1; EpApost 1). Andererseits kommen sie nur als Bedürftige vor (außer 2,25?). Unter den Zweiseelern und Reichen, die Jak hauptsächlich kritisiert (1,5–11; 3,12–5,6), waren kaum viele Frauen (außer als Familienangehörige), unter den Presbytern (5,14) wohl keine. Vermutlich dominierten wie anderswo unter den Adressaten die Männer (zu ἀνήρ → 1,8; vgl. Lindemann, 1Klem, Exkurs zu 1,3; Leutzsch, Wahrnehmung), und das zu ändern war das Ziel des Briefes nicht. Deshalb sollte man auch nicht „und Schwestern" dazuübersetzen.

Ὅταν πειρασμοῖς περιπέσητε ποικίλοις bildet das Objekt zu ἡγήσασθε (vgl. z.B. 4Makk 14,11 εἰ; Sap 15,9 ὅτι; Justin, Dial. 14,2 ἐάν). Nicht daß die Adressaten sich über die πειρασμοί als solche freuen sollten (sondern s. V.3), aber sie führen dazu. Ὅταν (im Brief sonst nicht) mit Konjunktiv hier eher iterativ als eventual (vgl. BDR 382,3; so aber immer ἐάν 2,2.14f.17; 4,15; 5,19, vgl. 4,4; κἄν 5,15; zu εἰ s. V.5).

Περιπίπτειν (oft in Unbill, frühchr. sonst nur so: Lk 10,30; Apg 27,41; 1Klem 51,2; πίπτειν Jak 5,12; ἐκπίπτειν 1,8): bis über den Kopf (stärker als verwandte Verben in Mk 14,38 par.; 1Tim 6,9). Πειρασμός (noch 1,12; πειράζειν, ἀπείραστος 1,13f.) ist nicht zufällig eine jüd.-chr. Vokabel (fehlt aber Philo, Josephus, pagan vereinzelt ab 1. Jh. n.Chr.; zur Tradition s. oben). Ποικίλος (im Brief nur hier) steht gern bei Ungemach (z.B. Epiktet III 24,29 περιστάσεις ποικίλαι; 3Makk 2,6; 4Makk 17,7; Philo SpecLeg I 299 οὐδὲν βαρὺ καὶ ποικίλον ἢ δύσεργον; Mk 1,34 par.; 2Tim 3,6; oft Hermas; zu 1Petr 1,6 s.o. den Exkurs vor 1,2).

Der Satz besagt, daß πειρασμοὶ ποικίλοι nicht nur gelegentlich vorkommen und nicht als besondere Reifeprüfungen wie bei Abraham oder Joseph; sie durchziehen die Sonderexistenz, die die Adressaten kraft ihres Glaubens in der Diaspora der Welt (1,1) führen müssen, ohne sich zu beflecken (s. 1,27). Zwei Kräfte wirken: Erstens von außen die Welt, die auch in der Gemeinde ihre Freunde hat (4,4). Die Weltkinder höhnen und schikanieren, besonders „die Reichen" (2,6f.; 4,13–5,6); vgl. 1Petr (wo die Spannungen aber ätzender sind) und Hermas. Es herrscht Anpassungsdruck. Von amtlichen und Gewaltmaßnahmen gegen Christen verlautet aber nichts (doch vgl. 5,10f., freilich erst im Briefschluß). Konflikte mit Juden fehlen. Krankheit (5,13–15), Krieg (4,1?), Naturkatastrophen (5,17f.?) fallen offenbar gar nicht unter πειρασμοί. Die Welt lockt aber auch, besonders zu Erwerb, Prestige, Genuß (3,12–5,6). Zweitens ist innen im Christen die Begierde aktiv (1,13–15; 4,1) und ködert ihn zur Weltlichkeit; sie produziert Sünde und schließlich den Tod. Jak denkt dabei keineswegs an Exzesse (der Brief enthält keinen Lasterkatalog, von Sexualität und Alkohol ist erstaunlicherweise nirgends die Rede), sondern an Verstöße gegen das auf Abgrenzung nach außen und Pflege der Brüderlichkeit bedachte Ethos, das Jak als das allein christliche vertritt. Von πειρασμοὶ ποικίλοι betroffen und bestandenenfalls gestärkt ist die „ethische Integrität" der Christen (Konradt, Existenz), nicht die christl. Vollkommenheit insgesamt (s. V.4; anders Frankemölle, Jak: was πειρασμοὶ ποικίλοι sind, kündigen V.4–11 an, nämlich Mangel an vollkommenem Werk, vollkommenem Sein, Weisheit, Glauben, richtiger Selbstbeurteilung bei Arm und Reich, d.h. der ganze Brief handelt von ihnen). In Gefahr sind auch nicht einzelne Glaubenselemente wie Gebetszuversicht (s. 1,5–8; 4,3f.), Parusie- und Gerichtserwartung (s.u. den Exkurs hinter 5,11) oder die Loyalität gegenüber Amtsträgern (s. 5,14) oder die Gemeindezugehörigkeit (Jak mahnt nie zum Gottesdienstbesuch, anders Hebr 10,25; Did 16,2; IgnEph 13,1; IgnPol 4,2; Barn 4,10; 2Klem 17,3), am wenigsten das Gemüt (die Adressaten trauern nicht, sie beklagen sich oder weichen den πειρασμοί aus). Als Probe auf das Ethos sind die πειρασμοὶ ποικίλοι eschatologisch bedeutsam (s. 1,12), aber kein Vorschein des Endes. Der mit der Tradition gegebene Aspekt des (Prüfungs)leidens tritt bei Jak also zurück, fehlt aber nicht. Wie nun übersetzen? Will man ein Wort mit zugehörigem Verb, das V.13–15 gerecht wird, geht ‚Prüfung, Erprobung' nicht. ‚Versuchung' und ‚Anfechtung' passen; ich wähle das zweite, weil hier das Widrige stärker mitklingt, das Jak m.E. ausdrücken will.

3 Γινώσκοντες ὅτι τὸ δοκίμιον ὑμῶν τῆς πίστεως κατεργάζεται ὑπομονήν. Das Partizip von γινώσκειν (das Verb noch 2,20; 5,20; εἰδέναι → 1,19) ist wohl konjunkt zu ἡγήσασθε V.2 (kaum zu περιπέσητε); für ein verbergänzendes (z.B. Euripides, Medea 454 πᾶν κέρδος ἡγοῦ ζημιουμένη φυγῇ) kommt es zu spät. Es nennt den Grund zur Freude in den Anfechtungen, indem es an die bekannte Tradition erinnert (s. oben; vgl. z.B. Isokrates, Or. III 50; Jos Ant IV 186; Hebr 10,34; 2Petr 1,20; 3,3; εἰδότες z.B. Röm 5,3; Jak 3,1; 2Klem 7,1; mehr s. zu 4,4), kaum mit möglicher neuer Erkenntnis lockt (dafür wäre der Aor. besser, vgl. Fanning 136 Anm. 24). Aufforderung spüre ich nicht (so aber 1,21 und vielleicht 5,14, vgl. BDR 417 Anm. 1; „imperativische Partizipien" wie Röm 12,9–19 sind ohnehin etwas anderes, die Erklärung ist umstritten, vgl. BDR 468,2; Fanning 386–388). V.3 wird damit captatio.

Τὸ δοκίμιον ὑμῶν τῆς πίστεως gehört wohl wie in 1Petr 1,7 zusammen; also τῆς πίστεως nicht zu ὑπομονήν ziehen. Δοκίμιος ist selten (jüd.-gr. nur ψ 11,7; Prov 27,21; Philo Som I 226 ἐπειδὴ γὰρ ἐκάθηρεν ἡμᾶς ὁ ἱερὸς λόγος [die Schrift]...ἀγαγὼν εἰς τὸ δοκίμιον; frühchr. nur in dieser Wendung; δόκιμος 1,12) und τὸ δοκίμιον hier schwierig. Entweder: 1Petr 1,7 spricht für ‚Echtheit' (BDR 263 Anm. 5), ‚das Echte an' (vgl. 2Kor 8,8 τὸ τῆς ὑμετέρας ἀγάπης γνήσιον δοκιμάζων). Das paßt, wenn man in πειρασμοί ‚Prüfung' mithört (vgl. die Tradition); τὸ δοκίμιον ist dann deren Ergebnis (LS Suppl. δοκιμεῖον ‚test-sample' paßt nicht). Oder: Das Wort nennt eine Funktion der Anfechtungen (τῆς πίστεως dann Gen. obj.). ‚Prüfung(svorgang)' scheint nicht belegt zu sein, wohl aber

‚Prüfmittel, -instrument' (z.B. Plato, Tim. 65c τὰ φλέβια [kleine Blutgefäße] οἷόνπερ δοκίμια τῆς γλώττης, danach Ps-Longinus 32,5 γλῶσσαν δὲ γεύσεως δοκίμιον „die Zunge [aber sei] der Prüfstein des Geschmacks", Übers. R. Brandt; Ps-Dionysius Hal., Rhet. 11,1 δεῖ δὲ ὥσπερ κανόνα εἶναι καὶ στάθμην τινὰ καὶ δοκίμιον ὡρισμένον; Plutarch, Mor. 230b ἠρώτησεν εἰ δοκίμιον ἔχει τίνι τρόπῳ πειράζεται ὁ πολύφιλος; Mehrheitsmeinung). Prüfen ergibt freilich Befunde und soll nicht etwas anderes bewirken. Eine passende Nuance ist aber ‚Läuterungsmittel' o.ä. (vgl. Prov 27,21 δοκίμιον ἀργύρῳ καὶ χρυσῷ πύρωσις; vielleicht Herodian Hist. II 10,6 δοκίμιον δὲ στρατιωτῶν κάματος, ἀλλ' οὐ τρυφή; hierher auch die Metonymie δοκιμεῖον ‚Schmelztiegel', falls wirklich belegbar). Dies liegt hier m.E. näher als ‚Echtheit', weil nach Jak das Bestehen der Anfechtungen, das Gott ermöglicht (s. 1,13–18), ὑπομονή bewirkt, nicht der Glaube.

Jak führt πίστις (noch 1,6; 2,1.5.14–26; 5,15; πιστεύειν 2,19.23) als bekanntes Wort ein (Art.). Die Belege entstammen verschiedenen Traditionen und betonen Aspekte. Jak versteht sie aber im Sinn seines eigenen, kohärenten Glaubensbegriffs (ausführlich s.u. den 2. Exkurs zu 2,14). Für ihn bezeichnet πίστις das exklusive Gottesverhältnis, das die Christen wie schon die atl. Frommen (s. 1,1) aus der Welt (s. 1,27; 4,4) heraushebt (zu Christus s. 2,1). Heiden haben nicht einen anderen Glauben, sondern keinen (über nichtchr. Juden schweigt Jak, unvollständigen Glauben müßte er ihnen wohl zugestehen). Glaube beginnt von Gott aus durch einen Schöpfungsakt mittels des Wortes der Wahrheit (s. 1,18 mit Exkurs; Taufe?), das auch das Gesetz der Freiheit enthält oder ist (s. 1,25 mit Exkurs); vom Menschen aus durch entschiedene Annahme (s. 1,21). Glaube besteht in einer festen Haltung, die Abkehr von der Welt, Gotteserkenntnis, Ehrfurcht, Vertrauen, Hoffnung und die Anerkennung des Gesetzes vereinigt (das Verb dazu ist deshalb eher πίστιν ἔχειν 2,1.14.18 als πιστεύειν) und in Gebet, Gottesdienst, Riten auch ein Handlungsfeld hat. Glaube muß begleitet sein von Taten, wie das Gesetz der Freiheit sie fordert und fördert (s.u. den 2. Exkurs zu 2,14). Sie entspringen nicht aus dem Glauben selbst, wenngleich er an ihnen mitwirkt; wohl aber machen Glaube und Taten zusammen den ganzen, lebendigen Christenmenschen aus (s. 2,26). Dieser Glaubensbegriff ist in seiner Zeit nicht ungewöhnlich und keine Verfallsform, schon gar nicht des paulinischen (s.u. den 1. Exkurs zu 2,14 und 2,20–24 mit Exkurs davor).

Weil Glaube Haltung ist, kann er unsicher oder halbherzig sein; weil Distanzhaltung, stecken die Glaubenden dauernd in Anfechtungen, die vor allem das Ethos bedrohen. Fehlt es ganz, ist ihr Glaube tot und nutzlos im Endgericht, obwohl nicht verschwunden, solange sie nicht Gott verleugnen (s. 2,14–26). Das Gottesverhältnis läßt sich wieder ganz machen, notfalls durch Neuvollzug des Anfangs (das will der Brief erreichen). Jak macht Mut dazu, indem er dem Widerstand gegen die Versuchungen Verheißung gibt.

Κατεργάζεται ὑπομονήν: Logisches Subjekt des κατεργάζεσθαι (im Brief nur hier; ἐργάζεσθαι 1,20; 2,9; ἐργάτης 5,4; ἔργον → 1,4) sind die Anfechtungen (eine allein tut es nicht), falls bestanden (in der Tradition zeigen dagegen die Frommen hierin ihre ὑπομονή). Das Präsens (gnomisch, vgl. Fanning 208–214) drückt hier Erfahrung aus (wie z.B. umgekehrt TestJos 10,1 Ὁρᾶτε οὖν, τέκνα μου, πόσα κατεργάζεται ἡ ὑπομονὴ καὶ προσευχὴ μετὰ νηστείας; Röm 5,3; 2Kor 4,17), nicht Notwendigkeit.

Ὑπομονή (noch 1,4; 5,11; ὑπομένειν 1,12; 5,11; κακοπαθεῖν 5,13; κακοπαθ(ε)ία 5,10; μακροθυμία 5,10; μακροθυμεῖν 5,7f.) bezeichnet nicht allgemein Geduld als Tugend (Cicero, De invent. II 163 *patientia est honestatis aut utilitatis causa rerum arduarum ac difficilium voluntaria ac diuturna perpessio*) oder Charakterfestigkeit als Haupttugend (z.B. Philo Cher 78;

Congr 37; vgl. Migr 144 ὑπομονὴ τῶν καλῶν), sondern speziell die Ausdauer auf dem Pfad (vgl. Sir 2,12–14) des Glaubens und der Moral trotz Widrigkeiten (vgl. Mk 13,13 par.; Lk 8,15; 2Thess 1,4; Hebr 12,1f.; Apk 14,12; Did 16,5 οἱ δὲ ὑπομείναντες ἐν τῇ πίστει αὐτῶν σωθήσονται) lebenslang (Vorbilder gibt 5,10f.).

4 Ἡ δὲ ὑπομονὴ ἔργον τέλειον ἐχέτω fügt nicht ein drittes Kettenglied an Glaube und Ausdauer an (anders Mehrheitsmeinung, vgl. V.14f.; die Trias Glaube, Hoffnung, Liebe liegt fern); δέ präzisiert (vgl. V.5f.). Die erwähnte Ausdauer (Art. rückweisend) bewirkt nichts (anders TestJos 10,1; Röm 5,4), sie soll etwas, und zwar haben (Präs.: dauernd). Formal ist das vielleicht eher Wunsch als Befehl (vgl. Philostrat, Vita Apoll. I 3, Ende des Vorworts: ἐχέτω δὲ ὁ λόγος [das Buch] τῷ τε ἀνδρὶ τιμήν, ἐς ὃν ξυγγέγραπται, τοῖς δὲ φιλομαθεστέροις ὠφέλειαν „Mein Werk soll dem Manne, von dem es handelt, Ehre bringen und den Wißbegierigen von Nutzen sein", Übers. Vroni Mumprecht; Wunsch ist ἐχέτω auch z.B. bei Plutarch, Mor. 608b), dennoch dringend. Ἔργον (noch 1,25; Pl. 2,14–26; 3,13; ἀργός 2,20; συνεργεῖν 2,22; κατεργάζειν, ἐργάζεσθαι, ἐργάτης → 1,3) ist Objekt, τέλειος (noch 1,4b.17.25; 3,2; τελειοῦν 2,22; ἀποτελεῖν 1,15; semantisch entfernt τελεῖν 2,8; τέλος 5,11) Attribut dazu; falls Prädikativum wie bei ἔχειν häufig, sollte τέλειον anders gestellt sein und ἔργον den Artikel haben. Geläufiges Objekt von ἔχειν ist ἔργον nicht, und ἔργον τέλειον scheint vor Jak unbelegt zu sein (vgl. aber IgnSm 11,2 ἵνα οὖν τέλειον ὑμῶν γένηται τὸ ἔργον καὶ ἐπὶ γῆς καὶ ἐν οὐρανῷ; Klemens Al., Strom. IV 14,3 τελείωσιν τὸ μαρτύριον καλοῦμεν ... ὅτι τέλειον ἔργον ἀγάπης ἐνεδείξατο; anders τελειότατον ἔργον Philo Op 9 u.ö. für Kosmos, Vernunft, Tempel). Jak bezeichnet damit hier wohl weder die Vollendung der Ausdauer selber noch metaphorisch (der Folgesatz dann epexegetisch) die Adressaten (beides sprachlich kaum möglich), sondern ihre ethische Aufgabe (ausführlich dazu s.u. den 2. Exkurs zu 2,14). Der Singular ist nicht kollektiv (also diff. ἔργα 2,14 usw.), sondern integral (1,25; vgl. z.B. Röm 2,15; 1Thess 5,13; Hebr 6,10; 1Petr 1,17): das ethische Handeln in jeder Hinsicht (ἔργον kann nomen actionis sein; kaum das abgeschlossene Lebenswerk, kein eschatologischer Oberton).

Ἔχειν (noch 2,1.14.17.18; 3,14; 4,2) kann ‚bewirken' o.ä. bedeuten (s. oben; Bauer[6], ἔχω I 4), aber nach Jak führt nicht der Glaube spontan zum Handeln, sondern die Hingabe an das eingepflanzte Wort als Gesetz der Freiheit (1,22–25), die freilich nur dem entschieden Glaubenden möglich ist; also ‚(bei sich) haben, ausgestattet sein mit' (spezieller Herm mand 2,1 ἁπλότητα ἔχε). Τέλειος signalisiert ein wesentliches Ziel des Briefs, das z.B. auch durch die Sprachfelder (Un)gespaltenheit (s. 1,6.8) oder Reinheit (s. 1,27) zum Ausdruck kommt.

Nicht zufällig wiederholt V.4b τέλειος gleich: ἵνα ἦτε τέλειοι καὶ ὁλόκληροι ἐν μηδενὶ λειπόμενοι. V.4 zielt also nicht auf Gemeinschafts- oder Weltgestaltung, sondern den Charakter der Adressaten (vgl. 2,26). Ὁλόκληρος ‚ganzteilig, heil' (z.B. JosAs 16,16x; frühchr. nur noch 1Thess 5,23; Herm mand 5,2,3 αὕτη οὖν ἡ μακροθυμία κατοικεῖ μετὰ τῶν τὴν πίστιν ἐχόντων ὁλόκληρον „Diese Langmut nun wohnt bei denen, die den Glauben unversehrt haben", Übers. M. Leutzsch) bildet hell. gern mit τέλειος ein Paar (jüd.-gr. und frühchr. sonst nur Philo; Hendiadyoin, s.o. Einl. 3.2); es kommt wie ὁλόκληρος allein (z.B. Sap 15,3 ὁλόκληρος δικαιοσύνη; 4Makk 15,17 τὴν εὐσέβειαν ὁλόκληρον; Philo Imm 4 αἱ ὁλόκληροι ἀρηταί u.ö.) auch in der Tugendlehre vor (z.B. Dio Chr., Or. XII 34; Philo Migr 33, häufiger τέλειος mit παντελής), aber nicht nur dort. Zur Formulierung insgesamt vgl. noch Kol 4,12.

Bei medial-passivischem λείπειν ‚nachstehen, ermangeln' (Jak nur noch so: 1,5; 2,15; frühchr. noch IgnTr 5,2b; IgnPol 2,2) führt ἐν eher den Grund oder Bereich ein (z.B. Sophokles, Oed. Kol. 495; SIG 618,15f.; 800,29f.; Preisigke, Sb 620 ἐν τῷ μὴ εἶναι ἄσυλον; vgl. Philo LegGai 280; Jos Bell I 126; BDR 180 Anm. 5) als einen Einzelgegenstand (vgl. V.5); mit μηδέν (μηδείς noch 1,6.13; οὐδείς 1,13; 3,8; εἷς 2,10.19; 4,12) läuft es auf dasselbe hinaus. Das schon doppelte τέλειοι καὶ ὁλόκληροι muß eigentlich nicht unterstrichen werden; die Wendung dient aber auch als Haken für V.5(-11).

Die Vollkommenheitsforderung des Briefes wurzelt nach Mehrheitsmeinung in der alttestamentlichen, mit Gedanken, Worten und Werken ungeteilt Gott und niemand anderem zu gehören (z.B. Dtn 6,5; 18,13 τέλειος ἔσῃ [Israel] ἐναντίον κυρίου τοῦ θεοῦ σου; Jub 23,10; *tmym* häufig in Qumran; frühchr. vgl. besonders Mt 5,48; 19,21; Kol 4,12), ohne eine bestimmte Ausprägung aufzunehmen, und ist umfassend (ob sie eher qualitativ oder quantitativ gedacht ist, kann man deshalb kaum sinnvoll fragen). Christen schulden Vollkommenheit Gott und sich selbst wegen ihrer Abkunft und Begabung (1,17f.25). Sie zielt nicht primär auf sittliche Untadeligkeit (so aber Klein, der den Anklang an hell. Tugendlehre in τέλειοι καὶ ὁλόκληροι zu wichtig nimmt; sie wirkt allenfalls mit). Streiten kann man aber, ob Vollkommenheit erreichbar ist und damit vollkommenes Tun das, was im Gericht zählt (Klein), oder anspornendes Ideal und damit von der im Gericht rettenden Gerechtigkeit (2,21–25) zu unterscheiden (Konradt, Existenz); eher dies, weil nach Jak auch Christen sündigen und zumindest Zungensünde unausrottbar ist (3,1–11). Er fordert Perfektion, aber er ist kein Perfektionist (übrigens fehlt das Sprachfeld Fortschritt).

1,5–11 Anwendung des Themas auf bestimmte Personengruppen

Zwei zweigeteilte Abschnitte V.5.6–8 und 9.10f. Die zweiten Teile, formal einander nicht unähnlich, sind ausführlicher und kritisch.

1,5–8 Anwendung 1: Wem Weisheit fehlt, der bitte Gott darum; aber mit entschiedenem Glauben, Zweiseeler bekommen nichts

Ein imperativisches Satzgefüge (V.5) und eine Satzkette aus einem imperativischen Satz (V.6a), einem begründenden Vergleich (V.6b) und dessen Auswertung (V.7f.). In beiden Teilen dominiert αἰτείτω. Der erste Teil führt Weisheit ein als etwas, das zur Vollkommenheit nötig, aber weder mit dem Glauben noch der Anweisung zum vollkommenen Handeln schon mitgegeben ist, zumindest nicht vollständig; sie muß erbeten werden. Der zweite Teil formuliert, wer nicht erhört wird: der Zweiseeler, dessen Loyalität nicht allein Gott gilt. Hier erscheint zum ersten Mal, unterschieden von den Adressaten im ganzen, der Christentyp, den Jak nicht nur ermutigen, sondern korrigieren will.

Jakobus 1,5–8 traditionsgeschichtlich

Berühren sich V.2–4 mit Tradition in ntl. Briefen, so V.5–8 mit Evangelien(tradition; Zeller 127–135). Αἰτείτω/δοθήσεται erinnert an Mt 7,7 par., aber der Kontext dort redet nicht von Weisheit und von Gott anders (die beiden Verben sind auch sonst gern beisammen). Πιστ- und μὴ διακρίνεσθαι verbinden Jak mit Mk 11,23 par. (der Q-Parallele Mt 17,20 par. fehlt der Zweifel), wo es aber um Wunder geht (vgl. Mt 9,22 par. u.ö.), nicht um Beten, außerdem frühchr. noch mit Röm 4,20; 14,23, wo auch nichts von Beten steht. Mt 7,8 par.; Mk 11,24 par.; Joh 16,24 verheißen λαμβάνειν vor allem gläubigem αἰτεῖν (vgl. Jak 4,3). Jak bietet also keine synoptischen Parallelen und läßt nicht erkennen, daß er sich wenigstens durch Anklang auf Jesus(tradition) beriefe. Umgekehrt wirkt Herm mand 9 wider die διψυχία (nicht διακρίνεσθαι) wie eine (auch) Jak 1,6b(nicht a)–8 (vgl. 3,15–17; 4,8) verwertende Mahnrede; falls Hermas abhängt, dann kaum literarisch (s.o. Einl. 4.2).

5 Εἰ δέ τις ὑμῶν λείπεται σοφίας nennt einen Fall, der bei den Adressaten immer wieder vorkommt (εἰ noch 2,8f.11; 3,3.14; 4,11; εἴ τις 1,23.26; 3,2, überall Ind. Präs., vgl. BDR 371f.; zu τὶς ὑμῶν, das sonst im Brief nicht begegnet, vgl. 2,16; 5,13f.19; τίς...ἐν ὑμῖν 3,13; zu ὅταν, ἐάν s. V.2). Das Verb (→ 1,4) nimmt V.4 auf, ist aber anders konstruiert (λείπεσθαι mit Gen. der aktiv oder passiv verfehlten oder unvollständigen Sache noch 2,15; vgl. Sophokles, El. 474; Ps-Plato, Ax. 366d; jüd.-gr. nur 3Makk 3,18; 4,13; Jos Bell V 113; VII 178; Ant XV 114.377, frühchr. noch IgnTrall 5,2b). Ob hier etwas oder alles fehlt, ist sprachlich nicht zu entscheiden; sachlich vielleicht je nach Fall so oder so.

Σοφία (noch 3,13.15.17; σοφὸς καὶ ἐπιστήμων 3,13; ἐπίστασθαι 4,14; sonst fehlen ἐπιστ-, συνι /ε-, φρεν-, φρον- ebenso wie die Opposita) ist ein Wort mit hohem Prestige wie z.B. Freiheit und weit verbreitet, deshalb aber vieldeutig. Jak benutzt es wie Glaube und andere Fachwörter ganz selbstverständlich. Zu erklären ist es wohl auf atl.-jüd. Hintergrund; man streitet sich aber, wie. Weisheit gehört für Jak m.E. nicht wie Glaube und Taten zu den Grundelementen der christl. Existenz, sondern ist eine zusätzliche Gabe Gottes an die entschieden Glaubenden, die es ihnen ermöglicht, in der Welt mit ihren Anfechtungen zurechtzukommen, also so etwas wie christl. Lebensklugheit oder -kunst (ausführlicher s.u. den Exkurs zu 3,13). Unberührt bleibt, daß Jak weisheitliche Traditionen aufgreift, wenn auch wohl meist christianisiert; das ist im Einzelfall zu entscheiden. Die Verbindung von Vollkommenheit und Weisheit ist jedenfalls traditionell (z.B. Sir 34,8; 1QS 5,24; 1QSa 1,28 u.ö.; Philo All III 140.207 u.ö.; 1Kor 2,6; nicht hierher gehört Sap 9,6, obwohl oft zitiert).

Αἰτείτω παρὰ τοῦ διδόντος θεοῦ πᾶσιν ἁπλῶς καὶ μὴ ὀνειδίζοντος καὶ δοθήσεται αὐτῷ. Die Weisheit soll (nicht nur kann und darf, ohne sie keine Vollkommenheit) man durch Gebet von Gott erlangen (αἰτεῖν noch 1,6; 4,2f.; προσεύχεσθαι 5,13f.17f.; προσευχή 5,17; εὐχή 5,15; εὔχεσθαι 5,16; vgl. ψάλλειν 5,13; zur Sache vgl. z.B. Plutarch, Mor. 351c; Prov 2,3–6; Sap 7,7; 8,19–9,18; Sir 39,5f.; 51,13f.; PGM 22b,23; Eph 1,17; Kol 1,9; IgnPol 1,3; 2,2; Herm sim 5,4,3; αἰτεῖν παρά ist geläufig). Sie kommt von oben (3,13.17). Ob zu dauernder Begabung (vgl. die Äsopfabel bei Philostrat, Vita Apoll. V 15) oder als Hilfe im Einzelfall oder je nachdem, bleibt offen; aber zu Weisheit gehört, daß man Erfahrungen macht, durch die man weise wird.

Zwei attributive Partizipien ermutigen. Erstens gibt Gott allen (um Weisheit Bittenden) ἁπλῶς (im NT nur hier, aber vgl. Röm 12,8). Das Partizip und seine (hier betonten) Ergänzungen stehen wie oft getrennt (BDR 474 Anm. 5). Ἁπλῶς kann „einfach" πᾶσιν verstärken, ist aber bei διδόναι (im Brief noch 1,5b; 2,16; 4,6 zweimal; 5,18; δόσις, δώρημα 1,17) geläufig (z.B. Himerius, Or. V 19). Über die Nuance kann man streiten: ‚spontan, vorbehaltlos' (Riesenfeld mit vielen), ‚unterschiedslos' (Herm mand 2,4.6, vgl. Philo All I 34 φιλόδωρος ὢν ὁ θεὸς χαρίζεται τὰ ἀγαθὰ πᾶσιν καὶ τοῖς μὴ τελείοις; Brox, Hermas 500–502) oder noch anders? Daß Gott wesenhaft Gebete erhört (nicht nur atl.-jüd.-frühchr. Grundüberzeugung) und ungeteilt einfach ist (öfter auch bei Philo), glaubt Jak sicher, steht aber hier nicht. Zweitens nörgelt Gott nicht (ὀνειδίζειν im Brief nur hier; zu μή s. BDR 430). Er folgt einer verbreiteten Maxime (z.B. Isokrates, Or. I 31; Aristoteles, Rhet. 1384a; Sextus 339 ὁ διδοὺς ὁτιοῦν μετ' ὀνείδους ὑβρίζει; Sir 18,15–18; 20,15; Philo Spec-

Leg I 152; mehr NWettstein; vgl. yBer 4,2,7d; 1Petr 4,9; Did 4,7 par. Barn 19,11; Herm sim 9,24,2f.; anscheinend sonst nicht von Gott, doch vgl. Plautus, Amph. Prolog 44–47). Sie gilt besonders gegenüber Familie und Freunden. Da Gott Weisheit nur entschieden Glaubenden gibt (V.6, also nicht Mt 5,45 zitieren), sieht Jak ihn vielleicht schon hier als Christenfreund (vgl. 2,23; 4,4; mehr zum Gottesbild s.o. Einl. 5).

Δοθήσεται nimmt formal nicht διδόντος auf (wegen Tradition, s. oben? anders z.B. ψ 2,8). Subjekt die Weisheit oder offen lassen, weil Gott auch anders erhört als erbeten (vgl. Herm mand 9,7)?

6 Αἰτείτω δὲ ἐν πίστει μηδὲν διακρινόμενος läßt sich verstehen als christliche Variante der allgemeinen Mahnung, aufrichtig zu beten (vgl. syrBar 48,26; Tan zu Dtn 26,16; 1Klem 23,1–5). Aber Subjekt ist hier, wer V.5 befolgt und um Weisheit bittet, nicht jeder Beter; ἐν (τῇ) πίστει (die Fügung noch 2,5; fehlt Josephus, pagan anscheinend nicht geläufig) ist bei ‚beten' auch nicht üblich (oder gehört die Wendung zum Ptz., vgl. 2,5?). Gemeint ist nach V.3 und vor V.6b-8 nicht speziell Gebetszuversicht (so aber viele), zumal schon V.5b zu ihr ermutigt hatte, sondern der gehabte Glaube. Der Beter muß Christ sein, und zwar ein entschiedener, wie das Partizip präzisiert.

Μηδέν (→ 1,4) ist Akkusativ der Beziehung (BDR 154). Διακρίνεσθαι (noch 1,6b; 2,4; ἀδιάκριτος 3,17, weiter s. 2,4) wird gern nach einer zuerst im NT feststellbaren Nuance ‚mit sich im Streit sein, Bedenken tragen, zweifeln' erklärt (Bauer[6], διακρίνω 2b; z.B. Mk 11,23 par.; Apg 10,20 μηδὲν διακρινόμενος; Röm 14,23, aber gehören die Stellen wirklich zusammen?) und speziell auf fehlende Erhörungsgewißheit oder allgemeiner auf ein ratloses, grübelndes oder skeptisches Gemüt gedeutet. Nach V.6b-8 ist διακρινόμενος aber einer, der sich nach Gott und der Welt zugleich richten will und deshalb mal dieser, mal jenem nachgibt.

V. 6b illustriert, was der διακρινόμενος ist, nicht was aus ihm wird.

Zum Hintergrund der Meer- und Sturmmetaphorik in Jakobus 1,6

Literatur, soweit nicht o. nach der Übers. genannt: DRÖGEMÜLLER, Gleichnisse. – J. KAHLMEYER, Seesturm und Schiffbruch als Bild im antiken Schrifttum, Diss. phil., Greifswald (1931), 1934. – PÖSCHL/GAERTNER/HEYKE. – H.F. STANDER, 'n Interpretasie van die beeld van die brander in Jakobus 1:6, Skrif en Kerk 15, 1994, 383–390.

See- und Sturmbilder sind schon in der Antike häufig, mit Schiff (s. 3,4) oder wie hier ohne. Dieses gehört zu denen, die mit ähnlichen Motiven Menschen beschreiben, die die Tora verachten (z.B. Sir 33,2; LibAnt 29,4), ungefestigt diesem oder jenem Antrieb folgen (z.B. Philo Migr 148 πρὸς ἑκάτερον τοῖχον ὥσπερ σκάφος ὑπ' ἐναντίων πνευμάτων διαφερόμενον ἀποκλίνοντες; Epiktet, Fr. F 2 S. 487 Schenkl δίκην ἀκυβερνήτου νεὼς ἐν χειμερίῳ κλύδωνι ἢ ὑπ' ἀντιπάλων ῥιπιζομένης ἀνέμων ζόφῳ; Seneca, Ep. V 52,1 *Fluctuamur inter varia consilia : nihil libere uolumus, nihil absolute, nihil semper* „Wir schwanken zwischen unterschiedlichen Absichten: nichts wollen wir uneingeschränkt, nichts bedingungslos, nichts auf immer", Übers. M. Rosenbach; XV 95,57; Eph 4,14; vgl. Hebr 13,9), ewig unzufrieden sind (z.B. Menander, Monost. 568 ὕδωρ θαλάσσης, ὁ τρόπος τῶν δυσκόλων „Wasser des Meeres, der Charakter der Unzufriedenen"), oder auch die leicht erregbare Menge (z.B. Dio Chr., Or. III 49 unten bei 3,4; Komikerzitat Or. XXXII 23 δῆμος ἄστατον κακὸν καὶ θαλάττῃ πανθ' ὅμοιον ὑπ' ἀνέμου ῥιπίζεται; schon Homer, Il. 2,144; Demosthenes, Or. XIX 136 ὥσπερ... κῦμα ἀκατάστατον; Plato, Leg. 758a; vgl. Jos Ant IX 239 nach Nah 2,9 LXX?). Verglichen wird in 1,6 nicht das aufgewühlte Innere (lange Tradition seit Homer), sondern das schwankende Verhalten (anders Jes 57,20, s. gleich; Jud 13: Böse gleich Wellen, die Dreck ausschäumen).

Ὁ γὰρ διακρινόμενος ἔοικεν (ἔοικα frühchr. nur noch 1,23) κλύδωνι θαλάσσης ἀνεμιζομένῳ καὶ ῥιπιζομένῳ. Das Subjekt ist generisch, nicht kollektiv. Bei κλύδων (frühchr. sonst nur Lk 8,24 τοῦ ὕδατος; mit θάλασσα Gen. auch Philo Op 58; Gig 51, das Wort nur hier im Brief, sonst gern bei κῦμα, auch Sir 29,17; vgl. Jes 57,20 οἱ δὲ ἄδικοι οὕτως κλυδωνισθήσονται; Apuleius, Metam. X 3,3 *ut in quodam vado dubitationis haerens* „gleichsam im seichten Wasser der Unentschlossenheit festsitzend") ist zwischen Woge und Gewoge kaum zu unterscheiden. Aber die attributiven Partizipien zeigen, daß hin und her, hoch und tief, nicht kreuz und quer gehendes Wasser verglichen ist (zu speziell „Brandung" Bauer[6], κλύδων; anders Stander: Vergleichspunkt ist der Niedergang von Wellen, der sie verschwinden läßt). Ἀνεμίζειν (hier zum ersten Mal belegt?, sonst frühchr. nicht, auch später selten; ἄνεμος 3,4) steht wohl um des Reimes willen statt des schon klassischen ἀνεμοῦσθαι; ῥιπίζειν (frühchr. sonst nicht) bedeutet hier wohl eher ‚anfachen, hochgehen lassen' (vgl. Ps-Klem. Hom. XII 16,4 ὑπὸ σφοδροῦ κύματος ῥιπισθεῖσα ἐπὶ πέτρας ἐρρίφην) als ‚schaukeln' (vgl. Bauer[6]). Der abgebildete διακρινόμενος scheint schwankend und hektisch (V.8) zugleich zu sein (Hendiadyoin, s.o. Einl. 3.2).

7–8 bilden eine syntaktische Einheit (s. unten), eher folgernd (vgl. Bauer[6], γάρ 3) als begründend.

7 Μὴ γὰρ οἰέσθω ὁ ἄνθρωπος ἐκεῖνος ὅτι λήμψεταί τι παρὰ τοῦ κυρίου. Darf man das Verbot als spezielles auffassen, bedeutet der verneinte Imperativ Präsens (noch 1,13.16.22?; 2,1?; 3,1.14; 4,11; 5,9.12) ‚(dieser Mensch) höre auf zu meinen' (vgl. Epiktet I 18,14); ist es generell, dann ‚er gewöhne sich an, nicht zu meinen' (vgl. BDR 336,2c; Fanning 335–340). Die Betroffenen beten durchaus (s. 4,3). Οἴεσθαι kann abschätzig sein (z.B. Phil 1,17, nicht Joh 21,25; das Verb fehlt im NT sonst), ebenso ὁ ἄνθρωπος ἐκεῖνος (wie Mk 14,21 par.; ἐκεῖνος, noch 4,15, muß deshalb nicht auf den fernen τὶς V.5a rückweisen; ἄνθρωπος noch 1,19; 2,20.24; 3,8f.; 5,17; ἀνθρώπινος 3,7; ἀνήρ → 1,8). Bitten wie Mk 9,24; Lk 18,13 würde der Herr (Gott, s.o. Einl. 5, anders 5,7f.) wohl erhören, aber τὶ (im Kontext zunächst Weisheit, vgl. Herm sim 5,4,3f.; doch wäre Verallgemeinerung auch im Sinn des Briefs, vgl. Herm sim 4,5f.) bekommt (λαμβάνειν noch 1,12; 3,1; 4,3; 5,7.10) ein Beter erst, nachdem er sich vom διακρίνεσθαι weg zu ganzem Glauben entschieden hat (vgl. Herm mand 9).

8 Ἀνὴρ δίψυχος, ἀκατάστατος ἐν πάσαις ταῖς ὁδοῖς αὐτοῦ ist kaum Subjekt zu λήμψεται V.7 und so von ὁ ἄνθρωπος ἐκεῖνος verschieden (der müßte dann doch derselbe sein wie der τὶς V.5a), sondern Erläuterung zu diesem. Die Wörter bleiben aber syntaktisch mehrdeutig (vgl. 3,8b): eine Apposition oder zwei, entweder parallel oder die zweite die erste erläuternd (NA[27], ECM)? Ein Ausruf oder zwei? Nominalsatz als Aussage oder Ausruf (schon B? 33 it[pt] sy bo sa[mss] arm georg vg[clem] Katene, soweit erkennbar mit ἀκατάστατος als Prädikat; die Asyndese bedeutet dann engen Anschluß)? Semantisch sind die Unterschiede gering. Zu ἀνήρ (noch 1,12.20.23; 2,2; 3,2; ἄνθρωπος → 1,7; γυνή fehlt im Brief) s. V.2.

Zu Jakobus 1,8; 4,8 δίψυχος

Literatur, soweit nicht o. nach der Übers. genannt: Bartlett, Epistle of James. – Brox, Hermas. – da Fiuggi, Cuore diviso. – Knoch, Eschatologie im theologischen Aufriß des ersten Clemensbriefes. – Leutzsch, in: Körtner/Leutzsch, Papiasfragmente. Hermas 457f. – Sophie S. Marshall (verh. Laws), Δίψυχος: a local term?, StEv 6, 1973, 348–351. – A. PARETSKY, The Two Ways and *Dipsychia* in Early Christian Literature. An Interesting Dead End in Moral Discourse, Ang. 74, 1997, 305–334. – S.E. PORTER, Is *dipsuchos* (James 1,8; 4,8) a "Christian" Word?, Bib. 71, 1990, 469–498. – O.J.F. SEITZ, Antecedents and Signification of the Term δίψυχος, JBL 66, 1947, 211–219; Afterthoughts on the Term 'Dipsychos', NTS 4, 1957/58, 327–334; Two Spirits. – W.I. WOLVERTON, The Double-Minded Man in the Light of Essene Psychology, AThR 38, 1956, 166–175.

Δίψυχος ist eine Metapher analog δίγνωμος, διγνώμων (Barn 19,7), δίθυμος (Prov 26,20; vgl. Homer, Il. 20,32), διχόνους (s. unten), δίφροντις, vgl. δίγλωσσος (Prov 11,13; Sir 5,9 u.ö.; Sib III 37; Philo Sacr 32; Did 2,4 par. Barn 19,7 v.l.; vgl. διγλωσσία Did 2,4), δικάρδιος (vgl. διπλοκαρδία Did 5,1 par. Barn 20,1), δίκρανος, δίλογος (1Tim 3,8), διπρόσωπος (TestDan 4,7, öfter TestAss), δίστομος, δισώματος. Belegt ist das Wort zuerst Jak 1,8; 4,8; 1Klem 11,2 οἱ δίψυχοι καὶ οἱ διστάζοντες περὶ τῆς τοῦ θεοῦ δυνάμεως εἰς κρίμα...γίνονται (mit dem Beispiel der Frau Lots, τῆς γυναικὸς ἑτερογνώμονος ὑπαρχούσης καὶ οὐκ ἐν ὁμονοίᾳ) und in dem Zitat 1Klem 23,3f. πόρρω γενέσθω ἀφ' ἡμῶν ἡ γραφὴ αὕτη, ὅπου λέγει· Ταλαίπωροί εἰσιν οἱ δίψυχοι, οἱ διστάζοντες τῇ ψυχῇ, οἱ λέγοντες· Ταῦτα ἠκούσαμεν καὶ ἐπὶ τῶν πατέρων ἡμῶν, καὶ ἰδού, γεγηράκαμεν, καὶ οὐδὲν ἡμῖν τούτων συμβέβηκεν. ὦ ἀνόητοι, συμβάλετε ἑαυτοὺς ξύλῳ... „Fern sei von uns diese Schrift(stelle), wo es heißt: ‚Unglücklich sind die Zweifler, die gespalten sind in der Seele, die sprechen: Das haben wir gehört auch zur Zeit unserer Väter, und siehe – wir sind alt geworden, und nichts davon ist uns widerfahren. O ihr Unverständigen: Vergleicht euch mit einem Baum...", Übers. A. Lindemann, par. länger, also unabhängig 2Klem 11,2f. (ὁ προφητικὸς λόγος); oft Hermas. Διψυχεῖν begegnet zuerst Did 4,4 οὐ διψυχήσεις, πότερον ἔσται ἢ οὔ (Parusie? Gebetserhörung? Richterspruch?) par. Barn 19,5 (also wohl aus der Zwei-Wege-Lehre); 1Klem 23,2 (vor dem Zitat); 2Klem 11,5 (hinterher); oft Hermas. Διψυχία haben zuerst 2Klem 19,2 διὰ τὴν διψυχίαν καὶ ἀπιστίαν τὴν ἐνοῦσαν ἐν τοῖς στήθεσιν ἡμῶν und oft Hermas. Alle drei später nur christl., oft direkt nach Jak oder Hermas, aber nie wieder so häufig wie bei diesem, vor allem vis 2–4; mand 9f.; sim 8f.

Jak hat kaum den ganzen frühchr. Sprachgebrauch verursacht, aber vielleicht als erster das Adjektiv christl. benutzt (anders wieder Paretsky, Porter: geprägt), schwerlich auf Grund von Lektüre. Jüdischer Ursprung (Zwei-Wege-Lehre, auch das Zitat oben?) ist zumindest für δίψυχος und διψυχεῖν plausibel (Mehrheitsmeinung; doch vgl. z.B. Plato, Resp. 554d von einem, der seine bösen Triebe nur opportunistisch unterdrückt: Οὐκ ἄρ' ἂν εἴη ἀστασίαστος ὁ τοιοῦτος ἐν ἑαυτῷ, οὐδὲ εἷς, ἀλλὰ διπλοῦς τις „Ein solcher also kann auch gewiß in sich selbst nicht frei von Zwiespalt sein; und er ist auch nicht einmal einer, sondern ein zwiefacher", Übers. F. Schleiermacher; Xenophon, Cyrop. VI 1,41), doch kaum in Rom (so aber Marshall/Laws). Wurzelgrund ist breit vorhanden (vgl. z.B. 1Chr 12,34; Ps 12,3; Hos 10,2; Sir 1,28 μὴ...ἐν καρδίᾳ δισσῇ; 1QH 12[4],14 *blb wlb*; äthHen 91,4; Philo Sacr 70 τοῦτο σχεδὸν ἅπασι παρακολουθεῖ τοῖς ἐπαμφοτερισταῖς...· ἐπειδὰν γὰρ συμβῇ τι τῶν ἀβουλήτων, ἅτε μὴ πεπιστευκότες παγίως τῷ σωτῆρι θεῷ πρότερον καταφεύγουσιν ἐπὶ τὰς ἐν γενέσει βοηθείας, ἰατρούς, βοτάνας...; Migr 148 ἐνδοιασταὶ καὶ ἐπαμφοτερισταί [mit Schiffbild], dazu 152 μιγὰς [ist die Seele des Bösen] ὄντως ἐκ πλειόνων καὶ μαχομένων [vgl. Jak 4,1] δοξῶν, μία μὲν οὖσα ἀριθμῷ, μυριὰς δὲ τῷ πολυτρόπῳ; Fr. Mangey II 663 διχόνους ἐπαμφοτεριστὴς ὁ ἄφρων [ἐνδοια- und ἐπαμφοτερ- noch öfter]; Tan *ky tb'* 23b zu Dtn 26,16 „Wenn ihr vor Gott betet, sollt ihr nicht zwei Herzen haben, eins vor Gott und eins für etwas anderes"; *lbw ḥlwq* MekhEx zu 14,3; 20,22; opp. Dtn 6,5; 1QS 5,8f. u.ö. *bkwl lb*; Ps 101,2 *btm-lbbj*; Sap 1,1 ἐν ἁπλότητι καρδίας; TBenj 6,5 ἡ ἀγαθὴ διάνοια οὐκ ἔχει δύο γλώσσας..., ἀλλὰ μίαν ἔχει περὶ πάντας εἰλικρινῆ καὶ καθαρὰν θιάθεσιν „Die gute Gesinnung hat keine zwei Zungen ..., sondern sie hat (nur) ein lauteres und reines Gemüt für alle (Menschen)", Übers. J. Becker). Der Topos von den zwei Trieben (s. 1,14) gehört wohl nicht hierher. Lehnübersetzung ist δίψυχος offenbar nicht. Möglicherweise beschreibt es (samt Verwandten) ursprünglich die, die noch nicht entschlossen Weisheit und Gesetz in sich aufgenommen haben oder (eher) die davon nach Meinung des Sprechers abgefallen sind. Als ursprünglicher Sitz im Leben wären dann Protreptik wie innerjüdische Richtungspolemik denkbar. Die gemeinte ψυχή ist nicht die Seele opp. Leib, sondern Affekt, Gesinnung o.ä. (vgl. Bauer[6] ψυχή 1b; Didymus d. Blinde, Komm. zu Qoh 4,6 S. 120,*9f. οὐχ ὅτι δύο ψυχὰς ἔχει ἀλλὰ δύο ἐννοίας λέγε[ται] „Es heißt nicht, daß er zwei Seelen hat, sondern zwei Absichten"); insofern ist „zweiseelig" besser als „spalt-". Der δίψυχος braucht deshalb weniger Belehrung als Ermutigung zu eindeutiger Hingabe an das, was sein Beurteiler für einzig richtig hält.

Mit δίψυχος bezeichnet Jak treffend den Menschen, der sich an Gott (er hat Glauben, wenn auch keine Ausdauer) und der Welt (oder dem Teufel 4,7, vgl. Herm mand 9,9.11) zugleich orientiert; mehr s. 4,1–10. Hier fügt Jakobus noch ein Erkennungsmerkmal (wohl nicht Ursache, Folge oder Strafe) an. Der Zweiseeler ist ἀκατάστατος (jüd.-gr. nur Jes 54,11 Jerusalem; TestHi 36,3f. Erde; frühchr. noch Jak 3,8; Herm mand 2,3; ἀκαταστασία Jak 3,16). Verbaladjektive auf -τος (noch 1,13.21.27; 3,7f.17 zweimal, vgl. -τός 1,16.19; 2,5; 3,2) sind mehrdeutig (aktivisch, passivisch, -bar; BDR 65,3;117,1). Hier könnte gemeint sein, daß die Doppelbindung des δίψυχος (wegen 4,8f. nicht innere Unsicherheit) alle seine Unternehmungen prägt. Ἐν πάσαις ταῖς ὁδοῖς αὐτοῦ (ὁδός noch 2,25; 5,20) ist verbreiteter Biblizismus (von Gottes Wegen z.B. Dtn 10,12; ψ 144,17; 1QS 2,2, von Menschenwegen z.B. ψ 90,11; grHen 8,2; Jub 36,23 „Denn sie [Lea] war vollkommen und recht auf allen ihren Wegen", Übers. K. Berger; 1QS 5,4; vgl. Prov 3,6; keine genaue Parallele bei Philo, Josephus und frühchr.); Metapher für den Lebenswandel (nicht Suche nach einem vermeintlich „besseren Weg" Herm vis 3,7,1).

1,9–11 Anwendung 2: Der niedrige Christenbruder gründe sein Selbstbewußtsein auf seinen Rang vor Gott, der reiche auf Selbsterniedrigung

V.9 und 10a lassen sich als antithetischer Satzparallelismus mit Ellipse in 10a auffassen. V.10b begründet etwas aus V.10a mit einem Vergleich, V.11a-d führen den Vergleich aus. V.11e wendet ihn auf das Subjekt von 10a an.

Der Aufbau ähnelt V.5–8: Opposition zweier Menschen(typen oder -gruppen), der zweite ausführlich, mit Bild und ähnlichem Schluß. Wortwahl, Syntax und Bildstoff sind freilich anders. Dennoch kann man den entschieden Glaubenden und den Zweiseeler wiederkehren sehen, aber mit anderem Thema (Erwerb nicht von Weisheit, sondern Selbstachtung), unter anderen Gesichtspunkten (Rang, Besitz, Endschicksal) und nicht nur als Gegensatzpaar, sondern auch als gleiche Brüder. Jak drückt das so aus, daß er beide aufruft, ihre Selbstachtung auf etwas zu gründen, was den anderen auszeichnet, freilich in anderem Sinn (formal vgl. z.B. Qoh 10,6; 1Kor 7,22, auch Prov 29,23; Sir 11,5f.; 25,2; Mt 23,12 par., vgl. Jak 4,10, nicht so gut 1Sam 2,4–8; Sir 10,22; Lk 1,51–53; Jer 9,22f. zit. in 1Kor 1,31 und 1Klem 13,1).

9 Καυχάσθω δὲ ὁ ἀδελφὸς ὁ ταπεινὸς ἐν τῷ ὕψει αὐτοῦ: Pagan kommt καυχᾶσθαι (noch 4,16 negativ; καύχησις 4,16 negativ; κατακαυχᾶσθαι 2,13 positiv, 3,14 negativ) samt Stammverwandten in religiösen Texten kaum vor (auch die Untugend des Selbstruhms heißt meist anders), wohl aber jüd.-gr. (z.B. Jer 9,22f. par. 1Sam 2,10 LXX; nie Sap, öfter Sir, LibAnt; Josephus nur Ant VIII 372 καυχᾶσθαι nach 1Kön 21,11 LXX; Philo nur Congr 107 μὴ καυχήσει καὶ οἰήσει φυσωμένοις ; SpecLeg IV 164 καύχημα καὶ κλέος ἀνανταγώνιστον) und bei Paulus (Berger, Theologiegeschichte[2] 491–494.525–527; sonst frühchr. selten). Sichrühmen (das auch bloß innerlich stattfinden kann) ist hier nicht negativ, sondern ambivalent; es ist richtig, wenn wegen Gott und seiner Gaben (falsch deshalb 4,16), dann aber auch gegenüber Menschen (es begründet Ansehen) und Gott bis hin zum Gericht (2,13). Καυχᾶσθαι gehört durch Berührungen mit ἀγαλλιᾶσθαι, εὐφραίνεσθαι (und χαίρειν?) auch zum Sprachfeld Freude (z.B. ψ 5,12; 31,11; 149,5), außerdem zur Anfechtung (1Petr 1,6, vgl. Röm 5,2). V.9 läßt so wohl V.2f. nachklingen und gibt dem ταπεινός unter den Adressaten zu dem negativen Anlaß von Freude den positiven Anstoß hinzu, hochgemut in der Diaspora der Welt mit ihren vielen Reizen und Anfechtungen zu leben (Anlaß sind nicht Niedrigkeit oder Reichtum selber oder solche Anfechtungen, die speziell Niedrigen und Reichen drohen, womöglich voneinander, vgl. Sir 13,20–26; 31,1–11; 1Tim 6,9). Δέ ist adversativ (opp. V.7 μὴ οἰέσθω?).

Es muß keine Frage sein, ob ταπεινός (noch 4,6; ταπεινοῦσθαι 4,10; ταπείνωσις 1,10; Art. generisch; zu ἀδελφός → 1,2) hier ‚niedrig(gestellt)' (opp. πλούσιος V.10 wie z.B. Sir 13,21f.; Mehrheitsmeinung) oder ‚demütig (vor Gott)' (opp. δίψυχος V.8; vgl. Prov 11,2; Sir 3,20; TestGad 5,3; Arist 263; Mt 11,29; Did 3,9 par. Barn 19,6; pagan oft ‚unterwürfig') bedeutet. Die Frage ist eher, welche Nuance dominiert: wegen des Zusammenhangs mit V.10, der kein eigenes Verb hat, wohl die soziale. Beachten aber, daß Jak nicht πτωχός sagt (opp. πλούσιος häufiger als ταπεινός, z.B. Sir 13,19f.23; 25,2, auch Jak 2,2f.5); er stellt dem Reichen mit dem Niedrigen den idealen Christen gegenüber, der nicht aus höheren Schichten stammt oder sich aus ihnen gelöst hat, bescheiden lebt und ist (vgl. 4,1–6, insofern muß man ‚demütig' mithören), nicht den ärmsten. Mehr zur sozialen Stellung der Adressaten s.u. im Exkurs nach 2,7.

Ἐν führt wohl wie gern bei καυχᾶσθαι das Objekt ein (auch V.10), nicht Ort oder Lage (aber 4,16?). Schon deshalb bezeichnet ὕψος (im Brief nur hier, mit Gen. der Pers. frühchr. nicht mehr, pagan wohl selten; ὑψοῦν 4,10) nicht ‚Hochstimmung' (natürlich nicht ‚Hochmut' wie Jes 2,11.17; PsSal 17,6; TestHi s. gleich; Did 5,1 θρασύτης, ὕψος, ἀλαζονεία, vgl. Jak 4,16), sondern Rang (z.B. politischen Jer 6,2; Ez 31,2; neben δόξα 1Makk 1,40; zwischen παράκλησις und δόματα 10,24; vgl. Röm 12,16; möglich auch ‚Erhöhung' Jdt 16,7?). Gott gibt ihn (s. 4,10). Darf man opp. 1,10 und mit V.11; 1,18 ἀπαρχή; 2,5 deuten, schließt ὕψος das ewige Leben mindestens ein (samt hoher Würde dort, V.12? Vgl. 1QH 11[3],19f.; TestHi 41,4 καὶ ἐποίησεν ἑαυτὸν ἀθρόως εἰς τὸ αὐτοῦ ὕψωμα, was zwar auf Überheblichkeit geht, aber ihr Grund ist Hiobs Thron im Himmel 33,2f.; 41,4 Ende). Die Höhe ist also nicht, jedenfalls nicht nur, der Gipfel der Weisheit (bzw. dessen Folge; vgl. Sap 6,20f.; Sir 4,11; 11,1), der Gotteserkenntnis (z.B. Philo Conf 4) oder der ethischen Vollkommenheit (z.B. Philo Plant 145). Daß Jak hier falsche Selbsteinschätzung korrigiert (so z.B. Frankemölle, Jak), muß man nicht annehmen.

10a Ὁ δὲ πλούσιος ἐν τῇ ταπεινώσει αὐτοῦ: Strittig ist, ob man zu ὁ (generisch) πλούσιος (noch V.11; Pl. 2,5 metaphorisch; οἱ πλούσιοι 2,6; 5,1; πλοῦτος 5,2; πτωχός → 2,2) aus V.9 außer καυχάσθω auch ὁ ἀδελφός nachhören soll. Wenn nicht, dann gilt καυχάσθω hier ironisch oder man muß ein Oppositum ergänzen und ταπείνωσις bedeutet ‚Vernichtung'. Grammatisch ist der Streit nicht zu entscheiden (zu Ellipsen vgl. BDR 479). Der Gesamtkontext hilft nicht eindeutig (2,6f. redet eher von Nichtchristen, 4,13–5,6 eher von Christen, in beiden Fällen ist aber das Gegenteil möglich). Vorschlag: weil V.10 syntaktisch ein Teil von V.9 ist und beide von V.2–11, sollte die Anrede ἀδελφοί μου V.2 auch für ὁ πλούσιος gelten, zumal Jak ihn nicht ausdrücklich als Nicht- oder Nichtmehrchristen kennzeichnet (auch den Zweiseeler V.7f. nicht). Aber mit ihm ist ein Weltfreund (4,4) in der Gemeinde, den Jak als Halbchristen beurteilt. Er kann sich keines ὕψος wie der ταπεινός rühmen, wohl aber paradox ἐν τῇ ταπεινώσει αὐτοῦ (dazu gleich), denn danach gilt für ihn V.9 auch. Dann sagt ihm Jak im folgenden nur bedingtes Unheil an (er schreibt einen Brandbrief, keinen Exkommunikationsbescheid).

Ταπείνωσις (→ V.9) bedeutet äußere und/oder innere Erniedrigung, angetan oder selbstbewirkt, oder deren Ergebnis. Das kann konkret vieles bezeichnen. Faßt man V.10b–11 erläuternd, ist ταπείνωσις der (drohende) Abstieg oder eher der Untergang des Reichen (vgl. z.B. Diodor S. XI 87,2 über den athenischen Ostrakismos: τούτῳ γὰρ τῷ τρόπῳ διελάμβανον ταπεινώσειν τὰ φρονήματα τῶν πλεῖστον ἰσχυόντων ἐν ταῖς πατρίσι· καθόλου γὰρ οὐ πονηρίας κολάσεις ἐλάμβανον παρὰ τῶν παρανομούντων, ἀλλὰ δυνάμεως καὶ αὐξήσεως τῶν ἀνδρῶν ἐποίουν ταπείνωσιν). Läßt man ταπείνωσις aus V.9 ὁ ταπεινός aufnehmen, deutet das Wort eher an, daß der Reiche sich selbst innerlich und wohl durch soziales Verhalten auch äußerlich (s. 4,17; vgl. Aseneths Buße JosAs 10,10–12; entfernt Esth 4 LXX; 2Kor 11,7; Herm sim 2?) auf den Stand des ταπεινός herunterbringen oder bringen lassen und dann sich dessen rühmen soll (vgl. Jer 9,22f.: auch der Reiche rühme sich der Erkenntnis des Gottes, der ἔλεος καὶ κρίμα καὶ δικαιοσύνη schafft), weil es ihm sein wahres ὕψος erhält. Pagan gedacht zeugt ταπεινοῦν seiner selbst von niedriger Gesinnung, für Jak grade von Selbstachtung. V.10b-11 begründen dann, warum er so handeln sollte.

10b-11 Hier wirkt Jes 40,6f. LXX πᾶσα σὰρξ χόρτος, καὶ πᾶσα δόξα ἀνθρώπου ὡς ἄνθος χόρτου (MT „des Feldes") · ἐξηράνθη ὁ χόρτος καὶ τὸ ἄνθος ἐξέπεσεν (MT länger; Gras = Volk) nach (vgl. auch 40,2 ταπείνωσις, vielleicht Hi 15,29f. u.a.); direkt, über christl. Zitatenschatz oder schon als Teil einer Reiche betreffenden Tradition? Sonst zitiert frühchr. nur 1Petr 1,24 Jes 40,6–8 (aber wegen τὸ ῥῆμα τοῦ θεοῦ in V.8; Gras = alle Menschen). Jak 1,10b-11 sind weder Zitat noch freie Anwendung von Jes 40, sondern ein neuer Text aus atl. Spolien (vgl. 5,4f.). Er tröstet nicht, sondern warnt. Im übrigen sind Grün, Blumen u.ä. als Vergänglichkeitsbilder in der alten Welt weit verbreitet (von Gemünden).

Ὅτι ὡς ἄνθος χόρτου παρελεύσεται: Subjekt ist der Reiche. Der Satz sagt je nach dem Verständnis von ταπείνωσις (s. oben), wie sie aussieht oder was ihm ohne sie passiert. Ὡς vergleicht (wie 2,8; 5,3 und ὥσπερ in 2,26; ὡς identifizierend 2,9.12). Χόρτος (noch V.11) bezeichnet hier nicht Wiesengras (es blüht unscheinbar), sondern wildes Grün, wozu Gras gehören kann; ἄνθος χόρτου (die Fügung jüd.-gr. und frühchr. sonst nur 1Petr 1,24 zit. Jes 40,6; ἄνθος noch Jak 1,11) ist kollektiv dessen Blüte oder der Anteil an Blumen (vgl. Mt 6,30 par.). Wildgrün kann gefressen, zu Heu gemacht oder verheizt (vgl. ebd.) werden, aber um den Nutzen geht es hier grade nicht. Metapher für eine Menschenmenge, die der Reiche ziert? Παρέρχεσθαι (im Brief nur hier) ist metaphorisch von Menschen pagan anscheinend nicht häufig (aber z.B. TestHi 33,8; Mk 13,30 par.; 1Klem 50,3).

11a-d erzählen mit schrumpfender Perspektive eine Geschichte (vgl. 1,23f.; Qoh 9,14f.; anders BDR 333,1; Fanning 266: gnomischer Aor.), einen Wetterumschlag in der Blütezeit des Grüns (nicht notwendig in Palästina) mit schlimmen Folgen. Ἀνέτειλεν γὰρ ὁ ἥλιος σὺν τῷ καύσωνι: Der Anfang (ἀνατέλλειν im Brief nur hier) ist vertraut (vgl. Gen 32,32; ψ 103,22; Mk 4,6, auch Esth 1,1k; Jona 4,8, anders Sap 2,4; nicht aus Jes 40). Καύσων (fehlt Philo, Josephus; frühchr. nur noch Mt 20,12; Lk 12,55; σύν im Brief sonst nicht, nie μετά) bedeutet hier mit Artikel wie bei ἥλιος (im Brief sonst nicht) und ohne Personalattribut eher ‚Glutwind' (wie z.B. Jes 49,10; Hi 27,21 ἀναλήμψεται αὐτὸν [den Reichen] καύσων καὶ ἀπελεύσεται; Jona 4,8; καῦμα Hi 24,24; vgl. Philo Prov II 87 „Ferner kommt es immer wieder vor, daß alles durch völlige Dürre infolge heißer Winde verdorben wird, wie z.B. in der Frühlingszeit der glühende Südwind einzubrechen pflegt", Übers. L. Früchtel; Lukrez V 214; Properz IV 5,61f. *vidi ego odorati victura rosaria Paesti sub matutino cocta iacere noto*; meteorologisch Theißen, Lokalkolorit 264–266) als ‚(Sonnen)hitze' (wie z.B. Mt 20,12; Lk 12,55; καῦμα Gen 31,40; Bauer^{6}, καύσων).

Das Unglück nimmt seinen Lauf in zwei oder drei Phasen. Καὶ ἐξήρανεν τὸν χόρτον: Grün vertrocknet immer, aber hier vorzeitig und unerwartet (ξηραίνειν, im Brief nur hier, metaphorisch von Menschen[mengen] z.B. ψ 36,2; 101,12; Jes 37,27; syrBar 82,7; 4Q185

1,9–12). Καὶ τὸ ἄνθος αὐτοῦ ἐξέπεσεν steht in Jes 40,7 (ohne αὐτοῦ) parallel zum Vorhergehenden (vgl. ψ 102,15f.), hier eher zum Folgenden (vgl. 4Q185 1,11); ἄνθος (hier kollektiv) mit ἐκπίπτειν (→ 1,2) ist Vergleich für kurzes Leben (z.B. Hi 14,2; 15,30; vgl. ψ 89,6; Philo SpecLeg I 311 μαραινόμενα [Reichtum u.a., dessen man sich nicht rühmen soll] τρόπον τινά, πρὶν ἀνθῆσαι βεβαίως). Καὶ ἡ εὐπρέπεια τοῦ προσώπου αὐτοῦ ἀπώλετο: Besser als zu χόρτος paßt εὐπρέπεια (frühchr. nur noch Herm vis 1,3,4) zu ἄνθος. Ist πρόσωπον (im Brief noch 1,23; vgl. Jdt 10,23) das Aussehen der Blume, das vergeht (ἀπολλύειν noch 4,12) oder Metapher für diese selbst (‚Gesicht' des Grüns; je nachdem muß man αὐτοῦ auf ἄνθος oder χόρτος beziehen)? Jetzt ist der Reiche tot (mit [den?] anderen Menschen, falls man χόρτος auf sie deuten darf), nicht bloß den notorisch vergänglichen Reichtum (vgl. z.B. Philo Prov I 65) los.

Οὕτως καὶ ὁ πλούσιος ἐν ταῖς πορείαις αὐτοῦ μαρανθήσεται deutet die Geschichte (οὕτως im Brief noch 2,12; 3,10; οὕτως καί noch 2,17.26; 3,5 wie z.B. Mk 13,29 par.; 1Kor 2,11; 2Tim 3,8; Hebr 5,5). Πορεία (Pl. frühchr. nur hier, Sg. noch Lk 13,22 und gleich; πορεύεσθαι 4,13) steht hier wohl par. V.8 (Alliteration mit πλούσιος?) als Metapher für ‚(Lebens)lauf, -wandel' (z.B. Sg. 1Klem 48,4; Herm sim 5,6,6; Pl. z.B. Prov 4,27b; Nah 2,6 A und 8ḤevXII καὶ ἀσθενήσουσιν ἐν ταῖς πορείαις αὐτῶν, anders ψ 67,25). ‚(Geschäfts)reise' (geläufig; aber wieso typisch jüdisch, Schlatter, Jak?) oder ‚Unternehmung' (Preisigke, Wb; die πραγματεῖαι Herm vis 2,3,1 u.ö. heißen nicht πορεῖαι) passen nicht zum Grün, ‚Heimgang' (z.B. Plato, Phaed. 115a; Sap 3,3?) nicht zum Plural. Πορία ‚Üppigkeit' (Windisch, Kath) ist wohl ein Phantom (trotz *cum lucris suis* arm, *honoribus* it[251], ἐν τῷ πλούτῳ 421 und Stephanus).

Ἐν „inmitten", nicht „hinsichtlich" (so aber Herm sim 9,23,2, s. gleich); wohl zum Prädikat (falls zu πλούσιος, vgl. syntaktisch 2,5). Μαραίνεσθαι (frühchr. sonst noch Hermas, auch nur pass.; vgl. ἀμάραντος 1Petr 1,4, ἀμαράντινος 5,4) führt die Pflanzenmetaphorik zu Ende. Das Verb hat gern Menschen als Subjekt (z.B. frühgestorbene oft auf Grabinschriften, erschöpfte oder greise Anth. Pal. 5,5; Plutarch, Mor. 674a; Jos Bell VI 274; reiche vielleicht äthHen 96,6, vgl. Hi 15,30; ὁ δὲ φθονῶν μαραίνεται TestSim 3,3; ἀπὸ τῶν καταλαλιῶν ἑαυτῶν μεμαραμμένοι εἰσὶν ἐν τῇ πίστει Herm sim 9,23,2, vgl. Lk 8,6.13f.). Hier ist Tod (mit)gemeint. Ist V.10f. ein *memento mori* (kaum bloß Drohung mit Glaubensverlust oder einer πύρωσις πρὸς πειρασμόν 1Petr 4,12) für den Reichen (wie mit anderer Metapher 4,14; als Exempel vgl. Lk 12,16–20 samt V.21)? Aber ein Unglückstag, der alles Grün in der Blüte ruiniert, ist eher der Jüngste, an dem auch der Reiche umkommt (5,1; vgl. äthHen 96,6). Daß er dann nur den Besitz verliert (vgl. Mt 7,24–27 par.; 1Kor 3,12–15), stimmt schlecht zum Bild (Überleben als Heu?). Also nicht hier schon an Hiob denken (s. 5,11; aber vgl. Hainthaler); er wird ja auch wieder reich.

1,12–5,6 Das Corpus des Briefes

1,12–3,11 Erster Hauptteil.
Mahnungen an alle: Verlaßt Euch auf die Güte eures Schöpfers und werdet Täter des vollkommenen Gesetzes der Freiheit.

1,12–3,11 verbreitern vor allem 1,2–4. Eine Grundlegung (1,12–25) und zwei längere Erläuterungen (2,1–13.14–26 und 3,1–11).

1,12–25 Grundlegung. Für die Anfechtung macht nicht Gott verantwortlich, sondern erinnert euch an eure Erschaffung durch sein Wort und lebt dem Gesetz der Freiheit nach; dann habt ihr euer Glück in Ewigkeit gemacht.

[12]Glücklich der Mann, der Anfechtung aushält, denn erprobt geworden wird er den Kranz des Lebens bekommen, den (Gott) verhieß denen, die ihn lieben.

[13]Kein Angefochtener sage: „Ich werde von Gott angefochten". Denn Gott ist unangefochten von Übeln, er seinerseits ficht niemanden an. [14]Jeder wird vielmehr angefochten, (indem er) von seiner eigenen Begierde angelockt und geködert (wird). [15]Sodann, schwanger geworden, bringt die Begierde Sünde zur Welt, die Sünde aber, ans Ziel gelangt, gebiert Tod.

[16]Laßt euch nicht beirren, meine geliebten Brüder. [17]Aller Art gutes Geschenk und alle vollkommene Gabe kommt (dauernd) von oben herab von dem Vater der Lichter, bei dem weder Veränderung (möglich) ist noch von Wechsel (auch nur) ein Schatten. [18]Mit (vollem) Willen gebar er uns durch das Wort der Wahrheit, damit wir sozusagen (die) Erstlingsgabe (aus der Menge) seiner Geschöpfe seien.

[19]Wißt, meine geliebten Brüder: Es sei vielmehr jeder Mensch schnell (bereit) zum Hören, langsam zum Reden, langsam zum Zorn; [20]denn der Zorn eines Mannes bewirkt nicht (Anerkennung von) Gerechtigkeit (von Seiten) Gottes. [21]Deshalb, (nachdem ihr) abgelegt (habt) jede Art Schmutz und Übermaß von Bosheit, nehmt an in Sanftmut das angeborene Wort, das eure Seelen zu retten vermag.

[22]Werdet aber Täter des Wortes und nicht nur Hörer, die sich selbst betrügen. [23]Denn wenn jemand Hörer des Wortes ist und nicht (auch) Täter, der gleicht einem Mann, der das Gesicht (das ihm seit) seiner Geburt (anerschaffen ist) in

einem Spiegel betrachtet; [24]er betrachtete sich nämlich und ging (und blieb) weg und vergaß sofort, wie beschaffen er war. [25]Der aber, der sich in das vollkommene Gesetz, (nämlich) das der Freiheit, vertiefte und (dabei) blieb, kein Hörer (gekennzeichnet) von Vergeßlichkeit geworden, sondern ein Täter von Tat(en), der wird glücklich in seinem Tun sein.

Literatur: C.-B. Amphoux, A propos de Jacques I 17, RHPhR 50, 1970, 127–136; Hypothèses; Systèmes (s.o. Einl. 3.1). – Baker, Speech-Ethics. – N. Baumert, Antifeminismus bei Paulus?, 1992. – K. Baus, Der Kranz in Antike und Christentum, 1940. – G. Benson, A Paraphrase and Notes on the Seven commonly called Catholic Epistles, 1749 (V.17). – Berger, Formgeschichte. – J. Beutler, Habt keine Angst. Die erste johanneische Abschiedsrede (Joh 14), 1984, 55–62 (V. 12). – Blondel, Fondement théologique de la parénèse. – Brox, Hermas. – Cargal, Restoring the Diaspora. – G. Dautzenberg, Sein Leben bewahren. Ψυχή in den Herrenworten der Evangelien, 1966. – P.H. Davids, The Meaning of ἀπείραστος in James I. 13, NTS 24, 1977/78, 386–392. – H. Fischer, Ein Spruchvers im Jacobusbrief, Ph. 50, 1891, 377–379. – von Gemünden, Vegetationsmetaphorik; Einsicht. – Goldhahn-Müller, Grenze der Gemeinde. – H. Greeven, Jede Gabe ist gut, Jak. 1,17, ThZ 14, 1958, 1–13. – J. Hadot, Penchant mauvais et volonté libre dans la sagesse de Ben Sira (L'Ecclésiastique), 1970. – Hainthaler, »Ausdauer Ijobs«. – W.H.P. Hatch, Note on the Hexameter in James 1 17, JBL 28, 1909, 149–151. – Heisen, Hypotheses (1,13f.17.19–21). – Klein, „Vollkommenes Werk". – Konradt, Existenz. – Korn, Πειρασμός. – Lautenschlager, Gegenstand des Glaubens. – Leutzsch, Wahrnehmung. – Ludwig, Wort als Gesetz. – M. Mach, Entwicklungsstadien des jüdischen Engelglaubens in vorrabbinischer Zeit, 1992. – F. Manns, Une tradition liturgique juive sous-jacente à Jacques 1,21b, RevSR 62, 1988, 85–89. – Marconi, «Sia ognuno». – Marcus, Evil Inclination. – Meyer, Rätsel. – Mink, Genealogie (V. 17, s.o. Einl. 6). – Mussner, Tauflehre. – Popkes, Adressaten. – S.E. Porter, Mt 6:13 and Lk 11:4: 'Lead us not into temptation', ET 101, 1989/90, 359–362. – Reinmuth, Geist und Gesetz. – Schnayder, De antiquorum hominum taciturnitate. – Seitz, Two Spirits. – C. Spicq, 'Απαρχή. Note de lexicographie néo-testamentaire, in: W.C. Weinrich (ed.), The New Testament Age (FS Bo Reicke), II, 1984, 493–502. – Angelika Strotmann, „Mein Vater bist du!" (Sir 51,10). Zur Bedeutung der Vaterschaft Gottes in kanonischen und nichtkanonischen frühjüdischen Schriften, 1991. – Stuhlmacher, Theologie, II. – Tsuji, Glaube. – Valgiglio, Postille (V. 15). – D.J. Verseput, James 1:17 and the Jewish Morning Prayers, NT 39, 1997, 177–191; Wisdom. – Via, Right Strawy Epistle. – Vlachos, Ἡ ἐπιστολὴ τῆς διψυχίας. – J.L.P. Wolmarans, Male and Female Sexual Imagery. James 1:14–15, 18, AcPatrByz 5, 1994, 134–141. – Mehr s.u. in den Exkursen zu 1,13.18.23f.25.

V.12–25 mahnen die Adressaten, endlich in Wort und Tat so streng Christen zu sein, wie Jak es für richtig hält. Die Begründungen enthalten aber auch die theologischen Grundaussagen des Briefes. Schon deswegen ist V.12(13)-25(27) keine zweite Exposition mit den Themen von V.2–11(12), nur anderem Stoff. Wenn manches nach Umkehrpredigt oder Anfangsunterricht klingt, hat das traditionsgeschichtliche Gründe; es bedeutet nicht, daß die Adressaten Katechumenen oder Neubekehrte wären oder Jak sie als Neuzubekehrende ansähe, um ihnen eine zweite und letzte Buße (zum Thema Brox, Hermas 476–485; Goldhahn-Müller) zu ermöglichen (trotz 5,19f.; μετανο- fehlt übrigens im Brief).

Gliederung abgesehen von V.12 nach den Imperativen: zwei Warnungen V.13–15 (macht nicht Gott für Anfechtung verantwortlich, schuld ist die eigene Begierde) und 16–18 (irrt euch nicht, Gott stellt uns Christen, seinen Geschöpfen, dauernd gute Gaben zur Verfügung), danach zwei Aufforderungen V.19–21 (sachte mit Zorn, legt alle Bosheit ab und ergreift das angeborene Wort, das retten kann) und 22–25 (tut das Wort, der Täter des Gesetzes der Freiheit wird glücklich sein). Nur wenn man den Duktus nicht beachtet, kann man V.13–18 als Anmerkung zur Ursache der Anfechtungen oder als Exkurs zur Theodizeefrage betrachten.

12 Μακάριος ἀνὴρ ὃς ὑπομένει πειρασμόν, ὅτι δόκιμος γενόμενος λήμψεται τὸν στέφανον τῆς ζωῆς ὃν ἐπηγγείλατο τοῖς ἀγαπῶσιν αὐτόν. Die Seligpreisung ist wie viele andere auch isoliert lesbar. Zusammenhang läßt sich nach oben (Mehrheitsmeinung) wie nach unten finden. Wenn dies, schließt V.13 nicht schlecht an (vgl. Jes 56,2f.) und mit V.25 bildet sich ein Ring. V.12 gibt die Perspektive, unter der der folgende Abschnitt und wohl der ganze Brief gesehen werden soll (zur Eschatologie s.u. den Exkurs hinter 5,11).

Seligpreisungen (Berger, Formgeschichte § 52) sind in der Antike und bis heute verbreitet (selten in den ntl. Briefen; Paulus nur Röm 4,7f. zit. ψ 31,1f.; Röm 14,22). Sie beglückwünschen einen Menschen(typ) zu einem Stück geglücktem Leben oder einem ganzen, das sich als solches oder wegen der Folgen gelohnt hat, verdient oder geschenkt (so z.B. Lk 6,20–23, strenggenommen Parodie). Jak folgt atl.-jüd. Tradition (vor allem Psalmen, Weisheit, Apokalyptik; Philo nur Migr 95 zit. Gen 30,13; Som I 50; SpecLeg IV 115; Praem 35, vgl. 30; Josephus allenfalls Ant XX 27). Dabei liegt das Glück oft in der Weisheit oder im himmlischen bzw. endzeitlichen Heil (zu dem u.U. auch Weisheit führt), frühchr. fast nur hier. Seligpreisungen können für sich stehen (z.B. Lk 11,27f.), einleiten (sehr oft, z.B. Ps 1,1; Lk 6,20–23 par.) oder abschließen (z.B. Ps 2,12; Apk 22,7).

V.12 gehört zu den Seligpreisungen mit Begründung, ist aber kein Zweizeiler (so z.B. Mt 5,3–10 par.), sondern Prosa (wie z.B. Philo, Josephus oben; JosAs 16,14; Mt 5,11f. par.; 16,17). Die Form ist also traditionell, der Inhalt muß es nicht sein. Als Abschluß der Exposition (vgl. syrBar 78,6f.) gelesen nennt V.12 den Wert, der ausdauernden Glauben und vollkommenes Handeln (V.2–4) lohnt; als Auftakt zum Folgenden, das dann erläutert, wie man ein erprobter Mann wird, gibt er eine eschatologische Verheißung. In beiden Fällen ist er eher ermutigend als mahnend (vgl. z.B. Dan 12,12; Herm sim 2,10).

Μακάριος (im Brief noch 1,25; μακαρίζειν 5,11, beides keine Seligpreisungen) ist atl.-jüd.-christl. das häufigste griech. Kennwort; μακάριος ἀνὴρ (→1,8) ὅς ist Biblizismus (öfter LXX, z.B. Ps 1,1 zit. in Barn 10,10; Sir 14,20; vgl. PsSal 6,1; 10,1; frühchr. sonst nicht). Wie üblich sind μακάριος und ἀνήρ Prädikat und Subjekt, nicht μακάριος ἀνήρ und der Relativsatz.

Ὑπομένειν (→ 1,3) in Anfechtung o.ä. wird auch sonst gelegentlich glücklich gepriesen (z.B. Dan 12,12 Θ; Herm vis 2,2,7; vgl. Tob 13,16; 4Makk 7,22; Hi 5,17; PsSal 10,1f.; Philo VitMos II 184; Mk 13,13 par.; Jak 5,11; 1Petr 3,14; EvThom 58; ShemR zu 31,1). Die Formulierung ist generell, aber im Kontext enger zu verstehen, weil πειρασμόν auf V.2 zurückgreift. Schon darum ist nicht nur der Reiche gemeint (trotz Sir 31,8–11), sondern jeder Christ (unangefochtene kennt Jak nicht).

Δόκιμος läßt → 1,3 anklingen (darum ‚[sichtlich] erprobt' wie z.B. TestJos 2,7; 1Kor 11,19; 2Kor 13,5–7, vgl. 4Makk 17,12 ἀρετὴ δι' ὑπομονῆς δοκιμάζουσα, nicht ‚anerkannt' wie z.B. Röm 14,18), bezieht sich aber wohl auch auf das Handeln (mit der Einschränkung zu τέλειος V.4). Das Partizip Aorist (γίνεσθαι noch 1,22.25; 2,4.10f.; 3,1.9f.; 5,2) ist konstatierend oder komplexiv (ebenso V. 25 wie z.B. Gal 3,13; Phil 2,7f.; 3,6) und vorzeitig wie oft (BDR 339,1; Fanning 413–416; so wohl auch sonst im Brief: 1,15.18.21.25; 2,7.11.13.21.25; 5,4.11.14.20). Das λαμβάνειν (→ 1,7) folgt, aber nicht sofort.

Στέφανος (im Brief nur hier; zur Sache z.B. Baus, Leutzsch in: Körtner – Leutzsch 465, Mach) bezeichnet den Kranz aus Grün oder nachgemacht aus Metall (vgl. Philo Som II 62), antik weit verbreitet als Schmuck (Hochzeit z.B. JosAs 21,5), Schutz-, Heils-, Siegeszeichen (Sport z.B. 1Kor 9,25), Amtsinsignie (für Oberengel z.B. JosAs 14,9; Apk 4,4.10;

Vizekönig Joseph JosAs 5,5; Spottkrone Mk 15,17 par.; der richtende Jesus Apk 14,14), Orden u.a. (zum religiösen Gebrauch vgl. Tertullian, Cor.). Die meisten lesen στέφανος hier als Metapher wie oft (z.B. Prov 4,9; Sir 6,31; Arist 280 δικαιοσύνης; Philo All II 108; Phil 4,1; 1Thess 2,19; IgnMagn 13,1); der Genitiv (ζωή noch 4,14; ζῆν 4,15) ist dann epexegetisch. Jak nimmt aber wohl die Tradition auf, daß den bewährten Frommen (vgl. zur Formulierung Sach 6,14 LXX) nach Tod oder Weltende ein Kranz als Anerkennung oder Ausweis der Heilsverleihung winkt oder gegeben wird (z.B. TestBenj 4,1 δόξης; 1QS 4,7 *klyl kbwd*, ähnlich syrBar 15,8; Av 6,7, Prov 4,9 eschatologisch gedeutet; 1Kor 9,25 ἄφθαρτον; 2Tim 4,8 τῆς δικαιοσύνης, ebenso nichteschatologisch TestLevi 8,2; 1Petr 5,4 τῆς δόξης; Apk 2,10 τῆς ζωῆς, dies sonst offenbar nirgends; 3,11; 2Klem 7,3; christl. noch AscJes 9,10–18; 11,40 ‚of glory'; grApkEsra 6,21; vgl. Sap 5,15f.; TestHi 4,10; so auch στεφανοῦν z.B. 4Makk 17,15; Hebr 2,7.9 Christus; 2Klem 20,2; Herm sim 8,2,1; 8,3,6; nicht in der Ahnenreihe wohl Apuleius, Metam. XI 2,4). Dieser Kranz ist in der Regel so real gedacht wie die obere oder neue Welt überhaupt. Jak versteht ihn vielleicht als Preis für den Sieg über Welt und Teufel (4,7); auch Gleichstellung mit den Engeln? Der Genitiv erklärt ihn zur pars pro toto (nicht: Quelle) des ewigen Lebens selbst (dauernd zu tragen?). Der nächste Satz zeigt, daß ihn alle bewährten Gläubigen bekommen, nicht etwa nur Märtyrer.

Der Relativsatz (fast genauso 2,5) variiert wohl einen traditionellen (darum ohne Subjekt?) Attributsatz über göttliche Heilsgüter, darunter das ewige Leben (vgl. Jes 64,3; 1Kor 2,9; Tit 1,2; 1Joh 2,25; 1Klem 34,8; auch syrBar 57,2 u.ö.; 1Tim 4,8; Diog 10,2), aber offenbar nicht der Kranz. Wann und wie Gott (2,5, vgl. 1,5.7, kaum Christus wie Apk 2,10) ihn verhieß (ἐπαγγέλλειν noch 2,5), bleibt offen: Allgemein in der Schrift (s. gleich)? Den Christen durch das Wort der Wahrheit (1,18)? Vorher schon biblischen Frommen individuell (vgl. Hebr 11,13?)? Die Antworten müssen sich nicht ausschließen.

Οἱ ἀγαπῶντες αὐτόν (ἀγαπᾶν noch 2,5.8; φίλος 2,23; φίλος, φιλία opp. ἐχθρός, ἔχθρα 4,4; ἀγάπη fehlt im Brief) heißen jüd. die, die Israels Erwählung mit Herz und Tat erwidern (Gott meist nur pronominal genannt), darum bewahrt und noch mehr beschenkt werden (z.B. Ex 20,6 par. Dtn 5,10; ψ 144,20; 4Q176 Fr. 16ff.,5; Endstellung PsSal 4,25; 6,6; die Wendung nie bei Philo, Josephus, aber profan z.B. Ant VII 254); frühchr. auf die Christgläubigen konzentriert (noch Röm 8,28; 1Kor 2,9; Eph 6,24; 1Klem 59,3; vgl. 2Tim 4,8). Liebe bezeichnet hier vor allem herzlichen Gebotsgehorsam (z.B. Ex 20,6 par.; Dtn 7,9; ψ 118; Neh 1,5; Tob BA 13,14; 14,7; Sap 6,18 ἀγάπη δὲ τήρησις νόμων αὐτῆς scil. der Weisheit; Sir 2,15f.; PsSal 10,3; Dan 9,4; 1QH 8,21[16,13]; CD 19,1f. zit. Dtn 7,9; vgl. Joh 14,21; umgekehrt ist Gottesliebe geboten, z.B. Dtn 6,4f.; Jub 20,7; TestBenj 3,1; Mk 12,29f.; Did 1,2; Beutler) und Ausdauer (z.B. PsSal 14,1f. Πιστὸς κύριος τοῖς ἀγαπῶσιν αὐτὸν ἐν ἀληθείᾳ, τοῖς ὑπομένουσιν παιδείαν αὐτοῦ, τοῖς πορευομένοις ἐν δικαιοσύνῃ προσταγμάτων αὐτοῦ, ἐν νόμῳ, ᾧ ἐνετείλατο ἡμῖν εἰς ζωὴν ἡμῶν „Treu ist der Herr denen, die ihn lieben in Wahrheit, die seine Züchtigung aushalten, die in der Gerechtigkeit seiner Gebote wandeln, in dem Gesetz, das er uns auferlegte zu unserem Leben", Übers. S. Holm-Nielsen; äthHen 108,7–9; 1Klem 34,8 ὅσα ἡτοίμασεν τοῖς ὑπομένουσιν αὐτόν; Shab 88b; MekhEx zu 20,6). Beide Momente passen auch hier wie 2,5.

13–15 Die erste Warnung: Niemand soll Gott die Schuld an Anfechtungen geben (V.13a), denn nicht er ist verantwortlich (V.13b), sondern der Christ selbst (V.14f.).

13 Μηδεὶς (→ 1,4) πειραζόμενος λεγέτω ὅτι ἀπὸ θεοῦ πειράζομαι. Den oft empfundenen Unterschied von πειράζεσθαι (→ 1,2) hier und πειρασμός V.2.12 macht nicht, daß das Verb ‚versucht werden (zu Sünde)' und das Substantiv ‚Anfechtung, Erprobung (des Glaubens)' o.ä. bedeutet, sondern ein Perspektivwechsel; hier läßt Jak einen von πειρασμοί Betroffenen seine Betroffenheit aussprechen, dort nannte er selber das Betroffensein (etwas anders V.14f.) aller Adressaten. Semantisch ändert sich in V.13 noch nichts. Πειράζεσθαι bedeutet, daß mit Gott verbundene Personen Druck erleiden, der ihre religiöse und ethische Integrität bedroht.

Λέγειν (noch 2,3.11.14.16.18.23; 4,5.6.13.15; λόγος 1,18.21–23; 3,2; λαλεῖν → 1,19; Imp. der 3. Pers. noch 1,19; 4,9; 5,12) ὅτι (recitativum, im Brief nur hier; vgl. BDR 470,1) führt hier eine Klage ein (vgl. Jes 56,3; anders z.B. Demosthenes, Or. IX 16 καὶ μηδεὶς εἴπῃ: Einwand; zum Präs. s. 1,7). Offenbar hat Jak dergleichen gehört (vgl. formal Prov 20,22; 24,29; 2Klem 9,1). Die Ichform (zitierte direkte Rede außer Zitaten noch 2,3.16.18; 4,13.15) ist nicht rhetorisches Mittel, um die Tradition zu bestreiten, daß Gott (s.o. Einl. 5) auf die Probe stellt (s. V.2). Hier redet ein Pseudo-Hiob, der anders als der echte (vgl. Hi 5,17) seine Anfechtung resigniert oder empört als Übel empfindet, das ihm Gott zufügte (ἀπό diff. ὑπό ℵ *pc* kann heißen: mittelbar, vgl. 1Chr 21,1 mit 2Sam 24,1; Jub 17,16 mit Gen 22; 1Kor 7,5; 1Thess 3,5, muß aber nicht, vgl. 5,4; BDR 210 Anm. 2). Einwand gegen die Forderung, vollkommen zu sein, statt nachsichtig behandelt zu werden? Nach Jak tut der Sprecher Gott unrecht und verkennt, was in der Anfechtung wirklich schadet.

Ὁ γὰρ θεὸς ἀπείραστός ἐστιν κακῶν, πειράζει δὲ αὐτὸς οὐδένα. Ἀπείραστος (zuerst 1. Jh. v.Chr. statt älterem ἀπείρατος, beide jüd.-gr. und frühchr. sonst nur Josephus; zu -τος s. 1,8), κακός (noch 3,8; 4,3; κακία 1,21; πονηρός → 2,4; ἀγαθός, καλός → 2,3) und der Genitiv (vgl. BDR 182 Anm. 4) sind mehrdeutig (ausführlich Mayor, Jas): ‚unerfahren, unversucht', ‚unversuchbar', ‚nicht versuchend', ‚von bzw. zu üblen oder (moralisch) bösen Dingen', ‚von bösen Menschen'. Gegen aktivische Deutung spricht der Folgesatz, für Menschen nichts (anders Davids, Meaning). Es zählt, daß die Wendung passivisch und mit κακά geläufig ist (z.B. Sophokles, Ant. 1191 κακῶν γὰρ οὐκ ἄπειρος οὖσ' ἀκούσομαι; Diodor S. I 1,2 ἡ δὲ διὰ τῆς ἱστορίας περιγινομένη σύνεσις τῶν ἀλλοτρίων ἀποτευγμάτων τε καὶ κατορθωμάτων ἀπείρατον κακῶν ἔχει τὴν διδασκαλίαν; XVII 107,2 πάντα τὸν χρόνον ἀπείρατος γεγονὼς ἀρρωστίας; Plutarch, Mor. 119f οὐκοῦν εὐποτμότερος διὰ τοῦτο καὶ κακῶν ἀπείρατός ἐστιν „Also ist er deswegen [wegen seines frühen Todes] besser dran und unbetroffen von Übeln"; Themistius, Or. VII 92b ὁ δὲ Κωνσταντίνου δῆμος, ὁ τρυφῶν, ὁ ἐν ἀδείᾳ ζῶν, ὁ κακῶν ἀπείρατος μέχρι τῆς ἑσπέρας ἐκείνης; Jos Bell III 63 πάθους τε οὐδενὸς ἢ συμφορᾶς ἀπείρατος ἦν „und [Galiläa] blieb von keinem Leid oder Mißgeschick unbetroffen"; 307 Ἔμειναν δὲ οὐδὲ Σαμαρεῖς ἀπείρατοι συμφορῶν; vgl. Philo Cher 86 ἄλυπός ἐστι [Gott] καὶ ἄφοβος καὶ ἀκοινώνητος κακῶν; SpecLeg II 209 καὶ ὑπὲρ τοῦ μηκέτι πειραθῆναι κακῶν λιπαροῦσι). Hier so verstanden belegt ἀπείραστος κακῶν, daß Gott kein Übel (physisch oder moralisch) erleidet oder auch erleiden kann (positiv z.B. Philo SpecLeg II 53 μόνος γὰρ εὐδαίμων καὶ μακάριος). Der Nachsatz muß entsprechend verstanden werden; δὲ αὐτός setzt dem passivischen ἀπείραστος Gott als Handelnden gegenüber, der seinem Wesen nach niemandem κακά zufügt. Die Formulierung soll nicht offen lassen, daß er es mittelbar tut; Bewährungsleiden sind offenbar nicht κακά (vgl. Sir 33,1; 1Kor 10,12f.). So wie in V.13a darf man nicht reden, weil Gott niemandem schadet.

Zum Hintergrund des Gottesbildes in Jakobus 1,13

Literatur, soweit nicht o. nach der Übers. genannt: H. FROHNHOFEN, Apatheia tou Theou. Über die Affektlosigkeit Gottes in der griechischen Antike und bei den griechischsprachigen Kirchenvätern bis zu Gregorios Thaumaturgos, 1987. – F. LINDSTRÖM, God and the Origin of Evil. A Contextual Analysis of Alleged Monistic Evidence in the Old Testament, 1983. – W. MAAS, Unveränderlichkeit Gottes. Zum Verhältnis von griechisch-philosophischer und christlicher Gotteslehre, 1974. – L.A. MONTES-PERAL, Akataleptos Theos. Der unfaßbare Gott, 1987. – Mehr zum Gottesbild des Briefes s.o. in Einl. 5 und u. im Exkurs zu 1,18.

Jak wendet antike Gotteslehre an (vgl. z.B. Epikur bei Diogenes L. X 139 τὸ μακάριον καὶ ἄφθαρτον οὔτε αὐτὸ πράγματα ἔχει οὔτε ἄλλῳ παρέχει, ὥστε οὔτε ὀργαῖς οὔτε χάρισι συνέχεται; Plutarch, Mor. 1102d πάντων μὲν ἡγεμὼν ἀγαθῶν πάντων δὲ πατὴρ καλῶν ἐκεῖνός ἐστι, καὶ φαῦλον οὐθὲν ποιεῖν αὐτῷ θέμις ὥσπερ οὐδὲ πάσχειν „Jener [Gott] ist Führer zu allen Gütern und Vater alles Guten, und es ist seine Art, nichts Schlechtes zu tun und ebensowenig zu erleiden"; Mark Aurel VI 1,1; Celsus bei Origenes, Cels. VIII 2 ἐπὶ δὲ θεοῦ, πρὸς ὃν οὔτε βλάβη τις οὔτε λύπη φθάνει; Cicero, Nat. deor. I 45 *quae enim nobis natura informationem ipsorum deorum dedit, eadem insculpsit in mentibus, ut eos aeternos et beatos haberemus*; Seneca, Ira II 27; Ep. 95,49 *nec accipere iniuriam queunt nec facere; laedere etenim laedique coniunctum est. Summa illa ac pulcherrima omnium natura quos periculo exemit ne pericolosos quidem fecit*; Apuleius, Deo Socr. 12; Philo Prov II 102 und gleich; weiter s. V.17f.).

Verwandt ist der Topos, daß der Mensch in freier Wahl, nicht Gott seine (Un)taten verursacht (z.B. Plato, Resp. 379c; αἰτία ἑλομένου· θεὸς ἀναίτιος 617e, nicht so gemeint, aber so z.B. von Maximus Tyr. 41,5a; Justin, Apol. I 44,8 zitiert; Aeschines, Or. I 190; vgl. Sir 15,11f.14 μὴ εἴπῃς ὅτι Διὰ κύριον ἀπέστην [HT „von Gott kommt meine Sünde"]· ἃ γὰρ ἐμίσησεν, οὐ ποιήσει. μὴ εἴπῃς ὅτι Αὐτός με ἐπλάνησεν· οὐ γὰρ χρείαν ἔχει ἀνδρὸς ἁμαρτωλοῦ. … αὐτὸς ἐξ ἀρχῆς ἐποίησεν ἄνθρωπον καὶ ἀφῆκεν αὐτὸν ἐν χειρὶ διαβουλίου αὐτοῦ, d.h. seiner eigenen Entscheidung, schon von der Katene zitiert; Hen 98,4; Philo Op 75; Det 122; Conf 161; Fug 79; Prov II 82; Ps-Philo, Samps. 23); trotzdem beschuldigt er Gott (z.B. Homer, Od. 1,32–34; Il. 19,86–88; Prov 19,3; Philo All II 78 ὅταν γὰρ ἁμάρτῃ καὶ ἀπαρτηθῇ ὁ νοῦς ἀρετῆς, αἰτιᾶται τὰ θεῖα τὴν ἰδίαν τροπὴν προσάπτων θεῷ „denn wenn der Geist sündigt und von der Tugend abweicht, da beschuldigt er die Gottheit und gibt ihr die Schuld an seiner Sinnesänderung", Übers. I. Heinemann; Herm sim 6,3,5 καὶ οὐκ ἀναβαίνει ἐπὶ τὴν καρδίαν αὐτῶν ὅτι ἔπραξαν πονηρὰ ἔργα, ἀλλὰ αἰτιῶνται τὸν κύριον).

Freien Willen hat der Mensch nach V.14f. freilich nicht; schon deswegen ist 1,13–18 kaum relecture von Sir 15,11–20 (so aber Frankemölle, Jak).

14–15 beschreiben weder den Sündenfall jedes Menschen noch die Entstehung von Einzelsünden oder Lastern (obwohl sie auch dort gelten mögen), sondern den möglichen Fall des Christen aus seinem in V.18 genannten Stand und die Folgen, dabei Sünde nur als Station auf dem Weg zum Tod.

14 Ἕκαστος δὲ πειράζεται ὑπὸ τῆς ἰδίας ἐπιθυμίας ἐξελκόμενος καὶ δελεαζόμενος. Der Satz mag allgemein gelten, im Kontext ist ἕκαστος (im Brief nur hier) jeder Christ, sofern angefochten. Δέ nach Negation ‚vielmehr' (wie 1,19?; 5,12b; vgl. BDR 447,1a).

Ἐπιθυμία (noch V.15; ἐπιθυμεῖν 4,2; ἡδοναί 4,1.3, s. auch dort) ist hier weder der unterste der drei platonischen Seelenteile (z.B. Phaedr. 246a; Tim. 69c-70a; Philo All I 70–73) noch einer der vier stoischen Hauptaffekte (z.B. Zeno bei Diogenes L. VII 110 λύπη, φόβος, ἐπιθυμία, ἡδονή; 4Makk 1,22f.32; 2,4–6; Philo Conf 90), erst recht keine augenblickliche Anwandlung, sondern der natürliche Trieb zum Bösen, der Seele und Leib (nicht σάρξ → 5,3, anders 1Petr 2,11) beherrscht. Jak folgt jüdischer Tradition (ApkMos 19,3 ἐπιθυμία γάρ ἐστι κεφαλὴ πάσης ἁμαρτίας; ApkAbr 24,8; Philo Decal 142; 173 τὴν τῶν ἀδικημάτων πηγήν, ἐπιθυμίαν, ἀφ' ἧς ῥέουσιν αἱ παρανομώταται πράξεις „die Quelle der Unrechtstaten, die Begierde, aus der die gesetzwidrigsten Handlungen fließen"; Spec-

Leg IV 84 ἐπιθυμία… ἁπάντων πηγὴ τῶν κακῶν; 85 τὸ γὰρ ἀψευδῶς ἂν λεχθὲν ἀρχέκακον πάθος ἐστὶν ἐπιθυμία; vgl. Röm 7,7f.; 1Kor 10,6?; 1Petr 2,11; ἡδονή symbolisiert durch die Paradiesschlange Philo Op 151–169; All II 71–108; vgl. Agr 105; aber auch Maximus Tyr. 24,4a μέγιστον ἀνθρώπῳ κακὸν ἐπιθυμία; speziell Ps-Diogenes, Ep. 50 χρημάτων ἐπιθυμίαν…, ἣ πάσης κακίας ἐστὶν αἰτία; Sib VIII 17–36; 1Tim 6,10; Konradt, Existenz 85–92). Da Jak keinen natürlichen guten Gegentrieb nennt (stattdessen s. V.18.21), gehören die rabbinischen zwei Triebe (Hadot; LXX sagt für *yeṣær* nie ἐπιθυμία) und Verwandtes (zwei Geister 1QS 3,13–4,26; Geisterlehre von TestPatr und Herm, besonders ἐπιθυμία πονηρά und ἀγαθή mand 12; Nachwirkungen der Prodikosfabel Xenophon, Mem. II 1 u.a. bei Philo Sacr 19ff.) nur am Rand hierher. Die ἐπιθυμία ist keine überindividuelle Macht, sondern je eigen (ἴδιος im Brief nur hier; vgl. Philo SpecLeg IV 131 μηδεὶς τῇ ἐπιθυμίᾳ τῇ αὑτοῦ χαριζέσθω; 2Tim 4,3). Die Personifizierung drückt aus, daß sie ein vom Ich nicht gebändigtes, aggressives Element ist (vgl. „Krebs"; unausgeglichen parallel der Teufel 4,7). Sie äußert sich bei Jak vor allem als Sein- und Habenwollen, womit der Christ sich die Welt zum Freund und Gott zum Feind macht (4,1–6; sexuelle Gier fehlt, obwohl traditionell gern mit Habgier gepaart; Reinmuth 12–47).

Syntaktisch gehört ὑπὸ τῆς ἰδίας ἐπιθυμίας wohl zu den Partizipien und erst so zum Prädikat. Ἐξέλκειν (frühchr. nur hier) und δελεάζειν (nie LXX; frühchr. nur noch 2Petr 2,14.18) sind lexikalisierte Jagd-, genauer wohl Fischereimetaphern, bei ἐπιθυμία und ἡδονή traditionell (z.B. Plato, Ep. 7,325a εἷλκεν δέ με ὅμως ἡ περὶ τὸ πράττειν τὰ κοινὰ καὶ πολιτικὰ ἐπιθυμία, hier also positiv; Xenophon, Cyrop. VIII 1,32; Ps-Longinus 32,5; Aelian, Nat. an. 6,31 ὑπὸ τῆς ἡδονῆς ἑλκόμενοι; öfter Philo, z.B. Prob 159 εἰ μὲν γὰρ πρὸς ἐπιθυμίας ἐλαύνεται ἢ ὑφ' ἡδονῆς δελεάζεται „Denn wenn sie [die Seele] von der Begierde angestachelt wird oder sich von der Lust berücken läßt", Übers. K. Bormann; vgl. Post 72; Jos Ap II 284; Ps-Philo, Samps. 22; Mark Aurel II 12,1). Als Jägerin mit Netzen und Schlingen, nämlich falschen Versprechungen, tritt auch die ἡδονή auf, wie ein Straßenmädchen aufgeputzt samt ihren Freundinnen, den Lastern (Philo Sacr 20–25.29; psychologisch genauer Op 166; All III 60–64). Denkt auch Jak die ἐπιθυμία als solche Verführerin? In δελεάζειν steckt jedenfalls süße Täuschung (die ἐπιθυμία lockt z.B. zum Gewinnstreben, verschweigt aber die Folgen, vgl. 4,1–5,6). Das, nicht daß sie existiert, macht die ἐπιθυμία für den Angefochtenen gefährlich. Geht er ihr auf den Leim, nimmt das Unglück seinen Lauf.

15 Εἶτα ἡ ἐπιθυμία συλλαβοῦσα τίκτει ἁμαρτίαν, ἡ δὲ ἁμαρτία ἀποτελεσθεῖσα ἀποκύει θάνατον. Eine Kettenreihe (κλῖμαξ, *gradatio*, *catena* Quintilian IX 3,54–57; z.B. Cicero, Pro Roscio Am. 75 *luxuria… omnia scelera ac maleficia*; Sap 6,17–20 ἀρχὴ γὰρ αὐτῆς [der Weisheit ist] ἡ ἀληθεστάτη παιδείας ἐπιθυμία… ἀνάγει ἐπὶ βασιλείαν; Röm 5,3–5 θλῖψις… ἐλπίς; 10,13–15; überdreht 2Petr 1,5–7; mehr bei Dibelius, Jak), genauer eine Filiation (wie z.B. Philo Op 152 ὁ δὲ πόθος οὗτος καὶ τὴν τῶν σωμάτων ἡδονὴν ἐγέννησεν, ἥτις ἐστὶν ἀδικημάτων καὶ παρανομημάτων ἀρχή; Herm vis 3,8,7 ἐκ τῆς πίστεως γεννᾶται… ἀγάπη; Herm mand 5,2,4). Die Verbindung von Begierde, Sünde, Tod ist vorgegeben (schon in Kettenform?). Nächstverwandt ist wohl Röm 7,7–12, wo aber Begierde und (Anlage zur) Sünde(nsucht) gleichursprünglich zu sein scheinen und das Gesetz (als Suchtmittel) dabei ist. Wenn Paulus nachklingt, dann ungenau; eher gemeinsame Tradition (vgl. weiter z.B. Philo Post 73f.; Herm vis 1,1,8; mand 12,1,1–2,3).

Εἶτα (im Brief nur hier; ἔπειτα → 3,17) ‚prompt' (vgl. Epiktet III 9,22; Mk 4,17?) oder ‚als nächstes' (vgl. Herm mand 5,2,4)? Συλλαμβάνειν (im Brief nur hier; auch sonst gern partizipial bei τίκτειν, z.B. Gen 4,1 u.ö.; TestLevi 11,2; LibAnt 51,1; Philo Cher 46, aber nie Präs.; so nicht Josephus und anderswo frühchr.) steht wie τίκτειν (im Brief nur hier) oft als Metapher (z.B. Ps-Longinus 14,3; negativ ψ 7,15; TestBenj 7,2 πρῶτον συλλαμβάνει ἡ διάνοια διὰ τοῦ Βελιάρ und gebiert dann sieben κακά; Philo Cher 57 ὅταν ὁ ἐν ἡμῖν νοῦς – κεκλήσθω δὲ Ἀδάμ – ἐντυχὼν αἰσθήσει, παρ' ἣν ζῆν δοκεῖ τὰ ἔμψυχα – καλεῖται δὲ Εὕα –, συνουσίας ἴσης ὀρεχθεὶς πλησιάζῃ, ἡ δὲ συλλαμβάνῃ καθάπερ δικτύῳ καὶ θηρεύῃ φυσικῶς τὸ ἐκτὸς αἰσθητόν, ... συλλαβοῦσα ἐγκύμων τε γίνεται καὶ εὐθὺς ὠδίνει καὶ τίκτει κακῶν ψυχῆς τὸ μέγιστον, οἴησιν; Post 74 τοῦτο μέντοι τὸ πάθος ὅταν κυοφορήσῃ, μετὰ χαλεπῶν ὠδίνων νοσήματα καὶ ἀρρωστήματα ἔτεκεν ἀνίατα „Wenn jedoch diese Leidenschaft schwanger ging, gebar sie unter schlimmen Wehen unheilbare Krankheiten und Schwächen", Übers. H. Leisegang; Justin, Dial. 100,5 παρθένος γὰρ οὖσα Εὕα καὶ ἄφθορος, τὸν λόγον τὸν ἀπὸ τοῦ ὄφεως συλλαβοῦσα, παρακοὴν καὶ θάνατον ἔτεκε). Zum Partizip Aorist s. V.12 (ebenso gleich). Jak meint wohl: die ἐπιθυμία (Art. anaphorisch) wird von ihrem Eigentümer durch Zustimmung befriedigt. Seine interne Mesalliance (vgl. 4,4?) bleibt zunächst scheinbar folgenlos; in Wirklichkeit erzeugt (nicht: begeht) er durch sie ἁμαρτία (noch 2,9; 4,17; Plur. 5,15f.20; ἁμαρτωλός 4,8; 5,20; ἁμαρτάνειν fehlt). Die Personifizierung ist auch hier nur rhetorisch; Sünde ist für Jak weder überindividuelle Macht noch individuelle Sucht (so Röm 7,7–25), sondern Handeln wider Gottes Gesetz (s. 1,25). Der Singular hier ist kollektiv. Daß ἐπιθυμία viele oder alle Untaten verursacht, ist ja Gemeinplatz (s. oben).

Ist die so geborene Sünde vollendet (→ 1,4; ἀποτελεῖν frühchr. nur noch Lk 13,32; Hermas; ἁμαρτίαι τέλειαι Barn 8,1; Herm vis 1,2,1), d.h. das Sündigen unvergeben (s. 5,15f.19f.) Gewohnheit geworden oder die Einzelsünde zum Laster gereift (nicht einfach: getan; Todsünden kennt Jak wohl nicht, anders z.B. 1Joh 5,16f.), wird sie selber Mutter. Ἀποκύειν (oder -υεῖν?; → 1,18) bezeichnet die letzte Phase der Geburt, das Auspressen des Kindes: kaum ist die Sünde ἀποτελεσθεῖσα (vorzeitig, s. V.12; Alliteration), hat sie ihres (opp. 4Makk 15,17 ὦ μόνη γύναι τὴν εὐσέβειαν ὁλόκληρον ἀποκυήσασα). Da Jak nicht von Adam oder der Gattung Mensch redet, bezeichnet θάνατος (noch 5,20; θανατηφόρος 3,8; νεκρός 2,17.26) nicht das Sterben(müssen, vgl. also nicht z.B. Sap 2,24; Röm 5,12–14; 6,9.23; DtnR 9f. 206a) oder vorzeitigen Tod (vgl. 1Kor 11,30), sondern entweder Todesurteil bzw. -strafe im Gericht (opp. V.12) oder besser, weil Sofortprodukt der vollendeten Sünde, Leben ohne Heil und Sinn, das in den physischen und ewigen Tod geht (vgl. 4Esra 7,92 „Die erste Stufe [zur ewigen Ruhe] ist, daß sie [die Gesetzestreuen] unter vieler Mühe gekämpft haben, um den mit ihnen erschaffenen bösen Trieb zu besiegen, damit er sie nicht vom Leben zum Tod verführe", Übers. J. Schreiner; Philo Agr 98; Plant 37; Praem 68–73; auch Herm vis 1,1,8; mand 4,1,2; 12,1,1–2,3 u.ö.?; anders Jak 2,26) wie vor der Bekehrung (s. 1,18). Rettung ist aber möglich (s. 5,19f.).

16–18 Die zweite Warnung: Ein Verbot (V.16), erläutert durch zwei Satzgefüge, die vom Allgemeinen (V.17) zum Besonderen (V.18) führen. V.13b–15 werden positiv ergänzt. Gott schädigt nicht nur nicht, überläßt den Christen auch nicht seiner Begierde, sondern hat ihn als gütiger Schöpfer in einen Stand gesetzt, in dem er die Begierde überwinden kann. Die theologisch grundlegende Stelle des Briefs.

16 Μὴ πλανᾶσθε, ἀδελφοί μου ἀγαπητοί. Der verneinte Imperativ (πλανᾶν noch 5,19; πλάνη 5,20; παραλογίζεσθαι, ἀπατᾶν → 1,22; ψεύδεσθαι 3,14; zum Präs. s. 1,7), mit oder ohne Anrede, gilt als konventionelle Floskel der Diatribe, wohl zu Unrecht (pagan bisher nur Epiktet IV 6,23 μὴ πλανᾶσθε, ἄνδρες, ἐμοὶ καλῶς ἐστιν; doch vgl. II 22,15 μὴ ἐξαπατᾶσθε in Parenthese; Epikur zit. in II 20,7 μὴ ἐξαπατᾶσθε, ἄνθρωποι, μηδὲ παράγεσθε μηδὲ διαπίπτετε; jüd.-gr. nie, aber vgl. Jes 44,8 v.l.; μὴ πλανῶ Jes 41,10; Bel 7 Θ; 2Makk 7,18 add. μάτην; LibAnt 62,2 *Quare seduceris, Saul*; dagegen frühchr. noch 1Kor 6,9; 15,33; Gal 6,7; IgnEph 16,1; IgnPhld 3,3; vgl. Lk 21,8; 1Joh 3,7; IgnEph 5,2; IgnMagn 8,1; IgnSm 6,1). Jak kennt μὴ πλανᾶσθε also aus Kirchensprache und führt damit wohl Bekanntes ein, vielleicht wie 1Kor 15,33 ein Zitat (s. V.17), jedenfalls eine Warnung nicht vor intellektuellen, sondern moralischen Abwegen. V.16 schließt dann nicht das Vorige ab. Zur Anrede s. V.2.

17 Πᾶσα δόσις ἀγαθὴ καὶ πᾶν δώρημα τέλειον: Hexameter (zuerst Benson? Vielleicht τ' hinter δόσις zu ergänzen; vgl. 4,5; BDR 487 Anm. 8)? Wenn, dann wohl Zitat (Fischer: monostichisches Paroemium, vgl. deutsch „Einem geschenkten Gaul sieht man nicht ins Maul", anders Greeven: Sentenz, etwa „In jeder Gabe steckt Gutes"; Amphoux, Jacques I, 17: Fortsetzung steht hinter dem Folgenden bis φώτων, aber warum nicht wörtlich zitiert?). Bei Jak jedenfalls sind die sieben Wörter kein Nominalsatz, sondern Subjekt von V.17a.

Δόσις (frühchr. nur noch Phil 4,15; Herm mand 5,2,2) ἀγαθή (ἀγαθός im Brief noch 3,17; TestSeb 1,3 δόσις ἀγαθή) und δώρημα (frühchr. nur noch Röm 5,16; Herm mand 2,4; sim 2,7; Alliteration) τέλειον (→ 1,4) sind kaum zu unterscheiden (anders Mayor, Jas). Die Doppelung (πᾶσα δόσις ἀγαθή kein Satz für sich) zusammen mit πᾶσα, πᾶν ‚jeder Art' (z.B. Mt 4,23; 1Kor 1,5, anders oben 1,2) besagt Vollständigkeit.

Ἄνωθέν ἐστιν καταβαῖνον: Prädikat ist entweder ἐστὶν καταβαῖνον (obwohl nur zu δώρημα passend) mit ἄνωθεν (noch 3,15.17, auch dort wie oft aus dem Himmel) als Adverb (Conj. periphr. bei Jak noch 3,15, nicht 5,15; Präs. hier durativ oder iterativ) oder ἄνωθέν ἐστιν mit locker angehängtem Partizip; kein großer Unterschied. Καταβαίνειν (im Brief nur hier, aber vgl. 3,15) auch sonst von Dingen aus dem Himmel (z.B. Jes 63,14; Philo Abr 205; mit ἀπὸ τοῦ θεοῦ Apk 3,12; 21,2.10; Bill. III 752), nicht nur Personen. Kommt alles Gute von Gott (z.B. Dio Chr., Or. XXXII 14f.; Philo Sacr 63 οὐδὲν γάρ ἐστι τῶν καλῶν, ὃ μὴ θεοῦ τε καὶ θεῖον „Denn es gibt nichts Gutes, das nicht Gottes und göttlich ist", Übers. H. Leisegang, u.ö.) oder von Gott nur Gutes (s. V.13; vgl. weiter Philo Migr 73 χαρίζεται δὲ ὁ θεὸς τοῖς ὑπηκόοις ἀτελὲς οὐδέν, πλήρη δὲ καὶ τέλεια πάντα „Gott aber schenkt seinen Getreuen nichts Unvollkommenes, sondern alles reichlich und vollständig", Übers. A. Posner; SpecLeg I 224 ἀμιγῆ κακῶν τὰ ἀγαθὰ δωρούμενον; 2Klem 15,4)? Jak will nicht darauf antworten, sondern die Adressaten davor warnen, Gottes verfügbare gute Gaben (z.B. Weisheit 1,5; 3,15.17; Vergebung 5,16–18; vgl. auch 4,6.10; wohl nicht das Wort 1,18, weil einmalig, aber s. V.21) zu mißachten (vgl. Philo Plant 87–92). Gott schadet ihnen nicht nur nicht, er hilft gegen die Begierde.

Ἀπὸ τοῦ πατρὸς τῶν φώτων, παρ' ᾧ οὐκ ἔνι παραλλαγὴ ἢ τροπῆς ἀποσκίασμα: Die Gottesbezeichnung variiert ein geläufiges Muster (z.B. Hi 38,28 τίς ἐστιν ὑετοῦ πατήρ; Eph 1,17), ist sonst aber wohl nur christl. belegt (ApkMos 36,3; Michael [?] καλούμενος πατὴρ τοῦ φωτός TestAbr B 7,6; aber vgl. *śr 'wrym* 1QS 3,20; CD 5,18: ein Engelfürst). Τῶν φώτων ist Plural von τὸ φῶς (im Brief nur hier, der Pl. frühchr. sonst nur Apg 16,29; wegen des Relativsatzes kaum von ὁ φώς ‚Mensch, Mann', das frühchr. nie, jüd.-gr. nur in Sib III vorkommt, dort auch 31.453 φωτῶν). Jak bezeichnet damit wohl eher die Himmelslichter (Mehrheitsmeinung; LXX nur ψ 135,7; Jer 4,23; Pl. anders Ez 42,11; 1Makk 12,29), unter denen Sonne und Mond die wichtigsten sind (vgl. Gen 1,14–19; Sir 43,1–8; Ps-Philo, Jona 125–134), als metaphorisch die Engel (vgl. ψ 103,4; Irenaeus, Haer. I 4,5), die λογικαὶ δυνάμεις Gottes und/oder der Seele (Katene) nach Philo, vgl. All III 104 τὸν μετάρσιον καὶ ἐγκύμονα θείων φώτων λόγον), seine erleuchtenden Gaben (z.B. Weisheit Sap 7,26; Philo Sacr 78; Gesetz SpecLeg I 279), die durch den heiligen Geist Erleuchteten (Katene) oder schließlich mit Plural anstelle des Singulars (vgl. BDR 141; v.l. Sing. it[pt] bo[mss] sa[mss] arm georg) das Licht, das Gottes Wesen kennzeichnet (z.B. Philo Som I 75; 1Joh 1,5; CH I 21 φῶς καὶ ζωή ἐστιν ὁ θεὸς καὶ πατήρ), in dem er wohnt (z.B. 1Tim 6,16) und dessen unmittelbarer Abglanz die Himmelslichter sind (z.B. Philo Op 31; Som I 85; SpecLeg I 279). Daß die φῶτα dem Menschen zugut leuchten, ist aber jedenfalls mitgedacht (vgl. Verseput, Morning Prayers: Jak spricht so vom liebenden Gott). Πατήρ (von Gott auch 1,27; 3,9; Abraham 2,21) heißt Gott als ihr Schöpfer und Regierer (mehr zum Gottesbild s.o. Einl. 5). Jak schafft oder übernimmt damit eine biblisierte, auf Gott als Lebensspender konzentrierte Form einer antiken Bezeichnung des Schöpfers (z.B. Plato, Tim. 28c Τὸν μὲν οὖν ποιητὴν καὶ πατέρα τοῦδε τοῦ παντός; Philo Decal 134 τῷ τοῦ κόσμου πατρί; VitMos II 134; passim πατὴρ τῶν ὅλων; Jos Ant VII 380 πατέρα τε καὶ γένεσιν τῶν ὅλων; 1Kor 8,6; Eph 4,6; Herm sim 9,12,2 τῷ πατρὶ τῆς κτίσεως αὐτοῦ). Das ist nicht bloß hoher Stil. „Vater der Lichter" kennzeichnet die Gaben als Lebenshilfe und bereitet V.18 vor (Geburt, Wahrheit, vgl. Philo Som I 218 ἀληθείας ἀσκίῳ φέγγει καὶ περιαυγεῖ; SpecLeg IV 52).

Der Relativsatz besagt, daß der gütige Vater der Lichter sich nie ändert (s. zu V.13) und bereitet V.18 vor, bleibt aber im Detail dunkel (Textkritik Wachtel, s.o. Einl. 6; Amphoux, Hypothèses 309f. liest τροπὴ ἀποσκιάσματος mit 614 1505 2412 2495). Παρά mit Dativ (noch 1,27, aber anders) schreibt Eigentum oder eine Eigenschaft zu (wie z.B. Demosthenes, Or. XVIII 277; ψ 35,10; Hi 12,13; Sir 5,6; Röm 2,11; 9,14; Eph 6,9), hier verneint. Ἔνι (LXX nur Sir 37,2; 4Makk 4,22; frühchr. noch 1Kor 6,5; Gal 3,28; Kol 3,11; PrJak 22,3, immer verneint) reibt sich nicht damit, weil abgeschliffen (zu „ist möglich" Baumert 315–328). Παραλλαγή (jüd.-gr. nur 2Kön 9,20; Arist 75; Jos Ant XV 245; frühchr. nur hier), τροπή (frühchr. nur hier) und ἀποσκίασμα (von ἀποσκιάζειν ‚Schatten werfen, überschatten', kann Vorgang wie Ergebnis bezeichnen, auch metaphorisch; pagan sehr selten, jüd.-gr. nie; frühchr. nur hier, später τροπῆς ἀποσκίασμα öfter christl.) kommen in astronomischen Texten vor, aber nur τροπή häufiger als Fachwort (Sonnenwende, Mondwechsel, Änderung von Planetenbahnen). Jak redet nicht naturwissenschaftlich (warum auch), aber preziös. Den genauen Sinn kann man nur erraten. Wenn Jak bei den Lichtern vor allem an Sonne und Mond denkt und παραλλαγή und τροπῆς ἀποσκίασμα unterscheidet, meint παραλλαγή vielleicht den Wechsel der Helligkeit, ob nun im Tages-, Monats- oder Jahresverlauf (vgl. äthHen 72–75; Ps-Philo, Jona 131–133), und τροπῆς ἀποσκίασμα präzisierend die dunklen Phasen; eher nicht etwas am Beleuchteten Verursachtes (vgl. Epiktet I 14,4 πόθεν δὲ πρὸς τὴν αὔξησιν καὶ μείωσιν τῆς σελήνης καὶ τὴν τοῦ ἡλίου πρόσοδον καὶ ἄφοδον τοσαύτη παραλλαγὴ καὶ ἐπὶ τὰ ἐναντία μεταβολὴ τῶν ἐπιγείων θεωρεῖται; „Wieso bemerkt man beim Zunehmen und Abnehmen des Mondes und beim Aufgang und Untergang der Sonne eine so große Veränderung und Umwandlung ins Gegenteil an den irdischen Dingen?"), obwohl zum Herabkommen der Gaben V.17a passend. Das hieße, Gott verdunkelt sich nie (dagegen der Tor wie der Mond Sir 27,11). Einfacher: τροπῆς ἀποσκίασμα ist Metapher (vgl. deutsch ‚eine Spur, ein Hauch von'; heute Mindermeinung, aber schon Kyrill Alex., Ep. 39, PG 77, 1859, col. 180 μαίνεσθαι νομίζω τοὺς οἰηθέντας ὅλως, ὅτι τροπῆς ἀποσκίασμα περὶ τὴν τοῦ Θεοῦ Λόγου φύσιν συμβῆναι δύναται „Ich halte dafür, daß die ganz von Sinnen sind, die glauben, daß an der Natur des

Gott-Logos (auch nur) ein Schatten von Veränderung eintreten kann"; Antipater Bostr., PG 96, 1891, col. 468 Ἀΐδιος οὐσία τροπῆς ἀποσκίασμα παθεῖν οὐκ ἀνέχεται; Johannes Dam., Imag. I 10 Ἄτρεπτον γὰρ τὸ θεῖον κατὰ πάντα, καὶ οὐκ ἔστιν ἐν αὐτῷ μεταβολὴ ἢ τροπῆς ἀποσκίασμα); Bildspender ἀποσκίασμα ‚schattenhaftes Abbild' (z.B. Schol. vet. in Od. XI 213 εἴδωλόν τι καὶ ἀποσκίασμα; Ps-Klem Rec. VIII 42,9?; Gregor Naz., Or. XXX 17 τὸ τῆς ἀληθείας ἴνδαλμα, ἢ ἀποσκίασμα, ἢ ὅ τι καὶ ὀνομάσομεν; Johannes Dam., Haer. 100, PG 94, 1864, col. 769; Plinius, Nat. hist. XXXVI 67,196 *umbras* in dunklem Spiegel; vgl. auch Demosthenes, Or. XXI 115 εἴ γ' εἶχε στιγμὴν ἢ σκιὰν τούτων…; Philo Mut 181 τί οὖν γε, ὅτι πεπιστευκὼς ἴχνος ἢ σκιὰν ἢ αὔραν ἀπιστίας δέχεται τὸ παράπαν; „Was soll das heißen, daß der Gläubige auch nur eine Spur oder einen Schatten oder einen Hauch des Unglaubens annimmt?", Übers. W. Theiler; vgl. Jos Bell VI 194 εἴ που τροφῆς παραφανείη σκιά „wenn irgendwo noch etwas zum Vorschein kam, das auch nur von ferne wie etwas Eßbares aussah", Übers. O. Michel – O. Bauernfeind). Die stark verneinte τροπή läßt an den Topos der Unveränderlichkeit Gottes denken (vgl. Mal 3,6; Philo Imm u. oft; mehr s. V.13), der die τροπή insbesondere des Menschen (oft Philo) gegenübersteht; der Ausdruck steigert παραλλαγή, das dann allgemein Veränderung heißt. Der Relativsatz besagt so bildlos, daß Gott unwandelbar Vater der Lichter bleibt und Gaben zum Leben gibt. Die Adressaten tun Unrecht, wenn sie die nicht nutzen.

18 folgt asyndetisch, d.h. hier eng. Subjekt bleibt der unveränderliche Vater der Lichter, der die Christen mit guten Gaben stützt. Der Vers begründet, warum. Er klingt feierlich; dahinter eine Art Bekenntnis (Konradt, Existenz)?

Βουληθεὶς ἀπεκύησεν ἡμᾶς λόγῳ ἀληθείας. Daß der Schöpfer sein Werk wollte oder durch bloßen Willen schuf, ist gemeinantik (z.B. Plato, Tim. 29e-30b; CH 1,8; ψ 113,11; 134,6, sachlich wohl auch Gen 1,26). Bei Philo z.B. fließen gr. und atl.-jüd. Tradition zusammen (er hat öfter βουληθείς, βουλόμενος in Schöpfungsaussagen, z.B. Op 16 ὁ θεὸς… βουληθεὶς τὸν ὁρατὸν κόσμον τουτονὶ δημιουργῆσαι προεξετύπου τὸν νοητόν). Galen hält auseinander: nach Mose kann Gott alles, was er will, nach „unserer Ansicht" wählt er aus dem Möglichen das Beste (Us. part. XI 14 S. 905f. Helmreich). Dazu will Jak sich kaum äußern. Absolutes βουληθείς, βουλόμενος, θέλων bedeutet aber auch einfach ‚aus freiem (oder bewußtem) Willen' (z.B. Herodot VII 191,2; Plato, Gorg. 509e; Leg. 862a; Epiktet I 26,6; IV 1,89; Jos Ant VII 135); es könnte hier auch den erwählenden Willen Gottes meinen. Jedenfalls verknüpft βουληθείς (βούλεσθαι im Brief noch 3,4; 4,4, auch hier entschlossenes Wollen; θέλειν 2,20; 4,15) Gottes Handeln V.18 mit seinem Wesen V.17. Daß und wie die Adressaten als Christen zu leben anfingen, beruht auf einem gezielten Willensakt (Ptz. Aor. vorzeitig, s. V.12, aber kaum vorzeitlich gedacht) des Vaters, der Licht und Leben spendet, nicht auf indirekter oder Fernwirkung oder gar menschlicher Kreativität (kaum zufällig redet 1Petr 1,3 κατὰ τὸ πολὺ αὐτοῦ ἔλεος anders).

Ἀποκυεῖν bzw. -κύειν (frühchr. nur noch 1,15; jüd.-gr. nur 4Makk 15,17; Philo; gewähltes Wort; Belege bei Edsman) kommt gelegentlich mit maskulinem Subjekt vor (z.B. Irenaeus, Haer. I 15,1; Teufel z.B. Methodius Olymp., Resurr. I 38,5), aber von Gott kaum (vgl. jedoch Athanasius, Contra Arian. III 61; Synesius, Hymn. II S. 30 Terzaghi; Christus Klemens Alex., Paed. I 42,2; ActThom 45; CH V 9 τούτου [des Vaters des Alls] ἐστὶν οὐσία τὸ κύειν πάντα καὶ ποιεῖν; öfter τίκτειν, γεννᾶν, die ‚zeugen' und ‚gebären' bedeuten); hier opp. V.15? Die ganze alte Welt redet von göttlichem Zeugen und Gebären, realistisch oder metaphorisch; fast nur im zweiten Sinn die atl.-jüd. Literatur (Obj. Logos, Welt, Weisheit, Israel, König, Messias, z.B. Num 11,12; Dtn 32,18; Ps 2,7; 90,2; Prov

8,24f.; Jes 42,14; Philo Agr 51 προστησάμενος [Gott] τὸν ὀρθὸν αὑτοῦ λόγον καὶ πρωτόγονον υἱόν; Ebr 30 τὸν γοῦν τόδε τὸ πᾶν ἐργασάμενον δημιουργὸν ὁμοῦ καὶ πατέρα εἶναι τοῦ γεγονότος εὐθὺς ἐν δίκῃ φήσομεν, μητέρα δὲ τὴν τοῦ πεποιηκότος ἐπιστήμην, ᾗ συνὼν ὁ θεὸς οὐχ ὡς ἄνθρωπος ἔσπειρε γένεσιν. ἡ δὲ παραδεξαμένη τὰ τοῦ θεοῦ σπέρματα τελεσφόροις ὠδῖσι τὸν μόνον καὶ ἀγαπητὸν αἰσθητὸν υἱὸν ἀπεκύησε, τόνδε τὸν κόσμον „So werden wir zum Beispiel den Meister, welcher unser Weltall geschaffen hat, mit Recht zugleich auch als Vater des Erschaffenen bezeichnen, als Mutter aber das Wissen des Erzeugers; ihm hat Gott beigewohnt und die Schöpfung erzeugt, allerdings nicht nach Menschenart. Sie [scil. die ἐπιστήμη] aber hat Gottes Samen empfangen und den einzigen und geliebten wahrnehmbaren Sohn, diese unsere Welt, als reife Frucht in Wehen geboren.“, Übers. M. Adler) und die frühchr. (z.B. Joh 1,13; Tit 3,5; 1Petr 1,3.23; 1Joh 3,9). Da das ἀποκυεῖν hier durch (kaum: für) ein Wort Gottes geschieht, ist er nicht als Gebärer(in) vorgestellt, sondern als Erzeuger (wie oft ohne Partnerin, auch eine interne wie z.B. eben bei Philo muß man nicht dazudenken). Weil dieses Wort das Gesetz der Freiheit enthält (V.25), bezeichnet ἀποκυεῖν nicht das Erschaffen der Menschheit (heute Mindermeinung) oder ein Eingreifen bei der individuellen natürlichen Geburt, sondern ein Handeln, das aus vorhandenen, aber nichts seienden, toten (s. V.15) Kreaturen zu beständigem Sein bestimmte, lebendige Menschen schafft (nicht: sie wieder oder neu belebt; Näheres im Exkurs). Das Wort ist allerdings analog zum Schöpferwort oder -atem (vgl. z.B. Gen 1,26f.; 2,7; Sir 42,15; syrBar 14,17) wirkend gedacht, nicht als Sperma, das Seelen schafft oder in Seelen Tugenden (trotz Philo Post 171; Fug 52; VitMos I 279 τὰ μὲν σώματ' αὐτοῖς [Israel] ἐξ ἀνθρωπίνων διεπλάσθη σπερμάτων, ἐκ δὲ θείων ἔφυσαν αἱ ψυχαί; Saatmetaphorik wie z.B. Plato, Phaedr. 276e-277a; Mk 4,14–20 par. paßt hier überhaupt nicht), auch nicht als kreative Lehre oder Predigt (vgl. Philo Leg 58; 1Kor 4,15; Gal 4,19), obwohl es im Menschen bleibt.

Betroffen sind ἡμεῖς (1.Plur. pronominal und verbal noch 1,18; 2,1.21; 3,1–3.6.9; 4,5.13.15; 5,11.17, immer Christen, manchmal nicht exklusiv), d.h. Verfasser und Adressaten als Christen, nicht als Juden, und zwar einzeln, nicht insgesamt als Kirche bzw. Israel (so aber Mindermeinung, z.B. Lautenschlager) oder deren Erstgeneration. Christenmenschen wurden sie bei ihrer Bekehrung, nicht speziell durch die Taufe (s. 2,7), weil durchs Wort.

Λόγος ἀληθείας o.ä. ist traditionell, aber für sich genommen mehrdeutig (das atl., jüd. und christl. Material bei Ludwig 151–157; z.B. Gottes Wort, womöglich speziell Tora ψ 118,43; Plur. Hen 104,9f., vgl. 99,2; Lehre, Mahnung, Predigt Qoh 12,10 Pl.; TestGad 3,1 Pl.; 4QTestQahat ar [4Q542], Fr. 1, Sp. 2,2 *dbr qšṭ'*; 2Kor 6,7, technisch mit Artikeln die christliche Botschaft Eph 1,13; Kol 1,5; 2Tim 2,15, vgl. 1Tim 2,4; Polyk 3,2; Diog 7,2; OdSal 8,8; wahre Rede PsSal 16,10 Pl.; Philo Som I 23 (?); Jos Ant XVI 108, vgl. XI 57; Pl. Jdt 10,13; Apg 26,25; offenbar nie für Gottes Wort bei der Schöpfung, die Weisheit, wahre Vernunft o.ä.). Jak bezeichnet damit kaum die Sinaitora (so z.B. wieder Lautenschlager, Ludwig; vgl. immerhin z.B. Mal 2,6 νόμος ἀληθείας; Pl. Neh 9,13; 1QS 1,15 *ḥwqy 'mtw*) oder die ethische Richtschnur des Lebens; als Mittel von ἀποκυεῖν wären sie ganz ungewöhnlich (trotz V.25). Er redet dann (Mehrheitsmeinung) von der ihm vertrauten Form christlicher Heilsbotschaft (sicher nicht Jesus als Logos) als einem (?) λόγος ἀληθείας (λόγος → 1,13, ἀλήθεια noch 3,14; 5,19). Der Genitiv (kaum subj. oder auct.) besagt nicht nur, daß das Wort stimmt (Gen. qual.; opp. δελεαζόμενος V.14?) oder Gottes unverborgene Zuwendung (vgl. Gal 2,5.14) verkündet, sondern auch, daß es den Weg zum wahren Leben weist (vgl. 5,19f. opp. πλάνη, ἁμαρτία, θάνατος; vgl. JosAs 8,9; Philo SpecLeg IV 178; Praem 27.58 u.ö.; 2Klem 1,7; 3,1; 20,5) und man ihm gehorchen muß (vgl. Gal 2,14; 1Petr 1,22). Zur Deutung auf die Weisheit s.u. den Exkurs zu 3,13. Über den Inhalt lassen V.21–25 etwas mehr erkennen, aber auch sie sagen nichts über Jesus Christus. Er sollte in einer christl. Heilsbotschaft (nicht notwendig in der Traditionsgrundlage von V.18) vorgekommen sein, aber Jak schweigt darüber, wie (Erlöser von Sünden, vgl. 1Petr?). Setzt er Bekanntes voraus? Weil geschehene Vergebung zu erwähnen ihm an dieser Stelle demotivierend erschien? Weil der Akzent der Christologie für Jakobus auf dem Erhöhten und Kommenden liegt (vgl. u. den Exkurs zu 2,1)?

Εἰς τὸ εἶναι ἡμᾶς ἀπαρχήν τινα τῶν αὐτοῦ κτισμάτων: Der substantivierte Akkusativ mit Infinitiv (mit εἰς noch 1,19; 3,3; διά 4,2; ἀντί 4,15; vgl. BDR 402f.) gehört wohl eng zu ἀπεκύησεν (vgl. z.B. Joh 18,37; Gal 4,24; 1Petr 1,3; 2Petr 2,12) als dessen unmittelbare Absicht oder Folge (nur indirekt als die damit gesetzte Aufgabe, aber vgl. Sap 9,2); keine Verwandlung, sondern eine Beförderung (Präs.: auf Dauer). Ἀπαρχή (im Brief nur hier) ist Kultmetapher. Bildspender ist hier wohl nicht die pagane (seit Herodot I 92), sondern die atl.-jüd. Erstlingsgabe (Ex 22,28f.; Nu 18,12–19 u.ö.; Dtn 26,1–11; Bik). Sie wird ausgesondert und über Priester im Tempel Gott zugeeignet; sie ‚heiligt' aber nicht den übrigen Ertrag (trotz Röm 11,16). Metaphorischer Gebrauch von ἀπαρχή ist verbreitet (z.B. Plato, Leg. 767c ἀπάρξασθαι jährlich einen Richter; Dio Chr., Or. LXXI 2 ἀπαρχὰς τῆς σοφίας; Plutarch, Mor. 172c; Philo Sacr 74 αἱ δὲ ἀπαρχαὶ λόγος ἐστὶν ἐκ διανοίας ἀληθοῦς ἀναπεμπόμενος εὐχαριστητικός „Die Erstlinge [der tugendhaften Handlungen] aber bestehen in einer Dankrede, die aus aufrichtiger Gesinnung hinaufgesandt wird", Übers. H. Leisegang; die Adressaten 2Thess 2,13). Zeitlicher Vorrang muß nicht, kann aber mitgemeint sein (z.B. Scholion zu Euripides, Or. 96 ἀπαρχὴ ἐλέγετο οὐ μόνον τὸ πρῶτον τῇ τάξει, ἀλλὰ καὶ τὸ πρῶτον τῇ τιμῇ; Christus 1Kor 15,20.23; Erstbekehrte Röm 16,5; 1Kor 16,15; Apk 14,4?). Τινά wohl, weil ἀπαρχή Metapher ist, nicht um ἀπαρχή noch höher zu heben (vgl. Schwyzer II 215; BDR 301 Anm. 3; bei ἀπαρχή z.B. auch Philo VitMos I 254 und gleich). Τῶν αὐτοῦ (zur Stellung BDR 284 Anm. 8) κτισμάτων ist Genitivus partitivus, kaum subjectivus oder auctoris. Κτίσμα, pagan ‚Gründung', bezeichnet jüd.-christl. im Plural (LXX nur Sap 9,2; 13,5; Sir 36,14[15] diff. HT, nie Philo, Josephus, sonst z.B. grJub 2,2; JosAs 9,5; 12,2; frühchr. noch Apk 8,9; Herm vis 3,9,2; mand 8,1; 12,4,3; Diog 8,3, auch CH I 18) fast immer die Gesamtheit der lebenden oder belebt gedachten Geschöpfe Gottes (anders Sir 36,14 τοῖς ἐν ἀρχῇ κτίσμασίν σου die Israeliten; TestHi 47,11 ἵνα θαυμάσητε τὰ τοῦ θεοῦ κτίσματα die Engel oder auch Gottes Geschöpfe, vgl. das Folgende?). Neu(geschaffen)e Geschöpfe müßten als solche bezeichnet sein. Jak spricht nicht von Erstlingen einer endzeitlichen Neuschöpfung, anfangend oder bevorstehend, aber auch nicht von den ersten Gliedern einer Schar von Menschen oder gar der Menschheit, die Gott auch noch beleben wird, sondern von uns Christen als dem Teil der Geschöpfe, den er selbst sich als Eigentum geweiht hat und die sich deshalb heilig halten müssen (vgl. 1,1 διασπορά; 1,27). Die Trennung von der Welt (s. 1,27) ist hierin begründet. Auf dem Zweck, nicht auf der Belebung an sich, liegt in V.18 der Ton. Die Tatforderungen V.19–25 deuten sich an. Von Herrscherstellung (vgl. Sap 9,2; 10,1f.; Herm mand 12,4,3 ὁ ἄνθρωπος κύριός ἐστιν τῶν κτισμάτων τοῦ θεοῦ) ist hier wohl nichts gesagt (aber s. 2,5; 3,9). Möglicherweise ist wie in 1,1 ein Israelprädikat angeeignet (vgl. Jer 2,3 τῷ κυρίῳ ἀρχὴ γενημάτων αὐτοῦ; AssMos 1,13 *inceptionem* [oder lies *intentionem*?] *creaturae*, zwecks Überführung der Heiden, aber erst Mose offenbart; Philo SpecLeg IV 180 ἀλλ' ὅμως τῆς ὀρφανίας αὐτοῦ καὶ ἐρημίας ἔλεον καὶ οἶκτόν φησι Μωυσῆς ἀεὶ λαμβάνειν τὸν ἡγεμόνα τῶν ὅλων ᾧ προσκεκλήρωται, διότι τοῦ σύμπαντος ἀνθρώπων γένους ἀπενεμήθη οἷά τις ἀπαρχὴ τῷ ποιητῇ καὶ πατρί „Dennoch (ist das Volk nicht verlassen, denn) mit seiner Verwaisung und Vereinsamung hat, wie Moses sagt (vgl. 5 Mos. 10,15), Erbarmen und Mitleid der Herrscher der Welt, dem es angehört, weil es wie eine Art Erstlingsgabe des ganzen Menschengeschlechts dem Schöpfer und Vater zugewiesen wurde", Übers. I. Heinemann; 1Klem 29,3 Ἰδού, κύριος λαμβάνει ἑαυτῷ ἔθνος ἐκ μέσου ἐθνῶν, ὥσπερ λαμβάνει ἄνθρωπος τὴν ἀπαρχὴν αὐτοῦ τῆς ἅλω· καὶ ἐξελεύσεται ἐκ τοῦ ἔθνους ἐκείνου ἅγια ἁγίων, Zitat unbekannter Herkunft; ExR 15,6, vgl. Jub 16,18; entfernter Israel als Gottes Erstgeborener z.B. Ex 4,22; Sir 36,10f.14, s. oben; PsSal 18,4; 4Esra 6,58; LibAnt 32,16; vgl. noch Apk 14,4).

Jakobus 1,18 traditionsgeschichtlich

Literatur, soweit nicht o. nach der Übers. genannt: C.-M. Edsman, Schöpferwille und Geburt Jac 1 18. Eine Studie zur altchristlichen Kosmologie, ZNW 38, 1939, 11–44; Schöpfung und Wiedergeburt. Nochmals Jac. 1:18, in: Spiritus et Veritas (FS K. Kundzinš), 1953, 43–55. – L.E. Elliott-Binns, James I. 18: Creation or Redemption?, NTS 3, 1956/57, 148–161. – Haar, Initium creaturae (s.o. Einl. 7). – U. Mell, Neue Schöpfung. Eine traditionsgeschichtliche und exegetische Studie zu einem soteriologischen Grundsatz paulinischer Theologie, 1989.

V.18 steht in der langen Tradition, die Heilsaussagen in Schöpfungsterminologie ausdrückt (z.B. Jes 51,9–16; 2Kor 5,17; Gal 6,15; Eph 2,10). Der engere Mutterboden (mit Vorgeschichte ausführlich Konradt, Existenz) ist aber wohl die Deutung der Bekehrung von Gottlosen (Sündern, Nichtmitgliedern einer strengen Gruppe, Heiden) als Schöpfung oder Totenerweckung bzw. Übergang aus Nichtsein ins Sein, aus Tod ins Leben o.ä.; er hat, besonders falls gleichzeitig Eintritt in eine neue Gemeinschaft, nichts von Wiederherstellung an sich, sondern bedeutet Vollendung zu wahrem Menschsein, das über den physischen Tod hinaus besteht (z.B. 1QH 11[3],19–23; JosAs 8,9 κύριε... ὁ ζωοποιήσας τὰ πάντα καὶ καλέσας ἀπὸ τοῦ σκότους εἰς τὸ φῶς καὶ ἀπὸ τῆς πλάνης εἰς τὴν ἀλήθειαν καὶ ἀπὸ τοῦ θανάτου εἰς τὴν ζωήν, σὺ κύριε εὐλόγησον τὴν παρθένον ταύτην καὶ ἀνακαίνισον... καὶ ἀνάπλασον... καὶ ἀναζωοποίησον; 15,5 ἰδοὺ δὴ ἀπὸ τῆς σήμερον ἀνακαινισθήσῃ καὶ ἀναπλασθήσῃ καὶ ἀναζωοποιηθήσῃ; 20,7 ἔδωκαν δόξαν τῷ θεῷ τῷ ζωοποιοῦντι τοὺς νεκρούς; 27,10; Philo Migr 122; über die Proselyten in Virt 175–227; Ps-Philo, Jona 95–99.153.184, doch s. dazu Konradt, Existenz 55 Anm. 111; frühchr. Lk 9,60 par.; 15,24.32; Röm 4,17; 6,21–23, vgl. 1Kor 15,35–49 Auferweckung der Toten als Vollendung ihrer Erschaffung; Eph 2,1–7; 4,18; 5,14; Kol 2,13; 2Klem 1,6; 3,1; Herm sim 9,16). Es verwundert dann nicht, daß in V.18 Christus fehlt (1Petr 1,23 auch). Jak greift dennoch wohl eine christliche Aneignung des Topos auf (vgl. 1Petr 1,3.22–25), vielleicht schon verbunden mit der Traditionsgrundlage von V.14f. und V.21 (vgl. 1Petr 2,1–3); Neophytenbelehrung? Daher mag auch λόγος ἀληθείας stammen (doch vgl. z.B. JosAs 12,2 ὅτι σὺ κύριε ἐλάλησας καὶ ἐξωογονήθησαν ὅτι ὁ λόγος σου κύριε ζωή ἐστι πάντων τῶν κτισμάτων σου). Daß nach Jak 1,18 die Christen εἰς ἀπαρχήν gezeugt werden, wird traditionsgeschichtlich damit zu tun haben, daß Proselyten in Israel aufgenommen werden (vgl. JosAs 8,9 καὶ συγκαταρίθμησον αὐτὴν τῷ λαῷ σου ὃν ἐξελέξω πρὶν γενέσθαι τὰ πάντα), das ἀπαρχή ist (s. oben); funktional vgl. ἅγιοι, ἱεράτευμα, γένος ἐκλεκτόν usw. 1Petr 1f.

19–21 Die erste Mahnung: Hört zu ohne Zorn (V.19), Zorn verhindert Rechtfertigung und Heil (V.20); legt vielmehr alle Bosheit ab und nehmt das Wort der Wahrheit an, das euch rettet (V.21).

19a Ἴστε, ἀδελφοί μου ἀγαπητοί ist Auftakt wie V.16. Ἴστε (frühchr. nur hier und s. gleich; εἰδέναι im Brief noch 3,1; 4,4 οἴδατε; 4,17; γινώσκειν → 1,3) ist deshalb wohl nicht Indikativ (so aber 3Makk 3,14; Jos Bell III 374; Ant IX 145?), obwohl das Folgende bekannt ist (s. gleich), sondern Imperativ (wie Eph 5,5; Hebr 12,17?); so auch sonst bei der Anrede ἀδελφοί (→ 1,2).

19b Ἔστω δὲ πᾶς ἄνθρωπος ταχὺς εἰς τὸ ἀκοῦσαι, βραδὺς εἰς τὸ λαλῆσαι, βραδὺς εἰς ὀργήν. Das δέ scheint zu stören. Das ist aber nicht Grund genug, es als Indiz für Neueinsatz oder Zitat (vgl. 2,23 diff. Gen 15,6) zu deuten. Als weiterführendes ist es überflüssig. Dann opponiert es, wohl nicht gegen V.13 (zu weit weg, trotz Amphoux, Hypothèses 311), sondern gegen die Negation V.16 (vgl. BDR 447,1a), oder es stützt ἔστω (im Brief nur hier; anders 5,12 ἤτω; Imp. der 3. Pers. → 1,13) wegen des Personwechsels (vgl. LS, δέ II 4). Πᾶς ἄνθρωπος (→ 1,7) ‚jeder beliebige (nicht: einzelne)' (BDR 275 Anm. 2), d.h. hier auch der angefochtene Mensch (kaum: Prediger, Lehrer); formal vergleichbar z.B. Röm 13,1 (dagegen nicht die strafbewehrten Rechtssätze mit πᾶς ἄνθρωπος und Relativsatz oder Partizip wie z.B. Lev 22,3; JosAs 21,8; Jub 24,13; ParJer 8,5, vgl. Mt 5,22). Die ganze alte Welt (s. Baker, Schnayder) mahnt, zuzuhören (ἀκούειν noch 2,5; 5,11) und wenig oder überlegt zu reden (λαλεῖν noch 2,12; 5,10; λέγειν → 1,13; z.B. Ägyptisches bei Baker; Bias von Priene bei Diogenes L. I 87 μὴ ταχὺ λάλει· μανίαν γὰρ ἐμφαίνει; Mt 12,36f.; zur Zunge s. 1,26; 3,1–11), oft beides zugleich (z.B. Kleobulus bei Diogenes L. I 92 φιλήκοον εἶναι μᾶλλον ἢ φιλόλαλον; Zeno a.a.O. VII 23 διὰ τοῦτο… δύο ὦτα ἔχομεν, στόμα δὲ ἕν, ἵνα πλείονα μὲν ἀκούωμεν, ἧττονα δὲ λέγωμεν „Deswegen… haben wir zwei Ohren, aber einen Mund, daß wir mehr hören, weniger aber sagen"; ähnlich Plutarch, Mor. 39b anonym; Plutarch, Mor. 592f-593a; Stobaeus III 33–36; Qoh 9,17; Sir 5,11f.; Av 1,9 „Sei gründlich im Verhöre der Zeugen und sei (dabei) vorsichtig in deinen Worten, daß sie nicht aus ihnen lernen, die Unwahrheit zu sagen", Übers. K. Marti) und warnt vor Zorn (z.B. Menander, Mon. 99 βραδὺς πρὸς ὀργήν; Plutarch, Cato min. 1,2; Prov 15,1 LXX; Qoh 7,9; Sir 1,22; 1QS 5,25f.; TestDan 3,1 Πονηρὸς ὁ θυμός, τέκνα μου· καὶ γὰρ αὐτῇ τῇ ψυχῇ αὐτὸς γίνεται ψυχή; Jos Bell II 135 ὀργῆς ταμίαι δίκαιοι, θυμοῦ καθεκτικοί sind die Essener; Av 2,10b; Mt 5,22; Röm 12,19; Eph 4,26.31; Kol 3,8; 1Tim 2,8; Did 3,2; Abhandlungen z.B. Plutarch, De ira coh.; Seneca, Ira; TestDan; Herm mand 5). Die Trias Hören, Reden, Zorn scheint selten zu sein (vgl. aber Dio Chr., Or. XXXII 2 ἐγὼ δὲ μᾶλλον ἂν ὑμᾶς ἐπῄνουν βραδὺ μὲν φθεγγομένους, ἐγκρατῶς δὲ σιγῶντας, ὀρθῶς δὲ διανοουμένους; Lukian, Dem. 51 ἐρομένῳ, πῶς ἄριστα ἄρξει, ἀοργήτως, ἔφη, καὶ ὀλίγα μὲν λαλῶν, πολλὰ δὲ ἀκούων „Einem, der fragte, wie er am besten herrschte, sagte er: Ohne Zorn und wenig redend, aber viel zuhörend"). Ταχύς (deklin. frühchr. nur noch 2Klem 20,3) opp. βραδύς (frühchr. nur noch Lk 24,25; 1Klem 1,1; Hermas) sind mit finalem Infinitiv des Verhaltens (zu εἰς s. BDR 402 Anm. 3) auch sonst belegt (z.B. Philo Conf 48; vgl. Ovid, Ex Ponto I 2,122 *piger ad poenas princeps, ad praemia velox*). Wo hier der Ton liegt, zeigt die Begründung: Zorn (auch bedachter) hat schlimme Folgen.

20 Ὀργὴ γὰρ ἀνδρὸς δικαιοσύνην θεοῦ οὐκ ἐργάζεται. Ist ἀνήρ (→ 1,8) nur Wechselausdruck für ‚Mensch' oder hält auch Jak Zorn (→ V.19; kaum: speziell gegen Gott) für typisch Mann (vgl. Klemens Alex., Strom. III 93,1)?

Δικαιοσύνη θεοῦ (δικαιοσύνη noch 2,23; 3,18; δικαιοῦν 2,21.24f.; δίκαιος 5,6.16; θεοῦ adnominal noch 1,1; 2,23; 3,9; 4,4) ist hier wie überhaupt im NT (Paulus; Mt 6,33; frühchr. sonst nur noch Did 11,2; vgl. 2Petr 1,1; 1Klem 18,15; Polyk 5,2) umstritten (zur Forschungslage z.B. Stuhlmacher, Theologie I, 327–337). Geht man aus von ἐργάζεσθαι (→ 1,3f.) (τὴν) δικαιοσύνην (z.B. ψ 14,2; Apg 10,35; Hebr 11,33; Herm vis 2,2,7; mand 5,1,1 u.ö.) gleich ποιεῖν (τὴν) δικαιοσύνην (z.B. Tob 4,7; Mt 6,1; 1Joh 2,29; Apk 22,11; vgl. 2Klem 11,7 ἐναντίον τοῦ θεοῦ), bezeichnet δικαιοσύνη θεοῦ das Rechttun (oder auch die Rechttat) opp. ἁμαρτίαν ἐργάζεσθαι (2,9), das Gott fordert und/oder ermöglicht (Mehrheitsmeinung; wie Mt 6,33?); dann ist gemeint: Im (kaum, weil banal: in Gestalt von) Zorn tut ein Mann (weiteres) Unrecht (vgl. TestDan 3,1 oben). Blickt man dagegen auf 2,21–25 vor, redet Jak von Gottes Anerkennung, die dem bewährten Rechttun folgt (nicht: durch es verdient wird) und im Endgericht rettet; ἐργάζεσθαι bedeutet dabei ‚bewirken' o.ä. (wie z.B. 2Kor 7,10; Herm sim 8,8,5). Dann sagt V.20: Durch Zorn verhindert ein Mann seine Anerkennung als Gerechter und als Folge sein ewiges Heil. Das paßt besser zwischen V.18 und 21. V.19f. geben nicht ein ethisches Thema für später an; von den drei Mahnungen kommt nur die mittlere wieder (s. V.26). Die Verse warnen noch einmal vor Reden wie V.13 und vor Ablehnung des Folgenden (vgl. 1Klem 56,2 ἀναλάβωμεν παιδείαν, ἐφ' ᾗ οὐδεὶς ὀφείλει ἀγανακτεῖν, ἀγαπητοί; 2Klem 19,2 καὶ μὴ ἀηδῶς ἔχωμεν καὶ ἀγανακτῶμεν οἱ ἄσοφοι, ὅταν τις ἡμᾶς νουθετῇ καὶ ἐπιστρέφῃ ἀπὸ τῆς ἀδικίας εἰς τὴν δικαιοσύνην „Und wir wollen uns nicht ärgern und unwillig sein als Toren, wenn jemand uns ermahnt und hinwendet von der Ungerechtigkeit zur Gerechtigkeit", Übers. A. Lindemann).

21 Διὸ ἀποθέμενοι πᾶσαν ῥυπαρίαν καὶ περισσείαν κακίας ἐν πραΰτητι, δέξασθε τὸν ἔμφυτον λόγον τὸν δυνάμενον σῶσαι τὰς ψυχὰς ὑμῶν. Jak fußt vielleicht weiter auf dem schon V.18 (14f.?) benutzten Zusammenhang (zur Begründung s. den Exkurs oben). Trotzdem wird διό (noch 4,6) sich nicht auf V.18, sondern V.19f. beziehen (vielleicht ἴστε aufnehmend, vgl. 4,5f.; 1Kor 12,2f.). Der Satz ist nicht auf Dauerhaltung aus, sondern protreptisch (Aor. nachdrücklich oder komplexiv, s. 1,2).

Ἀποτίθεσθαι (im Brief nur hier) mit Untugend als Objekt ist geläufig (z.B. Demosthenes, Or. VIII 46; Lukian, Dial. mort. 10,8f.; Plutarch, Cor. 19,4; nicht LXX; vgl. Philo Post 48; Kleidermetaphorik), aber einem Kontrastverb mit positivem Objekt opponiert oder untergeordnet spezifisch frühchr. (imper. Röm 13,12 ἀποθώμεθα – ἐνδυσώμεθα; Eph 4,25 ἀποθέμενοι – λαλεῖτε; Kol 3,8; Hebr 12,1 ἀποθέμενοι – τρέχωμεν; 1Petr 2,1–3 ἀποθέμενοι – ἐπιποθήσατε; 1Klem 13,1 ταπεινοφρονήσωμεν... ἀποθέμενοι... καὶ ποιήσωμεν; 57,2 μάθετε ὑποτάσσεσθαι ἀποθέμενοι...; Herm sim 9,23,5; vgl. Herm sim 6,1,4; Diog 2,1; indik. Arist 122 ἀποτεθειμένοι - παραδεδεγμένοι; Eph 4,20–24; 2Klem 1,6; Herm vis 3,12,3; sim 9,16,2f.; vom Guten zum Bösen Jos Ant VI 264 ἀποθέμενοι μεταλαμβάνουσι). Das Partizip (nicht imper., s. 1,3) meint wohl Buße (oder Taufe?), besonders falls vorzeitig (s. 1,12), und weist nicht auf V.22–25 voraus.

Die Objekte sind syntaktisch und semantisch nicht eindeutig (ausführlich Mayor, Jas). Ich lese πᾶσαν ῥυπαρίαν und περισσείαν κακίας (Alliteration?) parallel, ohne großen Unterschied. Ῥυπαρία (jüd.-gr. nie, frühchr. nur hier; ῥυπαρός 2,2, vgl. 1Petr 3,21) ist schon pagan Metapher für Unmoral, besonders Geiz (z.B. Teles IV A S. 33 Hense[2]; S. 37 Hense[2] ἐπεὶ καὶ σὺ ἀργύριον ἔχεις, ἀλλ' οὐ μὴ χρήσῃ διὰ ῥυπαρίαν καὶ δείλην; Dionysius Hal. XI 5,4 ῥυπαίνοντες αἰσχρῷ βίῳ τὰς ἑαυτῶν τε καὶ τῶν προγόνων ἀρετάς; Plutarch, Mor. 60e; vgl. 85f), wie überhaupt das Bedeutungsfeld Schmutz/Reinheit (ἀμίαντος, ἄσπιλος, καθαρός 1,27; σπιλοῦν 3,6; καθαρίζειν 4,8; ἁγνός 3,17; ἁγνίζειν 4,8). Περισσεία (pagan selten, jüd.-gr. nur Qoh ‚Vorzug, Plus'; frühchr. nur ‚Überfluß' an Gutem Röm 5,17; 2Kor 8,2; 10,15; PrJk 1,1; diff. περίσσευμα ‚Überbleibsel') variiert πᾶσαν (s. 1,19b) oder steigert ‚überhaupt alles an', falls κακία (→ 1,13) umfassender ist als ῥυπαρία. Alle Untugend soll abgelegt werden, nicht nur beim Reden.

Gehört ἐν πραΰτητι (πραΰτης noch 3,13, genau so) zu ἀποθέμενοι (NA[27], ECM setzt kein Komma), zum Folgenden (vgl. Apg 17,11) oder zu beidem? Jedenfalls bestimmt πραΰτης opp. ὀργή (z.B. Epiktet III 20,9 τὸ ἀνεκτικόν μου γυμνάζει, τὸ ἀόργητον, τὸ πρᾷον; JosAs 23,10; Philo SpecLeg I 145 τῆς περὶ τὸν θυμὸν ἵλεω πραότητος; Jos Ant XIX 334 τὴν πραότητα κρίνων βασιλικωτέραν ὀργῆς „weil er Milde für königlicher hielt als Zorn") hier den Wechsel, nicht das Leben danach (so z.B. Sir 3,17 τέκνον, ἐν πραΰτητι τὰ ἔργα σου διέξαγε).

Δέχεσθαι (im Brief nur hier; ἐκδέχεσθαι 5,7; ὑποδέχεσθαι 2,25; zum Aor. s. 1,2) hat gern Wort(e) o.ä. als Objekt (z.B. Thukydides IV 16,1; Polybius I 43,4; Diodor S. IV 52,1; Dtn 30,1; Jdt 11,5; Prov 4,10; Sir 6,23; Sach 1,6; Jer 9,19; Jos Ant XVIII 101; frühchr. fast technisch δέχεσθαι τὸν λόγον oder λόγον τοῦ θεοῦ, d.h. die Heilsbotschaft: Lk 8,13; Apg 8,14; 11,1; 17,11; 1Thess 1,6; 2,13; vgl. 2Kor 11,4). Hier geht es freilich nicht um ein Wort von außen (doch s. V.22), sondern τὸν ἔμφυτον λόγον (→ 1,13). Ἔμφυτος (LXX nur Sap 12,10 ἔμφυτος ἡ κακία αὐτῶν; Ps-Phok 128 ἔμφυτον ἄλκαρ; frühchr. nur noch Barn 1,2 ἔμφυτον δωρεᾶς πνευματικῆς χάριν; 9,9 τὴν ἔμφυτον δωρεὰν τῆς διδαχῆς αὐτοῦ, d.h. Jesu) bezeichnet gute und schlechte Dinge als von Natur aus vorhanden (auch Verstand, Gewissen, Eros, Tugenden, Laster u.ä., bei Philo wie Sap nur Untugenden, dagegen vgl. Jos Ap II 203 καὶ γὰρ ἐμφυομένη σώμασι κακοπαθεῖ „denn wenn sie [die Seele] in Körper eingepflanzt wird, leidet sie"), aber offenbar nicht λόγος im Sinn von Sprachfähigkeit, Prinzip, Vernunft, Weltgesetz o.ä. (implizit Ps-Phok 128? Justin, Apol. II 8,1 διὰ τὸ ἔμφυτον παντὶ γένει ἀνθρώπων σπέρμα τοῦ λόγου „wegen des dem Menschengechlecht eingepflanzten Samens des Logos"; 13,5 διὰ τῆς ἐνούσης ἐμφύτου τοῦ λόγου σπορᾶς redet wohl von einem Anteil am Logos, nicht diesem selbst); es ist kein Fachwort (nicht synonym mit σπερματικός ‚kreativ'). Hier weist ἔμφυτος wohl auf V.18 zurück (nicht: auf V.23 voraus) und muß entsprechend verstanden werden. ‚Angeboren' liegt deshalb näher als ‚eingepflanzt' (trotz der verbreiteten Saatmetaphorik für den λόγος der Predigt; von Gemünden 270f.), ist freilich mißverständlich, denn angenommen werden soll nichts Naturgegebenes, sondern der λόγος ἀληθείας, der erst durch nachträgliche Einstiftung und Annahme im Menschen ist (vgl. z.B. Dtn 30,14 zit. in Röm 10,8; Ps 37,31; Jer 31,33; 4Esra 9,31; 4Q504 Fr. 1 2,13; Mk 4,14 par.; 1Thess 2,13; 1Joh 2,14; 1Klem 2,8; Herm sim 8,3,3; Barn 9,9 – auch bei Jak im Herzen, vgl. 1,26?). Man wird ‚im, durch Glauben' dazudenken dürfen (vgl. 1Thess 1,6f.; 2,13).

Das Attribut gibt dem λόγος eine weitere Funktion und begründet, warum das Annehmen nötig ist. Σῴζειν wird gern von δύνασθαι regiert (profan z.B. Jes 46,2; Jos Bell VII 67; Apg 27,31; soteriologisch z.B. Epiktet IV 9,18; Jak 2,14; 4,12; Herm mand 12,6,3; Barn 4,1, vgl. Apg 20,32; 2Tim 3,15; passiv z.B. Apg 15,1; Barn 12,3; Herm vis 1,2,1 u.ö.; CH XIII 1; oft Inf. Aor., wohl komplexiv oder konstatierend, vgl. Fanning 394–396). Σῴζειν (τὴν) ψυχήν (auch Plur.) τινος ist Bibelsprache (pagan ohne Gen.), ursprünglich ‚Leben retten', dann soteriologisch (z.B. 1Q27 1,4; frühchr. nur so, außer Jak 5,20 noch Mk 3,4 par.; 8,35 par.; Barn 19,10 εἰς τὸ σῶσαι ψυχὴν τῷ λόγῳ; Herm sim 6,1,1 (ἐντολαὶ) δυνάμεναι σῶσαι ψυχὴν ἀνθρώπου; vgl. 1Petr 1,9 σωτηρίαν ψυχῶν und dazu Plato, Leg. 909a; TestHi 3,5; Ps-Philo, Jona 9.71?; profan Jos Ant XVIII 358). Jak gebraucht δύνασθαι immer von der Macht, nicht der Möglichkeit (noch 2,14; 3,8.12; 4,2.12; δυνατός 3,2) und σῴζειν (noch 2,14; 4,12; 5,15.20; σωτήρ, σωτηρία fehlen) wohl von der künftigen Rettung (außer 5,15?) durch das Gericht hindurch (wie z.B. 4Esra 9,13.15; Röm 5,9f.; 1Kor 3,15; 5,5; Herm sim 9,12,3). Freilich wird der Grund dazu vorher gelegt, indem der Christ das angeborene Wort annimmt und tut (V.21–25). Ob ψυχή (noch 5,20; ψυχικός 3,15; πνεῦμα 2,26; 4,5) Leben, Seele oder Person bedeutet, ist nicht zu entscheiden; jedenfalls kaum die Seele für sich allein.

Durch das Wort der Wahrheit hat Gott den Christenmenschen also nicht nur mit Wissen als Macht ausgerüstet, sondern mit einer Kraftanlage (vgl. Röm 1,16; 1Kor 1,18; 1Thess 2,13). Es ist das Gegenstück zur Begierde (V.14f.), die nicht vernichtet wird, aber durch das Wort bezwingbar (vgl. die Wirkung der Tora gegen den bösen Trieb z.B. Sir 21,11; SifDtn 45 zu 11,18; bBB 16a „Der Heilige, gepriesen sei er, hat den bösen Trieb erschaffen, aber auch die Tora als Gegenmittel", Übers. L. Goldschmidt; Konrad, Existenz 85–100). Den Christen macht das Wort nicht zu Gottes Marionette, er muß es benutzen. Weil es innen sitzt, ist das leicht (vgl. Dtn 30,11–14; 1Joh 5,3f.). Das Wort der Wahrheit leistet damit etwas, was bei Paulus der Geist tut (Gal 5,13–24), der bei Jak fehlt (doch s. zu 4,5).

22–25 Die zweite Mahnung ergänzt (oder entfaltet?) die erste: Setzt das rettende Wort in Taten um und hört es nicht bloß (V.22). Beides wird in umgekehrter Folge begründet: der Nurhörer benimmt sich wie ein Mann, der sein Gesicht im Spiegel beobachtet und das Gesehene verdrängt (V.23f.); wer sich das Wort in Gestalt des Gesetzes der Freiheit zu Herzen nimmt und zur Tat macht, wird glücklich sein (V.25). Jak appelliert damit nicht an natürliche Tatkraft, sondern ruft dazu auf, sich auf die Kraft des Wortes einzulassen.

22 Γίνεσθε δὲ ποιηταὶ λόγου. Ob „seid" oder „werdet", ist schwer zu entscheiden (vgl. 3,1; γίνεσθαι → 1,12; ἔστε fehlt im NT), wohl auch nicht nötig: man ist ποιητὴς λόγου (→ 1,13) nicht auf einen Schlag, soll es aber immer mehr werden (Präs. opp. Aor. δέξασθε V.21). Δέ ist weiterführend (hier zu einer Bedingung).

Ποιητής heißt pagan ‚Schöpfer, Dichter' (jüd.-gr. nie LXX; frühchr. nur Apg 17,28), nur jüd.-gr. und frühchr. auch ‚Täter', anscheinend immer mit Genitiv und selten (1Makk 2,67 πάντας τοὺς ποιητὰς τοῦ νόμου, LXX sonst nicht; Jos Ant XVIII 63 παραδόξων ἔργων ποιητής war Jesus; Röm 2,13 οἱ ποιηταὶ νόμου; Jak 1,22f.25 ποιητὴς ἔργου ; 4,11 ποιητὴς νόμου, frühchr. sonst nicht; Const. Ap. VII 18,2 οἱ γὰρ τούτων [Laster] ποιηταί; vgl. Sir 19,20 ἐν πάσῃ σοφίᾳ ποίησις νόμου; geläufig dagegen z.B. ψ 102,20 ποιοῦντες τὸν λόγον αὐτοῦ [Engel]; 1QpH 7,11 u.ö. *'wśy htwrh*; TgJes 4,2 *'bdy 'wryt'* u.ö.; ποιεῖν → 2,8; ποίησις 1,25). Λόγος meint auch ohne Artikel den schon genannten (vgl. 4,11; Röm 2,12f.; BDR 258); doch s. gleich.

Καὶ μὴ ἀκροαταὶ μόνον παραλογιζόμενοι ἑαυτούς: Das auch bei μή zu hörende γίνεσθε jetzt „bleibt nicht länger" (s. V.7)? Ἀκροατής (noch 1,23.25; jüd.-gr. nur Jes 3,3; Sir 3,29; Arist 266, Philo und Josephus; frühchr. noch Röm 2,13; Herm vis 1,3,3; Diog 2,1) ist, wer die Ohren spitzt, auch ‚Hörer' von Vorlesungen oder Leser (z.B. Plutarch, Thes. 1,3; Lys. 12,8; Philo Congr 70 ἔδει [der sich durch Imitatio selbst bildende Jakob]... οὐκ ἀκροατὴν λόγων εἶναι· τοῦτο μὲν γὰρ ἴδιον τοῦ διδασκομένου; die Karikatur heidnischer Besucher von Hörsälen und Theatern a.a.O. 64–68 benutzt ἀκροατής grade nicht; Jos Ant IV 40 ἐλθέ [Gott] μοι τούτων ἀκροατὴς τῶν λόγων; V 107. 132 τῶν νόμων οὐκέτ' ἦσαν ἀκριβεῖς ἀκροαταί; parodistisch Thukydides III 38,4 οἵτινες εἰώθατε θεαταὶ μὲν τῶν λόγων γίγνεσθαι, ἀκροαταὶ δὲ τῶν ἔργων). Μόνον als Adverb (noch 2,24, μόνος sonst nicht) ist korrekt (BDR 243 Anm. 2). Zu der von ECM umgekehrten Wortstellung s.o. Einl. 6.4; sie ändert wohl nichts daran, daß das Adverb zu ἀκροαταί gehört. Das angeborene Wort wird also nicht (nicht nur?) erinnernd beachtet, sondern über das Ohr, d.h. wohl dank (fortwährender?) Unterweisung; sie frischt es auf. Hörer zu sein ist also notwendig. Negativ wird ἀκροαταί erst durch das Partizip (παραλογίζεσθαι frühchr. noch Kol 2,4; IgnMagn 3,2; 2Klem 17,6; weiter s. → 1,16). Der Selbstbetrug entsteht, wenn Hörwillige gleichzeitig nicht (noch mehr) wissen wollen (vgl. Galen, De complex. III 85 ἐν τούτῳ δὴ καὶ μάλιστα δοκοῦσί μοι παραλογίζεσθαι σφᾶς αὐτοὺς οἱ πολλοὶ τῶν νεωτέρων ἰατρῶν ἀγνοοῦντες; bei Galen öfter παραλογίζεσθαι reflexiv), was sie sind, nämlich kraft V.18 zum vollkommenen Tun verpflichtet und nur durch es gerettet (V.23f.). Die Mahnung, zu hören und zu tun bzw. zu tun und nicht nur zu hören, o.ä., ist verbreitet (z.B. Porphyrius, Abstin. I 57 δι' ἔργων ἡμῖν τῆς σωτηρίας, οὐ δι' ἀκροάσεως λόγων ψιλῆς γιγνομένης; Seneca, Ep. XVII-XVIII 108,35 *Sic ista ediscamus ut quae fuerint verba sint opera* „So wollen wir sie auswendig lernen [die philosophischen Anweisungen für ein glückliches Leben], damit, was Worte waren, Taten seien"; Dtn 30,8; Ez 33,30–33; Sir 3,1; TestJud 13,1; Philo Praem 79 ἐάν, φησί [Mose], τὰς θείας ἐντολὰς φυλάττητε καταπειθεῖς γινόμενοι τοῖς προστάγμασι καὶ τὰ διαγορευόμενα μὴ μέχρις ἀκοῆς καταδέχησθε, ἀλλὰ διὰ τῶν τοῦ βίου πράξεων ἐπιτελῆτε, πρώτην δωρεὰν ἕξετε νίκην κατ' ἐχθρῶν; Quaest in Gen IV 110 ἀκοῦσαι δεῖ πρῶτον, εἶτα ἐργάσασθαι· μανθάνομεν γὰρ οὐ τοῦ μαθεῖν χάριν ἀλλὰ τοῦ πρᾶξαι „Hören muß man zuerst, dann ins Werk setzen; denn wir lernen nicht um des Lernens willen, sondern des Handelns"; Jos Ant XX 44 οὐ γὰρ ἀναγινώσκειν σε δεῖ μόνον αὐτούς, ἀλλὰ καὶ πρότερον τὰ προστασσόμενα ποιεῖν ὑπ' αὐτῶν „Du [der König Izates, der mit dem Judentum sympathisierte] mußt sie [die jüdischen νόμοι] nicht nur lesen, sondern auch [und] vor allem das von ihnen Angeordnete tun"; Av 1,17; Mt 7,24–27 par.; Lk 11,28; Joh 13,17; Röm 2,13). Jak benutzt sie aber nicht zufällig substantivisch. Er redet nicht von Verhaltensformen, sondern von Menschentypen. Sich selbst betrügende Nurhörer sind die Zweiseeler usw., die er korrigieren will (an ihrem Hören findet er nichts auszusetzen, ihr Tun ist womöglich nur nach seinem Urteil null); Täter des Worts sind die Christen, die hören und im Tun nach Vollkommenheit streben (s. 1,4).

23–24 erläutern V.22b mit einem Gleichnis: der Selbstbetrug des Nurhörers ist tödliche Torheit. Kurze zweiteilige Erzählung (Angabe des Verglichenen – Handlungskette); Vergleichbares im NT sonst nur bei den Synoptikern (Mt 7,24–27 par., auch Hören und Tun; 13,31f.33 par.; 13,44.45f.47–50; vgl. ThEv 8.97f.; ARN A 24; besonders ähnlich Mt 13,45f.; Lk 6,48; Jak 1,10f. ließe sich entsprechend umformen).

23 Ὅτι εἴ τις ἀκροατὴς λόγου ἐστὶν καὶ οὐ ποιητής, οὗτος ἔοικεν ἀνδρὶ κατανοοῦντι τὸ πρόσωπον τῆς γενέσεως αὐτοῦ ἐν ἐσόπτρῳ. Dasselbe εἴ (s. 1,5) τις… οὗτος in 3,2 (wie Röm 8,9; 1Kor 8,3, vgl. Jak 1,26; BDR 290,2); die Negation οὐ ist hell. korrekt (BDR 428,1). Zu ἔοικεν → 1,6. Der Mann (→ 1,8) bemerkt nicht zufällig, er betrachtet (κατανοεῖν noch V.24; vgl. Jdt 10,14 κατενόησαν τὸ πρόσωπον αὐτῆς; Plautus, Ep. 383 *speculum ubi os contemplarent suom*).

Das Objekt ist ohne unabhängige Parallele (Eustathius, Komm. zu Od. S. 663,27 Bernhardy τὴν εἰκόνα τοῦ ἐκ γενέσεως προσώπου, 12. Jh., wohl christl.) und schwierig. Πρόσωπον (→ 1,11) ‚zugewandte Seite', ‚Aussehen', ‚Gestalt' (vgl. V.24 ἑαυτόν) oder, weil man öfter seinetwegen in den Spiegel schaut, ‚Gesicht' (z.B. oben; Theophilus Ant. I 2 ὁρᾶσθαι τὸ πρόσωπον τοῦ ἀνθρώπου ἐν τῷ ἐσόπτρῳ; vgl. JosAs 18,9)? Γένεσις (noch 3,6, ebenso schwierig) ‚Entstehung', ‚Geburt', ‚Abkunft' (z.B. Diodor S. II 5,1; Gen 31,13; Mt 1,1.18; Lk 1,14), ‚Schöpfung', ‚Natur' (s. zu 3,6), ‚Art', ‚Geschlecht' (so z.B. Plato, Leg. 691d?), ‚Werden und Wachsen', ‚Leben(sablauf)', ‚Dasein' (z.B. Plato, Phaedr. 252d ἕως ἂν ᾖ ἀδιάφθορος καὶ τὴν τῇδε πρώτην γένεσιν βιοτεύῃ; Porphyrius, Sent. 32 κατὰ περίστασιν τῆς γενέσεως; Ps-Aristides, Or. XXX 27 Keil τῆς γενέσεως ἐνιαυτοί; P.Oxy. 120,8; Jdt 12,18 πάσας τὰς ἡμέρας τῆς γενέσεώς μου; Sap 7,5 γενέσεως ἀρχήν, d.h. Geburt)? Soll das Attribut nicht überflüssig sein, steht es als Deutehinweis da. Es geht um etwas, was mit der γένεσις dessen zu tun hat, der das Wort der Wahrheit, dem er seine Existenz verdankt, nur hört, d.h. V.18 (aber kaum um seine Gottebenbildlichkeit, s. 3,9). Das sollte beim Übersetzen herauskommen („eigen“ EÜ, ‚natürlich‘ o.ä. reichen nicht); alles übrige kann offen bleiben (‚seiner Art‘, ‚wie es/sie anerschaffen, angeboren, geworden [vgl. 3,6?] ist‘, bei Aussehen auch ‚als Kreatur‘?); nur die wörtliche Übersetzung des Genitivattributs wäre zu holprig.

Zum Spiegel (ἔσ- oder εἴσοπτρον jüd.-gr. nur Sir 12,11; Sap 7,26; TestHi 33,8; Philo Migr 98; Jos Ant XII 81; frühchr. sonst nur 1Kor 13,12; ἔνοπτρον jüd.-gr. nur Arist 76, frühchr. nicht; vgl. noch Prov 27,19 MT diff. LXX; ἐνοπτρίζεσθαι jüd.-gr. nur Philo Migr 98, frühchr. nur 1Klem 36,2; κάτοπτρον jüd.-gr. außer Philo nur Ex 38,26; Arist 76, frühchr. nicht, κατοπτρίζεσθαι nur 2Kor 3,18) s.u. den Exkurs.

24 Κατενόησεν γὰρ ἑαυτὸν καὶ ἀπελήλυθεν καὶ εὐθέως ἐπελάθετο ὁποῖος ἦν. Nach Mehrheitsmeinung war V.23b der tragende Vergleich, V.24 erläutert ihn mit Üblichem (z.B. Konradt, Existenz; Tempora dann gnomisch, s. 1,11). Aber vergißt ein Spiegelgucker in der Regel sofort? Antike Belege scheint es nicht zu geben. Eher kommt jetzt das Gleichnis, zu dem V.23b die Einleitung war; ein Einzelfall in Vergangenheitstempora.

Κατενόησεν γὰρ ἑαυτόν wiederholt V.23b (deshalb γάρ statt wie Mt 13,45; Lk 6,48 δέ?, vgl. Bauer[6], γάρ 4?) abgekürzt. Darum muß ἑαυτόν nicht gegen πρόσωπον ‚Gesicht‘ (s. V.23) sprechen. Neu ist: der Mann ging (ἀπέρχεσθαι im Brief nur hier) seiner Wege (vgl. Mt 13,25; 16,4, freilich Aor., nicht wie hier Pf., doch vgl. Fanning 147f.304; aus dem Haus oder Laden, wo der Spiegel war, wie Nurhörer aus dem Gottesdienst 2Klem 17,3?) und vergaß sofort, ὁποῖος ἦν (εὐθύς, ἐπιλανθάνεσθαι und ὁποῖος im Brief nur hier): das kann das bloße Aussehen meinen (ausdrücklich Lukian, Dial. mort. 1,2 ὁποῖός τίς ἐστι τὴν ὄψιν), aber auch Wesentlicheres (vgl. Epiktet II 16,42; Apg 26,29; 1Kor 3,13; Gal 2,6; mehr s. gleich im Exkurs). Jak will kaum darauf hinaus, daß man ein Spiegelbild nicht mitnehmen kann, ein Spiegel also für Selbsterkenntnis das falsche Medium ist (das ist er auch gar nicht, s.u. den Exkurs). Man kann das Bild im Kopf behalten, notfalls kann man wiederkommen. Jak dürfte andeuten, daß der Mann merkte, daß er auf das Gesehene hin etwas tun müßte, das aber (über seinen Geschäften, vgl. 1,8.11?) vergaß oder verdrängte (nicht durch das bloße Weggehen, das ist normal; deutet εὐθέως an, daß der Mann sich nicht normal verhielt?). So betrog er sich wie der Nurhörer (V.22), dem er gleicht.

Der Hintergrund des Spiegelbildes in Jakobus 1,23f.

Literatur, soweit nicht o. nach der Übers. genannt: J. Baltrušaitis, Le miroir. Révélations, science-fiction et fallacies, 1979; Der Spiegel. Entdeckungen, Täuschungen, Phantasien, [2]1996. – J. Behm, Das Bildwort vom Spiegel I. Korinther 13, 12, in: W. Koepp (Hg.), Reinhold-Seeberg-Festschrift, I. Zur Theorie des Christentums, 1929, 315–342. – N. Hugedé, La métaphore du miroir dans les Epîtres de saint Paul aux Corinthiens, 1957. – U. Jantzen, Spiegel, LAW 2859. – L.T. Johnson, The Mirror of Remembrance (James 1:22–25), CBQ 50, 1988, 632–645. – G. Marconi, Una nota sullo specchio di Gc 1,23, Bib. 70, 1989, 396–402. – J.J. Pilch, Mirrors and Glass, BiTod 36, 1998, 382–386. – Pöschl/Gaertner/Heyke. – Spicq, Notes, I, 292–295.

Spiegel waren meist runde Handgeräte mit Griff, größere Stand- oder selten Wandspiegel gab es eher in besseren Häusern oder beim Friseur (z.B. Artemidor V 67; Plutarch, Mor. 42b ἐκ κουρείου [Barbierladen] μὲν ἀναστάντα δεῖ τῷ κατόπτρῳ παραστῆναι καὶ τῆς κεφαλῆς ἅψασθαι). Sie waren fast nur aus poliertem Metall, keineswegs notorisch trübe oder unklar (in 1Kor 13,12 nur wegen ἐν αἰνίγματι; Plinius, Nat. hist. XXXVI 67,196 Wandspiegel aus Obsidian, daher dunkel).

Spiegelvergleiche und -metaphern waren verbreitet, -gleichnisse wohl nicht. Dieses paßt für sich genommen zu dem Rat, selbstkritisch in den Spiegel zu sehen (z.B. Diogenes L. II 33 ἠξίου [Sokrates] δὲ καὶ τοὺς νέους συνεχὲς κατοπτρίζεσθαι, ἵν' εἰ μὲν καλοὶ εἶεν, ἄξιοι γίγνοιντο· εἰ δ' αἰσχροί, παιδείᾳ τὴν δυσείδειαν ἐπικαλύπτοιεν „Er [Sokrates] forderte die Jungen immer wieder auf, oft in den Spiegel zu sehen, damit sie, falls sie schön seien, (dessen) würdig würden, falls aber häßlich, ihr schlechtes Aussehen durch Bildung überdeckten"; III 39; Epiktet III 22,51; Plutarch, Mor. 42b; 141d, Sokrates ähnl. wie oben; 456ab; Fr. inc. 49 εἰς κάτοπτρον κύψας θεώρει. καὶ εἰ μὲν καλὸς φαίνῃ, ἄξια τούτου πράττε· εἰ δ' αἰσχρός, τὸ τῆς ὄψεως ἐλλιπὲς ὡράϊζε καλοκαγαθίᾳ ; Plautus, Ep. 382–389; Seneca, Nat. quaest. I 17,4 *inventa sunt specula, ut homo ipse se nosset, multa ex hoc consecuturus, primum sui notitiam, deinde ad quaedam consilium, formosus ut vitaret infamiam; deformis ut sciret redimendum esse virtutibus quicquid corpori deesset*; Sextius bei Seneca, Ira II 36,1 *quibusdam iratis profuit aspexisse speculum*; Apuleius, Apol. 15,4–9; vgl. Philo Migr 98; SpecLeg I 219; Phaedrus, Fab. Aesop. III 8,14–16; die von R. Reitzenstein für Jak herangezogene Stelle über den Zauberspiegel bei Zosimus Alch., XII Περὶ ἀρετῆς πρὸς θεοσέβειαν nach M. Berthelot I 2, 1893, 262f., vgl. Dibelius, Jak 147, ist erst im 15. Jh. syrisch erhalten, dunkel und von Jak abhängig).

Im Kontext gelesen steht der Spiegel freilich für das Wort (V.21) und/oder das Gesetz der Freiheit (V.25; Mehrheitsmeinung). Daß Rede oder Schreibe Gedanken, Gefühle, Wesen ihres Urhebers spiegeln, ist geläufig (z.B. Plato, Theaet. 206d; Plutarch, Mor. 172d; Cicero, In Pis. 71 *in quibus* [*versibus*], *si quis velit, possit istius* [Pisos] *tamquam in speculo vitam intueri*; P.Oxy. 2603, 17–19 καὶ γὰρ ὡς δ' ἐσ[ό]πτρου κατῖδες τὴν πρὸς σέ μου ἔ[μ]φυτον στοργὴν καὶ ἀγάπην τὴν ἀεὶ νέαν; vgl. Sap 7,26; Philo Fug 213); daß man in ihnen anderes gespiegelt sieht, womöglich wie hier sich selbst, kommt aber auch vor (z.B. Alkidamas bei Aristides 1406b,13 [?] ἡ Ὀδύσσεια καλὸν ἀνθρωπίνου βίου κάτοπτρον; Epiktet II 14,21 καίτοι τί σοι ἐγὼ κακὸν πεποίηκα; εἰ μὴ καὶ τὸ ἔσοπτρον τῷ αἰσχρῷ, ὅτι δεικνύει αὐτὸν αὐτῷ οἷός ἐστιν „Freilich, was habe ich dir [durch Schelte] Böses getan? Außer wenn auch der Spiegel dem Häßlichen [Böses tut], weil er ihn sich zeigt, wie beschaffen er ist"; Philo Cont 78 ὥσπερ διὰ κατόπτρου τῶν ὀνομάτων ἐξαίσια κάλλη νοημάτων ἐμφαινόμενα κατιδοῦσα [die Seele bei der Auslegung des Gesetzes]; Seneca, Clem., Prooem. 1,1 *Scribere de clementia, Nero Caesar, institui, ut quodam modo speculi uice fungerer et te tibi ostenderem peruenturum ad uoluptatem maximam omnium* „Zu schreiben über die Milde, Kaiser Nero, habe ich mich entschlossen, um gewissermaßen ein Spiegel zu sein und dich dir zu zeigen als einen Menschen, der zur größten Freude aller Menschen werden wird", Übers. M. Rosenbach; auch 1Kor 13,12?). Jak denkt aber kaum speziell an Vorbilder (in seinem Fall wären es biblische: 2,21.25; 5,10f.17f.) als Tugendspiegel (an sich ein verbreiteter Gedanke, z.B. Ps-Plato, Alc. I 133c: Gott; Plutarch, Mor. 14a; 139f u.ö.; Cicero, De re publ. II 69: Scipio; TestHi 33,8 οὗτοι οἱ βασιλεῖς παρελεύσονται καὶ οἱ ἡγεμόνες παρέρχονται, ἡ δὲ δόξα καὶ τὸ καύχημα αὐτῶν ἔσονται ὡς ἔσοπτρον; Philo Jos 87; OdSal 13; immerhin durch Worte vermittelt, soweit nicht persönlich gekannt). Sie passen nicht gut zu V.24 (der Mann betrachtet sich selbst) und sind nicht der Hauptinhalt des Gesetzes der Freiheit (anders Johnson, Mirror). Daß das Wort der Wahrheit Christus zeigt, müßte gesagt sein. Auch keine Rolle spielt hier, daß Spiegelbilder nicht bleiben; in den Spiegel, den Jak meint, kann immer wieder sehen, wer will.

25 Das Gegenstück zum Gleichnis in Klartext mit Anklängen an V.24 (nicht die „Sachhälfte" zu V. 23f., so z.B. Mußner, Jak; dafür fehlt vorher ein Kontrastgleichnis wie Mt 7,24f. par.): der Hörer, der nicht vergißt, wie er ist, sondern zum Täter des Gesetzes wird, wird dadurch sein Glück machen. Zum Aorist der Partizipien s. V.12.

Ὁ δὲ παρακύψας εἰς νόμον τέλειον τὸν τῆς ἐλευθερίας καὶ παραμείνας, οὐκ ἀκροατὴς ἐπιλησμονῆς γενόμενος ἀλλὰ ποιητὴς ἔργου: Παρακύπτειν bedeutet metonymisch ‚sich beugen (um zu sehen)' (frühchr. so nur noch 1Petr 1,12), auch flüchtig, verstohlen oder ungehörig (z.B. Lukian, Pisc. 30; Philo Leg 56 εἰς ἡγεμονικῆς ψυχῆς παρακύψαι βουλεύματα), dies aber gewiß nicht hier. Ein Text kann Objekt sein (vgl. 1Klem 45,2 ἐνκεκύφατε εἰς τὰς ἱερὰς γραφάς; 53,1 εἰς τὰ λόγια τοῦ θεοῦ, ähnl. 62,3); an Geschriebenes, über das man sich beugt, muß man nicht denken. Das Partizip Aorist ist wohl vorzeitig wie auch die beiden folgenden (s. V.12). Was Jak nennt, klingt paradox, aber nicht für antike Ohren.

Das vollkommene Gesetz der Freiheit im Jakobusbrief

Literatur, soweit nicht o. nach der Übers. genannt: R. FABRIS, Legge della libertà in Giacomo, 1977 (Forschungsgeschichte S. 13–32). – *Seither:* A. AMMASSARI, La lettera di Giacomo: Proposta per una legge di libertà, BeO 18, 1976, 235–240. – BERGER, Theologiegeschichte. – ECKART, Terminologie. – M.J. EVANS, Law. – FABRIS, La «sapienza». – FRANKEMÖLLE, Jak (Exkurs z. St.); Gesetz. – M. HOGAN, Law. – HOPPE, Hintergrund. – HUMBERT, Principales motivations religieuses. – F.S. JONES, „Freiheit" in den Briefen des Apostels Paulus, 1987. – LAWS, Doctrinal Basis. – C. MARUCCI, Das Gesetz der Freiheit im Jakobusbrief, ZKTh 117, 1995, 317–331. – K. MÜLLER, Gesetz und Gesetzeserfüllung im Frühjudentum, in: K. Kertelge (Hg.), Das Gesetz im Neuen Testament, 1986, 11–27; Beobachtungen zum Verhältnis von Tora und Halacha, in: I. Broer (Hg.), Jesus und das jüdische Gesetz, 1992, 105–134. – MUSSNER, Motivation. – NIEBUHR, Gesetz und Paränese; Tora ohne Tempel. – W. POPKES, The Law of Liberty (James 1:25, 2:12), in: FS Günter Wagner, 1994, 131–142. – SÁNCHEZ BOSCH, Llei i Paraula de Déu. – SCHNABEL, Law and Wisdom. – SEITZ, James and the Law. – SIGAL, Halakha of James. – S. VOLLENWEIDER, Freiheit als neue Schöpfung. Eine Untersuchung zur Eleutheria bei Paulus und in seiner Umwelt, 1989. – R.W. WALL, "The Perfect Law of Liberty" (James 1:25), in: C.A. Evans/S. Talmon (eds.), The Quest for Context and Meaning (FS J.A. Sanders), 1997, 475–497 ≈ WALL, Jas 83–98). – Mehr s.u. in den Exkursen zu 2,8.14.

1. Νόμος τέλειος und νόμος (τῆς) ἐλευθερίας haben offenbar keine unabhängigen Parallelen (doch vgl. ψ 18,8 ὁ νόμος τοῦ κυρίου ἄμωμος, Ἀ τέλειος; Maximus Tyr. 21,6 [?] νομοθέτης ἐλευθερίας, d.h. Herakles; Irenaeus, Haer. IV 34,4 *libertatis lex, hoc est verbum Dei ab Apostolis qui ab Hierusalem exierunt annuntiatum in universam terram* opp. *lex quae per Moysen data est* „das Gesetz der Freiheit, d.i. das Wort Gottes, das von den Aposteln, die von Jerusalem ausgingen, auf der ganzen Erde verkündigt wurde" opp. „das Gesetz, das durch Mose gegeben wurde"; 37,1 *Illud autem quod ait* : Quotiens volui colligere filios tuos et noluisti [Mt 23,37], *veterem legem libertatis hominis manifestavit, quia liberum eum Deus fecit*; 39,3 Τὰ οὖν ἀποστάντα τοῦ πατρικοῦ φωτὸς καὶ παραβάντα τὸν θεσμὸν [lat. *legem*] τῆς ἐλευθερίας παρὰ τὴν ἑαυτῶν ἀπέστησαν αἰτίαν, ἐλεύθερα καὶ αὐτεξούσια τὴν γνώμην γεγονότα; ähnl. III 10,5 *Per haec autem omnia* [Lk 2,22–38] *unus Deus demonstratur, nouum libertatis testamentum per nouam aduentus Filii sui dispositionem hominibus aperiens*; 12,14 *libertatis nouum Testamentum* [Aposteldekret?]; IV 13,2 *decreta libertatis* [Bergpredigt]; 16,5 *Haec ergo quae in servitutem et in signum data sunt illis* [Israel durch Mose] *circumscripsit* [Gott] *novo libertatis testamento*; Barn 2,6 ὁ καινὸς νόμος τοῦ κυρίου ἡμῶν Ἰησοῦ Χριστοῦ ἄνευ ζυγοῦ ἀνάγκης ὤν „das neue Gesetz unseres Herrn Jesus Christus, das ohne Zwangsjoch (Apg 15,10?) ist"; daß 1QS 10,6.8.11 *ḥwq ḥrwt* als *ḥôq ḥerût* ‚Gebot [der] Freiheit' statt *ḥôq ḥarût* ‚eingraviertes Gebot', vgl. Ex 32,16 und unten, zu lesen sei, war ein Irrlicht). Das legt nahe, bei Jak und nicht begriffs- oder traditionsgeschichtlich anzusetzen. 1,25 nimmt das angeborene Wort der Wahrheit (1,18.21) auf, insoweit man sein Täter sein soll (1,22). Da auch die übrigen Belege für νόμος von Tun bzw. Nichttun handeln (2,8–11.12 διὰ νόμου ἐλευθερίας; 4,11; νομοθέτης 4,12; ἐλευθερ- im Brief sonst nicht), meinen sie denselben νόμος (zur Artikellosigkeit außer 2,9f. vgl. BDR 252; 258,2). Er heißt wohl τέλειος, weil vom unveränderlich guten Schöpfer gegeben (vgl. auch 4,12) und/oder zur Vollkommenheit anleitend (→ 1,4), nur insofern auch weil vollständig. Zu ἐλευθερία s. unten.

2. Dann besteht der νόμος τέλειος offenbar aus Ge- und Verboten (anders z.B. Wall), auch wenn die Begriffe fehlen. Dazu gehören atl. Sätze (2,8 Nächstenliebegebot, das eine wesentliche Rolle spielt, ohne aber mit dem Gesetz identisch zu sein; 2,11 Mord- und Ehebruchverbot des Dekalogs, also der ganze?), aber auch andere (z.B. 1,19.27; 2,1.9; 4,11.17; 5,12), jedoch nicht alle, die Jak imperativisch formuliert (z.B. kaum 1,2f.; 2,12; 5,14). Manche könnten unzitiert das Thema von Ausführungen bilden (z.B. 3,1–11). Falls die biblischen Exempla dazugehören, dann kaum als Hauptinhalt (s.o. den Exkurs zu 1,23f.). Genauere Untersuchung mag lohnen (dazu vgl. die Analogien im nächsten Absatz). Was an Unerwähntem dazukommt, bleibt besonders an zwei Stellen offen. Erstens, ist das Gesetz inhaltsgleich mit dem Wort der Wahrheit oder eher dessen Teil, Aspekt, Applikation oder wie auch immer? Im ersten Fall müßte, im zweiten könnte es auch ein Gebot zu glauben o.ä. enthalten haben (vgl. Arist 132; Ps-Phok 8; Philo Decal 65 Πρῶτον μὲν οὖν παράγγελμα καὶ παραγγελμάτων ἱερώτατον στηλιτεύσωμεν ἐν ἑαυτοῖς, ἕνα τὸν ἀνωτάτω νομίζειν τε καὶ τιμᾶν θεόν „So wollen wir denn das erste und heiligste Ge-

bot in uns befestigen, Einen für den höchsten Gott zu halten und zu verehren", Übers. L. Treitel; SpecLeg II 63; Jos Ap II 190; Mk 12,28–34 par.; Herm mand 1,1 πρῶτον πάντων πίστευσον ὅτι εἷς ἐστιν ὁ θεός; Ps-Klem. Hom. XIII 4,2; pagan vgl. Isokrates, Or. I 13 πρῶτον μὲν οὖν εὐσέβει τὰ πρὸς τοὺς θεοὺς „Zuerst also handle fromm im Verhältnis zu den Göttern"; Epikur bei Diogenes L. X 123 πρῶτον μὲν τὸν θεὸν ζῷον ἄφθαρτον καὶ μακάριον νομίζων; Vita Aes. G 109). Ein solches Gebot müßte freilich eine Art Präambel gewesen sein, nicht eines neben den anderen, denn Glaube gehört nicht zu den Taten (s.u. den 2. Exkurs zu 2,14). Daß zur Heilsbotschaft auch Lebensweisung gehört, ist jedenfalls gemeinurchristlich. Und zweitens, Beschneidung, Reinheits-, Speise-, Ehegebote, Sabbat, Feiertage, Privatfrömmigkeit (5,13?)? Nach Mt ist hier anscheinend für alle Christen die Tora gültig (außer Beschneidung?), nach der übrigen frühchristl. Literatur jedenfalls für Heidenchristen bis auf Ausnahmen (z.B. Apg 15,23–29; Did 6,3) nicht. Bei Jak könnte man urteilen, daß vieles davon seinen Adressaten beschwerlich gewesen sein muß; also galt es nicht, weil er davon schweigt. Aber sicher ist der Schluß nicht. Im übrigen muß Jak nicht für abgeschafft gehalten haben, was nicht galt. Schließlich: von asketischen Forderungen ist nichts zu spüren.

3. Formal läßt sich das Gesetz als Gebotsreihe denken (vgl. jüd. Ps-Phok; Philo, Hypothetika bei Euseb, Praep. ev. VIII 7,1–9; Jos Ap II 190–219; Zweiwegelehre bei Did 1–6 par. Barn 18–20; Niebuhr, Gesetz und Paränese; christl. dazu Mt 5–7, gelegentlich als das von Jakobus gemeinte Gesetz der Freiheit identifiziert; Röm 12f.; Herm mand; Ps-Klem. Hom. XIII 4). Reihe soll besagen, daß ihre Glieder einzeln als Weisung gelten, nicht als Ableitung, Illustration, Anwendung o.ä. einer oder einiger Grundnorm(en), aber nicht ausschließen, daß sie thematisch geordnet sind, daß es Obergebote für das Ganze oder Teile gibt, daß Haupt- und Nebengebote unterschieden werden (mehr zu 2,8–11), daß auch Ausführungen vorkommen (wie z.B. Röm 13,1–7 in Röm 12f.). Nicht zu entscheiden ist, ob Jak das Gesetz geschlossen als Traditionscorpus übernommen oder es je geschlossen dargestellt oder auch nur für darstellbar gehalten hat.

4. Erlassen hat das Gesetz Gott (2,11; 4,12). Weil wörtlich zitierte Schriftgebote dazugehören (2,8–11), wird es für Jak dasjenige sein, das die Schrift offenbart und das immer galt (schon für Abraham, vgl. z.B. syrBar 57,2; Philo Decal 1?). Historisch gesehen ist es eine der Gebrauchsformen, in welchen „das Gesetz" (hebr. Tora) für Juden wie Heiden, christgläubig oder nicht, als Lebensweisung real existiert (Müller, Niebuhr: Gesetz und Paränese; Tora ohne Tempel; für den, der wie er den Brief auf den Herrenbruder zurückführt, ist es nicht nur historisch so, sondern sollte so sein). Für Jak ist es bereits christl. Tradition, die auch die Adressaten akzeptieren (doch s. zu 2,14). Daß Jesus es vermittelt, ausgelegt, verändert hätte, wird nicht gesagt. Daß die Freiheit auf ihn deutet, ist ohne weiteren Anhalt unwahrscheinlich. Die Berührungen mit synoptischen Jesusworten (s.o. Einl. 4.3) geben keinen. Jak kann Tradition benutzt haben, die anderswo nachträglich Jesus zugeschrieben wurde.

5. Τὸν τῆς ἐλευθερίας erläutert νόμον τέλειον, nicht νόμον allein (zum Art. s. BDR 270,2; 271 Anm. 4), und trägt Ton, aber kaum polemischen gegen ein Zwangsgesetz, womöglich „das jüdische" (vgl. Apg 15,10; Barn 2,6; Irenaeus oben; Philo s. unten). Weil das Gesetz zum Wort der Wahrheit gehört (oder es ist), das zu Erstlingen macht (V.18) und gegen die Begierde ausrüstet (s. V.21), ist ἐλευθερία eher die der freien Christen (Mehrheitsmeinung) als die des Gesetzes, die es hervorbringt, durchdringt, bestimmt (z.B. Popkes, Law) oder aus der als Norm es überhaupt besteht (anders Wall, Jas 93: Freiheit ist „a metaphor of the levitical Jubilee" Lev 25). Man will mehr wissen, als der Text beantworten kann, wenn man fragt, ob das Attribut besagt, daß das Gesetz die Freiheit verleiht oder ordnet (vgl. Gal 5,13–15; 1Petr 2,16), ob sie Freiheit von oder zu ist (oder beides: von Begierde, Sünde, Tod zu Tun und Leben, so Konradt, Existenz), ob innerlich (z.B. Ammassari: Freiwilligkeit des Gehorsams; Marucci: Wahlfreiheit; oder liberale Anwendung?) oder äußerlich (Status; vgl. βασιλικός 2,8), ob sie nur auf Erden gilt oder Erlösung von Vergänglichkeit und ewige Seligkeit einschließt (2,12 spricht kaum hierfür, aber vgl. die entgegengesetzte Formulierung Philo SpecLeg II 124 ἀνάγκης νόμῳ... οὐδὲν θνητὸν <καὶ> γηγενὲς ἀθανατίζοντι; Röm 8,20f.). Hätte Jak das Gütesiegel Freiheit ausgearbeitet, wäre vermutlich vieles davon vorgekommen oder alles (vgl. Berger, Theologiegeschichte[2] 194f.).

6. Das Attribut kann traditionell sein (aber kaum aus einem „gegnerischen" Schlagwort) oder von Jak (die Formulierung 1,25 spricht nicht gegen ihn, 2,12 läßt sich als verkürzender Rückgriff auffassen). Jedenfalls wird auch für ihn ἐλευθερία schon ein christl. Wort gewesen sein, mit mindestens möglicher Affinität zu νόμος. An spezifisch christl. Mutterboden kommen in Frage Paulus (bes. Röm 8,2.21; Gal

5,13–15; z.B. Klein; freilich spielt in Apg außer indirekt in 15,10 und in den Deuteropaulinen ἐλευθερ- keine Rolle, 1Petr 2,16 muß nicht paulinisch sein) oder judenchristl. Kritik vor und neben Paulus an nomistischem Integralismus zugunsten einer ethischen Gesetzesdeutung (Vollenweider: Mt 17,24–27; Apg 6f. die „Hellenisten"; Joh 8,31–36; aber gab es solche Kritik wirklich, und wenn ja, im Namen von Freiheit vs. Knechtschaft? Jak ist jedenfalls unpolemisch). Daß im Gesetz der Freiheit alle biblischen Befreiungstraditionen zusammenlaufen (Fabris, Legge della libertà), kann man als Versuch in Biblischer Theologie verstehen, aber nicht als Exegese. Wie auch immer, mitgewirkt hat wohl der hell. Topos „das Gesetz schafft Freiheit, der Gesetzestreue ist frei" (und erfüllt gerade so die klassische Definition ἐλεύθερός ἐστιν ὁ ζῶν ὡς βούλεται „Frei ist, wer lebt, wie er will" Epiktet IV 1,1), am ehesten jüdisch vermittelt. Der Topos kommt sowohl politisch (ursprünglich?) vor (z.B. Herodot VII 104,5; Plato, Ep. VIII 354d; Maximus Tyr. 6,5i τούτου τοῦ νόμου [τοῦ ἀγράφου] ἔργον ἐλευθερία καὶ ἀρετή; Cicero, Pro Cluentio 146; Philo Prob 45, Forts. gleich; zu Josephus Vollenweider 133–138) als auch individualethisch, oft stoisch, aber nicht nur (z.B. Epiktet IV 1,158 „... ὁ νόμος μοι [Diogenes] πάντα ἐστὶ καὶ ἄλλο οὐδέν." ταῦτα ἦν τὰ ἐλεύθερον ἐκεῖνον ἐάσαντα; Cicero, Parad. 34 *quis igitur vivit ut vult, nisi... qui ne legibus quidem propter metum paret sed eas sequitur atque colit quia id salutare maxime esse iudicat*; Seneca, Vita b. 15,7 *In regno nati sumus : deo parere libertas est* „In einer Monarchie sind wir geboren worden: dem Gotte zu gehorchen ist Freiheit", Übers. M. Rosenbach; Apuleius, Metam. XI 15,5 *nam cum coeperis deae* [Isis] *servire, tunc magis senties fructum tuae libertatis* „Denn wenn du begonnen hast, der Göttin zu dienen, dann wirst du erst recht den Genuß deiner Freiheit spüren", Übers. R. Helm; 4Makk 2,23; Philo Prob 45 ὅσοι δὲ μετὰ νόμου ζῶσιν, ἐλεύθεροι; mehr zu Philo Vollenweider 124–133; Av 6,2b „Lies nicht *ḥarût* ‚eingegraben' [Ex 32,16, s. oben], sondern *ḥerût* ‚Freiheit', denn es gibt für dich keinen Freien außer dem, der sich beschäftigt mit dem Studium der Tora"). Weil verbreitet und vieldeutig (νόμος ist Variable), kann der Topos freilich jederzeit christl. aufgegriffen worden sein. Wenn man denn überhaupt eine besondere Wurzel annehmen muß: Freiheit war in der Antike wie heute ein von kaum jemand verschmähtes Heilswort (Jones, Vollenweider).

7. Das Gesetz ist Gottes Geburtsgeschenk an den Christen. Der Christ schuldet es Gott und sich selbst als Freiem, ihm zu gehorchen. Das ist leicht, denn das Gesetz ist ihm eingegeben, kommt aber auch immer wieder von außen zu Gehör (vgl. Dtn 30,11–14). Es wird dadurch nicht zum Tarif der Selbsterlösung. Wenn Jak besonders betont, daß die Befolgung im Gericht rettet, dann wegen der Zweiseeler, die ihr Heil zu verlieren drohen (zur ethischen Motivation genauer z.B. Blondel, Humbert, Laws: Basis, Mußner: Motivation).

Παραμένειν (im Brief nur hier): wohl nicht beim παρακύπτειν (trotz Alliteration), sondern beim Gesetz (vgl. Diodor S. II 29,5 ὀλίγοι παραμένουσιν ἐν τῷ μαθήματι; Dtn 27,26 zit. in Gal 3,10; Philo Sacrif 85 τό γε ἁψαμένους ἐπιστήμης μὴ ἐπιμεῖναι; Jos Ant IX 273 ἵν' ἀεὶ τῇ θρησκείᾳ παραμένωσι die Priester und Leviten; Joh 8,31); opp. ἀπελήλυθεν V.24. Die appositionelle Partizipialkonstruktion (nicht Präd.) sagt, wie; opp. ἐπελάθετο V.24. Οὐκ gehört zu ἀκροατής, nicht γενόμενος (→ 1,12; BDR 430). Ἐπιλησμονή (selten; jüd.-gr. nur Sir 11,27, frühchr. nur hier) kennzeichnet keinen Hörer mit schlechtem Gedächtnis, sondern einen wie in V.23f. abgebildet. Der Genitivus qualitatis ist eher formale Kontrastbildung zu ἀλλὰ ποιητὴς ἔργου (Alliteration; beide Fügungen ohne unabhängige Parallele; ἀλλά noch 1,26; 2,18; 3,15; 4,11) als semitisierend (so BDR 165 Anm. 2). Ἔργον (→ 1,4) hier wohl kollektiv.

Οὗτος μακάριος ἐν τῇ ποιήσει αὐτοῦ ἔσται nimmt V.12 auf, macht V.25 aber nicht zur Seligpreisung. Das Futur ist echt und meint das künftige Leben, aber nicht erst das ewige (vgl. Seneca, Ep. 75,7 *non est beatus, qui scit illa, sed qui facit*; Jes 56,2; Joh 13,17; Herm vis 3,8,4 ὃς ἂν οὖν ἀκολουθήσῃ αὐτῇ, μακάριος γίνεται ἐν τῇ ζωῇ αὐτοῦ „Wer immer ihr [der Enkrateia, Tochter der Pistis] nun folgt, wird glücklich sein in seinem Leben", Übers. M. Leutzsch; mand 8,9; sim 5,1,3; 5,3,9; 6,1,1 ὃς ἐὰν πορεύσηται ἐν αὐταῖς [ταῖς ἐντολαῖς] μακάριος ἔσται; 9,29,3). Ob ἐν ‚in, bei' oder ‚durch' bedeutet, kann dann offen bleiben.

Ποίησις (→ 2,8) ist nomen actionis; scil. ἔργου, nicht Tätigkeit allgemein (vgl. Sir 19,20; 51,19 ἐν ποιήσει νόμου; Jos Ant XVII 150).

1,26–3,11 Erläuterungen. Beispiele für reinen ethischen Gottesdienst, der im Gericht zählt

Zwei Feststellungen zum Thema ethischer Gottesdienst (1,26.27) werden in umgekehrter Reihenfolge in begründete Mahnungen umgesetzt (2,1–13.14–26 und 3,1–11).

1,26f. Was vergeblicher und was reiner ethischer Gottesdienst ist

26Wenn jemand meint, Gottesdiener zu sein, (obwohl er) seine Zunge nicht zügelt, vielmehr sein Herz täuscht, dessen Gottesdienst ist nichtig. 27Reiner und makelloser Gottesdienst bei dem Gott und Vater ist dieser: Waisen und Witwen in ihrer Bedrängnis besuchen, unbefleckt sich halten von der Welt.

Literatur: L. Alonso Schökel, Culto y justicia en Sant 1,26–27, Bib. 56, 1975, 537–544. – Baker, Speech-Ethics. – Cargal, Restoring the Diaspora. - E. Ferguson, Spiritual Sacrifice in Early Christianity and Its Environment, ANRW II 23.2, 1980, 1151–1189. – B.C. Johanson, The Definition of 'Pure Religion' in James 1[27] Reconsidered, ET 84, 1972/73, 118f. – L.T. Johnson, Taciturnity and True Religion. James 1:26–27, in: D.L. Balch/E. Ferguson/W.A. Meeks (eds.), Greeks, Romans, and Christians (FS A.J. Malherbe), 1990, 329–339. – Kloppenborg, Status. – Meyer, Rätsel. – R. Obermüller, ¿Contaminación? En torno a una definición de la religión (Sant 1,27), RevBib 34, 1972, 13–19. – Reinmuth, Geist und Gesetz. – Sartor Bressán, Culto y compromiso social. – Schnayder, De antiquorum hominum taciturnitate. – Tsuji, Glaube. – Verseput, James 2.14–26.

Zwei unverbundene indikativische Satzgefüge mit Gottesdienst als Subjekt der Hauptsätze. Sie bilden keine Opposition. V.26 sagt, wessen Gottesdienst nichtig ist; V.27, was Gottesdienst ausmacht. In der Kombination klingt V.22 nach (inhaltlich vgl. z.B. Sir 4,29). Beide Verse sind nicht erschöpfend. Jak nimmt exemplarisch vorweg, was ihm wichtig ist, wie dann zunächst 2,1–3,11 zeigen.

26 Εἴ τις δοκεῖ θρησκὸς εἶναι μὴ χαλιναγωγῶν γλῶσσαν αὐτοῦ ἀλλὰ ἀπατῶν καρδίαν αὐτοῦ, τούτου μάταιος ἡ θρησκεία. Zu εἴ τις s. V.5; Jak kennt solche Fälle. Εἴ τις δοκεῖ (δοκεῖν noch 4,5) mit Infinitiv (frühchr. noch 1Kor 3,18; 8,2; 11,16; 14,37; Gal 6,3; Phil 3,4) führt jemandes Ansicht oder Anspruch (nicht: Anschein) ein, der dann beurteilt wird. In 1,5.23; 3,2 nimmt der Konditionalsatz Vorhergehendes lexikalisch auf; hier leisten das θρησκός und ἀπατῶν.

Θρησκός (θρῆσκος?) ist wohl hier zuerst belegt und bleibt ganz selten (frühchr. sonst nicht; später Lexikographen, z.B. Ps-Herodian, Partit. S. 49 Boissonade 1819 = 1963 θρῆσκος, ὁ περί τι πιστός). Dagegen ist θρησκεία geläufig (fehlt aber LXX außer s. gleich, jüd.-gr. sonst und frühchr. selten außer bei Josephus, im Brief noch V.27). Das Wort bezeichnet die praktische Verehrung (eines) Gottes, wie sie geboten ist; sie ist deshalb schlecht nur, wenn sie dem Falschen gilt (z.B. Plutarch, Mor. 140d; Sap 14,18.27; 4Makk 5,7.13; Philo SpecLeg I 315; Kol 2,18) oder falsch betont wird (z.B. Philo Det 21 θρησκείαν ἀντὶ ὁσιότητος ἡγούμενος). Kult, Riten (deshalb gern Pl.) o.ä. sind oft eingeschlossen, wenn nicht zuerst gemeint. Individualisierung als jemandes θρησκεία wie hier ist verbreitet (frühchr. außer Jak 1,26 nur Apg 26,5; 1Klem 62,1). Jüdisch bestimmt die Tora, was geboten ist; deshalb kann θρησκεία das gesetzestreue Leben bezeichnen, auch ohne Ton auf dem Tempelkult (z.B. Jos Ant XVI 115 ἡ δὲ τῶν ἀρχομένων εὐσέβεια καὶ θρησκεία τοῦ παντὸς ἔθνους; Apg 26,5; 1Klem 45,7). Ist das hier der Hintergrund, bezeichnet Jak mit θρησκεία das Bleiben beim Gesetz der Freiheit.

Den Fall präzisieren zwei konjunkte Partizipien (zu δοκεῖ, nicht εἶναι; nicht wie EÜ das zweite zu einem ersten Hauptsatz machen: „der betrügt sich selbst, und sein Gottesdienst ist wertlos"). Χαλιναγωγεῖν (statt klass. -νοῦν, vgl. v.l. B; offenbar zuerst Philo Op 86; jüd.-gr. sonst nicht; frühchr. noch Jak 3,2; Polyk 5,3; Herm mand 12,1,1; Athenagoras, Res. 15,7; χαλινός frühchr. nur Jak 3,3; Apk 14,20) gehört zu einem alten Metaphernfeld für das Bändigen von Affekten und ihren Organen wie γλῶσσα (noch 3,5.6.8; zum fehlenden Art. s. BDR 259 Anm. 5) o.ä. (z.B. Aristophanes, Ran. 838 ἀχάλινον... στόμα; Plato, Leg. 701c; Philostrat, Vita Apoll. IV 26 σοφίαν δὲ ἑαυτοῦ κατεψεύδετο καὶ χαλινὸς οὐκ ἦν ἐπὶ τῇ γλώττῃ „Er beanspruchte fälschlich Weisheit als sein Eigentum und kein Zügel lag auf seiner Zunge"; Libanius, Ep. 318 σὺ δ' ὅλως κράτει τῆς γλώττης καὶ ἐπέστω τῷ στόματι χαλινός; Aulus Gellius I 15,17 *quorum lingua tam prodiga infrenisque sit, ut fluat semper, et aestuet conluvione verborum taeterrima*; Jes 37,29; Philo Som II 165; SpecLeg I 53 ἀχαλίνῳ γλώσσῃ βλασφημοῦντας). Hier wohl ‚im Zaum halten, zügeln', nicht ‚am Zügel führen, lenken'.

Ἀλλά (→ 1,25) leitet hier keinen Ersatz ein, also eher steigernd. Ἀπατᾶν (→ 1,16) hat öfter καρδία (noch 3,14; 4,8; 5,5.8) o.ä. als Objekt oder beim Passiv als Subjekt (z.B. Hi 31,27; vgl. Röm 16,18; ψυχή z.B. Sap 4,11; αἴσθησις z.B. Philo All III 109). Im Herzen sitzen Verstand, Wille, Gefühl, Gewissen, nach V.21 wohl auch das rettende Wort (zu blaß „sich selbst" Bauer[6], ἀπατάω 1; EÜ, doch vgl. 1Kor 3,18; Gal 6,3). Der Fall ist nach V.22–24 zu verstehen: jemand mißachtet dauernd oder immer wieder (Präs.) das Gebot, die Zunge zu zügeln (kaum: er hält eifrige Rede für gottesdienstlich), bildet sich aber ein, er würde trotzdem gerettet (anders Johnson, Jas). Nach besonderem Anlaß fragt man hier besser nicht (Anschauung s. 1,13.19f.; 2,3.15f.; 3,1–11.14; 4,11; 5,9.12).

Der Hauptsatz ist ein Urteil über die ganze θρησκεία des Betroffenen (zu τούτου s. 1,23), auch wenn er z.B. V.27 einhält (vgl. 2,9f.; Sap 9,6; nicht: bloß die Riten o.ä.), kein Hinweis auf Folgesünden (nicht etwa „wird" als Präd. ergänzen). Μάταιος (im Brief nur hier; zur Flexion s. BDR 59 Anm. 2) bezeichnet gern Tätigkeiten als nutzlos (z.B. Plato, Tim. 40d; 4Makk 16,7; Jos Ant II 261; Tit 3,9; 1Petr 1,18; 1Klem 63,1; Herm sim 5,1.4; aber kein Anklang an Götzendienst, vgl. z.B. Lev 17,7; Sap 15,8; Jer 2,5; 10,3; Apg 14,15); hier nicht für Charakterbildung oder Gemeindeaufbau, sondern die Rettung (s. 1,21). Wer das Gebot, die Zunge zu zügeln, nicht ernsthaft befolgt (ganz schafft es niemand, s. 3,1–11), bekommt kein ewiges Heil. Das gilt von anderen Geboten auch (s. z.B. 1,10; 2,9), aber dieses ist Jak besonders wichtig. Deshalb spielt Sprachethik im Brief eine so große Rolle.

27 Θρησκεία καθαρὰ καὶ ἀμίαντος παρὰ τῷ θεῷ καὶ πατρὶ αὕτη ἐστίν. Die Wortstellung spricht dafür, daß θρησκεία Subjekt ist, nicht αὕτη usw. (uneindeutig auch z.B. 1Thess 4,3f.). Καθαρὸς καὶ ἀμίαντος (→ 1,21; beide Adj. im Brief nur hier) stehen gern zusammen (z.B. Dionysius Hal. VIII 43,5; Cornutus 20 S. 36,8f. Lang; Plutarch, Mor. 383b; 395e; Pericles 39,2; JosAs 15,14; Philo All I 50; Det 169; SpecLeg I 250; Herm sim 5,7,1, vgl. mand 2,7), aber sonst bei θρησκεία anscheinend nicht. Παρά mit Dativ (noch 1,17, aber anders) hier wohl ‚nach dem Urteil von' (z.B. Herodot I 32,9; Plato, Gorg.

510e; Hi 9,2; TestAss 4,1; Philo unten; Jos Ant VI 205; Röm 2,13; 1Kor 3,19; 2Thess 1,6; 1Petr 2,4; Herm mand 2,6), nicht um Distanz zu ὁ θεὸς καὶ πατήρ (→ 1,1.17; attributlos genauso offenbar selten, aber pagan z.B. CH I 21, frühchr. noch 1Kor 15,24; Eph 5,20) zu wahren. Was Gott (καὶ πατρί Rückgriff auf V.17?) als reine θρησκεία beurteilt, steht im Gesetz der Freiheit.

Jak setzt dem Urteil über den Zungensünder kein Gebot der Selbstzucht (s. 3,2) entgegen, sondern eine Definition reiner θρησκεία zur Seite (nicht speziell für ihn). Sie wendet den Topos „Sittlichkeit ist der beste Kult" an (z.B. Isokrates, Or. II 20 ἡγοῦ δὲ θῦμα τοῦτο κάλλιστον εἶναι καὶ θεραπείαν μεγίστην, ἂν ὡς βέλτιστον καὶ δικαιότατον σαυτὸν παρέχῃς „Halte dafür, daß dies das beste Opfer und der höchste Gottesdienst ist, wenn du dich als so gut und gerecht wie möglich erweist"; Diodor S. XII 20,2; Dio Chr., Or. III 52f.; Plutarch, Mor. 166a b; Seneca, Ben. I 6,3; Prov 21,3; Hos 6,6; Am 5,21–24; Sir 35,1–5; Tob 4,11; Jdt 16,16; Jub 2,22; Arist 234; Philo VitMos II 108; SpecLeg I 271f. 277 τοῦ παρὰ θεῷ μὴ τὸ πλῆθος τῶν καταθυομένων εἶναι τίμιον, ἀλλὰ τὸ καθαρώτατον τοῦ θύοντος πνεῦμα λογικόν; Jos Ant I 222; VI 147f.; Ap II 192 τοῦτον θεραπευτέον ἀσκοῦντας ἀρετήν· τρόπος γὰρ θεοῦ θεραπείας οὗτος ὁσιώτατος; Mk 7,1–23 par.; 12,28–34 par.; Mt 23,23f.; Lk 18,9–14; Röm 12,1f.; Hebr 13,15f.; CH XII 23 θρησκεία δὲ τοῦ θεοῦ μία ἐστί, μὴ εἶναι κακόν). Grundsätzliche Kritik oder Spiritualisierung des Kults ist damit auch hier nicht gemeint. Er bleibt bestehen, reicht nur nicht zu vollem Menschsein (mehr s. zu 2,14). Deshalb ist ‚Frömmigkeit' oder ‚Religion' für θρησκεία zu vage (entsprechend das Adj.; von ihm ausgehen kann man nicht, weil sonst unbelegt). Jak redet im folgenden freilich nicht abstrakt von Tugend, sondern von bestimmten Pflichten. Daß sie geistige Opfer sind (vgl. Röm 12,1f.), sagt er nicht.

Ἐπισκέπτεσθαι ὀρφανοὺς καὶ χήρας ἐν τῇ θλίψει αὐτῶν, ἄσπιλον ἑαυτὸν τηρεῖν ἀπὸ τοῦ κόσμου: Die beiden Infinitivsätze (zur Syntax Radermacher[2] 179f., anders BDR 394,1; Inf. nach Demonstr. z.B. auch 1Thess 4,3; Eph 3,8) sind parallel (zum Asyndeton vgl. 3,8b; 5,6?). Sie nennen offenbar zwei Hauptstücke des ethischen Gottesdienstes (anderswo z.B. häufig die Vermeidung von Unzucht und Habgier, z.B. TestJud 18,2–6; Ps-Phok 3–6; 1Thess 4,3–6; Reinmuth); sie haben aber sonst nicht zusammen diese Funktion. Jak formuliert hier selber, vielleicht nach einem Schema „Solidarität nach innen – Abgrenzung nach außen" (vgl. 1QS 1,9–11; 9,21–23; Jos Bell II 139; polemisch Tacitus, Hist. V 5,1 *et quia apud ipsos fides obstinata, misericordia in promptu, sed adversus omnes alios hostile odium* „Das [Vermehrung der Macht] kam auch daher, weil in den Kreisen der Juden unerschütterlich treuer Zusammenhalt und hilfsbereites Mitleid herrschen, während allen anderen Menschen gegenüber feindseliger Haß hervortritt", Übers. J. Borst; Mt 5,43). Der erste Infinitivsatz klingt partikular verglichen mit dem zweiten, steht aber wohl exemplarisch für die hoch bewertete Nächstenliebe (s. 2,8–11), wo sie am nötigsten ist.

Witwen und Waisen in Jakobus 1,27

Literatur, soweit nicht o. nach der Übers. genannt: Brox, Hermas. – J.U. Krause, Witwen und Waisen im Römischen Reich, 4 Bde., 1994–1995. – Lampe, Die stadtrömischen Christen. – Leutzsch, Wahrnehmung. – G. Stählin, χήρα, ThWNT IX, 1973, 428–454. – I. Weiler, Zum Schicksal der Witwen und Waisen bei den Völkern der Alten Welt. Materialien für eine vergleichende Geschichtswissenschaft, Saec. 31, 1980, 157–193.

Fürsorge für Witwen und Waisen (wohl oft Halbwaisen mit ihrer Mutter wie z.B. Sir 4,10, Witwer mit Kindern konnten leichter wieder heiraten) galt der ganzen alten Welt als besondere soziale Aufgabe, zunächst der (Groß)familie, subsidiär des Gemeinwesens oder der Allgemeinheit. In Israel gehören Schutz und Fürsorge für Witwen und Waisen (daneben öfter auch andere Bedürftige und die ansässigen Fremden) seit alters zu den Inhalten prophetischer Verkündigung (z.B. Jes 1,17; Jer 7,6; 22,3; Sach 7,10; Mal 3,5), der Tora (z.B. Ex 22,20–23; Dtn 14,29; 16,11.14; 24,17–22; 26,12f.; 27,19; 2Makk 3,10; 8,28.30; CD 6,16f.; 14,14; Philo Decal 42; SpecLeg I 308–310; IV 176–178; Jos Ant IV 227–240) und religiöser Unterweisung (z.B. Sir 4,10; slHen 42,9). Gott selber ist Vater der Waisen und Anwalt der Witwen (z.B. Dtn 10,18; Ps 68,6; Sir 35,14[17]; metaphorisch JosAs 11,13; 12,13). Fürsorge dient zu Lob oder Selbstlob der Frommen (z.B. Hi 31,16f.; Tob 1,8 S; TestHi 9f.; 53; vgl. Aristides, Apol. 15,7), Unterlassung zur Kritik an Unfrommen (z.B. Hi 22,9; Sap 2,10; 2Makk 3,10; Philo Vit Mos II 240; vgl. Mk 12,40 par.; IgnSm 6,2). Das frühe Christentum reiht sich hier an (von einem Impuls Jesu weiß man nichts, doch vgl. Mk 10,13–16 par.; 12,40.41–44 par.; Lk 7,12; 18,2–8). Im NT sorgt sich aber nur Jak neben den Witwen (Apg 6,1–6; 9,39.41; 1Tim 5,3–16) auch um die Waisen (mehr gleich; waren sie am Anfang seltener?); nur bei ihm ist die Fürsorge wie jüd. ein Gebot des Gesetzes (später vgl. Barn 20,2; Herm mand 8,10). Wie die Praxis aussah (privat? aus Gemeindekasse, vgl. 2,15f.? über Amtsträger wie Herm sim 9,26,2; Polyk 6,1; Justin, Apol. I 67,5f.?; vgl. Leutzsch, Wahrnehmung), bleibt dunkel.

Ἐπισκέπτεσθαι (im Brief sonst nicht) bedeutet hier wohl ‚besuchen, um zu versorgen und zu helfen' (auch zu lehren o.ä.?, vgl. Herm vis 2,4,3 Γραπτὴ δὲ νουθετήσει τὰς χήρας καὶ τοὺς ὀρφανούς „Grapte soll die Witwen und die Waisen unterrichten", Übers. M. Leutzsch, aber s. Brox, Hermas 108f. zu den Problemen der Stelle; stellvertretende Erfüllung von Vaterpflichten wie 4Makk 18,10–19, s. Jak 5,11?). Ὀρφανοὶ καὶ χῆραι (beide Wörter im Brief nur hier; nebeneinander und manchmal mit weiteren Bedürftigen frühchr. noch 1Klem 8,4 zit. Jes 1,17; Ign Sm 6,2; Polyk 6,1; Barn 20,2; Herm vis 2,4,3; mand 8,10; sim 1,8; 5,3,7; 9,26,2; Reihenfolge wechselt) finden sich als Objekt von ἐπισκέπτεσθαι offenbar erst frühchr. (Herm sim 1,8; vgl. mand 8,10; sim 9,27,2; sonst gern Kranke u.ä., z.B. Xenophon, Cyrop. V 4,10; VIII 2,25; Plutarch, Mor. 129c; Hi 2,11; Sir 7,35; TestHi 28,2; Jos Ant IX 178, im NT nur noch Mt 25,36.43). Ob θλῖψις (im Brief nur hier) äußere oder innere Bedrängnis bedeutet, ist kaum zu entscheiden (wohl nicht dasselbe wie Anfechtung und kein eschatologischer Unterton). Die Wendung ist redundant (wegen des Art. kaum partitiv ‚soweit in…').

Ἄσπιλος (→ 1,21; vorchr. selten, nie jüd.-gr., aber vgl. *immaculatus* LibAnt 3,4; 4,11) steht gern nach τηρεῖν (noch 2,10) prädikativ zu Objekten (z.B. 1Tim 6,14; 2Klem 8,6; PGM s. gleich?, vgl. Sap 10,5; τηρεῖν reflexiv vgl. auch Mark Aurel VI 30,2 τήρησον οὖν σεαυτὸν ἁπλοῦν, ἀγαθόν, ἀκέραιον...; 2Kor 11,9; 1Tim 5,22; Jud 21). Wenn hier so, müßte ἀπὸ τοῦ κόσμου dazugehören (vgl. das häufige καθαρὸς ἀπό). Das Adjektiv läßt sich aber wohl auch mit τηρεῖν ‚schützen' konstruieren (z.B. F. Bilabel, Ὀψαρτυτικά und Verwandtes, SHAW.PH 1919:23, 10 απο του πυρος; Prov 7,5; PGM 12,259f. τήνδε τὴν δύναμιν ἐν παντὶ τόπῳ, ἐν παντὶ χρόνῳ ἄπληκτον, ἀκαταπόνητον, ἄσπιλον ἀπὸ παντὸς κινδύνου τηρηθῆναι [?]; vgl. ψ 11,9; Joh 17,15); dann ist ἄσπιλον Apposition zu ἑαυτόν. Das trifft Jak jedenfalls. Was er κόσμος nennt (noch 2,5; 3,6; 4,4; in 1,27 nicht ‚Schmuck' trotz 2,2; 1Tim 2,9; 1Petr 3,3f.), darin soll der Christ sich nicht unbefleckt bewegen, er soll die Welt nicht gebrauchen oder gestalten, sondern sich von ihr distanzieren (wegen seines Erstlingsstatus, s. 1,18, und nicht etwa speziell bei Diakonie; vgl. noch Röm 12,1f.). Den κόσμος kennzeichnet Ungerechtigkeit (3,6; vgl. 1Joh 5,19); in ihm herrschen Diskriminierung (2,5–7), die böse Zunge (3,5–11), Führungsstreit, Konkurrenzneid, Habgier, Luxus, Ausbeutung (3,12–5,6), veranlaßt durch den Teufel (3,6?; 4,7, vgl. Joh 12,31; 14,30; 16,11) und die eigene Begierde (1,14f.; 4,1; vgl. Eph 2,1–3; Tit 2,12; 2Petr 1,4;

1Joh 2,16f.; 2Klem 5,6f.; 17,3; Polyk 5,3; auch Herm mand 11,8 u.ö.). Darum macht sich Gott zum Feind, wer der Welt Freund ist (4,4). Offenbar bezeichnet Welt für Jak nicht den Raum, in dem die Menschen (und die Geschöpfe 1,18?) leben, sondern sie selbst bzw. den unter ihnen herrschenden Geist (vgl. 1Kor 2,12?) mit seinen widergöttlichen Zielen und Verhaltensweisen. Eine zeitliche Dimension hebt Jak nicht hervor (αἰών fehlt; doch vgl. 2,5), auch nicht die Vergänglichkeit (anders z.B. 1Kor 7,31; 1Joh 2,17); vergänglich ist das Erdenleben (4,14; 5,2f.). Der Schmutz, den die Welt unvermeidlich und nicht nur hier oder dort produziert (vgl. 2Petr 2,20) und der gottesdienstuntauglich macht, ist also moralisch und wird durch Gehorsam gegen das Gesetz der Freiheit entfernt (1,21) bzw. vermieden (vgl. noch 1Joh 5,3f.). Daß Nichtchristen als solche unrein wären und gemieden werden müßten, sagt Jak nicht (vgl. z.B. 1Kor 5,9–13). Die Färbung, in der Jak κόσμος verwendet, ist christlich (vgl. über die Vokabel hinaus noch Röm 12,2; 2Kor 6,14–7,1; 2Tim 4,10; 2Klem 5f.; Herm sim 1). Wo der Begriff genau wurzelt, ist schwer zu sagen (vgl. äthHen 48,7; 108,8; TestIss 4,6; Tacitus, Germ. 19 *nemo enim illic vitia ridet, nec corrumpere et corrumpi saeculum vocatur* „Denn dort lacht niemand über Laster, und Verführen und Sichverführenlassen wird nicht Zeit[geist] genannt" hilft nicht).

2,1–13 Macht eurem Glauben keine Schande durch Ansehen der Person

1Meine Brüder, haltet nicht unter Ansehen der Person euren Glauben an die Herrlichkeit unseres Herrn Jesus Christus (aufrecht).

2Falls nämlich in eure Versammlung ein goldberingter Mann in (feiner) weißer Kleidung hineinkommt, es kommt hinein aber auch ein Armer in schmutziger Kleidung, 3ihr blickt jedoch (fürsorglich) auf den, der die (feine) weiße Kleidung trägt, und sagt ihm: „Setz du dich hier gut hin", und dem Armen sagt ihr: „Bleib du stehen oder setz dich dort unterhalb meiner Fußbank hin", 4habt ihr dann nicht mit zweierlei Maßstäben gemessen und wart Richter (die sich) von bösen Erwägungen (leiten lassen)? 5Hört, meine geliebten Brüder: Hat nicht Gott die Armen (in Sachen) der Welt erwählt (als) Reiche im Glauben und Erben des Reiches, das er verhieß denen, die ihn lieben, 6ihr dagegen habt den Armen entehrt? Unterdrücken euch nicht die Reichen und ziehen (nicht) eben sie euch vor Gerichte? 7Lästern nicht eben sie den guten Namen, der über euch ausgerufen wurde?

8Wenn ihr nun zwar das königliche Gesetz voll erfüllt gemäß der Schrift(stelle): „Du sollst lieben deinen Nächsten wie dich selbst", tut ihr gut. 9Wenn ihr aber die Person anseht, begeht ihr Sünde, überführt vom Gesetz als Übertreter. 10Wer auch immer nämlich das ganze Gesetz beachtet, versagt aber bei einem (beliebigen Stück), hat sich gegenüber allen (Stücken) schuldig gemacht. 11Der nämlich, der sagte: „Du sollst nicht ehebrechen", sagte auch: „Du sollst nicht töten"; wenn du nun nicht ehebrichst, aber tötest, bist (und bleibst) du ein Übertreter des Gesetzes. 12So redet und so tut, die ihr gedenkt, nach dem Gesetz der Freiheit gerichtet zu werden. 13Das Gericht ist nämlich unbarmherzig mit dem, der keine Barmherzigkeit tat; Barmherzigkeit rühmt sich (in Erwartung des) Gerichts.

Literatur: AHRENS, Der Realitäten Widerschein. – G. BOURGEAULT, Décalogue et morale chrétienne. Enquête patristique sur l'utilisation et l'interprétation chrétiennes du décalogue de c. 60 à c. 220, 1971. – MARJORIE O'R. BOYLE, The Stoic Paradox of James 2.10, NTS 31, 1985, 611–617. – BROX, Hermas. – BURCHARD, Gemeinde; Nächstenliebegebot. – CARGAL, Restoring the Diaspora. – T. ENGBERG-PEDERSEN, Ephesians 5,12–13: ἐλέγχειν and Conversion in the New Testament, ZNW 80, 1989, 89–110. – C.H. FELDER, Partiality and God's Law: An Exegesis of James 2:1–13, JRT 39, 1982/83, 51–69. – K. GALLING, Die Ausrufung des Namens als Rechtsakt in Israel, ThLZ 81, 1956, Sp. 65–70. – HEISEN, Hypotheses (2,1.4). – F.-L. HOSSFELD, Der Dekalog. Seine späten Fassungen, die originale Komposition und seine Vorstufen, 1982. – JOHNSON, Leviticus 19. – KLEIN, „Vollkommenes Werk". – KLINGHARDT, Gemeinschaftsmahl und Mahlgemeinschaft. – KLOPPENBORG, Status. – KOCH, Schrift. – KONRADT, Existenz. – N. LOHFINK, Von der 'Anawim-Partei' zur 'Kirche der Armen'. Die bibelwissenschaftliche Ahnentafel eines Hauptbegriffs der 'Theologie der Befreiung', Bib. 67, 1986, 153–176. – MARCONI, Struttura. – MEYER, Rätsel. – MUSSNER, Tauflehre. – PRETORIUS, Verklaringsopsies. – REICKE, Diakonie. – R. RIESNER, Synagogues in Jerusalem, in: R. Bauckham (ed.), The Book of Acts in Its Palestinian Setting (The Book of Acts in Its First Century Setting IV), 1995, 179–211, hier 207f. – L.F. RIVERA, Sobre el socialismo de Santiago (Sant 2,1–13), RevBib 34, 1972, 3–9. – W. RORDORF, Beobachtungen zum Gebrauch des Dekalogs in der vorkonstantinischen Kirche, in: W.C. Weinrich (ed.), The New Testament Age (FS Bo Reicke), II, 1984, 431–442. – RUCK-SCHRÖDER, Name Gottes. – SÁNCHEZ BOSCH, Llei i Paraula de Déu. – G. THEISSEN, Nächstenliebe und Egalität. Jak 2, 1–13 als Höhepunkt urchristlicher Ethik, in: DBAT 30 (C. Nauerth/R. Grieshammer Hg., FS B.J. Diebner), 1999, 179–192. – TROCMÉ, Eglises pauliniennes vues du dehors. – TSUJI, Glaube. – W.S. VORSTER, Diskriminasie en de vroeë kerk: Gedagtes oor partydigheid in Jakobus 2:1–13, in: C. Breytenbach (Hg.), Eenheid en konflik, 1987, 134–149. – NANCY J. VYHMEISTER, The Rich Man in James 2: Does Ancient Patronage Illumine the Text?, AUSS 33, 1995, 265–284. – WACHOB, Voice of Jesus. – R.B. WARD, Partiality in the Assembly: James 2:2–4, HThR 62, 1969, 87–97. – WATSON, James 2. – C.R. WHITTAKER, Der Arme, in: A. Giardina (Hg.), Der Mensch der römischen Antike, 1991, 305–336.425 (Lit.). – M. WOLTER, Die Pastoralbriefe als Paulustradition, 1988. – Mehr s.u. in den Exkursen zu 2,1.7.8.

Ein Verbot, dessen Mißachtung den ganzen Gehorsam gegenüber dem Gesetz der Freiheit entwertet (vgl. 1,26), mit ausführlicher Begründung. V.1 nennt das Verbot: Macht euren Glauben nicht unglaubwürdig, indem ihr Menschen je nach Stand verschieden behandelt. V.2–7 begründen es anhand eines Negativbeispiels von Bevorzugung eines Reichen und Entehrung eines Armen, die in die Versammlung der Adressaten kommen: Entehrung eines Armen ist glaubenswidrig (V.5–6a); die Reichen richten sich selbst durch Feindschaft gegen die Adressaten (V.6b-7). V.8–11 begründen V.1 noch einmal als Mißachtung des Gesetzes der Freiheit. V.12f. fordern abschließend allgemein zu barmherzigem Reden und Tun auf, indem sie an die Überzeugung der Adressaten appellieren, daß das Jüngste Gericht sie nach dem Gesetz der Freiheit gnädig behandeln wird (ungewöhnlich anders Laws, Jas: V.10 bringt einen neuen Gedanken). Der Aufwand (vgl. Röm 13,1–10 innerhalb von Röm 12f.) spricht dafür, daß Jak das Verbot für vorrangig hält und ein gesetzwidriges Unwesen korrigiert, nicht gelegentliche Verstöße. V.1 kommt scheinbar abrupt. Aber wenn die Personen im Beispiel Fremde sind, passen sie zu den Witwen und Waisen, der Arme auch als solcher; mit dem Reichen droht der Schmutz der Welt (1,27).

1 Ἀδελφοί μου, μὴ ἐν προσωπολημψίαις ἔχετε τὴν πίστιν τοῦ κυρίου ἡμῶν Ἰησοῦ Χριστοῦ τῆς δόξης. Zur Anrede s. 1,2. Μή gehört zu ἐν προσωπολημψίαις (vgl. BDR 433): haltet, aber nicht so (Pretorius, Verklaringsopsies erneuert die kaum noch vertretene Auffassung als rhetorische Frage, Antwort nein: „... surely, you do not have the faith in our Lord ... on account of favouritism?").

Προσωπολημψία (jüd.-gr. und frühchr. sonst nur TestHi 43,13; Röm 2,11; Eph 6,9; Kol 3,25; Polyk 6,1) und προσωπολημπτεῖν V.9 (jüd.-gr. und frühchr. sonst nicht; aber vgl. προσωπολήμπτης Jub 5,16?; syrBar 13,8?, frühchr. nur Apg 10,34; ἀπροσωπόληπτος TestHi 4,8, -ολήμπτως frühchr. nur 1Petr 1,17; 1Klem 1,3; Barn 4,12; alle nie pagan) kommen von λαμβάνειν πρόσωπον (-πα) bzw. πρόσωπον λαμβάνειν LXX (z.B. Lev 19,15 οὐ λήμψῃ πρόσωπον πτωχοῦ οὐδὲ θαυμάσεις πρόσωπον δυναστοῦ, ἐν δικαιοσύνῃ κρινεῖς τὸν πλησίον σου; Sir 35[32],12f. καὶ οὐκ ἔστιν παρ' αὐτῷ [Gott] δόξα προσώπου. οὐ λήμψεται πρόσωπον ἐπὶ πτωχοῦ; Jub 21,4; 30,16; 33,18; nie Philo, Josephus; frühchr. nur Lk 20,21; Gal 2,6; Did 4,3 par. Barn 19,4), Nachahmung von MT *nāśa' panîm* (Subst. nur 2 Chr 19,7 *maśśo' panîm*, auch rabbin.; vgl. Epiktet III 26,14 τὸν θαυμασμὸν τῶν πλουσίων); oft vom Richter, der πρόσωπον λαμβάνειν nicht soll (vgl. gräzisiert Philo Jos 72; Jos Ant IV 46), bzw. von Gott, der es nicht tut. Weil προσωπολημψία im Griechischen fremdartig wirkt, ist das altertümliche „Ansehen der Person" keine unpassende Übersetzung. Es kann speziell Benachteiligung von Armen gegenüber Reichen gemeint sein, muß aber nicht. Der Plural meint (verschiedenartige?) Akte oder Fälle (BDR 142; vgl. mit ἐν 4,16; 2Petr 3,11); Andeutung von Häufigkeit?

Ἔχειν πίστιν (→ 1,4; 1,3) ist nicht gleich πιστεύειν (vgl. Röm 14,22; Apk 6,9; 12,17; IgnEph 14,1, ähnlich 2Tim 3,5; mit ἐν 1Tim 3,9; vgl. 2Tim 1,13; mehr s. 2,14). Jak redet wohl nicht vom Besitz des Glaubens, sondern von seiner Ausübung im Gottesdienst. Nach dem Muster von ἔχειν τινά/τι ἐν (z.B. Thukydides II 89,1 οὐκ ἀξιῶν τὰ μὴ δεινὰ ἐν ὀρρωδίᾳ ἔχειν „weil mir Bängnis fehl am Ort scheint, wo nichts zu fürchten ist", Übers. G.P. Landmann; Plutarch, Mor. 531a αἱ γὰρ τοιαῦται φυγαὶ καὶ διακρούσεις, ἐν ἐλαφραῖς μέμψεσι τὴν μελέτην ἔχουσαι τοῦ ἀδυσωπήτου; Jos Bell II 463; Röm 1,28; viele Belege bei Heisen) zu konstruieren, gäbe nur Sinn, wenn πίστις metonymisch für glaubende Personen stünde; darauf deutet hier nichts. Zum Präsens s. 1,7.

Die auf πίστιν folgende Reihe von Genitiven ist schwierig.

Zur Genitivkette in Jakobus 2,1

Literatur, soweit nicht o. nach der Übers. genannt: Amphoux, Hypothèses. – J. Brinktrine, Zu Jak. 2, 1, Bib. 35, 1954, 40–42. – Burchard, Stellen. – Karrer, Christus der Herr; Der Gesalbte; Jesus Christus. – Mussner, Christologie. – J.A. Schep, Een onaanvaardbare exegese van Jacobus 2 : 1, GThT 58, 1958, 54–56. – Wiersma, Diakrinesthai en pistis.

Die Genitivkette ist seit alters umstritten (ausführlich Burchard, Stellen 354–359, Früheres z.B. bei Heisen, Mayor: Jas), vor allem wegen τῆς δόξης (δόξα im Brief nur hier; zur Wortwahl vgl. Sir 35[32],12 oben?). Ein Genitivus qualitatis zu Ἰησοῦ Χριστοῦ (so viele) ist bei einem Namen kaum möglich, Apposition auch nicht, weil ἡ δόξα als Metonym für Christus frühchr. nicht belegt ist (auch nicht Tit 2,13; Justin, Dial. 128,2). Man muß wohl Hyperbaton (s.o. Einl. 3.2) annehmen, d.h. τῆς δόξης entweder mit τοῦ κυρίου ἡμῶν verbinden (so viele; vgl. Gott τὸν κύριον τῆς δόξης grHen 22,14; 27,3.5 u.ö.; vgl. Apg 7,2; Eph 1,17; Christus 1Kor 2,8; Barn 21,9?; syntaktisch vgl. Jos Ap II 41 οἱ κύριοι νῦν Ῥωμαῖοι τῆς οἰκουμένης) oder besser mit τὴν πίστιν (so hergestellt von Hk, s.o. Einl. 6.3), weil τοῦ κυρίου ἡμῶν Ἰησοῦ Χριστοῦ frühchr. fest ist, fast immer im Genitiv (lange Genitivreihe vor dem Regens auch 1,1; syntaktisch vgl. noch Jos Ant XIX 16 πίστιν τοῦ θεοῦ τῆς δυνάμεως „Beweis der Macht Gottes", auch dies wie antik oft ein uneindeutiges Hyperbaton, s. die Belege bei Burchard, Stellen 356 Anm. 15; dergleichen kann rhetorische Absicht sein, vgl. das parodistische Zitat bei Quintilian VIII 2,19 *at ego otiosum sermonem dixerim, quem auditor suo ingenio intellegit* „Ich meinerseits möchte einen Ausdruck für Zeitverschwendung halten, den der Hörer aus eigenem Talent versteht", Übers. H. Rahn).

Man braucht dann nicht zu erwägen, ob Jak vom Glauben Jesu redet (so z.B. Johnson: Jas, Luck: Jakobusbrief 175f., Wall: Jas, Wiersma, dagegen Schep). Zwar fehlt frühchr. auch (ἡ) πίστις (τῆς) δόξης, aber es gibt Vergleichbares (z.B. Röm 5,2; 8,21; 2Kor 4,4.6; Kol 1,27; 1Klem 59,2 εἰς ἐπίγνωσιν δόξης ὀνόματος αὐτοῦ). Der Genitiv dürfte objectivus sein (wie z.B. syrBar 57,2?; Apg 3,16; 14,9; Kol 2,12; vgl. 2Petr 1,1). In jedem Fall eignet die δόξα Christus (→ 1,1; Gen. poss. oder auct.), doch wohl dem Erhöhten (wie z.B. Lk 24,26; 2Kor 4,4.6; 8,23; 2Thess 2,14; 1Petr 1,21; Barn 12,7; anders Joh 1,14) und/oder Kommenden (5,7f.; vgl. z.B. Mk 8,38 par.; 10,37; 13,26 par.; Mt 25,31; Tit 2,13; 1Petr 4,13; 2Klem 17,5). Auferstehung nicht mitzudenken ist kein Anlaß. Zumindest bei der angenommenen Syntax ist δόξα wohl auch Heilsgut, das Christus oder Gott geben werden (wie Röm 5,2; 8,17ff.; 1Kor 2,7f.; 15,43; 2Kor 4,17; Phil 3,20f.; 1Petr 5,1.4; vgl. 1Klem 5,4; präsentisch Joh 17,22); vgl. V.5. Der Glaube ist hier also auch Hoffnung (aber kaum vor allem auf Rettung im Gericht). Δόξα wählt Jak vielleicht wegen προσωπολημψία; sie ist das Moment des Glaubens, das Respekt vor weltlicher δόξα verbietet (vgl. Sir 35[32],12 oben; Lk 4,6). Oder kann er daran gedacht haben, daß der Herrenbruder eine Ostervision gehabt hatte (1Kor 15,7)?

2–4 Zwei zweigeteilte Konditionalsätze (V.2.3) schildern die gemeinte Art von Diskriminierung in zwei Etappen, eine rhetorische Frage verurteilt sie (V.4; andere syntaktische Versuche bei Dibelius, Jak).

2 Ἐὰν γὰρ εἰσέλθῃ εἰς συναγωγὴν ὑμῶν ἀνὴρ χρυσοδακτύλιος ἐν ἐσθῆτι λαμπρᾷ, εἰσέλθῃ δὲ καὶ πτωχὸς ἐν ῥυπαρᾷ ἐσθῆτι ist ein möglicher Einzelfall (→ 1,2; vgl. BDR 373 Anm. 3); Jakobus muß ihn nicht beobachtet haben, aber für vorstellbar halten (anders 2,14f.?). Da Jak ἐκκλησία im Sinn von Gemeinde kennt (5,14), bezeichnet συναγωγή (für die christl. im NT nur hier; weiter IgnPol 4,2; Herm mand 11,9.13.14; Justin, Dial. 63,5; vgl. ἐπισυναγωγή Hebr 10,25, anders 2Thess 2,1, frühchr. sonst nicht; Brox, Hermas 256f.) eher die (hier eine?) Zusammenkunft (kaum Gebäude oder Platz), wohl (auch) zum Gottesdienst (wo man exemplarisch „Glauben hat", V.1?). Εἰσέρχεσθαι (noch V.2b; 5,4) paßt dazu (vgl. z.B. Apg 19,30); auf Rechtssprache (‚erscheinen') deutet nichts, wenn man nicht von vornherein προσωπολημψία auf richterliches Verhalten einengt (das Wort begegnet zwar meist in juridischem Kontext, aber vgl. z.B. 1Klem 1,3).

Der Goldring (χρυσοδακτύλιος offenbar nur noch Hesych, Lexicon X', 795; χρυσοδάκτυλος Anthologia Gr., Epigr. demonstr. 416,3; vgl. Lukian, Tim. 20 πορφυροῖ καὶ χρυσόχειρες) und die weiße Kleidung (ἐσθής im Brief nur noch V.3; ἱμάτιον 5,2; die gleiche Formulierung Apg 10,30; vgl. Philo Jos 105 ἀντὶ ῥυπώσης λαμπρὰν ἐσθῆτα ἀντιδόντες „nachdem sie ihm [dem aus dem Gefängnis geholten Joseph] als Ersatz für das schmutzige ein sauberes Gewand gegeben hatten"; Lk 23,11; λαμπρός, im Brief nur hier, auch sonst gern bei Kleidung, nicht notwendig mehr als ‚sauber', aber wohl hier) lassen bei dem Mann (→ 1,8) an einen Reichen denken (vgl. Lukian, Nigr. 21 πῶς γὰρ οὐ γελοῖοι μὲν πλουτοῦντες αὐτοὶ καὶ τὰς πορφυρίδας προφαίνοντες καὶ τοὺς δακτύλους προτείνοντες καὶ πολλὴν κατηγοροῦντες ἀπειροκαλίαν; Aristoteles nach Diogenes L. V 1 ἐσθῆτι τ' ἐπισήμῳ χρώμενος καὶ δακτυλίοις; Lk 15,22). Der Ring (vgl. Themistius, Or. XXI 253a οὐ ταύτῃ τὸν πλούσιον γνωματεύομεν, εἰ δακτύλιόν τις ἐπίχρυσον περιθέμενος ἐν ἀγορᾷ διαβαδίζοιτο; Epiktet I 22,18 ἥξει τις γέρων πολιὸς χρυσοῦς δακτυλίους ἔχων πολλούς; IV 1,38; Ringmoden bei Plinius, Nat. hist. XXXIII 6,24f.; mehr NWettstein) kennzeichnet nicht notwendig einen Senator oder Ritter, gewiß keinen auf Wahlfeldzug (so aber Reicke, Diakonie).

Der πτωχός (noch V.3.5f.; vgl. ταπεινός → 1,9) kommt wohl (gleichzeitig?) zu derselben Versammlung. Ein Bettler (wie wohl z.B. Lk 14,13.21; 16,20.22 opp. V.19; Did 5,2 par. Barn 20,2 οὐκ ἐλεοῦντες πτωχόν) oder hell. gleich πένης (frühchr. nur 2Kor 9,9 zit. ψ

111,9; Did 5,2 par. Barn 20,2 πλουσίων παράκλητοι, πενήτων ἄνομοι κριταί „Fürsprecher der Reichen, ungerechte Richter der Armen", Übers. K. Wengst; 1Klem 15,6 zit. ψ 11,6; Herm sim 2; Polyk 6,1 μὴ ἀμελοῦντες [Presbyter] χήρας ἢ ὀρφανοῦ ἢ πένητος) ein Armer, der sich mit Handarbeit durchschlägt (wie wohl z.B. Lk 6,20; Gal 2,10; Did 13,4; Herm sim 2,4)? Bei einem Bettler wäre V.3 plausibler, aber V.5 spricht für weitere Bedeutung. Ῥυπαρός (→ 1,21; Chiasmus) ist Bettlerkleidung zwar meistens (vgl. z.B. Epiktet III 22,89; Apuleius, Metam. I 6,1ff.), aber nicht nur sie (vgl. z.B. Artemidor II 3; Jos Ant VII 267). Dreck, der oft auch riecht, motiviert V.3 ausreichend.

3 Ἐπιβλέψητε δὲ ἐπὶ τὸν φοροῦντα τὴν ἐσθῆτα τὴν λαμπρὰν καὶ εἴπητε· σὺ κάθου ὧδε καλῶς, καὶ τῷ πτωχῷ εἴπητε· σὺ στῆθι ἢ κάθου ἐκεῖ ὑπὸ τὸ ὑποπόδιόν μου: Der Satz geht weiter. Die 2. Person Plural besagt, daß Jak Verhalten der Adressaten als Gruppe tadelt. Ἐπιβλέπειν auf Personen (z.B. Jdt 13,4; Sir 11,12; Lk 9,38; 1Klem 13,4 zit. Jes 66,2, vgl. Lk 1,48; das Verb frühchr. noch 1Klem 59,3) ist fürsorgliches βλέπειν (im Brief noch 2,22; ὁρᾶν 2,24; 5,11). Das Partizip von φορεῖν (das Verb im Brief nur hier, φέρειν fehlt; ἀναφέρειν Jak 2,21) als Substantiv mit Kleidung als Objekt (jetzt mit Art., weil in V.2 genannt) ist auch sonst gebräuchlich (z.B. Mt 11,8).

Κάθου (καθῆσθαι im Brief nur zweimal hier; die Form frühchr. sonst nur Mk 12,36 par. u.ö. zit. ψ 109,1; Attizismus BDR 100,1) wohl „setz dich", nicht „sitze (hier und künftig)"; καλῶς (καλός noch 2,7; 3,13; 4,17; Adv. noch 2,8.19; ἀγαθός, κακός, πονηρός → 1,13) geht wohl auf bequemen oder günstigen Sitz (vgl. ähnlich vom Theater Epiktet I 25,27; Aelian, Varia hist. 2,13; Alkiphron, Ep. III 20 ἄγει μέ τις λαβὼν εἰς τὸ θέατρον καὶ καθίσας ἐν καλῷ); schwerlich „gütigst". Das ist Höflichkeit gegenüber einer geschätzten Person, aber kaum mehr. Ὧδε (im Brief nur hier) und ἐκεῖ (noch 3,16; 4,13; ECM hier diff. NA[27], s.o. Einl. 6.4) bezeichnen mit der Entfernung auch den Wärmegrad. Der Arme darf nur unangeblickt irgendwo stehen bleiben (Bauer[6], ἵστημι II 1a; ἱστάναι noch 5,9) oder sich auf die Erde an (Bauer[6], ὑπό 2aα) τὸ ὑποπόδιον (Philo nur Conf 98, fehlt Josephus, frühchr. sonst nur Mt 5,35; Mk 12,36 par. u.ö. zit. ψ 109,1; Jes 66,1) eines der Sprecher setzen; hat er die Wahl oder sind das zwei Beispielsätze (so EÜ; wegen ὑπό kann man στῆθι wohl nicht auf den gleichen Ort beziehen wie κάθου)? Das ὑποπόδιον ist, zumal mit μου, wohl die Fußbank des (jetzt einzelnen) Sprechers (es ist nicht die übliche Vokabel für die längere niedrige Sitzbank, lat. *subsellium*, die bei Festessen der Platz der Niedrigeren war, während die höheren Männer lagen). Hat er einen Sessel oder handelt es sich um eine Redensart? Der Arme bekommt jedenfalls nicht einen schlechten Sitz, sondern keinen.

Abgesehen von πτωχός beschreibt Jak die beiden Personen, die nicht reden, so, wie die Adressaten sie sehen: προσωπολημψία im wörtlichsten Verstand. Das wird heißen, sie sind Unbekannte; als Christen sind sie jedenfalls nicht gekennzeichnet (anders 2,15f.; Herm mand 11). Das spricht nicht dafür, daß sie als rechtsuchende Prozeßgegner (Ward, Partiality) erscheinen (trotz V.4). Sie könnten aber interessierte ἰδιῶται ἢ ἄπιστοι sein (1Kor 14,23–25). Dann geht es darum, daß die Adressaten sich im Gottesdienst, wo sie ihren Glauben exemplarisch darstellen, nicht so verhalten sollen, daß sie Armen den Übertritt zum Glauben erschweren (und Reichen womöglich zu leicht machen).

Für Rückschlüsse auf Raum und Ablauf anhand Synagogenarchitektur (Riesner) oder Vereinsmahlpraxis (Klinghardt; fremde Gäste kamen vor) geben V.2f. nicht genug Anhalt. Kirchenordnungsvorschriften, die V.2–4 entsprechen (Syr. Didaskalie 12 S. 69f. Achelis; Const. Ap. II 57f.; Statutes of the Apostles S. 195f. Horner; Ambrosiaster zu 1Kor 12,1f.), erklären sich eher durch Jak als umgekehrt.

4 Οὐ διεκρίθητε ἐν ἑαυτοῖς καὶ ἐγένεσθε κριταὶ διαλογισμῶν πονηρῶν; Jetzt kommt der Hauptsatz. Mit οὐ verneinte rhetorische Fragen (noch 2,5.6.7.21.25; 4,1.4; 5,6?; s.o. Einl. 3.2) erwarten Ja (BDR 427,2a). Aussage (nur V.4a verneint?) gibt kaum Sinn. Διακρίνεσθαι bedeutet hier nicht ‚zweifeln' oder ‚Urteil fällen', sondern von ‚Unterschiede machen' (→ 1,6) aus entweder ‚scheiden' (ἐν ἑαυτοῖς dann „unter euch") oder eher, wenn der Goldfinger und der Arme noch keine Christen sind, ‚verschieden urteilen' (vgl. Röm 14,1; dann ἐν ἑαυτοῖς „innerlich", vgl. 1Kor 11,13?). Beides läuft auf den Vorwurf der Zweiseeligkeit hinaus (s. 1,8). Κριτής (noch 4,11f.; 5,9; κρίνειν 2,12; 4,11f.; 5,9; κρίμα 3,1; κρίσις 2,13; 5,12; κριτήριον 2,6) ist nicht einfach Metapher, wenn V.2–4 nach 1Kor 14,23–25 aufzufassen sind (doch s. Did 5,2 par. Barn 20,2 o. bei V.2). Trotzdem bedeutet διαλογισμός (im Brief sonst nicht; Alliteration) hier ‚Erwägung' (vgl. ψ 55,6; TestJud 14,3 ἐν διαλογισμοῖς ῥυπαροῖς „durch schmutzige Gedanken", Übers. J. Becker; Mk 7,21 par.), nicht ‚Untersuchung' oder ‚(juristische) Entscheidung' (so aber BDR 165 Anm. 2; als Möglichkeit Bauer[6], διαλογισμός 1; das Gegenteil Barn 21,4?). Der Genitivus qualitatis διαλογισμῶν πονηρῶν (→ 1,13; anders z.B. Lk 18,6) geht auf das Motiv (z.B.: arme Neuzugänge kosten, reiche lassen auf Spenden, erhöhtes Ansehen, Schutz hoffen).

5–7 Neue Anrede und zweigeteilte Reihe von rhetorischen Fragen mit οὐ (s. V.4; formal vgl. z.B. 1Kor 6,1–6) statt Beteuerungen. Nach diesen bekannten Tatsachen hätten die Adressaten urteilen sollen, nicht nach ihren bösen Überlegungen.

5–6a Ἀκούσατε, ἀδελφοί μου ἀγαπητοί· οὐχ ὁ θεὸς ἐξελέξατο τοὺς πτωχοὺς τῷ κόσμῳ πλουσίους ἐν πίστει καὶ κληρονόμους τῆς βασιλείας ἧς ἐπηγγείλατο τοῖς ἀγαπῶσιν αὐτόν, **6** ὑμεῖς δὲ ἠτιμάσατε τὸν πτωχόν; Ist die Aufforderung zum Hören (→ 1,19; zur Anrede s. 1,2) beschwörend oder eher tadelnd (vgl. 1,16.19) gemeint? Abgesehen von ihr kann hinter V.5 (zur Form einschließlich V.6a Apg 3,13f.; Herm vis 3,9,1; vgl. Philostrat, Vita Apoll. V 41; Wolter 135–138) die in Lk 6,20 aufgenommene Seligpreisung liegen (ob auch als Jesuswort?; entfernter vgl. auch 1Kor 1,27f.). Jak wird aber mindestens für Welt opp. Glaube und den Relativsatz verantwortlich sein. Sachlich steht Jak in der Tradition, daß Gott für das Recht der Armen (s. auch zu 1,27) sorgt (z.B. Ex 22,20–26; Dtn 15,7–11; Ps 140,13; Prov 23,10f.; Am 2,6–8), aber nicht speziell der „Armenfrömmigkeit" (z.B. Ps 9; 34; 37; 73; 140; 1QH 10[2],31ff.; 13[5],5–19; zur Sache Lohfink); mehr s. V.6f. mit Exkurs.

Οὐχ gehört eher zu ὁ θεός (→ 1,1) als zum Prädikat (vgl. BDR 433). Er, der die Person nicht ansieht (s. V.1) und allein Richter ist (4,11f.), hat anders als die Adressaten die Armen (s. V.2) privilegiert. Ἐκλέγεσθαι (in ntl. Briefen sonst nur 1Kor 1,27f.; Eph 1,4) ist mit doppeltem Akkusativ offenbar ungewöhnlich; Ellipse von εἶναι (Bauer[6], ἐκλέγομαι 3c)? Das Verb meint nicht Prädestination, sondern eine Bestimmung (die nicht exklusiv sein muß) unter der Bedingung von Gehorsam (s. gleich). Die Armen sind nicht erwählt, weil fromm; 1,22–25 gilt für sie auch. Der Aorist (kaum gnomisch) meint einen Beschluß in der Vergangenheit; wann, ist nicht gesagt (auch nichts vom Wirken Jesu). Τῷ κόσμῳ (→ 1,27) ist wohl Dativ der Beziehung (vgl. BDR 197,1), nicht instrumental oder statt Genitiv. Daß Arme reich (→1,10; Alliteration) werden oder sind, ist vertraute Redeweise (z.B. 1Sam 2,8; TestJud 25,4; TestGad 7,6; Lk 1,52f.; 2Kor 8,9; Apk 2,9). Hier ἐν πίστει (→ 1,3; genau so 1,6): wohl nicht lokal, weil unparallel zu τῷ κόσμῳ, sondern instrumental oder partitiv (vgl. z.B. Eph 2,4; Barn 19,2; Herm sim 2,5), vielleicht beides: die Armen sollen reich werden dadurch, daß sie Glauben haben und durch ihn weitere Heilsgüter (z.B. Gebetserhörung, 1,6; 5,15; Herm sim 2,5). Die Fortsetzung präzisiert dann wohl nicht („und zwar"), fügt auch nicht die Zukunft zur Gegenwart, sondern hebt das Wichtigste hervor, was man dank Glauben ist (s. V.1).

Das Reich (Gottes) zu erben (κληρονόμος und βασιλεία im Brief nur hier; βασιλικός 2,8) ist christl. Sprache (verbal Mt 25,24; verneint 1Kor 6,9f.; 15,50; Gal 5,21; IgnEph 16,1; IgnPhld 3,3; Polyk 5,3; vgl. Sib VIII 36?). Vermutlich ist das Reich für Jak eine himmlische Größe, zu der man beim Eschaton gelangt (vgl. 1Petr 1,4); Genaueres sagt er nicht (aber s.u. den Exkurs hinter 5,11). Zum Relativsatz s. 1,12 (vgl. besonders Diog 10,2).

6a (sollte zu V.5 gehören) kann man auch als Aussage auffassen (Mehrheitsmeinung einschließlich NA, ECM). Man muß es, wenn man als Sentenz deutet (τὸν πτωχόν generisch, Aor. gnomisch oder zeitlos). Aber entehren die Adressaten die Armen allgemein (in 2,15f. allenfalls implizit, 5,1–6 betrifft nur einen Teil)? Ὑμεῖς δέ steht wohl opp. ὁ θεός V.5. Ἀτιμάζειν (im Brief nur hier; τίμιος 5,7), das oft mehr als ‚nicht ehren' bedeutet, trifft jedenfalls V.3b genau. Arme zu ἀτιμάζειν ist herzlos und Sünde (z.B. Prov 14,21.31; Sir 10,23; vgl. Prov 22,22; Sir 11,2–6; 1Kor 11,22; 1Petr 2,17; Tertullian, Apol. 46,12 *Christianus nec in pauperem superbit*); das bedeutet aber nicht, daß Jak noch ein anderes Verbot als V.1 verletzt sieht.

6b-7 Die Argumentation ändert sich (nicht ihr Stil). Jak erklärt die Reichen nicht für verworfen (opp. V.5) und die Behandlung des Goldberingten in V.3a nicht für falsch (der hätte nicht erniedrigt werden sollen, sondern der Arme erst recht geehrt). Jak charakterisiert vielmehr die Gruppe, der der Goldberingte angehört, und zwar nach ihrem Verhalten gegenüber den Adressaten. Warnt er nach der berichteten Benachteiligung des Armen nun indirekt vor möglicher Bevorzugung von Reichen (im Sinn von Lev 19,15 u.a., s. V.1)? Vielleicht unterstreicht er nur, wie absurd die Ungleichbehandlung des Armen war.

6b Οὐχ οἱ πλούσιοι καταδυναστεύουσιν ὑμῶν καὶ αὐτοὶ ἕλκουσιν ὑμᾶς εἰς κριτήρια; Zu οὐχ s. V.4. Οἱ πλούσιοι (→ 1,10, Pl. noch 5,1) ist verbreitete, oft abschätzige Gruppenbezeichnung (z.B. Menander, Cith. Fr. 1,1; Epiktet III 22,27; 26,35; Plutarch, Mor. 58c; Artemidor, Oneirokr. [S. Laukamm, Das Sittenbild des Artemidor von Ephesus, Angelos 3, 1930, 40]; ψ 44,13; Jes 5,14; äthHen 97,8–10; Philo Leg 108; 1Tim 6,17; Apk 6,15; 13,16; Herm sim 9,20,1f.; gern opp. οἱ πτωχοί, πένητες, z.B. Epiktet I 24,15; ψ 9,29; Arist 249; Lk 6,20.24; Did 5,2 par. Barn 20,2; Herm sim 2,8; vgl. auch Jak 1,9f.). Sie ist soziologisch unscharf, auch wenn die Reichen meist zu den Herrschenden gehören und umgekehrt; das Profil bestimmt der Kontext (s. V.7).

Καταδυναστεύειν (im Brief nur hier; frühchr. sonst nur mit Teufel als Subjekt Apg 10,38; Herm mand 12,5,1f.): wohl nicht handgreiflich, sondern durch unsoziale Behandlung (wie z.B. Diodor S. XXXVII 8,4; Jer 7,6; Am 4,1; 8,4; Mi 2,2; Sap 2,10; Diog 10,5f.; vgl. Prov 22,7; ψ 9,29–31; Sir 13,19; Arist 147). Daß (die) Reiche(n) als Gruppe gegen die Adressaten vorgehen, ist kaum vorstellbar, wohl aber, daß sie einzeln arme Verwandte, Klienten, Sklaven, Tagelöhner (s. 5,4), Mieter, Schuldner, Bittsteller, vielleicht auch schwächere Konkurrenten kurz halten und schikanieren, jedenfalls nicht unterstützen. Daß die Reichen sich damit zwar standestypisch, aber nicht -gemäß verhalten, mag mitschwingen.

Καὶ αὐτοί: Eher betont, d.h. „und sogar, und dazu" (vgl. Bauer[6], αὐτός 1g) als unbetont (vgl. BDR 277,3; Septuagintismus hier nicht zu erwarten). Ἕλκειν εἰς κριτήριον (→ 2,4; das Verb im Brief nur hier) o.ä. ist offenbar idiomatisch (vgl. P. Turin. VI 11 ελκυσθεντων απαντων εις το κριτηριον; Achilles Tatius VII 15,4 εἰς τὸ δεσμωτήριον; Apg 16,19; vgl. Lk 12,58; Apg 8,3); κριτήρια hier also nicht ‚Prozesse, Rechtshändel' (1Kor 6,2.4 möglich; κριτήριον frühchr. sonst nicht). Jak meint wohl Fortsetzung der Bedrückung mit Rechtsmitteln, nicht Anzeigen wegen Christentums (wie z.B. 1Petr 4,16; Plinius d.J., Ep. X 96f.).

7 Οὐκ αὐτοὶ βλασφημοῦσιν τὸ καλὸν ὄνομα τὸ ἐπικληθὲν ἐφ' ὑμᾶς; Ein dritter Zug, kaum Interpretation von V.6b oder c. Zu οὐκ s. V.4, zu αὐτοί s. V.6. Das Objekt nimmt abgesehen von καλόν (→ 2,3) eine ursprünglich profane (z.B. 2Sam 12,28; Jes 4,1) Verbindung von ἐπικαλεῖν (im Brief nur hier) Pass. mit ὄνομα (noch 5,10.14) auf, die Gottes besitzergreifend über Tempel, Jerusalem, manchmal auch über Menschen, meist Israel, ausgerufenen Namen bezeichnet (nie die gr. erhaltenen Pseudepigraphen, Philo, Josephus, aber z.B. Dtn 28,10; 2Chr 7,14; Jer 14,9; Bar 2,15; 4Esra 4,25; 10,22 „der Name, der über uns ausgerufen wurde, [ist] entehrt", Übers. J. Schreiner; 11Q14,13; LevR zu 2,8; frühchr. nur noch Apg 15,17 zit. Am 9,12; Herm sim 8,6,4 βλασφημήσαντες ἐν ταῖς ἁμαρτίαις αὐτῶν τὸν κύριον, ἔτι δὲ καὶ ἐπαισχυνθέντες τὸ ὄνομα τοῦ κυρίου [vgl. 9,21,3] τὸ ἐπικληθὲν ἐπ' αὐτούς „solche, die in ihren Sünden den Herrn gelästert haben, dann sich auch des Namens des Herrn geschämt haben, der über sie ausgerufen war", Übers. M. Leutzsch; vgl. 2Makk 8,15; PsSal 9,9). Hier schließt ἐπικαλεῖν den Christennamen aus (trotz 1Petr 4,14–16), erst recht den guten Ruf (Prov 22,1 ὄνομα καλόν; Philo Migr 86ff.; 1Klem 1,1). Die meisten denken an den Namen, den die Christen dank der Taufe „auf den Namen Christi" tragen, haben o.ä. (z.B. Apg 9,15?; IgnEph 7,1; Polyk 6,3; Herm sim 9,16,3 u. oft; Bauer[6], ὄνομα I 4b; aber wurde er wirklich ausgerufen?). Βλασφημεῖν (im Brief nur hier) gilt freilich frühchr. nie sicher dem Namen Christi, aber öfter Gottes (Röm 2,24 zit. Jes 52,5 ἐν τοῖς ἔθνεσιν [vgl. 4Esra 8,60]; 1Tim 6,1; Apk 13,6; 16,9; 2Klem 13,1.4; 13,2 zit. Jes 52,5; anders dann Justin, Dial. 117,3, vielleicht schon 1Klem 47,7; Herm sim 6,2,3), von dem die Wendung ursprünglich sprach. Jak kann deshalb sehr wohl den schönen Namen Gottes (vgl. ψ 134,3) meinen (er behandelt die Adressaten dann wieder als Israel, s. 1,1). Auch der könnte bei der Taufe genannt worden sein (Aor.; vgl. Mt 28,19).

Zur sozialen Lage der Adressaten des Jakobusbriefs

Literatur, soweit nicht o. nach der Übers. genannt: Alföldy, Sozialgeschichte. – Boggan, Wealth. – Brox, Hermas. – Geyser, Letter of James. – Hartin, The Poor. – Hengel, Eigentum und Reichtum. – Kelly, Poor and Rich. – Lampe, Die stadtrömischen Christen. – Leutzsch, Wahrnehmung. – Maier, Reich und Arm. – Maynard-Reid, Poverty and Wealth. – Carolyn Osiek, Rich and Poor in the *Shepherd of Hermas.* An Exegetical-Social Investigation, 1983. - Ruegg, Temps de Jacques. – Rustler, Thema und Disposition. – Sato, Wozu wurde der Jakobusbrief geschrieben? – Souček, Zu den Problemen des Jakobusbriefes. – Stegemann/Stegemann, Sozialgeschichte. – Tamez, Santiago. – Williams, Piety and Poverty. – S. auch o. Einl. 2.2 und u. den Exkurs hinter 5,6.

Jak läßt an vielen Stellen etwas über soziale Verhältnisse der Adressaten erkennen, wenn auch nur indirekt und einseitig durch seine Wahrnehmung von Mißständen und ihre Korrektur anhand von Theologie und Ethik. Beherrschend ist der Gegensatz zwischen unbegüterten Christen und (vermutlich) einer Minderheit von relativ wohlhabenden (in der Sprache des Briefes Armen bzw. Niedrigen und Reichen); mit ihm überschneidet sich der Gegensatz zwischen Drinnen und Draußen (Brüdergemeinde und Welt). Ist der Brief als gegliederter, kohärenter Text zu lesen (s.o. Einl. 3.1), muß man sich nicht mit einer Sammlung von Feststellungen begnügen, die je für sich irgendwo und -wann zutrafen oder vorauszusehen waren, sondern kann nach ihrem Zusammenhang fragen. Allerdings ergibt sich auch im günstigsten Fall keine Momentaufnahme einer bestimmten Einzelgemeinde, sondern das Bild eines sozialen Klimas mittlerer zeitlicher und örtlicher Reichweite (s.o. Einl. 2.2).

Gegen verbreitete Meinung (aber mit z.B. Konradt, Existenz 142 Anm. 271) ist der Brief nicht durch „Armenfrömmigkeit" (zur Sache Lohfink) geprägt, wenn man darunter einen Frömmigkeitstypus (oder sogar so etwas wie eine Bewegung) versteht, der in den Armen die eigentlichen von Gott Erwählten sieht (s. 2,5), aber die Reichen verdammt, und gleichzeitig annimmt, daß die Adressaten Arme sind oder sein sollten. Vielmehr schärft Jak ein, daß die Adressaten sich um Gottes willen um ihre Armen kümmern und Arme aufnehmen sollen (1,17; 2,1–4) und daß Genuß und Vermehrung von Reichtum Kennzeichen der gottesfeindlichen Welt sind, von der man sich trennen muß, wenn man ins ewige Leben kommen will (1,9–11; 2,1–5; 4,1–10; 4,13–5,6). Arme sind also da. Ob auch Bessergestellte, entscheidet sich vor allem an 2,6b-7. Die Reichen wie hier dargestellt gelten meist als Nichtchristen und ihr Verhalten als Teil der Anfechtungen, welche die Christen aushalten müssen (s. 1,2). Es ist aber nicht ausgeschlossen, daß die Reichen (oder einige) mindestens in eigener Sicht Christen sind (zu Unterdrückung oder fehlender Hilfsbereitschaft s. 4,2; 1Kor 11,22; 1Tim 6,17–19; zu Prozessen 1Kor 6,1–8 und die Denunziationen Mk 13,12 par.?; Herm vis 2,2,2; sim 8,6,4; 9,19,1 προδόται τῶν δούλων τοῦ θεοῦ, ebenso 9,19,3; unter Zwang Tacitus, Ann. XV 44,4, freilich nicht immer speziell durch Reiche; zu βλασφημεῖν [dann „Schande machen"] Herm sim 8,8,2 διὰ τὰς πραγματείας γὰρ αὐτῶν ἐβλασφήμησαν τὸν κύριον καὶ ἀπηρνήσαντο αὐτόν „Denn wegen ihrer Geschäfte haben sie den Herrn gelästert und ihn verleugnet", Übers. M. Leutzsch; vgl. 9,19,1.3 u.ö.; gezwungenermaßen Plinius d. J., Ep. X 96,5f.). Ein Gegenargument ist, daß V.6f. „die Reichen" und „euch" unterscheidet (doch vgl. Herm sim 9,19,1). Sticht es nicht und darf man die Reichen und die Zweiseeler (s. 1,8) zusammensehen (vgl. Herm sim 9,18,3 τοὺς πονηροὺς καὶ ὑποκριτὰς καὶ βλασφήμους καὶ διψύχους usw.), erscheint das Bild von bessergestellten Gemeindegliedern, die durch die Manieren ihres Standes, entsprechende Geschäfte und weltliche Sozialbeziehungen nur so locker ins Gemeindeleben integriert sind und so stark von den hier geltenden Normen abweichen, daß sie für Jakobus nur (noch oder erst) Halbchristen sind (vgl. Hermas).

Man rechnet also wohl besser mit sozial verschieden gestellten Adressaten, die ihre Stellung auch verschieden auffaßten. Anscheinend waren sowohl Mittellose (2,15f.) wie Geschäftsleute mit Kapital (4,13–17), vielleicht sogar größere Grundbesitzer (5,1–6) da oder zumindest als Gemeindeglieder denkbar, dagegen wohl kaum jemand aus der sozialen Elite. Als politisch Mächtige oder Gebildete tauchen die Reichen jedenfalls nicht auf. Andererseits ist von Sklaven nicht die Rede, trotz der Kürze des Briefes merkwürdig (oder nicht, vgl. Leutzsch, Wahrnehmung 153–155?). Die meisten Adressaten dürften zur städtischen Unterschicht oberhalb der Armutsgrenze (Stegemann – Stegemann) gehört haben und nicht ohne Aussicht auf geschäftliches Fortkommen gewesen sein. Finanzieller Erfolg wird auch nicht prinzipiell verdammt, nur sollen die Verdiener geben (4,17). Wenn die Gemeinschaft Bedürftigen das Existenzminimum sichern soll (1,27; 2,15f.), setzt das die Mittel und wahrscheinlich auch Organisation voraus (s. auch u. den Exkurs hinter 5,6).

8–11 Zwei Satzgefüge (V.8 zwar, V.9 aber) stellen fest, daß die Adressaten das Gesetz (der Freiheit) verwerfen, wenn sie die Person ansehen. V.10 begründet, V.11 erläutert einen Punkt der Begründung.

8 Εἰ μέντοι νόμον τελεῖτε βασιλικὸν κατὰ τὴν γραφήν· ἀγαπήσεις τὸν πλησίον σου ὡς σεαυτόν, καλῶς ποιεῖτε. Zu εἰ s. 1,5. Das an sich einräumende μέντοι (im Brief nur hier) kann für δέ stehen (BDR 450 Anm. 1), fällt aber bei einem Neueinsatz doch auf. Daß es V.8 zur Konzession an einen stillen Einwand („das Liebesgebot gilt doch auch gegenüber Reichen") oder ein ausgelassenes eigenes Urteil („die Behandlung des Goldberingten verletzt das Gebot") macht, setzt zuviel Ungesagtes voraus. Wenn μέντοι nicht einfach den Absatz markiert, könnte es, weil V.9 V.1 aufnimmt, V.8 an 1,27 anschließen: „gut, das befolgt ihr". Jedenfalls ist V.8 eine captatio.

Das Gesetz ist das der Freiheit, wenn man nicht isolierend deutet, nicht das Liebesgebot oder eine ihm gemäße Norm. Νόμος βασιλικός (→ 1,25; 2,5) ist kein religiöser oder philosophischer Fachausdruck (politisch im Unterschied zu anderen Gesetzen vgl. aber z.B. Ps-Plato, Min. 317c τὸ μὲν ὀρθὸν νόμος ἐστὶ βασιλικός, τὸ δὲ μὴ ὀρθὸν οὔ; Plato, Ep. 8,354c νόμος ἐπειδὴ κύριος ἐγένετο βασιλεὺς τῶν ἀνθρώπων, ἀλλ᾽ οὐκ ἄνθρωποι τύραννοι νόμων „weil nämlich das Gesetz maßgeblicher König der Menschen wurde und nicht die Menschen Tyrannen über die Gesetze", erhielt sich dank Lykurg Spartas βασιλικὴ ἀρχή; also ist zu raten, δουλεῦσαι νόμοις βασιλικοῖς „sich königlichen Gesetzen zu unterwerfen", Übers. D. Kurz; Aristoteles, Rhet. 1406a; Isokrates, Or. III 56; Vita Aes. W 107; OGIS 483,1 τὸν βασιλικὸν νόμον; BGU 820,2; 1074,15; 1Esra 8,24; Jos Ant XI 130 ἄν τις τῶν ὁμοεθνῶν σου παραβαίνῃ τὸν τοῦ θεοῦ νόμον ἢ τὸν βασιλικόν; vgl. 2Makk 3,13 δι' ἃς εἶχεν βασιλικὰς ἐντολάς). Belegt sind aber βασιλεύς, βασιλίς als Prädikate für Gesetz (z.B. Pindar, Fr. 169a νόμος ὁ πάντων βασιλεὺς θνατῶν τε καὶ ἀθανάτων; Plato, Symp. 196c οἱ πόλεως βασιλῆς νόμοι und oben; Philo VitMos II 4 πρόσταξις δὲ τῶν πρακτέων καὶ ἀπαγόρευσις τῶν οὐ πρακτέων ἴδιον νόμου, ὡς εὐθὺς εἶναι τὸν μὲν βασιλέα νόμον ἔμψυχον, τὸν δὲ νόμον βασιλέα δίκαιον „Das Befehlen des Notwendigen und das Verbieten des Unstatthaften ist Sache des Gesetzes, sodass der König ohne weiteres das lebendig gewordene Gesetz und andrerseits das Gesetz ein gerechter König ist", Übers. B. Badt), Vernunft, Frömmigkeit, Tugend, Wissenschaft (z.B. Philo Congr 50; SpecLeg IV 147; vgl. 4Makk 14,2; nicht hierher die βασιλικὴ ὁδός Philo Post 101; SpecLeg IV 168 u.ö.). Und natürlich ist Gott König. Überraschend ist es jedenfalls nicht, daß Jak das Gesetz nach τέλειος und ὁ τῆς ἐλευθερίας noch βασιλικός (frühchr. nur noch profan Joh 4,46.49; Apg 12,20f.) nennt; die drei Gütesiegel sind eng verwandt. Trotzdem kann man nur raten, was βασιλικός genau besagen soll. Daß das Gesetz König ist? Daß es zum weisen König macht (vgl. Sap 6,20 ἐπιθυμία ἄρα σοφίας ἀνάγει ἐπὶ βασιλείαν; TestLevi 13,9; Av 6,2a „Sie verleiht ihm [die Tora dem, der sich mit ihr beschäftigt] Königswürde und Herrschaft und die Fähigkeit zur Erforschung des Rechts", Übers. K. Marti – G. Beer) und darum auch frei (vgl. z.B. Diogenes L. VII 122; Philo Sobr 57 μόνος βασιλεύς... μόνος ἐλεύθερος ist der Gottesfreund)? Daß es Gottes Gesetz ist, womöglich vermittelt durch Jesus, oder das Gesetz des Reiches opp. Welt (V.5), das für Christen schon jetzt gilt oder ins Reich führt? Vielleicht sollte man nichts Genaues wissen wollen und βασιλικός mit „majestätisch, erhaben" umschreiben.

Τελεῖν (→ 1,4; νόμος als Objekt jüd.-gr. und frühchr. nur noch Röm 2,27, vgl. Lk 2,39; ἐντολή o.ä. LibAnt 49,6?; Herm sim 5,2,4; profan z.B. Jos Bell I 551; 2,495, vgl. 1Klem 37,2) steht wohl bedacht statt πληροῦν, ποιεῖν, τηρεῖν o.ä. Κατὰ τὴν γραφήν gehört wohl nicht modal zu τελεῖτε, sondern führt das Erfüllte ein (frühchr. sonst so nicht, aber vgl. Röm 4,18; 2Kor 4,13, ohne Zitat 2Chr 30,5; 35,4; 1Esra 1,4; 1Kor 15,3f.; 2Tim 2,8?); γραφή (noch V.23; 4,5) dann wohl „Schriftstelle" (wie z.B. V.23? 4Makk 18,14? Philo Her 266? Mk 12,10; 2Tim 3,16). Die Stelle ist Lev 19,18c LXX (ἈΣΘ-Varianten nicht belegt).

Das Nächstenliebegebot bei Jakobus

Literatur, soweit nicht o. nach der Übers. genannt: J. Augenstein, Das Liebesgebot im Johannesevangelium und in den Johannesbriefen, 1993. – Chr. Burchard, Die Summe der Gebote (Röm 13,7–10), das ganze Gesetz (Gal 5,13–15) und das Christusgesetz (Gal 6,2; Röm 15,1–6; 1Kor 9,21), in: D. Sänger (Hg.), Studien zur Theologie, Sprache und Umwelt des Neuen Testaments, 1998, 151–183; Nächstenliebegebot. – Berger, Gesetzesauslegung Jesu, I. – M. Ebersohn, Das Nächstenliebegebot in der synoptischen Tradition, 1993. – J. Kiilunen, Das Doppelgebot der Liebe in synoptischer Sicht. Ein redaktionskritischer Versuch über Mk 12,28–34 und die Parallelen, 1989. – M. Konradt, Menschen- oder Bruderliebe? Beobachtungen zum Liebesgebot in den Testamenten der Zwölf Patriarchen, ZNW 88, 1997, 296–310. – H.-P. Mathys, Liebe deinen Nächsten wie dich selbst. Untersuchungen zum alttestamentlichen Gebot der Nächstenliebe (Lev 19,18), 1986. – H. Meisinger, Liebesgebot und Altruismusforschung. Ein exegetischer Beitrag zum Dialog zwischen Theologie und Naturwissenschaft, 1996. –

R. Neudecker, "And You Shall Love Your Neighbor as Yourself – I Am the Lord" (Lev 19,18) in Jewish Interpretation, Bib. 73, 1992, 496–517. – Niebuhr, Gesetz und Paränese. – A. Nissen, Gott und der Nächste im antiken Judentum. Untersuchungen zum Doppelgebot der Liebe, 1974. – Oegema, Für Israel und die Völker. – T. Söding, Das Liebesgebot bei Paulus. Die Mahnung zur Agape im Rahmen der paulinischen Ethik, 1995. – W. Stegemann, Nächstenliebe oder Barmherzigkeit. Überlegungen zum ethischen und soziologischen Ort der Nächstenliebe, in: H. Wagner (Hg.), Spiritualität, 1987, 59–82. – H. Thyen, Gottes- und Nächstenliebe, in: G.K. Schäfer/T. Strohm (Hg.), Diakonie – biblische Grundlagen und Orientierungen, 1990, 263–296. – O. Wischmeyer, Das Gebot der Nächstenliebe bei Paulus. Eine traditionsgeschichtliche Untersuchung, BZ 30, 1986, 161–187.

Das Gebot (exilisch?) begründet im AT Verzicht auf Rache an Volksgenossen und Gleichstellung von einwohnenden Fremden (Lev 19,33f.; Dtn 10,17–19, also faktisch Feindesliebe), wurde frühjüd. als positives Gebot rezipiert (z.B. Sir 13,15; Jub 7,20 u.ö.; 1QS 5,24–6,1; CD 6,20f.; WKG 4,10; breit TPatr; bei Philo entspricht die Pflicht zur φιλανθρωπία SpecLeg II 63 u.ö.) und frühchr. zur Kernstelle (zit. Mk 12,28–34 par.; Mt 19,19; Röm 13,9; Gal 5,14, vgl. weiter Mt 5,43; 1Thess 4,9; Did 1,2; 2,7; Barn 19,5; Polyk 3,3; Justin, Dial. 93,2). Ἀγαπᾶν (→ 1,12) bezeichnet primär soziales Verhalten, das dem πλησίον (noch 4,12) das Gute tut und das Böse fernhält, wie (ὡς → 1,10) man es sich selber wünscht. Πλησίον (und schon MT *rēᵃ*) ist wohl weder eng noch universal gemeint, sondern offen; die Reichweite des Gebots bestimmt der Kontext (Konradt). Haß nach außen korrespondiert nur ganz selten (z.B. 1QS 1,3f.9f.; WKG 4,10f.; als antijüd. Vorwurf Mt 5,43; Tacitus, Hist. V 5). Jak hat Lev 19,18 wohl aus christlicher Tradition (trotz 1,12; 2,5, eher nicht als Teil eines Doppelgebots). 4,11f. (ἀδελφός par. πλησίον) spricht dafür, daß er es primär intern versteht (wie z.B. auch TestPatr und Paulus, anders Theißen, Nächstenliebe; mehr s. V.9). Es bezeichnet nicht den ganzen Inhalt des Gesetzes der Freiheit (weder als Obergebot, das die anderen in sich enthielte oder regierte, noch als Maxime einer Gesinnung, welche Einzelgebote höchstens als Illustrationen oder Übungsstücke neben sich hätte), ist aber auch kein Einzelgebot (s. zu V.10f.), sondern wohl Obersatz der Gebote, die die zwischenmenschlichen Beziehungen unter Christen regeln (vgl. Röm 13,8–10; Gal 5,13–15).

Καλῶς (→ 2,3) steht gern bei ποιεῖν (noch 2,12f.19; 3,12.18; 4,13.15.17; 5,15; ποιητής → 1,22; ποίησις 1,25), genau so V.19 (anders 4,17 καλὸν ποιεῖν). Beide Sätze sagen: so weit, so gut (nicht ironisch). Jak räumt ein, daß die Adressaten das Liebesgebot befolgen (V.8 ist nicht irreal), aber vielleicht nicht ganz (s. V.9).

9 Εἰ δὲ προσωπολημπτεῖτε, ἁμαρτίαν ἐργάζεσθε ἐλεγχόμενοι ὑπὸ τοῦ νόμου ὡς παραβάται. Zu εἰ → 1,5, zum Prädikat → 2,1. Jak unterstellt, daß die Adressaten immer wieder oder dauernd gegen V.1 verstoßen (Präs.). Der Hauptsatz nennt nicht Folgen, sondern subsumiert Ansehen der Person unter ἁμαρτίαν ἐργάζεσθαι (→ 1,15; 1,3; vgl. Herm mand 4,1,1 τοῦτο γὰρ ποιῶν μεγάλην ἁμαρτίαν ἐργάζῃ; 4,1,2 ἐὰν... ἁμαρτίαν ἐργάζῃ; 8,2; ἁμαρτία bei ἐργάζεσθαι jüd.-gr. TestGad 6,5; LibAnt 44,9?, vgl. Jos Ant VI 124; frühchr. nur noch Herm sim 7,2; aber verwandte Objekte zu ἐργάζεσθαι sind häufig, z.B. ψ 6,9; Mt 7,23; Röm 13,10, auch pagan).

Das konjunkte Partizip (ἐλέγχειν im Brief nur hier; Präs.: zeitlos? eben durch V. 10f.? im Gericht?) steigert; wer hartnäckig die Person ansieht, wird von dem in V.8 genannten Gesetz (Art. rückweisend, Personifizierung wohl nur formal) mit der Tatsache konfrontiert, daß er παραβάτης ist (noch V.11; pagan für Übertreter selten, jüd.-gr. allenfalls Σ ψ 16,4; 138,19; Jer 6,28, frühchr. noch Röm 2,25.27; Gal 2,18, vgl. Lk 6,4 D; ὡς identifizierend → 1,10). Das ist ein starkes Wort: Verächter des Gesetzes, der gewohnheitsgemäß übertritt oder Teile nicht anerkennt oder beides. Das klingt zu hart, wenn Lev 19,18 betroffen sein soll (so aber Mehrheitsmeinung; man kann dann erwägen, ob Jak ein bewußt, nicht nur unbedacht enges Verständnis aufbricht), denn in V.8 hatte Jak Erfüllung eingeräumt, wenn auch vielleicht unvollständige. Stattdessen Lev 19,15? Jak nimmt aber den Wortlaut (s. V.1) nicht auf. Sein Gesetz der Freiheit könnte gut ein selbständiges Verbot des προσωπολημπτεῖν enthalten haben (vgl. Ps-Phok 9–11; Did 4,3 par. Barn 19,4; Polyk 6,1), das direkt oder indirekt von Lev 19,15 inspiriert war (Lev 19 wirkt auch sonst in jüd. Toraparänese nach; Niebuhr, Gesetz und Paränese) und das Jak in seinem Sinn (s. V.2–4) einsetzt.

10 Ὅστις γὰρ ὅλον τὸν νόμον τηρήσῃ, πταίσῃ δὲ ἐν ἑνί, γέγονεν πάντων ἔνοχος begründet V.9b. Ohne ἄν (fehlt Jak) ist ὅστις mit Konjunktiv (noch 4,14 m. Ind.; ὃς ἐάν 4,4) anscheinend nicht korrekt, aber möglich (BDR 380 Anm. 7). Ὅλος (noch 3,2f.6) bei νόμος (→ 1,25) ist wohl nicht häufig (frühchr. noch Mt 22,40; Gal 5,3, anders πᾶς). Zu τηρεῖν (→ 1,27) s. V.8. Man braucht hier wie in V.11 kein μέν (im Brief nur 3,17) zu vermissen (vgl. z.B. Plato, Prot. 329e; 1Petr 1,8.12).

Πταίειν (noch 3,2) ist feste ethische Metapher (z.B. Mark Aurel VII 22,1 Ἴδιον ἀνθρώπου φιλεῖν καὶ τοὺς πταίοντας „Dem Menschen eigentümlich ist, daß er auch die Strauchelnden liebt", Übers. W. Theiler; Dtn 7,25; Arist 230f.; TestGad 4,3; Philo All III 66; Jos Ant II 145; mehr bei 3,2; anders Röm 11,11; 2Petr 1,10?; das Verb frühchr. sonst nicht). Ἐν ἑνί: die Präposition bezeichnet nicht, worüber, sondern wobei oder womit man zu Fall kommt (wie z.B. 3,2; Demosthenes, Or. XVIII 286; Diodor S. XXVII 18,1; Epiktet, Gnomol. 52; Jos Bell I 78.430); ἑνί ist Neutrum (→1,4), nicht scil. νόμῳ. Also: nicht wer gelegentlich versagt, sondern bei einem Stück des Gesetzes wie z.B. V.1 gründlich (komplexiver Aor. wie τηρήσῃ), der ist und bleibt (vgl. Fanning 304f.) ἔνοχος aller. Das mehrdeutige Wort (im Brief nur hier; anderswo auch mit Dat. oder Präp.) scheint sonst nicht die übertretene Norm bei sich zu haben (oder vgl. Achilleus Tatius VIII 8,13 ὥστε ὁποτέρως ἂν οὗτος ἀποθάνῃ, ὡς μοιχὸς ἢ ὡς φονεύς, ἀμφοτέροις ἔνοχος ὤν, δίκην δεδωκὼς οὐ δέδωκεν· ἀποθανὼν γὰρ ὀφείλει θάνατον ἄλλον?). Also nicht: der übertritt alle Gebote (in Tateinheit, vgl. z.B. bei Unkeuschheit Rhet. Her. IV 16,23; Zinsnehmen ExR 31 [92c]; NumR 9,12 zu 5,14, oder in Kettenreaktion, vgl. Av 4,2; Luther, De servo arbitrio, WA XVIII 620) oder dessen Verdienste werden zunichte (vgl. yQid 61d), sondern: der verneint die Würde aller Gebote, auch wenn er sie im übrigen hält (vgl. z.B. Sap 9,6; TestAss 2,5–10; Ps-Klem. Hom. XIII 14, s. auch Jak 4,11; Bill. III 755). Jak steht also wohl in jüd. Tradition, zumal Schriftbeweis folgt, jedenfalls nicht direkt in der (nicht ausschließlich) stoischen, die die Einzel(un)tugend und die (Un)tugendhaftigkeit formal ähnlich verbindet (Thema hier nicht Einheit der Normen, sondern Charakter[losigkeit]; vgl. z.B. Seneca, Ben. V 15,1 *qui unum autem habet uitium, omnia habet* „wer aber einen Fehler hat, hat alle", Übers. M. Rosenbach; IV 27; ebenso von den Tugenden z.B. Plato, Prot. 329e; Plutarch, Mor. 1046f.; Diogenes L. VII 125 τὰς δ' ἀρετὰς λέγουσιν ἀντακολουθεῖν ἀλλήλαις καὶ τὸν μίαν ἔχοντα πάσας ἔχειν „sie [die Stoiker] sagen, daß die Tugenden ineinander enthalten sind und daß der, der eine hat, alle hat"; Stobaeus II 7,5b,5; Cicero, Off. II 35; Philo VitMos II 7).

11 Ὁ γὰρ εἰπών· μὴ μοιχεύσῃς, εἶπεν καί· μὴ φονεύσῃς· εἰ δὲ οὐ μοιχεύεις φονεύεις δέ, γέγονας παραβάτης νόμου. Der Redende (s. 1,13) ist Gott (vgl. 2Kor 4,6, wo aber Paraphrase folgt), nicht das Gesetz (so aber z.B. Röm 7,7). Jak denkt wohl kaum daran, daß der Dekalog das einzige Torawort ist, das Israel direkt hörte (Dtn 5,23–33, vgl. Philo Decal 18f. u.ö.); Lev 19 spricht Gott durch Mose. Jak zitiert Ex 20,13.15 par. Dtn 5,17.18, gewiß aus dem Kopf (mit μή und Konj. Aor. wie Mk 10,19 par. Lk 18,20 gegen LXX οὐ μοιχεύσεις, οὐ φονεύσεις; LibAnt 11,10f.; Philo Decal 36; Mt 19,18; Röm 13,9; Did 2,2, vgl. Barn 19,4, in der Reihenfolge wie P.Nash; Dtn 5 LXX; LibAnt 11,10f.; Philo; Lk 18,20; Röm 13,9 gegen Ex 20 MT; Dtn 5 MT; LibAnt 44,6; Jos Ant III 92; Mk 10,19 par. Mt

19,8; Did 2,2, unsicher Ex 20 LXX). Jak stimmt frühchr. also nur mit Lk 18,20 genau überein. Es ist nicht zu erkennen, daß Jak ähnlich Philo Decal und SpecLeg (die) Dekaloggebote (oder sie und Lev 19,18, vgl. Mt 19,18f.) als Obersätze für Gruppen von Einzelgeboten ansah oder wie Röm 13,8–10 (Gal 5,14?) Lev 19,18 als Summe von Geboten der zweiten Tafel. Die Auswahl mag aber damit (oder mit Röm 13,8–10?) zu tun haben, daß die Gebote am Anfang der zweiten Tafel stehen können (schon Philo Decal 51.121); zweifelhaft, ob (auch?) mit dem Verhalten der Adressaten (μοιχεύειν im Brief nur hier; μοιχαλίδες 4,4; φονεύειν noch 4,2; 5,6).

V.11b folgert im Sinn von V.10. Hellenistisch korrekt steht hier οὐ (vgl. BDR 428,1) nach εἰ (→ 1,5). Ist das Du durch die Gebote veranlaßt oder energisch? Zu γέγονας s. V.10, zur 2. Person Singular den Exkurs zu 2,18(ff.?) am Ende. Die meisten lassen V.11 den ganzen V.10 begründen; etwa: alle Gebote stehen gleich (vgl. stoisch z.B. Diogenes L. VII 101 δοκεῖ δὲ πάντα τὰ ἀγαθὰ ἴσα εἶναι; ebenso die Verfehlungen Diogenes L. I 36; VII 120 ἀρέσκει τ᾽ αὐτοῖς ἴσα ἡγεῖσθαι τὰ ἁμαρτήματα; Stobaeus II 7,11b; 4Makk 5,20 τὸ γὰρ ἐπὶ μικροῖς καὶ μεγάλοις παρανομεῖν ἰσοδύναμόν ἐστιν „Denn in kleinen Dingen oder in großen Dingen wider das Gesetz zu verstoßen ist völlig gleichwertig", Übers. H.-J. Klauck), oder: jedes Gebot stammt von Gott, oder schlüssiger: Gott fordert Gehorsam gegen alle (vgl. Dtn 27,26 zit. in Gal 3,10; 4Makk 5,19–21; Philo All III 241; Jos Ant V 333 οὐκ ἐξ ἡμισείας δεῖ μεμνῆσθαι τῶν νόμων, ἀλλὰ πάντα ποιεῖν κατ᾽ αὐτούς „man darf die Gesetze nicht nur zur Hälfte beachten, sondern [muß] alles ihnen gemäß tun"; XX 44; Av 4,2; Mt 5,18f.; 23,23; Gal 5,3). Aber hätte Jak dann nicht besser eine kurze Gebotsreihe (vgl. Mt 19,18f. par.; Röm 13,9; länger Did 2,2–7; Barn 19) gegen Einzelgebote stellen sollen? Oder spiegelt die Zweizahl das Nebeneinander von Liebesgebot und Verbot des Ansehens der Person? Zu V.10 paßt V.11 vielleicht am besten, wenn er ἐν ἑνί im Sinn von „in einem beliebigen (Stück)" festschreiben soll. Ansehen der Person hatte die Adressaten bisher nicht beschwert und könnte ihnen auch nach V.1–8 noch eher als standeswidrig denn als von Gott verboten vorkommen.

12–13 Summarischer Zwischenabschluß. Zwei Imperative an die Adressaten (V.12), zweigeteilte Begründung, die motivieren soll (V.13).

12 Οὕτως λαλεῖτε καὶ οὕτως ποιεῖτε ὡς διὰ νόμου ἐλευθερίας μέλλοντες κρίνεσθαι. Die beiden οὕτως (→ 1,11) lassen sich auf ὡς (→ 1,10) vorausbeziehen. V.12 fordert dann nach dem Einzelverbot V.1 (letzter vorhergehender Imp., V.5a nicht gerechnet) umfassenden Gesetzesgehorsam in Wort und Tat (→ 1,19; 2,8) wie in V.8–11 vorbereitet; ὡς ist vergleichend oder identifizierend. Man könnte dann sogar erwägen, ob λαλεῖτε (→ 1,19) und ποιεῖτε (→ 2,8) nicht 3,1–11; 2,14–26 oder nur 2,14–26 ankündigen und 2,12f. den Auftakt dazu bilden. Freilich sprachen V.8–11 nicht von Reden. Deshalb bezieht man οὕτως wohl besser zurück als voraus (ähnliches Problem Röm 11,26), und zwar nicht allein auf V.8–11 oder V.1–11 (wie in V.3 soll man gerade nicht reden), sondern besser, wegen der Aufnahme von νόμος ἐλευθερίας aus 1,25, auf 1,26–2,11 oder sogar nur 1,26 und 27 (wenn stört, daß 1,26 eher Nichtreden nahelegt: könnte sich das durch das zweite οὕτως von ποιεῖτε abgesetzte οὕτως λαλεῖτε auf Reden über das Gesetz beziehen, vgl. 2Klem 17f.; Barn 10,11f., d.h. redet wie ich bisher und tut es?); ὡς dann identifizierend (wie V.9; s. noch gleich).

Κρίνεσθαι (→ 2,4): beim Jüngsten Gericht (V.13). Aber bei einem allgemeinen, wo es um Leben oder Tod geht bzw. ein schon gefälltes Urteil vollstreckt wird (fast fraglose Mehrheitsmeinung), oder beim Gericht nach den Werken über die Christen, das sie nur ausnahmsweise verurteilt (vgl. Mt 7,24–27: betrifft nur das Haus, d.h. das Lebenswerk; 1Kor 3,14f.; 2Kor 11,13–15)? Μέλλειν (im Brief nur hier) kann ‚vorhaben, gedenken' heißen (z.B. Mt 2,13; Herm sim 1,5). Jak würde dann die Erwartung dämpfen, zu der das Gesetz der Freiheit an sich berechtigt, wenn man es tut. Διά bezeichnet hier nicht Urheber oder Umstand, sondern Mittel oder Maßstab (wie Röm 2,12, dort aber κρίνεσθαι ‚verurteilt werden'); zum Richter s. 4,11f.; 5,9.

13 Ἡ γὰρ κρίσις ἀνέλεος τῷ μὴ ποιήσαντι ἔλεος· κατακαυχᾶται ἔλεος κρίσεως bekräftigt V.12. Die beiden asyndetischen Sätze warnen und motivieren. Sie klingen wie eine Sentenz (oder zwei?), sind aber unabhängig von Jak nicht belegt; man kann die Formulierung auch ihm zutrauen (zur Stellung vgl. z.B. 2,26; 3,18; 4,17). Ἡ γὰρ κρίσις (→ 2,4) nimmt V.12 auf; ‚Gericht(shof)', ‚Verhandlung', 'Urteil', ‚Strafe'? Ἀνέλεος (hier zuerst?, frühchr. sonst nicht, später ganz selten) gilt durchweg als Adjektiv (wie z.B. Phrynichus S.710f. Lobeck; TestAbr A 16,1 ἀνέλεον βλέμμα, Beiname des Todes; P.Leipz. I 39,12), kann opp. ἔλεος aber auch Substantiv sein (z.B. Gregor Nyss., Or. de beat. 3, PG 44, 1863, col. 1228 ἔρις, ἀνέλεος, ἀπήνεια).

Ποιεῖν (→ 2,8) ἔλεος (pagan meist mask., LXX meist neutr., frühchr. immer) kann Septuagintismus sein (z.B. Gen 24,12; JosAs 23,3; TestHi 11,3; LibAnt 11,6 zit. Ex 20,6; nie Philo, Jos nur s. gleich; frühchr. noch Lk 1,72; 10,37; 2Klem 3,1; Mehrheitsmeinung), muß aber nicht (vgl. z.B. Demosthenes, Or. XXIV 111 τὸν ἔλεον τοῦτον ἐπὶ τῷ πλήθει τῷ ὑμετέρῳ μὴ ποιήσασθαι; Jos Bell III 133 μηδεμιᾶς τῶν Ῥωμαίων ἡλικίας ἔλεον ποιουμένων, vgl. II 603). Das Partizip Aorist ist wohl vorzeitig (s. 1,12). Ἔλεος (noch 3,17) bezeichnet tätiges Erbarmen mit Notleidenden (vgl. ohne die Vokabel Tob 4; TestHi 9–15; Herm mand 8,10), enger als Nächstenliebe, aber nicht auf Mitchristen (s. V.8) beschränkt (s. 1,27; 2,1.6a.15f.25; 5,19f.) Daß Erbarmen geboten ist (z.B. Hos 6,6 zit. in Mt 9,13; 12,7; Sach 7,9; Mt 23,23), sühnt (vgl. Sir 3,30; Dan 4,24; bRHSh 17a) und zu den Kriterien des Endgerichts zählt (z.B. Lk 16,19–31; Sib II 224 ῥύεται ἐκ θανάτου ἔλεος, κρίσις ὅππότ' ἂν ἔλθῃ nach Mayor, Jas, aber die Stellenangabe ist falsch; vgl. Mt 25,31–46), hat lange jüd. Tradition; Jak übernimmt sie wohl schon als christliche. Ebenso traditionell ist, daß Gott Gleiches mit Gleichem straft (z.B. Sap 11,16 δι' ὧν τις ἁμαρτάνει, διὰ τούτων κολάζεται; 12,23–27; TestGad 5,10 δι' ὧν γὰρ ἄνθρωπος παρανομεῖ, δι' ἐκείνων καὶ κολάζεται „Denn womit ein Mensch ungesetzlich handelt, daran wird er auch bestraft", Übers. J. Becker; LibAnt 34,5; 38,4; 44,6–10, bes. 10 *omnis homo in quo peccato peccaverit in eo et iudicabitur*; 45,3; vgl. Ps-Phok 11; Mt 7,1; Röm 1,22–32) oder belohnt (ἔλεος o.ä. z.B. TestSeb 5,3; Mt 5,7; 1Klem 13,2; Polyk 2,3; bShab 151b „Wer sich seiner Mitmenschen erbarmt, dessen erbarmt man sich im Himmel, und wer sich seiner Mitmenschen nicht erbarmt, dessen erbarmt man sich auch nicht im Himmel", Übers. L. Goldschmidt; vgl. Demosthenes, Or. XXI C. Mid. S. 547 οὐδείς ἐστι δίκαιος τυγχάνειν ἐλέου τῶν μηδένα ἐλεούντων „niemand von denen, die sich niemandes erbarmen, ist berechtigt, Erbarmen zu erlangen"). Ähnlich 3,6; 5,3b.

Κατακαυχᾶσθαι (→ 1,9; noch 3,14; pagan selten, jüd.-gr. und frühchr. nur noch Jer 27[50],11.38; Sach 10,12; Röm 11,18) ist hier positiv; der Genitiv κρίσεως (Alliteration) steht wohl wegen κατά. Aber „triumphiert über" (EÜ, so oder ähnlich die meisten, auch BDR 181 Anm. 3?) klingt fragwürdig, weil ἔλεος doch wohl wie grade eben das menschliche ist, das im Gericht positiv beurteilt wird, nicht das oft erhoffte und erbetene göttliche (z.B. ψ 12,6; Sap 3,9; Sir 5,6; 16,12; PsSal 2,33–37; TestHi 26,5; 1QH 14[6],9; Philo Imm 74–76; Jud 21); der Mensch triumphiert nicht über Gottes Gericht. Entweder ‚angesichts, gegenüber' (κατά präpositional gemeint), oder weniger dramatisch und mit gnomischem

Präsens: Erbarmen (metonymisch für den Barmherzigen) kann sich jetzt schon des Gerichts rühmen (s. 1,9), weil ihm Erbarmen sicher ist (κατά verstärkend). Das wird aber nicht bedeuten, daß ἔλεος der einzige Maßstab ist (s. 3,18).

2,14–26 Keiner meine, daß Glaube ohne Taten rettet; Glaube ohne Taten ist tot

14Was nützt es, meine Brüder, falls jemand sagt, Glauben habe er, Taten aber hat er nicht? Kann etwa der Glaube ihn retten? 15Wenn ein Bruder oder eine Schwester (bis aufs Hemd) nackt dastehen und Mangel leidend an der täglichen Nahrung, 16es sagt ihnen aber jemand von euch: „Geht hin in Frieden, haltet euch warm und satt", ihr gebt ihnen jedoch nicht das Notwendige für den Körper, was nützt es? 17So ist auch der Glaube, falls er nicht Taten hat, für sich allein tot.

18Aber es wird (vielleicht) jemand sagen: „Du hast Glauben und ich habe Taten". Zeige mir deinen Glauben ohne die Taten, und ich werde dir aus meinen Taten den Glauben zeigen. 19Du glaubst, daß Ein Gott ist; (daran) tust du gut. Auch die Dämonen glauben (das) und beben (vor ihm). 20Willst du dagegen erkennen, du hohler Mensch, daß der Glaube ohne die Taten unnütz ist? 21Wurde Abraham, unser Vater, nicht auf Grund von Taten als gerecht anerkannt, nachdem er Isaak, seinen Sohn, auf den Opferaltar gelegt hatte? 22Du merkst, daß der Glaube mit seinen (Abrahams) Taten mitwirkte und auf Grund der Taten der Glaube vervollkommnet 23und die Schrift(stelle) erfüllt wurde, die sagt: „Abraham aber glaubte Gott und (es) wurde ihm als Gerechtigkeit zugerechnet und er wurde Freund Gottes genannt". 24Ihr seht, daß auf Grund von Taten der Mensch als gerecht anerkannt wird und nicht (anerkannt wird) auf Grund von Glauben allein. 25Ebenso, wurde nicht auch die Dirne Rahab auf Grund von Taten als gerecht anerkannt, nachdem sie die Boten aufgenommen und auf einem anderen Weg weggeschickt hatte? 26Denn wie der Körper ohne Geist tot ist, so ist auch der Glaube ohne Taten tot.

Literatur: Baker, Speech-Ethics. – G. Barth, Pistis. – Bartmann, St. Paulus und St. Jacobus. – Berger, Gesetzesauslegung Jesu, I; Theologiegeschichte. – Bindemann, Weisheit versus Weisheit. – Brandenburger, Pistis. – Chr. Burchard, Zu Jakobus 2 14–26, ZNW 71, 1980, 27–45; Nicht aus Werken des Gesetzes gerecht, sondern aus Glauben an Jesus Christus – seit wann?, in: H. Lichtenberger (Hg.), Geschichte – Tradition – Reflexion (FS M. Hengel), III. Frühes Christentum, 1996, 405–415. – G.M. Burge, "And threw them thus on paper": Recovering the Poetic Form of James 2:14–26, SBTh 7, 1977, 31–45. – Cargal, Restoring the Diaspora. – Cranfield, Message of James . – von Dobbeler, Glaube als Teilhabe. – Eichholz, Jakobus und Paulus; Glaube und Werke. – Fabris, Figura. – Gans, Ueber Gedankengang im Briefe des Jakobus. – Goppelt, Theologie, II. – K. Haacker, Justification, salut et foi. Étude sur les rapports entre Paul, Jacques et Pierre, ETR 73, 1998, 177–188. – F. Hahn, Genesis 15,6 im Neuen Testament, in: H.W. Wolff (Hg.), Probleme biblischer Theologie (FS G. von Rad), 1971, 90–107. – H.P. Hamann, Faith and Works: Paul and James, LuthThJ 9, 1975, 33–41. – Haupt, Rez. Huther. – G.Z. Heide, The Soteriology of James 2:14, GraceThJ 12, 1992, 69–98. – Heiligenthal, Werke als Zeichen. – Heinz, Jakobus 2,14–26 (s.o. Einl. 7). – C.Z. Hodges, 'Dead Faith'. – Høyberg, De indole epistulae Jacobi. – Hoppe, Hintergrund. – Hübner, Biblische Theologie, II. – Jakobsen, Jakobsbrevet. – Jeremias, Paul and James. – Karrer, Christus der Herr. – Kern, Charakter und Ursprung des Briefes Jakobi. – Klein, „Vollkommenes Werk". – Klinghardt, Gemeinschaftsmahl und

Mahlgemeinschaft. – A. KLÖPPER, Die Erörterung des Verhältnisses von Glauben und Werken im Jacobusbriefe (Cap. 2, 14–26), ZWTh 28, 1885, 280–319. – KLOPPENBORG, Status. – KOCH, Schrift. – KÖHLER, Glaube und Werke. – KONRADT, Existenz. – KÜBEL, Über das Verhältnis von Glauben und Werken. – KÜHL, Stellung des Jakobusbriefes. – T. LAATO, Justification According to James: A Comparison with Paul, TrJ 18, 1997, 43–84. – LACKMANN, Sola fide. – LAUTENSCHLAGER, Gegenstand des Glaubens. – LEUTZSCH, Wahrnehmung. – VASSILIKI LIMBERIS, The Provenance of the Caliphate Church: James 2.17–26 and Galatians 3 Reconsidered, in: C.A. Evans/J.A. Sanders (eds.), Early Christian Interpretation of the Scriptures of Israel. Investigations and Proposals, 1997, 397–420. – J.G. LODGE, James and Paul at Cross-Purposes? James 2,22, Bib. 62, 1981, 195–213. – LOHSE, Glaube und Werke. – R.N. LONGENECKER, The "Faith of Abraham" Theme in Paul, James and Hebrews: A Study in the Circumstantial Nature of New Testament Teaching, JETS 20, 1997, 203–212. – LUCK, Jakobusbrief; Theologie. – LÜHRMANN, Glaube. – MACARTHUR, Faith. – MARCONI, Struttura. – W. MARXSEN, Allein aus Glauben (Jak. 2,14–26), in: W. Marxsen, Der „Frühkatholizismus" im Neuen Testament, 1958, 22–38. – MASSEBIEAU, L'Épître de Jacques. – MÉNÉGOZ, Saint Paul et saint Jacques sur la justification. – MEYER, Rätsel. – F.W. MOZLEY, Justification by Faith in St. James and St. Paul, Exp.,7th Series, 10, 1910, 481–503. – NEANDER, Paulus und Jakobus. – NEUDORFER, Sachkritik. – W. NICOL, Faith and Works in the Letter of James, Neotest. 9, 1975, 7–24. – NIEBUHR, Tempel ohne Tora. – OBERMÜLLER, Hermeneutische Themen. – OEGEMA, Für Israel und die Völker. – R. PENNA, La giustificazione in Paolo e Giacomo, RivBib 30, 1982, 337–362. – PENNER, James and Eschatology. – J.J. PETUCHOWSKI, Glaube und Werke in der rabbinischen Literatur, Jud. 46, 1990, 12–21. – PFLEIDERER, Urchristentum. – POPKES, Adressaten. – PRATSCHER, Herrenbruder. – PRINS/WIERSINGA, Om het goud des geloofs.– M. PROCTOR, Faith, Works, and the Christian Religion in James 2:14–26, EvQ 69, 1997, 307–331. – RADMACHER, First Response to MacArthur. – R.V. RAKESTRAW, James 2:14–26: Does James Contradict the Pauline Soteriology?, CriswellThR 1, 1986, 31–50 (no). – RAUCH, Ueber den Brief Jacobi. – REICKE, Diakonie. – RUEGG, Temps de Jacques. – SATO, Wozu wurde der Jakobusbrief geschrieben? – SAUCY, Second Response to MacArthur. – SCANNERINI, Giustificazione per la fede (s.o. Einl. 7). – SCHANZ, Jakobus und Paulus. – SCHILLE, Wider die Gespaltenheit des Glaubens. – SCHMIDT, Lehrgehalt. – SCHULZ, Mitte der Schrift. – G. SCHUNACK, Glaube in griechischer Religiosität, in: B. Kollmann/W. Reinbold/Annette Steudel (Hg.), Antikes Judentum und Frühes Christentum (FS H. Stegemann), 1999, 296–326. – G. SCHWARZ, Jak. 2, 14–26, ThStKr 64, 1891, 704–737. – J.S. SIKER, Disinheriting the Jews. Abraham in Early Christian Controversy, 1991. – M.L. SOARDS, The Early Christian Interpretation of Abraham and the Place of James Within That Context, IrBSt 9, 1987, 18–26. – T. SÖDING, Kriterium der Wahrheit? Zum theologischen Stellenwert der paulinischen Rechtfertigungslehre, in: T. Söding (Hg.), Worum geht es in der Rechtfertigungslehre? Das biblische Fundament der „Gemeinsamen Erklärung" von Katholischer Kirche und Lutherischem Weltbund, 1999, 193–246. – STEIN, Difficult Passages. – STRECKER, Theologie. – STUHLMACHER, Gerechtigkeit Gottes; Theologie, II. – TIELEMANN, Versuch einer neuen Auslegung. – É. TOBAC, Le problème de la justification dans saint Paul et dans saint Jacques, RHE 22, 1926, 797–805. – TRAVIS, James and Paul. – K. TREU, Gottesfreund, RAC 11, 1981, Sp. 1043–1060. – TROCMÉ, Eglises pauliniennes vues du dehors. – TSUJI, Glaube. – J.M. USTERI, Glaube, Werke und Rechtfertigung im Jakobusbrief. Eine exegetische, biblisch-theologische und historisch-kritische Untersuchung, ThStKr 62, 1889, 211–256. – VERSEPUT, James 2.14–26. – VIA, Right Strawy Epistle. – VOWINCKEL, Jakobus verglichen mit den ersten Briefen des Petrus und Johannes. – DE VRIES, Brief van Jakobus. – R. WALKER, Allein aus Werken. Zur Auslegung von Jakobus 2, 14–26, ZThK 61, 1964, 155–192. – WALL, James and Paul. – R.B. WARD, The Works of Abraham. James 2: 14–26, HThR 61, 1968, 283–290. – WATSON, James 2. – WEIFFENBACH, Jac., cap. II, v. 14–26. – J.D.N. VAN DER WESTHUIZEN, Stylistic Techniques and Their Functions in James 2:14–26, Neotest. 25, 1991, 89–107. – ZAHN, Einleitung. – ZMIJEWSKI, Christliche «Vollkommenheit». – Mehr in den Exkursen zu 2,18.19 und vor 20.

2,14–26 ist ein Exkurs zu 2,12f. Er mahnt nicht, sondern argumentiert, um vor Schaden zu warnen. Auch so soll er aber zum Handeln führen, nicht nur zu Einsicht. Viele lesen den Abschnitt als theologisches Hauptstück des Briefes. Das ist eher 1,12–25, wenn überhaupt eines (s.o. Einl. 3.1). Trotzdem kommt in 2,14–26 Wesentliches zur Sprache. Die Sekundärliteratur ist jedenfalls ausgiebig.

Thema ist nicht z.B. „Glaube und Werke" oder daß „Werke" heilsnotwendig sind, erst recht nicht „Jakobus und Paulus", sondern daß Glaube allein, in V. 12 vertreten durch die Erwartung, nach dem Gesetz der Freiheit im Gericht wohlwollend beurteilt zu werden, dort nicht rettet, weil er ohne „Werke" tot ist. Ich übersetze ἔργα aber lieber mit Taten. Die Gegenwartssprache bezeichnet mit Werken eher Geschaffenes, was ἔργον bedeuten kann, aber Jak nicht meint. In Theologie und Kirche sind Werke gern moralische Leistungen, aus denen der Mensch seine Hybris nährt, statt sich als Sünder zu bekennen und aus der Gnade zu leben. Solche meint Jak erst recht nicht.

Gliederung: V.14–17 machen das Thema vorläufig plausibel. V.18–26 reagieren auf den Einwand, daß Glaube auch retten kann, mindestens ausnahmsweise (V.18a). Jak bringt dagegen zunächst den Einwender in Beweisnot (V.18b-19) und beweist ihm dann seine eigene These daran, daß Abraham auf Grund von Taten als gerecht anerkannt wurde (V.20–23). Mit einer daraus gezogenen Verallgemeinerung wendet Jak sich wieder an die Adressaten (V.24). Diesen Satz stützt er durch das Beispiel der ebenfalls auf Grund von Taten als gerecht anerkannten Rahab (V.25) und den Vergleich von Glauben ohne Taten mit dem Körper, der ohne Geist tot ist (V.26), womit abschließend noch einmal das Thema kommt.

Anders gliedern z.B. Burge (Ringkomposition, zu künstlich), Cargal (2,14–19.20–26), Nicol (Illustration V.14–17, Argumentation V.18f., Schriftbeweis V.20–26, aber die Bezeichnungen treffen nicht), Watson: James 2 (unterscheidet nach antiker Rhetorik *propositio* V.14, *exemplum* als *ratio* V.15f., *confirmatio* V.17–19, *exornatio* V.20–25, *conclusio* V.26, ein Prokrustesbett). Inventar der Stilmittel im Sinn vor allem des Rhetorical criticism bei van der Westhuizen.

14 Τί τὸ ὄφελος, ἀδελφοί μου, ἐὰν πίστιν λέγῃ τις ἔχειν, ἔργα δὲ μὴ ἔχῃ; Die rhetorische Frage (s.o. Einl. 3.2) nach dem Nutzen statt verneinter Aussage, vor- oder wie noch in V.16 nachgestellt, führt meist kein neues Thema ein, sondern die Argumentation fort oder eröffnet einen Unterabschnitt (z.B. Theognis, Eleg. 102; Plato, Gorg. 504e; Teles IV A S. 37 Hense[2]; Ps-Diogenes, Ep. 29,2; Epiktet I 4,16; fehlt LXX und Josephus, aber z.B. LibAnt 50,1; 4Esra 7,67.117.119; Philo Post 86; 1Kor 15,32; Herm vis 3,3,1; vgl. Sir 20,30; 41,14). Hier ist Glaube (→ 1,3) seit 2,1 da. Die Anrede (→ 1,2) setzt aber leicht ab.

Der Nutznießer folgt in einem Satz mit ἐάν (→ 1,2; vgl. z.B. Epiktet III 10,7, aber auch V. 15f.; frühchr. nur noch 2Klem 6,2) statt als Substantiv im Nominativ, Genitivus subjectivus oder Dativus commodi. Αὐτόν V.14b spricht dagegen, daß andere von ihm Nutzen haben sollen (dazu könnten freilich V.15f. passen). Glaube (Hyperbaton, s.o. Einl. 3.2) und Taten stehen betont vor den regierenden Prädikaten.

Jak kennzeichnet den Jemand (auch Frau, vgl. V.15f.?) zweifach. Erstens läßt er ihn sagen, er habe Glauben (als Besitz auf- oder vorzuweisen, nicht etwa als Verdienst; z.B. Plutarch, Mor. 1101c μηδὲ τυφλοῦν τὴν πίστιν ἣν οἱ πλεῖστοι περὶ θεῶν ἔχουσιν „und nicht den Glauben blenden, den die meisten in Bezug auf die Götter haben"; Aelius Ar., Panath. S. 226 Dindorf εὐσεβείας μὲν διὰ τὴν πίστιν ἣν ἐν τοῖς θεοῖς εἶχον; 4Esr 7,24?; Röm 14,22; Herm vis 3,6,5 οὗτοί εἰσιν ἔχοντες μὲν πίστιν, ἔχοντες δὲ καὶ πλοῦτον τούτου τοῦ αἰῶνος „Diese sind die, die zwar Glauben haben, aber auch Reichtum dieser Welt haben", Übers. M. Leutzsch; vgl. Herm sim 8,9,1; Herm mand 5,2,3 αὕτη οὖν ἡ μακροθυμία κατοικεῖ μετὰ τῶν τὴν πίστιν ἐχόντων ὁλόκληρον; 11,9 τῶν ἐχόντων πίστιν θείου πνεύματος; s. auch zu 2,1.24). Zweitens sagt Jak, nicht der Jemand selbst, er habe keine Taten (aufzuweisen; → 1,4; vgl. 4Esra 8,32 „Denn wenn du dich unser, die wir ja keine Werke der Gerechtigkeit haben, erbarmen willst, wirst du der Erbarmer genannt", Übers. J. Schreiner; 13,23 „Wer die Gefahr in jener Zeit herbeiführt, der wird auch die bewahren, die in Gefahr geraten, wenn sie Werke und Glauben an den Gewaltigen haben", Übers. J. Schreiner; Av 3,17b; ARN 24 „ein Mensch, der viele gute Werke hat und viel Tora gelernt hat"; MekhEx zu Ex 15,13; 2Klem 6,9 ἢ τίς ἡμῶν παράκλητος ἔσται, ἐὰν μὴ εὑρεθῶμεν ἔργα ἔχοντες ὅσια καὶ δίκαια; „Oder wer wird unser Beistand [im Gericht] sein, wenn man uns nicht im Besitz frommer und rechter Taten findet?", Übers. K. Wengst). Beides zusammen klingt so, als ob Jak den Jemand in einer Situation sieht, in der er oder andere für ihn Bilanz ziehen (deshalb πίστιν ἔχειν und ἔργα ἔχειν, nicht einfach πιστεύειν und ἔργα ποιεῖν?), etwa im Blick auf das Gericht nach V.12f. (V.14 ist aber wegen der Anrede kaum rhetorischer Einwand dagegen), wohl nicht im Gericht selber (s. V.13). Weder der fehlende Art. vor πίστις noch die indirekte Rede (zum Inf. vgl. BDR 397 Anm. 7) machen den Jemand zu einem, der Glauben zu haben nur vorgibt, sich einbildet (vgl. z.B. 1Joh 2,4.6.9) oder es behauptet, ohne es beweisen zu können (vgl. z.B. Lk 24,34). Glaube ohne Taten ist nach Jak durchaus erkennbar. Jak deutet auch nicht an, daß am Glauben des Jemand etwas falsch ist oder fehlt. In 1,3 nur erwähnt, ist der Glaube durch 1,6; 2,1.5 schon inhaltlich aufgeladen und hat mit Gebet und Gottesdienst auch ein Handlungsfeld. Anders kann er in V.14 kaum gemeint sein. Weder Tartuffe noch kleingläubig, beansprucht der Jemand zudem für sich, was ihm V.14b verneint.

Μὴ δύναται ἡ πίστις σῶσαι αὐτόν; Rhetorische Frage (s.o. Einl. 3.2), die Nein erwartet (noch 3,12, vgl. μήτι 3,11; BDR 427,2). Zu δύναται σῶσαι → 1,21. Daß Glaube „rettet", d.h. Heil und ewiges Leben schenkt, was spätestens im Gericht wirksam wird (zum Hintergrund Brandenburger), ist frühchr. Überzeugung (z.B. Mk 5,34 par.; 10,52 par.; Lk-Apg öfter; Röm 10,9; 1Kor 1,21; Eph 2,8; 1Petr 1,5; 1Klem 12,1 Rahab; IgnPhld 5,2; Barn 12,7; Herm vis 3,8,3; Ps-Mk 16,16). Glaube ist hier Mittel der Aneigung; im Grunde retten Gott, Christus, Evangelium. Daß fehlende Taten oder fortgesetzte Bosheit das durchkreuzen, ist selbstverständlich. Jak widerspricht nicht rundweg. Auch er hält Glauben für heilsnotwendig. Aber er bezieht retten nur auf das Gericht (betont z.B. von Heide gegen starken evangelikalen Widerspruch). Der Glaube (Art. anaphorisch), den der Jemand hat, ohne Taten dazu, rettet ihn dort nicht (vgl. Mt 7,21–23; 2Klem 4,1 μὴ μόνον οὖν αὐτὸν καλῶμεν κύριον· οὐ γὰρ τοῦτο σώσει ἡμᾶς). Begründung folgt vorläufig in V.15f., endgültig in V.21–26. Jak redet gegen die Sprache der Tradition, aber nicht ihren Geist. Im übrigen retten auch nach Jak nicht die Taten als solche. Sie machen zwar gerecht (V.21–25), was dann zur Rettung führt (so gemeint wohl auch syrBar 51,7; 2Klem 3f.). Aber im Grunde retten das göttliche Wort (1,21) und im Gericht Gott (4,12).

Der Jemand in Jakobus 2,14

Fast alle verstehen den Jemand als „Gegner" ähnlich wie in anderen ntl. Briefen (zur Methode Berger, Gegner), d.h. einen aktiven oder faktischen Verbreiter von Ideen, die Jak aus Anlaß oder vorsorglich widerlegt. Nach Mehrheitsmeinung vertritt der Jemand eine Soteriologie „aus Glauben, nicht aus Taten", die mit Paulus zu tun hat. Deren Profil ist strittig, weil vor allem durch Auslegung von 2,14–26 zu ermitteln: Paulus' Rechtfertigungslehre (z.B. die Vertreter der Echtheit, außer wenn sie Paulus auf Jak reagieren sehen wie z.B. Zahn: Einleitung, und von den Bestreitern die, die für Jak Kenntnis von Paulusbriefen annehmen, z.B. Lindemann, Lüdemann, Sato, oder von guter Paulustradition, z.B. Tsuji), nicht mehr voll verstandener (z.B. Klein) oder intellektualistisch oder formelhaft verengter Paulinismus (z.B. Lohse, Mußner: Jak, Strecker), sich auf Paulus berufender Quietismus, u.U. mit enthusiastischen oder libertinistischen Zügen (z.B. Laws: Jas, Schrage: Jak, Vouga: Jc), laxes Gewohnheitschristentum, das sich mit paulinischen Schlagworten tröstet (so viele), Judenchristentum, das „nicht aus Taten" antinomistisch verstand (z.B. Schlatter: Jak, Lackmann), gnostischer Radikalpaulinismus (z.B. Pfleiderer, Schammberger). Aber „ich habe Glauben", wie der Jemand gesagt haben muß, ist kein theologischer Satz; von Taten und Rettung schweigt er. Jak kritisiert auch keinen andersartigen theologischen Abweichler (z.B. Tobac: Vertreter eines durch Armut und Verfolgung müde gewordenen Judenchristentums, das sich in Glauben an baldige Parusie flüchtet; Bindemann: einer judenchristlichen Weisheitstheologie), sondern einen Untätigen. Das ist nicht ungewöhnlich. Häufig wird bemängelt, daß Christen nichts tun (z.B. Mt 7,21 par.; 7,26 par.; 21,30; 1Joh 1,6; 2,4.9; 4,20; Apk 3,15f.; 2Klem 4; trotz vorhandenem Glauben Herm vis 3,6,5 s. oben; Herm mand 10,1,4f.; Herm sim 8,9,1) oder sogar Böses (z.B. 2Tim 3,1–5; Tit 1,13–16; trotz vorhandenem Glauben Herm vis 3,6,1.4; 8,10,3). Dies sagt Jak freilich nicht; auch nicht, daß der Jemand nie etwas Gutes tat. – S. auch u. den Exkurs zu 2,18.

Man muß sich wohl an 1,12–25 erinnern. Der Jemand ist einer, der das dort Gesagte erst oder wieder nur halb beherzigt. Er hat das Wort der Wahrheit angenommen und praktiziert seinen Glauben, vertieft sich aber nicht in das Gesetz der Freiheit, um zum Werktäter zu werden (1,25; 2,12). Jak steht damit vor einem Problem, das typisch ist für Bekehrungsreligionen wie Judentum und Frühchristentum, die außer Überzeugungswandel auch eine neue Moral fordern (Berger, Theologiegeschichte[2] 188f.; vgl. z.B. Jos Ant XX 41–46; Mk 4,3–8.14–20 par.; Gal 5,3 und oben im Exkurs). Daß der Brief nicht Bekehrung, sondern Erneuerung verlangt (s. vor 1,12), ändert daran nichts.

Das Verhältnis von Glaube und Taten in Jakobus 2,14–26

1. Mit πίστις bezeichnet Jak das heilvolle Verhältnis der Christen zu dem einen Gott, Schöpfer, Vater, Herrn, Freund, Richter und Geber des ewigen Lebens (s.o. Einl. 5) samt der gebührenden Verehrung trotz der Feindschaft der Welt (s. 1,27), und zwar exklusiv (s. 1,3). Glaube besteht in dem zur Dauerhaltung gewordenen Eingehen auf das Wort der Wahrheit, durch das Gott den Menschen so zu Ende schafft, daß er nicht mehr seiner Begierde samt ihren Folgen Sünde und Tod ausgeliefert ist, und ihn ins künftige ewige Leben retten will (s. 1,14f.18.21). Diese Haltung umfaßt kognitive Vorstellungen (zum Credo s. 2,1.19 mit Exkurs), affektive Einstellungen wie Freude (1,2; 5,13), Ausdauer in Anfechtungen (1,2–4; 5,10f.), Gebetszuversicht (1,5f.; 5,14f.17f.), Liebe zu Gott, die auch zum Gebotsgehorsam bereit ist (1,12; 2,5), Hoffnung (2,1), Erwartung von Parusie und Gericht (3,1; 4,12; 5,1–5.7–9) im Vertrauen auf Bestehen (2,12f.) und endzeitlichen Lohn (1,12; 3,18; 5,7f.), Bußbereitschaft (4,7–10), Ergebung in Gottes Willen (4,15), und schließlich (die?) religiöse(n?) Handlungen wie Gebet (1,5–8; 4,2f.; 5,13–18), Gottesdienst (2,1–4.15f.), Krankensalbung, gegenseitige Sündenvergebung, Suche nach Verirrten (5,13–20). Zur Taufe s. 2,7; vom Abendmahl schweigt Jak.

Als ἔργα (→ 1,4) bezeichnet Jak nicht alles, was Christen (gut und richtig) machen, sondern was sie nach dem Gesetz der Freiheit tun (s.o. den Exkurs zu 1,25), keineswegs ausschließlich Nächstenliebe und Barmherzigkeit (so freilich viele). Es ist Maßstab für Bewährung im Rechttun auf Erden (s. 2,20–25) und Rettung im Gericht (2,12f.). Da das Gesetz zum Wort der Wahrheit gehört, schließt Glaube die Annahme des Gesetzes ein. Insofern ist er die Bedingung der Möglichkeit von Gerechtigkeit und Rettung, aber nicht deren Grund (2,22f.), und Taten sind praktischer Gottesdienst (1,26f.). Taten ohne Glauben, falls Jak sie denken kann, nützen nichts. Der Inhalt des Gesetzes folgt nicht aus dem Glauben. Zwar können Etikette des Glaubens und Gesetzesgebote sich überschneiden (2,1–11); aber Glaube und Gesetz sind nicht durchweg, sondern nur insoweit „zumindest funktional identisch" (Heiligenthal 31). Glaube wird auch nicht umgekehrt allein durch das Gesetz bestimmt, so daß er seinem Wesen nach Gesetzesfrömmigkeit wäre (z.B. Walker) oder die Einsicht, daß die Taten heilsnotwendig sind (z.B. Lautenschlager).

2. Glaube und Taten verhalten sich also nicht zueinander wie Theorie und Praxis, Gesinnung und Handeln oder Reden und Tun (vgl. z.B. Plautus, Ep. 116f. *nam quid te igitur retulit beneficum esse oratione si ad rem auxilium emortuom est?*; Epiktet II 9,21f. οὕτως καὶ ἡμεῖς παραβαπτισταί, λόγῳ μὲν Ἰουδαῖοι, ἔργῳ δ' ἄλλο τι, ἀσυμπαθεῖς πρὸς τὸν λόγον, μακρὰν ἀπὸ τοῦ χρῆσθαι τούτοις ἃ λέγομεν, ἐφ' οἷς ὡς εἰδότες αὐτὰ ἐπαιρόμεθα. οὕτως οὐδὲ τὴν τοῦ ἀνθρώπου ἐπαγγελίαν πληρῶσαι δυνάμενοι προσλαμβάνομεν τὴν τοῦ φιλοσόφου; Philo Post 86 τί γὰρ ὄφελος λέγειν μὲν τὰ βέλτιστα, διανοεῖσθαι δὲ καὶ πράττειν τὰ αἴσχιστα; σοφιστῶν οὗτος ὁ τρόπος „Denn was nützt es, das Schönste zu sagen, das Häßlichste aber zu denken und zu tun? Das ist die Art der Sophisten“, Übers. H. Leisegang; Praem 79–84; Congr 46 ἡ γὰρ ἄνευ πράξεως θεωρία ψιλὴ πρὸς οὐδὲν ὄφελος τοῖς ἐπιστήμοσιν; 1Klem 30,3 ἔργοις δικαιούμενοι καὶ μὴ λόγοις „uns rechtfertigend durch Werke und nicht durch Worte“, Übers. A. Lindemann; NT s. zu V.14). Sie entsprechen vielmehr dem antiken Dual Frömmigkeit und Gerechtigkeit o.ä. als Ausdruck gelungenen Lebens und Zusammenfassung der dahin führenden Anforderungen (z.B. Isokrates, Or. XII 124.204; Demosthenes, Or. IX 16; Diodor S. VI 8,1; VII 12,7; XII 20,2f.; Mi 6,8; Philo Abr, gegliedert nach εὐσέβεια und φιλανθρωπία; SpecLeg II 63; Jos Ant XVIII 117 ἀγαθὸν ἄνδρα καὶ τοῖς Ἰουδαίοις κελεύοντα ἀρετὴν ἐπασκοῦσιν καὶ τὰ πρὸς ἀλλήλους δικαιοσύνῃ καὶ πρὸς τὸν θεὸν εὐσεβείᾳ χρωμένοις βαπτισμῷ συνιέναι „einen guten Mann [Johannes den Täufer], der den Juden befahl, Tugend zu üben, und [zwar] gegen einander Gerechtigkeit und gegenüber Gott Frömmigkeit anzuwenden, und [so] zur Taufe zusammenzukommen“; Bell II 139; Mt 7,21f.; Mk 12,28–34 par., s. o. den Exkurs zu 2,8; 2Tim 3,5; Tit 1,16; 1Klem 62,1; mehr Material bei Berger, Gesetzesauslegung 142–168; für Jak ausführlich Verseput: James 2.14–26, der ihn aber wohl zu eng an die prophetische Kultkritik anschließt).

3. Daß Jak die christliche Frömmigkeit Glaube nennt (εὐσεβ- fehlt im Brief), folgt altem Sprachgebrauch. Er hat paganen und jüd. Hinter- und Nebengrund (G. Barth, von Dobbeler, Lührmann: Glaube, Schunack). Spezifisch christlich ist, daß der Grund des Gottesverhältnisses als Glaube (zunächst an Jesus Christus, gegenüber Heiden und für Heidenchristen an Gott und Christus) bezeichnet und πίστις schnell Fachausdruck für das ganze wurde. Pagan kommt πίστις für bestimmte Beziehungen zu einer Gottheit oder den Göttern vor, vor allem Orakelglauben, aber nicht als Gesamtbezeichnung, und war gegen ältere Ansicht auch kein Fachwort propagandatreibender Religionen. Die Wurzeln des frühchr. Verständnisses liegen vor allem im Judentum. Der Glaube an den einen Gott, der mit Israel einen Bund geschlossen hatte, dessen Charta die Tora ist, war spätestens in hellenistischer Zeit zu einem Hauptmerkmal jüdischer Frömmigkeit geworden. Der Fromme hatte seinem Gottesverhältnis gerecht zu werden, indem er Gottes Willen tat (pagan gilt das nicht), also nach der Tora lebte (z.B. ψ 118,66; Sir 32,24 ὁ πιστεύων νόμῳ προσέχει ἐντολαῖς; 1QpHab 2,14; Aussagen über Glaubensgerechtigkeit sind in diesem Sinn gemeint, z.B. 1Makk 2,52; LibAnt 23,6; Hebr 11,7; 1Klem 10,1; 31,2 und gleich). Glaube kann wie Taten als menschliche Leistung gewertet werden; trotzdem ist er nicht eine Tat unter anderen (vgl. 4Esra 7,24; 9,7f. „Jeder aber, der gerettet worden ist und der entrinnen kann durch seine Werke oder durch den Glauben, womit er geglaubt hat ...“; 13,23 „der [Gott] wird auch die bewahren, die in Gefahr geraten, wenn sie Werke und Glauben an den Gewaltigen haben“, Übers. J. Schreiner; Philo Her 93.95 zu Gen 15,6: Glaube die vollendetste Tugend, μεγάλης καὶ ὀλυμπίου ἔργον διανοίας ἐστί, ... δικαιοσύνης δ' αὐτὸ μόνον ἔργον). Die Verknüpfung von Glaube und Gesetzesgehorsam wurde frühchr. nicht aufgegeben, auch von Jesus und Paulus nicht (anders Mehrheitsmeinung). Wohl aber wird angesichts der Christuserfahrung der Glaube inhaltlich erweitert, das Gesetz neu gedeutet und der Zusammenhang beider neu verstanden (dabei keineswegs einheitlich). So auch von Jak.

4. Glaube und Taten sind auch bei Jak nicht veredelte Lebensäußerungen des natürlichen Menschen. Glaube entsteht durch Annahme des Wortes, das Christen seit ihrer geistlichen Geburt innewohnt. Taten entstehen durch Vertiefung in das Gesetz der Freiheit, das als Teil des Wortes den Glaubenden auch von innen treibt; es überläßt die Ausführung nicht dem natürlichen Willen, der sittlichen Energie o.ä. des Menschen, die sich auch nicht gegen die Begierde durchsetzen können (s. zu 1,13–15). Also bringt nicht der Glaube die Taten hervor wie ein Baum, der trägt (anders Mehrheitsmeinung). Sie sind zwar insofern eine Einheit, als beide im Wort der Wahrheit ihren Ursprung haben, der Glaube grundsätzlich zu Taten bereit macht und beide den ganzen Christenmenschen bilden, aber im Vollzug bleiben sie eine Zweiheit wie Körper und Seele (2,26). Dabei bewirkt das Gesetz der Freiheit etwas, was bei Paulus der Geist (neben anderem) tut (vgl. Gal 5,13–24), von dem Jak nicht redet (aber s. zu 2,26; 4,5). Glaube wie Taten sind also

nicht allein menschliche Leistungen, auch wenn der Mensch beteiligt ist (die Proportion ist kein Thema). Jak vertritt keine Selbsterlösung, aber eine Form von Synergismus. Ein Problem ist ihm das nicht.

5. Glaube und Taten haben beim Einzelnen subjektiv einen Anfang in der Bekehrung, auch wenn die bei den Adressaten, soweit Abkömmlinge christlicher Eltern, biographisch nicht ausweisbar sein mag, und müssen immer intensiver werden bis hin zur freilich unerreichbaren Vollkommenheit (s. 1,4). Dabei drohen dem Glauben wie den Taten Aufhalt und Schwächung, vor allem durch die Anfechtungen. Die Zweiseeler versuchen, Freundschaft zu Gott und zur Welt zu vereinen, und sind deshalb weder im Glauben noch in Taten fest (s. 1,8 mit Exkurs). Die von der Wahrheit Abgeirrten sind in beiden an die Nullgrenze zurückgefallen, wenn auch nicht unrettbar (s. 5,19f.). Dagegen streitet Jak dem Jemand V.14 den Glauben nicht ab. Weil er ihm keine Taten folgen läßt, obwohl er wissen müßte, daß er sie zur Rettung braucht, kann man seinen Glauben defizitär nennen (Konradt, Existenz); aber genau genommen sind die fehlenden Taten kein Mangel des Glaubens, sondern des Glaubenden. Er (oder sie) ist ein Christenmensch mit Verhaltensnote mangelhaft.

6. Warum der Jemand keine Taten hat, sollte man nicht zu genau wissen wollen: als Anfänger im Glauben? als nicht genug belehrter Armer oder als Reicher, dem man Konzessionen machte (vgl. V.3)? als ehemaliger Heide, dem man das Gesetz erließ (vgl. u. den Exkurs zu 2,18, IV 3c)? als jemand, der Spiritualität auf Kosten der vita activa lebt (vgl. Philo Decal 108–110 ἤδη μὲν οὖν τινες τῇ ἑτέρᾳ μερίδι [des Dekalogs] προσκληρώσαντες ἑαυτοὺς ἔδοξαν τῆς ἑτέρας ὀλιγωρεῖν· ἄκρατον γὰρ ἐμφορησάμενοι τὸν εὐσεβείας πόθον, πολλὰ χαίρειν φράσαντες ταῖς ἄλλαις πραγματείαις ὅλον ἀνέθεσαν τὸν οἰκεῖον βίον θεραπείᾳ θεοῦ. οἱ δ᾽ οὐδὲν ἔξω τῶν πρὸς ἀνθρώπους δικαιωμάτων ὑγαθὸν ὑποτοπήσαντες εἶναι μόνην τὴν πρὸς ἀνθρώπους ὁμιλίαν ἠσπάσαντο, … τούτους μὲν οὖν φιλανθρώπους, τοὺς δὲ προτέρους φιλοθέους ἐνδίκως ἂν εἴποι τις, ἡμιτελεῖς τὴν ἀρετήν· ὁλόκληροι γὰρ οἱ παρ᾽ ἀμφοτέροις εὐδοκιμοῦντες)? Vielleicht ist er einfach ein schwacher Christ, dem das rigorose Ethos des Jak zumal in den Anfechtungen zu hart ist (s. 1,2–4), aber wohl kein Zweiseeler oder verlorenes Schaf. Für eine bloße Karikatur macht sich Jak im folgenden zu viel Mühe.

7. Mehr zu Paulus s.u. im Exkurs vor 2,20 und s. 2,24.

15 Ἐὰν ἀδελφὸς ἢ ἀδελφὴ γυμνοὶ ὑπάρχωσιν καὶ λειπόμενοι τῆς ἐφημέρου τροφῆς, **16** εἴπῃ δέ τις αὐτοῖς ἐξ ὑμῶν· ὑπάγετε ἐν εἰρήνῃ, θερμαίνεσθε καὶ χορτάζεσθε, μὴ δῶτε δὲ αὐτοῖς τὰ ἐπιτήδεια τοῦ σώματος, τί τὸ ὄφελος; Ein mögliches Vorkommnis, formal wie V.2–4 eine Folge von ἐάν-Sätzen (→ 1,2) mit rhetorischer Frage (s.o. Einl. 3.2; Antwort „keiner“) als Hauptsatz, der hier den Anfang von V.14 wiederholt (Inclusio).

Bruder oder Schwester (→ 1,2), offenbar kein Ehepaar, muß man lieben (s. V.8). Γυμνός (im Brief nur hier): dürftig gekleidet (wie z.B. Mt 25,36.38.43f.), vielleicht ohne Obergewand (wie z.B. Plato, Resp. 474a; anders Mk 14,51f.?); man friert oder schwitzt tags und hat nachts keine Decke. Ὑπάρχειν (im Brief nur hier) Präsens: chronische Not? Der Plural ist bei Alternative regelwidrig (BDR 135,4, aber s. Anm. 6). V.16 hält ihn durch: denkt Jak dort an mehrere, u.U. ungleichzeitige Fälle oder auch schon hier (also besser „Wenn Bruder oder Schwester“, d.h. Mitchristen gleich welchen Geschlechts)? Zu λείπεσθαι → 1,4f. Wem ἐφήμερος τροφή (beide Wörter im Brief nur hier, geläufige Verbindung, z.B. Plutarch, Mor. 499c; Vettius Valens S. 62,17 Kroll ἐνδεεῖς τῆς ἐφημέρου τροφῆς; Jamblich, Vita Pyth. 5,24; Sueton, Nero 36,2 *diurnum victum*; vgl. Thukydides I 2,2; ἐφήμερος jüd.-gr. und frühchr. sonst nur Philo; ApkrEz Pap.Fr. 1r, 14 S. 125 Denis) länger fehlt, ist unterernährt. Jak schildert äußerste Armut (vgl. Pollux III 22 [?] πένητα, τὸν ἐφημέρων ἀποροῦντα). Essen (Trinken) und Kleidung, manchmal auch Wohnung u.a., stehen exemplarisch für die Lebensgrundlagen (z.B. Ps-Krates, Ep. 7; Epiktet, Ench. 33,7; Sir 29,21 Ἀρχὴ ζωῆς ὕδωρ καὶ ἄρτος καὶ ἱμάτιον καὶ οἶκος καλύπτων ἀσχημοσύνην; Jos Bell II 125; Mt 6,25–33 par.; Lk 15,22f.; 16,19–21; 2Kor 11,27; 1Tim 6,8). Ohne sie muß man sterben. Sie zu geben ist deshalb elementare Liebespflicht (z.B. Tob 1,17; 4,16; Hi 22,6f.; Jes 58,7;

Mt 25,31–46; Lk 3,11; Justin, Apol. I 67,1; pagane Mahnungen, Bedürftige zu unterstützen, sind nicht besonders häufig, s. Leutzsch in: Körtner – Leutzsch 469).

16 Zum Hyperbaton s.o. Einl. 3.2, zu τὶς → 1,5. Er redet (s. 1,13) bei Gelegenheit (Aor.), wohl auch einer Versammlung (derselben wie V.2–4?, jedenfalls sind die Adressaten dabei, ihren Glauben zu praktizieren), dann aber eher gegen Ende. Ὑπάγειν (im Brief nur hier) ἐν εἰρήνῃ (ebenso 3,18; εἰρηνικός 3,17) wünscht man jedenfalls zum Abschied (so o.ä. z.B. Jdc 18,6; Jdt 8,35; Jub 12,29; JosAs 20,10; ParJer 7,9.30; Mk 5,34; Lk 7,50; Apg 16,36). Zum Pl. s. V.15. Θερμαίνειν (durch Kleidung z.B. Plutarch, Mor. 691d; Hi 31,20; Hag 1,6) und χορτάζειν entsprechen dem Bedarf (beide Verben im Brief nur hier). Ob die Imperative reflexiv (Aufforderung) oder passivisch (Wunsch) sind, ist kaum zu entscheiden. Jedenfalls Präsens, also besser nicht „wärmt und sättigt euch" (EÜ), zumal nicht, wenn bei der Versammlung gegessen wurde.

Das ist nicht falsches Gottvertrauen, Ironie oder Zynismus. Die Hilfe eines Einzelnen ist hier offenbar nicht gefragt. Unterhaltspflichtig nach dem Gesetz der Freiheit sind die Adressaten insgesamt (der Plur. opp. τὶς steht kaum für eine mögliche Teilmenge). Sie sollen in der angenommenen Situation geben (Aor., zum Verb → 1,5), und zwar zusätzlich zu der Aufforderung V.16b (nicht: statt ihrer) das zu ihrer Ausführung Notwendige, damit die Notleidenden physisch am Leben bleiben (σῶμα noch 2,26; 3,2f.6). Τὰ ἐπιτήδεια (ἐπιτήδειος frühchr. nur hier, Neutr. Pl. aber sonst geläufig, auch Jub 29,20?, aber offenbar nicht mit τοῦ σώματος, doch vgl. Thukydides VII 74 ὅσα περὶ τὸ σῶμα ἐς δίαιταν ὑπῆρχεν ἐπιτήδεια) schließt hier Kleidung ein, sonst oft nicht (z.B. OGIS I 200,23f.; Jos Bell II 125 ταμιεύων ἐσθῆτα καὶ τὰ ἐπιτήδεια). Für wie lange gegeben werden soll, ist nicht gesagt, aber anscheinend mehr als ein Leihmantel und Brot für die nächste Mahlzeit; d.h. die Adressaten sollen jedenfalls theoretisch denen, die es nicht selber können, an diesem Punkt das Existenzminimum sichern (einen Fachausdruck für solche Menschen hatte Jak anscheinend noch nicht; anders Hermas, s. Leutzsch, Wahrnehmung 127–130). Die Kleidung spricht dafür, daß die Adressaten nicht ad hoc zusammenlegen sollen. Daß Jak ein geordnetes Spendenwesen voraussetzt (wie bei Justin, Apol. I 67 mit der Sonntagsfeier verbunden?, zum Text zuletzt Klinghardt), ist mindestens denkbar. Andere Empfänger von Sozialleistungen als Witwen, Waisen, Abgerissene und Hungernde (z.B. Arbeit- und Wohnungsuchende, Kranke, Schuldner, Inhaftierte o.a.) nennt Jak nicht.

Zum Hauptsatz s. gleich.

17 Οὕτως καὶ ἡ πίστις, ἐὰν μὴ ἔχῃ ἔργα, νεκρά ἐστιν καθ' ἑαυτήν. Daß jetzt der Glaube (Art. wie V.14b) statt des Jemand keine Taten hat, ist abgekürzte Redeweise und keine sachliche Präzisierung. Ein Glaube, der Taten nicht hat oder hat, ist für Jak der einer Person, die hat oder nicht hat. „So auch" (→ 1,11) weist nach den meisten auf V.16 zurück. Entweder: V.16 gibt ein Beispiel für Glauben ohne Taten (die Szene spielt unter Christen, V.16a könnte Gebetswunsch sein), V.17 verallgemeinert; τί τὸ ὄφελος V.16 bedeutet dann: was trägt das zur Rettung des Wünschenden und der Nichtgebenden bei? Oder besser, weil der Abschiedsgruß keine besondere Glaubensäußerung ist, auch wenn man den Frieden nicht unterinterpretiert (s. 3,18): V.16 ist eine Analogie zum tatenlosen Reden von Glaubenhaben; τί τὸ ὄφελος dann: was nützt das dem Charakter, Ruf o.ä. des Wünschenden und der Nichtgebenden? Gleichviel ob Beispiel oder Analogie, Jak warnt die Adressaten, so zu sein wie der Jemand V.14. Nur entsprechen dann dem einen, der von Glaubenhaben redet, Taten nicht hat und keinen Nutzen davonträgt, in V.15f. zwei oder sogar drei Personen(gruppen). Außerdem legt der Duktus von V.15f. es näher, τί τὸ ὄφελος auf die

Bedürftigen zu beziehen, nicht die Adressaten. Ausweg: „So auch" weist auf V.15f. im Ganzen zurück. Der Jemand, der keine rettenden Taten hat, ist wie Bruder oder Schwester, die nichts zum Leben haben und von den Adressaten nichts bekommen; V.14–17 tadeln diese, weil sie ihm/ihr zwar freundliche Worte geben, aber keine Anleitung zu Taten; τί τὸ ὄφελος dann analog zu V.14: was nützt das dem/der Bedürftigen zur Erhaltung des Lebens? Freilich: V.12 οὕτως λαλεῖτε gibt Anhalt für diese Auslegung, aber reicht er? Der Jemand könnte parallel zu V.14 ausgesondert sein und der Wechsel zum Plural an der Zuständigkeit liegen.

Νεκρός (→ 1,15): hier nicht ‚mausetot', sondern ‚leb-, kraft-, orientierungslos' (vgl. Epiktet III 23,28 καὶ μὴν ἂν μὴ ταῦτα ἐμποιῇ ὁ τοῦ φιλοσόφου λόγος, νεκρός ἐστι καὶ αὐτός καὶ ὁ λέγων „Und doch, wenn das Wort des Philosophen dies nicht zustande bringt [nämlich den Hörer seiner moralischen Schwäche zu überführen], ist sowohl es als auch der Redende tot"; auch z.B. Röm 6,11; 7,8–10; Hebr 6,1 und unten zu V.26), nicht zu Taten (wäre tautologisch) oder zur Rettung (auch bei Glaube mit Taten rettet nicht er), sondern zu seinem eigenen Part im Zusammenspiel mit den Taten (s. zu V.22.26).

Καθ' ἑαυτήν wird zum Prädikat gehören (wie z.B. 2Makk 13,13; Justin, Dial. 4,5 αὐτὴ καθ' ἑαυτὴν γενομένη); ein Attribut zu Glaube käme zu spät. Entweder „in, für sich", d.h. als das, was er abgesehen von Taten ist und tut, oder besser mit aussonderndem κατά (Mehrheitsmeinung, mit Reflexivpronomen häufig): „für sich allein", eher wirklich (wie z.B. Gen 30,40; 43,32; 2Makk 13,13; Philo Migr 90 ὥσπερ ἐν ἐρημίᾳ καθ' ἑαυτοὺς μόνοι ζῶντες; Jos Ap II 284; Apg 28,16; Röm 14,22; Tatian, Or. Graec. 13,1 οὐκ ἔστιν ἀθάνατος .. ἡ ψυχὴ καθ' ἑαυτήν, θνητὴ δέ; Simplicius s.u. V.26) als so betrachtet, und hier genauer „allein gelassen".

18 Ἀλλ' ἐρεῖ τις: Jak unterbricht sich mit der möglichen (Fut., vgl. BDR 349,1) Äußerung eines Dritten (ἀλλά → 1,25; λέγειν → 1,13). Ein geläufiges rhetorisches Verfahren (gehört nach Quintilian IX 2,37 zur Gedankenfigur der Prosopopoiie; wörtliche Parallelen seltener als gedacht, z.B. 1Kor 15,35; Ps-Klem. Hom. IX 16,2.4; Tertullian, Apol. 46,17, aber vgl. z.B. Xenophon, Cyrop. IV 3,10 ἀλλ' ἐρεῖ τις ἴσως; Appian, Bell. civ. III 16,59; Dio Chrys., Or. XXXI 47 ἴσως οὖν ἐρεῖ τις, ähnlich Jos Ant XV 138; Bell VII 363 ἀλλὰ φήσει τις; *dicet aliquis* Seneca, Tranq. an. 14,6; Ep. 47,18; ἐρεῖ τις nachgestellt Jos Bell II 365; III 367; 3. Pl. Diodor S. XIII 21,5; 2. Sg. Röm 9,19; 11,19; Barn 9,6, daneben viele andere Variationen, z.B. Opt. Aor. 4Makk 2,24; 7,17; Philo Her 90; liest man mit P^{54} A ἀλλά, gehört die Konjunktion zur Äußerung des Dritten und ἐρεῖ τις ist als Parenthese in sie eingeschoben, was auch anderswo vorkommt). Solche Zwischenredner sagen oder fragen etwas, das in der Regel als Einwand gegen den Autor gemeint ist, der sie auftreten läßt, und die Argumentation voranbringen soll, nicht einen Dialog anfangen.

Σὺ πίστιν ἔχεις, κἀγὼ ἔργα ἔχω sind die strittigsten Sätze des Briefs. Der Zwischenredner scheint Jak zu unterstellen, womit der den ungeretteten Jemand V.14 kennzeichnete, und selber zu beanspruchen, was Jak charakterisieren könnte. Läßt sich der Schein zerstreuen oder erklären? Die Antwort kann nur mit Hilfe des Kontexts gefunden werden, wenn überhaupt, und ist umgekehrt für ihn wichtig, aber auch für die Situation der Adressaten.

Der Zwischenredner und sein Einwurf in Jakobus 2,18(ff.?)

Literatur, soweit nicht o. nach der Übers. genannt: C.E. DONKER, Der Verfasser des Jak und sein Gegner. Zum Problem des Einwandes in Jak 2 18–19, ZNW 72, 1981, 227–240. – E.Y. HINCKS, A Probable Error in the Text of James ii. 18, JBL 19, 1900, 199–202. – Z.C. HODGES, Light on James Two from Textual Criticism, BS 120, 1963, 341–350. – G. KARO, Versuch über Jac. 2,18, PrM 4, 1900, 159f. – KUHN, Beiträge. – S. MCKNIGHT, James 2:18a: The Unidentifiable Interlocutor, WThJ 52, 1990, 355–364. – P. MEHLHORN, Noch ein Erklärungsversuch zu Jac. 2, 18, PrM 4, 1900, 192–194. – H. NEITZEL, Eine alte crux interpretum im Jakobusbrief 2 18, ZNW 73, 1982, 286–293. – POTT, Novum Testamentum Graece (s. o. Literatur 3). – H. PREISKER, Zum Verständnis von Jacobus 2, 18f., ThBl 4, 1925, Sp. 16f.

Wer sagt zu wem was bis wohin in welchem Ton? Antworten grob geordnet danach, wen Du und Ich in V.18a meinen, dann nach der Länge der Zwischenrede.

I. Du ist der Jemand V.14 oder einer wie er, Ich ist Jak; keine Zwischenrede, weil Jak schon mit τὶς *sich selber meint* (z.B. Karo, Köhler, Schwarz, Feine?, Vouga: Jc; vgl. IV 2.3a).

II. Du ist Jak; Zwischenrede ist nur V.18aβ (Frage oder fragende Aussage, vgl. III 1f), *mit dem ersten Ich beginnt Jak zu antworten.*

1.a) Ein Zwischenredner ähnlich dem Jemand V.14 fragt den tatendurstigen Jak, ob er überhaupt selbst Glauben habe; Jak setzt zunächst thetisch seine Werke dagegen und erläutert ab V.18b, inwiefern (von Soden, Hebr; Dibelius, Jak erwägt und verwirft, auch V.18b dialogisch zu lesen). – b) Ein Pauliner stellt fest, Jak habe doch selber Glauben. Jak antwortet, er habe auch (κἀγώ) Taten, und erläutert dann die Untrennbarkeit beider (Ménégoz).

2. Der Zwischenredner fragt Jak, ob er den richtigen Glauben (Gottvertrauen, V.19) habe; Jak antwortet mit κἀγώ· „und ich (werde sagen)“ (Neitzel; seiner Syntax, nicht immer dem Sinn der Frage folgen viele, z.B. Cargal; Hahn – Müller, Hoppe: Jak, Karrer: Christus der Herr, Klein, Ruegg, Schnider: Jak, vorsichtig Popkes: Adressaten; zuletzt Konradt, Existenz: ein durch V.14–17 Verwirrter fragt: „*Du* hast (doch auch) Glauben!“ und meinst, er rettet dich!?).

III. Du ist Jak, Ich der Zwischenredner. 1. Zwischenrede ist V.18aβγ (wie IV 1a, V 1a.2.3, VI 1a.b.2.3). a) Jak wollte schreiben oder schrieb ursprünglich ἔργα für πίστις und umgekehrt (vgl. allein ff *tu operam habes, ego fidem habeo*). Jemand wendet ein, Jak habe Taten, er selber Glauben und der zähle für ihn (z.B. Pfleiderer, Hincks). – b) σὺ πίστιν ἔχεις vertritt einen Konditionalsatz (vgl. 5,13; wie III 2b). Jemand wie der in V.14 wendet ein, wenn Jak Glauben habe und den für untrennbar von Taten halte, dann habe auch er mit seinem Glauben Taten, selbst wenn man sie für sich nicht sieht (z.B. Kern, Kuhn). – c) Ein Verteidiger des Jemand V.14 will Jak den Glauben nicht abstreiten und erwartet dafür, daß Jak ihm die Taten anerkennt, die er selber unabhängig vom Glauben hat (Klöpper). – d) Ein paulinischer Vermittler gesteht Jak Glauben zu, weil ohne ihn Taten nicht möglich sind, und erwartet, daß Jak ihm selber Taten als Früchte seines Glaubens zuerkennt (Mehlhorn). – e) Ein liberaler Jakobuschrist gesteht zu, daß in besonderen Fällen Glaube doch retten kann, z.B. auch Jak; er selber habe neben Glauben Taten, die sicher retten (Burchard, Jak 2 14–26). – f) Ein nichtchristlicher Jude (wie III 3a, IV 1b) fragt Jak zweifelnd nach seinem Glauben (Hort, Jas; Frage auch in II) oder würdigt sogar dessen Christusglauben (Schlatter, Jak), erklärt aber neben seinem Gottesglauben (V.19) die Taten für das Entscheidende.

2. Zwischenrede ist V.18f. (wie IV 2b.3, V 1b). a) Der Zwischenredner fordert mit V.18b (V.18a ist nur vorbereitend) nach dem Koinetext (ἐκ τῶν ἔργων σου, τὴν πίστιν μου) Jak auf, aus seinen Taten seinen Glauben zu beweisen, was der nicht kann (V.19), und verspricht, aus den eigenen Werken seinen Glauben zu beweisen, was auch nicht geht, weil dazu Bekenntnis nötig ist; ein Beispiel, wie man dem Jemand V.14 nicht beikommt (Hodges). – b) V.18f. argumentieren in konzentrischer Symmetrie mit V.18b als Kern (V.18aβγ ist Konditionalgefüge, vgl. III 1b). Einer wie der Jemand V.14 rechnet Jak vor, sein Glaube sei nur folgenloser Monotheismus; er selber brauche seine Taten zur Rettung nicht zu beanspruchen, habe also gut paulinisch rettenden Glauben (Donker).

3. Zwischenreden sind V.18aβγ, dazu 19a oder 19 (wie VI 1c). a) Jak läßt einen nichtchristlichen Juden (s. III 1f) Glauben und Taten zum Beweis ihrer Trennbarkeit exemplarisch auf sich selber als Christen und ihn als Juden verteilen (V.18aβγ) und verspricht zu beweisen, daß sie nur als Einheit vorkom-

men, d.h. bei Christen (V.18b). Der Zwischenredner wendet dann ein, daß Jak auch den jüdischen Glauben als Sache für sich habe (V.19a); Jak antwortet, das sei kein Glaube im Vollsinn (V.19b), und beweist dann, was er versprach (Preisker). – b) Der Zwischenredner verkörpert einen antizipierten Einwand, der nach rhetorischer Manier in personalisierter Form bestreitet, was Jak für richtig hält (Glaube muß Taten haben): Du gehörst zur negativen Sorte derer, die nur Glauben haben, ich zur positiven, die nur Taten hat (vgl. IV 1a.4, V 3, VI 3); V.19 nimmt einen zweiten Einwand vorweg (Watson, James 2).

IV. Du ist der Jemand V.14 oder jemand wie er, Ich ist der Zwischenredner. 1. Der Auftritt des Zwischenredners ist nur eine Episode oder Parenthese. a) Zwischenrede ist V.18aβγ (s. III 1). Ein Verteidiger stützt den Jemand, indem er sich glaubenslose Taten zuschreibt (vgl. III 3b, IV 4, V 3, VI 3): Glaube und Taten sind disparate Größen. Jak beachtet ihn aber nicht, sondern kritisiert ab V.18b weiter den Jemand (Gans). Oder: der Verteidiger gesteht dem Jemand Glauben als das Wesentliche zu und gibt sich selber mit dem für Christen weniger Charakteristischen zufrieden; Jak wendet sich dann dagegen (B. Weiß, Handausgabe). – b) Zwischenrede ist V.18. Ein Jude (s. III 1f) fordert den Jemand heraus, seinen Glauben zu zeigen; den eigenen Glauben will er aus seinen Taten beweisen. Jak fertigt ihn mit V.19 ab und setzt danach V.14–17 fort (Vowinckel).

2. Jak läßt einen anderen seine eigenen Argumente gegen den Jemand vertreten („Sekundantenhypothese", vgl. I, IV 3a) in a) V.18 (vgl. IV 1b; z.B. Adamson: Jas, vorsichtig Cantinat: Jc), b) V.18f. (vgl. III 2; z.B. Mayor: Jas, Chaîne: Jc, Lührmann), c) V.18–23 (zuerst wohl Gebser, Jak: Widerlegung in drei Gängen V.18b.19.20–23, dann z.B. de Wette: Jak, Ewald: Hebr: „als wäre es Christus selbst", Beyschlag: Jac, vgl. Usteri, heute z.B. Mußner: Jak).

3. Zwischenrede ist V.18f. (s. III 2). a) Ein nichtchristlicher Jude (s. III 1f) greift parallel zu Jak (vgl. IV 2) den judenchristlichen Jemand V.14 an (Zahn). – b) Ein philosophischer Moralist gesteht dem Jemand V.14 dessen Glauben zu (Fürwahrhalten, V.19), beansprucht aber seine eigene Sittlichkeit als seine Religiosität; Beispiel dafür, wie die Haltung des Jemand V.14 von Dritten mißdeutet werden kann (Haupt). – c) Ein Kirchenmann beruhigt den Jemand V.14 oder einen wie ihn, einen neubekehrten Heiden, dem er die Taten erlassen hat: er werde stellvertretend für Taten sorgen (Reicke, Jas). – d) Ein gesetzesfrommer Judenchrist, der Jak nicht fern steht, widerspricht dem Jemand V.14 als Vertreter einer judenchristlichen Weisheitsfrömmigkeit, die tatenlos zu werden droht (Bindemann).

4. Zwischenrede ist V.18–21. Jemand, der Rechtfertigung und Rettung allein aus Werken vertritt, widerlegt den Jemand V.14 als Vertreter von Rechtfertigung und Rettung aus Glauben (im Sinn von V.19) allein (s. III 3b); seine Identität bleibt unbestimmt (Zmijewski).

V. Du ist der Jemand V.14 oder einer wie er, Ich ist Jak. 1.a) Zwischenrede ist V.18aβγ (s. III 1). Ein Vermittler behauptet, daß dem Jemand V.14 sein Glaube nützt, Jak die Taten (z.B. Huther: Jak, Kühl, Easton: Jas). – b) Zwischenrede ist V.18f. (s. III 2), sonst wie 1 (R.P. Martin, Jas).

2. Wie 1a, nur ist mit Du der Hörer/Leser des Briefs angeredet (z.B. Meinertz, Jak; Verseput, James 2.14: Glaube und Taten gleichrangige Tugenden, s.o. im 2. Exkurs zu 2,14).

3. Zwischenrede ist V.18aβγ (s. III 1). Ein Verteidiger des Jemand V.14 spricht dessen Glauben Heilskraft zu und wirft Jak Taten ohne Glauben vor (erwogen von Klöpper).

VI. Du und Ich sind unbestimmte Personen. 1. Du und Ich bedeuten der eine, der andere. a) Zwischenrede ist V.18aβγ (s. III 1). Jemand beschwichtigt, Glaube und Taten könnten unabhängig voneinander existieren (z.B. Marty: Jc, Cranfield; McKnight: „Faith in God saves, but works are an option"; als Möglichkeit Meyer) oder es gäbe zwei Arten von Christen mit verschiedenen Gaben (z.B. Erasmus, Pott, Ropes: Jas und viele; Lackmann: Glaube und Taten zwei verschiedene Charismen, vgl. 1Kor 12,4–11; Johnson: Jas, Marxsen, Michl: Jak, Mitton: Jas, Obermüller: Pietist und Aktivist, Schrage: Jak, Hamann, Davids: Jas, Moo: Jas, Lautenschlager). – b) Zwischenrede ist V.18aβγ (s. III 1). Jak läßt eine Kopfgeburt begriffespaltend (vgl. III 3b,VI 3) Glauben und Taten auf zwei Personen verteilen, um die Trennung dann ad absurdum zu führen (z.B. Dibelius: Jak, Hauck: Jak, Lohse, Schille, ähnlich Hoppe: Hintergrund, vgl. Laws: Jas). – c) Zwischenreden sind V.18aβγ (Glaube und Taten Charismen, vgl. VI 1a) und V.19a (Glaube besteht in Monotheismus) (Heiligenthal; vgl. III 3).

2. Zwischenrede ist V.18aβγ (s. III 1), „eine Art »Gesprächsfetzen«". Irgendwer sagt irgendwem, daß man Glaube und Taten trennen kann, d.h. daß es Glaube ohne Taten gibt (Walker).

3. Zwischenrede ist V.18aβγ (s. III 1). Jak läßt jemanden einen Dialog „fiktiver Stichwortlieferanten“ mit Extrempositionen referieren (nur Glaube – nur Taten, vgl. III 3b, IV 1a), die er beide ablehnt (Frankemölle: Jak, vgl. VI 1b).

VII. Die Zwischenrede ist nach τὶς ausgefallen. Der Jemand V.14 oder einer wie er wandte ein oder fragte, Jak müsse doch auch Glauben haben und der sei das Wichtigste (wohl zuerst Spitta, dann z.B. Hollmann – Bousset: Jak, Schneider: Jak, Windisch: Kath, vorsichtig Kittel: Ort; als Möglichkeit Meyer, zweite Wahl Dibelius: Jak, heute Davids: Jas).

Drei Lösung(styp)en sind also häufig (II 2, IV 2, VI 1a), die übrigen selten; davon gibt es sicher noch mehr. Manche sind von vornherein unwahrscheinlich, weil textkritisch (III 1a.2a, VII) oder philologisch fragwürdig (I: die Einleitung spricht dagegen; III 1b: 5,13f. ist keine Parallele, weil καί fehlt, vgl. BDR 494; IV 3b: πίστις kann hier nicht Religiosität o.ä. bedeuten, wenn überhaupt; V: κἀγώ könnte im Mund des Zwischenredners zwar an sich den bezeichnen, der ihn auftreten läßt, vgl. Sextus Emp., Adv. Math. III 53; Origenes, In Matth. XIV 12 ἀλλ' ἐρεῖ τις, ὅτι μήποτε ἀσεβοῦμεν „Es wird aber einer sagen, daß wir vielleicht etwas Gottloses vorhaben“, Übers. H.J. Vogt, übrigens ohne daß das indirekte Rede heißen müßte, aber kaum hier nach σύ; VI 1: σύ und ἐγώ für ‚der eine, der andere‘ sind nicht zu belegen). Oder sie sind m.E. feiner gesponnen, als daß damalige Leser/Hörer sie begriffen hätten (II 1, III 1c-e.2b.3, IV 1.4, V 2.3, VI 2.3), obwohl sich darüber manchmal streiten läßt. Aber es bleiben genug übrig. Hoffnungslos?

Möglicher Lösungsweg: 1. Der Zwischenredner kam bisher nicht vor. Wäre er der τὶς aus V.14 oder V.16 oder ein früherer, hieße er nicht auch τὶς. Er erwächst aber aus V.14–17, dessen Thema Jak vorgab. Wenn Jak dort nicht einer „gegnerischen“ Soteriologie widerspricht, redet auch der τὶς nicht als Partei oder Beobachter eines solchen Streits (anders Mehrheitsmeinung). Als nichtchristlicher Jude (III 1f) oder Heide (IV 3b) ist er nicht genug charakterisiert. Ein Sekundant (IV 2), der neben Jak den Jemand V.14 kritisierte (V.18aα ἀλλά dann gegen ihn oder nachdrücklich weiterführend, vgl. BDR 448,6), ist an sich denkbar (vgl. z.B. Philo Sacr 70; Det 74), aber kaum hier. Jak ließ den Jemand nicht als Gesprächspartner auftreten, sondern sprach über ihn zu den Adressaten, mit einer erzählten Beispielszene, in der niemand Glauben erwähnte. Ein Sekundant, der nur sagt, was Jak auch sagen könnte, ist außerdem überflüssig, zumal unklar bleibt, wo er aufhört. Also kritisiert der Zwischenredner Jak, gleichviel ob er mit Du ihn oder jemand anders anredet (ἀλλά adversativ →1,25). Mag sein, daß er eine gängige Meinung vertritt (vgl. 1,13). Auftreten läßt Jak ihn aber, um die eigene Argumentation weiterzutreiben; er hatte noch nicht alles gesagt, und zwar über Glauben, wie der Fortgang zeigt. Der Zwischenredner verkörpert also einen unbefriedigten Hörer/Leser von V.14–17.

2. Zwischenrede ist kaum V.18aβ allein (s. II). Möglich ist ohnehin nur die Variante, die Neitzel erfolgreich erneuert hat (II 2, zu 1 s. oben); es gibt bloßes κἀγώ· als Einführung direkter Rede, freilich nicht oft wie hier ohne nachgezogenes Prädikat (z.B. Plutarch, Mor. 428b, vgl. BDR 480 Anm. 6). Aber kann sich Jak nach V.14–17 fragen lassen, ob er Glauben habe, d.h. doch im bisherigen Sinn (einen anderen kann man m.E. nicht wie Neitzel nachträglich aus V.19 erschließen)? Eine zweifelnde Frage oder Aussage, daß Jak doch (rettenden) Glauben haben müsse (Konradt, Existenz), verdient nach V.14–17 m.E. nicht die Mühe, die Jak sich mit der Antwort macht (Epiktet I 4,13f. fertigte jedenfalls einen Dummkopf, der nach Wirkungen gefragt Ursachen nannte, kurz ab); und warum nicht καὶ σύ? Soll die Frage meinen, daß echter Glaube, den Jak hat, wenn überhaupt jemand, gegen V.14–17 immer Taten auch hat, warum ist das nicht so gesagt? Falls sie wissen will, was Glauben überhaupt nützt: dazu sagt Jak in V.22 zwar ein bißchen, aber der Tenor seiner Antwort bestätigt die Negation V.17. Denkbar ist vielleicht, daß der Zwischenredner betont Jak persönlich ins Spiel bringt: gilt V.17 auch für deinen (natürlich starken) Glauben? Freilich wäre auch hierfür καὶ σύ deutlicher gewesen, und in V. 18b-26 spricht Jak wie bisher von dem, nicht seinem Glauben. Trotzdem könnte dies die Lösung sein, wenn keine andere geht. Ist V.18aβ allein nicht als Einwand gegen Jak verständlich, gehört V.18aγ κἀγὼ ἔργα ἔχω dazu, mehr aber nicht (Mehrheitsmeinung, s. zu III 1). Die Lösungen, die V.18b oder mehr dazunehmen, lassen entweder den Zwischenredner den Jemand V.14 anreden (IV, V), was nicht geht, oder sie haben andere Gründe gegen sich (s. oben unter 1).

3. Daß der Zwischenredner von Glauben- und Tatenhaben spricht, ist durch V.14 (vgl. 17) vorgegeben. Dort hatte ein Subjekt das eine, das andere nicht, und Jak kommentierte, daß der Glaube nicht ins ewige Leben rettet. In V.18aβγ gibt es ein Subjekt, das Glauben, und eines, das Taten hat (gegen personifizierte Begriffe wie in III 3f, VI 1b.3 spricht, daß es Glauben ohne Taten nach Jak wirklich gibt). Wozu, ist nicht neu gesagt; also wohl auch zur Rettung. Dann wendet der Zwischenredner gegen Jak ein, daß es zwei Rettungswege gibt, Glaube (ohne oder ohne Rücksicht auf Taten) und (Glaube, er ist ja Christ, mit) Taten (deswegen handelt es sich anders als in VI 1a.c nicht um Charismen, sie beweisen für Rettung nichts) oder auch zwei Arten von Christen, die gerettet werden (vgl. III 1c.e.3c, V 1.2, VI 1a.c). Sie sind freilich nicht vollständig beschrieben; genannt ist nur das Rettende. Der Zwischenredner ist also Vermittler.

4. Es bleiben aber Du und Ich zu erklären. Ich ist am ehesten der Zwischenredner (mit III, IV). Mit Glauben und Taten erfüllt er die Anforderungen, die Jak an Christen stellt. Dann macht er mit Rettung durch Glauben ohne Taten womöglich ein Zugeständnis: ein Jakobuschrist, wie er sein soll, aber tolerant gegen Unvollkommene. Warum, bleibt offen (falsch verstandene Nächstenliebe? Ermutigung, ab jetzt auch Taten zu tun? Bedenken gegen Ausgrenzung? stellvertretende Taten, dank deren die Gemeinde als ganze gerettet wird? Trost für den Fall, daß das Gericht sofort kommt? Für Sonderfälle, s. V.14?). Die Toleranz ist sein Fehler, nicht daß er Glaube und Taten für getrennte Dinge erklärte (s.o. den 2. Exkurs zu 2,14). Umso deutlicher wird, daß das Du nicht Jak persönlich meint (anders II, III einschließlich 1e). Ἀλλ' ἐρεῖ τις ließ das auch keineswegs erwarten, zumal ohne μοι nicht. Es bleibt dann wohl nur das Du der lebhaften Exemplifizierung (vgl. BDR 281): man formuliert einen mehreren oder allen geltenden Satz als individuelle Anrede, um jedem möglichen Hörer oder Leser persönlich auf den Leib zu rücken (wie z.B. Röm 2,1–6; 2,17–24; 8,2; 11,17–24; 14,4.10.22; Gal 4,7?; Jak 2,11; 4,11f.), und stellt sich u.U. selbst als positives Beispiel dagegen (so wohl z.B. Ps-Xenophon, Resp. Ath. 1,11 ὅπου δ' εἰσὶ πλούσιοι δοῦλοι, οὐκέτι ἐνταῦθα λυσιτελεῖ τὸν ἐμὸν δοῦλον σὲ δεδιέναι· ἐν δὲ τῇ Λακεδαίμονι ὁ ἐμὸς δοῦλος δ' ἐδεδοίκει· ἐὰν δὲ δεδίῃ ὁ σὸς δοῦλος ἐμέ, κινδυνεύσει καὶ τὰ χρήματα διδόναι τὰ ἑαυτοῦ ὥστε μὴ κινδυνεύειν περὶ ἑαυτοῦ; vgl. 1,8; Teles II S. 6 Hense[2] σὺ μὲν ἄρχεις καλῶς, ἐγὼ δ' ἄρχομαι, φησί [Bion, den Teles als Autorität anführt; zu ihm J.F. Kindstrand, Bion of Borysthenes. A Collection of the Fragments with Introduction and Commentary, 1976], καὶ σὺ μὲν πολλῶν, ἐγὼ δὲ ἑνὸς τουτουὶ παιδαγωγὸς γενόμενος, καὶ σὺ μὲν εὔπορος γενόμενος δίδως ἐλευθερίως, ἐγὼ δὲ λαμβάνω εὐθαρσῶς παρὰ σοῦ οὐχ ὑποπίπτων οὐδὲ ἀγεννίζων οὐδὲ μεμψιμοιρῶν; III S. 24 Hense[2] τί δὲ καὶ διαφέρει ἄρχειν καὶ ἰδιωτεύειν; σὺ πολλῶν [ἢ ὀλίγων] καὶ ἡβώντων βασιλεύεις, ἐγὼ δὲ ὀλίγων καὶ ἀνήβων παιδαγωγὸς γενόμενος, καὶ τὸ τελευταῖον ἐμαυτοῦ, beide Stellen gern als Stütze für Typ VI 1 angeführt; Röm 7,24–8,2; vgl. Jos 24,15; 1Kor 10,28–30). Schwierig bleibt freilich, daß Jak hier einen Zwischenredner so auftreten läßt. Eine Lösung ohne Rest gibt es offenbar nicht.

18b Δεῖξόν μοι τὴν πίστιν σου χωρὶς τῶν ἔργων, κἀγώ σοι δείξω ἐκ τῶν ἔργων μου τὴν πίστιν. Eine Herausforderung, mit der Jak als der Überlegene die Einrede V.18aβγ zu widerlegen anfängt (der parallele Satzbau zwingt nicht dazu, V.18b in den gleichen Mund zu legen wie V.18aβγ), genauer V.18aβ (an 18aγ ist nichts auszusetzen). Denn beide Teilsätze von V.18b haben den eben genannten Glauben (Art. anaphorisch) zum Objekt. Gleichzeitig deuten sie die Gliederung des Folgenden an. Δεῖξον ... δείξω (δεικνύναι noch 3,13; ebenfalls ἐκ, vgl. z.B. Aristoteles, An. Pri. 37a ἀλλὰ μὴν οὐδ' ἐκ τοῦ ἀδυνάτου δειχθήσεται ἀντιστρέφον; Epiktet III 2,10f.) o.ä. ist eine rhetorische Figur. Sie kann eine Voraussetzung verlangen, mit der der Sprecher weiterargumentieren will (z.B. Epiktet I 11,5 ἀλλὰ μὴν τοῦτό με πεῖσον, ἔφη, σύ, διότι φυσικῶς, καὶ ἐγώ σε πείσω, ὅτι πᾶν τὸ κατὰ φύσιν γινόμενον ὀρθῶς γίνεται, Forts. unten; Theophilus, Autol. I 2 Ἀλλὰ καὶ ἐὰν φῇς· Δεῖξόν μοι τὸν θεόν σου, κἀγώ σοι εἴποιμι ἄν· Δεῖξόν μοι τὸν ἄνθρωπόν σου κἀγώ σοι δείξω τὸν θεόν μου „Aber wenn du sagst: Zeige mir deinen Gott, könnte ich dir sagen: Zeige mir deinen Menschen [dich selbst], und ich werde dir meinen Gott zeigen"), oder einen Erkenntnisgrund (z.B. Epiktet I 4,15 εἰ γὰρ συμφώνως, τοῦτό μοι δείκνυε καὶ ἐρῶ σοι ὅτι προκόπτεις „Denn wenn [du] übereinstimmend [mit der Natur handelst], zeige mir das, und ich werde dir sagen, daß du Fortschritte machst"). Hier fordert δεῖξον (Aor. komplexiv, s. 1,2) Begründung für V.18aβ, δείξω kündigt Widerlegung an (vgl. z.B. Epiktet I 6,43 καίτοι πρὸς μεγαλοψυχίαν μὲν καὶ ἀνδρείαν ἐγώ σοὶ δείξω ὅτι ἀφορμὰς καὶ παρασκευὴν ἔχεις, πρὸς δὲ τὸ μέμφεσθαι καὶ ἐγκαλεῖν ποίας ἀφορμὰς ἔχεις σὺ δ' ἐμοὶ δείκνυε). Viele lesen etwa so: Mit δεῖξον verlangt Jak vom Zwischenredner (bei Sekundantenhypothese der Sekundant vom Jemand V.14), die Existenz seines (d.h. des von ihm genannten) Glaubens (→ 1,3) ohne die (grade selbst beanspruchten) Taten (→ 1,4; Stellung von σου spricht für Attribut zu τὴν πίστιν, der Art. τῶν vielleicht für Prädikatsergänzung) aufzuzeigen; mit δείξω verspricht Jak, auf Grund seiner Taten (μου besser hierher) als Zeichen des Glaubens dessen Existenz aufzuzeigen; V.19 zeigt dann am Beispiel des Angeredeten selbst, daß Glaube ohne Taten, falls überhaupt erschließbar, jedenfalls nichtswürdig ist; in V.20ff. kommt der Nachweis vorhandenen Glaubens, nur nicht wie angekündigt auf Grund der eigenen Taten, sondern mit der höheren Autorität des Schriftbeweises auf Grund von Abrahams und Rahabs Taten. Aber es ging Jak bisher nicht darum, daß Glaube ohne Taten unvorhanden, unbeweisbar oder unrichtig ist, sondern daß er nicht rettet. Darum sollte es dann auch in V.18b gehen. Der Zwischenredner, der mindestens für bestimmte Fälle zugestanden hat, daß Glaube ohne Taten rettet, soll seinen (d.h. den von ihm rettend genannten) Glauben ohne die Taten (alternative Zuordnung wie oben) aufzeigen; Jak will auf Grund seiner (gehabten oder der erwähnten) Taten aufweisen, wie der Glaube (μου fehlt nicht zufällig) wirklich beschaffen ist (nicht etwa: unter der Menge der Taten den Glauben als Tat aufzeigen). In V.19 bringt Jak dann den Zwischenredner in Beweisnot, die ihn aber noch nicht widerlegt; ab V.20 zeigt er, daß Glaube ohne Taten unnütz ist, tatsächlich nicht an sich selbst, sondern an Abraham und Rahab. Er argumentiert ähnlich wie Epiktet gegenüber einem Vater, der die Flucht vom Krankenbett seiner Tochter für natürlich erklärt hatte (I 11,8f. δεῖξον οὖν μοι σύ [der Vater], πῶς κατὰ φύσιν ἐστίν. οὐ δύναμαι, ἔφη· ἀλλὰ σύ [Epiktet] μοι μᾶλλον δεῖξον, πῶς οὐκ ἔστι κατὰ φύσιν οὐδ' ὀρθῶς γίνεται. καὶ ὅς [Epiktet]· ...). V.18ff. gehen darin über V.14–17 hinaus, daß sie den negativen Ertrag V.17 endgültig erhärten und dazu über Glauben und seine Bedeutung für die Taten auch etwas Positives sagen.

19 Σὺ πιστεύεις ὅτι εἷς (→ 1,4) ἐστιν ὁ θεός, καλῶς ποιεῖς. Ob man den ersten Satz als Frage nimmt oder als Aussage (seit NA[26] Komma statt Fragezeichen ohne Hinweis auf Änderung, auch ECM), macht kaum etwas aus. Angeredet ist der Zwischenredner. Zu καλῶς ποιεῖς s. V.8: recht so, aber es ist noch nicht alles gesagt.

Zu Jakobus' Credo

Literatur, soweit nicht o. nach der Übers. genannt: Y. Amir, Die Begegnung des biblischen und des philosophischen Monotheismus als Grundthema des jüdischen Hellenismus, EvTh 38, 1978, 2–19; Der jüdische Eingottglaube als Stein des Anstoßes in der hellenistisch-römischen Welt, JBTh 2, 1987, 58–75. – E. Peterson, ΕΙΣ ΘΕΟΣ. Epigraphische, formgeschichtliche und religionsgeschichtliche Untersuchungen, 1926.

Εἷς ἐστιν ὁ θεός o.ä. ist frühchr. verbreitet (Mk 12,29 zit. Dtn 6,4 LXX; 12,32; 1Kor 8,4; Herm mand 1,1 πρῶτον πάντων πίστευσον ὅτι εἷς ἐστιν ὁ θεός, ὁ τὰ πάντα κτίσας καὶ καταρτίσας „Zuallererst glaube: Einer ist Gott, der das All geschaffen und errichtet hat", Übers. M. Leutzsch; vgl. Röm 3,30; Gal 3,20; Theophilus, Autol. II 34; Ps-Klem. Hom. III 59,2; christologisch erweitert Joh 17,3; 1Kor 8,6; Eph 4,5f.; 1Thess 1,9f.; 1Tim 2,5; IgnMagn 8,2, vgl. 1Klem 46,6; IgnMagn 7,2). Der Satz ist jüdisches Erbe (z.B. Dtn 6,4 LXX diff. MT: Jahve für Israel einziger Gott; 2Kön 19,19; Jes 44,6; Dan 3,45; Sach 14,9;

Mal 2,10; Arist 132 μόνος ὁ θεός ἐστι; Ps-Phok 54 εἷς θεός ἐστι σοφός...; Sib III 11 εἷς θεός ἐστι μόναρχος ... u.ö.; LibAnt 6,4 *Unum Deum novimus, et ipsum adoramus*; Philo Op 171 θεὸς εἷς ἐστι, u.ö.; Jos Ant III 91 Διδάσκει μὲν οὖν ἡμᾶς ὁ πρῶτος λόγος, ὅτι θεός ἐστιν εἷς καὶ τοῦτον δεῖ σέβεσθαι μόνον „Es lehrt uns also der erste Satz (des Dekalogs), daß Gott Einer ist und daß man diesen allein verehren muß"; IV 201; V 112; Ap II 193 εἷς ναὸς ἑνὸς θεοῦ, u.ö.; Diog 3,2; bBer 61b, Aqibas letzte Worte). Es gibt pagane Parallelen (z.B. Xenophanes, Fr. 23 III 1 S. 42 Diels εἷς θεός, ἔν τε θεοῖσι καὶ ἀνθρώποισι μέγιστος; Maximus Tyr. 11,5a θεὸς εἷς... καὶ πατήρ, καὶ θεοὶ πολλοί; Mark Aurel VII 9 κόσμος τε γὰρ εἷς ἐξ ἁπάντων καὶ θεὸς εἷς δι' ἁπάντων καὶ οὐσία μία καὶ νόμος εἷς, λόγος κοινὸς πάντων τῶν νοερῶν ζώων, καὶ ἀλήθεια μία „Denn es gibt *eine* Welt aus allem und *einen* Gott durch alles und *eine* Substanz und *ein* Gesetz, die Vernunft, die allen geistigen Wesen gemeinsam ist, und *eine* Wahrheit", Übers. W. Theiler; CH XI 14 εἰ δὲ πάντα ζῷα, μία δὲ καὶ ἡ ζωή, εἷς ἄρα καὶ ὁ θεός, vgl. 11; PGM 12,246 εἷς θεὸς ἀθάνατος). Sie meinen Gottes innere Einheit oder das eine göttliche Wesen hinter den vorfindlichen Göttern oder der Erscheinungswelt; jüdische und christliche Apologetik verstand sie als Zeugnisse monotheistischer Ahnungen der Heiden und erfand pseudepigraphische dazu (z.B. Ps-Sophokles, Fr. 1126 Pearson S. 910 Denis εἷς ἐστι<ν> θεός). Wenn der Zwischenredner rechtgläubig ist (s. Exkurs zu 2,18), legt Jak ihn in 2,19 auf den christlichen Hauptartikel fest, nicht auf Judaismus, unitarische Einseitigkeit oder einen Konsens antiker Religionen.

Das einzige andere Objekt nach πιστεύειν, πίστις steht 2,1. Es läßt zusammen mit 1,1 den Schluß zu, daß Jak nächst Gott, aber wohl nachrangig, Jesus Christus (den Erhöhten und Kommenden, vgl. 1Thess 1,9f.; Apg 10,42f.; 17,23.30f.) nennen könnte, auch wenn 2,1 als direkter Beleg ausfällt. Versucht man zu erraten, was Jak sonst als Glaubensinhalt ausbringen würde, dann kommen am ehesten die Gottesbezeichnungen und -aussagen (s.o. Einl. 5) in Frage, dann das Wort der Wahrheit (1,18.21). Nach dem übrigen frühchristlichen Sprachgebrauch, wo Künftiges eher erhofft (ἐλπ- fehlt im Brief) oder erwartet wird (vgl. 5,7) als geglaubt, kann man vermuten, daß das auf Jak auch zutrifft. Im übrigen sah Jak kaum alles, was er theologisch für wichtig hielt, als Glaubensinhalt an.

Καὶ τὰ δαιμόνια πιστεύουσιν καὶ φρίσσουσιν ist keine Information, sondern eine Aussage über den Glauben ohne Taten (zum Prädikat im Plural s. BDR 133,1).

Die Dämonen in Jakobus 2,19

Literatur, soweit nicht o. nach der Übers. genannt: M.G.W. BECKER, „Wunder" und „Wundertäter" im frührabbinischen Judentum, im Druck. – BEUMER, Et daemones credunt (s.o. Einl. 7). – O. BÖCHER, Dämonenfurcht und Dämonenabwehr. Ein Beitrag zur Vorgeschichte der christlichen Taufe, 1970; Christus Exorcista. Dämonismus und Taufe im Neuen Testament, 1972. – L.P. HOGAN, Healing. – D. TRUNK, Der messianische Heiler. Eine redaktions- und religionsgeschichtliche Studie zu den Exorzismen im Matthäusevangelium, 1994.

Die Antike war überzeugt, daß es zwischen Gott und Mensch gute, böse oder ambivalente Zwischenwesen gibt, auch die meisten Philosophen. Jak (δαιμόνιον im Brief nur hier, δαιμονιώδης 3,15; γέεννα 3,6; διάβολος 4,7) wird monotheistische Dämonen aus christl. Tradition kennen, die in jüdischer wurzelt, und schon deshalb nicht etwa Wesen meinen, die sich göttlich verehren ließen (so von Soden, Hebr). Solche Dämonen (frühchr. meist δαιμόνιον, nur Apg 17,18 positiv; δαίμων nur Mt 8,31; dazu πνεῦμα und ἄγγελος mit negativem Attribut) hausen außer dem und im Menschen (vgl. Mt 12,43–45 par.). Sie haben übermenschliche Kräfte und Wissen (theologisches z.B. Mk 1,24 par.; 1,34 par.; Apg 16,17; 19,15). Man kann mit ihrer Hilfe zaubern und Geld verdienen (Apg 16,16). Aber in der Regel schaden sie: sie spuken, erschrecken (z.B. Mk 6,49 par.; Lk 24,37, vgl. IgnSm 3,2), machen unrein, krank, besessen und aggressiv (bes. Synoptiker und Apg, man „hat" einen Dämon oder mehrere, wie man Seele oder Leiden hat; 2Kor 12,7?). Sie stecken hinter dem polytheistischen Kult (z.B. Jub 11,4; 1Kor 10,19–21; 12,2?; Barn 16,7), inspirieren Irrlehre (z.B. 1Tim 4,1, vgl. Joh 8,48f. u.ö.) und bewirken im Menschen Sünde (z.B. TestSeb 9,7; TestAss 6,2; Herm mand 2,3 unten bei 3,8; Herm sim 9,22,3 μέγα γὰρ δαιμόνιόν ἐστιν ἡ αὐθάδεια καὶ ἡ κενὴ πεποίθησις; 9,23,5; vgl. überhaupt Hermas' Geisterlehre, in der sich Dämonologie und Psychopathologie mischen), besonders in der Endzeit (z.B. Apk

16,13f.). Systematisch betrachtet können sie als Unterteufel gelten (z.B. Mk 3,22–27 par.; Lk 13,10–17; Apg 10,38; 2Kor 12,7). Daß Jesus und in seinem Namen christliche Charismatiker sie austreiben (z.B. Mt 12,28 par.; Apg 10,38; 16,16–18; vgl. 19,11–17), ist Zeichen der Heilsgegenwart. Trotzdem müssen Christen sich weiter gegen sie wehren (z.B. Eph 6,11f.; vgl. 1Joh 4,1). Erst am Ende werden Teufel und Dämonen vernichtet (z.B. Mt 8,29; 25,41; 1Kor 6,3; 2Petr 2,4; Jud 6; Apk 20,10).

Was Jak davon wußte, ist schwer zu sagen (s. 3,6.15; 4,7; 5,14f.). 2,19 steht jedenfalls wohl für sich. Die Stelle kann sich nach Mk 1,24 usw. erklären (so viele). Aber φρίσσειν (Barn 11,2 zit. verändert Jer 2,12; frühchr. sonst nur Herm vis 1,2,1) deutet in andere Richtung (vgl. Orph. Fr. 28 bei Klemens Alex., Strom. V 125,1 δαίμονες ὃν φρίσσουσι[ν], θεῶν σε δέδοικεν ὅμιλος; Justin, Dial. 49,8 νοῆσαι δύνασθε ὅτι κρυφία δύναμις τοῦ θεοῦ γέγονε τῷ σταυρωθέντι Χριστῷ, ὃν καὶ τὰ δαιμόνια φρίσσει καὶ πᾶσαι ἁπλῶς αἱ ἀρχαὶ καὶ ἐξουσίαι τῆς γῆς; Ps-Klem. Hom. V 5,2; PGM 3,227; 4,2541f. δαίμονες... φρίσσουσί σε; 2829; 3017f. παντὸς δαίμονος φρικτόν, ὃ φορεῖται; 12,118 Ἀώθ, ὃν πᾶς θ(εὸς) προσκυνεῖ καὶ π[ᾶ]ς δαίμων φρίσσει; Orakel bei Laktanz, Ira dei 23 ὃν τρομέει καὶ γαῖα καὶ ἠδὲ θάλασσα ταρτάρεοί τε μυχοί, καὶ δαίμονες ἐρρίγασιν; vgl. 4Esr 8,21 „vor dem [Gott] das Heer der Engel zitternd steht", Übers. J. Schreiner; OrMan 3f. in Const. Ap. II 22,12 ὁ κλείσας τὴν ἄβυσσον καὶ σφραγισάμενος [Gott] αὐτὴν τῷ φοβερῷ καὶ ἐνδόξῳ ὀνόματί σου, ὃν πάντα φρίσσει καὶ τρέμει ἀπὸ προσώπου δυνάμεώς σου „der du den Abgrund verschlossen und versiegelt hast durch deinen furchtbaren und gepriesenen Namen, vor dem alles erschauert und erzittert wegen deines machtvollen Angesichts", Übers. Eva Oßwald; Sib III 678f. καὶ πᾶσα θάλασσα φρίξει ὑπ' ἀθανάτοιο προσώπου; Philo Som I 142 διὰ τὸ τεθηπέναι καὶ πεφρικέναι τὸν παμπρύτανιν καὶ τὸ μέγιστον ἀρχῆς αὐτοῦ κράτος; Leg 211; Jos Bell V 438 καὶ τὸ φρικτὸν ἐπικαλουμένων [mitleidheischende Opfer der Römer] ὄνομα τοῦ θεοῦ; hebrHen 14,1–3; TestAbr A 9,5; 16,3, der Tod; ActPhil 132 S. 63 Bonnet θεὲ ὃν φρίττουσιν οἱ πάντες αἰῶνες; die äth. Ep. Pelagiae bei Heiligenthal 38 hängt von Jak ab). Die Stellen sprechen dafür, daß in Jak 2,19 die Dämonen nicht vor Exorzismus (womöglich mit εἷς θεός o.ä. beschworen), Gericht (vgl. äthHen 1,5) o.ä. beben und ihr Glaube keine Qual ist, sondern daß sie den Heiligen, an dessen Existenz sie glauben, obwohl sie nichts Gutes wirken, auch fürchten (φρίσσειν ist übrigens wie ‚glauben' trans.): eher ein Stück Gottes- oder Schöpfungslehre als Dämonologie. Man sollte dann καὶ φρίσσουσιν nicht durch Syntax und/oder Satzzeichen zur Pointe machen (z.B. „das glauben auch die Dämonen, und sie zittern" EÜ). Auf jeden Fall ergibt sich, daß Christenglaube nach Jak erst recht Gottesfurcht einschließt und auch ohne Taten nicht bloß Fürwahrhalten ist.

Die Pointe muß der Hörer/Leser selbst finden. Nicht daß Glaube ohne Taten anerkennenswert ist, weil sogar die Dämonen glauben und beben, oder nichts Besseres als Dämonenglaube, sondern daß Dämonen trotz Glauben rettungslos verloren sind, weil ohne Taten (vgl. Herm mand 7,5 πᾶσα ἡ κτίσις φοβεῖται τὸν κύριον, τὰς δὲ ἐντολὰς αὐτοῦ οὐ φυλάσσει. τῶν οὖν φοβουμένων αὐτὸν καὶ φυλασσόντων τὰς ἐντολὰς αὐτοῦ, ἐκείνων ἡ ζωή ἐστι παρὰ τῷ θεῷ· τῶν δὲ μὴ φυλασσόντων τὰς ἐντολὰς αὐτοῦ, οὐδὲ ζωὴ ἐν αὐτοῖς).

Der Zwischenredner hat also nicht gezeigt, daß Glaube ohne Taten rettet. Für diesen negativen Zweck konnte Jak vernachlässigen, daß das Credo der Dämonen hier schmaler ist als das christliche, nicht weil Christus fehlt (von ihm schweigt Jak auch bei Abraham und Rahab), sondern die Bereitschaft zu den Taten. Daß aber auch Christenglaube ohne Taten nicht rettet, muß Jak selber noch beweisen.

In **20–25** schreibt Jak deshalb die in V.18bβ angekündigte positive Widerlegung. Aber anders als angekündigt hält er sich an Glaube und Taten zweier großer Gestalten der eigenen Geschichte. Außerdem spricht er unvermittelt und nur hier statt von σῴζειν von δικαιοῦσθαι; das ist nicht dasselbe, reicht aber aus, weil Gerechtigkeit Rettung nach sich zieht. Der Wechsel liegt an der Tradition, die Jak benutzt. Er ist aber auch zweckmäßig. Daß Abraham und Rahab nicht Glaube abgesehen von Taten rettet, wird erst im Gericht offenkundig werden; daß sie nicht seinetwegen als Gerechte anerkannt wurden, läßt sich schon jetzt nachweisen.

Zur Herkunft der Darstellung Abrahams und Rahabs in Jakobus 2,20–25 (Judentum und Paulus)

Weitere Literatur, soweit nicht o. nach der Übers. genannt: A. BEHRENS, Gen 15,6 und das Vorverständnis des Paulus, ZAW 109, 1997, 327–341. – K. BERGER, Abraham II. Im Frühjudentum und Neuen Testament, TRE 1, 1977, 372–382; Formgeschichte; Gattungen. – DASSMANN, Stachel im Fleisch. – VON DOBBELER, Glaube als Teilhabe (Rezeption von Gen 15,6). – A.T. HANSON, Rahab the Harlot in Early Christian Tradition, JSNT 1, 1978, 53–60. – I. JACOBS, The Midrashic Background for James ii. 21–3, NTS 22, 1975/76, 457–464. – L. KUNDERT, Die Opferung/Bindung Isaaks. Bd. 1: Gen 22,1–19 im Alten Testament, im Frühjudentum und im Neuen Testament, 1998; Bd. 2: Gen 22,1–19 in frühen rabbinischen Texten, 1998. – LINDEMANN, Paulus. – LÜDEMANN, Paulus, der Heidenapostel, II. – F. MANNS, Jacques 2,24–26 à la lumière du judaïsme, BeO 26, 1984, 143–149. – G. MAYER, Aspekte des Abrahambildes in der hellenistisch-jüdischen Literatur, EvTh 32, 1972, 118–127. – M. OEMING, Der Glaube Abrahams. Zur Rezeptionsgeschichte von Gen 15,6 in der Zeit des zweiten Tempels, ZAW 110, 1998, 16–33. – E. PETERSON, Der Gottesfreund. Beiträge zur Geschichte eines religiösen Terminus, ZKG 42, 1923, 161–202. – C. ROSE, Die Wolke der Zeugen. Eine exegetisch-traditionsgeschichtliche Untersuchung zu Hebräer 10,32–12,3, 1994. – S. SANDMEL, Philo's Place in Judaism. A Study of Conceptions of Abraham in Jewish Literature, 1956. – A.F. SEGAL, The Akedah: Some Considerations, in: P. Schäfer (Hg.), Geschichte – Tradition – Reflexion (FS M. Hengel), I. Judentum, 1996, 99–116. – SIGAL, Halakha of James. – T. VEIJOLA, Das Opfer des Abraham – Paradigma des Glaubens aus dem nachexilischen Zeitalter, ZThK 85, 1988, 129–164. – F.E. WIESER, Die Abrahamvorstellungen im Neuen Testament, 1987. – F.W. YOUNG, The Relation of I Clement [12,4] to the Epistle of James [2,25], JBL 67, 1948, 339–345 (Jak abhängig). – ZIMMER, Verhältnis des Jacobusbriefes zur paulinischen Literatur. – Exkurse in vielen Kommentaren.

Unbestritten nimmt Jak im 2,21–25 direkt oder christl. vermittelt jüd. Traditionen über Abraham und Rahab auf (Quellen z.B. bei Bill. I 20–23; III 186–201.755, Wieser, Young). Falls er auch die biblische Grundlage heranzog, las er sie im Licht von Tradition. Die ungewöhnliche Paarung könnte durch einen chronologischen Paradigmenkatalog veranlaßt sein, in dem beide standen (zur Gattung Berger, Formgeschichte; Gattungen; Rose 82–91). Vielleicht erklärt sich so auch der Gleichlauf der Informationssätze V.21.25 (Name mit Apposition, finites Prädikat, begründende Ptc. coni.; vgl. z.B. Hebr 11,31). Der Katalog war dann wohl nicht prosopographisch-historisch ausgerichtet (wie z.B. Sir 44–49; 4Makk 18,10–19; Const. Ap. VIII 12,21–26), sondern thematisch (wie z.B. Sap 10f. Weisheit; 1Makk 2,49–64 Gesetzeseifer; 4Esr 7,106–110 Fürbitten für Sünder, vgl. Jak 5,17f.; CD 2,14–3,12 Verführung durch den bösen Trieb; Ps-Philo, Samps. 25 Geistempfang; 1Klem 17f. Demut, vgl. Jak 5,10f. Geduld?, mit Themenanapher an den Anfängen der Beispiele Hebr 11 Glaube; 1Klem 4,7–6,4 Leiden durch Eifersucht und Neid; 9–12 Glaubensgehorsam und z.T. Gastfreundschaft). Abraham kommt meistens vor, Rahab nur christlich (Hebr 11,31 Πίστει Ῥαὰβ ἡ πόρνη οὐ συναπώλετο τοῖς ἀπειθήσασιν δεξαμένη τοὺς κατασκόπους μετ' εἰρήνης; 1Klem 12,1 Διὰ πίστιν καὶ φιλοξενίαν ἐσώθη Ῥαὰβ ἡ πόρνη ... 8 ὁρᾶτε, ἀγαπητοί, ὅτι οὐ μόνον πίστις, ἀλλὰ καὶ προφητεία ἐν τῇ γυναικὶ γέγονεν „Wegen Glauben und Gastfreundschaft ist Rahab, die Hure, gerettet worden. ... Seht, Geliebte, daß nicht nur Glaube, sondern auch Prophetie in der Frau gewesen ist.", Übers. A. Lindemann), mit Abraham, aber getrennt. Stammen die beiden aus einer Pistis-Reihe, hat Jak das Thema geändert. Aber eine ἐξ ἔργων ἐδικαιώθη-Reihe ist denkbar (vgl. 1Makk 2,51 μνήσθητε τὰ ἔργα τῶν πατέρων und eifert wie sie für Gesetz und Bund). Mehr bei V.21–25.

Nach den meisten setzt Jak auch Paulus' Rechtfertigungsaussagen voraus, für die der Apostel sich auf Abraham beruft (Röm 3f.; Gal 2–4, hier auch Sara), und bestreitet sie. Das ist nicht zwingend und nach 2,14 auch nicht zu erwarten. Das Vaterprädikat V.21 muß nicht von Röm 4,1 angeregt sein. Jak 2,21 dreht nicht Röm 4,2a um, sondern beide Stellen nehmen die Tradition auf, daß Ἀβραὰμ ἐξ ἔργων ἐδικαιώθη (zur Formulierung vgl. syrBar 63,3); Jak vertritt sie, Paulus räumt ein, daß es zwar so gewesen sein könnte, aber nach Gen 15,6 erkannte Gott Abraham fast seit dem Anfang ihrer Beziehung als gerecht an und das auf Grund seines Glaubens. Δικαιοῦσθαι ἐκ ist zwar paulinisch, aber nicht exklusiv (vgl. Mt 12,37 und Gal 2,16, falls vorpaulinisch). Zudem ist V.21 Frage, die mit Einverständnis rechnet; das konnte Jak nicht herstellen, indem er Paulus einfach verneinte, sondern er setzt voraus, daß die Adressaten die Tradition mindestens auch kennen, wenn nicht anerkennen. Daß Abrahams Glaube erst in der Folgerung V.22 erscheint, muß nicht an einer abgelehnten Auffassung liegen, die Abrahams Glauben gegen seine Taten ausspielte, wie es Paulus erstmals tat, soweit wir wissen; mit der Tradition war nicht nur Abrahams Glaube gegeben, sondern auch zumindest die Möglichkeit, ihn den Taten gegenüberzustellen. Wenn V.23 Gen 15,6 diff. LXX mit δέ statt καί und Ἀβραάμ statt Ἀβράμ zitiert, muß nicht Röm 4,3 dahinterstehen (vgl. Philo Mut 177, falls nicht nachträglich angeglichen; 1Klem 10,6), zumal dort καὶ... ἐκλήθη fehlt. Auch sind generelle Sätze mit (ὁ) ἄνθρωπος als Subjekt nicht selten (z.B. Mt 4,4 par. zit. Dtn 8,3; ψ 102,15; Gal 6,7). Falls V.24 Röm 3,28 oder eher Gal 2,16 verneint, hätte Jak den Wortlaut seiner Argumentation so angepaßt (om. νόμου, Ἰησοῦ Χριστοῦ, add. μόνον), daß man auch annehmen kann, er hätte ihn selbständig aus ihr hervorwachsen lassen. Freilich läßt sich grade hier erwägen, ob Jak nicht paulinische Formulierungen kannte (s.o. Einl. 4.2) und gelegentlich korrigierte, ohne damit Paulus grundsätzlich in die Parade fahren zu wollen (das wollen auch die Deuteropaulinen nicht, wenn sie anders als er δικαιο- und ἔργα für christliches Verhalten gebrauchen, z.B. Eph 2,10; 4,24; 1Tim 1,9; 6,11.18; Tit 1,8.16; vgl. auch die Verbindung von Glaube und Gerechtigkeit Lk 18,1–8.9–14), also Paulus' sprachliche Vorarbeit voraussetzt (dagegen Konradt, Existenz). Abgesehen davon gehört 2,14–26 also wohl nicht zur Wirkungsgeschichte der paulinischen Rechtfertigungsaussagen (frühchr. ohnehin begrenzt: Apg 13,38f.; Eph 2,5.8–10, hiernach Polyk 1,3; Tit 3,7; 1Klem 32,4; Diog 9,4; Konradt, Existenz 241 Anm. 202). Jak und Paulus berühren sich hier dank gemeinsamer jüdischer Tradition (so z.B. schon Beyschlag: Jac, Meinertz: Jak, Meyer, später z.B. Berger: Abraham, Bindemann, Davids: Jas, von Dobbeler, Heiligenthal, Luck, Penner, Walker, ausführlich zuletzt Konradt: Existenz). Man verdirbt sich die Auslegung, wenn man Jak durchlaufend von Paulus weg oder auf ihn zu interpretiert und womöglich auch bei Jak den Abstand von der jüdischen Tradition als hermeneutischen Schlüssel nimmt. Mehr s. zu V.24.

20 Θέλεις δὲ γνῶναι, ὦ ἄνθρωπε κενέ, ὅτι ἡ πίστις χωρὶς τῶν ἔργων ἀργή ἐστιν; Rhetorische Frage (s.o. Einl. 3.2), die zugleich auffordert (vgl. Herm vis 3,7,3 τοὺς δὲ ἑτέρους... θέλεις γνῶναι τίνες εἰσίν; Epiktet IV 6,18 Ταλαίπωρε, οὐ θέλεις βλέπειν, τί σὺ λέγεις περὶ σαυτοῦ; „Elender, willst du nicht sehen, was du über dich selbst sagst?", entfernter II 6,19 εἰ δὲ θέλεις ἀκοῦσαι τἀληθῆ; Röm 13,3; θέλειν → 1,18; γινώσκειν → 1,3). Scheltanreden (noch 4,4.8) mit und ohne ἄνθρωπος (→ 1,7) an Hörer/Leser, Schüler, Dialogpartner u.a. sind geläufig. Κενός (noch 4,5, von Personen im NT sonst nur Lk 1,53) hier eher ‚hirnlos' (z.B. Philo SpecLeg I 311 οἱ κενοὶ φρενῶν; Polyk 6,3 οἵτινες ἀποπλανῶσι κενοὺς ἀνθρώπους, vgl. Mt 5,22 ῥακά) als ‚eitel' (z.B. Plutarch, Mor. 541b; Epiktet II 19,8; IV 4,35 κενόν, ἐφ' οἷς οὐ δεῖ ἐπαιρόμενον) oder ‚geist-, glaubensleer' (z.B. Herm mand 5,2,7; 12,4,5 u.ö.).

Der Objektsatz nimmt V.17 auf. Was Jak dort mit einem Exempel nur plausibel machte, will er jetzt beweisen. Der Artikel vor ἔργων ist anaphorisch: von denen die Rede war. Ἀργός (im Brief nur hier) statt wie V.17 νεκρά (v.l.; Wortspiel?, vgl. Sap 14,5 θέλεις δὲ μὴ ἀργὰ εἶναι τὰ τῆς σοφίας σου ἔργα [Schiffe]) wohl im Blick auf V.22; ob aktivisch ‚untätig, träge' o.ä. oder passivisch ‚ungenutzt' o.ä., ergibt sich dort, vielleicht beides.

21 Ἀβραὰμ ὁ πατὴρ ἡμῶν οὐκ ἐξ ἔργων ἐδικαιώθη ἀνενέγκας Ἰσαὰκ τὸν υἱὸν αὐτοῦ ἐπὶ τὸ θυσιαστήριον; Verneinte rhetorische Frage statt Beteuerung (s.o. Einl. 3.2); der Erkenntnisgrund dafür, daß V.20b zutrifft. Ἀβραάμ (noch V.23; frühchr. nur so, vgl. Gen 17,5) ist traditionell nicht nur Stammvater Israels, Glaubensheld und exemplarischer Gerechter, sondern auch der erste bekehrte Polytheist und Stammvater der Proselyten (z.B. TestHi 2–5; Jub 11,16f.; 12,1–27; ApkAbr 1–8; LibAnt 6,4; Philo Abr 68–88; Virt 212–219; Jos Ant I 155–157; vgl. Jdt 5,6–8). Als ὁ πατὴρ (→ 1,17) ἡμῶν (so z.B. LibAnt 32,1; Av 5,3; Lk 1,73; Joh 8,39.53; Röm 4,12; 1Klem 31,2; vgl. Jes 51,2; Mt 3,9 par.; Lk 16,24;

Röm 4,1) ist er für Jak der erste, beste Christ und Stammvater der Adressaten (s. 1,1; Israel ist in 2,21 so wenig im Blick wie dort). Deshalb werden sie auf dieselbe Weise wie er zu Gerechten (so auch Paulus, nur eben aus Glauben, vgl. Röm 4,1.11f.16; Gal 3,7.29).

Jak beruft sich auf Abraham (und Rahab V.25, die Propheten 5,10, Hiob 5,11, Elia 5,17f.; zur Gattung s.o. Einl. 3.2) ähnlich wie z.B. Epiktet auf Sokrates oder Diogenes als Inbegriff des wahren Philosophen. Jak kennt Abraham aus der Schrift wie der Philosoph seine Vorbilder aus der Literatur, aber Autorität ist die Person selbst; ihr geschriebenes Bild ist nur Vermittler (insofern kein Schriftbeweis, doch s. V.23). Daß der Stammvater durch Taten gerecht wurde, sagt die Schrift auch nicht, wurde aber traditionell aus ihr abgelesen (s. oben und gleich). Jak kann die Taten kaum anders verstehen als bisher, d.h. als die, die das Gesetz der Freiheit (s. 1,25) fordert; Abraham kannte es oder erfüllte es intuitiv (vgl. z.B. Sir 44,20; syrBar 57,2). Glaube ist in den Taten nicht eingeschlossen (anders z.B. Philo Her 94f.).

Das passivische δικαιοῦσθαι (→ 1,20) wird hier wie in der Tradition Gott als logisches Subjekt haben (aber nicht, um θεός zu vermeiden, s. V.23) und ‚als gerecht anerkannt werden' bedeuten (auch möglich ‚für gerecht erklärt werden', nur läßt das zu Unrecht offen, ob Abraham es auch war; nicht ‚sich als gerecht erweisen'). ‚Gerechtfertigt werden' ist theologisch korrekt, klingt aber gegenwartssprachlich verstanden nach Apologie o.ä.

Als exemplarische Tat nennt Jak Isaaks Opferung Gen 22 (in MT sonst nicht; bibelkundlich Aqeda „Bindung" nach 22,9). Ἀνενέγκας (ἀναφέρειν im Brief nur hier, → 2,3; verbreitete Metonymie für ‚als Opfer darbringen'; zur Übersetzung s. unten) nimmt Gen 22,2 auf, Ἰσαάκ mit Apposition υἱός (beide Wörter im Brief nur hier) steht ebd. u.ö., θυσιαστήριον Gen 22,9 (im Brief nur hier; Subst. zuerst LXX, dann fast nur jüd. und christl.). Nach der Tradition beweist die Aqeda unübertroffen Abrahams Glauben, Gottes und seine Liebe, Gehorsam, Standhaftigkeit in Versuchung, Dankbarkeit, Weisheit (z.B. 4Makk 16,19f. καὶ διὰ τοῦτο ὀφείλετε πάντα πόνον ὑπομένειν διὰ τὸν θεόν, δι' ὃν καὶ ὁ πατὴρ ἡμῶν Ἀβραὰμ ἔσπευδεν τὸν ἐθνοπάτορα υἱὸν σφαγιάσαι Ἰσαάκ, καὶ τὴν πατρῴαν χεῖρα ξιφηφόρον καταφερομένην ἐπ' αὐτὸν ὁρῶν οὐκ ἔπτηξεν; Sap 10,5; Sir 44,20; Jub 17,15–18,16; 19,8f.; LibAnt 32,1–4; 4Q225 Fr. 2, Sp. 1, die Gen 15,1–6; 21,2f.; 22 nacherzählend verbindet; Philo Imm 4: Verbindung von Gen 22 und 15,6; Jos Ant I 222–236: Probe auf Abrahams Gottesverehrung; Hebr 11,17–19: Erprobung seines Glaubens; 1Klem 10,7 δι' ὑπακοῆς προσήνεγκεν αὐτὸν τῷ θεῷ πρὸς ἓν τῶν ὀρέων ὧν ἔδειξεν αὐτῷ; auf die Aqeda gedeutet werden meist auch Neh 9,8; Jdt 8,26; 1Makk 2,52 Ἀβραὰμ οὐχὶ ἐν πειρασμῷ εὑρέθη πιστός, καὶ ἐλογίσθη αὐτῷ εἰς δικαιοσύνην; „Wurde Abraham nicht für treu befunden in der Erprobung, und wurde ihm das nicht als Gerechtigkeit angerechnet?", EÜ; Sir 44,20 ἐν σαρκὶ αὐτοῦ ἔστησεν διαθήκην καὶ ἐν πειρασμῷ εὑρέθη πιστός; zur Gottesliebe s. zu V.23).

Da Taten für Jak Gebotserfüllungen sind, könnte er die Aqeda als Erfüllung des 1. Gebots oder von Dtn 6,5 verstanden haben (vgl. Jub 17,15.18; Philo Abr 170.196; BerR zu 12,12), was zu V.19 paßt. Auch abgesehen davon ist sie offenbar Abrahams Spitzentat (man kann den Plural ἐξ ἔργων kaum auf die Einzelheiten der Darbringung deuten). Jak kannte wohl die Tradition einer Reihe von Erprobungen Abrahams (z.B. bSanh 89b; zehn: Jub 17,17f. in Verbindung mit 19,8; Av 5,3; TN TFrag Gen 22,1), die in der Aqeda (anders Jub 19,8?) gipfelte. Man nimmt dann ἀνενέγκας besser vorzeitig (s. 1,12) als gleichzeitig (modal ‚indem' oder kausal ‚weil'). Jak sieht aber nicht den erprobten Glauben als Tat an, sondern die Darbringung (manchmal als vollzogen gedeutet, vgl. schon 4Makk 13,12;

LibAnt 18,5?; Hebr 11,17–19; 1Klem 10,7?, wofür hier nichts spricht, erst recht nicht für die Barn 7,3 zuerst belegt Deutung Isaaks als Typos Christi; der Vorsatz gilt wohl Gott als Tat, vgl. Philo Abr 177).

Abrahams Gerechtigkeit war also nicht geschenkt und nicht nur im Zuspruch real. Abraham wurde auch nicht schlagartig vom Sünder zum Gerechten (so Röm 4,2–8 auf Grund von Gen 15,6), sondern vom nur Glaubenden nach längerer Bewährung durch Taten. Andererseits waren seine Taten nicht einfach seine Leistungen (s.o. im 2. Exkurs zu 2,14), und die Anerkennung als Gerechter stellte nicht nur fest, was war. Ein göttlich anerkannter Gerechter hat einen bleibenden Status (s. mehr zu V. 23).

22–23 Βλέπεις ὅτι führt die in V.20 angekündigte, aus V.21 zu entnehmende Erkenntnis des Zwischenredners ein (βλέπειν → 2,3; vgl. z.B. Epiktet III 2,11 βλέπεται ἐξ αὐτῶν τούτων und zu V.24; auch laut 5,11 kann man Biblisches ‚sehen'). Sie reicht wohl bis V.23 und ist kaum als rhetorische Frage gemeint. Thema ist Abrahams Glaube, scheinbar abrupt. Aber er war mit der Tradition gegeben und überdies notorisch (s.o. den Exkurs vor V.20).

V.22f. lassen sich für sich genommen so lesen, daß Abrahams Glaube seine Taten mindestens mitbewirkte, durch sie vervollständigt oder in ihnen vollendet wurde o.ä. (anders s.o. im 2. Exkurs zu 2,14) und Gen 15,6 das belegen soll. Diese Lesart läßt sich deuten als Konzession, die Jak der Auffassung von Gen 15,6 als Beleg für Abrahams Glaubensgerechtigkeit macht, oder als Selbsteinschränkung von V.17.20, die seine eigentliche Meinung darstellt. Dagegen spricht, daß V.22f. keine neue Information sein soll, sondern Folgerung aus V.21. Dort kam Glaube nicht vor. Also schwächen V.22f. ἐξ ἔργων ἐδικαιώθη nicht ab, sondern charakterisieren Abrahams bekannten Glauben unter dieser Voraussetzung.

22 Ἡ πίστις συνήργει τοῖς ἔργοις αὐτοῦ καὶ ἐκ τῶν ἔργων ἡ πίστις ἐτελειώθη nehmen viele als Einheit aus zwei bedacht formulierten Sätzen (zweimal Glaube als Subjekt, erst mit aktivischem, dann mit passivischem Prädikat in verschiedenen Tempora, zweimal Taten, chiastisch gestellt), auf die sich dann V.23 bezieht. Doch ist erwägenswert, daß V.23a einen dritten Satz darstellt und wegen des gleichen Tempus (Aor.) enger zu V.22b gehört; das würde dann auch für das Zitat gelten, V.22a wäre Auftakt.

Der Glaube steht hier mit Artikel, aber ohne Possessivattribut: kein anderer als der Christenglaube, von dem bisher die Rede war (→ 1,3; vgl. Hebr 11; 1Klem 9–12). Seinen Ursprung muß sich Jak bei Abraham deshalb wohl analog 1,18–21 denken (vgl. Philo Abr 77–88 zu Gen 12,7: Abraham antwortete mit seinem Glauben der Selbstoffenbarung Gottes, wobei seine Seele Gott entgegenkam; anders JosAnt I 155f.: intellektuelle Leistung). Sein Inhalt muß über V.19a hinausgegangen sein (vgl. Röm 4,3–8.17.18–22?; Joh 8,56, wo möglicherweise eine an Gen 15,9ff. anknüpfende Tradition ähnlich 4Esra 3,14; syrBar 4,5; LibAnt 23,6, vgl. Bill. II 525f., variiert wird). Die Taten (→ 1,4) sind ausdrücklich Abrahams; sie können individuell verschieden sein, Aqeda verlangt Gott nicht von jedermann. Insofern ist hier allein von Abraham die Rede. Erst V.24 verallgemeinert.

Συνεργεῖν (im Brief nur hier) bedeutet ‚zusammenwirken' (z.B. Xenophon, Mem. II 3,18; Plutarch, Mor. 137e ὀρθῶς οὖν ὁ Πλάτων παρῄνεσε μήτε σῶμα κινεῖν ἄνευ ψυχῆς μήτε ψυχὴν ἄνευ σώματος, ἀλλ' οἷόν τινα ξυνωρίδος ἰσορροπίαν [ausgeglichenes Pferdepaar] διαφυλάττειν, ὅτε μάλιστα τῇ ψυχῇ συνεργεῖ τὸ σῶμα καὶ συγκάμνει), ‚helfen' (z.B. Xenophon, Mem. II 9,8; 1Esr 7,2; 1Makk 12,1; Jos Bell I 453; Röm 8,28; 1Kor 16,16; 2Kor 6,1; mehr gleich), auch als Abhängiger (z.B. Epiktet II 10,7 Aufgabe eines Sohnes ist es, πάντα τὰ αὑτοῦ ἡγεῖσθαι τοῦ πατρός, πάντα ὑπακούειν, ... ἐξίστασθαι ἐν πᾶσιν καὶ παραχωρεῖν συνεργοῦντα κατὰ δύναμιν „alles Seinige für [Eigentum] des Vaters zu halten, in allem zu gehorchen, ... in allem [ihm] aus dem Weg zu treten und nachzugeben, indem er nach Kräften [mit dem Vater] mitwirkt"; Herm sim 5,6,6 συγκοπιάσασαν τῷ πνεύματι καὶ συνεργήσασαν ἐν παντὶ πράγματι [die Sarx des Gottessohns, d.h. der Mensch Jesus]). Imperfekt (das einzige im Brief): dauernd oder bei jeder Tat? Entweder tat der Glaube gleichzeitig mit den Taten das Seine oder, wegen des nächsten Satzes besser, er wirkte (nur) insofern mit den Taten des glaubenden Abraham mit, als er das Tun bejahte, ihm Raum gab und so die Gerechtigkeit auf Grund von Taten förderte (vgl. Aristoteles, Eth. Nic. 1116b οἱ μὲν οὖν ἀνδρεῖοι διὰ τὸ καλὸν πράττουσιν, ὁ δὲ θυμὸς συνεργεῖ αὐτοῖς „Die Tapferen nun handeln um edlen Ruhm zu gewinnen, wobei der Zorn nur mitwirkt", Übers. F. Dirlmeier; Musonius, Fr. 5 S. 21 Hense συνεργεῖ μὲν γὰρ καὶ τῇ πράξει ὁ λόγος διδάσκων, ὅπως πρακτέον; unklar Ps-Philo, Samps. 25 „Unser Urvater ABRAHAM erhielt den Geist der Gerechtigkeit. (Dieser) ließ ihn augenscheinlich voller Güte sein, denn *er glaubte an den Lebendigen* (vgl. Gen. 15,6)", Übers. F. Siegert).

Ἐτελειώθη (→ 1,4) nennt das Ergebnis des längeren συνεργεῖν (Aor. komplexiv). Entweder steigerte sich der Glaube aufgrund der von ihm geförderten Taten zu vollkommenem Glauben (s. 1,3f., aber διά wäre besser gewesen; vgl. noch Aristoteles, Eth. M. 1200a οὔτε γὰρ ἄνευ τῆς φρονήσεως αἱ ἄλλαι ἀρεταὶ γίνονται, οὐθ' ἡ φρόνησις τελεία ἄνευ τῶν ἄλλων ἀρετῶν, ἀλλὰ συνεργοῦσί πως μετ' ἀλλήλων ἐπακολουθοῦσαι τῇ φρονήσει „Denn weder bestehen die anderen Tugenden ohne die Einsicht, noch bekommt die Einsicht ihre vollendete Form ohne die anderen Tugenden, sondern diese wirken irgendwie untereinander zusammen, wobei sie der Einsicht Gefolgschaft leisten", Übers. F. Dirlmeier) oder eher analog zu V.21, er wurde von Gott auf Grund dieser Taten, die in der Aqeda gipfelten, als solcher mit Vollkommenheit belohnt (vgl. Philo Abr 200–207: die Aqeda bedeutet allegorisch ausgelegt, daß der Weise Isaak, gr. „das Lachen", opfern muß, nämlich die Heiterkeit der Seele, und damit bekennt, daß sie allein Gott zukommt, sie dann aber als Geschenk zurückerhält, s. V.23). Daß der Glaube dadurch rechtfertigende und rettende Kraft bekommt, ist damit nicht gesagt. Jak unterstreicht also Abrahams Tatgerechtigkeit dadurch, daß er betont, was auch dessen Glaube von den Taten hatte. Das ist ebenso klug gemacht wie notwendig, weil er Gen 15,6 nicht aussparen konnte und wollte (s.o. den Exkurs vor V.20).

23 Καὶ ἐπληρώθη ἡ γραφὴ ἡ λέγουσα· ἐπίστευσεν δὲ Ἀβραὰμ τῷ θεῷ, καὶ ἐλογίσθη αὐτῷ εἰς δικαιοσύνην καὶ φίλος θεοῦ ἐκλήθη hängt wohl noch von βλέπεις ὅτι V.22 ab und stützt V.22 oder 22b (s. oben) mit der bekannten Kernstelle Gen 15,6 (zu Form und Auslegungsgeschichte s.o. den Exkurs vor 2,20). Der Schlußsatz stammt nicht aus der Schrift und wird vor Jak nie mitzitiert, gilt ihm aber wohl als Teil des Zitats (vgl. 1Kor 15,45; Koch 132–139), den er mit übernahm (vgl. Irenäus, Haer. IV 16,2 *ipse Abraham, sine circumcisione et sine observatione sabbatorum, credidit Deo et reputatum est illi ad justitiam et amicus Dei vocatus est*, vgl. IV 13,4; unten Jub 17,15; 19,9; Philo Sobr 56). Schon deshalb besagt πληροῦν (im Brief sonst nicht; pass. mit Schriftworten als Subj. jüd.-gr. nicht, frühchr. nur in den Evangelien und Apg, aber häufig) nicht, daß Jak die Schriftstelle (→ 2,8; ἡ λέγουσα Joh 19,24?, vgl. 2Klem 14,1) als Verheißung an oder über Abraham verstand. Sie ist ein Gesamturteil, das durch sein Leben begründet wird, freilich ein vorweggenommenes, da Jak wohl wußte, wann es gesprochen wurde (vgl. Philo Abr 262: Gen 15,6 ἐπίστευσε τῷ θεῷ ist ein Mose offenbartes Lob Abrahams, das der durch die Tat rechtfertigte).

Ἐπίστευσεν ingressiv „kam zum Glauben"? Λογίζεσθαι (im Brief nur hier) hat in Gen 15,6 das Glauben als Subjekt; auch hier, wenn V.23 zu V.22b gehört, und dann als im Sinn von V.22a mitwirkend. Andernfalls muß man wohl die Aqeda als Inbegriff von Abrahams Taten eindenken (vgl. 1Makk 2,52; Jub 23,10; doch ist auch hier Subjekt von ἐλογίσθη das unmittelbar vorher Gesagte, ebenso ψ 105,30f.). Εἰς δικαιοσύνην besser „als Gerechtigkeit" (wie z.B. Apg 19,27; Röm 2,26; 9,8) denn „auf das Konto seiner Gerechtigkeit". Gott, das logische Subjekt, ist hier nicht Buchhalter, denn er krönt Abrahams Gerechtigkeit durch seine Freundschaft (s. auch 1,5).

Freund Gottes (φίλος noch 4,4; φιλία ebd.; weiter → 1,12) heißt Abraham weder in MT (aber vgl. Jes 41,8; 2Chr 20,7) noch LXX (doch vgl. Dan 3,35), jüd.-chr. aber außer Mose u.a. (z.B. Ex 33,11; Pl. Sap 7,27, s. gleich) grade er (z.B. Philo Sobr 56 zit. Gen 18,17 add. τοῦ φίλου μου; TestAbr AB öfter; Koran, Sure 4,124 und noch heute arab. *el-chalil*; mehr gleich) wie hell. der Weise, Tugendhafte o.ä. (z.B. Plato, Leg. 716d ὁ μὲν σώφρων ἡμῶν θεῷ φίλος, ὅμοιος γάρ; Epiktet III 22,95 ὡς φίλος τοῖς θεοῖς, ὡς ὑπηρέτης, ὡς μετέχων τῆς ἀρχῆς τοῦ Διός [der Kyniker]; IV 3,9 ἐλεύθερος γάρ εἰμι καὶ φίλος τοῦ θεοῦ; Ps-Krates, Ep. 26 λέγετε... φίλον τῷ θεῷ μόνον τὸν σπουδαῖον; Sap 7,27 κατὰ γενεὰς εἰς ψυχὰς ὁσίας μεταβαίνουσα [ἡ σοφία] φίλους θεοῦ καὶ προφήτας κατασκευάζει; Philo All III 1; Av 6,2a). Kaum ursprünglich ist δοῦλος statt φίλος (so aber Amphoux, Hypothèses 313 nach Hk, s.o. Einl. 6.3).

Ἐκλήθη (καλεῖν im Brief nur hier): Wohl nicht populär, sondern von Gott förmlich zubenannt, und zwar weil Abraham glaubenstreu und gehorsam war und Gott liebte (z.B. Jub 19,9 „Denn er wurde als glaubend gefunden. Und er wurde aufgeschrieben als Freund des Herrn auf den Tafeln des Himmels", Übers. K. Berger; TestAbr A 1,6 u.ö.; CD 3,2 „Abraham... wurde als Fr[eund ge]achtet, weil er die Gebote Gottes hielt", Übers. E. Lohse; GenR zu 41,11; 1Klem 10,1 Ἀβραάμ, ὁ φίλος προσαγορευθείς, πιστὸς εὑρέθη ἐν τῷ αὐτὸν ὑπήκοον γενέσθαι τοῖς ῥήμασιν τοῦ θεοῦ; 17,2). Die Aqeda bewies das besonders (z.B. Philo Abr 170; 196 ὃν δὲ μόνον τις ἔσχεν ἀγαπητὸν διδοὺς λόγου παντὸς μεῖζον ἔργον διαπράττεται, μηδὲν οἰκειότητι χαριζόμενος, ἀλλ' ὅλῃ τῇ ῥοπῇ πρὸς τὸ θεοφιλὲς ταλαντεύων „Grösseres aber, als mit Worten ausgedrückt werden könnte, vollbringt einer, der den einzigen geliebten Sohn, den er hat, darbringt, da ein solcher sich nicht dem väterlichen Gefühl hingibt, sondern ganz und gar von der Liebe zu Gott leiten lässt", Übers. J. Cohn, vgl. Jub 17,15 „Da [am zwölften Tag des ersten Monats des ersten Jahres der siebten Jahrwoche] war eine Stimme im Himmel wegen Abrahams, daß er glaubend sei in allem, was er [Gott] zu ihm geredet habe, und daß er Gott liebe", Übers. K. Berger; wohl aus Abrahams Gottesfurcht Gen 22,12 herausgelesen: Jacobs). Gott hatte durch die Offenbarung, auf die Abraham mit Glauben reagierte, keine Herrschafts- oder Geschäftsbeziehung angebahnt, sondern eine Freundschaft, die beide mit Geschenken konkretisierten, Gott natürlich mit den größeren (das gilt weiter für das Gottesverhältnis der Christen, s. 1,5.16–18; 4,1–10). Die Ernennung zum Freund Gottes ist das größte. Da der Ehrenname blieb, war also Abraham seit der Aqeda zeitlebens gläubig und gerecht.

24 Ὁρᾶτε ὅτι ἐξ ἔργων δικαιοῦται ἄνθρωπος καὶ οὐκ ἐκ πίστεως μόνον. Der Zwischenredner ist widerlegt, Jak zeigt den Adressaten das Ergebnis in Verallgemeinerung (wohl wie V.22 nicht als rhetorische Frage zu lesen; ὁρᾶτε, → 2,3, wohl auch nicht Imp. wie z.B. TestJos 10,1?; 1Klem 12,8; Barn 15,8, sondern Ind. wie βλέπεις V.22; vgl. ὁρᾷς z.B. Philo All III 169; Virt 160, οὐχ ὁρᾷς Plutarch, Mor. 101c; 527a). Für V.25 kommt das zu früh, aber von Rahab sind biblisch weder Glaube noch Anerkennung als Gerechte belegt. Die erste Hälfte des Objektsatzes verallgemeinert V.21a auf alle Christen, die zweite unterstreicht das durch Verneinung des Gegenteils und μόνον (→ 1,22; zu πίστεως, nicht οὐκ, vgl. πιστεύσαντες δὲ μόνον Herm mand 10,1,4; Herm sim 8,10,3) und erklärt V.20b(17) für bewiesen. Jak kann von „Abraham unserem Vater" (V.21) auf alle Glaubenden schließen, weil er nur einen Glauben kennt und auch Abrahams Taten als Gesetzesgehorsam (bewußt oder implizit) ansieht, so daß die singuläre Aqeda Abraham in der Menge der Gehorsamen hervor-, aber nicht aus ihr heraushebt.

Auf der Linie der bisherigen Auslegung paraphrasiert besagt V.24: auf Grund von (Bewährung durch) Taten (entsprechend dem Gesetz der Freiheit) wird der (glaubende) Mensch (ob Mann oder Frau, V.25) als gerecht anerkannt (von Gott), und (er wird) nicht (so anerkannt) auf Grund von Glauben (an Gott und sein Wort im Sinn von 1,18) allein. Der Wortlaut erzwingt diese Lesart aber nicht. Wer Jak bis hierhin z.B. so verstanden hat, daß dem bloßen Glauben mit den Taten ein Stück seiner selbst fehlt, kommt mit V.24 auch zurecht. Jak verneint jedenfalls nicht einen paulinischen Satz, den man z.B. gewinnen könnte, indem man ἐξ ἔργων und ἐκ πίστεως μόνον vertauscht, oder er hätte ihn ganz falsch verstanden. Denn Paulus würde meinen: auf Grund von Glauben allein (an die von Gott durch Tod und Auferweckung Christi geschaffene Entsühnung) wird der (gottferne) Mensch (ob Jude oder Heide) als gerecht angenommen (von Gott, der ihm dadurch Zugang zu sich gewährt, Röm 5,1), und (er wird es) nicht auf Grund von Taten (die die Tora zur Erlangung und Bewahrung des Heils fordert, so Mehrheitsmeinung, oder vielleicht genauer: nicht durch Intensivierung des Toragehorsams, was für Heiden den Übertritt zum Judentum einschließt, bei Männern besiegelt durch die Beschneidung). Wie immer man das Verhältnis Jakobus – Paulus historisch beurteilt, sie meinen mit πίστις, ἔργα und δικαιοῦσθαι nicht dasselbe und formulieren manches verschieden, was sie eint (Jeremias). Will man sie vergleichen, dann nicht Wörter oder Sätze, sondern Themen oder Konzepte, und das eingedenk der verschiedenen Situationen.

25 Ὁμοίως δὲ καὶ Ῥαὰβ ἡ πόρνη οὐκ ἐξ ἔργων ἐδικαιώθη ὑποδεξαμένη τοὺς ἀγγέλους καὶ ἑτέρᾳ ὁδῷ ἐκβαλοῦσα; Verneinte rhetorische Frage statt Beteuerung (s.o. Einl. 3.2). Kein Nachtrag, sondern mit V.26 Stütze für die Verallgemeinerung V.24 (s. dort auch zur Stellung hier). Wie Abraham nach V. 21 (ὅμοιος im Brief nur hier; ὁμοίως δὲ καί wie z.B. Arist 22 u.ö.; Jos Bell II 575; Lk 10,32; 1Kor 7,3f.), so auch Rahab (zum Hintergrund s. Exkurs vor V.20), die bekannte ehrbare Dirne (πόρνη, im Brief nur hier, ist stehendes Beiwort, nicht konzessiv) aus Jos 2; 6,17.23.25 (jüd.-gr. nur Jos Ant V 5–15.26.30: Gastwirtin, was in der Antike oft Prostitution einschloß; rabbin. Material bei Bill. I 20–23). Sie galt als Muster einer Proselytin (deswegen im Stammbaum Jesu Mt 1,5?), steht hier aber wohl nicht als solche neben Abraham (oder ihm als Juden gegenüber), auch nicht als Sünderin neben dem Anständigen, sondern als Frau neben dem Mann (vgl. z.B. Mt 13,31–33; Lk 10,25–42; 15,4–10; Apg 9,32–42), vielleicht auch, um noch andere Taten als die Aqeda zu nennen. Glaube (Hebr 11,31; 1Klem 12,1.8) ist vorausgesetzt (vgl. Jos 2,11).

Die beiden Partizipialwendungen (zur Übersetzung s. V.21) entsprechen Jos 2,1(4.6?) und 15(16?), aber nicht dem Wortlaut; alle Vokabeln außer ὁδός (→ 1,8) fehlen dort. Ὑποδέχεσθαι (→ 1,21) gastlich (wie z.B. Diodor S. XVII 115,6; Epiktet Fr. 17; Lk 10,38; 19,6; Apg 17,7; IgnSm 10,1; vgl. Hebr 11,31 δεξαμένη; 1Klem 12,3 εἰσδεξαμένη). Τοὺς ἀγγέλους (ἄγγελος im Brief sonst nicht, τοὺς κατασκόπους hier schon C sy^{p} bo arm; nach LXX, die im Zusammenhang mit Rahab aber nur κατασκοπεύειν benutzt, oder Hebr 11,31?) fällt auf (Angleichung an Abraham Gen 18, vgl. Philo Abr 115? Oder vgl. Gal 4,14; Hebr 13,2?). Ἐκβάλλειν (im Brief sonst nicht) bedeutet hier wohl nicht ‚hinausschicken' (z.B.P.Ryl. 80,1f.; 1Makk 12,27; Mk 5,40; Apg 9,40), sondern ‚wegschicken' (z.B. Mk 1,43; Apg 16,37); ἑτέρᾳ ὁδῷ (vgl. Mt 2,12; →1,8) kann nicht nur die Flucht durch ein Fenster (Jos 2,15) aufnehmen, sondern muß Rahabs Rat an die Späher (2,16) einschließen. Rahab war nicht nur gastfreundlich (Hebr 11,31), sondern auch Lebensretterin; mit wenigstens zwei Arten von gerechten Taten paßt sie besser zu Abraham. Die Haggada hätte vielleicht mehr geboten; wollte Jak sich an die Schrift halten? Daß Rahab wie Abraham rechtschaffen blieb, nimmt er aber an.

26 Ὥσπερ γὰρ τὸ σῶμα χωρὶς πνεύματος νεκρόν ἐστιν, οὕτως καὶ ἡ πίστις χωρὶς ἔργων νεκρά ἐστιν begründet V.24 noch einmal (γάρ nicht folgernd, vgl. 1,7) mit einem Vergleich, schließt aber auch den ganzen Abschnitt, indem der Hauptsatz V.17 und 20 aufnimmt. Der Vers wird oft stiefmütterlich behandelt; viele lassen ihn einfach ihre bisherige Auslegung bekräftigen.

Vergleiche (s.o. Einl. 3.2; → 1,10) mit dem Zusammenspiel des ungleichen Doppels Körper o.ä. und Seele, Geist o.ä. haben Tradition, auch in der gnomischen Form „x ohne y ist wie Körper ohne Seele"; natürlich ist die Seele führend (vgl. z.B. Isokrates, Or. VII 14 ἔστι γὰρ ψυχὴ πόλεως οὐδὲν ἕτερον ἢ πολιτεία, τοσαύτην ἔχουσα δύναμιν ὅσην περ ἐν σώματι φρόνησις „Denn nichts anderes ist die Seele einer Stadt als ihre Verfassung (Regierung?), sie hat soviel Macht wie im Körper der Verstand", fast wörtlich genau so XII 138; Poseidonius bei Sextus Emp., Adv. math. VII 19 ζῴῳ μᾶλλον εἰκάζειν ἠξίου τὴν φιλοσοφίαν, αἵματι μὲν καὶ σαρξὶ τὸ φυσικόν, ὀστέοις δὲ καὶ νεύροις τὸ λογικόν, ψυχῇ δὲ τὸ ἠθικόν, anders Diogenes L. VII 40 εἰκάζουσι δὲ ζῴῳ τὴν φιλοσοφίαν, ὀστοῖς μὲν καὶ νεύροις τὸ λογικὸν προσομοιοῦντες, τοῖς δὲ σαρκωδεστέροις τὸ ἠθικόν, τῇ δὲ ψυχῇ τὸ φυσικόν „Sie [die Stoiker] vergleichen die Philosophie mit einem Tier, indem sie die Logik Knochen und Sehnen ähneln lassen, den Fleischteilen die Ethik, der Seele die Physik"; Plutarch, Mor. 142e κρατεῖν δὲ δεῖ τὸν ἄνδρα τῆς γυναικὸς οὐχ ὡς δεσπότην κτήματος ἀλλ' ὡς ψυχὴν σώματος, συμπαθοῦντα καὶ συμπεφυκότα τῇ εὐνοίᾳ; Cicero, Pro Cluent. 146 *ut corpora nostra sine mente, sic civitas sine lege suis partibus, ut nervis ac sanguine et membris uti non potest*, zit. bei Quintilian V 11,25; Curtius Rufus X 6,8 *Illud scire debetis, militarem sine duce turbam corpus esse sine spiritu* „Das müßt ihr wissen, daß eine militärische Einheit ohne Führer ein Körper ohne Geist ist"; Philo Abr 74 οὐ γὰρ ἐν σοὶ μὲν νοῦς ἐστιν ἡγεμὼν ἐπιτεταγμένος, ᾧ καὶ τοῦ σώματος ἅπασα κοινωνία πειθαρχεῖ καὶ ἑκάστη τῶν αἰσθήσεων ἕπεται, ὁ δὲ κόσμος... βασιλέως ἀμοιρεῖ τοῦ συνέχοντος καὶ ἐνδίκως ἐπιτροπεύοντος; 272 τῷ γὰρ ὄντι πρῶτος ὁ σοφὸς τοῦ ἀνθρώπων γένους, ὡς κυβερνήτης μὲν ἐν νηΐ, ... καὶ ψυχὴ μὲν ἐν σώματι, νοῦς δ' ἐν ψυχῇ, καὶ πάλιν οὐρανὸς μὲν ἐν κόσμῳ, θεὸς δ' ἐν οὐρανῷ; SpecLeg I 289 ὡς γὰρ αἰτία τοῦ μὴ διαφθείρεσθαι τὰ σώματα ψυχή, καὶ οἱ ἅλες ἐπὶ πλεῖστον αὐτὰ συνέχοντες καὶ τρόπον τινὰ θανατίζοντες; VitCont 78 ἅπασα γὰρ ἡ νομοθεσία δοκεῖ τοῖς ἀνδράσι τούτοις ἐοικέναι ζῴῳ καὶ σῶμα μὲν ἔχειν τὰς ῥητὰς διατάξεις, ψυχὴν δὲ τὸν ἐναποκείμενον ταῖς λέξεσιν ἀόρατον νοῦν „Denn die gesamten Gesetzesbücher gleichen nach Ansicht dieser Männer [der Therapeuten] einem Lebewesen, das als Körper die wörtlichen Anordnungen hat, als Seele aber die in den Worten verborgene unsichtbare Bedeutung besitzt", Übers. K. Bormann; Ps-Philo, Jona 3 „Denn wie der Körper zu nichts nütze ist, wenn er keine Seele hat, die ihn bewegt, so auch der Handwerker, wenn er nicht den Verstand empfängt, der ihn zu (seinem) Handwerk anregt", Übers. F. Siegert; Diog 6,1 ὅπερ ἐστὶν ἐν σώματι ψυχή, τοῦτ' εἰσὶν ἐν κόσμῳ Χριστιανοί, im folgenden detailliert; umgekehrt Cicero, De re publ. VI 26 *ut mundum ex quadam parte mortalem ipse deus aeternus, sic fragile corpus animus sempiternus movet*; TestNaph 2,2 καθὼς γὰρ ὁ κεραμεὺς οἶδε τὸ σκεῦος, πόσον χωρεῖ, καὶ πρὸς αὐτὸ φέρει πηλόν, οὕτω καὶ ὁ κύριος πρὸς ὁμοίωσιν τοῦ πνεύματος ποιεῖ τὸ σῶμα, καὶ πρὸς τὴν δύναμιν τοῦ σώματος τὸ πνεῦμα ἐντίθησι; vgl. 2Klem 14,4 εἰ δὲ λέγομεν εἶναι τὴν σάρκα τὴν ἐκκλησίαν καὶ τὸ πνεῦμα Χριστόν). Schon deswegen bezeichnet σῶμα (→ 2,16) den Körper, nicht metaphorisch die Gemeinde (s. 3,2), und πνεῦμα (noch 4,5) die Seele (→ 1,21; biblisierend wie z.B. Gen 6,17; 7,15; ψ 103,29f.; Tob 3,6; TestNaph 2,2 oben; 1Kor 7,34, womit der Ton auf Lebenskraft und -orientierung läge? Doch vgl. auch Curtius Rufus oben), nicht ein Drittes neben Körper und Seele oder den Atem (κινήματος cj. Spitta, Jak überflüssig). Vom Geist als endzeitlicher Heilsgabe schweigt Jak (doch s. zu 1,25; 4,5).

Νεκρόν (→ 1,15) ist der Körper, weil allein nicht lebensfähig, dem Verfall ausgeliefert (wie gern stoisch, z.B. Epiktet I 9,19 νεκρὸς [ein Leichnam, nämlich der Körper] μὲν ὁ παιδευτής, νεκροὶ δ' ὑμεῖς; II 19,27 ἐν τῷ σωματίῳ τούτῳ τῷ νεκρῷ, ihm folgend Mark Aurel IV 41 Ψυχάριον εἶ βαστάζον νεκρόν, ὡς Ἐπίκτητος ἔλεγεν; Simplicius, Komm. zu Epiktet S. 3,43 Dübner εἰ τὸ μὲν σῶμα καθ' αὑτὸ ἀκίνητον καὶ νεκρόν ἐστιν, ἡ δὲ ψυχὴ τὸ κινοῦν ἐστιν; Philo All III 69 τὸ νεκρὸν ἐξ ἑαυτοῦ σῶμα ἐγειρούσης καὶ ἀμοχθὶ φερούσης τῆς ψυχῆς „da die Seele den an sich toten Körper wachruft und mühelos trägt“, Übers. I. Heinemann; Gig 15 ἐπὶ τὸν συμφυᾶ νεκρὸν ἡμῶν, τὸ σῶμα; vgl. Jos Ant XII 282 θνητὰ μὲν γὰρ τὰ σώματα ἡμῶν καὶ ἐπίκηρα, τῇ δὲ τῶν ἔργων μνήμῃ τάξιν ἀναθασίας [wohl: Nachruhm] λαμβάνομεν). Nur meint Jak das nicht dualistisch abwertend (und auch nicht im Sinn von Röm 8,10).

Οὕτως καί (→ 1,11): Der Vergleich von Körper und Geist mit Glaube und Taten überrascht auf den ersten Blick. Viele reduzieren ihn auf das gemeinsame „ist tot“, aber dann hätte Jak ihn sich sparen können. Er erklärt sich, wenn Glaube nicht nur innerlich ist und Taten nicht nur das Getane bezeichnen (s.o. den 2. Exkurs zu 2,14; aus der Tradition vgl. oben Poseidonius und Ps-Philo; auch ITrall 8,1 ὑμεῖς οὖν τὴν πραϋπάθειαν ἀναλαβόντες ἀνακτίσασθε ἑαυτοὺς ἐν πίστει, ὅ ἐστιν σὰρξ τοῦ κυρίου, καὶ ἐν ἀγάπῃ, ὅ ἐστιν αἷμα Ἰησοῦ Χριστοῦ?). Muß man den Vergleich ernst nehmen, dann folgt, daß der Glaube nicht die Taten hervorbringt (erst recht nicht umgekehrt) und beide nicht Teile voneinander sind, sondern beide sich zu einem lebendigen Christenmenschen ergänzen (vgl. Plutarch, Mor. 137e oben zu V.22). Es folgt nicht, daß Jak sich die Taten als innen im Glauben ansässig gedacht haben müßte, was schwierig wäre. Es geht ihm hier wie bisher außer in V.22 nicht um eine positive Verhältnisbestimmung (dazu hätte er das Bild vom Tragen benutzen können, vgl. oben Mark Aurel IV 41; Philo All III 69).

Zu νεκρά s. V.17 (vgl. noch Apk 3,1f.).

3,1–11 Schulmeistert nicht, die Zunge ist brandgefährlich

[1]Seid nicht (mehr so) viele Lehrer, meine Brüder; ihr wißt (ja), daß wir ein härteres Urteil bekommen werden, [2]denn wir versagen allesamt (sowieso schon) oft. Wenn einer beim Reden nicht versagt, der ist ein vollkommener Mann, (das heißt) fähig, auch seinen ganzen Körper im Zaum zu halten.

[3]Wenn wir aber den Pferden den Zaum ins Maul legen, damit sie uns gehorchen, bewegen wir auch ihren ganzen Körper hin (zum Ziel)! [4]Siehe, auch die Schiffe, so groß sie sind und von rauhen Winden getrieben, werden von einem sehr kleinen Steuerruder hinbewegt, wohin der Vorwärtsdrang des Steuernden will!

[5]So ist die Zunge auch ein kleines (Körper)glied – und tönt (doch) groß! Siehe, welch kleines Feuer zündet welch großen Wald an! [6]Auch die Zunge ist ein Feuer, (sie schafft) die Welt der Ungerechtigkeit. Die Zunge steht da unter unseren Gliedern (als diejenige), die den ganzen Körper besudelt und das Rad des Werdens in Flammen setzt und (dafür) in Flammen gesetzt wird von der Gehenna.

[7]Denn jede (beliebige) Art von (vierfüßigen) Tieren und Vögeln, von Kriechtieren und Meeresbewohnern wird bezähmt und wurde (längst) bezähmt von der menschlichen Natur, [8]die Zunge aber kann niemand von den Menschen bezähmen?! Unordnung stiftendes Übel, voll todbringendem Gift! [9]Durch sie loben wir den Herrn und Vater, und durch sie verfluchen wir die Menschen, die in Gottähnlichkeit (geschaffen) worden sind; [10]aus demselben Mund kommt Lob und Fluch heraus! Nicht darf, meine Brüder, dieses so geschehen. [11]Läßt denn die Quelle aus demselben Loch das süße und das bittere (Wasser) sprudeln?

Literatur: Amphoux, Hypothèses. – Baker, Speech-Ethics. – R. Bauckham, The Tongue Set on Fire by Hell (James 3:6), in: Bauckham, The Fate of the Dead. Studies on the Jewish and Christian Apocalypses, 1998, 119–131. – Berger, Gattungen. – G.A. van den Bergh van Eysinga, De Tong... en Erger! Proeve van Verklaring van Jakobus 3, vs. 6, NThT 20, 1931, 303–320. – Burchard, Gemeinde. – Cargal, Restoring the Diaspora. – A. Carr, The Meaning of ὁ κόσμος in James III. 6, Exp. 7th Series, 8, 1909, 318–325. – L.E. Elliott-Binns, The Meaning of ὕλη in Jas. III. 5, NTS 2, 1955/56, 48–50. – J. Geffcken, Kynika und Verwandtes, 1909. – von Gemünden, Einsicht. – Heisen, Hypotheses (3,6). – Hengel, Polemik. – B. Janowski, Herrschaft über die Tiere. Gen 1,26–28 und die Semantik von רדה, in: G. Braulik/W. Groß/S. McEvenue (Hg.), Biblische Theologie und gesellschaftlicher Wandel (FS N. Lohfink), 1993, 183–198. – Bettina von Kienle, Feuermale. Studien zur Wortfelddimension "Feuer" in den Synoptikern, im pseudophilonischen Liber Antiquitatum Biblicarum und im 4. Esra, 1993. – Klein, „Vollkommenes Werk". – Klinghardt, Gemeinschaftsmahl und Mahlgemeinschaft. – Konradt, Existenz. – Marconi, «Sia ognuno». – H.-P. Mathys (Hg.), Ebenbild Gottes – Herrscher über die Welt. Studien zu Würde und Auftrag des Menschen, 1998. – U. Neymeyr, Die christlichen Lehrer im zweiten Jahrhundert, 1989. – Schnayder, De antiquorum hominum taciturnitate. – A. Struker, Die Gottesebenbildlichkeit in der christlichen Literatur der ersten zwei Jahrhunderte. Ein Beitrag zur Geschichte der Exegese von Genesis 1, 26, 1913. – Trocmé, Eglises pauliniennes vues du dehors. – Tsuji, Glaube. – Valgiglio, Postille (V.3 μετάγομεν). – D. Völter, Zwei neue Wörter für das Lexikon des griechischen Neuen Testaments?, ZNW 10, 1909, 326–329. – Wanke, Die urchristlichen Lehrer. – D.F. Watson, The Rhetoric of James 3:1–12 and a Classical Pattern of Argumentation, NT 35, 1993, 48–64. – J.L.P. Wolmarans, The Tongue Guiding the Body: The Anthropological Presuppositions of James 3:1–12, Neotest. 26, 1992, 523–530. – Ysebaert, Amtsterminologie. – Zimmermann, Die urchristlichen Lehrer. – Mehr in den Exkursen zu 3,3f.6.

V.1–11 (üblich 12, selten 13) setzen neu ein, sind aber schwer auf die Reihe zu bringen. Jak verarbeitet traditionelle Stoffe, die bei ihm wie eine Collage wirken, selbst wenn einige vorher schon gruppiert oder (eher nicht) alle unter einem Thema verknüpft waren (Diatribe über die Beherrschung der Triebe? der Zunge? Enkomium auf die Macht des Menschen?). Satzsubjekte, Kleinformen, Bilder wechseln; der Zusammenhang der Spolien ist nur schwach markiert; Pferd und Schiff drohen durch V.5 in schlechte Gesellschaft zu geraten; Übertreibungen, anscheinende Widersprüche. Daß Jak aus Erregung die Form verlöre, unterschätzt ihn. Feingliederung nach Kunstregeln der Rhetorik erwartet zuviel von ihm. Form und Inhalt erklären sich ganz gut, wenn man den Text als Kette immer schärfer werdender Vorwürfe liest, nicht als Abhandlung, Mahnrede oder Warnung. Der Ton verbindet mit 3,12–18, wofür manche auch andere Gründe sehen (z.B. Lehrer als Oberthema), und darüber hinaus. Aber mit dem Thema der Zunge nimmt der Abschnitt 1,26 auf, auch wenn sie erst ab 3,5 genannt wird; später kommt sie im Brief nicht mehr vor.

V.1f. und 9f. lassen ahnen, daß Jak nicht für guten Ton, ernste Gespräche, christliche Sprachpflege, geistliche Redekunst gegen Grobianismus, Geschwätz, Stammtischgerede, Demagogie streitet, sondern gegen Schulmeisterei und Aburteilung, vielleicht weniger im privaten Verkehr, als wenn es um Gemeindeangelegenheiten geht. Das verpflichtet noch nicht dazu, bei Lehrer, Rede, Leib, Schiff, Gotteslob usw. die möglichen ekklesiologischen Obertöne (vgl. Vouga, Jc) zu hören.

Gliederungsvorschlag: V.1f.: Hört auf zu schulmeistern, das rächt sich im Gericht. An fehlloser Rede erkennt man den Vollkommenen, der sich völlig im Zaum halten kann. V.3f.: Pferde halten wir doch auch im Zaum und bringen sie dadurch sogar vorwärts! Schiffe werden ans Ziel gesteuert mit dem kleinen Ruder, das dem Steuernden gehorcht! V.5f.: Ein Instrument des guten Willens sollte auch die kleine Zunge sein, aber sie macht das Leben in der Welt zur Hölle und muß dafür in der Hölle brennen. V.7–11: Alle Tierarten bezähmt der Mensch, aber die Zunge keiner? Böse Giftspritze! Mit der Zunge loben wir Gott und verfluchen Gott in Gestalt seiner Ebenbilder; das ist so widernatürlich wie eine Quelle, die Süß- und Salzwasser gibt.

1f. Verbot V.1a mit Erinnerung an Strafbewehrung V.1b; Grund für sie V.2a; verallgemeinernde Motivierung durch Nutzen, den Befolgung bringt V.2b.

1 Μὴ πολλοὶ διδάσκαλοι γίνεσθε, ἀδελφοί μου ist wohl spezifisch, nicht generell aufzufassen (s. 1,7). Ob „seid" oder „werdet", ist wie in 1,22 kaum zu entscheiden (γίνεσθαι → 1,12; Gen 6,1 oder Sir 7,6 helfen nicht). Es macht wenig aus, ob πολλοὶ διδάσκαλοι (πολύς noch 3,2; 5,16; διδασκ- im Brief sonst nicht; ἐθελοδιδάσκαλοι cj. Völter nach Herm sim 9,22,2 unnötig) Prädikativum ist (vgl. Hebr 7,23?, entfernt 1Kor 4,15) oder nur διδάσκαλοι und dann πολλοί Subjekt oder Apposition zur 2. Person Plural (vgl. 1Kor 6,11). Die meisten deuten real: Jak verbietet oder widerrät Andrang zu Funktion oder Beruf des Lehrers (Forschungsgeschichte bei Zimmermann; je nachdem voll oder zeitweise tätig, ortsfest oder/und reisend, „Stellen" gab es nicht) oder häufiges Lehren einzelner (πολλοί dann statt Adv.) oder zu vieler gleichzeitig (vgl. 1Kor 14,26–33, man braucht aber nicht deswegen mit Charismatikern bei Jak zu rechnen) oder Lehrdifferenzen (z.B. Amphoux, Hypothèses 316: „Ayez entre vous, quel que soit votre nombre, un accord total dans votre enseignement", vgl. 1Kor 4,15). Als Gründe gelten Ehrgeiz, Überheblichkeit, Geldgier, Gefahr von Streit und Gruppenbildung. Manche sehen im Hintergrund bestimmte unerwünschte Lehrer, von einem zerfallenden alten judenchristlichen Rabbinat (Zimmermann; vgl. Mt 23,8–10) über Pauliner (Trocmé; könnten 1Tim 1,7; Tit 3,9 antijakobisch sein?) oder Paulus selber (Hengel, Polemik) bis zu vielleicht gnostisierenden Weisheitslehrern (Wanke); mehr dazu s.o. im 1. Exkurs zu 2,14 und im Exkurs zu 3,13. Aber in 3,1 redet Jak die Adressaten insgesamt an (→ 1,2).

Es hatte offenbar Tradition, vor Ämtern o.ä. zu warnen (z.B. Epiktet, Ench. 37, dazu Simplicius, Komm. zu Epiktet S. 468 Schweighaeuser οὐ τὸ ἁπλῶς ἄριστον ἐπιτηδεύειν χρή, ἀλλὰ τὸ τῶν ἡμῖν συμμέτρων ἄριστον. οὐδὲν γὰρ ἐν ἀσυμμέτροις ὑποδοχαῖς ἐπιγίνεται. Διὸ χρὴ μὴ προπετῶς τὰ μείζονα προσωπεῖα περιβάλλεσθαι, διδασκάλου, ἢ φιλοσόφου, ἢ ἐν νηῒ κυβερνήτου, ἢ ἐν πόλει ἄρχοντος. κάλλιον γάρ, ἐν ὑφειμένῳ προσώπῳ εὐδοκιμεῖν, περικρατοῦντα τοῦ προσώπου, καὶ ὑπερβάλλοντα αὐτό, ἢ ἐν ὑπερέχοντι ἀρχημονεῖν, ἀπολειπόμενον τῆς ἀξίας αὐτοῦ. καὶ κάλλιον, παιδαγωγὸν ἄριστον εἶναι, ἢ διδάσκαλον εὐτελῆ; Sir 7,4–6; Jak empfiehlt jedoch keine kleine Ersatzrolle). Aber konnte Jak sich damit sinnvoll an einen offenen Adressatenkreis wenden? Das versteht sich leichter, wenn Jak Schulmeisterei bekämpft, die einen Grundzug seines Christentums (aber vgl. auch Kol 3,16; Hebr 5,12) pervertiert (vgl. Herm sim 9,22,2, auch Röm 2,17–24). Richtungsstreit muß damit nicht verbunden sein (auch nicht, wenn Jak doch gegen das Lehrersein spricht). Das Verbot besagt nicht: keine Lehrer oder Lehre (falls Funktion von Amtsträgern mit anderem Titel, s. 5,14) o.ä. Rettendes Wort (1,21), Gesetz der Freiheit (1,25), Bibelkunde u.a. kommen durch jemanden mit Autorität. Nicht berührt sind auch die Pflichten von Vater oder Eltern (vgl. Philo SpecLeg IV 140f. nach Dtn 6,7; 11,19), falls Jak sie kannte (s. 5,11).

Εἰδότες ὅτι μεῖζον κρίμα λημψόμεθα beruft sich auf gewußte (→ 1,3) Tradition (vgl. Mk 12,40 par., angewandt auf Schriftgelehrte, aber nicht wegen ihrer Lehre; dahin weitergebildet IgnEph 16,2?; 2Klem 10,5 κακοδιδασκαλοῦντες... οὐκ εἰδότες, ὅτι δισσὴν ἕξουσιν τὴν κρίσιν αὐτοί τε καὶ οἱ ἀκούοντες αὐτῶν, ‚doppelt' wohl wegen der beiden Personengruppen, anders Const. Ap. V 6,5 διπλοτέραν... τὴν κρίσιν; entfernt Mt 12,36; 23,15; Herm sim 9,18,2). Die Wendung begründet die Negation vorher oder ist adversativ: wider besseres Wissen. Κρίμα (→ 2,4) steht als Objekt von λαμβάνειν (→ 1,7) unerwartet selten (jüd.-gr. und frühchr. außer Mk 12,40 par. nur noch Röm 13,2; pagan lieber δίκην λαμβάνειν); gemeint ist eher Gottes Strafurteil (wie z.B. Röm 3,8; Gal 5,10; 1Klem 11,2; IgnEph 11,1) als die Untersuchung im Endgericht („im Gericht strenger beurteilt werden" EÜ), die für Christen in der Regel nicht zu Verdammung führt (s. 2,12f.). Den Komparativ (μείζων noch 4,6) begründet V.2a. In das Wir (→ 1,18) schließt Jak sich ein (auch V.2a), obwohl mit Recht Lehrer. Bescheidenheit, die betroffen machen soll (vgl. IgnEph 3,1; Polyk 12,1; Barn 1,8; 4,6.9; 2Klem 18,2)?

2a Strafe droht sowieso schon (vorher gegen die meisten kein Punkt, um den Anschluß zu verdeutlichen). Πολλὰ γὰρ πταίομεν ἅπαντες (Alliteration) gibt für sich gelesen einen antiken Gemeinplatz wieder (z.B. Thukydides III 45,3 πεφύκασί τε ἅπαντες καὶ ἰδίᾳ καὶ δημοσίᾳ ἁμαρτάνειν „Es ist in der Natur, daß alle, seien es Einzelne oder Staaten, sich schuldig machen", Übers. G.P. Landmann; Sophokles, Ant. 1023f. ἀνθρώποισι γὰρ τοῖς πᾶσι κοινόν ἐστι τοὐξαμαρτάνειν, ähnlich Andocides, Or. II 5f.; Bato Com., Fr. 1,1 ἄνθρωπος ὢν ἔπταικας; Epiktet I 11,7 πάντες σχεδὸν ἢ οἵ γε πλεῖστοι ἁμαρτάνομεν; Maximus Tyr. 8,7h τίς δὲ ἀνὴρ ἀγαθός, ὡς διελθεῖν βίον ἀπταίστως καὶ ἀσφαλῶς; Seneca, Clem. 3,4,3 *Peccauimus omnes, alii grauia, alii leuiora* „Gefehlt haben wir alle, die einen schwerer, die anderen geringer", Übers. M. Rosenbach; mehr NWettstein;1Kön 8,46; Hi 4,17; Ps 14,3 zit. in Röm 3,10; Qoh 7,20; Prov 20,9; 1QH 9[1],21–27; 12[4],29f.; 4Esra 7,68; 8,35; Philo SpecLeg I 252 καὶ γὰρ ὁ τέλειος ᾗ γενητὸς οὐκ ἐκφεύγει τὸ διαμαρτάνειν, ähnlich Imm 75; VitMos II 147). Die genaue Bedeutung bestimmt jeweils der Kontext. Πταίειν könnte von Jak eingeführt sein (→ 2,10, dort kein mildes Wort) oder die Wahl zwischen Überlieferungsvarianten bestimmt haben. Er spricht nicht von uns Menschen, sondern uns Christen (wer V.1 auf Lehrer deutet, hält das hier meist nicht durch). Das ist frühchr. nicht die Regel (doch s. gleich). Jak weiß, daß Christen sündigen (s. 1,4); aber es fällt doch auf, daß sie das πολλά (→ 3,1; adverbialer Akk., allenfalls inneres Objekt) und ἅπαντες (ἅπας im Brief nur hier) opp. πολλοί V.1 tun (doch wohl: jeder von uns, nicht: wir als Gruppe, davon nur einige schlimm). Meint er nur Sprachsünden (vgl. Philostrat, Ep. Apoll. 82 πολυλογία πολλὰ σφάλματα ἔχει; Qoh 5,1; Sir 19,16; Av 1,17; formal vgl. auch Herm sim 4,5 οἱ γὰρ τὰ πολλὰ πράσσοντες [Geschäfte] πολλὰ καὶ ἁμαρτάνουσιν)?

Anfangs V.2b liegt der Ton dann auf der Negation. Aber 4,1–10 u.a. rechtfertigen einen allgemeinen Satz, nicht als anthropologische These, sondern als Beschreibung eines gegebenen Mißstands. Das härtere Urteil droht dann nicht deswegen, weil Lehrende sich leicht versprechen, sondern weil die Adressaten erwiesenermaßen nicht tun, was sie sagen (wie Mk 12,40 par.; πολλά „vielfältig“?). Daß Jak sich einschließt, was er offenbar nie unbedacht tut (→ 1,18 zur 1. Pl.), ist zu verstehen (vgl. 1Joh 1,8–10; Polyk 6,1 εἰδότες, ὅτι πάντες ὀφειλέται ἐσμὲν ἁμαρτίας; 2Klem 18,2 καὶ γὰρ αὐτὸς πανθαμαρτωλὸς ὢν καὶ μήπω φυγὼν τὸν πειρασμόν).

2b Εἴ τις ἐν λόγῳ οὐ πταίει: Realer Konditionalsatz (→ 1,5) im Sinn eines konditionalen Relativsatzes (vgl. BDR 372,2c; 380,1); weder Irrealis noch Ironie. Asyndese, um den Vers für sich zu stellen? Λόγος (→ 1,18) bedeutet hier nicht ‚Einzelwort‘ (so auch sonst selten; grammatisch ‚Satz‘, nie ‚Vokabel‘; zu ἐν λόγῳ vgl. z.B. Sir 20,13; Mt 22,15; 1Kor 4,20; 1Tim 4,12). Zu πταίειν ἐν s. 2,10 (ähnlich metaphorisch Hekaton, Chreiai II bei Diogenes L. VII 26 ἔλεγέ τε κρεῖττον εἶναι τοῖς ποσὶν ὀλισθεῖν ἢ τῇ γλώττῃ „er sagte, es sei besser, mit den Füßen auszurutschen als mit der Zunge“); ist auch hier ein grundsätzliches Verhalten gemeint, ohne gelegentliche Fehler auszuschließen?

Οὗτος (s. 1,23) τέλειος ἀνὴρ δυνατὸς χαλιναγωγῆσαι καὶ ὅλον τὸ σῶμα ist Nominalsatz, gleichviel ob τέλειος ἀνήρ oder nur τέλειος (→ 1,4) Prädikativum ist (sachlich vgl. die Seligpreisung Sir 25,8). Vollkommenheit ist Pflicht und wohlverstandenes Eigeninteresse, wenn auch nur annähernd erreichbar (→ 1,4). Zu ἀνήρ → 1,8 (vgl. 1Kor 14,33b-35; 1Tim 2,11f.?). Δυνατός (→ 1,21) usw. ist Deutung von τέλειος, kein zweites Attribut. Nach δυνατός steht ein Infinitiv im NT fast immer im Aorist; komplexiv (BDR 338,2). Χαλιναγωγεῖν (→ 1,26) bedeutet auch hier eher ‚im Zaum halten‘ als ‚am Zügel führen‘, d.h. vor πταίειν bewahren (vgl. Polyk 5,3 χαλιναγωγοῦντες ἑαυτοὺς ἀπὸ παντὸς κακοῦ). Bei metaphorischem Gebrauch sind gern eigene schlechte Affekte Objekt (z.B. Lukian, Tyrann. 4 ὡς ἂν ἤδη τῆς ἡλικίας τὸ μὲν σφοδρότερον τῆς ὁρμῆς [Aggressivität] ἐπεχούσης, τὰς δὲ τῶν ἡδονῶν ὀρέξεις χαλιναγωγούσης; Salt. 70 τὸ λογιστικόν [Platos dritten Seelenteil zeigt ein Tänzer], ὅταν ἕκαστα τῶν παθῶν χαλιναγωγῇ; Ps-Phok 57 χαλίνου δ' ἄγριον ὀργήν; Herm mand 12,1,1 ἐνδεδυμένος γὰρ τὴν ἐπιθυμίαν ταύτην μισήσεις τὴν πονηρὰν ἐπιθυμίαν καὶ χαλιναγωγήσεις αὐτὴν καθὼς βούλει „Denn wenn du diese Begierde [die gute] angezogen hast, wirst du die böse Begierde hassen und sie zügeln, wie du willst“, Übers. M. Leutzsch; vgl. syrBar 12,4 Gottes Zorn; zu Zunge s. 1,26). Ὅλον τὸ σῶμα (→ 2,10.16; die Wendung genau so noch 3,3.6) meint den eigenen Körper; an die Gemeinde könnte man hier nur denken, wenn σῶμα technisch wäre. Σῶμα bezeichnet bei Jak aber den lebendigen Erdenmenschen, in dessen Gliedern auch bei Christen noch Lüste zu bösen Gedanken, Worten und Werken reizen (4,1), nicht zuletzt in der Zunge (3,6), und der darum gebändigt werden muß (um positiven Einsatz geht es hier nicht). ‚Körper‘ ist dafür eigentlich zu partitiv, aber ‚Leib‘ auch nicht besser und paßt in V.3 nicht (erst recht nicht ‚Person‘). Der Satz ist zu allgemein, um sich speziell auf Schimpfen und Gewalt beim Gemeindemahl zu beziehen (so Klinghardt, der 1Kor 11,29 auch so deutet; vgl. Philo Som II 168; VitCont 40–47; 1QS 6,24–7,25); aber Decorum kann mitgemeint sein.

V.2b bedeutet weder, daß Sprachzucht Selbstbeherrschung verursacht, noch daß man mit Worten seine Glieder beherrschen kann (beides stimmt nicht), sondern entweder, daß man an sprachlicher Fehllosigkeit, weil schwer, den Vollkommenen erkennt (Kennzeichensatz; Berger, Formgeschichte 186–188) oder daß der, der in der Zunge das Schwere beherrscht (vgl. V.5–8), es bei dem ganzen (übrigen) Körper leicht schafft. In beiden Fällen kann V.2b Ermunterung durch Hinweis auf Vorteil sein (vgl. Herm mand 5,1,1 μακρόθυμος... γίνου καὶ συνετός, καὶ πάντων τῶν πονηρῶν ἔργων κατακυριεύσεις καὶ ἐργάσῃ πᾶσαν δικαιοσύνην; 5,2,8 ἐὰν γὰρ ταύτης τῆς ἐντολῆς κυριεύσῃς, καὶ τὰς λοιπὰς ἐντολὰς δυνήσῃ φυλάξαι, ἅς σοι μέλλω ἐντέλλεσθαι „Denn wenn du dieses Gebot beherrschst, wirst du auch die übrigen Gebote bewahren können, die ich dir auftragen werde", Übers. M. Leutzsch), aber auch Vorwurf. Noch ist nicht zu entscheiden, wie man Jak hören soll.

3–4 Jak verbreitert das Thema der Selbstbeherrschung mit zwei Bildern aus dem antiken Verkehrswesen.

Zum Hintergrund der Pferd (Wagen)- und Schiffsmetaphorik in Jakobus 3,3f.

Literatur, soweit nicht o. hinter der Übers. genannt: Drögemüller, Gleichnisse. – R. Forrer/R. Zschille, Die Pferdetrense in ihrer Formentwicklung, 1883. – G. Hellenkämper u.a., Das Wrack. Der antike Schiffsfund von Mahdia, 2 Bde., 1994. – S. Herrmann, Steuerruder, Waage, Herz und Zunge in ägyptischen Bildreden, ZÄS 79, 1954, 106–115. – K.H. Kaiser, Das Bild des Steuermanns in der antiken Literatur, Diss. phil., Erlangen 1954. – Irene Meichsner, Die Logik von Gemeinplätzen. Vorgeführt an Steuermannstopos und Schiffsmetapher, 1983. – P. Vigneron, Le cheval dans l'antiquité gréco-romaine, 2 Bde., 1968. – Für die ältere Zeit: J. Wiesner, Fahren und Reiten (Archaeologia Homerica I), 1968.

Der Umgang mit Pferd/Wagen und Schiff diente schon lange zu durchweg positiven (verneint negativen) Beispielen, Vergleichen, Gleichnissen, Allegorien, auch dieses für jene und umgekehrt (z.B. Horusgebet DAWW.PH 1888, 69 Wessely ηνιοχων καὶ κυβερνων οιακα [Ruderpinne der Sonnenbarke]; Philo Agr 69; Flacc 26) und beide gekoppelt (dafür vor allem die folgenden Beispiele). Anwendungsgebiete sind Gottes Weltregierung (z.B. Ps-Aristoteles, Mund. 400b καθόλου δέ, ὅπερ ἐν νηῒ μὲν κυβερνήτης, ἐν ἅρματι δὲ ἡνίοχος, ἐν χορῷ δὲ κορυφαῖος, ἐν πόλει δὲ νόμος, ἐν στρατοπέδῳ δὲ ἡγεμών, τοῦτο θεὸς ἐν κόσμῳ „Zusammenfassend also: was auf dem Schiff der Steuermann, auf dem Wagen der Lenker, im Chor der Chorführer, im Staat der Gesetzgeber [!], im Lager der Heerführer, das ist Gott in der Welt", Übers. H. Strohm; Philo Op 46 οἷα γὰρ ἡνίοχος ἡνιῶν ἢ κυβερνήτης οἰάκων ἐνειλημμένος ἄγει ᾗ ἂν ἐθέλῃ κατὰ νόμον καὶ δίκην ἕκαστα μηδενὸς προσδεόμενος ἄλλου· πάντα γὰρ θεῷ δυνατά; Abr 70; Gott vertreten durch den Menschen z.B. Philo Op 88 ...ἡνίοχον δή τινα καὶ κυβερνήτην ἐφ' ἅπασιν ὁ ποιητὴς ἐδημιούργει τὸν ἄνθρωπον, ἵνα ἡνιοχῇ καὶ κυβερνᾷ τὰ περίγεια ζῴων καὶ φυτῶν λαβὼν τὴν ἐπιμέλειαν οἷά τις ὕπαρχος τοῦ πρώτου καὶ μεγάλου βασιλέως); Staatskunst (vgl. z.B. Philo All III 223f.; Dio Chr., Or. IV 25); Beherrschung des eigenen Selbst, der Triebe, Bewegungen, Zunge und Worte, des Lebens (z.B. Aristipp bei Stobaeus III 17,17 Κρατεῖ ἡδονῆς οὐχ ὁ ἀπεχόμενος, ἀλλ' ὁ χρώμενος μέν, μὴ παρεκφερόμενος δέ· ὥσπερ καὶ νεὼς καὶ ἵππου οὐχ ὁ μὴ χρώμενος, ἀλλ' ὁ μετάγων ὅποι βούλεται „Lust beherrscht nicht der, der sich enthält, sondern wer sie gebraucht, aber sich nicht hinreißen läßt; wie auch ein Schiff oder Pferd nicht der (beherrscht), der sie nicht gebraucht, sondern wer sie hinlenkt, wohin er will"; Plutarch, Mor. 507ab νεὼς μὲν ἁρπαγείσης ὑπὸ πνεύματος ἐπιλαμβάνονται, σπείραις καὶ ἀγκύραις τὸ τάχος ἀμβλύνοντες· λόγου δ' ὥσπερ ἐκ λιμένων ἐκδραμόντος οὐκ ἔστιν ὅρμος οὐδ' ἀγκυροβόλιον, ἀλλὰ ψόφῳ πολλῷ καὶ ἠχῷ φερόμενος προσέρρηξε καὶ κατέδυσεν εἰς μέγαν τινὰ καὶ δεινὸν τὸν φθεγξάμενον κίνδυνον, folgt Euripideszitat, s. unten V. 5; Theophylactus Simocata, Ep. 70 ἡνίαις καὶ μάστιξι τοὺς ἵππους ἰθύνομεν καὶ ναυτιλλόμεθα πῇ μὲν τοῖς ἱστίοις τὴν ναῦν ἐκπετάσαντες, πῇ δὲ ταῖς ἀγκύραις χαλινώσαντες καθορμίζομεν· οὕτω κυβερνητέον καὶ τὴν γλῶτταν, Ἀξίοχε; Teachings of Sylvanus, NHC VII/4, 90, 13–16 „But he [the wretched man] is like a ship which the wind tosses to and fro, and like a loose horse which has no rider", Übers. M.L. Peel – J. Zandee; hierher wohl auch Amenemope 18 „Sei (nur) fest in deinem Herzen und stärke dein Herz; mache dich nicht zum Steuermann deiner Zunge; die Zunge ist (zwar) das Steuerruder des Schiffes, (doch) der Allherr ist sein Pilot [der vorn stehende Nillotse]", Übers. H.O. Lange; Philo All II 104; Det 23 ἐλλαμβανόμενος δὲ καὶ ἐπιστομίζων ταῖς τοῦ συνειδότος ἡνίαις τὸν αὐθάδη μετὰ ἀφηνιασμοῦ δρόμον γλώττης ἐπέσχεν; 53; Migr 67 πορεύεται δὲ ὁ ἄφρων δι' ἀμφοτέρων, θυμοῦ τε καὶ ἐπιθυμίας, ἀεὶ μηδένα ἀπολείπων χρόνον, τὸν ἡνίοχον καὶ βραβευτὴν νοῦν ἀποβαλών· ὁ δ' ἐναντίος τούτῳ θυμὸν μὲν καὶ ἐπιθυμίαν ἐκτέτμηται, κυβερνήτην δὲ ἐπιγέγραπται λόγον θεῖον); Überzeugungskraft der Rede (Plutarch, Mor. 33f „τρόπος [Charakter] ἔσθ' ὁ πείθων τοῦ λέγοντος, οὐ λόγος." καὶ τρόπος μὲν οὖν καὶ λόγος ἢ τρόπος διὰ λόγου, καθάπερ ἱππεὺς διὰ χαλινοῦ καὶ διὰ πηδαλίου κυβερνήτης, οὐδὲν οὕτω φιλάνθρωπον οὐδὲ συγγενὲς ἐχούσης τῆς ἀρετῆς ὄργανον ὡς τὸν λόγον). Weitere Vergleiche bei Artemidor I 56 (geträumte Pferde deuten auf alles, was trägt: Ehefrau, Geliebte, Vorgesetzter, Freund, Schiff). Daß gerade Philo Pferd/ Wagen und Schiff gern verbindet, deutet nicht auf die Quelle, aber vielleicht den Quellenbereich; Jak imitiert wohl niemanden.

3 Εἰ δὲ τῶν ἵππων τοὺς χαλινοὺς εἰς τὰ στόματα βάλλομεν εἰς τὸ πείθεσθαι αὐτοὺς ἡμῖν, καὶ ὅλον τὸ σῶμα αὐτῶν μετάγομεν. Ein Satzgefüge ähnlich V.2b. Liest man nicht εἰ δέ, sondern ἴδε (Hk, s.o. Einl. 6.3, *pm* arm, frühere Zeugen unsicher; die Form im Brief sonst nicht), hat man zwei Hauptsätze; der Sinn im Kontext ändert sich kaum. Nur Tüftler kommen auf zwei koordinierte Konditionalsätze mit ausgelassenem Hauptsatz (z.B. „dann sollten wir erst recht mit uns selbst entsprechend verfahren"; Aposiopese, vgl. BDR 482,2).

Reiter und Pferd (gegen Wagenlenker spricht der Sing. σῶμα) sind als Einheit gedacht. Die Pferde (ἵππος frühchr. sonst nur Apk) stehen betont voran (Gen. semantisch wie Dat., BDR 473 Anm. 2?); ob sie von τοὺς χαλινούς (vgl. Sach 14,20; Apk 14,20) oder τὰ στόματα (στόμα noch V.10) abhängen, ist kaum zu entscheiden. Die Plurale fassen zusammen, was „wir" jeweils einzeln tun. Damals allerdings nur, falls reich (Pferde waren Prestigebesitz) oder beruflich als Soldat, Pferdeknecht o.ä. mit Pferden befaßt (selten in der Landwirtschaft); aber „wir" betreiben heute auch Raumfahrt, obwohl nur die wenigsten persönlich. Auf die Adressaten rückschließen darf man deshalb wohl nicht; immerhin: V.4 benutzt die 3. Person. Βάλλειν (im Brief nur hier) ist fachgerecht (z.B. Theognis, Eleg. 551 ἵπποισ' ἔμβαλλε χαλινούς; Xenophon, Equ. 6,7 ἵνα δὲ ὁ ἱπποκόμος καὶ τὸν χαλινὸν ὀρθῶς ἐμβάλῃ, dort mehr zur Sache; Aelian, Varia hist. 9,16 ἐμβαλεῖν αὐτῷ [scil. ἵππῳ] χαλινόν; Philo, Agr 94, anders ἐντίθησι 69; SpecLeg IV 79).

Χαλινός (→ 1,26, frühchr. noch Apk 14,20), wie Zaum und antik genauer Trense in weiterem und engerem Sinn gebraucht, bezeichnet hier wohl das Mundstück (στόμιον; gebrochene Trensen beschreibt Xenophon, Equ. 10,6–11). Es sitzt bei gesenktem Kopf oben im Maul und wirkt auf Laden (zahnloser Teil des Unterkiefers) und Zunge. Natürlich nicht, um Schnauben oder Wiehern zu verhindern, sondern damit die Pferde gehorchen (πείθειν im Brief nur hier; αὐτούς ist Subjekt des Akkusativs mit Infinitiv, → 1,19), d.h. nicht ausbrechen oder durchgehen. Das sensible Lauf- und Fluchttier Pferd galt als ungestüm (Bild der Leidenschaft z.B. bei Philo All II 99.102; Migr 62; Ebr 111). Es zu bändigen, ist auch sonst das erste Ziel der Zäumung (z.B. Sophokles, Ant. 477 σμικρῷ χαλινῷ δ' οἶδα τοὺς θυμουμένους ἵππους καταρτυθέντας; Xenophon, Equ. 6,9 ὁ δὲ ἄγαν εἰς ἄκρον τὸ στόμα καθιέμενος [χαλινὸς] ἐξουσίαν παρέχει συνδάκνοντι τὸ στόμιον μὴ πείθεσθαι „Doch das „Gebiß", welches allzu weit nach dem vorderen Teil des Maules zu herabgelassen ist, bietet dem Pferde die Möglichkeit, sich auf ihm festzubeißen und nicht mehr zu gehorchen", Übers. K. Widdra; Cyrop. IV 3,9; Lukian, Dial. deor. 25; Alexander Aphr., Probl. II 67,35 ὥσπερ ἄγριος ἵππος ὑπὸ χαλινοῦ σωφρονιζόμενος; 2Kön 19,28 par.; ψ 31,9; Philo Op 86 καὶ μὴν τό γε θυμικώτατον ζῷον ἵππος ῥᾳδίως [ἄγεται] χαλιναγωγηθείς, ἵνα μὴ σκιρτῶν ἀφηνιάζῃ „Und selbst das mutigste Tier, das Ross, wird leicht am Zügel geführt, damit es nicht im Springen durchgeht", Übers. J. Cohn; Agr 68–76 u.ö.; weiter unten bei V.7). Wenn nötig, soll die Trense wehtun (Plato, Phaedr. 254b-e). Sind Pferde gebändigt, dann allerdings kann man sie auch regieren (mit Zügelhilfen, aber auch Schenkeldruck, Gewichtsverlagerung, Rufen, damals übrigens wohl ohne Sattel, Steigbügel, Hufeisen). Das Objekt jetzt Singular wegen V.2b, oder weil das je eigene Pferd gemeint ist? Μετάγειν (fehlt Philo, frühchr. noch V.4; 1Klem 44,6) heißt hier nicht ‚lenken' (EÜ; ‚in eine andere Richtung lenken' Bauer[6], vgl. Mayor, Jas 612), sondern ‚weg-, hinführen' (vgl. Aristipp o. im Exkurs zu 3,3f.; Fragmenta Philos. Gr. 486,18 [?] οἱ ἵπποι τοῖς χαλινοῖς μετάγονται; P.Oxy. 244,3–8 μεταγαγεῖν... πρόβατα; 259,19 μετάγει(ν) ἐμαυτὸν εἰς ἑ[τ]έραν φυλακ[ή]ν; Jos Ant III 98 τὸ δὲ στρατόπεδον οὐκ ἐθάρρουν μετάγειν „Das Lager aber wagten sie nicht zu verlegen"; Bauer[6] in Klammern). Das geht über V.2b hinaus (deswegen καί? Oder steigernd, vgl. Bauer[6], καί II 2? Kaum hebraisierende Einführung der Apodosis).

4 Ἰδοὺ καὶ τὰ πλοῖα τηλικαῦτα ὄντα καὶ ὑπὸ ἀνέμων σκληρῶν ἐλαυνόμενα: Der Imperativ Aorist ἰδού (noch V.5; 5,4.7.9.11), schon klassisch erstarrt, ist jüd.-gr. und frühchr. durch LXX (für *hinnē*) gefördert; deshalb „siehe", obwohl veraltet. Er führt im Brief überall Erläuterung durch Bekanntes ein. Das sind hier die Segelschiffe, die jedem Mittelmeeranrainer aus Erfahrung oder Erzählung vertraut waren (πλοῖον im Brief sonst nicht, ναῦς frühchr. nur Apg 27,41). Sie waren Handels- (Passagiere nur als Beiladung) oder Kriegsschiffe und fuhren wenn möglich nur tags und nicht winters (vgl. Philo LegGai 15; aber s. Apg 27 und Komm. dazu). Καί stellt nicht die Schiffe neben die Pferde, sondern μετάγεται (s.u.) neben μετάγονται V.3.

Die konjunkten Partizipien sind wohl konzessiv (vgl. z.B. Mt 7,11 par.; BDR 418,3). Τηλικοῦτος (NT nur noch 2Kor 1,10; Hebr 2,3; Apk 16,18): nach antiken Maßstäben. Σκληρός (im Brief sonst nicht) steht gern bei ἄνεμος (→ 1,6; z.B. Dio Chr., Or. III 49 κλύδωνος ἀγρίου καὶ χαλεποῦ ὑπὸ ἀνέμων σκληρῶν μεταβαλλομένου; Aelian, Varia hist. 9,14; Prov 27,16; Prokop Caes., Bell. III 13,5). Ἐλαύνειν (im Brief sonst nicht) hat öfter Wind als Subjekt und Schiffe (auch Pferde) als Objekt (z.B. Aristaenetus, Ep. II 11; Sb 997,1–3 Ἀρτέμων... καταπλέων ὑπὸ χειμῶνος ἐλασθείς; 998, 3; vgl. 2Petr 2,17).

Μετάγεται ὑπὸ ἐλαχίστου πηδαλίου ὅπου ἡ ὁρμὴ τοῦ εὐθύνοντος βούλεται. Trotz Gewicht und Winden (hier nicht als Antriebsquelle, sondern als Störung genannt) gilt vom Schiff, daß es sich mit einem sehr kleinen Hilfsmittel ans Ziel steuern läßt (ἐλάχιστος im Brief sonst nicht, hier Elativ; BDR 60,2; zu μετάγεται s. V.3). Mit πηδάλιον (jüd.-gr. und frühchr. nur noch Philo; Apg 27,40) bezeichnet Jak trotz des Singulars wohl die beiden Ruderblätter rechts und links am Heck, die auf Deck verbunden waren und jedenfalls bei kleinen Schiffen von einem Einzigen bedient wurden (vgl. Ps-Aristoteles, Mech. 850b διὰ τί τὸ πηδάλιον μικρὸν ὄν, καὶ ἐπ' ἐσχάτῳ τῷ πλοίῳ, τοσαύτην δύναμιν ἔχει ὥστε ὑπὸ μικροῦ οἴακος καὶ ἑνὸς ἀνθρώπου δυνάμεως, καὶ ταύτης ἠρεμαίας, μεγάλα κινεῖσθαι μεγέθη πλοίων; ἢ διότι καὶ τὸ πηδάλιόν ἐστι μοχλός, καὶ μοχλεύει ὁ κυβερνήτης, folgt mehr zur Funktion; Lukrez IV 901–904 *quippe etenim ventus subtili corpore tenvis trudit agens magnam magno molimine navem et manus una regit quanto vis impete euntem atque gubernaclum contorquet quo libet unum* „Treibt doch der Wind, ein zartes Gebilde aus winzigen Teilen, eine so riesige Masse, wie Schiffe sie bilden, nach vorne, lenkt doch nur *eine* Hand selbst bei schnellstem Tempo das Fahrzeug, dreht doch ein einziges Steuer das Schiff nach sämtlichen Seiten", Übers. D. Ebener; man spürt das Staunen, daß die in Wirklichkeit schwerfälligen Schiffe überhaupt steuerbar waren, vgl. auch Lukian, Nav. 6 κἀκεῖνα πάντα [die berühmte Isis] μικρός τις ἀνθρωπίσκος γέρων ἤδη ἔσωζεν ὑπὸ λεπτῇ κάμακι τὰ τηλικαῦτα πηδάλια περιστρέφων; anders Philostrat, Vita Apoll. III 35?).

Ὅπου: an den richtigen Ort eher als auf richtigem Kurs, deshalb nicht „wo" (so 3,16), sondern „wohin" (z.B. Aristipp o. im Exkurs zu 3,3f.; Xenophon, Mem. I 6,6 ὅπου ἂν βούλωμαι; Joh 8,22; anders Philo Op 46 ᾗ ἂν ἐθέλῃ; All III 223 ᾗ βούλεται; Lukrez oben). Ὁρμή (frühchr. nur noch Apg 14,5; Diog 4,5) scheint sich mit βούλεται (→ 1,18) zu reiben, das Überlegung einschließt (vgl. Titinius Setina bei Nonius Marcellus II s.v. valentia: *Sapientia gubernator navem torquet, non valentia*; übrigens macht ein guter Steuermann auch mit schlechtem Schiff Fahrt, Aristoteles, Eth. Eud. 1247a); trotzdem bedeutet ὁρμή hier kaum ‚Druck' auf das Ruder, sondern ‚Absicht' oder genauer ‚Vorwärtsdrang': zielgerichtete Fahrt. Εὐθύνειν (frühchr. nur noch Joh 1,23 zit. Jes 40,3) hat oft Schiffe o.ä. als Objekt (z.B. Euripides, Cycl. 15; Appian, Bell. civ. II 89,374; Philo Conf 115; aber auch Pferd, Wagen und Metaphern, z.B. Philo All III 224; Abr 70). Das Partizip scheint nicht technisch für Steuermann oder Rudergänger zu sein (auf großen Schiffen u.U. nicht dieselbe Person). Denkt Jak den Reiter V.3 mit oder an mögliche metaphorische Deutung?

V.3 und 4 beschreiben zwei ungleiche, aber sich ergänzende Fälle von Steuertechnik, die mit dem richtigen Mittel an der richtigen Stelle (nicht Kraft, obwohl erforderlich) schwierige Objekte ans Ziel bringt. Jedoch sind Pferde durch ihr Temperament schwierig; der χαλινός macht sie vom Kopf her gefügig, dann sind sie direkt lenkbar. Schiffe sperren sich dagegen durch Masse und Brise; sie brauchen das πηδάλιον am Heck mit Hebelwirkung. Nur hier spielt groß/klein eine Rolle (aber nicht „kleine Ursache, große Wirkung"; Verursacher ist der Steuermann, nicht er heißt „sehr klein"); nur hier kommt der Wille des Steuernden vor, dem das πηδάλιον als Instrument dient. Liest man wie die meisten V.3, weil syntaktisch ähnlich, als Illustration von V.2, V.4 als Verdoppelung, besser Ergänzung, und beides wie in der Tradition positiv, hat man zwei aufmunternde Gleichnisse für Selbstbeherrschung und Lebensbewältigung (Prädikate zeitlos). Etwa: Wenn Pferde, dann können (sollten) wir auch uns selbst beherrschen und dazu noch voranbringen zur Vollkommenheit o.ä. Da sich Schiffe lenken lassen, läßt sich auch das große Schiff des Lebens o.ä. vom zur Vollkommenheit drängenden Menschen mit verhältnismäßig geringem Aufwand an Weisheit (auch dem richtigen Wort an der richtigen Stelle?) durch die Stürme (vgl. 1,6?) der Welt (die gefährlich-förderlichen πειρασμοί?) steuern (vgl. 4Makk 7,1–3 Ὥσπερ γὰρ ἄριστος κυβερνήτης ὁ τοῦ πατρὸς ἡμῶν Ελεαζαρου λογισμὸς πηδαλιουχῶν τὴν τῆς εὐσεβείας ναῦν ἐν τῷ τῶν παθῶν πελάγει... κατ' οὐδένα τρόπον ἔτρεψε τοὺς τῆς εὐσεβείας οἴακας, ἕως οὗ ἔπλευσεν ἐπὶ τὸν τῆς ἀθανάτου νίκης λιμένα „Denn wie ein trefflicher Steuermann hat die Urteilskraft unseres Vaters Eleazar das Schiff seiner Frömmigkeit in den Wogen der Leidenschaften sicher auf Kurs gehalten. ... Sie hat die Steuerruder der Frömmigkeit nicht um Haaresbreite vom Ziel abgewendet, bis sie einlief in den Hafen des unsterblichen Sieges", Übers. H.-J. Klauck; Philo All III 223f. ...οὕτως ἐπειδὰν μὲν ὁ τῆς ψυχῆς ἡνίοχος ἢ κυβερνήτης ὁ νοῦς ἄρχῃ τοῦ ζῴου ὅλου καθάπερ ἡγεμὼν πόλεως, εὐθύνεται ὁ βίος; resignierend Euripides, Tro. 686–696). Nun kommt aber in V.5a, der ein Kommentarsatz zu V.4 ist, unerwartet die Zunge, und zwar negativ. Die positive Auslegung von V. 3f. wird nachträglich fragwürdig. Ausweg: Gedankensprung zwischen V.4 und 5, oder aber V.3f. sind keine Gleichnisse, sondern Beispiele erfolgreicher Steuerung aus dem Alltag der Adressaten, die Jak ihrer fehlenden Selbstdisziplin vorhält (Prädikate nicht zeitlos).

5f. warnen vor der Zunge, die zündelt und dafür selber brennen muß.

5a Οὕτως καί führt Deutung (→ 1,11) ein. Sie nimmt aber nur ὑπὸ ἐλαχίστου πηδαλίου usw. aus V.4 auf (deshalb mit ECM vorher Punkt statt Komma NA[27]), ohne daß πηδάλιον nachträglich Metapher würde oder die Zunge zum Steuerorgan. Vielmehr gilt: ἡ γλῶσσα μικρὸν μέλος ἐστὶν καὶ μεγάλα αὐχεῖ (μεγαλαυχεῖ P[20] ℵ Byz usw., *txt* P[74] A B C* P *pc*; Alliteration?). Die Zunge (→ 1,26) ist ein kleines Körperglied (μικρός im Brief nur hier, μέλος noch V.6; 4,1), d.h. sie sollte wie das sehr kleine πηδάλιον V.4 nichts als Instrument eines guten Willens sein, ist es aber nicht (καί adversativ, vgl. BDR 442 Anm. 4). Μεγαλαυχεῖν (frühchr. sonst nicht) heißt wohl nur ‚prahlen, drohen, lästern' (z.B. Plato, Resp. 395d γυναῖκα... ἀνδρὶ λοιδορουμένην ἢ πρὸς θεοὺς ἐρίζουσάν τε καὶ μεγαλαυχουμένην; Plutarch, Mor. 105a; 2Makk 15,32; ψ 9,39; Zeph 3,11; Ez 16,50; Sir 48,18; ParJer 9,15; Jes 10,15 Ἀ; Philo Imm 80; vgl. ψ 11,3–5). Μεγάλα (μέγας nur hier, μείζων → 3,1) αὐχεῖν (LXX nie, frühchr. nur hier), das wohl besser ist, weil opp. μικρόν deutlicher, kann dasselbe bedeuten (z.B. Euripides, Heraclid. 353f. εἰ σὺ μέγ' αὐχεῖς, ἕτεροι σοῦ πλέον οὐ μέλονται; ähnliche Wendungen sind überhaupt gängig, z.B. auch Dan 7,8 LXX Θ στόμα λαλοῦν μεγάλα, nachklingend Apk 13,5; grHen 101,3 διὰ τί ὑμεῖς λαλεῖτε τῷ στόματι ὑμῶν μεγάλα καὶ σκληρὰ ἐπὶ τῇ μεγαλωσύνῃ αὐτοῦ [Gottes]); speziell ‚prahlen' paßt aber zum Folgenden nicht gut. Zumindest einfaches αὐχεῖν kann freilich auch positiv sein (z.B. Aelius Ar., Panath. I S. 164 Dindorf μόνοις δ' ὑμῖν ὑπάρχει καθαρὰν εὐγένειάν τε καὶ πολιτείαν αὐχῆσαι; Vettius Valens S. 241,9 Kroll ὅτε οἱ πρὸ ἡμῶν ἐπὶ τούτῳ ηὔχουν καὶ ἐμακαρίζοντο; Sib V 63f. μεγαλόσθενε Μέμφι ἡ τὸ πάλαι δειλοῖσι βροτοῖς αὐχοῦσα μέγιστα; Philo SpecLeg I 150 ἐγκράτεια... πάντων ὅσα πρὸς βρῶσιν καὶ πόσιν ἀλογοῦσα καὶ ἐπάνω τῶν γαστρὸς ἡδονῶν αὐχοῦσα ἵστασθαι „die Selbstbeherrschung..., die sich nicht um Speise und Trank kümmert und sich rühmen darf, über den Freuden des Leibes zu stehen", Übers. I. Heinemann; unsicher Epigr. Gr. 489,1 [ὃν μεγάλ' αὐ]χήσασα πατρὶς Θή[β]η). Nur: V.5a kann kaum für sich stehen, 5b käme zu abrupt. Ist V. 5a positiv (besser doppeldeutig, V.9?), dann ironisch. In jedem Fall ist der Satz keine Information, sondern Vorwurf: lingua vestra agitur. Ein neues Bildfeld erläutert.

5b–6 Eine alte Weisheit mit Anwendung, die aber nur die Feuermetapher auswertet.

5b Ἰδοὺ ἡλίκον πῦρ ἡλίκην ὕλην ἀνάπτει (metrisch?) ist Ausruf (vgl. BDR 304,3), nicht Frage (Mk 15,24; Lk 19,15 sind keine Parallelen). Ἰδού knüpft an; mehr → 3,4. Subjekt ist πῦρ (im Brief noch V.6; 5,3) wie bei ἀνάπτειν (frühchr. nur noch Lk 12,49) manchmal (z.B. Polyaenus IV 7,9 πῦρ... ἀνῆψε τὴν ὕλην; PsSal 12,2; vgl. Plutarch, Mor. 138f; 454e f; öfter Objekt), nicht mehr die Zunge (vgl. weiter Pindar, Pyth. 3,36f.; Euripides, Ino Fr. 411,2f. μικροῦ γὰρ ἐκ λαμπτῆρος Ἰδαῖον λέπας πρήσειεν ἄν τις zit. von Plutarch, Mor. 507b oben vor V.3f.; Diogenes Oenoand. 38,3ff. καὶ σπιν[θῆρι] μεικρῷ πάνυ τη[λικό]νδε ἐπεξάπτεται [πῦρ,] ἡλίκον καταφλέ[γει λ]ιμένας καὶ πόλεις; Seneca Maior, Rhet. contr. 5,5 *nesciebas quam levibus ignibus quanta incendia oriantur?* „Wußtest du nicht, aus wie geringen Feuern wie große Brände entstehen?"; Sir 11,32 ἀπὸ σπινθῆρος πυρὸς πληθύνεται ἀνθρακιά; Ps-Phok 144 ἐξ ὀλίγου σπινθῆρος ἀθέσφατος αἴθεται ὕλη, aber sekundär?; Philo Migr 123 σπινθὴρ καὶ ὁ βραχύτατος ἐντυφόμενος, ὅταν καταπνευσθεὶς ζωπυρηθῇ, μεγάλην ἐξάπτει πυράν; SpecLeg IV 27; Alphabet des Ben Sira aram. 14 „ein brennendes Licht zündet viele Kornfelder[-haufen?] an"; vgl. ψ 82,15; Philo Decal 173 οἷα φλὸξ ἐν ὕλῃ zündet die Begierde). Zweimal ἡλίκος (das Wort nie LXX, frühchr. nur noch Kol 2,1; 2Klem 10,4) in entgegengesetzten Bedeutungen ist gesucht (vgl. Sophokles, Ant. 726f. οἱ τηλικοίδε καὶ διδαξόμεσθα δὴ φρονεῖν πρὸς ἀνδρὸς τηλικοῦδε τὴν φύσιν; 942 οἷα πρὸς οἵων ἀνδρῶν πάσχω; Plato, Apol. 25d τοσοῦτον σὺ ἐμοῦ σοφώτερος εἶ τηλικούτου [so alt] ὄντος τηλικόσδε [so jung] ὤν; Philostrat, Vita Apoll. II 11,2 τὸ γὰρ θηρίῳ τηλικούτῳ ἐπιτετάχθαι τηλικόνδε ὄντα καὶ εὐθύνειν αὐτὸ καλαύροπι..., δαιμόνιον ἔμοιγε δοκεῖ „denn daß ein Knabe von solchem Alter ein so großes Tier [Elefant] beherrscht und mit dem Stabe lenkt..., scheint mir eine außerordentliche Leistung zu sein", Übers. Vroni Mumprecht). Ὕλη (frühchr. nur noch 1Klem 38,3; IgnRom 6,2) bezeichnet auch Buschwald (nicht schon deshalb palästinischen, anders Elliott-Binns, Meaning of ὕλη), Holz (woraus Schiffe V.4, Räder V.6), Brennmaterial (z.B. Sir 28,10; Philo Aet 127 διὸ σκηριπτόμενον ὀρθοῦται κατὰ τὴν τῆς ἀναφθείσης ὕλης μονήν, ἐξαναλωθείσης δ' ἀφανίζεται „Deshalb wird es [das Feuer] aufrecht gehalten und hebt sich empor, solange der angezündete Brennstoff vorhanden ist; ist dieser aber verbraucht, so verschwindet es", Übers. K. Bormann). Waldbrände waren aber geläufig (und z.B. schon Homer, Il. 2,455–458; 11,155–159 für Vergleiche; allegorisch Ez 21,1–5).

6 ist enorm schwierig, aber wohl nicht zu ändern (Glossen καὶ – ἀδικίας oder ὁ – ἀδικίας oder ὁ – ἡμῶν? ‚Werkzeug' o.ä. statt κόσμος? Add. ὕλη nach ἀδικίας mit sy^p und z.B. Adamson: Jas, Bauckham: Tongue? τρόχος ‚[Rund]rennen' statt τροχός? τρόπος cj. Könnecke?).

Καὶ ἡ γλῶσσα πῦρ ist Nominalsatz (zur Form s. ψ 44,2; 56,5, vgl. 63,4; Prov 24,22c; deshalb „ein Feuer" EÜ und die Mehrheit?). Jedenfalls muß man nicht καθίσταται vorweg hören. Der Satz hat so keine Parallele, gehört aber zu einem verbreiteten, meist negativen Teilgebiet von Feuermetaphorik (z.B. Prov 16,27; 26,21; Sir 28,11f.22f.; PsSal 12,2; LevR 16 zu 14,4 „Komm und sieh, wieviele Brände sie [die Zunge] anzündet"; vgl. Plutarch, Mor. 507a b oben vor V.3–4; ψ 38,2–4; Jes 30,27; positiv Sir 48,1 καὶ ἀνέστη Ἠλίας προφήτης ὡς πῦρ, καὶ ὁ λόγος αὐτοῦ ὡς λαμπὰς ἐκαίετο; slHen 1,5). Schon deshalb ist die Zunge kaum Metapher für Penis (so van den Bergh van Eysinga, dessen Belege aber ohnehin nicht überzeugen). Eher hat die Farbe (und Bewegung?) damit zu tun wie Form und Bewegung bei anderen Vergleichen (z.B. Schreibrohr ψ 44,2; Schwert 56,5; 63,4; Prov 24,22c; Schlange ψ 139,4; Geißel Hi 5,21; Geschoß Jer 9,8[7]). Jak deutet dann die Feuermetapher (nicht sofort an Leidenschaft denken; auch 1Petr 4,12 liegt fern).

Ὁ κόσμος τῆς ἀδικίας gehört prädikativ (für den Art. vgl. BDR 273 Anm. 3) zum Folgenden oder weniger unpassend zum Vorhergehenden (früher Mehrheitsmeinung, vgl. schon add. οὕτως hinter ἀδικίας Byz; dann Satzzeichen hinter ἀδικίας statt wie NA^26.27 Kolon oder ECM Punkt hinter πῦρ). Jak gebraucht die Wendung wohl als bekannt (Hen 48,7 „diese Welt der Ungerechtigkeit"; vgl. 1Joh 5,19; CH VI 4 ὁ γὰρ κόσμος πλήρωμά ἐστι τῆς κακίας; Mk 16,14 W). Sie paßt zu seiner Auffassung von κόσμος (→ 1,27); da herrscht Unrecht (ἀδικ- im Brief freilich nur hier; (τῆς) ἀδικίας attributiv z.B. auch Lk 16,8f.; 18,6; Röm 6,13; 2Thess 2,10; 2Petr 2,13.15). Deshalb kann kaum ein Adressat κόσμος hier als ‚geordnetes Ganzes' oder ‚Gesamtheit' aufgefaßt haben (so z.B. SIG 850,10 [εἰς τὸ]ν κόσμον τῶν ἔργων; Prov 17,6a τοῦ πιστοῦ ὅλος ὁ κόσμος τῶν χρημάτων, τοῦ δὲ ἀπίστου οὐδὲ ὀβολός; Jos Ant XIX 173 διαβιασάμενος [Cäsar] τὸν κόσμον τῶν νόμων τὴν πολιτείαν συνετάραξεν; *universitas iniquitatis* vg und viele Ältere bei Mayor, Jas). Auch ‚Schmuck(stück)' legt sich nicht nahe (trotz bo arm geo; Isidor Pelus., Ep. IV 10 ὁ τῆς εὐγλωττίας πυρσός, ὅταν τοὺς μεγάλα πταίοντας κοσμῇ, ἐγκαλλώπισμα εἶναι δοκεῖ τῆς ἀδικίας „Denn die Glut der Zungenfertigkeit, wenn sie die, die stark versagen, schmückt, wirkt wie ein Ornament der Ungerechtigkeit" nach der Katene, manche Ältere, Carr; vgl. Euripides, Tro. 981f. μὴ ἀμαθεῖς ποίει θεὰς τὸ σὸν κακὸν κοσμοῦσα; Aristoteles, Eth. Nic. 1124a ἔοικε μὲν οὖν ἡ μεγαλοψυχία οἷον κόσμος τις εἶναι τῶν ἀρετῶν „So erweist sich also der hohe Sinn gleichsam als krönende Zierde einer jeglichen Trefflichkeit", Übers. F. Dirlmeier; Plutarch, C. Gracch. IX 4,3 πρὸς καλὴν ὑπόθεσιν καὶ δικαίαν ἀγωνιζόμενος λόγῳ καὶ φαυλότερα κοσμῆσαι δυναμένῳ πράγματα, opp. Sir 21,21 ὡς κόσμος χρυσοῦς φρονίμῳ παιδεία; Philo Som I 104 τρίτον δὲ πρὸς ὅλου τοῦ βίου κόσμον ist das Wort gegeben), zumal Schönfärberei nichts anzündet. Die Wendung paßt schlecht als Apposition zu πῦρ, einigermaßen als zweites Prädikativum zu γλῶσσα (zu knapp geratene Deutung des Waldbrandes V.5b?), auch wenn es anders fungiert als das erste. Πῦρ benennt eine Eigenschaft der Zunge, ὁ κόσμος τῆς ἀδικίας bezeichnet eine Wirkung (vgl. zur Sache z.B. ψ 51,4; Jes 59,3, zur Syntax z.B. Jer 9,8[7] βολὶς τιτρώσκουσα ἡ γλῶσσα αὐτῶν; Sir 5,13 γλῶσσα ἀνθρώπου πτῶσις αὐτῷ; vgl. Prov 15,4 ἴασις [MT *marpē'* ‚Heilung', ‚Gelassenheit'] γλώσσης δένδρον ζωῆς). Sie ist nach Sir 28 nicht übertrieben, weil von der Zunge als Gattung gesagt. Die ist ein starkes Stück (vgl. positiv Apollodor 244 Fr. 307 Jacoby κράτιστον τῶν μελῶν ἡ γλῶσσα zur Erklärung von Homer, Od. 3,341).

Ἡ γλῶσσα καθίσταται ἐν τοῖς μέλεσιν ἡμῶν ἡ σπιλοῦσα ὅλον τὸ σῶμα καὶ φλογίζουσα τὸν τροχὸν τῆς γενέσεως καὶ φλογιζομένη ὑπὸ τῆς γεέννης. Jak beschreibt das Vorhergehende näher. Aber die Syntax bleibt schwierig. Das Prädikat ist grammatisch und semantisch mehrdeutig. 4,4 (καθιστάναι im Brief sonst nicht) läßt auch hier an eine Konstruktion mit Prädikativum denken (wie z.B. Menander, Fr. 769 ἅπαντα δοῦλα τῷ φρονεῖν καθίσταται; Isokrates, Or. III 50; Diodor S. XVII 70,3; Arist 289; Philo Aet 133; Röm 5,19; Tatian, Or. Graec. 9,7). Das ist, wenn nicht doch ὁ κόσμος τῆς ἀδικίας, die Partizipienkette (zum Art. vgl. in beiden Fällen BDR 273; mit ECM gegen NA$^{26.27}$ kein Komma davor). Sie sagt, als was die Zunge unter den Körpergliedern (→3,5; ἐν 2° in 4,1 anders?) ‚dasteht', ‚sich darstellt', oder auch, was sie ‚darstellt', ‚bildet' (jedenfalls hier kaum ‚wird', so aber Bauer^{6}, καθίστημι 3; EÜ einebnend „ist", verkürzend „der Teil" für ἐν τοῖς μέλεσιν ἡμῶν). Unter dem einen Artikel sind die erste und zweite Partizipialwendung synthetisch parallel, die zweite und dritte antithetisch (Alliteration γενέσεως – γεέννης?).

Die erste Partizipialwendung besagt wohl: die Zunge befleckt (σπιλοῦν pagan erst ab 1. Jh. v.Chr.?, jüd.-gr. und frühchr. nur hier und Sap 15,4; TestAss 2,7; Jud 23, immer metaphorisch; → 1,21) das eigene σῶμα (→ 3,2; aber vgl. Philo Det 174 ἀχαλίνου γλώττης ῥεῦμα ἀνεπίσχετον stürzt zusammen mit dem Geschlechtstrieb die Menschheit mitten im Frieden in Krieg), indem sie Schande über es bringt (vgl. Qoh 5,5?; Sir 5,13f.; Mk 7,15.20–23 par.; 1Kor 12,26?). Daß sie die anderen Glieder zur Unmoral anstiftete oder mit ihr ansteckte, müßte wohl anders ausgedrückt sein.

Die zweite Partizipialwendung ist wegen des Objekts eine crux.

Das Rad des Werdens in Jakobus 3,6

Literatur, soweit nicht o. nach der Übers. genannt: Heisen, Hypotheses. – Hort, Jas. – G. Kittel, Die Probleme des palästinischen Spätjudentums und das Urchristentum, 1926. – Könnecke, Conjecturen. – M. Philonenko, Un écho de la prédication d'Asoka dans *l'Épître de Jacques*, in: J. Beugmann/K. Drynjeff (eds.), Ex orbe religionum (FS G. Widengren), I, 1972, 254–265. – J. Schäfers, Zu Jak. 3, 6, ThGl 5, 1913, 836–839. – J. Stiglmayr, Zu Jak 3, 6: rota nativitatis nostrae inflammata, BZ 11, 1913, 49–52.

Auch ὁ τροχὸς τῆς γενέσεως benutzt Jak wie einen bekannten Ausdruck. Es gibt bisher keine frühe Parallele, allerdings τροχός (Rad, Scheibe, Ring, technisch Folterrad; frühchr. nur hier) als Metapher mit ähnlichen Attributen und ähnliche Metaphern mit τῆς γενέσεως (→ 1,23). Viele sehen einen Abkömmling alter, allerdings erst spät belegter Tradition (vgl. z.B. Philo Fug 161; Som II 44 εἶτα „κλοιὸν χρυσοῦν", ἀγχόνην ἐπιφανῆ, κύκλον καὶ τροχὸν ἀνάγκης ἀτελευτήτου, περιτίθεται „Dann legt er sich ein „goldenes Halsband" (1 Mos. 41, 41. 42) um, einen offensichtlichen Henkerstrick, d.h. den Kreis und das Rad der endlosen Notwendigkeit", Übers. M. Adler; Diogenes L. VIII 14 πρῶτόν τέ φασι τοῦτον ἀποφῆναι τὴν ψυχὴν κύκλον ἀνάγκης ἀμείβουσαν ἄλλοτ' ἄλλοις ἐνδεῖσθαι ζῴοις „Sie [die Pythagoräer] sagen, dieser [Pythagoras] habe als erster erklärt, daß die Seele, einen Kreis [infolge der] Notwendigkeit beschreibend, in immer wieder andere Lebewesen eingebunden werde"; Proklus, Komm. zu Plato, Tim. S. 296 Diehl μία σωτηρία τῆς ψυχῆς αὕτη παρὰ τοῦ δημιουργοῦ προτείνεται τοῦ κύκλου τῆς γενέσεως ἀπαλλάττουσα καὶ τῆς πολλῆς πλάνης καὶ τῆς ἀνηνύτου ζωῆς, ἡ πρὸς τὸ νοερὸν εἶδος τῆς ψυχῆς ἀναδρομὴ καὶ ἡ φυγὴ πάντων τῶν ἐκ τῆς γενέσεως ἡμῖν προσπεφυκότων; vgl. 297; Komm. zu Plato, Resp. S. 339 Kroll; Simplicius, Komm. zu Aristoteles, Cael. S. 377 Heiberg γνόντα δὲ τὸν Δία παρὰ τῆς Ἥρας τροχῷ τὸν Ἰξίονα προσδῆσαι, ὥστε ἀπαύστως ἐπ' αὐτοῦ φέρεσθαι... ἐνδεθῆναι δὲ ὑπὸ τοῦ τὸ κατ' ἀξίαν πᾶσιν ἀφορίζοντος δημιουργοῦ θεοῦ ἐν τῷ τῆς εἱμαρμένης τε καὶ γενέσεως τροχῷ, οὗπερ ἀδύνατον ἀπαλλαγῆναι κατὰ τὸν Ὀρφέα μὴ τοὺς θεοὺς ἐκείνους ἱλεωσάμενον „οἷς ἐπέταξεν" ὁ Ζεὺς „κύκλου τ' ἀλλῆξαι καὶ ἀμψῦξαι [ἀλλῦσαι καὶ ἀναψῦξαι Proklus S. 297 Diehl] κακότητος" τὰς ἀνθρωπίνας ψυχάς; Komm. zu Epiktet, Ench. 8 S. 153 Schweighaeuser ὠφέλιμος... τῷ ἀπεράντῳ τῆς γενέσεως κύκλῳ, διὰ τοῦτο ἐπ' ἄπειρον προϊόντι, διὰ τὸ τὴν ἄλλου φθορὰν ἄλλου γένεσιν εἶναι). Zu diesen Stellen paßt keine Zunge, zu Jak nicht εἱμαρμένη, ἀνάγκη, ewiger Werdeprozeß, Seelenwanderung, allenfalls Geschlechterfolge. Deshalb z.B. Dibelius, Jak: ein orphischer oder pythagoreischer Begriff sank herunter zu „des Lebens Auf und Ab" (wie Darwins Kampf ums Dasein aus der Evolutionslehre in die Alltagssoziologie) und kam über das hellenistische Judentum zu Jak. Das ist bloß Vermutung und bringt für V. 6 nicht mehr, als wenn man sich gleich an die geläufige, auch als Gnome vorkommende Metapher Rad (rollend und/oder kreisend) für das Leben des Menschen (einzeln oder als Gattung) erinnert, die mit den obigen Stellen zusammenhängen mag oder auch nicht (z.B. Euripides, Ino Fr. 415 bei Plutarch, Mor. 104b κύκλος γὰρ αὐτὸς καρπίμοις τε γῆς φυτοῖς γένει βροτῶν τε. τοῖς μὲν αὔξεται βίος, τῶν δὲ φθίνει τε κἀκθερίζεται πάλιν, vgl. 103f; Sophokles, Fr. 871; Herodot I 207,2; Aristoteles, Probl. 916a καθάπερ καὶ φασὶ κύκλον εἶναι τὰ ἀνθρώπινα „So sagt man ja auch, das Menschenleben ist ein Kreis", Übers. H. Flashar; Anacreont. 32,7f. τροχὸς ἅρματος γὰρ οἷα βίοτος τρέχει κυλισθείς; Paroem. Gr. 2,87 τροχὸς τὰ ἀνθρώπινα· ἤτοι εὐμετάβολα; Musaeus, Fr. 4; Mark Aurel IX 28,1 ταῦτά ἐστι τὰ τοῦ κόσμου ἐγκύκλια· ἄνω κάτω, ἐξ αἰῶνος εἰς αἰῶνα u.ö.; Plutarch, Mor. 106f; Philostrat, Vita Apoll. VIII 7,16 ἐγκύκλιοι γὰρ αἱ κατ' ἀνθρώπους εὐπραγίαι καὶ ἐφήμερον... τὸ τοῦ ὄλβου μῆκος „das Glück der Menschen... dreht sich im Kreise [d.h. von einem zum nächsten], und seine Dauer reicht über einen Tag nicht hinaus", Übers. Vroni Mumprecht; Petron 39,13; Tacitus, Ann. III 5,5; Silius It. VI 120f. *talis lege deum clivoso tramite vitae per varios praeceps casus rota volvitur aevi*; Qoh 12,6?; Ps-Phok 27 κοινὰ πάθη πάντων· ὁ βίος τροχός· ἄστατος ὄλβος „(Wir) alle haben gleiche Leiden (zu tragen) – das Leben ist ein kreisendes Rad – das Leben ist unbeständig", Übers. N. Walter; bShab 151b „Es ist ein um die Welt sich drehendes Rad [d.h. gegen Verarmung ist niemand gefeit]", Übers. L. Goldschmidt; mehr bei Kittel). Andere bildliche Verwendungen des Rades (z.B. ψ 76,19; 82,14; Jes 41,15; Sir 33[36],5: BerR 6 zu 1,17; physiologisch für Atmung Plato, Tim. 79b, vgl. Galen, Plac. VIII 245, offenbar nicht für Blutkreislauf) helfen nicht. Die Zunge ist auch kaum als Nabe gedacht.

Neben ὅλον τὸ σῶμα wird ὁ τροχὸς τῆς γενέσεως das Menschenleben bezeichnen, wohl nicht nur das eigene; ob das individuelle Auf und Ab, den Bogen von der Geburt zum Tod (eher nicht die Generationenfolge) oder beides oder die ungleiche Verteilung von Glücksgütern, ist kaum zu sagen. Der Ausdruck gibt zur Person Zeit und Mitmenschen dazu. Statt βίος (fehlt im Brief) sagt Jak γένεσις vielleicht theologisierend (vgl. V.9?). Das geschaffene Leben ist endlich und bedroht, aber nicht an sich schlecht (vgl. Philo Op 151); es sollte so genommen werden, wie es geordnet ist. Doch die Zunge kann es zur Hölle machen. Φλογίζειν (fehlt Philo, Josephus, nur hier frühchr.) ist stärker als ‚anzünden'. Aktive Affekte sind traditionell feurig und können metaphorisch Brand stiften (vgl. z.B. Philo Ebr 73; Decal 49.173; SpecLeg IV 83; Diogenes Oenoand. oben). Jak wird sagen wollen, daß die Zunge im (Zusammen)leben zerstörerische Aggressionen schürt (vgl. z.B. Hesiod, Erg. 721; Euripides, Andr. 642f. σμικρᾶς ἀπ' ἀρχῆς νεῖκος ἀνθρώποις μέγα γλῶσσ' ἐκπορίζει „Aus kleinem Anfang schafft die Zunge großen Zwist / Den Menschen", Übers. F. Stoessl; Prov 25,23 MT diff. LXX).

Die dritte Partizipialwendung ist ebenfalls strittig. Γέεννα (im Brief nur hier) ist gräzisierte Wiedergabe einer metonymischen Verwendung von *gê(')hinnom* „Hinnomtal" im Süden Jerusalems, das verrufen war (vgl. 2Kön 16,3; 21,6; Jer 7,31f.; 19). Das Lehnwort ist jüd.-gr. ganz selten (zuerst wohl 4Esra 7,36 „der Ofen der Gehenna zeigt sich" am jüngsten Tag; Sib IV 186, falls nicht chr.; rabbin. Belege bei Bill. IV 1016–1165; nicht Gehenna genannt, aber gemeint z.B. grHen 27; äthHen 56,3f.), häufiger dann frühchr. (Synoptiker, sonst nur 2Klem 5,4 zit. Mt 10,28 par., ebenso Justin, Ap. I 19,7f. mit Kommentar). Die Gehenna ist der Ort, wo die Bösen brennen oder verbrennen, nach Endgericht (z.B. Mt 5,22; 18,9, wohl auch 23,15; vgl. Sib I 103, christl.?) oder Tod (ohne den Namen Lk 16,24?, aber ἐν τῷ ᾅδῃ V.23), dann manchmal nur vorläufig (dazu von Kienle 114–119). Trotzdem lesen hier die meisten, daß die γέεννα die Zunge befeuert (konkret der Teufel 4,7, der vielleicht in der Hölle wohnt; vgl. ApkAbr 14,3; 31,5 „mit dem Feuer der Zunge Azazels", die freilich endgültig vernichtet, nicht im irdischen Leben befeuert, außerdem ist „Zunge" unsicher und der Kontext womöglich sekundär). Das Präsens und ὑπό, nicht ἐν, stützen das. Daß Parallelen fehlen (anscheinend auch pagane für ähnliche Wirkung des Unterweltfeuers), spricht eher dafür, daß der zündelnden Zunge (dem Inhaber an ihr?) adäquat (s. 2,13) mit Höllenfeuer (vgl. 5,3?) vergolten wird (vgl. 2Makk 15,33; Ps 120,3f.; Sir 7,17 LXX diff. HT; PsSal 12,4 ἐν πυρὶ φλογὸς γλῶσσα ψίθυρος ἀπόλοιτο ἀπὸ ὁσίων „die verleumderische Zunge gehe zugrunde in der Feuerflamme von den Frommen hinweg", Übers. S. Holm-Nielsen; so auch Bauckham: Tongue, Klein). Das Präsens läßt sich auch bei dieser Deutung verstehen (futurisch? Dauer, vgl. 5,6? Fanning 408–413). Von Dämonie der Zunge ist dann nicht die Rede.

7–11 Die böse Zunge bleibt Thema, das Feuer ist aus. Deshalb ziehe ich V.7f. zum Folgenden.

7 Πᾶσα γὰρ φύσις (im Brief nur in V.7) meint jede beliebige (vgl. 1,17) Art, aber nicht eng biologisch (z.B. Sophokles, Ant. 345 πόντου δ' εἰναλίαν φύσιν; Xenophon, Resp. Lac. 3,4 τὸ ἄρρεν φῦλον... ἰσχυρότερόν ἐστι [τῶν] τῆς θηλείας φύσεως; Ps-Plato, Epin. 984d τὴν τῶν ἄστρων φύσιν; Sap 7,20?; Philo SpecLeg IV 116 καὶ τὴν λοιπὴν φύσιν τῶν ἐν ἀέρι; Virt 81 πρός τε τὰς τῶν ἀλόγων ζῴων φύσεις, ähnlich 125; Jos Ant VIII 44 οὐδεμίαν φύσιν; vgl. 4Makk 1,20 παθῶν δὲ φύσεις εἰσὶν ... δύο), kaum die einzelne Kreatur (z.B. Xenophon, Cyrop. VI 2,29 πᾶσα φύσις; 3Makk 3,29 πάσῃ θνητῇ φύσει). Gegen ‚Natur' spricht πᾶσα, aber s. gleich. Das γάρ ist eher fortführend als begründend.

Θηρίων τε καὶ πετεινῶν, ἑρπετῶν τε καὶ ἐναλίων (θηρίον, πετεινόν, ἑρπετόν im Brief nur hier, ἐνάλιος jüd.-gr. und frühchr. nur noch Philo Decal 54; Sib V 157) ist die biblische Einteilung, paarweise (nach Rang?) und verknappt (vgl. Gen 1,26.28; 9,2; Dtn 4,17f.; 1Kön 5,13; grHen 7,5; Philo SpecLeg IV 100–118; Apg 10,12; 11,6; 1Kor 15,39; PGM 1,118f.; aber auch Ps-Aristoteles, Mund. 397a οὗτος ἐναλίων ζῴων καὶ πεζῶν καὶ ἀερίων φύσεις ἐχώρισε [der Schöpfer] und gleich). Die Wörter sind unscharf; wohin Jak Mäuse, Eidechsen oder Heuschrecken rechnet, darf man nicht fragen. Die Vierzahl unterstreicht πᾶσα φύσις.

Δαμάζεται καὶ δεδάμασται: schon immer (seit der Schöpfung?; zur Form vgl. Juvenal 3,190 *quis timet aut timuit*; 8,70 *damus ac dedimus*; 4Makk 18,22 μετῆλθεν καὶ μετελεύσεται; 2Tim 3,13; Hebr 6,10; Herm vis 3,3,5 ἐσώθη καὶ σωθήσεται; Justin, Dial. 82,3 ἐδίδαξαν καὶ διδάσκουσι μέχρι νῦν; entfernter Joh 10,38). ‚Zähmen' (Mehrheitsmeinung) ist hier für δαμάζειν (LXX nur Dan 2,40 LXX Θ; frühchr. noch V.8; Mk 5,4) zu eng. Das Verb bezeichnet pauschal die Verfahren, mit denen der Mensch die Tiere besiegt, domestiziert, ausbildet, auch wenn sie nicht wirklich zahm werden (vgl. Aelian, Nat. an. 8,4: Fische) oder schon Haustiere sind (z.B. TestAbr A 2,9 ἵππους... δεδαμασμένους; Philo All II 104 ἱππέως μὲν οὖν ἔργον δαμάζειν τὸν ἵππον „Sache des Reiters ist es, das Pferd zu zügeln", Übers. I. Heinemann; Galen, Us. part. III 339 δαμάσεσθαι σοφίᾳ τε καὶ χερσὶν ἵππον).

Τῇ φύσει τῇ ἀνθρωπίνῃ ist wohl instrumentaler Dativ (BDR 191,3), nicht commodi; aber Dativus auctoris beim Passiv ist Jak auch zuzutrauen (3,18?); ἀνθρώπινος (→ 1,7) wird wegen des Gegensatzes attributiv gestellt sein (trotz BDR 270,1). Das Ganze ist ein geläufiger Ausdruck für die menschliche Natur (z.B. Plato, Theaet. 149c; Tim. 90c; Aristoteles, Pol. 1286b; Epiktet II 20,18 u. bei 3,12; Athenaeus XII 545; TestHi 3,3; Philo Op 114; Ebr 166; Jos Ant V 215 u.ö.; frühchr. so sonst nicht). Deshalb ist trotz der Wiederholung von φύσις der Mensch nicht etwa die höchste Tierart (vgl. V.9), sondern über die Tiere gesetzt, als Regent und zum eigenen Nutzen, ein Zeichen seiner Größe (vgl. Sophokles, Ant. 342–352; Cicero, Nat. deor. II 151; Lukrez V 860–870; Seneca, Ben. II 29,4 *proinde, quisquis es iniquus aestimator sortis humanae, cogita, quanta nobis tribuerit parens noster, quanto valentiora animalia sub iugum miserimus, quanto velociora consequamur, quam nihil sit mortale non sub ictu nostro positum*; Herm mand 12,4,2f.; Philo Op 83–88.148f.). Die Kraft zum Herrschen ist biblisch mit der Gottebenbildlichkeit (V.9) gegeben (Gen 1,26–28, ursprünglich eine königliche Funktion; Sir 17,3f.; nach Philo Op 69 besteht sie im νοῦς, dem Führer der Seele; vgl. Plutarch, Fr. bei Stobaeus IV 12,14 ἡ δὲ ἀνθρώπων ἴδιος ἰσχὺς ὁ ψυχῆς ἐστι λογισμός, ᾧ καὶ ἵππους ἐχαλίνωσε...).

8 Τὴν δὲ γλῶσσαν οὐδεὶς δαμάσαι δύναται ἀνθρώπων ist wohl der Gegen-Satz zu V. 7, auch wenn dort μέν (→ 3,17) fehlt; eher Feststellung (bei Schelte sarkastisch oder vorwurfsvoll) als Frage (dann ironisch; z.B. Pelagius mit unangebrachten Folgerungen für den freien Willen, s.u. bei Augustin). Die Zunge gilt hier nicht als die einzige unbezähmbare Kreatur, sondern ist die eigene (vgl. Isokrates, Or. II 12 μηδὲ καταγνῷς τῶν ἀνθρώπων τοσαύτην δυστυχίαν, ὡς περὶ μὲν τὰ θηρία τέχνας εὑρήκαμεν αἷς αὐτῶν τὰς ψυχὰς ἡμεροῦμεν καὶ πλείονος ἀξίας ποιοῦμεν, ἡμᾶς δ' αὐτοὺς οὐδὲν ἂν πρὸς ἀρετὴν ὠφελήσαιμεν „und sage den Menschen nicht fälschlich so viel Unglück nach, daß wir zwar für die Tiere Verfahren gefunden haben, mit denen wir ihre Seelen zähmen und wertvoller machen, aber uns selbst in nichts zur Tugend nützlich sein könnten"; Jamblich, Vita Pyth. 31,195 πάντων γὰρ χαλεπώτατόν ἐστιν ἐγκρατευμάτων τὸ γλώσσης κρατεῖν; MPs 52 § 6; dagegen Sir 28,22f.). Zum Aorist δύναται (→ 1,21) δαμάσαι (Alliteration) s. V.2. Das Hyperbaton (s.o. Einl. 3.2) οὐδεὶς (→ 1,4) ... ἀνθρώπων (→ 1,7) ist auch hier nicht ganz eindeutig (s. 2,1). Ἀνθρώπων soll nicht Raum für Gott lassen (so schon Augustin, Nat. et gr. 15 antipelagianisch *non enim ait, linguam nullus domare potest, sed nullus hominum; ut cum domatur, Dei misericordia, Dei adjutorio, Dei gratia fieri fateamus* „denn er sagt nicht: die Zunge kann keiner zähmen, sondern: keiner der Menschen, damit, wenn sie gezähmt wird, wir bekennen, daß das durch Gottes Barmherzigkeit, Gottes Hilfe, Gottes Gnade geschieht"). Der Herr der Tiere wird durch die eigene unbeherrschte Zunge blamiert.

Der Rest des Verses ist wieder syntaktisch schwierig: zwei Prädikative eines Nominalsatzes (BDR 137,3), als Subjekt die Zunge dazuzudenken? Oder lockere Appositionen zu τὴν γλῶσσαν (seit NA[26]), die zweite inkongruent? Oder ein (zwei?) Ausruf(e) (vgl. Epiktet II 20,18 ἀμήχανον, ἀδιανόητον, Kontext s. bei 3,12) oder Zurufe (Schelte für die Zunge)? Sachlich ergibt sich kein großer Unterschied (s. auch 1,8). Ἀκατάστατον (→ 1,8, auch zu -τος) κακόν (→ 1,13): „dieses ruhelose Übel" (EÜ) klingt zu nervös; Jak meint eher eines, das keine Linie hält (V.9?, vgl. δῆμος ἄστατον κακόν o. im Exkurs zu 1,6) oder Unordnung stiftet (V. 16; vgl. Prov 26,28 στόμα δὲ ἄστεγον ποιεῖ ἀκαταστασίας; Herm mand 2,3 πονηρά ἐστιν ἡ καταλαλιὰ καὶ ἀκατάστατον δαιμόνιον, μηδέποτε εἰρηνεύων [?], ἀλλὰ πάντοτε ἐν διχοστασίαις κατοικοῦν „Schlecht ist die Verleumdung und ein unsteter Dämon, nie friedlich, sondern stets in Zwistigkeiten lebend", Übers. M. Leutzsch) oder nicht zu beruhigen ist (vgl. v.l. ἀκατάσχετον C Byz u.a., Parallelen bei Wettstein; Plutarch, Mor. 509c ἄμαχόν τι κακόν, die Geschwätzigkeit; 509d ἀλλ' ὅμως οὐκ ἔστι γλώσσης ῥεούσης ἐπίσχεσις οὐδὲ κολασμός; Philo Som II 275 τὸ γὰρ στόμα διανοίξαντες καὶ ἐάσαντες ἀχαλίνωτον, καθάπερ ῥεῦμα ἀκατάσχετον, φέρεσθαι τὸν ἀκριτόμυθον, ᾗ φασιν οἱ ποιηταί, λόγον ἰᾶσι).

Μεστὴ (μεστός noch V.17) ἰοῦ θανατηφόρου: Gift (ἰός im NT nur noch Röm 3,13; anders Jak 5,3; θανατηφόρος fehlt Philo, Josephus, frühchr. nur noch IgnTr 11,1) ist als Metapher für Worte o.ä. geläufig (z.B. Lukian, Fug. 19 ὁπόταν... ἀφροῦ, μᾶλλον δὲ ἰοῦ, μεστὸν αὐτοῖς [Pseudophilosophen] ᾖ τὸ στόμα; ψ 139,4 zit. in Röm 3,13; Sib Fr. 3,32f. εἰσὶ θεοὶ μερόπων δόλῳ ἡγητῆρες ἀβούλων, τῶν δὴ κἀκ στόματος χεῖται θανατηφόρος ἰός „Das sind Götter, welche die hilflosen Menschen mit List führen, und aus ihrem Mund fließt todbringendes Gift", Übers. H. Merkel; 1QH 13[5],26f.; Herm sim 9,26,7 ὥσπερ γὰρ τὰ θηρία διαφθείρει τῷ ἑαυτῶν ἰῷ τὸν ἄνθρωπον καὶ ἀπολλύει, οὕτω καὶ τῶν τοιούτων ἀνθρώπων τὰ ῥήματα διαφθείρει τὸν ἄνθρωπον καὶ ἀπολλύει „Denn wie die wilden Tiere durch ihr eigenes Gift den Menschen zerstören und vernichten, so zerstören und vernichten auch die Reden solcher Menschen [Verleumder] den Menschen", Übers. M. Leutzsch; vgl. TestGad 5,1 Κακὸν τὸ μῖσος, ὅτι ... ἰοῦ διαβολικοῦ τὴν καρδίαν πληροῖ; Did 2,4 παγὶς γὰρ θανάτου ἡ διγλωσσία par. Barn. 19,8 παγὶς γὰρ στόμα θανάτου).

9–11 Ein Beispiel christlicher Zunge (wieder 1. Pl. wie V.1–3), das beide Teile von V. 8b illustriert, V. 8a begründet und dann als unnatürlich beurteilt wird. Die Asyndese rückt die drei Verse nahe an V.8 heran. V.10a könnte man auch verselbständigen (bis NA[25] und in ECM vorher Kolon, NA[26.27] Komma).

9 Ἐν αὐτῇ εὐλογοῦμεν τὸν κύριον καὶ πατέρα. Hier stammt εὐλογεῖν (im Brief sonst nicht; εὐλογία 3,10) aus dem jüd.-chr. Wörterbuch (geläufig; auch OGIS 73,1 εὐλογεῖ τὸν θεὸν Πτολεμαῖος Διονυσίου Ἰουδαῖος), doch ist auch pagan eine Gottheit Objekt (z.B. CIG 4705b,2 ε[ὐ]λογ[ῶ] τὸν εὐο[δο]ν θεόν [Pan]; 4705c,2; vgl. JosAs 8,5). Κύριος καὶ πατήρ (→ 1,7.17) gibt es pagan für Gott anscheinend nicht, jüd.-gr. und frühchr. nur ähnlich (z.B. 1Chron 29,10; Jes 63,16; Sir 23,1.4; Philo SpecLeg I 300 φοβεῖσθαι γοῦν ὡς ἄρχοντα καὶ κύριον; Jos Ant V 93 πατὴρ καὶ δεσπότης τοῦ Ἑβραίων γένους; VII 380 David τὸν θεὸν εὐλογεῖν ἤρξατο, μεγάλῃ βοῇ πατέρα τε καὶ γένεσιν τῶν ὅλων ἀποκαλῶν καὶ δημιουργὸν ἀνθρωπίνων καὶ θείων; Mt 11,25; Eph 4,5f.; 1Klem 62,2 ταπεινοφρονοῦντες τὰ πρὸς τὸν πατέρα καὶ θεὸν καὶ κτίστην καὶ πάντας ἀνθρώπους). Vater heißt auch hier der Schöpfer. Lob im Gottesdienst (z.B. Lk 24,53; 1Kor 14,16; vgl. 4Makk 10,21?), in Privatgebeten (z.B. Lk 1,64; 2,28; vgl. unten 5,13?), mit Benediktionen beim Essen u.a. (z.B. Mk 14,22 par.; Lk 24,30; 1Kor 10,16; vgl. JosAs 8,5f.; Sib IV 25f.) läßt sich wohl nicht auseinanderhalten.

Καὶ ἐν αὐτῇ καταρώμεθα τοὺς ἀνθρώπους τοὺς καθ' ὁμοίωσιν θεοῦ γεγονότας. Zu εὐλογεῖν, εὐλογία sind καταρᾶσθαι (im Brief sonst nicht), κατάρα (nur 3,10) jüd.-gr. und frühchr. die geläufige Opposition (z.B. ψ 61,5 τῷ στόματι αὐτῶν εὐλογοῦσαν καὶ τῇ καρδίᾳ αὐτῶν κατηρῶντο; Philo Her 177 u.ö.; Lk 6,28; Röm 12,14 und gleich; vgl. Sir 31,24). Gemeint ist nicht alltägliches Verdammtnochmal, sondern Reden, das Unheil bringen soll (vgl. Prov 18,21). Das Objekt nimmt Gen 1,26 ποιήσωμεν ἄνθρωπον κατ' εἰκόνα ἡμετέραν καὶ καθ' ὁμοίωσιν auf (zu γεγονότας → 1,12). Die Gottebenbildlichkeit macht schutzwürdig (vgl. z.B. Gen 9,6; BerR 24 zu 5,1; Ps-Klem. Hom. III 17,2). Freilich kommt ὁμοίωσις frühchr. sonst nur im Zitat vor (1Klem 33,5; Barn 5,5; 6,12), die Nachwirkung bevorzugt offenbar κατ' εἰκόνα (vgl. 1Kor 11,7; Kol 3,10 und gleich; weiter Gen 5,1; 9,6; Sap 2,23; slHen 44,1–4). Jak vermeidet εἰκών kaum, um weisheitstheologische (vgl. Sap 7,26) oder christologische (vgl. 1Kor 15,49; 2Kor 3,18; 4,4) Assoziationen zu verhindern, sondern betont eher mit ὁμοίωσις die Gottähnlichkeit (vgl. Philo Op 71 ἐπεὶ δ' οὐ σύμπασα εἰκὼν ἐμφερὴς ἀρχετύπῳ παραδείγματι, πολλαὶ δ' εἰσὶν ἀνόμοιοι, προσεπεσημήνατο εἰπὼν τῷ κατ' εἰκόνα τὸ καθ' ὁμοίωσιν εἰς ἔμφασιν ἀκριβοῦς ἐκμαγείου τρανὸν τύπον ἔχοντος „Da aber nicht jedes Bild dem ursprünglichen Musterbilde ähnlich ist, da im Gegenteil viele unähnlich sind, so fügte er zu den Worten ‚nach dem Bilde' noch hinzu ‚nach seiner Aehnlichkeit', um anzudeuten, dass das Abbild genau und von klarstem Ausdruck war", Übers. J. Cohn; freilich will Philo wohl die Doppelung erklären). Das ist jedenfalls der Punkt; mit derselben Zunge (mit Anapher unterstrichen; nicht notwendig: im gleichen Atemzug) loben wir Christen Gott und verfluchen ihn in Gestalt seiner Ebenbilder. Gehören dazu alle Menschen, weil Geschöpfe, oder eher die Christen nach 1,18 (wo zwar von Gottebenbildlichkeit nichts steht, aber vgl. z.B. Kol 3,8–11)? So oder so fällt der Artikel bei ἀνθρώπους auf, wenn nicht einfach V.9a parallel. Ausformulierten Menschenfluch neben Gotteslob kann man sich bei den Adressaten schwer vorstellen (auch nicht dualistisch eingeschränkt wie z.B. 1QS 1f.; slHen 52), auch kaum als prophetische Äußerung. Verweist der Artikel zurück auf V.6? Dann muß man nicht überlegen, welche besonderen Verwerfungen unter den Adressaten Jak im Auge hat (Reiche gegen Arme, vgl. 2,6, oder umgekehrt, vgl. Prov 11,26; Qoh 7,21f.? Streit um Weisheit, vgl. 3,12–18? individuelle Vergeltung, vgl. Lk 6,28; Röm 12,14; Polyk 2,2?) oder ob er sich allgemein gegen Fluchen wendet (z.B. Fluch aus Notwehr Prov 11,26, vgl. 24,24; Sir 4,5f.; als Gerichtshandlung z.B. Gen 9,25; Jdc 5,23; Mk 11,14.21) oder indirekt gegen Paulus (Apg 13,10f.; 23,3; Gal 1,8f.; 1Kor 5; 16,22; vgl. 1Tim 1,20; s. weiter V.10a). Der Satz sollte mit Kolon (ECM) oder Punkt, nicht Komma (NA^{27}) schließen.

10a Ἐκ τοῦ αὐτοῦ στόματος ἐξέρχεται εὐλογία καὶ κατάρα. Eine jüdisch-weisheitlich klingende Sentenz (vgl. Sir 5,13 δόξα καὶ ἀτιμία ἐν λαλιᾷ; 28,12 ἀμφότερα [auf einen Funken blasen oder spucken] ἐκ τοῦ στόματος σοῦ ἐκπορεύεται ; vgl. Mk 7,14–23 par.; Eph 4,29, entfernter TestBenj 6,5 ἡ ἀγαθὴ διάνοια οὐκ ἔχει δύο γλώσσας, εὐλογίας καὶ κατάρας...; Prov 18,21 θάνατος καὶ ζωὴ ἐν χειρὶ γλώσσης; Sir 37,16–18; vgl. Sib III 37; 1QS 10,21–25; zur Sache auch Plato, Leg. 659a ... ἐκ ταὐτοῦ στόματος οὗπερ τοὺς θεοὺς ἐπεκαλέσατο μέλλων κρίνειν, ἐκ τούτου ψευδόμενον ἀποφαίνεσθαι ῥαθύμως τὴν κρίσιν „... [ein Richter darf nicht] mit demselben Munde, mit dem er, als er sich zu richten anschickte, die Götter zu Zeugen anrief, leichten Herzens ein falsches Urteil abgeben", Übers. K. Schöpsdau; Tan Toledot 34a; Philo Decal 93 οὐ γὰρ ὅσιον, δι' οὗ στόματος τὸ ἱερώτατον ὄνομα προφέρεταί τις [beim Eid], διὰ τούτου φθέγγεσθαί τι τῶν αἰσχρῶν; entfernter Anacharsis bei Diogenes L. I 105 ἐρωτηθεὶς τί ἐστιν ἐν ἀνθρώποις ἀγαθόν τε καὶ φαῦλον, ἔφη, "γλῶττα" „Gefragt, was an den Menschen gut und schlecht sei, sagte er: ‚die Zunge'", und die Wanderanekdote von Bias bei Plutarch, Mor. 38b Βίας ὁ παλαιὸς

Ἀμάσιδι, κελευσθεὶς τὸ χρηστότατον ὁμοῦ καὶ φαυλότατον ἐκπέμψαι κρέας τοῦ ἱερείου, τὴν γλῶτταν ἐξελὼν ἀνέπεμψεν, ὡς καὶ βλάβας καὶ ὠφελείας τοῦ λέγειν ἔχοντος μεγίστας; 146f bzw. von Pittakos Mor. 506c, weiter Vita Aes. 51–55; LevR 33 zu 25,1). Jak führt hier aber nicht V.9 auf einen Gemeinplatz hinaus. Er nimmt mit ἐκ τοῦ αὐτοῦ στόματος (→ 3,3) V.9 ἐν αὐτῇ auf, ersetzt die Zunge durch das Organ, durch das sich das Herz (→ 1,26) öffnet (z.B. Sir 27,6 γεώργιον ξύλου ἐκφαίνει ὁ καρπὸς αὐτοῦ, οὕτως λόγος ἐνθυμήματος καρδίας ἀνθρώπου; TestNaph 2,6 ὡς ἡ καρδία αὐτοῦ, οὕτω καὶ τὸ στόμα αὐτοῦ; Lk 6,45 par.), vertieft damit den in V. 9 enthaltenen Vorwurf und bereitet V.11 vor. Also gelten εὐλογία καὶ κατάρα beide dem einen Gott (auf das singularische Prädikat kann man sich aber nicht berufen, vgl. BDR 135,1). Ἐξέρχεσθαι (im Brief sonst nicht; s. oben) bezeichnet auch hier nichts Unkontrolliertes.

10b–11 beurteilen V.9–10a, damit indirekt 5–8. **10b** Οὐ χρή, ἀδελφοί μου, ταῦτα οὕτως γίνεσθαι. Das Prädikat (χρή LXX nur Prov 25,27, frühchr. nur hier; Akk. m. Inf. dabei geläufig, z.B. Epiktet I 22,7, literarisch) schillert: „darf nicht, braucht nicht". Mit ταῦτα (vgl. 1Kor 6,11) ist εὐλογία καὶ κατάρα V. 10a aufgenommen, mit οὕτως (→ 1,11) γίνεσθαι (→ 1,12) das besondere Verhalten V. 9 (Präs.: dauernd oder immer wieder). Maßstab ist das Natürliche (V.11), nicht daß Fluchen schlecht oder verboten ist (so z.B. Ex 21,17; 22,27; Lev 19,14; Hi 31,29f.; Sir 21,27; Lk 6,28; Röm 12,14; GenR 24,7f. zu 5,1), Gotteslästerung erst recht. Deutet Jak damit an, daß V.9 vermeidbar ist, jedenfalls für ἀδελφοί μου (→ 1,2)?

11 Μήτι ἡ πηγὴ ἐκ τῆς αὐτῆς ὀπῆς βρύει τὸ γλυκὺ καὶ τὸ πικρόν; Rhetorische Frage (s.o. Einl. 3.2), die Nein erwartet (s. 2,14; μήτι im Brief nur hier). Sie klingt sprichwörtlich, aber Parallelen scheinen zu fehlen (doch vgl. Philostrat, Vita Apoll. IV 8). Der Argumentationswert beruht dann nicht auf Bekanntheit, sondern darauf, daß das benutzte Bildfeld traditionell einen Bezug zu Mund und Rede hat. So könnte ἡ πηγή (im Brief nur hier; Art. generisch) für die Person oder ihr Inneres stehen (vgl. Jes 58,11?; Philo Det 40 πηγὴ γὰρ λόγων διάνοια καὶ στόμιον αὐτῆς λόγος, ὅτι τὰ ἐνθυμήματα πάντα διὰ τούτου καθάπερ νάματα ἀπὸ πηγῆς εἰς τοὐμφανὲς ἐπιρρέοντα ἀναχεῖται „Der Quell der Worte nämlich ist die Denkkraft und deren Mündung das Wort, weil alle Gedanken sich durch dieses wie Bäche, die aus einer Quelle ans Tageslicht hervorsprudeln, ergiessen", Übers. H. Leisegang; Migr 71 λόγος δὲ ὁ μὲν πηγῇ ἔοικεν, ὁ δὲ ἀπορροῇ, πηγὴ μὲν ὁ ἐν διανοίᾳ, προφορὰ δὲ ἡ διὰ στόματος καὶ γλώττης ἀπορροῇ; Som II 281?; Joh 4,14?; 2Petr 2,17) und ὀπή (frühchr. noch Hebr 11,38) für den Mund (vgl. V. 10a). Oder Mund und Lippen (vgl. 4Q418 Fr. 81a+b, 1 „Deine Lippen öffnete Er als Quelle zum Preise Heiliger", Übers. J. Maier)?

Βρύειν (in Prosa erst spät, oft metaphorisch; jüd.-gr. nur noch JosAs 16,16; Jos Ant XIII 66; frühchr. sonst nicht) steht zuerst hier sicher transitiv und mit Wasser o.ä. statt Pflanzen o.ä. als (innerem) Objekt (später vgl. Justin, Dial. 114,4 πέτρας... ζῶν ὕδωρ ... βρυούσης).

Γλυκύς (NT noch V. 12; Apk 10,9f.) und πικρός (NT noch 3,14; Mt 26,75 par.) sind geläufige Attribute von Wasser, auch beieinander (z.B. Herodot IV 52,2f.; VII 35,2; Plutarch, Mor. 13d; Ex 15,23–25; Philo Her 208; vgl. Jos Bell VII 186); metaphorisch auch für Worte (z.B. TestGad 5,1 Κακὸν τὸ μῖσος, ὅτι ... τὸ γλυκὺ πικρὸν λέγει). Hier substantiviert (BDR 241 Anm. 10); Artikel generisch oder um nicht an Mischung denken zu lassen? Dergleichen kommt in der Natur (nicht nur in Palästina) nicht vor (Ausnahmen bestätigen: Lycus Rh. bei Antigonus Car., Mir. 133 [früher 148], 3 τὸν δὲ Ἱμέραν [in Sizilien] ἐκ μιᾶς πηγῆς σχιζόμενον τὸ μὲν ἁλυκὸν τῶν ῥείθρων ἔχειν, τὸ δὲ πότιμον, anders Solin 5,17 *Himeraeum caelestes mutant plagae: amarus denique est, dum in aquilonem fluit, dulcis ubi ad meridiem flectitur*; Plinius, Nat. hist. II 228 *in Trogodytis fons Solis appellatur dulcis et circa meridiem maxime frigidus; mox paulatim tepescens ad noctis media fervore et amaritudine infestatur*; nicht hierher gehören Solin 14,1f. und das messianische Vorzeichen 4Esra 5,9 „Und im Süßwasser findet man Salziges", Übers. J. Schreiner; christl. ParJer 9,16, vgl. Ez 47,8–11). Also sind V.9–10a auch wider die Natur zumindest der Christen (für sie können reine Salzquellen, die es ja gibt, nicht stehen). V.12, falls doch hierherzuziehen, sagt das ausdrücklich, wenn auch bildlich.

3,12–5,6 Zweiter Hauptteil.
Schelte der Unvollkommenen: Kehrt um

Ich lese 3,12–5,6 in Verbindung mit 1,5–11, und zwar als Schelte (Berger, Gattungen 1281–1287; Formgeschichte 194–199, anders 211), weil der Ton immer heftiger wird. Er wurde es zwar schon ab 3,1, doch s. dort. Die Adressaten sind aber immer noch Brüder (3,12; 4,11, doch s. zu 4,13–5,6). Näher gehört 3,12–4,12 zu 1,5–8 und 4,13–5,6 zu 1,9–11 (s.o. Einl. 3.1).

3,12–4,12 Ihr streitsüchtigen Besserwisser und Weltfreunde, demütigt euch

Mit 1,5–8 verknüpfen den Abschnitt σοφός, σοφία (3,13–17), ἀκαταστασία (3,16), αἰτεῖν, λαμβάνειν (4,2f.) und δίψυχος (4,8). Unterabschnitte sind 3,12–18 und 4,1–12.

3,12–18 Wer unter euch weise zu sein beansprucht, begründe das durch aktive Sanftmut

[12] Kann etwa, meine Brüder, ein Feigenbaum Oliven hervorbringen oder ein Weinstock Feigen? Auch (kann) nicht eine Salz(quelle?) süßes Wasser hervorbringen. [13]Wer ist weise und verständig unter euch? Er zeige anhand des guten Lebenswandels seine Taten auf (die er vollbrachte) in Sanftmut der Weisheit. [14]Wenn ihr aber bittere Eifersucht und Eigennutz in eurem Herzen habt, rühmt euch nicht (länger) und verleumdet (nicht dadurch) die Wahrheit. [15]Diese (sogenannte) Weisheit ist nicht (die) von oben herabkommende, sondern irdisch, (nur) psychisch, dämonisch. [16]Denn wo Eifersucht und Eigennutz (sind), da (sind) Anarchie und jede faule Sache. [17]Die Weisheit von oben dagegen ist zuerst lauter, dann friedfertig, gütig, entgegenkommend, voll Barmherzigkeit und guten Früchten, unbeirrbar, unverstellt. [18]Frucht der Gerechtigkeit in Frieden wird gesät für die, die Frieden machen.

Literatur: Baasland, Jakobusbrief. – Baker, Speech-Ethics. – Berger, Formgeschichte; Gattungen. – Bindemann, Weisheit versus Weisheit. – J. Day/R.P. Gordon/H.G.M. Williamson (eds.), Wisdom in Ancient Israel, 1997. – Cargal, Restoring the Diaspora. – Collins, Jewish Wisdom. – Fabris, La «sapienza». – Felder, Wisdom, Law and Social Concern. – Frankemölle, Jak, Exkurs 10. – von Gemünden, Vegetationsmetaphorik; Einsicht. – Hahn – Müller, Jakobusbrief. – Halson, Epistle of James. – P.J. Hartin, "Who is wise and understanding among you?" (James 3:13). An analysis of wisdom, eschatology and apocalypticism in the Epistle of James, in: SBL.SPS 35, 1996, 483–503 = HTS 53, 1997, 969–999; James and the Q Sayings. – Hoppe, Hintergrund. – Jackson-McCabe, Letter to the Twelve Tribes. – Janowski (Hg.), Weisheit. – Johnson, James 3:13–4:10. – Kirk, Wisdom in James. –

KLEIN, „Vollkommenes Werk". – E. KLOSTERMANN, Zum Texte des Jakobusbriefes, in: Verbum Dei manet in aeternum (FS O. Schmitz), 1953, 71f. – KONRADT, Existenz. – KÜCHLER, Weisheitstraditionen. – VON LIPS, Weisheitliche Traditionen. – LUCK, Jakobusbrief; Theologie; Weisheit. – MACGORMAN, Comparison of James with Jewish Wisdom Literature. – G. MARCONI, La «sapienza» nell'esegesi di *Gc* 3,13–18, RivBib 36, 1988, 239–254. – PREUSS, Weisheitsliteratur. – SCHNABEL, Law and Wisdom. – I. TŐKÉS, A „szelíd" bölcsesség [Die „sanftmütige" Weisheit] (Jk 3,13.17), RSz 64, 1971, 359–362. – TSUJI, Glaube. – VERSEPUT, Wisdom. – WANKE, Die urchristlichen Lehrer. – ZELLER, Die weisheitlichen Mahnsprüche. – ZIMMERMANN, Die urchristlichen Lehrer.

3,12 wird sonst als Fortsetzung von 3,11 gelesen, gelegentlich samt V.13, besagt aber nicht dasselbe (vgl. zu 3,3f.) und paßt inhaltlich zu V.13–18. Die neue Anrede ist als Neueinsatz deutbar. Er ist aber sanft (vgl. die Stellung von 1,12). Die unter den Adressaten, die Weisheit beanspruchen, sollen sich durch Sanftmut ausweisen. Sie setzt Rede- und Temperamentsbeherrschung voraus, d.h. 3,1–11. Wenn Weisheit im Brief kein Hauptthema ist (s. Exkurs zu 3,13), kann 3,12–18 nicht das Zentrum oder ein zweites neben 2,14–26 sein. Der Abschnitt eröffnet aber nicht zufällig den 2. Hauptteil. Weise sind Vorbilder und Ratgeber. Fehlen sie oder werden die Falschen dafür gehalten, zerfällt die Gemeinde vom Kopf her.

Gliederungsvorschlag: V.12f.: Thema in Bild und Deutung. Wer weise sein will, legitimiere sich durch artgemäße Sanftmut. V.14–16: Wenn ihr erbittert um Einfluß streitet, rühmt euch nicht, Weisheit zu haben; das ist irdische Unweisheit, denn es hat Anarchie und Bosheit zur Folge. V.17f.: Die Weisheit, die von Gott kommt, verhält sich friedfertig und menschenfreundlich; Friedensmachern erwächst Gerechtigkeit. V.12 und 18 bilden durch verwandte Metaphorik eine Art Inclusio.

12 Μὴ δύναται, ἀδελφοί μου, συκῆ ἐλαίας ποιῆσαι ἢ ἄμπελος σῦκα; Rhetorische Frage statt Verneinung (s.o. Einl. 3.2). Jak wendet ein geläufiges Teilfeld des Bildfeldes Baum/Mensch an (vgl. z.B. Plutarch, Mor. 472f νῦν δὲ τὴν μὲν ἄμπελον σῦκα φέρειν οὐκ ἀξιοῦμεν οὐδὲ τὴν ἐλαίαν βότρυς „Nun aber verlangen wir zwar nicht, daß der Weinstock Feigen trägt oder der Ölbaum Trauben", wären aber selbst gern zugleich reich und gebildet, Feldherr und Philosoph usw.; Epiktet II 20,18 οὕτως ἰσχυρόν τι καὶ ἀνίκητόν ἐστιν ἡ φύσις ἡ ἀνθρωπίνη. πῶς γὰρ δύναται ἄμπελος μὴ ἀμπελικῶς κινεῖσθαι, ἀλλ' ἐλαϊκῶς, ἢ ἐλαία πάλιν μὴ ἐλαϊκῶς, ἀλλ' ἀμπελικῶς; ἀμήχανον, ἀδιανόητον; weiter s. V. 12b; stilistisch näher, aber im Aufbau ferner z.B. Mt 7,16–20 par.; 12,33–36; EvThom 45, deshalb kaum eng verwandt; unpaarig z.B. Mark Aurel IV 6,1; VIII 15; 46,1; X 8,6; XII 16,2).

Feigenbaum (συκῆ im Brief nur hier), Ölbaum und Weinstock (ἄμπελος im Brief nur hier) stehen rings um das Mittelmeer oft beisammen, nicht nur in Palästina. Sie tragen (ποιεῖν dafür geläufig; δύνασθαι → 1,21) natürlich ihre arteigenen Früchte (σῦκον und ἐλαία im Brief nur hier; ἐλαία statt Baum hier ‚Olive', jüd.-gr. so grHen 10,19; Arist 63; Philo Mos II 180; SpecLeg II 20, frühchr. sonst nicht). Beim Menschen sind das Taten einschließlich Reden (mehr zu Fruchtmetaphorik s. V.17f.; 5,7); daran kann man sie erkennen und prüfen (vgl. Sir 27,6; Mt 7,16.20 par.; 16,33b).

Οὔτε ἁλυκὸν γλυκὺ ποιῆσαι ὕδωρ ist wohl die älteste Lesart, aber syntaktisch schwierig (daher viele Varianten; Klostermanns Konjektur οὕτως οὔτε [γλυκὺ νᾶμα δύναται ἁλικόν, οὔτε] ἁλικὸν... ist unbeweisbar; Glosse erwägen z.B. Dibelius: Jak, Laws: Jas). Wegen οὔτε (im Brief nur hier; im Sinn von οὐδέ?) kann das nur ein Aussagesatz sein, nicht die Fortsetzung von V. 12a. Darf man wie dort konstruieren, muß man δύναται nachklingen hören, ἁλυκόν als Subjekt nehmen (ἁλυκός jüd.-gr. nur LXX und Philo Conf 26 zit. Gen 14,3, frühchr. nicht mehr; hier ‚Salzboden? -meer? – quell', vgl. ἁλυκίς Strabo IV 1,7?, oder generell Salziges?), ποιεῖν als ‚hervorbringen' (nicht ‚machen zu') verstehen und γλυκὺ (→ 3,11) ὕδωρ (im Brief nur hier) als Objekt dazu (Hyperbaton, s.o. Einl. 3.2). So aufgefaßt ist V.12b negative Parallele zu 12a, was zu V.13f. paßt; aber warum bleibt Jak nicht im Bildfeld (vgl. z.B. Theognis, Eleg. I 537f. οὔτε γὰρ ἐκ σκίλλης [Meerzwiebel] ῥόδα φύεται οὐθ' ὑάκινθος, οὐδέ ποτ' ἐκ δούλης τέκνον ἐλευθέριον „Denn weder erwachsen aus einer Meerzwiebel Rosen oder eine Hyazinthe noch je aus einer Sklavin ein freies Kind"; Seneca, Ep. 87,25 *Non nascitur itaque ex malo bonum, non magis quam ficus ex olea*; Ira II 10,6 *Non irascetur sapiens peccantibus... Quid enim si mirari velit non in silvestribus dumis poma pendere? Quid si miretur spineta sentesque non utili aliqua fruge compleri? Nemo irascitur ubi vitium natura defendit*; Mt 7,18 par.)? Denkt er nicht an Menschen, sondern enger schon an die böse Gesinnung V.14 (vgl. vielleicht Plato, Leg. 808d ὅσῳ γὰρ μάλιστα ἔχει [das Kind] πηγὴν τοῦ φρονεῖν μήπω κατηρτυμένην; Joh 4,14; 2Petr 2,17)?

13 Τίς σοφὸς καὶ ἐπιστήμων ἐν ὑμῖν; läßt sich auch als Relativsatz auffassen (vgl. BDR 298 Anm. 7. 8) oder als Konditionalsatz übersetzen, besser aber mit den meisten als Frage (herausfordernd; vgl. z.B. Epiktet II 16,17; 17,10 τίς γὰρ ἡμῶν οὐκ ἔχει τούτων ἑκάστου πρόληψιν [Vorverständnis von gut und böse]; ἆρ' οὖν διηρθρωμένην καὶ τελείαν; τοῦτο δεῖξον; ψ 33,13; 106,43; Jes 50,10; Jer 9,11; Hos 14,10; Sir 6,34 καὶ τίς σοφός; αὐτῷ προσκολλήθητι; Av 4,1; 1Klem 54,1; vgl. 1Kor 1,20).

Τίς (mask. im Brief noch 4,12) wird Subjekt sein; gehört ἐν ὑμῖν (die Fügung noch 4,1; 5,13f.19) dazu? Das Doppel σοφὸς καὶ ἐπιστήμων (so frühchr. nur noch Barn 6,10; ἐπιστήμων nur noch Barn 4,11; ἐπίσταμαι Jak 4,14; σοφός → 1,5) scheint Biblizismus zu sein (Dtn 1,13.15; 4,6, danach Philo Migr 58, Praem 83; Barn 6,10; vgl. Dan 5,11 LXX; Sir 10,25; Barn 4,11 zit. Jes 5,21; σοφία καὶ ἐπιστήμη Ex 36,1; Jes 33,6; Dan 1,20 Θ; JosAs 4,7; Philo Migr 57; vgl. Ex 31,3; 35,31; Sir 19,22). Dann ist ein Bezug zum Gesetz zu vermuten (und wieder bewußte Aneignung eines Israelprädikats?).

Δειξάτω ἐκ τῆς καλῆς ἀναστροφῆς τὰ ἔργα αὐτοῦ ἐν πραΰτητι σοφίας. Jak fordert nicht die Weisen auf, entsprechende Taten folgen zu lassen (so Mt 7,24f.; 1Klem 38,2 ὁ σοφὸς ἐπιδεικνύσθω τὴν σοφίαν αὐτοῦ μὴ ἐν λόγοις ἀλλ' ἐν ἔργοις ἀγαθοῖς „Der Weise soll seine Weisheit nicht in Worten zeigen, sondern in guten Werken", Übers. A. Lindemann), sondern diejenigen, die Weisheit beanspruchen, sollen durch bestimmte Taten den Anspruch begründen (vgl. z.B. Mt 11,19?; Epiktet III 21,3.6; 22,99 τίς γὰρ εἶ; ὁ ταῦρος εἶ ἢ ἡ βασίλισσα τῶν μελισσῶν; δεῖξόν μοι τὰ σύμβολα τῆς ἡγεμονίας, οἷα ἐκείνη ἐκ φύσεως ἔχει „Wer bist du denn? Bist du der Stier (der Herde) oder die Königin der Bienen? Zeige mir die Insignien der Herrschaft, wie jene sie von Natur aus hat"; 24,118). Zu δεικνύναι ἐκ s. 2,18b, zum Imp. Aor. s. 1,2.

Καλὴ ἀναστροφή (zum Adj. → 2,3; das Subst. in LXX nur Tob 4,14 BA; 2Makk 6,23; frühchr. sonst nur Gal 1,13 und in späteren ntl. Briefen, davon 6mal 1Petr) kann vom guten Bürger und Beamten gesagt sein (Spicq; Inscr. Rom. I Nr. 1024,14f.), bezeichnet hier aber wohl den Lebenswandel nach den eigenen christl. Maßstäben (wie 2Makk 6,23 τῆς ἐκ παιδὸς καλλίστης ἀναστροφῆς; 1Petr 2,12; 3,16; vgl. Hebr 13,18) ohne politischen Nebenton. Er ist selbstverständliche Voraussetzung (daher Art.?) für den Anspruch, weise zu sein. Zu ἔργα (→ 1,4) s.o. den 2. Exkurs zu 2,14, wenn man nicht isolierend deuten will.

Ἐν πραΰτητι σοφίας wird gern zu δειξάτω gezogen (es selbständig nachklappen zu lassen läuft auf dasselbe hinaus), paßt mindestens so gut aber zu τὸ ἔργα αὐτοῦ (vgl. Mk 1,23;

Röm 14,17; 2Kor 12,2; Barn 1,6 ἔργων ἐν δικαιοσύνῃ, mit Art. Tit 3,5; BDR 272,2). Sanftmut (→ 1,21) kennzeichnet dann entweder den Stil aller Taten (vgl. Sir 3,17 Τέκνον, ἐν πραΰτητι τὰ ἔργα σου διέξαγε) oder eher, sie sondert einen Teil aus, den sie kennzeichnet. Jedenfalls macht erst sie Lebenswandel oder Taten zum Beweis für Weisheit. Zur Bedeutung s. genauer V.17; danach ist die Sanftmut auch aktiv (schon deshalb kein Stich gegen Leistungsethos, anders Hoppe, Hintergrund 47). Σοφίας (→ 1,5) ist eher Genitivus possessivus oder auctoris (vgl. 1Kor 2,4; JosAs 23,10 ἐν πραότητι καρδίας; Philo Op 103 κατὰ δὲ τὴν ἐνάτην [Lebensaltersstufe beginnen] ἐπιείκεια καὶ πρᾳότης τῶν παθῶν ἐπὶ πλέον ἡμερωθέντων) als qualitatis. Was Jak als Weisheit bezeichnet, ist heute umstritten.

Die Rolle der Weisheit im Jakobusbrief

1. Jak hat neben vielen Sätzen mit Verwandten in atl. und jüd. Weisheisliteratur (von Lips) auch einen Begriff von Weisheit. Das ist nicht selbstverständlich. Jüdische Schriften können Weisheitliches überliefern, ohne die Weisheit selber zum Thema zu machen (z.B. TestPatr), und umgekehrt (z.B. äthHen 37–71. 72–82). Die Jesusüberlieferung enthält weisheitliches Gut (vgl. Zeller), von Weisheit ist selten die Rede. Paulus thematisiert Weisheit in 1Kor 1f., in seiner Ethik spielt sie keine Rolle. Auch Jak bezieht weisheitlichen Stoff und den Begriff nicht ausdrücklich aufeinander. ‚Weisheit' und ‚weise' kommen nur in → Jak 1,5; 3,12–18 vor (σοφία, σοφός, ἐπιστήμων, alle Gegenwörter einschließlich μωρία, μωρός fehlen). Von diesen Stellen muß man ausgehen.

2. Nach den meisten reagiert Jak in 3,12(13)-18 auf „Gegner" (s.o. den 1. Exkurs zu 2,14), die etwas verbreiten, was sie als Weisheit bezeichnen oder/und was Jak brandmarkt als Weisheit nicht von oben, sondern von unten (vgl. Heliodor III 16 u. bei V.15). Strittig sind Herkunft (von außen? innere Opposition?), Status (jüd. Schriftgelehrte? christl. Propheten? Lehrer, vgl. 3,1? unbeauftragte Meinungsvertreter?) und Profil (dieselben Leute wie in 2,14? ähnlich 1Kor 1–3? Herm mand 11? judenchristl. Weisheitslehrer? Gnostiker?). Nun redet Jak in 3,12–18 wie schon 1,5 alle Adressaten an, auch die Unweisen in V. 14 in der 2. Pl., hebt keinen Einzelnen mit einer Meinung heraus (anders 2,14) und nennt überhaupt nichts, was die Angegriffenen vertreten, außer daß sie mit sich zufrieden sind. Das spricht dagegen, daß er theologische Konkurrenz abwehrt, die womöglich das Stichwort Weisheit erst eingeführt hätte, und dafür, daß er die Adressaten kritisiert, soweit sie seinem eigenen Weisheitsideal nicht genügen. Auch daß er das mit Streitsucht begründet, muß nicht auf Gegner deuten. Weise dürfen Rang und Gehör beanspruchen; daraus kann Streit entstehen, wer oder was weise ist (vgl. Plato, Phil. 49a). Auch ein Konflikt zwischen den Generationen oder Amt und Basis (vgl. 1Klem) muß nicht dazugedacht werden. Dagegen könnten die Zweiseeler (s. 1,8; 4,8) besonders gemeint sein, zumal soweit sie gebildeter waren als der Rest der Adressaten.

3. Weisheit ist in der ganzen Antike ein stolzes Wort, aber vieldeutig. Es bedeutet nicht nur in verschiedenen Kulturen Verschiedenes, sondern auch auf verschiedenen Ebenen, dabei meist sowohl das Weisesein wie dessen formulierbare Einsichten: alltägliche und berufliche Sachkunde (hier die Wurzel) vom Bauern und Handwerker bis zum Richter und Regenten; Fähigkeit, Probleme und Rätsel zu lösen; Lebenserfahrung; Sammelbezeichnung für alle Art Wissen(schaft) von Wahrsagerei bis Astronomie (vgl. Heliodor unten bei V.15); Inbegriff philosophischer und theologischer Erkenntnis (z.B. Aetius, Placita I, Prooem. 2 Οἱ μὲν οὖν Στωϊκοὶ ἔφασαν τὴν μὲν σοφίαν εἶναι θείων τε καὶ ἀνθρωπίνων ἐπιστήμην „Die Stoiker nun sagten, die Weisheit bestehe in der Kenntnis der göttlichen wie der menschlichen Dinge"; ähnlich Sextus Emp., Adv. math. IX 13.125; danach z.B. Seneca, Ep. 89,5; 4Makk 1,16; Aristobul, Fr. 5 bei Euseb, Praep. ev. XIII 12,12; Philo Congr 79); Endziel von Bildung und Reife (z.B. Plato, Prot. 330a: die größte Kardinaltugend; stoisch die Theorie und Praxis vereinende Kunst zu leben; Philo Imm 142f.: der Königsweg zu Gott); Hauptwesenszug Gottes (z.B. Aristoteles, Metaph. 983a; Hi 28; Prov 8; Sir 24; Sap; Philo). Weisheit ist in der Regel Sache von Älteren, deshalb bei Jungen mit Erstaunen registriert. Sie verschafft internationalen und interkulturellen Respekt. Jak benutzt Weisheit als bekannten Begriff der eigenen Sprache. Was er meint, ist deshalb am ehesten aus christl. Tradi-

tion und/oder deren atl.-jüd. Grundlage zu erklären. Beide wurden in den letzten Jahren intensiv erforscht (vgl. Collins, Janowski: Weisheit, Küchler, Preuß: Weisheitsliteratur, Schnabel, zusammenfassend von Lips). Für Jak sind zwei Entwicklungen aufschlußreich.

4. In hell. Zeit oder früher wurde die für sich gepflegte jüdische Weisheitsüberlieferung mit der Tora zusammengeführt, die als Grundgesetz der Juden in Kontrastanalogie zu den Gesetzen anderer Völker galt. Die Tora regelte aber keineswegs alle Lebensbereiche so, wie es besonders in der Diaspora nötig war. Hier konnte die Weisheit aushelfen (programmatisch z.B. Sir 24: die jüd. Weisheit ist Pflanzung der Tora und soll deshalb neben ihr grünen, damit jedermann auch im Alltag toratreu leben kann). Nicht zufällig gehören zum dritten Teil der hebräischen Bibel und zur Septuaginta dann auch Weisheitsschriften wie Prov, Hi, Qoh, Tob, Sap, Sir. Umgekehrt wurden Tora und Toraauslegung zu Weisheit oder sogar zu der alleinigen erklärt (z.B. 4Makk 1,17 αὕτη δὴ τοίνυν ἐστὶν ἡ τοῦ νόμου παιδεία, δι' ἧς τὰ θεῖα σεμνῶς καὶ τὰ ἀνθρώπινα συμφερόντως μανθάνομεν „Sie [die Weisheit] besteht näherhin in der Erziehung, die uns das Gesetz angedeihen läßt, durch die wir voll Ehrfurcht die göttlichen Dinge erlernen und zu unserem Nutzen die menschlichen", Übers. H.-J. Klauck; Bar 3,9–4,4; ψ 118,98; Sap 9,9; Sir 19,20 πᾶσα σοφία φόβος κυρίου, καὶ ἐν πάσῃ σοφίᾳ ποίησις νόμου; 4Esra 8,12; 13,54f.; syrBar 38,2.4; TestLevi 13; LibAnt 32,7 *fundamentum intellectus*, d.h. die Tora). Weise heißen die Schriftgelehrten. Der Zusammenschluß wirkte christl. weiter (vgl. z.B. Mt 11,25–30 neben 5,17–20; Lk 2,40–52; Barn 2).

Auf diesem Hintergrund läßt sich die Weisheit im Jak leicht als ethische Weisung auffassen (so viele ältere Ausleger, z.B. schon Katene zu 1,5 τὸ αἴτιον... τοῦ τελείου ἔργου; ihr folgend Huther, Jak[3] zu 1,5: „sie ist die in der πίστις wurzelnde *lebendige* d.i. zur That treibende Einsicht in das, was des Christen Lebensaufgabe sowohl im Ganzen, als auch in den einzelnen gegebenen Momenten, namentlich also auch in den πειρασμοῖς (V. 2) ist, ... und hat als göttliches χάρισμα ein sie von der Weisheit der Welt bestimmt unterscheidendes Gepräge"). Isolierende Deutung konnte sie herunterspielen (z.B. Dibelius, Jak zu 3,16f.: sie ist die in V. 17 geschilderte Haltung, die „auf regere geistige Betätigung" verzichtet, wenn sie Spannungen erzeugt; Windisch, Kath[2] zu 3,13: „im Grunde ist sie weiter nichts als Anweisung zu guten Werken Sir 19 20"). Traut man Jak theologisch mehr zu wie heute meist, ist sie wieder „Einprägung und Verwirklichung des Willens Gottes" (Schrage, Jak zu 3,17), „a form of expression for the sum-total of human, albeit God-given, virtues" (Laws, Jas zu 3,13), „das Wissen um das Gute, welches das eingepflanzte Wort verleiht" einschließlich der Notwendigkeit von Taten (Klein 158), oder sogar, pneumatisch aufgeladen (vgl. Gal 5,22f.), die Kraft zu diesen Tugenden (z.B. Kirk, Davids: Jas, von Lips). Man kann aber auch Eingrenzung versuchen (z.B. Fabris, La «sapienza» 163: „le qualità delle relazioni intracomunitarie"; denkbar wäre auch eine besondere Beziehung zu Triebbewältigung, Selbstbeherrschung, vgl. 4Makk 1,15–19; Sap 10,13; Sir 21,11).

5. Gleichzeitig wurde die Weisheit als solche zu einer systematischen Grundkonzeption oder sogar einer tätigen Person erhoben, dank deren man Gott, Schöpfung, Geschichte, Kultur und Mensch, Natur- und Humanwissenschaft, Ethik als geordnetes Ganzes begreift, auch wenn das nicht vollständig und nicht immer gleichartig geschah, auch nicht überall (z.B. Hi 28: Weisheit kennt nur Gott, dem Menschen bleibt nur Gottesfurcht als seine „Weisheit", vgl. Qoh; anders äthHen 42: die entschwundene Weisheit). Manche Texte personifizieren sie als Gottes Schöpfungsassistentin oder -mittlerin, die deshalb lehrt, wie man das Leben in der Welt besteht (Prov 8 MT, LXX; Sir 24), oder als pneumatische Repräsentantin Gottes nach außen, die dem Menschen, mit dem sie eine Symbiose eingeht, über die Ethik hinaus Einsicht in Kosmos, Naturwissenschaft und Geschichte schenkt (Sap, vgl. Philo). Sie tritt damit aber nicht neben die oder an die Stelle der Tora, sondern ist ihre Inspiration und Auslegerin. Nachwirkungen sind frühchr. in Christologie (Jesus der vollkommene Weisheitslehrer; Schöpfungsmittler) und Pneumatologie zu spüren.

Auf dieser Linie bestimmen manche neueren Ausleger die Weisheit als Grundthema der Theologie, zu der Jak die Paränese liefert (z.B. Luck), oder als theologisches Mantelkonzept, das die Aussagen des Briefs über Gott, Christus, Welt, Mensch, Erlösung, Glaube und Taten, Zukunft oder einen Teil davon zusammenhält (z.B. Bindemann, Felder, Frankemölle: Jak, Hoppe: Hintergrund). Das fällt verschieden aus, je nachdem, welche Stellen neben 1,5; 3,12(13)–18 berücksichtigt, welche frühchr. Parallelen gezogen werden und wie der jüdische Hintergrund rekonstruiert wird (von Weisheit reden viele Quellen, nicht nur die Weisheitsschriften im engeren Sinn, aber die theologischen Zusammenhänge müssen erst hergestellt werden, und ob es umfassende reine Weisheitstheologie gegeben hat, ist keineswegs sicher). Nach Luck z.B. bleibt der Brief religionsgeschichtlich betrachtet im Judentum. Nicht, daß Jesus für Jak nichts bedeutet, aber er ist das Vorbild des Weisen, „der durch das Leiden zur Vollkommenheit gekommen ist" und „den Weg des Glaubens als nichtzweifelnden Vertrauens eröffnet hat" (Jakobusbrief 174f.). Ihm zu folgen ist die Weisheit, die zur Gerechtigkeit vor Gott führt. Dagegen deutet z.B. Hoppe im Anschluß an die hohen jüdischen Sophien die Weisheit als Macht, die ein Aspekt des Wortes der Wahrheit ist (1,18), sich im Gesetz der Freiheit spiegelt (1,23–25), im Herrn der Herrlichkeit Jesus Christus verkörpert ist (2,1) und den Menschen gerecht handeln läßt (Hintergrund 51: „die von Gott kommende Heilsgabe, aus der heraus der Mensch die Werke tun muß, die sie wesensmäßig schon immer mitbringt", vgl. Sap 7,22ff.). Hartin findet eine Weisheitschristologie und -pneumatologie mit Verwandtschaft zur Logienquelle und Wurzeln bei Jesus selbst (vgl. 3,13–18 mit Mt 11,25–30; s. schon Halson). Dagegen betont Frankemölle bei der Weisheit wie auch sonst den theozentrischen Charakter (Jak 568: „Jakobus ist nicht ein Vertreter einer Weisheitschristologie, sondern einer Weisheitstheo-logie"). Daß der Weise nicht spekulieren, sondern Täter des Worts (1,22) sein soll, versteht sich auch bei diesem Deutungstyp; er will den ersten nicht verdrängen, sondern integrieren.

6. Der Aufbau des Briefes (s.o. Einl. 3.1) deutet m.E. darauf, daß die ethisch begrenzende Auslegung die Weisheit nicht genug von Wort, Gesetz und Glaube abhebt und die integrale die systematische Kraft des Begriffs überschätzt. Weisheit fehlt im Thema samt zugehörigem erstem Hauptteil (1,2–4; 1,12–3,11) und muß über Assoziationen mit Vollkommenheit (1,3f. u.ö.), Gaben von oben (1,17), Wort der Wahrheit (1,18.21), Gesetz der Freiheit (1,25; 2,12), Herrlichkeit des erhöhten Christus (2,1) u.a. eingelesen werden; sie kommt dagegen nachrangig vor als Ergänzung des Themas und im polemischen zweiten Hauptteil (1,5; 3,12–18). Zudem muß sie erbeten werden, was Jak von Wort, Gesetz, kommendem Christus nicht sagt, und zwar im Glauben (1,5f., vgl. 3,17). Weisheit gehört also nicht zur Grundausstattung des Christen und spielte bei seiner Bekehrung noch keine Rolle; sie muß aber später dazukommen, damit er trotz Anfechtungen vollkommen wird (1,4f.). Das und 3,13 sprechen dafür, daß sie für Jak primär handlungsorientiert ist. Nun orientiert sich das christl. Handeln grundlegend am Wort der Wahrheit, d.h. vor allem am Gesetz der Freiheit, das auch die Kraft zum Handeln gibt (s. Exkurs zu 1,25; 2. Exkurs zu 2,14). Wie Jak als Lehrer das anwendet, zeigt z.B. 2,1–13. Wäre Weisheit für ihn ein Wechselwort für Gottes offenbarten Willen, ein Fachwort für die Kunst der Exegese oder für christliche Halacha, sei es auch nur für ein Teilkapitel, sollte man es in 1,12–3,11 erwarten; in 1,5 ist es als solches nicht zu erkennen. Zielt Weisheit gleichwohl auf Praxis, könnte man sie als deren Theorie fassen (vgl. Konradt, Existenz 254: „Sie ist die die Wirklichkeit als solche erkennende Einsicht in die geschöpfliche Niedrigkeit des Menschen vor dem einen Gott sowie in den von Gott gewiesenen Weg und dessen Ziel", somit auch in den Gegensatz zwischen Gottes Geboten und den Werten der Welt, wozu wahrscheinlich auch „das Vermögen gehört, das Gebotene *situativ* richtig zu praktizieren"). Bei soviel Gewicht fällt aber immer noch auf, daß sie im ersten Hauptteil fehlt. Außerdem überschneidet sie sich mit dem Glauben, den sie doch voraussetzt. Man wird Jak m.E. gerecht, wenn man einschränkt: Weisheit ist das, was Christen zu Glaube und Gesetz hinzu brauchen, um in der teils ablehnenden, teils lockenden Welt zu beurteilen, was für einen selbst und gegebenenfalls die Gemeinde das jeweils konkret Geforderte ist, vielleicht besonders da, wo Glaube und Gesetz Spielraum lassen oder die Situation zweifelhaft ist (vgl. Isokrates, Or. XII 204 οὐδεὶς γὰρ ὅστις οὐ τῶν μὲν ἐπιτηδευμάτων προκρινεῖ τὴν εὐσέβειαν τὴν περὶ τοὺς θεοὺς καὶ τὴν δικαιοσύνην τὴν περὶ τοὺς ἀνθρώπους καὶ τὴν φρόνησιν τὴν περὶ τὰς ἄλλας πράξεις „Denn es gibt niemanden, der nicht von den Notwendigkeiten [des Lebens] für vordringlich hält die Frömmigkeit gegenüber den Göttern und die Gerechtigkeit gegenüber den Menschen und den Verstand in Bezug auf die anderen Tätigkeiten"; TestNaph 8,7–10; Mt 10,16; 2Kor 1,12; Kol 1,9–11.28; 2,21–23 und gleich). Weisheit ist dann für Jak so etwas wie christliche Lebensklugheit oder -kunst. Daß sie auch Tatkraft gibt, muß man nicht ausschließen. Die Weisheit, von der Jak spricht, ist deshalb keine Schwester der hohen Sophien (Prov 8; Sir 24; Sap 6ff.; äthHen 42; Joh 1,1–18, mutiert zum Logos; 1Kor 1–3; vgl. vielmehr Lk 21,15; Apg 6,10; Eph 5,15–17; Kol 4,5f.). Da das Leben auch Unvorgesehenes bringt, verwundert es nicht, daß man diese Weisheit nicht ein für allemal erlernen kann, sondern erbitten soll, wenn sie fehlt. Die konditionale Formulierung von 1,5 spricht dafür, daß gewährte Weisheit als Erfahrung bleibt, wie es dem Begriff auch angemessen ist. Die Weisheit entmündigt nicht, im Gegenteil. Daß man den Weisen an seiner aktiven Sanftmut erkennt (3,13.17), bedeutet

nicht, daß die christliche Lebensklugheit in Affenliebe und Gefügigkeit aufgeht, schon gar nicht gegenüber der Welt. Aus 3,14–16 folgt für Jak jedenfalls kein Verzicht auf deutliche Aussprache.

7. Die Theologie des Briefs ist also als Weisheitstheologie nicht sinnvoll bezeichnet. Kann man ihn wenigstens eine Weisheitsschrift nennen (z.B. Baasland, Frankemölle: Jak)? Wohl nur, wenn er die Weisheit ausführlicher behandelte oder die Weisheitstradition in den Mahnungen überwöge oder beides.

Der Exkurs fußt auf einem Vortrag vom 9. Dezember 1994 vor der Theologischen Fakultät Hamburg zu Ehren des 65. Geburtstags von C.-H. Hunzinger.

14 Εἰ δὲ ζῆλον πικρὸν ἔχετε καὶ ἐριθείαν ἐν τῇ καρδίᾳ ὑμῶν, μὴ κατακαυχᾶσθε καὶ ψεύδεσθε κατὰ τῆς ἀληθείας. Zu εἰ s. 1,5. Ζῆλος (im Brief noch 3,16; ζηλοῦν 4,2), durch πικρός (→ 3,11) negativ verstärkt, bezeichnet eifersüchtiges, neidisches (ζῆλος steht gern neben φθόνος, s. 4,2) oder ehrgeiziges Verhalten gegenüber Mitchristen, kaum: Versuch, durch harsche Gesellschaftskritik Prestige zu gewinnen. Ἐριθεία ist schwierig (von ἔριθος ‚Tagelöhner', dazu ἐριθεύειν, ἐριθεύεσθαι ‚für Lohn arbeiten, sich um ein Amt bemühen, konkurrieren, intrigieren'; ἐριθεία begegnet vor Röm 2,8; Phil 1,17; 2,3 und den Lasterkatalogen 2Kor 12,20; Gal 5,20, wo getrennt davon vorher ἔρις, ζῆλος stehen, nur bei Aristoteles, Pol. 1302b; 1303a für ‚unlauteres Werben um politischen Anhang'; jüd.-gr. nie, frühchr. sonst nur Jak 3,16; IgnPhld 8,2; Ez 23,11 Σ statt ἐπίθεσιν LXX). Das Wort bleibt hier mehrdeutig; ich übersetze „Eigennutz", aber ‚Streitsucht' (in falscher Ableitung von ἔρις), ‚Geltungsdrang' (jedoch kaum zwecks Gruppenbildung) bleiben möglich. Das Wort bildet jedenfalls mit ζῆλος ein Doppelobjekt (Hyperbaton, s.o. Einl. 3.2).

Ἔχειν (→ 1,4) ἐν τῇ καρδίᾳ (die Wendung pagan anscheinend nicht üblich, LXX nur Esth 1,1 l, fehlt Philo, Josephus; TestRub 1,4; TestSim 2,1; TestHi 43,11; frühchr. sonst nur Phil 1,7; Herm mand 12,4,3; Herm sim 5,4,3, vgl. vis 3,6,3; 9,21,1) zeigt, daß es nicht um Handlungen geht, sondern um Motivationen, die im Zentrum des Wollens und Fühlens (→ 1,26) sitzen, wo die Weisheit sein sollte (vgl. ψ 89,12; Prov 14,33; Qoh 1,16–18; 2,3; 8,16; Sir 23,2; 45,26; 50,27). Das Präsens diagnostiziert Herzfehler, nicht gelegentliche Rhythmusstörungen (vgl. 1,15f.; 4,1–4; Philo All III 140; zur Sache auch Kol 3,16; 1Tim 6,4).

Der Hauptsatz ist keine Frage (doch vgl. BDR 427 Anm. 2), sondern ein Verbot (zum Präs. s. 1,7). Ist κατακαυχᾶσθαι (→2,13) hier negativ (wie z.B. Röm 11,18), könnte κατὰ τῆς ἀληθείας zu beiden Imperativen gehören (zum Präs. s. 1,7; vgl. Grabinschrift SAB 1932, 855 κατακαυχᾶσθαι κατά τινος von einem Gladiator gegenüber dem Besiegten, aber offenbar selten). Man kann dann fragen, ob man einen der beiden als Adverb zum anderen übersetzen sollte. Falls κατακαυχᾶσθαι aber in 2,13 positiv ist, dann vielleicht auch hier (vgl. Jer 9,22f.: nicht das Rühmen ist falsch, aber die Weisheit kann es sein) und steht dann absolut. Die Angeredeten sind zumindest in eigener Sicht nicht ohne καλὴ ἀναστροφή, sonst könnten sie sich nicht für weise halten (s. V.13). Ψεύδεσθαι (im Brief nur hier; → 1,22) κατά τινος kann ‚anlügen' heißen (z.B. Lysias, Or. XXII 7; Plato, Euthyd. 284a), aber auch ‚verleumden' (so Bel 11 Θ; Jub 39,10; Jos Ant XVI 331; XIX 131; frühchr. allenfalls Mt 5,11). Dies paßt hier besser, jedenfalls wenn man ἀλήθεια im Sinn von 1,18; 5,19 (vgl. Joh 3,21; Röm 2,8.20; 1Tim 6,5; 1Joh 1,6) auffaßt und nicht, weniger gut, als ‚wahrer Sachverhalt' o.ä. (oder vgl. Isokrates, Or. VIII 29 πλεῖστον δὲ διεψεύσμεθα τῆς ἀληθείας; Diodor S. I 2,7 ἔνια [Literaturgattungen] δὲ κατεψεῦσθαι τῆς ἀληθείας ; Jos Bell I 2 καταψεύδονται τῶν πραγμάτων „sie verfälschen die Tatsachen"?, vgl. TestGad 5,1). Καί dann „und so" o.ä. (vgl. BDR 442,2b)? Wer von Streitsucht besessen ist und trotzdem auf V.13a Ich antwortet, dementiert das Wort der Wahrheit, mit dem Gott ihn begabte.

15 Οὐκ ἔστιν αὕτη ἡ σοφία ἄνωθεν κατερχομένη ἀλλὰ ἐπίγειος, ψυχική, δαιμονιώδης. Subjekt ist αὕτη ἡ σοφία, obwohl bisher unerwähnt, nicht αὕτη allein und nicht scil. ἀναστροφή. Gemeint sind Einsicht oder Rat der in V.14a angeredeten Streiter, die sie als die Weisheit auffassen, die Christen haben sollten; kaum, daß sie Streitkultur für Weisheit erklären oder Jak ihr Verhalten als Weisheit ironisiert. Man muß σοφία jedenfalls in Gänsefüßchen lesen (vgl. Hi 28,28; 1Kor 3,19). Sie ist nicht ἄνωθεν κατερχομένη (Prädikatsadj. wie die folgenden, keine Coni. periphr., vgl. BDR 270,3), d.h. keine der guten Gaben, die immer wieder (Präs.) von Gott herabkommen (→ 1,17; vgl. Philo Congr 36; Fug 166; κατέρχεσθαι frühchr. sonst nur Lk-Apg) und im Fall der Weisheit auf Gebet hin (s. 1,5). Sie ist im Gegenteil etwas Schlechtes.

Die drei Adjektive ἐπίγειος, ψυχικός, δαιμονιώδης, mit denen Jak „diese Weisheit" negativ bestimmt, stammen kaum mit denen von V.17 zusammen aus einem Tugend- und Lasterkatalog (zur Gattung Berger, Gattungen 1088–1092.1202f.; Formgeschichte 148–154) oder speziell einer traditionellen Opposition schlechter und guter Weisheit (überhaupt selten, doch vgl. Heliodor III 16 ἡ μὲν γάρ τις ἐστὶ δημώδης καὶ ὡς ἄν τις εἴποι, χαμαὶ ἐρχομένη..., πράξεων ἀθεμίτων εὑρετὶς καὶ ἡδονῶν ἀκολάστων ὑπηρετίς. ἡ δὲ ἑτέρα, τέκνον, ἡ ἀληθῶς σοφία, ἧς αὕτη παρωνύμως ἐνοθεύτη, ἣν ἱερεῖς καὶ προφητικὸν γένος ἐκ νέων ἀσκοῦμεν, ἄνω πρὸς τὰ οὐράνια βλέπει, θεῶν συνόμιλος καὶ φύσεως, κρειττόνων μέτοχος, ἄστρων κίνησιν ἐρευνῶσα καὶ μελλόντων πρόγνωσιν κερδαίνουσα, τῶν μὲν γηίνων κακῶν ἀποστατοῦσα, πάντα δὲ πρὸς τὸ καλὸν καὶ ὅ τι ὠφέλιμον ἀνθρώποις ἐπιτηδεύουσα „Die eine, niedrige Art [ägyptischer Weisheit, d.h. Mantik und Magie] bewegt sich nämlich sozusagen am Boden..., verleitet zu unrechtmäßigen Handlungen und dient zügellosen Lüsten. Die andere, wahrhafte Weisheit, mein Sohn, von der sich jene Pseudoweisheit den Namen geborgt hat und der wir Priester und Propheten uns von Jugend auf befleißigen, schaut empor zu den himmlischen Mächten. Sie steht in Verbindung mit den Göttern, hat teil an der Natur höherer Wesen, erforscht die Bewegung der Gestirne und liest daraus die Zukunft. Den irdischen Mißhelligkeiten entrückt, beschäftigt sie sich nur mit dem Schönen und Nützlichen für den Menschen", Übers. H. Gasse). Die beiden Reihen sind formal sehr verschieden. Zudem spricht die Dreierreihe in V.15 opp. ἄνωθεν wohl von Herkunft, die Siebenerreihe V.17 von Verhaltenseigenschaften (Heliodor übrigens in beiden Hinsichten anders; die vulgäre und die aufwärts blickende Weisheit schließen sich auch nicht aus). Die Dreierreihe ist klimaktisch. Genaue Vorbilder hat sie offenbar nicht. Doch läßt sich für ψυχικός ein Hintergrund erahnen, der sie als ganze verständlich macht.

Zum Hintergrund von ψυχικός in Jakobus 3,15

Literatur, soweit nicht o. nach der Übers. genannt: Horn, Angeld des Geistes. – G. Sellin, Der Streit um die Auferstehung der Toten, 1986. – G. Theissen, Psychologische Aspekte paulinischer Theologie, 1983, [2]1993.

Ψυχικός ist das geläufige Adjektiv zu ψυχή, oft opp. σωματικός, genaue Bedeutung je nach Seelenbegriff (jüd.-gr. nur 2Makk 4,37; 14,24; 4Makk 1,32; Jos Bell I 430, oft Philo). Im NT und da zuerst ist es abwertend (1Kor 2,14 ψυχικὸς ἄνθρωπος opp. πνευματικός, neben σάρκινος, σαρκικός; 15,44 σῶμα ψυχικόν opp. πνευματικόν, V.46 τὸ ψυχικόν opp. τὸ πνευματικόν, wobei sich nach V.45.47 ψυχικός so erklärt, daß Adam laut Gen 2,7 εἰς ψυχὴν ζῶσαν geschaffen wurde und ἐκ γῆς χοϊκός war; Jud 19 οὗτοί εἰσιν οἱ ἀποδιορίζοντες, ψυχικοί, πνεῦμα μὴ ἔχοντες; frühchr. sonst nicht). Darauf fußen der entsprechende christl. Gebrauch und mindestens teilweise der gnostische (opp. πνευματικός, neben ὑλικός, σαρκικός, χοϊκός; ψυχικός bezeichnet aber nicht eine Stufe des Menschseins oder eine Menschenklasse). Schon Paulus' Verwendung klingt selbstverständlich (weil durch die Korinther vorgegeben?).

Wurzelboden ist an zwei Stellen erkennbar. a) Sap, wohl nicht als erste, faßt die Weisheit als geisterfüllte Tochter des Höchsten auf, die durch herzliches Gebet (9) in allen Generationen in die Seele von Menschen eingeht, die von Natur aus sterblich sind (7,1 θνητὸς ἄνθρωπος... καὶ γηγενοῦς ἀπόγονος πρωτοπλάστου), sie zu Freunden Gottes und Propheten macht (7,27f. μία δὲ οὖσα πάντα δύναται καὶ μένουσα ἐν αὐτῇ τὸ πάντα καινίζει καὶ κατὰ γενεὰς εἰς ψυχὰς ὁσίας μεταβαίνουσα φίλους θεοῦ [vgl. Jak 2,23; 4,4] καὶ προφήτας κατασκευάζει· οὐθὲν γὰρ ἀγαπᾷ ὁ θεὸς εἰ μὴ τὸν σοφίᾳ συνοικοῦντα; Kommentar dazu Sap 10ff.) und die Seele so in Ewigkeit bewahrt (9,6 κἂν γάρ τις ᾖ τέλειος ἐν υἱοῖς ἀνθρώπων, τῆς ἀπὸ σοῦ σοφίας ἀπούσης εἰς οὐδὲν λογισθήσεται, dazu 3,1). Die natürliche Seele ist also zwar von Gott geschaffen und kann fromm sein, aber auch böse (1,4). Höhere Erkenntnisfähigkeit und Unsterblichkeit hat sie nicht, kann sie aber durch Beiwohnung der Weisheit bekommen; sie wird freilich nicht allen Menschen zuteil, sondern nur Gliedern des Gottesvolkes, und auch denen nicht als selbstverständlicher Teil ihrer persönlichen Entwicklung, sondern als Gottesgabe auf Streben und Beten hin. b) Philo setzt gelegentlich dieses oder ein ähnliches Verständnis von ψυχή voraus. Er kann deshalb die anthropologische Kernstelle Gen 2,7 so deuten, daß Gott dem vergänglichen νοῦς, dem ψυχῆς ἡγεμονικόν des Erdenmenschen (All I 39), die Fähigkeit wahren Lebens einhauchte, wodurch er und damit der ganze Mensch εἰς ψυχὴν ... νοερὸν καὶ ζῶσαν ὄντως wurde (I 32f.). Damit ist er aber nicht vollkommen, sondern muß erst noch lernen, so zu sein; er vollbringt διὰ τῆς ὅλης ψυχῆς auch Böses und ist zur Strafe dafür verflucht (III 246f.; Philo deutet Gen 3,17 ἐπικατάρατος ἡ γῆ ἐν τοῖς ἔργοις σου allegorisch auf die Seele). Das Adjektiv ψυχικός gebraucht Philo freilich nicht herabsetzend und in Sap fehlt es. Vorläufig spricht offenbar nichts dagegen, daß es erst im griechisch sprechenden Urchristentum von der Seele, der Gottes Geist fehlt, bzw. dem geistlosen Menschen gebraucht wurde (Theißen: in der Deutung ekstatischer Erfahrungen). Freilich müßte sich die implizite Opposition zu πνευματικός auf dem Weg zu Jak abgeschwächt haben.

Darf man die drei Adjektive auf diesem Hintergrund lesen, hält Jak mit ἐπίγειος (fehlt LXX; frühchr. noch Joh 3,12; 1Kor 15,40; 2Kor 5,1; Phil 2,10; 3,19; Ign; Polyk 2,1; mit πνεῦμα Herm mand 9.11; γῆ → 5,5) und ψυχικός den Adressaten, die trotz Streit und Verleumdung der Wahrheit Weise zu sein beanspruchen, entgegen, daß sie sich als Erdenmenschen benehmen, die mit Leib und Seele fehlbar sind und keine Weisheit haben (anders Philo All I 43: die Pflanzung Gen 2,8 stellt allegorisch τὴν ἐπίγειον σοφίαν als Abbild der göttlichen dar). Daß sie das Wort der Wahrheit verloren haben, sagt er nicht; aber sie verleugnen es. Traditionsgeschichtlich wäre als dritte Bestimmung möglich, daß ihre beanspruchte Weisheit ohne Geist ist. Das konnte oder wollte Jak nicht sagen, wenn es richtig ist, daß er vom Geist schweigt (s. 2,26; 4,5). Δαιμονιώδης (anscheinend hier zuerst belegt, jüd.-gr. nie, frühchr. sonst nur ψ 90,6 Σ, auch später selten) läßt sich als Ersatz dafür auffassen, ist freilich mehr als Fehlanzeige. Entsprechend den beiden Nuancen der Adjektive auf -ώδης bedeutet δαιμονιώδης hier entweder „dämonenartig" oder „voll Dämon(en)", d.h. bei einem nichtpersonalen Subjekt wie σοφία „dämonischer Natur" (Jak redet kaum von Besessenheit). Entweder verhalten sich die Besitzer „dieser Weisheit" wie Dämonen, sie tun Gottes Willen nicht, lügen und bewirken Böses (V.16; s.o. 2,19 samt Exkurs), oder sie werden von Dämonen beeinflußt (vgl. äthHen 8; 9,6f.; 1Tim 4,1; nicht hierher wohl Jak 3,6), mit den gleichen Folgen (vgl. Herm mand 2,3 o. bei 3,8).

16 Ὅπου γὰρ ζῆλος καὶ ἐριθεία, ἐκεῖ ἀκαταστασία καὶ πᾶν φαῦλον πρᾶγμα. Keine Zwischenbemerkung, sondern Erkenntnisgrund dafür, daß „diese Weisheit" (V.15) psychogene oder gar dämonische Unweisheit ist, nämlich weil unter oder aus ζῆλος καὶ ἐριθεία (→ 3,14) praktiziert, die unweigerlich zu Bösem führen. Der Satz adaptiert wohl eine Sentenz (vgl. z.B. Prov 26,20 ὅπου δὲ οὐκ ἔστιν δίθυμος, ἡσυχάζει μάχη; 1Kor 3,3, entfernter Seneca, Vita b. 8,6 *uirtutes enim ibi esse debebunt ubi consensus atque unitas erit, dissident uitia* „sittliche Fähigkeiten nämlich müssen dort sein, wo Übereinstimmung und Einheit sich findet, in Zwietracht befinden sich charakterliche Schwächen", Übers. M. Rosenbach; Prov 11,2; Sir 16,22, lockerer Plutarch, Mor. 556b οὐ γάρ ἐστι θαρραλέον οὐδὲ... ἐν οἷς προαιρεῖται τὸ πονηρόν, εἰ μὴ νὴ Δία σοφούς τινας εἶναι φήσομεν τοὺς ἀδικοῦντας· ἀλλ' ὅπου φιλοπλουτία καὶ φιληδονία περιμανὴς καὶ φθόνος ἄκρατος ἐνοικίζεται μετὰ δυσμενείας ἢ κακοηθείας, ἐνταῦθα καὶ δεισιδαιμονίαν σκοπῶν ἀνευρήσεις ὑποκαθημένην καὶ...; zur Form noch z.B. Epiktet III 22,61; Prov 14,4; Sir 36,25; Mt 6,21 par.; 24,28 par.; Röm 4,15; sie lebt bis heute, auch *ubi bene, ibi patria* ist in dieser Form neuzeitlich).

Ἀκαταστασία (→ 1,8; LXX nur Prov 26,28; Tob 4,13 BA, fehlt Philo, Josephus; im Brief nur hier) kann physische oder geistige Instabilität bezeichnen, des Einzelnen (typisch für den Unweisen, z.B. Epiktet III 19,3; vgl. den Zweiseeler → 1,8) wie des Gemeinwesens (z.B. Polybius VII 4,8; XIV 9,6; 4Esra 9,3?; Lk 21,9; 1Klem 43,6; 2Klem 11,4), hier dann entweder Charakterlosigkeit oder auch Aufmüpfigkeit der Erdenweisen (vgl. z.B. 1Klem 14,1 τοῖς ἐν ἀλαζονείᾳ καὶ ἀκαταστασίᾳ μυσεροῦ ζήλους ἀρχηγοῖς „denen ..., die in Prahlerei und Unordnung Führer abscheulicher Eifersucht sind", Übers. A. Lindemann) oder aber von ihnen verursachte Anarchie in der Gemeinde (vgl. 2Kor 12,20; 1Klem 3,2; Mehrheitsmeinung). Zu πᾶν s. 1,17. Φαῦλος ist als Attribut zu πρᾶγμα (beide Wörter im Brief nur hier) anscheinend nicht häufig (aber z.B. Jos Ant XIII 115, vgl. Demosthenes, Or. XIX 30). Gemeint sind wohl nicht direkte Verstöße gegen das Gesetz der Freiheit opp. ἔργα V.13, sondern Sachen wie in 4,1–4; 4,13–5,6, die den angeredeten Erdenweisen unbedenklich oder sogar geraten vorgekommen sein mögen. Je nach Verständnis von ἀκαταστασία sind es ihre eigenen Sachen oder durch sie angestoßene.

17 Ἡ δὲ ἄνωθεν σοφία πρῶτον μὲν ἁγνή ἐστιν, ἔπειτα εἰρηνική, ἐπιεικής, εὐπειθής, μεστὴ ἐλέους καὶ καρπῶν ἀγαθῶν, ἀδιάκριτος, ἀνυπόκριτος ist das Gegenbild zu V.15. Die Prädikatenreihe hat Parallelen in Tugend- und Lasterkatalogen (s. V.15) und anderswo (z.B. Heliodor oben bei V.15; Sap 7,22f. Ἔστιν γὰρ ἐν αὐτῇ [Weisheit] πνεῦμα νοερόν, ἅγιον und 19 weitere Prädikate; JosAs 15,8 καὶ ἔστιν ἡ μετάνοια καλὴ σφόδρα παρθένος καθαρὰ καὶ γελῶσα πάντοτε καὶ ἔστιν ἐπιεικὴς καὶ πραεῖα „Und die Umkehr ist sehr schön, eine reine und immer lachende Jungfrau, und sie ist gütig und sanftmütig"; Philo Op 22; Sacr 32; Virt 182; Eph 4,32; 1Tim 3,2–7; 2Tim 2,24f.; Tit 1,7–9; Hebr 4,12f.; 1Petr 3,8f.; Herm mand 2,7; 11,8.12; formal und inhaltlich anders Gal 5,22f., obwohl hier immer wieder angeführt). Jak hat sie aber wohl selbst verfaßt (anders z.B. Wanke: Jak generalisiert einen für Lehrer bestimmten Berufspflichtenkatalog). Sie ist rhetorisch gestaltet (zwei Teile, im zweiten drei ungleiche Gruppen; Alliteration, Homoioteleuton), doch nicht poetisch, etwa hymnisch. Sie charakterisiert die Weisheit von oben durch Aufzählung von Eigenschaften (Ekphrasis, vgl. Berger, Gattungen 1201–1204; Formgeschichte 221).

Πρῶτον μὲν (πρῶτος und μέν im Brief nur hier; μέν solitarium, vgl. Herm mand 5,2,4; BDR 447 Anm. 14.15) ... ἔπειτα (noch 4,14; εἶτα 1,15) ordnet zeitlich oder nach dem Rang (so hier), aber ohne weitere Angaben nur zwei Elemente (vgl. z.B. Xenophon, Anab. III 2,27; P.Oxy. 1217,4f.; 4Makk 6,f.; Jos Bell II 412; Ant VIII 300; Ap I 104; 1Kor 15,46; Hebr 7,2; εἶτα 1Tim 3,10; anders Mk 4,28; Herm mand 5,2,4). Hier steht dann wohl die ganze Reihe dem Proton nach. Es muß aber nicht deren Summe sein.

Ἁγνός (→ 1,21) bezeichnet kultische Reinheit, lautere Gottesverehrung (vgl. 1,26f.), Theologie, Seele, Gesinnung, Tugend, Taten (z.B. Diogenes L. VII 119 ἀλλὰ μὴν καὶ θύσειν αὐτοὺς [τοὺς σπουδαίους] θεοῖς ἁγνούς θ' ὑπάρχειν; ψ 18,10 ὁ φόβος κυρίου; Prov 20,9 καρδία; 21,8 τὰ ἔργα αὐτοῦ [Gottes]; 4Makk 18,23 ψυχὰς ἁγνὰς καὶ ἀθανάτους ἀνειληφότες παρὰ τοῦ θεοῦ nach dem Tod; Phil 4,8; 1Klem 21,8 ἀγάπη; 48,5 ἁγνὸς ἐν ἔργοις; 2Klem 6,9 ἡμεῖς ἐὰν μὴ τηρήσωμεν τὸ βάπτισμα ἁγνὸν καὶ ἀμίαντον; Herm vis 3,8,7; gern Frauenprädikat, z.B. 4Makk 18,7f.; JosAs 12,14 u.ö.; 2Kor 11,2; Tit 2,5). Es nimmt hier ἄνωθεν auf (vgl. Jos Ant XII 37f.). Falls Verhalten mitgemeint ist, dann vielleicht die Reinheit von der Welt (s. 1,27). Die folgenden Prädikate fächern dagegen die aktive Sanftmut (V.13) auf, wohl zuerst unter Christen. Einige bleiben aber unbestimmt.

Εἰρηνικός (frühchr. nur noch Hebr 12,11; 1Klem 14,5 zit. ψ 36,37; εἰρήνη → 2,16) wird wegen V.18 Verhalten meinen (nicht Ergehen wie z.B. Plato, Leg. 829a; Philo SpecLeg I 224), Reden eingeschlossen (z.B. Isokrates, Or. V 3 ὃν δ' ὑπελάμβανον τῶν λόγων εἰρηνικώτατον εἶναι, περὶ τοῦτον διέτριβον; Gen 37,4; 1Makk 1,30 u.ö.; ψ 34,20; Sir 4,8 ἀποκρίθητι αὐτῷ [dem Armen] εἰρηνικὰ ἐν πραΰτητι; TestGad 6,2).

Beides gilt ebenfalls von ἐπιεικής (z.B. Arist 263; 1Klem 21,7 τὸ ἐπιεικὲς τῆς γλώσσης αὐτῶν; Herm mand 12,4,2 ἐπιεικέστερον... λαλεῖν; das Wort im Brief sonst nicht). Es paßt zu Weisen aber auch als Herrscher-, Gesetzgeber-, Richter-, Vorgesetztentugend (verbreitet, jüd.-frühchr. z.B. König Jos Ant XV 14; Mose Philo Virt 148; Sklavenhalter 1Petr 2,18; Gott ψ 85,5; PsSal 5,12; Metanoia JosAs 12,14; 15,8; vgl. 2Kor 10,1 διὰ τῆς πραΰτητος καὶ ἐπιεικείας τοῦ Χριστοῦ; Diog 7,4 ἐν ἐπιεικείᾳ καὶ πραΰτητι ὡς βασιλεύς, d.h. Gott; Bischof 1Tim 3,3). Εὐπειθής (fehlt LXX, frühchr. nur hier) bedeutet im Kontext eher ‚Gründen zugänglich', ‚bereitwillig' (z.B. Plato, Leg. 718c; Philo Virt 15; vgl. Epiktet II 10,8) als ‚einer Autorität gehorsam' (wie z.B. Gesetzen Plato, Leg. 632b; dem Vater Musonius bei Stobaeus IV 25,51 ὁ τῷ τὰ προσήκοντα παραινοῦντι κατήκοος ὢν καὶ ἑπόμενος ἑκουσίως, οὗτος εὐπειθής „Wer dem, der zum Geziemenden mahnt, gehorsam ist und freiwillig folgt, der ist εὐπειθής"; der Vernunft Epiktet III 12,13; Offizieren Jos Bell V 122; juristisch ‚mit Bedingungen einverstanden').

Μεστός (→ 3,8) wie ein Baum oder Feld (z.B. Jos Ant IV 93), vgl. V.18? Aber Bildspender ist eher ein Gefäß (vgl. Prov 6,34; Mt 23,28; Röm 1,29; 15,14); dann ist Besitz gemeint, nicht Ertrag. Wenn ἔλεος tätiges Erbarmen bezeichnet (→ 2,13), dann verallgemeinern καρποί (καρπός noch 3,18; 5,7.18) ἀγαθοί (→1,17) auf gute Taten überhaupt (s. V.12.18, anders 5,7). Weisheitliche Einsichten (z.B. Sir 1,16; 6,18f.; 24,17f.) passen nicht.

Ἀδιάκριτος (jüd.-gr. ganz selten, fehlt Josephus; frühchr. nur noch Ign) ist mehrdeutig (zu -τος s. 1,8): ‚ohne zu schwanken' (vgl. 1,6, auch 3,8–11) oder ‚ohne zu diskriminieren' (s. 2,4; vgl. TestSeb 7,2)? Ἀνυπόκριτος (zuerst Sap 5,18 κρίσις; 18,15 ἐπιταγή?, jüd.-gr. sonst nicht, pagan selten; ἀγάπη Röm 12,9; 2Kor 6,6; πίστις 1Tim 1,5; 2Tim 1,5; φιλαδελφία 1Petr 1,22): ‚ungeschminkt, aufrichtig' (vgl. 2Klem 12,3 ὅταν λαλῶμεν ἑαυτοῖς ἀλήθειαν καὶ εἰ ἐν δυσὶ σώμασιν ἀνυποκρίτως εἴη μία ψυχή „wenn wir einander die Wahrheit sagen und in zwei Leibern ohne Heuchelei *eine* Seele wäre", Übers. K. Wengst; frühchr. sonst nicht); oder ‚untheatralisch' (vgl. Mark Aurel VIII 5,2 καὶ εἰπέ, ὡς δικαιότατον φαίνεταί σοι, μόνον εὐμενῶς καὶ αἰδημόνως καὶ ἀνυποκρίτως?)?

Die Eigenschaften sagen nicht, wozu die Weisheit rät, sondern woran sie sich verrät, nämlich an ihrem Verhalten, d.h. dem ihrer Besitzer. Daran erkennt man, daß sie recht haben, falls sie V.13a mit Ich beantworten. Sich so zu verhalten macht aber nicht die ganze

Weisheit aus. Denn das Verhalten entspricht dem Gesetz der Freiheit. Mag sein, daß die Weisheit selber zu solchem Verhalten führt (und sich also im Fall aktiver Demut mit dem Gesetz überschneidet wie der Glaube im Verbot des Ansehens der Person, s.o. den 2. Exkurs zu 2,14). Vielleicht läßt aber das Verhalten deshalb auf Weisheit schließen, weil sie nur im Glauben gegeben wird (1,5f.) und der Glaubende das Gesetz bejaht. Jedenfalls ist Weisheit nicht ein anderer Name für das Gesetz oder seine Zwillingsschwester. Darum muß das, was sie an sich ist, etwas anderes sein (s.o. den Exkurs zu 3,13). Es ist hier vorausgesetzt (wie in 1Kor 13, was Liebe ist).

18 Καρπὸς δὲ δικαιοσύνης ἐν εἰρήνῃ σπείρεται τοῖς ποιοῦσιν εἰρήνην ist sentenzartig formuliert, darum mehrdeutig; kaum ursprünglich selbständig, Parallelen fehlen jedenfalls. Sachliches Hauptproblem: Ausblick auf irdischen Ertrag des Friedenmachens oder auf endzeitlichen (so z.B. Klein, Konradt: Existenz)? Statt der folgenden Lösung sind andere vertretbar.

Καρπὸς δικαιοσύνης (→ 3,17; 1,20) ist keine Neubildung (z.B. Epikur, Fr. 519 δικαιοσύνης καρπὸς μέγιστος ἀταραξία; Prov 11,30; Am 6,12; ApkSedr 12,5; Ps-Philo, Jona 216 „die Frucht der göttlichen Gerechtigkeit", Übers. F. Siegert; Phil 1,11; Hebr 12,11 καρπὸν εἰρηνικὸν... δικαιοσύνης; Herm sim 9,19,2 ὑποκριταὶ καὶ διδάσκαλοι πονηρίας... μὴ ἔχοντες καρπὸν δικαιοσύνης; vgl. Philo Agr 18; Plur. Prov 3,9; 13,2; Arist 232; vgl. 2Kor 9,10; ähnliche Fügungen z.B. Epiktet II 1,21 τῶν δογμάτων; Dio Chr., Or. XL 34 ὅ τε γὰρ τῆς ἔχθρας καρπὸς... ὁ τῆς εὐνοίας; Arist 260 σοφίας; Gal 5,22 τοῦ πνεύματος; Herm sim 9,19,2 ἀληθείας; 2Klem 19,3 τῆς ἀναστάσεως; Plur. Sir 1,16 Weisheit). Dabei ist καρπός etwas Diesseitiges (auch bei Ps-Philo), das von δικαιοσύνη hervorgebracht wird, zu ihr gehört, durch sie gekennzeichnet ist oder in ihr besteht. Das macht es nicht schwer, καρπὸς δικαιοσύνης bei Jak mit 3,12 und 3,17 zu verbinden. Frucht ist in V.18 dann wie oft Metapher für Tat(en) und καρπὸς δικαιοσύνης entweder für Taten der Gerechtigkeit (s. 1,20, vgl. Jes 32,17; ob Gen. poss., auct. oder qual., kann offen bleiben) oder für die Tatgerechtigkeit selber (Gen. epexeg., so viele) im Sinn von 2,22 (anders freilich 5,7f.). Weisheit selber als Frucht der Gerechtigkeit entspricht nicht 1,5; 3,13.17; Abrahams Benennung als Freund Gottes in 2,23 (vgl. 4,4) ist eher ein Moment der Anerkennung als Gerechter denn deren Frucht. Obwohl grammatisches Subjekt von σπείρειν, ist καρπὸς δικαιοσύνης wohl auch nicht als Saat gedacht (vgl. Prov 11,30?), sondern als der künftige Ertrag (Antiphanes Com. 228,4; Pausanias I 14,2 Ἀθηναῖοι δὲ... ἴσασι Τριπτόλεμον τὸν Κελεοῦ πρῶτον σπεῖραι καρπὸν ἥμερον „Die Athener aber... sagen, daß Triptolemos, der Sohn des Keleos, als erster Getreide gesät habe", Übers. E. Meyer; Plutarch, Mor. 829b σπείροντες οὐχ ἥμερον καρπὸν ὡς ὁ Τριπτόλεμος; syrBar 32,1, vgl. Philo All I 45 unten; Xenophon, Oec. 16,12; zum Hintergrund Theophrast, Hist. plant. I 2,1 καρπὸς δ' ἐστὶ τὸ συγκείμενον σπέρμα μετὰ τοῦ περικαρπίου; Tertullian, Apol. 9,8 *fructus omnis iam in semine est*).

Hadert Jak in 3,12–18 nicht mit Lehrern o.ä. (s.o. Exkurs zu 3,13), dann ist kein Anlaß, σπείρειν (im Brief sonst nicht) hier als Metapher für ‚lehren' zu nehmen (häufig, z.B. 4Esra 9,31 „Denn seht, ich säe in euch mein Gesetz; es wird in euch Frucht bringen", Übers. J. Schreiner). Für ‚anlegen, erzeugen' ist sie auch geläufig (z.B. Hos 10,12 σπείρατε ἑαυτοῖς εἰς δικαιοσύνην, τρυγήσατε εἰς καρπὸν ζωῆς; vgl. Prov 11,18; 22,8; Gal 6,7f.).

Ποιεῖν εἰρήνην (→ 2,8.16; z.B. Xenophon, Cyrop. III 2,12 ἀλλ' εἰρήνην βουλόμενος ποιῆσαι Ἀρμενίοις καὶ Χαλδαίοις; Aeschines, Or. II 77; LXX oft; grHen 1,8; TestJud 7,7; 9,1; Jub 24,27; Jos Bell IV 320; Ant XV 124, vgl. Bell II 135; frühchr. nur noch Eph 2,15;

vgl. Mt 5,9; Kol 1,20; Did 4,3 par. Barn 19,12) heißt hier wohl ‚Frieden stiften' statt wie die Irdischweisen Anarchie (V.16, sind sie mitgemeint?), nicht (nur) ‚Frieden halten', in jedem Fall als die von oben Weisen (V.17). Weil σπείρειν mit Dativus commodi geläufig ist, denkt man bei τοῖς ποιοῦσιν εἰρήνην zwanglos an Begünstigte, nicht Urheber (vgl. z.B. Sophokles, Fr. 653; CH I 29 καὶ ἔσπειρα αὐτοῖς τοὺς τῆς σοφίας λόγους; Hos 2,25; 10,12 oben; Arist 230; Philo All I 45 τὴν οὖν ἐπίγειον ἀρετὴν σπείρει καὶ φυτεύει τῷ θνητῷ γένει ὁ θεός „Die irdische Tugend also sät und pflanzt Gott für das Menschengeschlecht", Übers. I. Heinemann; 79; Post 158 ἀλλ' οἷς ὁ χρυσοῦς μόσχος... σπείρεται καθ' ὕδατος (Ex 32,20, durch Mose); 181; 1Kor 9,11; doch vgl. Aristophanes, Av. 1697–1699; Vesp. 1044 und oben zu 3,7). Sie säen nicht, sie ernten.

Als logisches Subjekt kann man mit vielen Gott dazudenken (vgl. 1,17; 3,15; Röm 16,19f.?), die Weisheit oder das Gesetz der Freiheit allenfalls als Mittelursachen. Wenn ein Feld sein muß: nicht Herz oder Seele, sondern das Leben oder die Gemeinde (vgl. 1Kor 3,6f.). Jak kommt es aber darauf an, was für wen wächst, nicht wo durch wen. Er will die Adressaten zum weisen Friedenmachen ermutigen, indem er nennt, was es bringt, nicht den vollständigen Vorgang schildern.

Bleibt ἐν εἰρήνῃ. Nimmt man es als Attribut zu καρπὸς δικαιοσύνης (s. V.13), hat man zwei Satzteile, die gleich enden. Weil „in Frieden" als Umstandsbestimmung so häufig vorkommt, ist sie hier kaum epexegetisch (‚bestehend in Frieden', aber vgl. Eph 5,9?). Entweder begrenzt sie καρπὸς δικαιοσύνης auf Friedenstaten (vgl. V.13), oder sie nennt das Klima, in dem Friede gedeiht. Mit σπείρεται verbunden wirkt ἐν εἰρήνῃ dagegen redundant (anders 1Kor 15,42f.), außer man deutet doch zukünftig-eschatologisch (im Frieden des himmlischen Gartens). Zudem wäre Nachstellung deutlicher gewesen. Aber wenn σπείρεται die Erzeugung von καρπὸς δικαιοσύνης meint, nicht die Aussaat, unterscheiden sich beide Lösungen wenig. Friedensmachern winkt Frucht der Gerechtigkeit in Frieden oder deren friedliches Wachsen. So gedeutet läßt sich καρπὸς δικαιοσύνης ἐν εἰρήνῃ als Opposition zu V.16b und τοῖς ποιοῦσιν εἰρήνην zu 16a verstehen. V.18 ist dann das positive Gegenstück zu V.16, allerdings unparallel formuliert und anders mit dem Vorhergehenden verbunden. V.16 begründet V.15, V.18 ermutigt zur Weisheit von oben V.17. Angeredet sind auch hier vor allem die, denen sie fehlt.

4,1–12 Eure Streitereien kommen durch weltförmige Besitzgier, die euch zu Feinden Gottes macht; tut Buße, aber verurteilt euch gegenseitig nicht

[1]Woher (kommen) Fehden und woher Streitereien unter euch? Nicht daher: von euren Lüsten, die zu Felde ziehen in euren Gliedern? [2]Ihr begehrt und habt nicht; ihr geht über Leichen und eifert (um Protektion) und könnt nicht erlangen; ihr streitet und befehdet (euch). Ihr habt nicht, weil ihr nicht bittet. [3]Ihr sprecht Bitten aus und erhaltet (doch) nicht(s), weil ihr schlecht (oder: um Schlechtes) bittet, damit ihr es für eure Gelüste verbrauchen könnt.

[4]Ihr Treulosen, wißt ihr nicht, daß die Freundschaft mit der Welt Feindschaft mit Gott ist? Wer also Freund der Welt sein will, steht als Feind Gottes da. [5]Oder meint ihr, daß die Schrift sinnlos sagt: „Nach Neid (oder: neidisch) verlangt der Geist, den (Gott) in uns wohnen ließ"? [6]Doch gibt er größere Gnade. Deshalb

sagt (die Schrift): „Gott widersetzt sich Hochmütigen, Demütigen aber gibt er Gnade".

[7]Unterwerft euch also Gott; widersteht dem Teufel und er wird von euch fliehen, [8]naht euch Gott und er wird sich euch nahen. Reinigt die Hände, Sünder, und läutert die Herzen, Zweiseeler! [9]Seid elend und klagt und weint! Euer Lachen verwandle sich in Klage und die Freude in Niedergeschlagenheit! [10]Demütigt euch vor dem Herrn und er wird euch erhöhen.

[11]Setzt euch gegenseitig nicht herab, Brüder. Wer einen Bruder herabsetzt oder seinen Bruder verurteilt, setzt das Gesetz herab und verurteilt das Gesetz. Wenn du aber das Gesetz verurteilst, bist du nicht Täter des Gesetzes, sondern Richter. [12]Einer ist der Gesetzgeber und Richter, der retten und vernichten kann; du aber, wer bist du, der du den Nächsten verurteilst?

Literatur: Alonso Schökel, James 5,2 [recte 6] (s. vor 4,13). – Baker, Speech-Ethics. – G.C. Bottini, Uno solo è il legislatore e giudice (*Gc* 4, 11–12), SBFLA 37, 1987, 99–112. – Cargal, Restoring the Diaspora. – G. Delling, Partizipiale Gottesprädikationen in den Briefen des Neuen Testaments, StTh 17, 1963, 1–59. – Dihle, Gebet der Philosophen. – da Fiuggi, Cuore diviso. – Hartin, James and the Q Sayings. – Heisen, Hypotheses (4,5f.). – Johnson, James 3:13–4:10; Friendship. – Klein, „Vollkommenes Werk". – B. Kollmann, Jesu Verbot des Richtens und die Gemeindedisziplin, ZNW 88, 1997, 170–186. – Konradt, Existenz. – Metzner, Rezeption des Matthäusevangeliums. – Niebuhr, Gesetz und Paränese. – Penner, James and Eschatology. – Pfligersdorffer, Jakobus 4,6 bei Augustinus (s.o. Einl. 7). – Popkes, Composition. – L.J. Prockter, James 4.4–6: Midrash on Noah, NTS 35, 1989, 625–627. – Sánchez Bosch, Llei e Paraula de Déu. – J.J. Schmitt, You Adulteresses! The Image in James 4:4, NT 28, 1986, 327–337. – M.J. Townsend, James 4$^{1-4}$: A Warning against Zealotry?, ET 87, 1975/76, 211–213 (yes). – Tsuji, Glaube. – Zeller, Die weisheitlichen Mahnsprüche. – Mehr s.u. im Exkurs zu 4,5.

Jak führt 3,12–18 weiter, indem er das Thema Streit verallgemeinert und verschärft. Er nennt als Ursache Habsucht, die trotz Gebet nicht zu stillen ist (V.1–3), beurteilt sie als Freundschaft mit der Welt, die Feindschaft zu Gott ist, der aber Gnade anbietet (V.4–6), und ruft zur Buße: wer sich selbst demütigt, den wird Gott erhöhen (V.7–10). Bis hierher redet Jak zu denselben Adressaten wie vorher (s.o. den Exkurs zu 3,13). Abschließend warnt er alle, sich gegenseitig zu verurteilen (V.11f.). – Alternativen zur Gliederung s. bei 4,6.7.11f.

1 Πόθεν πόλεμοι καὶ πόθεν μάχαι ἐν ὑμῖν; οὐκ ἐντεῦθεν, ἐκ τῶν ἡδονῶν ὑμῶν τῶν στρατευομένων ἐν τοῖς μέλεσιν ὑμῶν; Wenn πόθεν (im Brief nur hier) nach Quelle oder Ursache fragt, fehlt das Prädikat gern. Die Wiederholung betont, soll aber kaum verschiedene Quellen andeuten oder πόλεμος und μάχη (beide im Brief nur hier, μάχη frühchr. nur NT und nur Pl.; πολεμεῖν, μάχεσθαι 4,2; στρατεύεσθαι 4,1) unterscheiden. Sie paaren sich gern (z.B. Homer, Il. 1,177; 5,891; Plato, Gorg. 447a; Himerius, Or. III 7; Dio Chr., Or. XII 78; Plutarch, Mor. 108a; Philo Op 164, vgl. Epiktet III 13,9). Falls doch verschieden, ist μάχη der einzelne Streit. Zu ἐν ὑμῖν → 3,13.

Jak meint weder Kriege oder Bürgerkriege auf der Welt oder in Israel, etwa 66–73 n. Chr., noch zelotische Neigungen unter den Adressaten, erst recht nicht endzeitliche Wirren. Metaphorischer Gebrauch von Kampf- und Streitvokabular ist geläufig (z.B. Plato, Tim. 88a; Menander, Fr. 302,6 γυνὴ κρατεῖ πάντων, ἐπιτάττει, μάχετ' ἀεί; Philo Gig 51; 1Klem 46,5 ἱνατί ἔρεις καὶ θυμοὶ καὶ διχοστασίαι καὶ σχίσματα πόλεμός τε ἐν ὑμῖν; „Weshalb (gibt es) Streitigkeiten, Zornausbrüche, Spaltungen und Krieg bei euch?" , Übers. A. Lindemann, und oben außer Homer; μάχη und Verb frühchr. nur so). Jak führt 3,14.16

opp. 18 weiter. Auch hier geht es nicht um Streit mit „Gegnern" oder zwischen Lehrern oder Meinungsgruppen um Weisheit oder anderes (also vgl. nicht 1Kor 1,10–17), erst recht nicht als menschliche Unart allgemein, und auch nicht nur um Wortgefechte, wie das Folgende zeigt.

V.1a ist pathetischer Auftakt zur nächsten Frage (vgl. 4Makk 1,33 ἐπεὶ πόθεν κινούμενοι πρὸς τὰς ἀπειρημένας τροφὰς ἀποστρεφόμεθα τὰς ἐξ αὐτῶν ἡδονάς; οὐχ ὅτι δύναται τῶν ὀρέξεων ἐπικρατεῖν ὁ λογισμός; ἐγὼ μὲν οἶμαι „Woher kommt es denn sonst, daß wir, selbst wenn wir uns hingezogen fühlen zu den verbotenen Nahrungsmitteln, doch die von ihnen zu erwartenden Freuden verschmähen? Geschieht das nicht deswegen, weil die Urteilskraft das Verlangen zu kontrollieren vermag? Ich denke, ja", Übers. H.-J. Klauck). Sie ist rhetorisch (s. o. Einl. 3.2) und erwartet Ja. Οὐκ ἐντεῦθεν (im Brief nur hier) retardiert noch einmal zwecks Ton auf dem Folgenden (vgl. Plato, Euthyd. 271c οὗτοι τὸ μὲν γένος, ὡς ἐγῷμαι, ἐντεῦθέν ποθέν εἰσιν ἐκ Χίου; stilistisch vgl. 1,27 αὕτη ἐστίν?); kaum Rückblick auf 3,15b.

Ἡδονή (noch 4,3; → 1,14) bezeichnet Affekt wie Genuß, positiv (z.B. Plato, Pol. 583a; Aristoteles, Eth. Nic. 1153b; 4Makk 9,31; Philo Decal 143; 2Petr 2,13; Herm sim 6,5,7) oder oft wie hier negativ, gern im Plural, und muß dann beherrscht oder überwunden werden (z.B. Lukian, Vit. auct. 8 στρατεύομαι δὲ ὥσπερ ἐκεῖνος ἐπὶ τὰς ἡδονάς „Ich [Diogenes] ziehe aber wie jener [Herakles] gegen die Lüste zu Felde"). Damit steht ἡδονή nahe bei ἐπιθυμία u.ä. (das Verhältnis ist nicht fest definiert, vgl. z.B. Mark Aurel II 10,2 ὁ δὲ κατ' ἐπιθυμίαν ἁμαρτάνων ὑφ' ἡδονῆς ἡττώμενος; 4Makk 1,22 πρὸ μὲν οὖν τῆς ἡδονῆς ἐστιν ἐπιθυμία, μετὰ δὲ τὴν ἡδονὴν χαρά „Vor der Lust kommt die Begierde, nach der Lust das Wohlgefühl", Übers. H.-J. Klauck ; 5,23 ὥστε πασῶν τῶν ἡδονῶν καὶ ἐπιθυμιῶν κρατεῖν; Philo Op 79; Migr 60 τάξεις [bildlich für Seelenteile] ..., ὧν ἡδοναὶ ἢ ἐπιθυμίαι ἢ λῦπαι ἢ φόβοι... ταξιαρχοῦσι; Decal 142f.153; Jos Ant II 51 προσκαίρῳ τῆς ἐπιθυμίας ἡδονῇ; Tit 3,3; Diog 9,1). Hier nimmt Jak wohl diversifizierend die Begierde aus 1,14f. auf (ἡδονή also noch nicht wie in V.3).

Daß Begierde nach Besitz, Frauen (sie nicht in Jak), Ansehen usw. wie alles Böse (s. 1,15) so auch Krieg und Streit verursacht, ist geläufig (z.B. Ps-Lukian, Kynikos 15 πάντα γὰρ τὰ κακὰ τοῖς ἀνθρώποις ἐκ τῆς τούτων [Gold und Silber] ἐπιθυμίας φύονται, καὶ στάσεις καὶ πόλεμοι καὶ ἐπιβουλαὶ καὶ σφαγαί; Seneca, Ira III 34,3 *ista quae appetitis, quia exigua sunt nec possunt ad alterum nisi alteri erepta transferri, eadem affectantibus pugnas et iurgia excitant*; 4Makk 1,25–27; Philo Det 174; Decal 151 χρημάτων ἔρως ἢ γυναικὸς ἢ δόξης ἤ τινος ἄλλου τῶν ἡδονὴν ἀπεργαζομένων ἆρά γε μικρῶν καὶ τῶν τυχόντων αἴτιος γίνεται κακῶν; „Sind etwa Geldgier oder Verlangen nach einem Weibe oder nach Ruhm oder nach irgend einem anderen Gegenstande, der Vergnügen macht, die Ursache nur kleiner und gewöhnlicher Uebel?", Übers. L. Treitel; Jos 56f.; mehr unten).

Ἐν τοῖς μέλεσιν (→ 3,5) ὑμῶν meint die Glieder des Körpers (fast genau so z.B. 3,6; Röm 7,5.23; s. auch Jak 3,2), nicht der Gemeinde (so z.B. Röm 12,4f.; 1Kor 12,12–27; 1Klem 46,7). Daß Begierde und Lüste im Körper wohnen, ist traditionell (vgl. Plato, Phaed. 66c Καὶ γὰρ πολέμους καὶ στάσεις καὶ μάχας οὐδὲν ἄλλο παρέχει ἢ τὸ σῶμα καὶ αἱ τούτου ἐπιθυμίαι „Denn auch Kriege und Unruhen und Schlachten erregt uns nichts anderes als der Leib und seine Begierden", Übers. F. Schleiermacher; 81b; Xenophon, Mem. I 2,23 unten; syrBar 83,3?; Philo All III 116; Som II 255 τὸ ἡμέτερον σῶμα καὶ τὰ ἐν αὐτῷ καὶ δι' αὐτοῦ ἐγγινόμενα πάθη ; Röm 7,5, Reminiszenz?). Hier genauer als Konkretionen der Begierde in den Körperteilen mit verschiedenen Zwecken (die Hand will kassieren, der Fuß treten, die Zunge betrügen, vgl. 3,6, wohl nicht TestRub 2f.)?

Da es in V.1a und ab V.2 um Streit unter den Adressaten geht, deutet man V.1b am besten entsprechend und nicht auf einen den Streit verursachenden Kampf im Menschen (z.B. EÜ: „Doch nur vom Kampf der Leidenschaften in eurem Innern", was außerdem ἐν τοῖς μέλεσιν ὑμῶν verflacht). Auch wenn doch, bleibt die Frage, was Jak genau meint (Kampf der ἡδοναί gegeneinander oder böser gegen gute? Aller zusammen gegen Seele, bessere Einsicht, Geist, Weisheit, Gerechtigkeit, vgl. Xenophon, Mem. I 2,23 ἐν τῷ αὐτῷ σώματι συμπεφυτευμέναι τῇ ψυχῇ αἱ ἡδοναὶ πείθουσιν αὐτὴν μὴ σωφρονεῖν; Röm 7,22f.; Gal 5,17; 1Petr 2,11; Polyk 5,3? Oder gegen das Nichthaben? Jedenfalls nicht Aufruhr in der Seele, vgl. Cicero, De fin. bon. et mal. I 44 *ex cupiditatibus odia, discidia, discordiae, seditiones, bella nascuntur, nec eae se foris solum iactant nec tantum in alios caeco impetu incurrunt, sed intus etiam in animis inclusae inter se dissident atque discordant*; Philo Ebr 75 τὸν ἐν ψυχῇ τῶν ἐπιθυμιῶν ἐμφύλιον πόλεμον; Som II 11–13; vgl. 1QS 3,13–4,26).

Zieht man ἐν τοῖς μέλεσιν wie üblich zu τῶν στρατευομένων, können die Glieder also nur die Basis der Lüste im Menschen bezeichnen (allenfalls ihr Kampfmittel, aber lokales ἐν liegt näher), nicht das Schlachtfeld oder erobertes Gebiet. Dann kann man sie ebensogut mit ἐκ τῶν ἡδονῶν ὑμῶν verbinden (syntaktisch vgl. 3,13). Absolutes στρατεύεσθαι (das Verb im Brief nur hier) ist belegt (z.B. Xenophon, Mem. I 6,9; 1Esra 4,6 ὅσοι οὐ στρατεύονται οὐδὲ πολεμοῦσιν; partizipial oft substantiviert ‚Soldat', z.B. Lk 3,14; 2Tim 2,4).

Die Lüste sind also nicht gegen, sondern auf etwas aus, und zwar gewohnheitsmäßig (Präs.; Fanning 410f.); im Bild geblieben auf Beute, die im Krieg Soldatenrecht ist. Wenn sie das auch in den Adressaten noch sind, haben die ihre christliche Existenzgrundlage verlassen (1,12–25), obwohl sie noch beten (4,3), und müssen deshalb ihre Bekehrung erneuern (V.7–10). Jak redet nicht von Temperament oder Charakterfehlern. Wie und warum die Lüste, die die Einzelnen beherrschen, zu Streit zwischen ihnen führen, sagen V.2f.

2f. Satzabgrenzung und Aufbau sind strittig. Ich lese V.2a-c mit vielen (auch EÜ, Luther 1984, Konradt: Existenz) als dreistufige Klimax, die erläutert, daß die Lüste zu Streit unter den Angeredeten führen, weil sie nichts einbringen (zum Stil vgl. Hag 1,6; Tatian, Or. Graec. 25,3), und V.2d-3 als Begründung, warum nicht. Eine häufige Alternative zu V.2a-c findet einen Parallelismus: „Ihr begehrt und habt nicht: (dann) geht ihr über Leichen (o.ä.). Und ihr eifert und könnt nicht erlangen: (dann) streitet ihr und befehdet (euch)" o.ä. (z.B. Laws: Jas, vgl. BDR 494 Anm. 3; noch anders z.B. Dibelius, Jak; unbefriedigend NA[26.27] und ECM, die in V.2f. nur Kommata setzen). Das Begehrte wird erst am Ende deutlich: Materielles. Ansehen, Herrschaft o.ä. sind allenfalls eingeschlossen.

2a-c Ἐπιθυμεῖτε καὶ οὐκ ἔχετε, φονεύετε καὶ ζηλοῦτε καὶ οὐ δύνασθε ἐπιτυχεῖν, μάχεσθε καὶ πολεμεῖτε beschreiben, wie der Beutezug mißlingt. Das an sich neutrale ἐπιθυμεῖν (→ 1,14) richtet sich wegen V.1 hier auf etwas, was man nicht begehren soll; schon deshalb nicht auf Weisheit, die die Angeredeten überdies zu haben meinen (3,14–16), auch nicht auf das Lehrerdasein, falls in 3,1 gemeint, das Jak nicht schlechthin verbietet. Οὐκ ἔχετε (→ 1,4): und habt (besser nicht: erhaltet) doch (vgl. BDR 442,1) nichts Bleibendes oder nichts, was die Begierde stillt (vgl. Philo All III 149 ἡ δὲ ἐπιθυμία πληροῦται μὲν οὐδέποτε, μένει δὲ ἐνδεὴς καὶ διψαλέα ἀεί „die Begierde aber kann niemals genug haben und bleibt immer unbefriedigt und durstig", Übers. I. Heinemann, u.ö.; Decal 149 erinnert an Tantalus; Sextus Pyth., Sent. 274b οὐ γὰρ παύσει ἐπιθυμίαν κτημάτων ἡ χρημάτων κτῆσις)? Vielleicht stellt Jak aber nur eine Annahme auf, deren Folge der nächste Satz nennt. Wenn nicht, schildert er einen neuen, härteren Anlauf.

Φονεύειν (→ 2,11) ist wörtlich hier schwer vorstellbar (anders Ps-Krates, Ep. 7 Gegen die Reichen: ... καὶ προδίδοτε καὶ τυραννεῖτε καὶ φονεύετε καὶ ὅσα ἄλλα τοιαῦτά ἐστι ποιεῖτε „... und ihr verratet und tyrannisiert und mordet und tut, was es sonst dergleichen gibt", vgl. dazu den Schluß des Briefs), auch kaum als Grenzangabe („ihr geht bis zum Mord"), sondern ist wohl Hyperbel für extremes Ausbeuten oder verweigertes Unterstützen, besonders von sozial Schwächeren (z.B. Sir 34,22 φονεύων τὸν πλησίον ὁ ἀφαιρούμενος ἐμβίωσιν, καὶ ἐκχέων αἷμα ὁ ἀποστερῶν μισθὸν μισθίου; slavHen 10,5 „die, obgleich zu sättigen in der Lage, den Hungrigen durch Hunger töteten", Übers. C. Böttrich; vgl. Petron 107,11 *qui ignotos laedit, latro appellatur, qui amicos, paulo minus quam parricida*; Dtn 24,6; Ps 10,8f.; Prov 1,11; Sir 27,15; TestSim 3,3; CD 6,16f.; Philo SpecLeg III 204; bBM 58b „Wenn jemand seinen Nächsten öffentlich beschämt, so ist es ebenso, als würde er Blut vergießen", Übers. L. Goldschmidt; Did 3,2; Herm sim 10,4,3). Zur Illustration vgl. Jak 2,6.11?.15f.; 5,6?). Deshalb paßt eine Metapher für ‚hassen', ‚zürnen' o.ä. weniger gut (vgl. TestGad 4,6; Mt 5,21f.; 1Joh 3,15). Man muß jedenfalls nicht φθονεῖτε konjizieren (viele seit Erasmus, aber nur [2]1519, heute z.B. Adamson: Jas, Klein 110f.; nach ECM auch 918Z, 16. Jh., ex Erasmo?), trotz z.B. 1Petr 2,1 B und obwohl ζηλ- und φθον- gern Paare bilden (z.B. Plato, Leg. 679c; Plutarch, Mor. 86c; Epiktet II 19,26; 1Makk 8,16; TestSim 4,5; 1Klem 3,2), erst recht nicht φονᾶτε „ihr dürstet nach Blut"; falls doch φθονεῖτε, dann s. 4,5.

Sind wie zu φονεύετε auch zu ζηλοῦτε (→ 3,14; Exkurs zu 4,5) Personen als Objekt zu denken? Eifersucht oder Neid (vgl. TestGad 7,4 ἐὰν δὲ καὶ ἐκ κακῶν τις πλουτήσῃ..., μὴ ζηλώσητε; TestBenj 4,4; 2Klem 4,3) bringt freilich keinen Gewinn; ist ‚umwerben' gemeint, z.B. als Klient einen Reichen? Jedenfalls stillen auch φονεύειν καὶ ζηλοῦν die Begierde nicht.

Zu δύνασθαι → 1,21. Ἐπιτυγχάνειν (im NT noch Röm 11,7; Hebr 6,15; 11,33; oft Ign) ist hier objektlos: ‚das Ziel erreichen, Erfolg haben' (z.B. Plato, Men. 97c; Epiktet II 6,7; SIG 736,79; Gen 39,2). Μάχεσθε καὶ πολεμεῖτε nennt den Streit untereinander (vgl. Preisigke, Sb 4317,12 πολεμεῖ με διότι εἶπόν σοι εἰς ὄψιν), von dem V.1 ausging (Inclusio), als Ergebnis des Beutezugs, nicht den Gipfel des Begehrens.

2d Οὐκ ἔχετε διὰ τὸ μὴ αἰτεῖσθαι ὑμᾶς, **3** αἰτεῖτε καὶ οὐ λαμβάνετε διότι κακῶς αἰτεῖσθε, ἵνα ἐν ταῖς ἡδοναῖς ὑμῶν δαπανήσητε begründet den Mißerfolg. Οὐκ ἔχετε nimmt V.2a auf. Αἰτεῖτε (Ind., nicht Imp. statt Konditionalsatz, vgl. BDR 387,2) scil. von Gott (→ 1,5; zum subst. Inf. s. 1,18); Jak tadelt nicht Unhöflichkeit. Er bestreitet auch nicht, daß um das Begehrte gebetet wird (s. V.3; Correctio). Soll man Medium und Aktiv unterscheiden (vgl. Scholion zu Aristophanes, Pl. 156 τὸ μὲν αἰτῶ τὸ ἁπλῶς ζητῶ, τὸ δὲ αἰτοῦμαι τὸ μεθ' ἱκεσίας; TestHi 44,4?; Mk 6,22–24?; ausführlich Mayor: Jas, Anhang) oder nicht (z.B. 1Joh 5,15; Herm mand 9,7; BDR 316 Anm. 3; viele sehen Rückgriff auf Jak 1,5 oder die zugrundeliegende Tradition)? Wenn ja, bedeutet das aktivische αἰτεῖτε V.3, daß die Adressaten (keine andere Gruppe als in V.2b) sehr wohl Gebete hersagen. Sie bekommen (→ 1,7) aber nichts, weil (διότι im Brief nur hier) sie es zwar innerlich beteiligt tun, jedoch κακῶς.

Das Adverb (→ 1,13; frühchr. sonst mehrheitlich bei ἔχειν) bezeichnet nicht schlechte Gebetsmanieren, sondern Inhalte (gern bei Verben des Sagens oder Denkens, z.B. Pittakos bei Diogenes L. I 78; Diodor S. XXVII 4,4; Lukian, Pisc. 6; Epiktet I 26,14; Ex 22,27; 1Makk 7,42; 4Makk 6,17 Μὴ οὕτως κακῶς φρονήσαιμεν; Jos Ant VI 299; Joh 18,23; Apg 23,5; vgl. BDR 434,3), oder es nimmt den Finalsatz vorweg („in böser Absicht" EÜ).

Daß nur erhört wird, wer gottesfürchtig und rechtschaffen um Gutes bittet, wie und wann Gott es geben will, ist Tradition (z.B. Maximus Tyr. 30[?] ὁ θεὸς λέγει, εἰ ἀγαθὰ ἐπ' ἀγαθῷ αἰτεῖς, λάμβανε nach Mayor, Jas; Seneca, Ep. 10,4f. *Audacter deum roga : nihil illum de alieno rogaturus es. ... uerum est quod apud Athenodorum inveni : „Tunc scito esse te omnibus cupiditatibus solutum, cum eo perueneris, ut nihil deum roges, nisi quod rogare possis palam"*; Ps 36,4; Sir 3,5; PsSal 6,5f.; Jos Ap II 196f., rationalistisch eingeschränkt; Ps-Philo, Jona 41 „Nun sahen die Lenker des Schiffes (ein), daß das Gebet durch Sünden vereitelt wurde, und sie strengten eine Untersuchung an über die Taten jedes einzelnen", Übers. F. Siegert; Mt 17,20 par.; Mk 11,23f. par.; Joh 14,12–14; 1Joh 3,22; 5,14; Herm mand 9,4; vgl. auch Jak 1,6–8; 5,16). Die Adressaten dürfen auch für ihre Geschäfte beten (vgl. 4,15), aber nicht zu dem Zweck, den Jak gleich nennt, zumal dann nicht, wenn sie ihn auf Fremdkosten verfolgen und sich dafür gegenseitig bekämpfen. Das würde auch für das Gebet um Weisheit (s. 1,5) gelten, falls hier mitgemeint (s. V.1).

Δαπανᾶν (im Brief nur hier) bestätigt, daß die Adressaten Materielles begehren, das sie ausgeben oder verbrauchen wollen (oder wie vielleicht Lk 15,13f. verschwenden werden, vgl. Jak 5,5?). Ἐν ταῖς ἡδοναῖς ὑμῶν wohl nicht kausal oder modal („in eurer Leidenschaft" EÜ), sondern vom Zweck (wie z.B. BGU 149,5 καὶ ἐν πυρῷ κατ' ἔτος δαπανᾶται τὰ ὑπογεγρ(αμμένα); vgl. Aristides, Adv. Lept. S. 62 τὴν ἐν τοῖς τοιούτοις δαπάνην; Herm sim 1,8 τὸν πλοῦτον ὑμῶν... εἰς τοιούτους ἀγροὺς καὶ οἰκίας [z.B. Witwen und Waisen] δαπανᾶτε, ἃς ἐλάβετε παρὰ τοῦ θεοῦ). Dann verschiebt sich allerdings der Sinn von ἡδοναί vom Begehren V.1 auf die begehrten Vergnügungen (geläufige Metonymie, z.B. Plato, Pol. 329a; 4Makk 1,33; Arist 223 ἐπὶ τὰ βρωτὰ καὶ ποτὰ καὶ τὰς ἡδονάς; 277 ἅπαντες ... ἀκρατεῖς καὶ ἐπὶ τὰς ἡδονὰς τρεπόμενοι γεγόνασιν, ὧν χάριν ἀδικία πέψυκε καὶ τὸ τῆς πλεονεξίας χύμα; TestJud 14,2; Jos Bell II 120; Lk 8,14; IgnRöm 7,3; Herm sim 8,8,5?; weiter s. Jak 5,5).

Offenbar kommen die Adressaten aber nicht dazu. Jak redet also noch nicht zu den vermutlich wenigen Reichen, die nicht genug kriegen können (4,13–5,6), sondern zu der großen, jedenfalls repräsentativen Mittelgruppe von Angehörigen der Unterschicht (vgl. 1,9 ταπεινός), die mit Köpfchen und Ellenbogen vorankommen wollen, vielleicht sogar bona fide (s.o. die Exkurse zu 1,8; 2,7). Korrupte Amtsträger erwähnt Jak nicht (anders z.B. Herm sim 9,26,2: Diakone, die Sozialhilfe für Witwen und Waisen veruntreuen).

4–7 beurteilen das in V.1–3 gerügte Verhalten theologisch.

4 Μοιχαλίδες, οὐκ οἴδατε ὅτι ἡ φιλία τοῦ κόσμου ἔχθρα τοῦ θεοῦ ἐστιν; ὃς ἐὰν οὖν βουληθῇ φίλος εἶναι τοῦ κόσμου, ἐχθρὸς τοῦ θεοῦ καθίσταται. Die weibliche Anrede fällt auf (μοιχαλίς zuerst wohl LXX außer Gen-Ps, jüd.-gr. sonst nur TestLevi 14,6; frühchr. noch Mk 8,38 par.; Röm 7,3; 2Petr 2,14; pagan zuerst Phrynichus S. 452 Lobeck; vgl. Ps-Plutarch, Mor. 881d; für Männer unabhängig von Jak offenbar nicht belegt, falls ApkSedr 6,4.8 auf Mk 8,38 anspielt). Sie ist kaum wörtlich zu verstehen, denn sie gilt den Streitenden V.1–3, also vorwiegend Männern, nicht Frauen. Auch spricht nichts dafür, eine weibliche Gruppenbezeichnung im Plural dazuzudenken; die δώδεκα φυλαί (1,1) sind zu weit weg, ἐκκλησία gebraucht Jak nur einmal und im Singular (5,14), γενεά (Mk 8,38 par.) nie. Deshalb ist μοιχαλίδες hier Metapher aus dem Bildfeld Ehe/Gottesverhältnis, in dem die zu Gott, christl. auch die zu Christus Gehörigen (hier kaum speziell ihre Seelen) die Stelle der Ehefrau innehaben (z.B. Hos, Jer, Ez; Ez 16,38 καὶ ἐκδικήσω σε ἐκδικήσει μοιχαλίδος καὶ ἐκχεούσης αἷμα, scil. Jerusalem; 23,45 Ohola und Oholiba; Adj. Mk 8,38 par.; vgl. weiter ψ 72,27; Jes 1,21; 54,1–6; AssMos 5,3; Sib III 38f.; Röm 7,1–4; 2Kor 11,2f.; Eph 5,21–33; Apk 19,7–9; 21,9–22,5; Herm mand 4,1,9 οὐ μόνον... μοιχεία ἐστίν, ἐάν τις τὴν σάρκα αὐτοῦ μιάνῃ, ἀλλὰ καὶ ὃς ἂν τὰ ὁμοιώματα ποιῇ τοῖς ἔθνεσιν, μοιχᾶται „Nicht nur dann... ist es Ehebruch, wenn einer sein Fleisch befleckt, sondern auch jeder, der Ähnliches tut wie die Heiden [wohl Götzendienst], begeht Ehebruch", Übers. M. Leutzsch; anders Schmitt: Anspielung auf Prov 30,20). Ehebruch symbolisiert speziell Götzendienst, d.h. eine ganzheitliche Abwendung von Gott. Dies trifft auch hier zu. Vielleicht vermeidet Jak das Maskulinum, um wörtliches Verständnis zu verhindern; es ist auch kaum mitgemeint. Trotz allem bleibt die Anrede schwierig; man muß wohl annehmen, daß Jak Kenntnisse voraussetzt (wie auch gleich). Zum Gottesbild sonst s.o. Einl. 5.

Warum die Adressaten nach V.1–3 das Schimpfwort verdienen, folgt. Οὐκ οἴδατε ὅτι erinnert an Bekanntes oder was bekannt sein sollte (z.B. Gen 44,15; 2Sam 3,38; Röm 6,16; öfter 1Kor; ähnlich Epiktet III 22,40; LibAnt 22,5; 52,2; Jos Bell III 374; Lk 2,49; ἢ οὐκ οἶδας ὅτι 2Sam 2,26; TestAbr A 8,9; öfter ApkSedr; mehr → 1,3). Es muß kein Zitat folgen; aber Jak variiert zumindest Tradition (vgl. äthHen 108,8; Lk 16,13 par.; Röm 8,7f.; 1Joh 2,15–17; Herm sim 1; 2Klem 5f.; zur antithetischen Form vgl. auch Lk 16,15; 1Kor 1,25).

Φιλία (→ 2,23; LXX nur Prov, Sap, Sir, Makk; frühchr. nur noch Herm mand 10,1,4, s. gleich) bezeichnet Freundschaft als Gesinnung, Verhalten und Bindung (kann auch Freundschaftsbund bedeuten, hier opp. ἔχθρα wohl nicht). Sie soll auch in der Ehe herrschen (auch wenn sie nach Aristoteles, Eth. Nic. 1161a vom Eheherrn und der Ehefrau Verschiedenes verlangt). Weltfreundschaft unterstreicht insofern μοιχαλίδες. Zu κόσμος → 1,27. Der Genitiv ist wie oft objectivus (z.B. Thukydides I 91,1; Philo Fug 58 ἔρωτι καὶ φιλίᾳ θεοῦ ἀσάρκῳ καὶ ἀσωμάτῳ; vgl. 2Tim 4,10; 1Joh 2,15; vgl. Herm mand 10,1,4 οἱ... πιστεύσαντες δὲ μόνον, ἐμπεφυρμένοι δὲ πραγματείαις καὶ πλούτῳ καὶ φιλίαις ἐθνικαῖς καὶ ἄλλαις πολλαῖς πραγματείαις τοῦ αἰῶνος τούτου „Die, die... lediglich geglaubt haben, verstrickt in Geschäfte und Reichtum und Freundschaften mit Heiden und viele andere Tätigkeiten dieser Welt", Übers. M. Leutzsch, zum Verständnis von φιλίαι ἐθνικαί s. Herm sim 8,9,1.3; Herm mand 11,8 καὶ ἐπιθυμίας ματαίας τοῦ αἰῶνος τούτου). Der ganze Ausdruck bezeichnet das Verhalten V.2f. theologisch (vgl. Röm 12,2). Da dort Sachwerte begehrt werden, wird φιλία τοῦ κόσμου nicht metonymisch speziell für persönliche Freundschaft mit Heiden stehen, sondern für Gesinnungsgleichheit und Zusammenarbeit. Insofern gilt auch hier, daß Freunde sich gegenseitig bereichern (s. 1,5).

Darum ist das Prädikativ evident. Ἔχθρα (frühchr. noch Lk 23,12; Röm 8,7; Gal 5,20; Eph 2,14.16; hier nicht ἐχθρά, obwohl früh als v.l. belegt; ἐχθρός s. gleich) steht gern opp. φιλία (z.B. Aelius Ar., Or. XXXVIII 479; P.Hib. I 170,2 ἵνα μὴ ἀντὶ φιλίας ἔχθραν [ποιώ]μεθα); τοῦ θεοῦ ist Genitivus objectivus wie eben τοῦ κόσμου. Weil Feindschaft gegen Gott, ist Freundschaft mit der Welt Ehebruch. Doch ist auch die Feindschaft gegenseitig (s. V.6); Gott gibt nur seinen Freunden (1,5, vgl. 1,17).

Der verallgemeinernde Relativsatz (vgl. BDR 380,1b; ἐάν nach Relativpron. bei Jak nur hier, sonst → 2,2) wendet die Wahrheit V.4a auf V.2f. an (οὖν, noch 4,7.17; 5,7.16; nur hier im Brief wie oft an 3. Stelle, BDR 475 Anm. 3). Falls βουληθῇ (→ 1,18, auch Aor.) ingressiv ist (Fanning 394), macht schon der Vorsatz, Weltfreund zu sein, zum Gottesfeind (besser nicht ‚vorziehen', der Betreffende will gleichzeitig Gottesfreund bleiben). Wenn vorher, ist τοῦ θεοῦ auch hier Genitivus objectivus (anders Aeschylus, Prom. 120 τὸν Διὸς ἐχθρόν; Justin, Dial. 93,4 ὡς ἐχθρὸν θεοῦ καὶ κατηραμένον [Christus]). Statt ἐστίν hier καθίσταται (→ 3,6), weil es um das sichtbare Ergebnis eines Vorgangs geht?

5 ist mindestens so schwierig wie 2,18 oder 3,6.

Zu Jakobus 4,5

Literatur, soweit nicht o. nach der Übers. genannt: H. BALZ, ἐπιποθέω, EWNT II, 1981 = ²1992, Sp. 82. – F. BLEEK, Ueber die Stellung der Apokryphen des alten Testamentes im christlichen Kanon, ThStKr 26, 1853, 267–354, hier 328f. – BROX, Hermas. – C. BRUSTON, Une «crux interpretum» Jacq. IV,5, RThQR 16, 1907, 368–377. – H. COPPIETERS, La signification et la provenance de la citation Jac. IV, 5, RB 24 [N.S. 12], 1915, 35–58. – J.A. FINDLAY, James iv. 5, 6, ET 37, 1925/26, 381f. – A.H. FORSTER, James iv. 5, 6, ET 29, 1917/18, 139. – W. GRIMM, Ueber die Stelle Br. Jacobi IV. V. 5. und 6a., ThStKr 27, 1854, 934–956. – C. HAAS, Die Pneumatologie des 'Hirten des Hermas', ANRW II 27.1, 1993, 552–586, hier 580. – HEISEN, Hypotheses. – HORN, Angeld des Geistes. – J. JEREMIAS, Jac 4 5: ἐπιποθεῖ, ZNW 50, 1959, 137f. – O. KIRN, Ein Vorschlag zu Jakobus 4, 5, ThStKr 77, 1904, 127–133; Noch einmal Jakobus 4, 5, a.a.O., 593–604. – W.F.K. KLINKENBERG, Jakobus 4,5, GelVrij 38, 1904, 264–268. – KOCH, Schrift. – KÖNNECKE, Conjecturen; Emendationen. – SOPHIE S. LAWS, Does Scripture Speak in Vain? A Reconsideration of James IV. 5, NTS 20, 1973/74, 210–215. – MARCUS, Evil Inclination. – MEYER, Rätsel. – J. MICHL, Der Spruch Jakobusbrief 4,5, in: J. Blinzler/O. Kuss/F. Mußner (Hg.), Neutestamentliche Aufsätze (FS J. Schmid), 1963, 167–174. – E. MILOBENSKI, Der Neid in der griechischen Philosophie, 1964. – E. PARET, Noch ein Wort über Jac. 4, 5 nebst 1 Mos. 4, 7., ThStKr 36, 1863, 113–118; Nochmals das Zitat in Jak. 4, 5, a.a.O., 80, 1907, 234–246. – POPKES, James and Scripture; Composition. – POTT, Novum Testamentum Graecum (s.o. Literatur 3). – PRETORIUS, Verklaringsopsies. – RAUCH, Ueber den Brief Jacobi. – C. SPICQ, Ἐπιποθεῖν, désirer ou chérir?, RB 64, 1957, 184–195 (beides). – STRUTWOLF, Zur Auswertung der neutestamentlichen Kirchenväterzitate (s.o. Einl. 6). – P. THOMSON, James iv. 5, ET 29, 1917/18, 240. – WETTSTEIN, Prolegomena (s.o. Einl. 6) 172. – WINER, Observationes. – F.F. ZYRO, Die Erklärung von Jakob. 4, 5. 6, ThStKr 13, 1840, 432–450; Noch einmal Jakob. 4, 5. 6, a.a.O. 34, 1861, 765–774; Ist es mit Jakobus 4, 5 nun im Reinen?, a.a.O. 45, 1872, 716–729.

1. Die Ausleger rätseln seit jeher an 4,5 ἢ δοκεῖτε ὅτι κενῶς ἡ γραφὴ λέγει· πρὸς φθόνον ἐπιποθεῖ τὸ πνεῦμα ὃ κατῴκισεν ἐν ἡμῖν bzw. 4,5–6a herum, ohne Philologie und Phantasie zu schonen (viel Älteres bei Heisen, Neuzeit ab Erasmus bei Pott, Alte Kirche bei Gebser: Jak, Neueres bei Michl: Spruch; die Stelle hat die ThStKr fast ihre ganze Existenz lang begleitet). Schuld ist vor allem, daß V. 5a ein Schriftzitat anzukündigen scheint, das aber anders als Prov 3,34 in V.6 nirgends nachweisbar ist und in V. 5–6a erst einmal abgegrenzt werden muß. Dazu kommen Mehrdeutigkeiten: V. 5b oder 5b-6a Aussage oder Frage? φθόνος ‚Neid' oder ausnahmsweise ‚Eifersucht'? πρὸς φθόνον statt φθονερῶς? Subjekt von ἐπιποθεῖ die Schrift, φθόνος, Gott oder πνεῦμα? Dieses anerschaffen, gleichviel ob im Sinn von Seele oder zusätzlich, oder als Heilsgabe Christen verliehen? Subjekt von κατῴκισεν? Der Kontext hilft leider nicht entscheidend.

2. Der Text steht wohl fest, auch κατῴκισεν statt des byzantinischen κατῴκησεν (zuerst wohl arm, Nilus, griechisch handschriftlich ab 9. Jh., heute z.B. Adamson: Jas). Konjekturen haben sich nicht durchgesetzt (z.B. statt πρὸς φθόνον lies πρὸς τὸν θεόν Wettstein, Prolegomena, unabhängig ebenso Kirn und πρὸς θεόν Könnecke: Beiträge, vgl. Klinkenberg; πρὸς φόνον Findlay; add. ἢ vor πρὸς φθόνον Forster; om. διὸ λέγει – χάριν Erasmus, Grotius, andere om. πρὸς φθόνον – διὸ λέγει oder μείζονα – λέγει).

3. a) Die meisten nehmen an, daß auf V. 5a wirklich ein mehr oder weniger wörtliches Zitat oder eine von Jakobus formulierte biblische Wahrheit folgt, überwiegend V. 5b ab πρὸς φθόνον (einige erst ab ἐπιποθεῖ oder nur bis πνεῦμα), manche einschließlich V. 6a (so auch NA$^{26.27}$, ECM, Luther 1984). Wer für ein Zitat ist, denkt als Quelle an eine unbekannte jüdische Schrift (falls Hexameter, den aber ἐπιποθεῖ stört, an ein Lehrgedicht, z.B. Michl: Spruch, vorsichtig Reicke: Jas, Vouga: Jc, vgl. 1,17), seltener an eine bekannte, aber verlorene (z.B. Spitta, Jak: Eldad und Modat, vgl. Num 11,24–29; BemR z.St.; Herm vis 2,3,4 ἐγγὺς κύριος τοῖς ἐπιστρεφομένοις, ὡς γέγραπται ἐν τῷ Ἐλδὰδ καὶ Μωδάτ, τοῖς προφητεύσασιν ἐν τῇ ἐρήμῳ τῷ λαῷ; ihm folgend z.B. von Soden: Hebr, heute Sidebottom: Jas) oder an ein Targum o.ä. Zu einem paganen Philosophen (erwogen von Bettina von Kienle, Seminararbeit 1986) paßt m.E. die Sprache nicht. Weil die Schrift spricht, hatte entweder Jak kein enges Kanonverständnis, oder das Zitat stand samt Einleitung in der Quelle oder Jak hatte sie nicht selbst gelesen und hielt das Zitat irrtümlich für ein Bibelwort (mehr gleich). Dann könnte es aber auch ein selbständig

überlieferter Satz gewesen sein. Wer annimmt, daß Jak eine biblische Wahrheit paraphrasiert, sucht als Grundlage eine Schriftstelle oder mehrere meist über eine Sprachbrücke (φθόνος, verstanden im Sinn von ‚Eifer': Ex 20,5; 34,14; Dtn 5,9; 6,15; 32,19ff.; Sach 8,2; im Sinn von ‚Neid': Sap 6,23; ἐπιποθεῖν: Dtn 32,11; ψ 41,2; 83,3; 118,20, vgl. Sap 6,11 und gleich; πνεῦμα o.ä.: Gen 6,3.5; 8,21; Num 11,29; Jes 42,1; 63,10; Qoh 4,4; 12,7), seltener ohne sie (Gen 4,7; Prov 21,7; Cant 8,6; Ps 132,12f.; Ez 23,25; Hos 1,2; 2,15; Sap 6,12; gelegentlich auch TestSim 3f.; 1QS 4,9–11). Beide Ansätze lassen sich verbinden (z.B. Meyer: Quelle ein Patriarchentestament oder eine Jakobusschrift, das/die Gen 49,19 moralisierend umdeutete; Jeremias: vermutlich Zitat einer apokryphen Quelle, im Hintergrund eine Aussage wie Gen 2,2 TFrag „Und Jahves Memra begehrte am 7. Tag nach seinem Werk, das er geschaffen hatte"; Hi 14,15 Θ [τὰ δὲ ἔργα τῶν χειρῶν σου] ἐπιποθήσεις statt μὴ ἀποποιοῦ LXX). Ältere dachten gelegentlich auch an das NT (Mt 6,24 par.; Gal 5,17; 1Petr 2,1–5, vgl. unten).

b) Eine Mindermeinung liest V.5a als Einleitung zu V.6b, dort durch διὸ λέγει aufgenommen, und V.5b-6a als Jakobus' Worte (A markiert V.6 als Zitat, V.5b nicht), entweder Fortsetzung der Einleitung (z.B. Ps-Ökumenius) oder Parenthese (z.B. Meinertz, Jak) oder vorweggenommene Deutung von Prov 3,34 (z.B. arm?, Katene, Huther: Jak) oder mißraten (kompliziert Popkes, Composition: Jak arbeitete hier mit Auszügen aus einer mit 1Petr 5 gemeinsamen Quelle oder 1Petr selber, wollte daraus Prov 3,34 an V.4 anschließen, setzte die Einleitung V.5a aber versehentlich mit dem in V.1–4 unbenutzt gebliebenen V.5b fort, zog dann versehentlich mit δὲ δίδωσιν χάριν das Ende des Zitats vorweg und befestigte es notdürftig mit μείζονα und διὸ λέγει).

c) Einige geben mit V.5b als Zitat auch V.5a als Zitateinleitung auf (z.B. de Wette, Jak: Jak erklärt V.4(a?), der dem Sinn nach im NT vorkommt, für einen Satz der Schrift; V.5b ist Aussage, s. unten; Laws, Jas 178 mit Vorsicht: „Does scripture mean nothing? Is this (according to scripture) the way the human spirit's longing is directed, by envy?"; nein, vgl. z.B. ψ 41,2; 118,20; aufgenommen z.B. von Johnson: Jas, Penner, Pretorius: Verklaringsopsies, vgl. Baker; früher schon Thomson, ähnlich Forster, aber mit Gott als Subjekt).

4. Weil V.5a stark nach Einleitung einer Schriftaussage aussieht, soll er wohl eine sein. Daß sie auf das Zitat V.6b zielte, Jak es aber zunächst kommentierte, wäre ungewöhnlich; und warum nimmt Jak dann in V.5b, falls zutreffend, oder spätestens in V.6a nicht auch das Subjekt θεός vorweg? Zudem klingt ἢ δοκεῖτε nach Fortsetzung der Schelte V.4; dazu paßt aber V.6a nicht. Also wird tatsächlich V.5b das Angeführte sein. Für ein Zitat, wie genau auch immer, sprechen die Vokabeln (φθον-, ἐπιποθ- und κατοικ- nur hier im Brief; vielleicht πνεῦμα, s. unten), gegebenenfalls das Metrum und daß ὅτι am Anfang fehlt. Zitate unbekannter Herkunft, die Schrift sein sollen, sind frühchr. nicht selten (Mt 2,23; Joh 7,38; 1Kor 2,9; 9,10; 2Kor 4,6; Eph 5,14; 1Tim 5,18, vielleicht 2Petr 2,22, wohl als Parallelismus zu lesen; mehr s.o. im Exkurs zu 1,8).

Über Quelle (kaum pagan, die biblischen Anklänge sind nicht von ungefähr) und ursprünglichen Sinn (theologisch anspruchsvoll oder einfach ‚Neid ist menschlich'?) kann man nur rätseln. Besteht doch eine Beziehung zu Gen 6,3.5; 8,21 (zuletzt z.B. Prockter, nur muß nicht Noah als positives Gegenbild vor Augen stehen) oder zu der ungewöhnlichen προαίρεσις πνεύματος Qoh 1,14.17; 2,11.17.26; 4,4.6.16; 6,9 (besonders 4,4 καὶ εἶδον ἐγὼ σὺν πάντα τὸν μόχθον καὶ σὺν πᾶσαν ἀνδρείαν τοῦ ποιήματος, ὅτι αὐτὸ ζῆλος ἀνδρὸς ἀπὸ τοῦ ἑταίρου αὐτοῦ· καί γε τοῦτο ματαιότης καὶ προαίρεσις πνεύματος; für Gen subj. spricht ἐν προαιρέσει καρδίας αὐτοῦ 2,22; vgl. noch 12,7; Coppieters)?

5. Ἢ δοκεῖτε (→ 1,26; vgl. Sg. Epiktet I 19,9; III 22,82; Mt 26,53; δοκεῖς, δοκεῖτε z.B. Epiktet I 4,25; III 15,10; IV 1,33; Lk 12,51; 13,2.4) ist rhetorische Frage (s.o. Einl. 3.2) statt Verneinung, Kontrastparallele zu οὐκ οἴδατε V.4 (mit ἤ vgl. z.B. Mt 7,10; 12,5; 20,15; Lk 13,4; Röm 2,4; 1Kor 9,6; 11,22; 2Kor 3,1).

Κενῶς (κενός → 2,20) hier eher ‚sinnlos' (wie z.B. Plutarch, Mor. 35e κενῶς καὶ ἀνοήτως; Epiktet II 17,6.8; Herm mand 11,13 λαλῶν [falscher Prophet] κατὰ τὰς ἐπιθυμίας αὐτῶν πάντα κενῶς, das Adverb frühchr. sonst nicht; vgl. κενοῖς λόγοις Plato, La. 196b; Eph 5,6, auch Dtn 32,47) als ‚erfolglos' (z.B. Jes 49,4, das Adverb in LXX nur hier; P.Lond. 908,28 κενως καὶ [α]νωφελως) oder ‚ohne Grund' (EÜ).

Zu γραφή → 2,8; anders als dort wohl nicht ‚Schriftstelle'. Daß sie λέγει (→ 1,13), ist geläufig (vgl. Koch 26f., aber hinter γραφή gestellt frühchr. nur noch Joh 19,27; Röm 4,3; 2Klem 2,4).

Kaum dazu gehört πρὸς φθόνον (anders schon A, arm, Nilus; Wettstein im textkrit. Apparat, danach ἐπιπόθει; heute vgl. Strutwolf). Adverbial verstanden (s. gleich) würde es sich mit κενῶς reiben. Eine Themenangabe πρός m. Akk. ‚was betrifft' erwartet man in einer ntl. Zitateinleitung nicht (und περί m.

Gen. wäre üblicher). Auf πρός ‚gegen' kommt man bei einem neutralen Verb des Sagens nicht leicht (jedoch TestHi 25,10 καὶ εἰπόν τι ῥῆμα πρὸς κύριον καὶ τελεύτα diff. Hi 2,9e εἰς; vgl. Mk 10,5 par.). Andererseits kann ἐπιποθεῖ eine Ergänzung vertragen. Dann gehört πρὸς φθόνον dahin (so die allermeisten), nicht zu λέγει (falls doch, könnte φθόνος Subjekt zu ἐπιποθεῖ sein, so Rauch, Paret, Klinkenberg, heute wohl niemand).

Neid (φθόνος im Brief sonst nicht; φθον- ganz selten LXX, nie für *qn'* und Ableitungen; schließt Mißgunst und Schadenfreude ein) ist eine oft besprochene Untugend, Gift für Seele und soziales Leben (thematisch z.B. Plutarch, Περὶ φθόνου καὶ μίσους Mor. 536e-538e; Dio Chrys., Or. LXXVIIf.; Sentenzensammlung Stobaeus III 38; TestSim; Ps-Phok 70–75; 1Klem 3–6; Basilius, Hom. 11 Περὶ φθόνου, PG XXXI, 1885, Sp. 371–386). Er ist das schlimmste Laster (z.B. Menander bei Stobaeus III 38,29 τὸ κάκιστον τῶν κακῶν πάντων φθόνος; Plutarch, Mor. 537e ὡς μόνον τοῦτο τῶν τῆς ψυχῆς νοσημάτων ἀπόρρητον; Philo SpecLeg III 3 τὸ κακῶν ἀργαλεώτατον, ὁ μισόκαλος φθόνος; Jos Bell I 77 οὐδὲν οὕτως τῶν ἀγαθῶν παθῶν ἰσχυρόν, ὃ τῷ φθόνῳ μέχρι παντὸς ἀντέχει; Milobenski, Johnson: Jas; fehlt ThWNT).

Πρὸς φθόνον ergänzt nach Mehrheitsmeinung ἐπιποθεῖν (im Brief nur hier; jüd.-gr. nur LXX, Philo, frühchr. nur noch Paulus; 2Tim 1,4; 1Petr 2,2) anstelle von φθονερῶς (πρὸς φθόνον ist dafür bisher anscheinend nicht belegt, aber das Muster ist gängig, jedoch im NT sonst nicht), also „neidisch"; der Satz wird dabei überwiegend als Aussage gefaßt (als rhetorische Frage z.B. bei Grimm, Laws: Jas u.a., s.o. unter 3c). Die LXX hat aber ἐπιποθεῖν auch mit präpositionalem Objekt (ἐπί m. Dat. Dtn 13,9; 32,11; m. Akk. ψ 41,2 Ὃν τρόπον ἐπιποθεῖ ἡ ἔλαφος ἐπὶ τὰς πηγὰς τῶν ὑδάτων, οὕτως ἐπιποθεῖ ἡ ψυχή μου πρὸς σέ, ὁ θεός; 61,11 ἐπὶ ἅρπαγμα μὴ ἐπιποθεῖτε; vgl. 88,3 ἐπιποθεῖ καὶ ἐκλείπει ἡ ψυχή μου εἰς τὰς αὐλὰς τοῦ κυρίου). Ungehörige Objekte sind ebenfalls belegt (z.B. Lukian, Dial. deor. 4,3 καὶ μηδὲν ἐπιπόθει τῶν κάτω; Ez 23,5.7.9 Ἀ Liebhaber; Sir 25,21 καὶ γυναῖκα μὴ ἐπιποθήσῃς; vgl. Sap 15,5 ποθεῖ τε [der Götzendiener] νεκρᾶς εἰκόνος εἶδος ἄπνουν, vgl. V.6; Sib V 165 ὅτι φαρμακίην ἐπόθησας; Verlangen nach Neid kann befremden, doch vgl. ψ 118,20 ἐπεπόθησεν ἡ ψυχή μου τοῦ ἐπιθυμῆσαι τὰ κρίματά σου; kaum Sinn gibt bei dem an sich gutmütigen Verb „gegen Neid", z.B. Pott, heute R.P. Martin, Jas; ‚aufbegehren gegen' Balz geht nicht). Redet Jak von Verlangen nach Neid, dann läßt sich freilich nicht Gott aus V.4 als Subjekt von ἐπιποθεῖ ergänzen (ohnehin kaum die Schrift aus V.5a als Metonym für ihn, trotz Gal 3,8) und τὸ πνεῦμα (→2,26) als Objekt nehmen (anders Mehrheitsmeinung, z.B. Cantinat: Jc, Davids: Jas, Dibelius: Jak, Frankemölle: Jak, Jeremias, Mayor: Jas, Mußner: Jak, Ropes: Jas, Schlatter: Jak, Vouga: Jc, vorsichtig Klein, Konradt: Existenz). Griechische Götter neiden, der Gott der Bibel nicht (1,13; vgl. Sap 2,24 φθόνῳ δὲ διαβόλου θάνατος εἰσῆλθεν εἰς τὸν κόσμον; TestSim 2,7; VitAd 18,4 τοῦτο δὲ γινώσκων ὁ θεὸς ὅτι ἔσεσθε ὅμοιοι αὐτοῦ ἐφθόνησεν ὑμῖν, lügt die Schlange; Klemens Al., Strom VII 7,2; aber vgl. auch Plato, Phaedr. 247a; Tim. 29e Ἀγαθὸς ἦν, ἀγαθῷ δὲ οὐδεὶς περὶ οὐδενὸς οὐδέποτε ἐγγίγνεται φθόνος „Er [der Schöpfer] war gut; in einem Guten erwächst nimmer und in keiner Beziehung irgendwelche Mißgunst", Übers. H. Müller – K. Widdra). Das Argument gilt nicht, wenn man V.5b als rhetorische Frage (s.o. Einl. 3.2) faßt: „Begehrt Gott denn neidisch den Geist?" (andere Auffassungen als Frage s. oben); aber was sollte das heißen?

Die Mehrheitsmeinung nimmt dagegen an, daß φθόνος auch ‚Eifer(sucht)' bedeuten kann wie ζῆλος (→ 3,14), der oft daneben begegnet (z.B. Plutarch, Demetr. 27,3; Mor. 86c; 1Makk 8,16; TestSim 4,5; 1Klem 3,2; 4,7.13; 5,2). Dann steht V.5b in der Tradition vom Eifer Gottes (z.B. Dtn 4,24; Jos 24,19; Jes 26,11; Ez 16,42; Sach 1,14 und oben). Damit warnt V.5b, daß Gott den Geist als eifersüchtiger Freund für sich beansprucht (so viele; kaum möglich Luther 1984: „Mit Eifer wacht Gott über den Geist"). Manche hören genauer, daß er ihn unbefleckt wiederhaben will (z.B. Haas, Jeremias; s. oben Gen 2,2 TFrag; Hi 14,15 Θ; hier Gott Subjekt von ἐπιποθεῖν, auch Philo Op 10, vgl. Dtn 32,11, verneint Jer 13,14 LXX; weiter Sap 15,8; hebrTestNaph 10,9; VitAd 31,4; 42,8; Jos Bell III 371–374; SifDtn zu 34,5; bShab 152b Bar. zu Qoh 12,7 „Gib ihn [den Geist] ihm zurück, wie er ihn dir gegeben hat, [wie er dir] in Reinheit, ebenso du ihm in Reinheit", Übers. L. Goldschmidt; unten Herm mand 3,1f.; Herm sim 9,32,2–4). Im Kontext gelesen ergänzt V.5b dann V.4 von Gottes Seite aus. Aber belegt ist ‚Eifersucht' für φθόνος bisher nicht.

Objekt wäre der Geist auch, wenn ἐπιπόθει zu lesen wäre, also Imperativ (Wettstein s. oben, sonst offenbar nie ernsthaft erwogen); aber dann müßte er Heilsgabe sein (vgl. 1Kor 12,31; Gal 5,16.25?), was er bei Jak wohl nicht ist (s. unten).

Dann bleibt nur, den Geist als Subjekt von ἐπιποθεῖ zu nehmen (Mindermeinung, aber z.B. Chaîne: Jc, Coppieters ausführlich, Meyer, de Wette: Jak, Zyro, heute Adamson: Jas, Marcus, Prockter, Tsuji, die alle den Satz als Aussage lesen; anders Grimm, Laws: Jas o. unter 3c) und Gott als Subjekt des Relativsatzes zu ergänzen (kaum wiederum den Geist – was hätte er einwohnen lassen?). Das fehlende Subjekt läßt sich für die Mehrheitsmeinung anführen, erzwingt sie aber nicht (vgl. 1,12, und wenn das Subjekt unausgedrückt nicht in V.5b wechselt, dann in V.6a, wo es kaum mehr der Geist sein kann; anders aber z.B. Grimm).

Daß Geist im Menschen einwohnt oder Gott ihn einwohnen läßt, ist dagegen geläufig, aber κατοικίζειν (κατοικ- fehlt sonst im Brief) dafür anscheinend selten (doch z.B. Herm mand 3,1f. Ἀλήθειαν ἀγάπα, καὶ πᾶσα ἀλήθεια ἐκ τοῦ στόματός σου ἐκπορευέσθω, ἵνα τὸ πνεῦμα, ὃ ὁ θεὸς κατῴκισεν ἐν τῇ σαρκὶ ταύτῃ, ἀληθὲς εὑρεθῇ παρὰ πᾶσιν ἀνθρώποις... 2 οἱ οὖν ψευδόμενοι ἀθετοῦσι τὸν κύριον καὶ γίνονται ἀποστερηταὶ τοῦ κυρίου, μὴ παραδιδόντες αὐτῷ τὴν παρακαταθήκην ἣν ἔλαβον. ἔλαβον γὰρ πνεῦμα ἄψευστον „Liebe die Wahrheit, und lauter Wahrheit soll aus deinem Mund hervorgehen, damit der Geist, dem Gott eine Wohnung in diesem Fleisch gegeben hat, sich als wahr erweist bei allen Menschen... Die also lügen, verwerfen den Herrn und werden zu Unterschlagenden am Herrn, weil sie ihm das anvertraute Gut nicht übergeben, das sie empfangen haben. Denn sie empfingen einen Geist ohne Lüge", Übers. M. Leutzsch; vgl. 5,2,5; 10,2,6; 10,3,2; Jos Bell III 372; christologisch Herm sim 5,6,5 τὸ πνεῦμα τὸ ἅγιον τὸ προόν, τὸ κτίσαν πᾶσαν τὴν κτίσιν, κατῴκισεν ὁ θεὸς εἰς σάρκα ἣν ἠβούλετο. αὕτη οὖν ἡ σάρξ, ἐν ᾗ κατῴκισε τὸ πνεῦμα τὸ ἅγιον, ἐδούλευσε τῷ πνεύματι καλῶς ἐν σεμνότητι καὶ ἁγνείᾳ πορευθεῖσα, μηδὲν ὅλως μιάνασα τὸ πνεῦμα; Brox 541–546.549–551). Jak bezeichnet mit πνεῦμα wohl etwas Anerschaffenes, entweder die Seele (→ 1,21; so auch Herm mand 3,1f.?) oder Geist als Drittes neben Körper und Seele (s. auch 2,26), aber kaum den bösen Trieb (so z.B. Marcus, Tsuji; s. zu 1,14f.) und auch nicht etwas zeitweilig Einwohnendes wie prophetische Inspiration (so z.B. Spitta, Jak) oder einen Dämon (s.o. den 2. Exkurs zu 2,19). An eine besondere Heilsgabe, innerweltlich oder endzeitlich (z.B. 1QH 20[12],11f.; 1Kor 3,16f.; 6,19; zum Thema Geist zuletzt Horn), kann man nur denken, wenn φθόνος Eifer (Gottes oder des Geistes) bedeutet (z.B. vorsichtig Konradt, Existenz: der in der Taufe geschenkte Geist?), nicht wenn der Geist neidisch verlangt (kaum möglich de Wette, Jak 140: der Welt nichts gönnend liebt uns der heilige Geist, der in uns Wohnung nahm, ähnlich Bleek), oder vielleicht besser, wenn es ihn nach Neid verlangt (statt bescheiden zu bitten, s. V.3). Daß der Menschengeist so ist, hätten die Adressaten beherzigen sollen; jetzt droht ihnen der Tod (s. 1,14f.). Es gibt aber noch Hoffnung.

6 Μείζονα δὲ δίδωσιν χάριν. διὸ λέγει· ὁ θεὸς ὑπερηφάνοις ἀντιτάσσεται, ταπεινοῖς δὲ δίδωσιν χάριν. Wehrt V.5 ein falsches Gottesbild ab, kommt jetzt das richtige. Rüffelt V.5 Verkennung der neidischen Natur des Menschen, die ihn egoistisch, aber erfolglos beten läßt, dann sagt V.6, was Gott gibt und wem. Jedenfalls schließt der Vers eng an V.(4-)5 an (und beginnt nicht den Schlußteil des Briefes, so aber Penner); V.7 setzt mit der 2. Person Plural neu ein. Traditionsgeschichtlich betrachtet war es wohl anders. 4,6–10 ähnelt stark 1Petr 5,5c-9, vermutlich dank gemeinsamer Tradition (Metzner; s.o. Einl. 4.2), die schon Prov 3,34 enthielt (und auslegte?). 1Petr mahnt mit ihrer Hilfe seine angefochtenen Adressaten zu Demut und Wachsamkeit gegenüber dem Teufel; Jak fordert von seinen weltförmig gewordenen Adressaten eine neue Umkehr zu Gott und Widerstand gegen den Teufel. Vielleicht steht er damit dem ursprünglichen Sinn näher. Dann war die Tradition wohl schon christlich; ein Topos aus Bekehrungspredigt oder Anfängerkatechese?

V.6a greift auf den Wortlaut des Zitats voraus, auch wenn χάρις (im Brief nur hier) gern Objekt zu διδόναι (→ 1,5) ist (z.B. Anakreon in Anth. lyr. S. 110 Diehl; Appian, Ital. 4; Gen 39,21; Sap 3,14; TestSim 4,5; Arist 249; Sib IV 46.189; Röm 12,3; 1Klem 30,3). Der Komparativ μείζων ist wohl so gemeint (→ 3,1; Attribut zu χάρις z.B. Aeschylus, Suppl. 960; Thukydides VIII 77; Herm sim 5,2,10 ἤρξαντο εὔχεσθαι ὑπὲρ αὐτοῦ, ἵνα μείζονα χάριν εὕρῃ παρὰ τῷ δεσπότῃ „(sie) begannen, für ihn zu wünschen, daß er größere Gnade bei dem Herrn finde", Übers. M. Leutzsch; vgl. 1Kor 12,31). Zum Hyperbaton s.o. Einl. 3.2.

Subjekt von δίδωσιν ist dann Gott, nicht die Schrift, obwohl gleich das Subjekt unbezeichnet wieder wechselt.

Was das Kleinere oder Wenigere ist, hängt davon ab, wie man V.5b und χάρις deutet. Falls V.5b wie oben, kann es nicht Gottes Eifer(sucht) sein, auch kaum der noch unverdorbene Geist (ist er Gnade?). Denkbar ist das, was die Welt ihren Freunden gibt (vgl. Joh 14,27) oder Gott als Freund den braven Betern. Hierzu oder auch zu beiden Vergleichspunkten zusammen passen V.7–10, insbesondere, wenn V.10 die Gnade beschreibt. Oder darf man sich an 1,17 erinnern, freilich schon weit hinten? Dann wäre die χάρις 4,6 nichts anderes als die von Gott gewirkte Bekehrung, der der Mensch subjektiv nachkommen muß (s. 1,16–21). Sie hieße größere Gnade (oder mehr Gnade, vgl. Herm sim 5,2,10?), weil Gott sie noch einmal denen gibt, die von Freunden, die sie waren, zu Feinden wurden. Jedenfalls ist χάρις nicht einfach Gottes Huld oder Wohlwollen allgemein, sondern eine konkrete Gabe. Daß sie mit Christus zu tun hat (vgl. z.B. Röm 3,24; Gal 1,6; 2,21; 5,4; Eph 4,7), darf man kaum einlesen.

Als Begründung für V.6a zitiert Jak Prov 3,34 LXX (wie 1Petr 5,5; 1Klem 30,2, vgl. Arist 263; IgnEph 5,3, alle mit ὁ θεός oder θεός statt κύριος), eingeleitet durch διὸ (→ 1,21) λέγει (wie frühchr. noch Eph 4,8; 5,14; vgl. Apg 13,35; Hebr 3,7; 10,5). Das Prädikat (→ 1,13) ist unpersönlich oder scil. Schrift, nicht Gott. Die Stelle gehört zum frühchristlichen Zitatenschatz; Jak hat sie aber wohl nicht für sich übernommen (s. oben). Er wertet nur die zweite Zeile des antithetischen Parallelismus aus. Die erste mag er als Bestätigung für V.3 oder 4 empfunden haben (oder für V.5, falls Gott dort Subjekt ist, oder als Vorweis auf V.11f.?).

In LXX spricht die Stelle von Gottes irdischem Fluch über die, die die Weisheit, d.h. die Tora (s.o. den Exkurs zu 3,13), ablehnen, und Segen für die, die ihr folgen. Im Kontext von Jak 4,1–12 ist ὑπερήφανος (im Brief nur hier) der Christ, der Weltfreund sein will (V.4), und ταπεινός der, der sich davon abkehrt (anders → 1,9: der dort so Genannte hat das hinter sich). Gott widersteht jenem wohl, indem er dessen Gebete nicht erhört und ihm die Freundschaft entzieht. Die Gnade, die er diesem gibt, ist Gelegenheit zur Buße (aber nicht sie allein), Nähe und Erhöhung (V.8.10). Daß 4,7–12 und 4,13–5,6 die beiden Zeilen des Zitats in umgekehrter Folge interpretieren (Alonso Schökel, danach Penner), kann das in 5,6 wiederkehrende ἀντιτάσσεσθαι (sonst im Brief nicht, frühchr. immer Med.) nicht tragen.

7–10 folgern aus V.6b, was zu tun ist (deshalb fängt hier kaum ein neuer Briefteil an, anders Baasland). Zehn Imperative prasseln (alle Aor.: kategorisch ganz und sofort oder ingressiv? Vgl. Fanning 374.378f.; BDR 337,1). Abfolge vielleicht so: V.7a Gesamtaufforderung, auseinandergelegt in V.7b-8a; V.8b-9 Ausführungsbestimmungen, in V.10 zusammengefaßt. V.7b, 8a und 10 sind durch Verheißungen motiviert; übersetzt man die Imperative hier konditional (vgl. Beyer, Syntax 253), bricht man die Spitze ab.

7a Ὑποτάγητε οὖν τῷ θεῷ. Geläufige Verbindung (z.B. Epiktet III 24,65; IV 12,11 ἐγὼ δ' ἔχω, τίνι με δεῖ ἀρέσκειν, τίνι ὑποτετάχθαι, τίνι πείθεσθαι· τῷ θεῷ καὶ μετ' ἐκεῖνον ἐμοί; ψ 61,2; 2Makk 9,12; 1Kor 15,28; Hebr 12,9; 1Klem 20,1; IgnEph 5,3). Sind ὑποτάσσειν (im Brief nur hier) Pass. und ἀντίστητε V.7b durch ἀντιτάσσεται V.6a angeregt (anders 1Petr 5,6, wo aber auch οὖν steht, → 4,4)?

7b-8a Ἀντίστητε δὲ τῷ διαβόλῳ καὶ φεύξεται ἀφ' ὑμῶν, ἐγγίσατε τῷ θεῷ καὶ ἐγγιεῖ ὑμῖν. Ein antithetischer Parallelismus. Zur Tradition des ersten Satzes vgl. 1Petr 5,8f. (s. oben). Aus ihr stammen ἀνθιστάναι und διάβολος (vgl. γέεννα 3,6, σατανᾶς fehlt Jak), vielleicht auch φεύγειν (alle drei im Brief nur hier). Jak spricht jedenfalls nicht als erster so vom Teufel (vgl. TestIss 7,7; TestDan 5,1; 6,1f. s. unten; TestNaph 8,4 ἐὰν ἐργάσησθε τὸ καλόν, ... καὶ ὁ διάβολος φεύξεται ἀφ' ὑμῶν, καὶ τὰ θηρία φοβηθήσονται ὑμᾶς, καὶ ὁ κύριος ἀγαπήσει ὑμᾶς, καὶ οἱ ἄγγελοι ἀνθέξονται ὑμῶν „Wenn ihr das Gute tut, ... und der Teufel wird von euch fliehen, und die (wilden) Tiere werden euch fürchten, und der Herr wird euch lieben und die Engel werden sich euer annehmen", Übers. J. Becker; TestBenj 5,2; Mt 4,1–11 par.; Herm mand 12,4,6f.; 12,5,2 δύναται ὁ διάβολος ἀντιπαλαῖσαι, καταπαλαῖσαι δὲ οὐ δύναται. ἐὰν οὖν ἀντισταθῆτε αὐτῷ, νικηθεὶς φεύξεται ἀφ' ὑμῶν κατῃσχυμμένος „Der Teufel kann dagegen ankämpfen, niederkämpfen kann er nicht. Wenn ihr ihm nun Widerstand leistet, wird er als Besiegter beschämt von euch fliehen", Übers. M. Leutzsch; 12,5,4; vgl. Tob 6,7f.16f.; 8,2f.). Er klingt weniger nach dem brüllenden Löwen (ψ 21,14) des 1Petr, der offenbar den Glaubenden vernichten will (vgl. JosAs 12,9–11, warnte man so Neubekehrte?) als nach dem schlappen Teufel der TestPatr und bei Hermas, der die Moral bedroht und durch Rechttun in die Flucht geschlagen wird. Hat Jak ihn besonders mit Habgier assoziiert (vgl. Lk 22,3–6; Apg 5,1–6)? Von Besessenheit ist nicht die Rede, weil jeder sich selbst wehren kann (aber vgl. TestSim 3,5).

Falls der Gegen-Satz nicht aus dem aufgenommenen Topos stammt (vgl. 1Petr 5,10), so ist er doch traditionell formuliert. Ursprünglich kultisch gemeint (z.B. Ex 19,22; Ez 44,13), ist ἐγγίζειν (noch 5,8) τῷ θεῷ hier wie oft Metapher für die ganzheitliche Hinwendung zu Gott und seinem Willen (z.B. Jdt 8,27; ψ 148,14; Jes 29,13; Hos 12,7; TestDan 6,1f. προσέχετε ἑαυτοῖς ἀπὸ τοῦ σατανᾶ καὶ τῶν πνευμάτων αὐτοῦ. ἐγγίζετε δὲ τῷ θεῷ καὶ τῷ ἀγγέλῳ τῷ παραιτουμένῳ ὑμᾶς „Nehmt euch vor dem Satan und seinen Geistern in acht. Nahet euch Gott und dem Engel, der für euch bittend eintritt", Übers. J. Becker; Philo Migr 59 οὗτος ὁ ὅρος ἐστὶ τοῦ μεγάλου λεώ, τὸ τῷ θεῷ συνεγγίζειν ἢ „ᾧ θεὸς συνεγγίζει" [vgl. Dtn 4,7]; Hebr 7,19; vgl. Sap 6,19; Röm 5,1f.). Gott antwortet entsprechend (vgl. Dtn 4,7; Sach 1,3; Mal 3,7; Herm vis 2,3,4 ἐγγὺς κύριος τοῖς ἐπιστρεφομένοις, ὡς γέγραπται ἐν τῷ Ἐλδὰδ καὶ Μωδάτ, dazu oben im Exkurs zu 4,5). Das Verb steht frühchr. sonst nie im Futur; die attische Form ist ursprünglich (ἐγγίσει nur B; NA bis 25. Aufl.; BDR 74 Anm. 3). Wie Jak den Satz versteht, sagen V.8b-10. Von allgemeinem Priestertum ist nicht die Rede.

8b Καθαρίσατε χεῖρας, ἁμαρτωλοί, καὶ ἁγνίσατε καρδίας, δίψυχοι. Synthetischer Parallelismus, der die moralischen Voraussetzungen nennt, sich Gott zu nähern. Jak unterscheidet entweder unter den in V.4 angeredeten Ehebrechern zwei Gruppen oder eher in den Einzelnen einen inneren und einen äußeren Aspekt (Klein 96). Ἁμαρτωλός (→ 1,15, noch 5,20; pagan ganz selten, fehlt Philo, Josephus) ist aktivisch (auch Röm 7,13). Zu δίψυχοι → 1,8.

Mit καθαρίζειν χεῖρας und ἁγνίζειν καρδίας (→ 1,21) variiert Jak zwei Metaphern für die Vorbereitung zur Annäherung an Gott, die ursprünglich vom Zugang zum Kult galten (vgl. ψ 23,4 ἀθῷος χερσὶν καὶ καθαρὸς τῇ καρδίᾳ; 72,13 Ἄρα ματαίως ἐδικαίωσα τὴν καρδίαν μου καὶ ἐνιψάμην ἐν ἀθῴοις τὰς χεῖράς μου; Sir 38,10 ἀπόστησον πλημμέλειαν καὶ εὔθυνον χεῖρας καὶ ἀπὸ πάσης ἁμαρτίας καθάρισον καρδίαν; vgl. Hebr 10,22; 1Petr 1,22; Herm vis 3,9,8; Herm mand 9,7 καθάρισον οὖν τὴν καρδίαν σου ἀπὸ τῆς διψυχίας, ἔνδυσαι δὲ τὴν πίστιν; Herm sim 6,5,2; ἁγνίζειν fehlt Philo). Χείρ (im Brief nur hier) steht metonymisch für Handeln, zu καρδία → 1,26 (vgl. Philo Det 122; Virt 183 λόγου μὲν <γὰρ> στόμα σύμβολον, καρδία δὲ βουλευμάτων, πράξεων δὲ χεῖρες „der Mund ist nämlich Sinnbild der Rede, das Herz Sinnbild der Entschlüsse, die Hände Sinnbild der Handlungen", Übers. L. Cohn). Falls V.9 (auch) vom Gebet redet, könnte V.8b (auch) die Vorbereitung dazu meinen (vgl. Seneca, Nat. quaest. III, praef. 14 *puras ad caelum manus tollere*; Hi 17,9; Jos Bell V 380 καθαρὰς δ' ἀνατείνας τὰς χεῖρας [Abraham]; 1Tim 2,8; 1Klem 29,1 Προσέλθωμεν οὖν αὐτῷ ἐν ὁσιότητι ψυχῆς, ἁγνὰς καὶ ἀμιάντους χεῖρας αἴροντες πρὸς αὐτόν „Treten wir also hin zu ihm mit frommer Seele, reine und unbefleckte Hände zu ihm erhebend", Übers. A. Lindemann).

9 Ταλαιπωρήσατε καὶ πενθήσατε καὶ κλαύσατε. ὁ γέλως ὑμῶν εἰς πένθος μετατραπήτω καὶ ἡ χαρὰ εἰς κατήφειαν. Zwei rhetorisch verschieden gebaute, aber inhaltlich parallele Sätze (doch s. unten) mit den emotionalen Voraussetzungen der Annäherung an Gott. Trauerbezeugungen gegenüber Gott gehören traditionell zur Buße (z.B. Joel 2,12f.; JosAs 10–13; vgl. 2Kor 7,9f.).

Ταλαιπωρεῖν (im NT nur hier, ταλαιπωρία 5,1) bedeutet neben πενθεῖν (im Brief nur hier, πένθος s. gleich) und κλαίειν (noch 5,1), die auch sonst verbunden werden (z.B. 2Sam 19,2; 2Esra 18,9; Lk 6,25; Ps-Mk 16,10; Apk 18,11.15.19), kaum wie üblich objektiv ‚Mühsal, Unglück erleiden', sondern wird subjektiv gefärbt sein (vgl. Demosthenes, Or. II 16 λυποῦνται καὶ συνεχῶς ταλαιπωροῦσιν; Jos Ant II 147 εἰ μὴ πατὴρ ἡμῖν ἦν πῶς ἐπὶ παίδων ἀποβολῇ ταλαιπωρεῖ διὰ τῆς ἐπὶ Ἰωσήπῳ λύπης ἐπιδεδειγμένος „wenn uns unser Vater nicht durch die Trauer um Joseph gezeigt hätte, wie (sehr) er unter dem Verlust von Kindern leidet"); sicher keine Aufforderung zur Selbstkasteiung.

V.9b läßt sich als Verwünschung lesen und fußt vielleicht auf einer Unheils- oder Gerichtsweissagung (vgl. 5,1–6; Jes 3,26; Jer 6,26; Am 5,16f.; 8,10; 9,5, vgl. Mi 1,8). Jak präzisiert aber wohl V.9a (vgl. 5,1 und die Verwendung von Am 8,10 in Tob 2,6). Μετατραπήτω (zum Imp. der 3. Pers. → 1,13; μετατρέπειν frühchr. nur hier, jüd.-gr. nur 4Makk; Arist 99, erster Prosabeleg?; Philo) richtet sich dann faktisch an die Adressaten (Pass. statt reflex. Med. oder kausativ-reflex., vgl. Philo Imm 183 διὰ τοῦθ' ὁ μὴ πεισθείς, μὴ μετατρεπόμενος τῷ ἀντιβαίνοντι ἐλέγχῳ „φθορὰν τὴν μετὰ τῶν τραυματιῶν" [Num 31,8] αὖθις ἐνδέξεται; BDR 314?). Bei ihnen erklären sich γέλως (frühchr. nur hier) und χαρά (→1,2) durch V.1–3 (vgl. Lk 6,25). Man muß nicht speziell an das Gelächter der Toren denken (z.B. Prov 10,23; Qoh 7,6; Sir 21,20; 27,13; vgl. Sap 2,6–9). Jak hält kaum Lachen an sich für unchristlich (vgl. 1,2). Schadenfreude kann χαρά wohl nicht bezeichnen.

Opp. γέλως meint πένθος (frühchr. noch Apk 18,7f.; 21,4; Diog 4,5) die laute Trauerklage (zu εἰς vgl. z.B. Tob 2,6 zit. Am 8,10; Prov 14,13; 1Makk 1,39f.; 9,41; Philo Migr 83 καὶ τὸ ὕδωρ εἰς αἵματος χρόαν μετατρέπουσι). Neben πένθος kommt κατήφεια (jüd.-gr. nur Philo, Josephus, frühchr. nur hier) auch sonst vor (z.B. Jos Ant XIII 406; auch neben Reue o.ä., z.B. Jos Ant II 108 κατήφεια δὲ πάντας εἶχε πρὸς τοὺς Ῥουβήλου λόγους καὶ τῶν πραγμάτων μετάμελος „Niedergeschlagenheit aber erfaßte alle auf Rubens Worte hin und Reue über die Taten"; vgl. Etym. mag. 496,53 κατήφεια, ἀπὸ τοῦ κάτω τὰ φάη [Augen] βάλλειν τοὺς ὀνειδιζομένους ἢ λυπουμένους, καὶ κατηφής, ὁ ὑπὸ αἰσχύνης κάτω νεύων τοὺς ὀφθαλμούς, ἤγουν, ὁ αἰσχυνόμενος).

10 Ταπεινώθητε ἐνώπιον κυρίου καὶ ὑψώσει ὑμᾶς knüpft an V.6 an und nennt die Gnade, nimmt aber offenbar auch den genannten Topos auf (vgl. 1Petr 5,6), der an dieser Stelle seinerseits Tradition weiterführt (vgl. Mt 23,12; Lk 14,11; 18,14; Phil 2,8f.; als Hintergrund 1Sam 2,7; Prov 29,23; Hi 5,11; Jes 10,33; Ez 17,24; 21,31; Sir 2,17; 3,18; Arist 263; 1QH 7[15],16f.; Lk 1,52; 1Klem 59,3; zur Opposition ταπειν- gegen ὑψ- s. auch Jak 1,9; 2Kor 11,7; Zeller).

Sachlich faßt ταπεινώθητε (→ 1,9) V.8b-9 zusammen (zu ἐνώπιον κυρίου, d.h. Gott, vgl. z.B. Esra 8,21; Sir 2,17). Reiche Adressaten müssen sich auch an 1,9–11 erinnern. Zu ὕψος s. dort; 1,12; 2,5.

11–12 bilden eine kleine Einheit. Sie setzt neu ein. Angeredet sind wieder alle Adressaten. Das Verbot, sich gegenseitig schlechtzumachen bzw. zu verurteilen, kam noch nicht vor. Tempus und Stil sind anders als in V.7–10: Verneinter Imperativ Präsens, stufenweise zurückgeführt auf das Rechtsetzungsmonopol Gottes. V.11f. hängen also nur locker am Vorhergehenden. Als Auftakt zum Folgenden sind sie aber auch schwer lesbar (anders z.B. Adamson: Jas zu V.13–17; ungewöhnlich Amphoux, s. vor 4,13–5,6). Will man kein isoliertes Stück annehmen (aber warum steht es nicht hinter 2,12f. oder in 1,26f. oder 3,1–11?), sucht man besser einen Anschluß rückwärts. Das Bindeglied könnte „einander" sein: die in 3,12–4,10 Angegriffenen dürfen bei ihrer Streiterei die unbetroffenen Mitchristen nicht mitverurteilen, aber umgekehrt auch nicht. Natürlich soll das in 4,13–5,6 nicht vergessen sein.

11a Μὴ καταλαλεῖτε ἀλλήλων, ἀδελφοί. Das Verbot (καταλαλεῖν pagan nicht häufig; Philo nur All II 66f.78 nach LXX, nie Josephus; NT sonst nur 1Petr 2,12; 3,16; zum Präs. s. 1,7; ἀλλήλων noch 5,9.16) stammt aus jüd. Tradition, wohl christl. vermittelt (vgl. z.B. Lev 19,16; Prov 20,13 diff. MT μὴ ἀγάπα καταλαλεῖν, ἵνα μὴ ἐξαρθῇς; TestGad 5,4; 1QS 5,25f.; 2Klem 4,3 μηδὲ καταλαλεῖν ἀλλήλων, μηδὲ ζηλοῦν; Herm mand 2,1f.; mit καταλαλιά Sap 1,11, ältester Beleg des Wortes?, so auch in Lasterkatalogen z.B. grBar 8,5; 13,4; 2Kor 12,20; 1Petr 2,1; Polyk 2,2; 1Klem 30,1; 35,5; Barn 20,2; Herm mand 8,3; Herm sim 9,15,3; κατάλαλος Röm 1,30; Herm sim 6,5,5; Rabbinisches bei Bill. I 226–231; vgl. auch Jos Ant III 213; mehr gleich).

V.11f. passen hierher als Abschluß für 3,12–4,10, weil καταλαλεῖν eine Hauptsünde ist, die zu Neid und Streit führt oder mit ihnen verschwistert ist (z.B. TestIss 3,4; TestGad 3,3; Jos Bell I 77 πᾶσαν εὔνοιαν καὶ φύσιν κόπτει διαβολὴ καὶ οὐδὲν οὕτως τῶν ἀγαθῶν παθῶν ἰσχυρόν, ὃ τῷ φθόνῳ μέχρι παντὸς ἀντέχει; bAr 15b; Herm mand 2,2 πρῶτον μὲν μηδενὸς καταλάλει, μηδὲ ἡδέως ἄκουε καταλαλοῦντος „Zuerst: Verleumde niemand, und höre nicht gern einen Verleumder", Übers. M. Leutzsch, Forts.o. bei 3,8; Herm sim 8,7,2; 9,23,2f. ... οὗτοι παράμονοί εἰσι ταῖς καταλαλιαῖς αὐτῶν καὶ μνησίκακοι γίνονται μηνιῶντες ἀλλή[λοις]).

Καταλαλεῖν kann ‚verleumden' bedeuten, eine auch pagan oft als besonders schändlich und sozialschädlich gebrandmarkte Untugend (aber meist mit διαβάλλειν); so auch hier viele. Aber da Jak κρίνειν (→ 2,4) neben- oder unterordnet und V.12 darauf hinauslaufen läßt, denkt er bei καταλαλεῖν mindestens auch an berechtigte Vorwürfe (wohl gleichviel ob ins Angesicht oder hinterrücks, vgl. Basilius bei Johannes Dam., Sacra Parall. K 2, PG 96, 1891, col. 72 D καταλαλιά ἐστι, τὸ κατὰ ἀπόντος ἀδελφοῦ λαλεῖν, σκόπῳ τοῦ διαβάλλειν αὐτόν, εἰ καὶ ἀληθὲς ᾖ τὸ λεγόμενον; bAr 15b Ende; auch Sap 1,11?). Dann ist ‘herabsetzen' o.ä. besser (vgl. Num 12,8; 21,7; ψ 77,19; 1Petr 2,12; 3,16).

Zur Anrede s. 1,2 (vgl. hier noch 1Klem 35,8 zit. ψ 49,20 κατὰ τοῦ ἀδελφοῦ σου; ψ 100,5 τοῦ πλησίον αὐτοῦ). Das Verbot ist selbstverständlich, zumal nach 1,26; 3,1–11. Jak hängt es hoch, indem er zusammen mit dem herabgesetzten Mitbruder (hier sicher auch der Schwester, aber nicht jedem Mitmenschen, doch vgl. 3,9) das Gesetz betroffen sieht (V.11b) und in ihm Gott (V.11c-12).

11b Ὁ καταλαλῶν ἀδελφοῦ ἢ κρίνων τὸν ἀδελφὸν αὐτοῦ καταλαλεῖ νόμου καὶ κρίνει νόμον ist asyndetisch angeschlossen, d.h. hier eng (vgl. 1,18). Jak formuliert generell. Der Artikel ist generisch. Er gilt auch für ἢ κρίνων; kein weiterer Tätertyp, sondern der gleiche genauer („will sagen") oder besser die Unterart, auf die es ankommt. Deshalb hier ἀδελφόν (→ 1,2) mit Artikel (rückweisend) und später καταλαλεῖ καὶ κρίνει (Objekte wie bei den Ptz. wiederholt, weil die Verben verschiedene Kasus regieren; νόμον ist kaum Beziehungsakk.). Das an sich weite κριν- (→ 2,4) bezieht sich bei Jak außer in 2,4.6 auf das Endgericht. Dort wird über den Menschen endgültig geurteilt. Das paßt auch in 2,4 und hier (2,6 steht auf einem anderen Blatt). Dann steigert κρίνων. Also: wer einen anderen Christenmenschen herabsetzt, erst recht wer (nicht: schon wer, vgl. Mt 5,21f.) ihn oder sie mit Blick auf das Jüngste Gericht vorverurteilt (καταλαλεῖ nimmt κρίνει die Ambivalenz, anders 2,4.12f., aber vgl. Röm 2,1–3; 14,3f.10.13; 1Kor 5,12f.), der tut beides dem Gesetz an. Das ist wohl das der Freiheit (→ 1,25, zum fehlenden Art. vgl. BDR 258; kaum eine andere normative Größe, auch nicht speziell Mt 7,1f. als Jesuswort, s. 5,9).

Wie? Nach verbreiteter Meinung, indem der Herabsetzende das Gesetz verletzt, genauer das Liebesgebot Lev 19,18 (oder 19,16 oder auch das Verbot 19,11b?), und dadurch analog 2,8–11 das Gesetz als ganzes (oder weil er einen Täter des Gesetzes verurteilt?); in Tateinheit trifft er so letztlich den Gesetzgeber (V.12; vgl. z.B. TestGad 4,1f.; DevR zu Dtn 24,9; Prov 17,5; 1Joh 4,20f.). Jak versteht aber wohl unter καταλαλεῖν (mit unpers. Objekt selten, aber z.B. Diodor S. XI 44,6 τοῦ Παυσανίου τῆς βαρύτητος; Ps-Lukian, As. 12 τοῦ λύχνου [Zauber] und gleich) und κρίνειν des Gesetzes nicht den Schimpf, den Übertretung dem Gesetz antut, sondern einen (hier angemaßten) Eingriff in Sinn und Funktion (vgl. Polybius XVIII 45,1 μόνοι δ' Αἰτωλοί, δυσχεραίνοντες ἐπὶ τῷ μὴ τυγχάνειν ὧν ἤλπιζον, κατελάλουν τὸ δόγμα [Senatsbeschluß], φάσκοντες οὐ πραγμάτων, ἀλλὰ γραμμάτων μόνον ἔχειν αὐτὸ διάθεσιν „nur die Aetoler, verärgert, daß sie nicht erhielten, worauf sie gehofft hatten, kritisierten den Beschluß: das sei eine Regelung nicht der wirklichen Verhältnisse, sondern eine Regelung auf dem Papier", Übers. H. Drexler; Demosthenes, C. Leptin. (24,21?) ὁ νόμος κρίνεται, πότερόν ἐστιν ἐπιτήδειος ἢ οὔ „Das Gesetz wird geprüft, ob es angemessen ist oder nicht"; Ulpianus Gramm. zu Demosthenes, Or. III 10 [Νομοθέτας καθίσατε. Ἐν δε τούτοις τοῖς νομοθέταις μὴ θῆσθε νόμον μηδένα – εἰσὶ γὰρ ἱκανοὶ ὑμῖν –, ἀλλὰ τοὺς εἰς τὸ παρὸν βλάπτοντας ὑμᾶς λύσατε]: Νομοθέτης ἐλέγετο παρ' αὐτοῖς [den Athenern] καὶ ὁ νόμον καινὸν εἰσφέρων, καὶ πάλιν ὁ κρίνων τοὺς νόμους, μήποτε ἐνάντιοί τινες ἀλλήλοις ἔλαθον ὄντες nach Wettstein; vgl. auch Andocides I 83f.). Wer Mitchristen herabsetzt oder endgültig verurteilt, richtet sich dabei nach dem Gesetz der Freiheit, bewußt oder nicht. Christen werden aber beim Jüngsten Gericht nach diesem Gesetz beurteilt und hoffentlich günstig (2,12f.). Wer sie schon jetzt verurteilt, setzt das Gesetz herab, indem er es zur Diffamierung von Gegnern einspannt, und verurteilt es zu Bedeutungslosigkeit im Gericht. Die nächsten drei Sätze bringen das auf den Punkt.

11c Εἰ δὲ νόμον κρίνεις, οὐκ εἶ ποιητὴς νόμου ἀλλὰ κριτής. **12** εἷς ἐστιν [ὁ] νομοθέτης καὶ κριτὴς ὁ δυνάμενος σῶσαι καὶ ἀπολέσαι· σὺ δὲ τίς εἶ ὁ κρίνων τὸν πλησίον; Der Konditionalsatz nimmt V.11b auf (εἰ → 1,5). Das Herabsetzen fehlt, weil schon dort der Ton auf Richten lag. Das Du ist paradigmatisch (s.o. das Ende des Exkurses zu 2,18). Der Schluß, den der Hauptsatz zieht, folgt notwendig. Deshalb ist die Opposition zu ποιητὴς νόμου, das sich nach 1,22–25 erklärt, nicht wie dort ἀκροατής, sondern κριτής (→ 2,4), doch wohl scil. νόμου im Sinn von V.11b. Tautologie entsteht dadurch nicht; der Konditionalsatz nennt eine Tätigkeit, εἶ... κριτής ein Amt, das sich der Täter, der sich wohl als ποιητὴς νόμου sieht, durch sie anmaßt. Damit ergibt sich ein Konflikt mit Gott, wohl nicht Christus (doch s. 5,7–9): V.12. Zieht man ἀλλὰ κριτής hierher (mit Komma hinter ἐστίν), schwächt man die Wirkung des εἷς ἐστιν (s. 2,19).

12 Die Prädikate νομοθέτης (LXX nur ψ 9,21 diff. MT κατάστησον, κύριε, νομοθέτην ἐπ' αὐτούς [die Völker]; jüd.-gr. oft Mose; frühchr. nur noch Barn 21,4) und κριτής (→ 2,4) sind für Gott traditionell, aber anscheinend nur einzeln. Νομοθέτης ist in dieser Funktion insgesamt selten (z.B. Dio Chr. XXXVI 32; Maximus Tyr. 35,8d νομοθέτῃ τῷ θεῷ; 4Esra 7,89?; Philo Sacr 131 νομοθέτης γὰρ καὶ πηγὴ νόμων αὐτός, ἀφ' οὗ πάντες οἱ κατὰ μέρος νομοθέται „denn Gesetzgeber und Gesetzesquelle ist er selbst, von dem alle Einzelgesetzgeber abhängig sind", Übers. H. Leisegang; vgl. Ps-Philo, Jona 114 „Er [der Prediger] hätte keine Möglichkeit, etwas gegen die Geltung des Gesetzes zu unternehmen; denn (dann) wäre er (ja) selbst der Gesetzgeber und der Herr der Herren", Übers. F. Siegert). Κριτής ist eher jüd. (z.B. 2Makk 12,6; ψ 7,12; 74,8; Jes 33,22; Sir 32[35],12; PsSal 2,18; TestJud 20,5; LibAnt 22,6; Philo Virt 61 πάντων μὲν κριτὴν ποιεῖσθαι θέμις θεόν; Jos Bell V 390; Ant VII 199 καὶ περὶ πάντων ἐπιτρέψας κριτῇ τῷ θεῷ; Ps-Philo, Jona 113; frühchr. noch 2Tim 4,8; Hebr 12,23; Herm sim 6,3,6).

Κριτής muß nicht nur die Funktion im Endgericht meinen. Aber die Partizipialwendung (zu solchen in εἷς-Aussagen vgl. Sir 1,8; Eph 4,6; 1Tim 2,5f.; Herm mand 1,1) schließt sie zumindest ein, gleich ob Apposition zu εἷς oder lockeres Attribut zu νομοθέτης καὶ κριτής. Als Gottesattribut ist (ὁ) δυνάμενος (→ 1,21) ebenfalls traditionell (z.B. 2Makk 8,18; 11,13 τοῦ δυναμένου θεοῦ συμμαχοῦντος αὐτοῖς; Philo Abr 268 τῷ πάντων αἰτίῳ καὶ δυναμένῳ μὲν πάντα, βουλομένῳ δὲ τὰ ἄριστα; Mt 10,28; Röm 16,25; Eph 3,20; Hebr 5,7; Jud 24f.; Herm mand 4,1,11 und gleich), jedoch mit der an sich geläufigen Opposition σῶσαι und ἀπολέσαι (→ 1,11.21) selten (aber z.B. Herm mand 12,6,3 φοβήθητε τὸν κύριον τὸν πάντα δυνάμενον, σῶσαι καὶ ἀπολέσαι, καὶ τηρεῖτε τὰς ἐντολὰς ταύτας und besonders Herm sim 9,23,4 ... ὁ δὲ ἄνθρωπος φθαρτὸς ὢν καὶ πλήρης ἁμαρτιῶν ἀνθρώπῳ μνησικακεῖ ὡς δυνάμενος σῶσαι ἢ ἀπολέσαι αὐτόν „... wie kann dann der Mensch, vergänglich und voll Sünden, einem Menschen etwas nachtragen, als ob er ihn vernichten oder retten könnte", wenn Gott barmherzig ist?, Übers. M. Leutzsch; zur Sache vgl. z.B. Dtn 32,39; 1Sam 2,6; 2Kön 5,7; ψ 74,8 ὅτι ὁ θεὸς κριτής ἐστιν, τοῦτον ταπεινοῖ καὶ τοῦτον ὑψοῖ; wohl christl. ApkEsr 2,17). Die Wendung ist keine Floskel. Wer seinen Bruder verurteilt, hat dem einzigen Richter, der retten und verurteilen kann, also auch retten, ins Amt gegriffen. Das Richtige steht 5,16.19f. (vgl. Röm 14,4).

Die rhetorische Frage (s.o. Einl. 3.2) am Schluß (vgl. Röm 14,4 σὺ τίς εἶ ὁ κρίνων ἀλλότριον οἰκέτην; 14,10 Σὺ δὲ τί κρίνεις τὸν ἀδελφόν σου; zur Stellung von σύ BDR 475,1b) beantwortet sich von selbst: im Gegensatz zu Gott ein Bruder, der einen Mitbruder zu richten weder berechtigt noch fähig ist. Seine eigenen scharfen Worte hält Jak offenbar entweder für nicht verurteilend oder wegen 1,1 für trotzdem geboten.

Zu πλησίον s.o. den Exkurs zu 2,8.

4,13–5,6 Ihr reichen Weltfreunde begeht Sünde, wenn ihr auf lange Handelsreisen geht, statt Gutes zu tun, und Schätze hortet, Lohnraub verübt, praßt und die Gerechten unterdrückt; heult über die bevorstehenden Qualen des Gerichts

[13]Auf jetzt die, die sagen: „Heute oder morgen werden wir in die (oder die) Stadt reisen und dort ein Jahr zubringen und Handel treiben und verdienen" – [14]ohne zu wissen, was morgen (geschieht), wie euer Leben (sein wird), denn ihr seid ein

Schwaden, der für kurze Zeit erscheint, dann aber verschwindet –, [15]statt daß ihr sagt: „Falls der Herr will, werden wir am Leben bleiben und dieses oder jenes tun“! [16]Jetzt jedoch rühmt ihr euch eurer Prahlereien; alles derartige Rühmen ist böse. [17]Wer also Gutes zu tun vermag und nicht tut, für den ist das Sünde.

[5,1]Auf jetzt die Reichen, weint (und) heult über die Qualen, die auf euch zukommen! [2]Euer Reichtum ist ganz verrottet und euer Kleider(vorrat) ist mottenzerfressen, [3]euer Gold und Silber sind ganz von Zersetzung befallen und ihr (giftiger) Befall wird zum Zeugnis gegen euch werden und euer Fleisch fressen wie Feuer. Ihr habt Schätze gesammelt in den letzten Tagen (der Welt)! [4]Siehe, der von euch geraubte Lohn der Arbeiter, die eure Felder mähten, schreit, und die Klagerufe derer, die ernteten, sind in die Ohren des Herrn Sabaoth eingedrungen. [5]Ihr habt geschwelgt auf der Erde und gepraßt, ihr habt eure Herzen verwöhnt (noch) am Schlachttag, [6]ihr habt den Gerechten verurteilt und umgebracht. Widersetzt er sich euch (denn) nicht?!

Literatur: ALFÖLDY, Sozialgeschichte. – AHRENS, Der Realitäten Widerschein. – L. ALONSO SCHÖKEL, James 5,2 [recte 6] and 4,6, Bib. 54, 1973, 73–76. – AMPHOUX, Hypothèses. – K. BACKHAUS, Condicio Jacobaea. Jüdische Weisheitstradition und christliche Alltagsethik nach Jak 4,13–17, in: K. Backhaus/F.G. Untergaßmair (Hg.), Schrift und Tradition (FS J. Ernst), 1996, 135–158. – BAKER, Speech-Ethics. – CARGAL, Restoring the Diaspora. – H.-J. DREXHAGE, Wirtschaft und Handel in den frühchristlichen Gemeinden (1.-3. Jh. n. Chr.), RQ 76, 1981, 1–72; Handel I (geschichtlich); II (ethisch), RAC XIII, 1986, Sp. 519–561. 561–574. – A. FEUILLET, Le sens du mot Parousie dans l'Évangile de Matthieu. Comparaison entre Matth. XXIV et Jac. V, 1–11, in: W.D. Davies/D. Daube (eds.), The Background of the New Testament and its Eschatology (FS C.H. Dodd), 1956 = 1964, 261–280. – P. GARNSEY/K. HOPKINS/C.R. WHITTAKER (eds.), Trade in the Ancient Economy, 1983. – P. GARNSEY/R. SALLER, The Roman Empire. Economy, Society and Culture, 1987. – A. GIARDINA, Der Kaufmann, in: A. Giardina (Hg.), Der Mensch der römischen Antike, 1991, 276–304. 423f. (Lit.). – S. GRILL, Der Schlachttag Jahwes, BZ 2, 1958, 278–283. – HAINTHALER, »Ausdauer Ijobs«. - B. HEININGER, Metaphorik, Erzählstruktur und szenisch-dramatische Gestaltung in den Sondergutgleichnissen bei Lukas, 1991. – HENGEL, Polemik. – CATHERINE HEZSER, Lohnmetaphorik und Arbeitswelt in Mt 20, 1–16. Das Gleichnis von den Arbeitern im Weinberg im Rahmen rabbinischer Lohngleichnisse, 1990. – KELLY, Poor and Rich. – KLEIN, „Vollkommenes Werk“. – J. KOLENDO, Der Bauer, in: Giardina (Hg.), Mensch, 226–242. 421f. (Lit.). – KÖNNECKE, Emendationen. – KONRADT, Existenz. – E. LERLE, Καρδία als Bezeichnung für den Mageneingang, ZNW 76, 1985, 292–294. – LEUTZSCH, Wahrnehmung. – C. LINDHAGEN, Die Wurzel ΣΑΠ im Neuen Testament und im Alten Testament, UUA 1950/5, 27–33. – H.-P. MATHYS, «Und es wird im Hause des Herrn der Heerscharen kein Krämer mehr sein an jenem Tage» (Sach 14,21). Altes Testament und Volkswirtschaft, ThZ 54, 1998, 97–110. – MAYNARD-REID, Poverty and Wealth. – M. MAYORDOMO-MARÍN, Jak 5,2.3a: Zukünftiges Gericht oder gegenwärtiger Zustand?, ZNW 83, 1992, 132–137. – B. NOACK, Jakobus wider die Reichen, StTh 18, 1964, 10–25. – T. PEKÁRY, Die Wirtschaft der griechisch-römischen Antike, 1976, [2]1979. – PENNER, James and Eschatology. – K. POLANYI, Ökonomie und Gesellschaft, 1979. – POPKES, Adressaten. – PRETORIUS, Verklaringsopsies (5,6). – RYDBECK, Fachprosa. – STEGEMANN/STEGEMANN, Sozialgeschichte. – TUSJI, Glaube. – VALGIGLIO, Postille (4,14 ἔπειτα καί). – WACHOB, Voice of Jesus. – WIFSTRAND, Stylistic Problems. – E. ZIEBARTH, Der griechische Kaufmann im Altertum, 1934. – Mehr s.o. im Exkurs zu 2,7. Ein Wirtschaftskommentar zum NT fehlt.

4,13–5,6 bilden den zweiten Unterteil des zweiten Hauptteils (s. vor 3,12); in 5,7 beginnt der Schluß. Der Unterteil kommt nicht unverhofft. Er knüpft zwar nicht an 4,11f. an (conditio humana, Arroganz, Endgericht o.ä. sind als Verbinder zu allgemein; originell, aber kaum am Text ausweisbar Amphoux, Hypothèses 316f.: 4,13–15 und 5,1–6a sind Beispiele böser Nachrede, die Jak in 4,16f. und 5,6b kritisiert), wohl aber an 4,1–10.

Wandte sich Jak dort gegen einfache Adressaten, die reich werden wollen, so in 4,13–5,6 gegen Wohlhabende, die noch reicher werden wollen oder reich sind. Insofern führt der Unterteil 1,10f. aus (s.o. Einl. 3.1).

Er zerfällt in die Abschnitte 4,13–17 und 5,1–6. Sie werden meist auf zwei verschiedene Arten von Adressaten bezogen und getrennt behandelt. Tatsächlich sind Thema und Ton so verschieden wie Stil und Traditionshintergrund. Die Handelsreiseplaner, die selbst zu Wort kommen, belehrt Jak wie ein Weisheitslehrer, daß sie Sünde begehen. Den unsozialen „Reichen", die nichts sagen dürfen, befiehlt er wie ein alttestamentlicher Prophet barsch, über das drohende Gericht zu heulen. Andererseits zeigt der gleiche Anfang, daß mit 5,1 weitergehen soll, was 4,13 begann. Beide Abschnitte betreffen „die Reichen" (so auch z.B. Frankemölle: Jak, Konradt: Existenz, Noack; weiter s.o. den Exkurs zu 2,7), freilich nicht notwendig dieselben Einzelpersonen. Nicht zufällig benutzt Jak hier wie dort keine Berufs- oder Funktionsbezeichnungen. 4,13–17 redet zu Reichen in einer oder zwei der wirtschaftlichen Rollen, die sie, in der Regel Männer, abwechselnd, zugleich oder vornehmlich neben politischen, religiösen und kulturellen spielen konnten (vgl. Xenophon, Oec. 20,27f.; Ps-Krates, Ep. 7 Gegen die Reichen: πλεῖτε καὶ πολλὰ γεωργεῖτε „ihr fahrt zur See und treibt viel Landwirtschaft", Forts. s.o. bei 4,2a-c; Anth. Pal. IX 446 ἀγρὸς τέρψιν ἄγει, κέρδος πλόος „Acker schafft Genuß, Seefahrt Gewinn"; Mt 22,5; dazu drittens Geldgeschäfte, vgl. Seneca, Ep. 101,4; Mt 25,14–30 par.). 5,1–6 redet zu den Reichen insgesamt, nicht etwa nur in der Rolle von Landwirten; sie wohnen auch kaum auf dem Land, sondern wie die Adressaten überhaupt in der Stadt. Die Planer sind vor ihrer Reise und, falls sie sich nicht ruinierten, auch nachher eingeschlossen. Daß sie über ihre Sünde belehrt werden, macht sie nicht zu einer Sondergruppe, sondern liegt eher daran, daß Handelsreisen nicht zum festen Bestand der Reichenpolemik gehören.

Strittig bleibt, ob die Angeredeten Christen sind. 4,15 deutet darauf hin, die fehlende Bruderanrede, die auch in 4,1–10 nicht vorkommt, und die harten Vorwürfe in 5,1–6 sprechen nicht zwingend dagegen (s. 2,6f. mit Exkurs; auch der Reiche Lk 16, dessen Signalement V.19–21 gut zu Jak 5,2–6 paßt, ist Abrahamssohn). Aber auch falls sie außen stehen (so viele wenigstens für 5,1–6), redet Jak nicht zum Fenster hinaus, sondern zeigt den Adressaten die Folgen erfolgreicher Weltfreundschaft (4,4), so daß man 4,13–5,6 auf zwei Ebenen lesen muß (Konradt, Existenz). Für die Adressaten verstärken 4,13–5,6 den Bußruf 4,7–10. Für die Reichen ist in 5,1–6 keine Buße angesagt, aber auch nicht ausgeschlossen. Sind also die Adressaten mindestens mitangeredet, darf man die Reichen nicht in der Oberschicht ansiedeln und sich die wirtschaftlichen Verhältnisse, die Jak meint, nicht zu groß vorstellen.

Daß vor allem 4,13–17 verdeckt auch Paulus' Reisemission kritisieren (Hengel, Polemik; vgl. 1Kor 9,19–22; 2Kor 11,8f.13–15), leuchtet nicht ein; Paulus arbeitete nicht als Händler, und 4,14 kommt zu spät.

4,13–17 ist inhaltlich geschlossen. Jak erklärt längere Handelsreisen, die nicht näher bezeichnete Leute vorhaben, für Sünde, weil unvereinbar mit Gottes Willen, der Caritas verlangt. Das ist zunächst ein Stück Wirtschaftsethik, nicht Theologie oder Anthropologie. Die Ausleger spiritualisieren oft sehr schnell. Aber daß allein Gott über die Zeit verfügt und autonome Lebensplanung des Menschen Hochmut ist, sind Argumente, die Jak benutzt, nicht sein Thema. Natürlich will auch er über den Spezialfall auf Allgemeineres hinaus; auf was, sagt er in V.17 ausdrücklich.

Die Gliederung ist schwierig, weil V.13–15 kaum sicher zu konstruieren sind. Sucht man nach ἄγε einen Imperativ wie in 5,1 und oft, muß man V.15 dafür nehmen, aber indikativisches Verständnis par. V.13 liegt hier näher. Sucht man eine Frage, kann man sie in V.14a finden, aber V.14b folgte dann besser ohne γάρ, und V.15 ist als selbständiger Satz schwierig. Man muß wohl Anakoluth annehmen. Ich lese V.13–15 als ein Satzgefüge (mit ECM gegen NA[27]). V.13 beschreibt, was die Angeredeten sagen, V.15, was sie besser sagen sollten, und ersetzt damit den zu erwartenden Imperativ. Der locker dazwischengefügte V.14 (Relativsatz mit angehängter Begründung; ECM bringt nur sie als Parenthese aus) nimmt den Grund für ihn vorweg. V.16 ergänzt V.13–15 durch die entgegenstehende Selbstbewertung der Angeredeten und verwirft sie als bösen Hochmut. V.17 zieht daraus einen verallgemeinernden Schluß: wer Gutes tun kann und es nicht tut, begeht Sünde.

13 Ἄγε νῦν οἱ λέγοντες· σήμερον ἢ αὔριον πορευσόμεθα εἰς τήνδε τὴν πόλιν καὶ ποιήσομεν ἐκεῖ ἐνιαυτὸν καὶ ἐμπορευσόμεθα καὶ κερδήσομεν nennt vier Ankündigungen in wörtlicher Rede, von denen je zwei enger zusammengehören. Der erstarrte Imperativ der 2. Person Singular ἄγε verstärkt die Anrede (jüd.-gr. z.B. 2Kön 4,24; Sib III 562; vgl. Jes 43,6; frühchr. nur noch Jak 5,1; Diog 2,1), hier und 5,1 wie oft pagan mit νῦν (dies noch 4,16). Mit dem biblischen Wehe hat das nichts zu tun.

Jak läßt die Planer reden, gleichviel ob laut (V.16?) oder bei sich, und schildert damit Vorsatz. Aus dem Stakkato spüren viele Selbstsicherheit, wenn nicht Prahlerei heraus (vgl. V.16). Aber die Einzelaussagen sind blaß. Wohl weil Jak nicht wiedergibt, was eine Gruppe insgesamt oder mehrere Leute je einzeln sagen, sondern ein Formular (vgl. schon Bengel, Gnomon) mit Variablen (Zeitpunkt, Ort) und Leerstellen (handeln wie und womit? was für Profit?). Wenn das stimmt, nimmt Jak an, daß dergleichen nicht selten vorkam. Warum er hier anders als in 5,1–6 die Angeredeten sprechen oder denken und Vorhaben, nicht Taten nennen läßt, wird kaum gefragt. Um zu verlebendigen? Weil er die Gemeinten als Anwesende anreden will? Weil Planer reden? Weil reiche Planer reden (vgl. grHen 97,8f.; Lk 12,16–21)? Weil V.13–17 von einem Problem handeln, das benannt werden muß, während 5,1–6 ethisch unzweifelhaft sind? Oder personifiziert Jak einen Einwand gegen die in V.1–10 verlangte Umkehr vom Gewinnstreben, weil gemeinschaftsschädlich (vgl. 1,13; 2,14.18): ‚dann verdienen wir eben auswärts' oder ‚wir Fernhändler sind doch nicht betroffen'? Was hat aber die frühchr. ungewöhnliche Paränese überhaupt veranlaßt? Spiegelt sich Veränderung in der Zusammensetzung der Adressaten durch Neuzugänge oder Heranwachsen (die Planer „jüngere Söhne" von Reichen, vgl. Lk 15,11–32)?

Σήμερον ἢ αὔριον (jenes im Brief nur hier, dieses noch V.14, darum beides nicht zu οἱ λέγοντες) ist distributiv gemeint. Man braucht weder einen schnell gefaßten Entschluß herauszulesen, noch daß man nur noch auf Reisegenossen, Schiff, günstigen Wind o.ä. wartet. Πορεύεσθαι (→ 1,11) läßt aber nicht speziell an Schiffsreise denken (kann freilich Teilstrecken zur See einschließen, z.B. auch mit εἰς Apg 20,22; Röm 15,24, vgl. dagegen Apg 21,3), überhaupt nicht notwendig an eine weite Reise.

Das Ziel heißt ἥδε ἡ πόλις (ὅδε attributiv frühchr. noch 1Klem 50,3; 63,2; πόλις fehlt im Brief sonst) nicht, weil unsicher oder beliebig („diese oder jene, falls geeignet" oder „gleich welche") oder mehr als eine („diese und jene"), sondern ἥδε macht die Stadt zur Variablen (vgl. Plutarch, Mor. 623e; Epiktet I 12,28 ironisch ὁ δεῖνα τῇ δεῖνι συνελθέτω τῇδε τῇ ὥρᾳ, ἵνα ἐγὼ γένωμαι „[Hätte ich sagen können:] Der Soundso soll mit der Soundso in der und der Stunde verkehren, damit ich geboren werde?"; ähnlich Mark Aurel VI 49 μήτι δυσχεραίνεις, ὅτι τοσῶνδέ τινων λιτρῶν εἶ καὶ οὐ τριακοσίων; οὕτω δὴ καὶ ὅτι μέχρι τοσῶνδε ἐτῶν βιωτέον σοι καὶ οὐ μέχρι πλείονος „Du grämst dich doch nicht darüber, daß du so und so viel Pfund schwer bist und nicht 300? So sei also auch zufrieden, daß du bis zum soundsovielten Jahre zu leben hast und nicht länger", Übers. W. Theiler; 4Makk 9,8?; vgl. BDR 289,3; nicht Umgangssprache). Jeder Reisende hat sein eigenes Ziel („diese bzw. jene"). Lokale Rückschlüsse (die Angeredeten wohnen in einer Hafenstadt oder gerade nicht in einer Stadt) sind kaum möglich.

Der nächste Satz gehört eng zum ersten, weil er indirekt das Ende der Reise nennt. Ποιεῖν (→ 2,8) mit Zeitspanne als Objekt ist hell. (z.B. Dionysius Hal. IV 66,3; Cicero, Att. V 20,1 *Philomeli quinque dies, Iconi decem fecimus*; Seneca, Ep. 66,4; Qoh 6,12; TestHi 20,5; ParJer 6,13[16]; Jos Ant VI 18; Apg 20,3; 2Kor 11,25; 1Klem 53,2), anderswo auch mit ἐνιαυτός (noch 5,17; z.B. TestJuda 10,4; vgl. Prov 13,23 ἔτη πολλά; TestHi 21,1 ἔτη τεσσαράκοντα ὀκτώ). Ἐκεῖ (→ 2,3) mag das Umland aus abhängigen Dörfern einschließen, das eine antike Stadt hatte, aber weiter herumreisen wollen die Planer offenbar nicht (anders z.B. Apuleius, Metam. I 5,2–4; Mt 13,45f.; Cyprian, De lapsis 6). Nach dem Jahr soll es offenbar zurück gehen (vgl. Apuleius, Metam. I 7,4 *nam ut scis optime, secundum quaestum Macedoniam profectus, dum mense decimo ibidem attentus nummatior revortor*... „Denn, wie du sehr gut weißt, zog ich zum Gelderwerb nach Mazedonien, und während ich mit gespicktem Beutel mich auf den Heimweg machte – ich war dort neun Monate festgehalten –, ...", Übers. R. Helm). Jak spricht dann weder von Landflucht noch von Auswanderung.

Erst mit ἐμπορεύεσθαι ist von Geschäften die Rede. Ursprünglich ‚reisen', speziell ‚zu Handelszwecken reisen', kann das Verb transitiv ‚einkaufen' ohne zu reisen bedeuten (metaphorisch z.B. Prov 3,14; Philo Sacr 28; Jos Bell I 514; 2Petr 2,3; das Verb frühchr. sonst nicht), intransitiv einfach ‚Handel treiben', ‚Geschäfte machen' (z.B. Thukydides VII 13,2; Epiktet IV 10,11; Lukian, Icarom. 16; Gen 34,10; Am 8,6; Philo Leg 204; zum antiken Handel Drexhage, Garnsey – Hopkins – Whittaker, Garnsey – Saller, Giardina, Pekáry, Ziebarth). Die Berufsbezeichnung ἔμπορος ‚Groß-', d.h. meist ‚Fernhändler' (opp. κάπηλος ‚Krämer', αὐτοπώλης ‚Verkäufer eigener Produkte', der in den Augen der Zeit aber nicht Handel trieb), benutzt Jak nicht. Dies und die Drittposition des Verbs deuten darauf hin, daß Jak nicht das Bild der Fernhändler hervorrufen möchte, die große Warenmengen über weite Strecken zum Verkauf bringen und möglichst mit einer neuen Ladung zurückkehren (vgl. z.B. Xenophon, Oec. 20,27f.; Philostrat, Vita Apoll. V 20; Ez 27; TestHi 18,6f.; Apk 18,11–20). Unter den Adressaten gab es auch kaum so viele, daß sich Besprechung lohnte.

Κερδαίνειν (fehlt LXX, im Brief nur hier; ohne Objekt z.B. auch Herodot VIII 5,3; Menander, Dysc. 720; P.Oxy. 1477,10; Arist 270; Jos Ant V 135 ἦσαν δὲ [die korrupte israelische Aristokratie] ἐν τοῖς ἀγροῖς ἡδονῇ τοῦ κερδαίνειν προσδεδεμένοι) bedeutet hier wohl, Gewinn einzuheimsen, den man behalten kann (Geld oder Sachwerte), nicht Waren zum Wiederverkauf.

Jak denkt am ehesten an Leute, die mit Kapital in eine geeignete Stadt reisen wollen (vgl. Plato, Leg. 952e; Xenophon, Vect. 3,1 Ὡς γε μὴν καὶ ἐμπορεύεσθαι ἡδίστη τε καὶ κερδαλεωτάτη ἡ πόλις, νῦν ταῦτα λέξω „Daß die Stadt [Athen] aber auch für den Fernhandel sehr bequem und gewinnbringend ist, will ich nun darlegen", Übers. G. Audring) und es dort durch Handel oder Geldgeschäfte vermehren (vgl. TestHi 11,3, wo Mittellose, die Hiobs Diakonie unterstützen wollen, bitten: ποίησον σὺ μεθ' ἡμῶν ἔλεος καὶ πρόχρησον ἡμῖν χρυσίον ἵνα ἀπέλθωμεν εἰς τὰς μακρὰς πόλεις ἐμπορευόμενοι καὶ τοῖς πένησιν δυνηθῶμεν ποιήσασθαι διακονίαν, ... 8f. καὶ οὕτως ἐνεπορεύοντο ἐν τοῖς ἐμοῖς. ἐνίοτε δὲ ἐμπορευόμενοι ἐπετύγχανον καὶ ἐδίδουν τοῖς πτωχοῖς „Hab Mitleid mit uns und leih uns Geld, damit wir in die großen Städte gehen (können) und dort Handel treiben und (dann auch) in der Lage sind, den Dienst für die Armen zu verrichten, ... Und so betrieben sie mit meinem (Geld) Handel. Manchmal hatten sie dabei Erfolg und konnten (von den Erträgen) den Armen geben", Übers. B. Schaller; Lk 15,13? Marcion?; anders Xenophon, Oec. 20,27f., das Gegenteil Mt 25,14–30 par.).

Den Adressaten hätte wie vielen Auslegern bei ἐμπορεύεσθαι und κερδαίνειν die Warnung vor Habgier (s. 4,2) und die traditionelle Kritik an den Händlern einfallen können (z.B. Prov 20,23; Am 8,4–6; Mi 6,11; Sir 26,29–27,2; Philo Migr 217; Prob 78 ἐμπορίας γὰρ ἢ καπηλείας ἢ ναυκληρίας οὐδ' ὄναρ ἴσασι, τὰ εἰς πλεονεξίαν ἀφορμὰς ἀποδιοπομπούμενοι „Denn Großhandel, Krämerei und Reederbetrieb kennen sie [die Essener] nicht einmal im Traum, da sie alles verabscheuen, was Anlaß zur Habsucht geben kann", Übers. K. Bormann ; 2Klem 20,4; vgl. auch das Handelsrecht bei Plato, Leg. 915d-920c). Sie ist wohl Käuferperspektive. Standesgenossen konnten Großhändler, die aber meist mittelbar tätig waren, anders sehen (vgl. Cicero, Off. I 42,151 *Mercatura autem, si tenuis est, sordida putanda est; sin magna et copiosa, multa undique apportans multisque sine vanitate inpertiens, non est admodum vituperanda; atque etiam si satiata quaestu vel contenta potius, ut saepe ex alto in portum, ex ipso se portu in agros possessionesque contulit, videtur iure optimo posse laudari. Omnium autem rerum, ex quibus aliquid adquiritur, nihil est agri cultura melius, nihil uberius, nihil dulcius, nihil homine, nihil libero dignius* „Der Handel aber hat, wofern er klein ist, als schmutzig zu gelten. Wenn er aber groß ist und Mittel hat, vieles von allen Seiten herbeischafft und vieles ohne Betrügerei zuteilt, ist er nicht wohl zu tadeln. Und auch wenn er sich gesättigt hat an Erwerb oder, besser, sich begnügt und, wie oft von hoher See in den Hafen, so sich aus dem Hafen selber aufs Land und die Besitzungen begeben hat, scheint er mit dem besten Recht gelobt werden zu können. Von allen Dingen aber, aus denen irgendein Erwerb gezogen wird, ist nichts besser als der Landbau, nichts ergiebiger, nichts angenehmer, nichts eines Menschen, nichts eines Freien würdiger", Übers. K. Büchner; Seneca, Ep. 101,4 über den befreundeten Ritter Cornelius Senecio: *Ille qui et mari et terra pecuniam agitabat, qui ad publica quoque nullum relinquens inexpertum genus quaestus accesserat...*). Jak kritisiert im folgenden aber etwas ganz anderes. Das deuten in V.13 nicht ἐμπορεύεσθαι und κερδαίνειν an, sondern die Orts- und Zeitangabe. Handel zu Hause, natürlich ehrbarer, bleibt unberührt.

14 Οἵτινες οὐκ ἐπίστασθε τὸ τῆς αὔριον ποία ἡ ζωὴ ὑμῶν· ἀτμὶς γάρ ἐστε ἡ πρὸς ὀλίγον φαινομένη, ἔπειτα καὶ ἀφανιζομένη. Bezugswort von οἵτινες (zu ὅστις statt ὅς s. BDR 293,1; generell 2,10) ist οἱ λέγοντες V.13, nicht die 1. Pl. in ihren Aussagen. Objekt zu ἐπίστασθε (→ 3,13) ist entweder der indirekte Fragesatz (ποῖος wie z.B. Joh 12,33; 1Klem 38,3, doch kann ποῖος auch das Relativpron. vertreten, vgl. BDR 300,1; das Wort im Brief nur hier) oder besser die Zeitbestimmung (vgl. BDR 266 Anm. 5). Im ersten Fall muß τὸ τῆς αὔριον (→ 4,13) Beziehungsakkusativ sein (wenn man ohne τό om. B ff1 Hier liest, kann τῆς αὔριον per Hyperbaton zu ἡ ζωή gezogen werden, BDR 186 Anm. 4), im zweiten ist der Fragesatz explikativ (Präd. im Fut. ergänzen).

Jak wandelt eine alte, interkulturelle Weisheit ab, die manchmal tröstend, öfter resignierend oder wie hier warnend gemeint ist (Amenemope 19,11–13; Theognis, Eleg. 159f. οἶδε γὰρ οὐδεὶς ἀνθρώπων ὅ τι νὺξ χἠμέρη ἀνδρὶ τελεῖ „Denn keiner der Menschen weiß, was Nacht und Tag dem Mann bringt"; Plutarch, Mor. 107c zit. Euripides, Alk. 783f. κοὐκ ἔστιν αὐτῶν ὅστις ἐξεπίσταται τὴν αὔριον μέλλουσαν εἰ βιώσεται; Demosthenes, Or.

XV 21; Horaz, Carm. I 9,13 *quid sit futurum cras, fuge quaerere;* Seneca, Ep. 101,4f. *quam stultum est aetatem disponere ne crastini quidem dominum... nihil sibi quisquam de futuro debet promittere;* Statius, Theb. III 562 *quid crastina volveret aetas scire nefas homini;* Prov 3,28; 27,1; Sir 10,10; 11,18f.; Ps-Phok 116 οὐδεὶς γινώσκει, τί μετ' αὔριον ἢ τί μεθ' ὥραν „Keiner weiß, was übermorgen, ja was schon nach einer Stunde sein wird", Übers. N. Walter, aber sekundär; bSanh 100b; bJeb 63b; vgl. Mt 6,34; Lk 12,16–21; Heininger).

V.14b begründet nicht das Nichtwissen, sondern daß das irdische Leben (anders → 1,12) morgen zu Ende sein kann. Ob ἀτμίς (frühchr. nur noch Apg 2,19 zit. Joel 3,3; 1Klem 17,6, s. unten) ‚Dunst', ‚Dampf', ‚Rauch' oder anderes bedeutet, muß man nicht entscheiden; es geht um die Konsistenz (Aristoteles, Meteor. 359b unterscheidet ἀτμίς und καπνός). Dergleichen ist als Vergleich oder Metapher für Menschen und menschliches Leben geläufig (z.B. Mark Aurel II 17 πάντα τὰ μὲν τοῦ σώματος ποταμός, τὰ δὲ τῆς ψυχῆς ὄνειρος καὶ τῦφος „alles Körperliche ist ein Fluß, alles Seelische ein Traum und Wahn", Übers. W. Theiler; Lukian, Charon 19; Seneca, Troad. 394–396 *ut nubes...: sic hic, quo regimur, spiritus effluet;* 392 *calidis fumus ab ignibus;* ψ 36,20; 67,3; 101,4 ὅτι ἐξέλιπον ὡσεὶ καπνὸς αἱ ἡμέραι μου; Hi 7,7 πνεῦμά μου ἡ ζωή; 8,9 σκιὰ γάρ ἐστιν ἡμῶν ἐπὶ τῆς γῆς ὁ βίος; Hos 13,3 διὰ τοῦτο ἔσονται [Ephraim] ὡς νεφέλη πρωινὴ... καὶ ὡς ἀτμὶς ἀπὸ ἀκρίδων; Sap 2,4 καὶ παρελεύσεται ὁ βίος ἡμῶν ὡς ἴχνη νεφέλης καὶ ὡς ὁμίχλη διασκεδασθήσεται ; 5,9.14; Sir 41,11 HT?; 4Esra 4,24; 7,61; syrBar 14,10f.; 82,3.6.9; äthHen 108,9; 1QM 15,10; Philo Imm 177 οὐδὲν οὖν ἔστι τῶν ἀνθρωπίνων σπουδασμάτων ἔργον καὶ πρᾶγμα οὐδέν, ἀλλὰ σκιά τις ἢ αὔρα πρὶν ὑποστῆναι παρατρέχουσα „Es gibt also kein Werk und kein Ding aus menschlichem Bemühen, sondern ein Schatten ist's, und ein Wind, der vorüberfährt, bevor er nur angehalten hat", Übers. H. Leisegang; 1Klem 17,6 καὶ πάλιν λέγει [Mose, aber wo?]· Ἐγὼ δέ εἰμι ἀτμὶς ἀπὸ κύθρας). Manchmal sind böse Menschen gemeint, die bestraft werden (vgl. 1,10f.), hier nicht.

Die beiden partizipialen Attribute mit Artikel nach dem artikellosen ἀτμίς sind einem Relativsatz gleichwertig (vgl. BDR 270,2). Πρὸς ὀλίγον (ὀλίγος im Brief sonst nicht) hier zeitlich (wie z.B. Lukian, Dial. deor. 18,1; Plutarch, Mor. 116a; Epiktet IV 1,104; LXX nur Sap 16,6; TestBenj 5,5; Jos Bell IV 642; Protev 19,2; vgl. Hi 10,20, anders 1Tim 4,8; die Wendung frühchr. sonst nicht). Ἔπειτα (→ 3,17) καί (zusammen frühchr. nur noch noch Polyk 4,2) statt ἔπειτα δέ, das unbeliebt ist (BDR 459,4, vgl. 442,1a)? Oder „auch (wieder)"? Φαίνειν opp. ἀφανίζειν (beide im Brief nur hier; nicht seltene Paronomasie, vgl. BDR 488,1) o.ä. kann Augenschein oder Existenz bezeichnen (z.B. Aristoteles, Hist. an. 563b ὁ δὲ κόκκυξ φαίνεται ἐπ' ὀλίγον χρόνον τοῦ θέρους, τὸν δὲ χειμῶνα ἀφανίζεται; Ps-Aristoteles, Mund 399a κινεῖται πᾶσα [φύσις] ἐνδελεχῶς ἐν κύκλοις καὶ πέρασιν ἰδίοις, ποτὲ μὲν ἀφανιζομένη ποτὲ δὲ φαινομένη „[Es] bewegt sich eine jede [Wesenheit] unablässig in ihren eigenen Kreisbahnen und Grenzen, bald verschwindend, bald wieder aufscheinend", Übers. H. Strohm; Jos Ant VIII 319; Mt 6,16; IgnEph 19,3 πᾶς δεσμὸς ἠφανίζετο κακίας... θεοῦ ἀνθρωπίνως φανερουμένου). Bei ἀτμίς fällt beides zusammen. Gewaltsames ἀφανίζειν (z.B. Xenophon, Anab. III 2,11; ParJer 1,6; Mt 6,19f.) paßt nicht. Das Präsens ist zeitlos. Aus ἀφανιζομένη läßt sich nicht herauslesen, daß für Jak das Christenleben mit dem Tod endete, also die Parusie weit weg war (dazu s.u. den Exkurs hinter 5,11).

Jak argumentiert nicht mit den bekannten Risiken von Handelsreisen wie Raubüberfall, Schiffbruch, fehlenden Marktberichten, rüder Konkurrenz usw. (z.B. Philostrat, Vita Apoll. IV 32; Apuleius, Metam. I 5,2–5; 7,5–10; TestHi 18,6f.; Philo Jos 139; vgl. grHen

101,4–8; zu anderen Berufen Philo All III 226f.). Weil sie die in V.13 genannte Art von Vorhaben nicht bedrohten?

15 Ἀντὶ τοῦ λέγειν ὑμᾶς· ἐὰν ὁ κύριος θελήσῃ καὶ ζήσομεν καὶ ποιήσομεν τοῦτο ἢ ἐκεῖνο nennt die korrekte Alternative zu V.13. Macht man V.15 selbständig, muß man λέγειν (→ 1,13; zur Konstruktion s. 1,18; zu ἀντί, im Brief nur hier, vgl. ψ 108,4) imperativisch übersetzen (z.B. EÜ). Die conditio Jacobaea ist nur ἐὰν ὁ κύριος θελήσῃ (Mehrheitsmeinung, vgl. BDR 442 Anm. 14; daß καὶ ζήσομεν semitisierend einen Objektsatz zu θελήσῃ vertritt und das zweite καί einem Waw apodoseos entspricht, ist hier unwahrscheinlich, anders Beyer, Syntax 69; für καὶ ζήσωμεν Byz spricht nichts). Sie paßt in dieser Form auch zu der langen Tradition, in der sie steht (vgl. z.B. Aristophanes, Pl. 347.405.1188 ἢν θεὸς θέλῃ; Plato, La. 201c; Hipp. Maior 286c; Alc. I 135d Ἐὰν βούλῃ σύ, ὦ Σώκρατες. Οὐ καλῶς λέγεις, ὦ Ἀλκιβιάδη. Ἀλλὰ πῶς χρὴ λέγειν; Ὅτι ἐὰν θεὸς ἐθέλῃ „Wenn du willst, o Sokrates. Das sagst du nicht recht, o Alkibiades. Wie muß ich denn sagen? Wie Gott will", Übers. F. Schleiermacher; Phaed. 80d; Theaet. 151d; Ep. 6,323c καὶ φημὶ δὴ ταῦθ' ἡμᾶς πάντ' ἀγαθὰ ποιήσειν, ἂν θεὸς ἐθέλῃ; Epiktet I 1,17; Hermet. Fr. bei Stobaeus III 11,31 ἐὰν ὁ θεὸς θέλῃ; BGU I 27,11 ὡς ὁ θεὸς ἤθελεν; II 615,4f.; Plautus, Poen. 910 *si di volent*; Sir 39,6 ἐὰν κύριος ὁ μέγας θελήσῃ, ähnlich 1Kor 4,19; ParJer 1,6 εἰ θέλημά σού ἐστιν; auch als Gen. abs., z.B. Xenophon, Hipparch. 9,7 θεῶν συνεθελόντων; Sallust, Jug. 14,19 *dis volentibus*; Apg 18,21, oder mit anderen Verben, z.B. 1Kor 16,7 ἐὰν ὁ κύριος ἐπιτρέψῃ; Hebr 6,3 ἐάνπερ ἐπιτρέπῃ ὁ θεός; vgl. auch Epiktet III 22,95 und Ench. 53,3 zit. Plato, Kriton 43d; 1Makk 3,60; Röm 1,10; 15,32; Ign Eph 20,1; Minucius Felix, Oct. 18,11 *audio vulgus: cum ad caelum manus tendunt, nihil aliud quam 'deum' dicunt et 'deus magnus est' et 'deus verus est' et 'si deus dederit'. vulgi iste naturalis sermo est an Christiani confitentis oratio?* „Ich höre das Volk: wenn die Leute die Hände zum Himmel erheben, so sagen sie nichts anderes als ‚Gott' und ‚Gott ist groß' und ‚Gott ist wahr' und ‚so Gott will'. Ist das die natürliche Sprache des Volkes oder schon das Wort eines Christen, der seinen Glauben bekennt?", Übers. B. Kytzler; Augustin, Enn. in Ps. zu 32,2 *quis non cotidie dicit: quod vult Deus hoc agat?*, vgl. Tertullian, De test. an. 2,1; also kaum atl.-jüd. Belege, Paulus nicht gerechnet). Der Herr wird derselbe sein wie sonst im Brief (→ 1,1). Dann ist die conditio Jacobaea für Jak ein christlicher Satz, kein interreligiöser. Die Angeredeten sollen als Christen sprechen, die sie dann vermutlich auch sind (kaum: sich indirekt rufen lassen, welche zu werden).

Der zweiteilige Hauptsatz nimmt sowohl V.14 als auch V.13 auf (καί-καί im Brief sonst nicht). Wenn der Herr will (ἐάν → 2,2; θέλειν → 2,20), werden wir am Leben bleiben (ζῆν, im Brief nur hier, wie z.B. Xenophon, Anab. III 2,39; Jos Vita 421; Apg 25,24; 28,4; Apk 13,14; → 1,12) und etwas unternehmen (ποιεῖν → 2,8), nämlich τοῦτο ἢ ἐκεῖνο (→ 1,7; BDR 291,2). In Analogie zu V.13 wird das heißen: der eine dies, der andere das. Die meisten deuten gesinnungsethisch: Vorhaben wie in V.13 skizziert (Demonstrativa können Wiederholung ersetzen, vgl. 1Sam 17,27; Joh 20,18; Apg 5,8), gern verallgemeinert zu Lebensentwürfen, sind erlaubt, nur bitte gottergeben und ohne Leistungsstolz. Wer V.14 ernst nimmt, kann aber nicht langfristig planen, und wer die conditio Jacobaea spricht, muß nicht nur fragen, ob Gott eine solche Geschäftsreise heute oder morgen will, sondern ob überhaupt. Nach V.17 nein.

16 Νῦν δὲ καυχᾶσθε ἐν ταῖς ἀλαζονείαις ὑμῶν· πᾶσα καύχησις τοιαύτη πονηρά ἐστιν. Betont νῦν (→ 4,13) δέ das Jetzt opp. später (opp. früher wie z.B. Joh 16,5; Kol 1,26 gibt keinen Sinn), dann liefert 5,1 die futurische Opposition nach. Besser ist wohl ‚aber wie die Dinge jetzt liegen' (vgl. z.B. Thukydides IV 126,1; Plato, Krat. 384b; Lk 19,42; 1Kor 5,11;

7,14). Entweder macht Jak einen zusätzlichen Vorwurf oder er qualifiziert damit die Rede V.13 nachträglich; eher dies, da er keinen anderen Anhalt gab. Weit entfernt davon, V.15 zu beherzigen, finden die Angeredeten ihre Vorhaben auch noch preiswürdig (vgl. Philostrat, Vita Apoll. IV 32; Petron 27–78; Seneca, Ep. 101,4 oben; Schiffsreisen von Kaufleuten als Ehrenpunkt auf Inschriften z.B. CIG III 3920; SIG 838; 1229; CIL IX 60; 3337).

Zu καυχᾶσθαι ἐν s. 1,9f. Ἀλαζονεία (LXX nur Sap, 2Makk, 4Makk, NT noch 1Joh 2,16) ist bei Höhergestellten eine Standessünde (vgl. z.B. Philo Virt 162; Sap 5,8 πλοῦτος μετὰ ἀλαζονείας; 17,7; JosAs 4,12; 21,12.16; TestHi 21,3), hier aber mindestens auch gegen Gott. Sie kann grundlos sein (z.B. Plutarch, Mor. 43b; 4Makk 2,15); vielleicht auch hier, weil V.13 nur Pläne nennt. Je nachdem, wie man ἐν auffaßt, bezeichnet ἀλαζονεία entweder die Stimmung, in der die Planer sich rühmen, oder metonymisch ihre eitlen Pläne (zum Pl., der anscheinend selten ist, vgl. 2,1). Alle derartige καύχησις ist verwerflich (→ 1,9; 2,4; vgl. 1Kor 5,6), nicht καύχησις an sich (s. 1,9f.). Ob τοιοῦτος (im Brief sonst nicht) hier allein auf das Vorhergehende weist oder weiter reicht (dafür πᾶσα?), ist schwer zu sagen.

17 Εἰδότι οὖν καλὸν ποιεῖν καὶ μὴ ποιοῦντι, ἁμαρτία αὐτῷ ἐστιν gilt allgemein als Urteil über bewußte Unterlassungssünder und oft als fertige Sentenz, die hier nur angehängt ist. Der Gedanke hat Tradition, die Satzstruktur annähernde Parallelen (vgl. z.B. Euripides, Fr. 841 αἰαῖ, τόδ' ἤδη θεῖον ἀνθρώποις κακόν, ὅταν τις εἰδῇ τἀγαθόν, χρῆται δὲ μή; Philo Flacc 7; Lk 12,47; Joh 13,17; Apg 7,53; Röm 2,17–24; 2Petr 2,21; 1Joh 3,17; Barn 5,4 δικαίως ἀπολεῖται ἄνθρωπος ὃς ἔχων ὁδοῦ δικαιοσύνης γνῶσιν ἑαυτὸν εἰς ὁδὸν σκότους ἀποσυνέχει „Zu Recht wird ein Mensch zugrundegehen, der Erkenntnis über den Weg der Gerechtigkeit hat und dem Weg der Finsternis zustrebt“, Übers. K. Wengst; Herm sim 9,18,2; 10,4,3 *qui novit igitur angustiam eius et non redimet eum, magnum peccatum admittit et fit reus sanguinis eius*; Justin, Dial. 82,3 εἰδότες ὅτι πᾶς ὁ δυνάμενος λέγειν τὸ ἀληθὲς καὶ μὴ λέγων κριθήσεται ὑπὸ τοῦ θεοῦ „wissend, daß jeder, der die Wahrheit sagen kann und nicht sagt, von Gott (dafür) verurteilt werden wird“; vgl. bBer 5a). Die Formulierung ist aber offenbar nicht belegt. Jak kann V.17 auch selbst als Schlußsentenz gebildet haben (s. 2,13). Sie wirkt freilich nicht ganz angepaßt, vielleicht deswegen, weil sie für 5,1–6 mitgelten soll.

Auf jeden Fall zeigt οὖν (→ 4,4), daß V.17 aus V.13–16 heraus zu verstehen ist. Die Angeredeten wollen nicht Gutes unterlassen, sondern Böses tun. Dazu paßt ein Satz über wissentliches Nichttun nicht recht. Deshalb wird οἶδα (→ 1,19) hier nicht ‚wissen‘ bedeuten, sondern, wie oft mit Infinitiv, ‚sich verstehen auf‘ (vgl. z.B. Xenophon, Cyrop. I 6,46; Epiktet II 14,18 πλουτεῖς..., τὰ καθήκοντα ἀποδίδως, οἶδας τὸν εὖ ποιοῦντα ἀντευποιῆσαι καὶ τὸν κακῶς ποιοῦντα κακῶς ποιῆσαι; IV 1,43; Jos Bell II 91; Mt 7,11 par.; Phil 4,12; 1Tim 3,5; Barn 10,4 οὐ μή, φησίν, κολληθήσῃ οὐδὲ ὁμοιωθήσῃ ἀνθρώποις τοιούτοις, οἵτινες οὐκ οἴδασιν διὰ κόπου καὶ ἱδρῶτος ἑαυτοῖς πορίζειν τὴν τροφήν) oder besser ‚vermögen‘ (wie z.B. TestHi 44,3f. καὶ παρεγένοντο πρός με πάντες οἱ φίλοι μου καὶ ὅσοι ᾔδεισαν εὐποιεῖν [vgl. 11,3.8f. o. bei V.13], καὶ ἠρώτησάν με λέγοντες· τί παρ' ἡμῶν νῦν αἰτεῖς; ἐγὼ δὲ ἀναμνησθεὶς τῶν πτωχῶν τοῦ πάλιν εὐποιεῖν ᾐτησάμην; Jos Bell V 407 καὶ παραχρῆμα δ' ἀμύνειν οἶδεν [Gott] ὅταν δέῃ· τοὺς γοῦν Ἀσσυρίους κατὰ νύκτα τὴν πρώτην παραστρατοπηδευσαμένους ἔκλασεν; Mt 27,65; 2Petr 2,9; 1Klem 16,3 ἄνθρωπος ἐν πληγῇ ὢν καὶ πόνῳ καὶ εἰδὼς φέρειν μαλακίαν „ein Mensch, geschlagen, geplagt, und geübt, Schwäche zu ertragen“, Übers. A. Lindemann; Konradt, Existenz).

Die Rede ist von dem, der „also“ Gutes zu tun (→ 2,8) vermag und nicht tut (nicht etwa Paulus und Mitarbeiter, die Geld in Missionsreisen stecken, so Hengel, Polemik, erst recht nicht der Elende von Röm 7,7–25). Tatsächlich vermögen die Plänemacher Gutes zu tun (zur Formulierung vgl. z.B. 2Chr 14,1; 31,20; Röm 7,21; 2Kor 13,7; Gal 6,9; 1Klem 8,4 zit. Jes 1,17; anders → 2,8 und gleich) und tun es nicht (vgl. auch 5,2). Was καλόν (→ 2,3; zum fehlenden Art. vgl. BDR 264,2) ist, sagt das Gesetz der Freiheit (s.o. Exkurs zu 1,25). Die Benutzung der conditio Jacobaea ist kaum gemeint; falls doch, kann καλόν „(das) Richtige" bedeuten. Da es in V.13–16 um Verdienen geht, ist die Verwendung des Reisekapitals zu guten Zwecken daheim (unter Christen, nicht an irgendwen) statt zu langfristigen Investitionen auswärts zumindest eingeschlossen. Die Angeredeten könnten einwenden, daß sie mit Gottes Hilfe nach einem erfolgreichen Geschäftsjahr mehr Gutes zu tun vermöchten, als wenn sie ihren Einsatz weggäben, aber offenbar sind sie von anderem Schlag als Hiobs Helfer (s. oben).

Danach ist das Urteil selbstverständlich. Es ist weder anakoluthisch noch notwendig semitisierend (vgl. z.B. P.Tebt. I 26,11 ὄντι μοι [ἐν] Πτολεμαΐδει... προσέπεσεν ἡμῖν; Mt 9,27f.; Röm 14,14; Herm vis 2,2,8 τοῖς δὲ πρότερον ἀρνησαμένοις, διὰ τὴν πολυσπλαγχνίαν ἵλεως ἐγένετο αὐτοῖς; BDR 297,2, vgl. 466,4). Allerdings ist ἁμαρτία mit Dativ der Person offenbar selten (doch vgl. z.B. 1Klem 44,4 ἁμαρτία γὰρ οὐ μικρὰ ἡμῖν ἔσται, ἐάν...; Herm mand 4,1,2 ἡ γὰρ ἐνθύμησις αὕτη θεοῦ δούλῳ ἁμαρτία μεγάλη ἐστίν; zur Konstruktion des ganzen Satzes vgl. noch Herm vis 3,3,1).

Zu ἁμαρτία → 1,15; 2,9; 5,15–20. Jak behandelt die Angeredeten in 4,13–17 höflicher als in 5,1–6, aber sein Urteil ist genau so streng.

5,1–6 ist ein ebenfalls geschlossener zweiter Unterabschnitt. War 4,13–17 eher weisheitlich, so nimmt Jak jetzt prophetisch-apokalyptische Polemik gegen die Reichen auf (stoisch klingt sie anders, vgl. z.B. Seneca, Ira III 33; Ben. VII 9f.). Der Abschnitt ist nicht leicht zu gliedern. V.1 ist Thema. Danach kann man sachlich vier Vorwürfe unterscheiden: gehortete Schätze (V.2f.), Lohnraub an Landarbeitern (V.4), Prasserei (V.5), Verfolgung des Gerechten (V.6; danach gliedert z.B. Mayordomo-Marín). Aber um den Lohnraub selber geht es in V.4 gar nicht; zieht man V.3c als Auftakt dazu, hat man eine Variation des Themas V.2f. V.6a setzt formal V.5 fort. V.6b läßt sich wegen des Präsens parallel zu V.4 verstehen. Also sollte man vielleicht V.2–6 nur in zwei Teile gliedern, die zwar verschieden lang, aber trotzdem insofern ähnlich gebaut sind, als beide die Reichen sowohl an sich wie als unsoziale Mitmenschen schildern und jeweils am Ende eine gegenwärtige Reaktion der Geschundenen bzw. Gottes nennen, die den Reichen ihre Schuld bewußt macht (zur Abfolge vgl. auch Lk 16,19ab.19c-21).

Gliederungsvorschlag also: V.1: Ihr Reichen, klagt, denn die Qualen des Gerichts kommen. V.2–4: Erstens verdirbt euer Reichtum ungenutzt und das wird euch verderben (V.2–3b); ihr habt euch in der Endzeit bereichert, Gott hat die Beschwerden eurer Feldarbeiter zur Entscheidung angenommen (V.3c-4). V.5f.: Zweitens habt ihr gepraßt und den Gerechten verfolgt (V.5–6a); seine Reaktion überführt euch (V.6b).

1 Ἄγε νῦν οἱ πλούσιοι, κλαύσατε ὀλολύζοντες ἐπὶ ταῖς ταλαιπωρίαις ὑμῶν ταῖς ἐπερχομέναις ist das Thema. Zu ἄγε νῦν → 4,13, zu den Angeredeten s. vor 4,13. Die Aufforderung zu heulen (κλαίειν → 4,9, zum Aor. s. vor 4,7; ὀλολύζειν jüd.-gr. nur LXX; LibAnt 36,2; 4Esra 5,20 *ululans et plorans*, in Unheilsansagen oder -berichten z.B. Jes 13,6 ὀλολύζετε, ἐγγὺς γὰρ ἡ ἡμέρα κυρίου; 15,3 πάντες ὀλολύζετε μετὰ κλαυθμοῦ; Jer 31[48],31; vgl. Am 8,3; Sach 11,2; frühchr. sonst nicht) ist so gemeint und kein verkapptes Wehe über die Reichen (→ 1,9), weil sie später heulen werden (vgl. Apk 6,15–17). Daß die kommenden

Qualen zum Gericht oder der Strafe danach gehören, wie das Folgende beweist, darauf deuten hier ταλαιπωρία (→ 4,9; frühchr. nur noch Röm 3,16 zit. Jes 59,7; 1Klem 15,6 zit. ψ 11,6; in Unheilsansagen o.ä. z.B. ψ 139,11; Jes 47,11; Jer 6,26; Mi 2,4; Joel 1,15; 4Esra 8,50?; äthHen 45,2?) und ἐπέρχεσθαι (im Brief nur hier; partizipial absolut von Unheil z.B. Prov 27,12; JosAs 4,7; Jos Ant II 86 Fut.; VII 325; XI 326; 1Klem 56,10 zit. Hi 5,21; Herm vis 3,9,5 βλέπετε τὴν κρίσιν τὴν ἐρχομένην, aber anscheinend nicht bei ταλαιπωρία). Jak rechnet wie die Tradition, in der er steht (vgl. z.B. äthHen 94–97; Lk 6,24f.; 16,19–31), nicht mit viel Gehör; aber falls ein Reicher zu klagen anfinge, würde wohl 4,10 (vgl. 1,9f.) für ihn gelten.

2–4 Der erste Grund zum Heulen: Ihr habt euren überschüssigen Reichtum gehortet, statt ihn auszugeben, und das in den letzten Tagen der Welt; Gott hat die Klagen dagegen angenommen.

2–3b Ὁ πλοῦτος ὑμῶν σέσηπεν καὶ τὰ ἱμάτια ὑμῶν σητόβρωτα γέγονεν, **3** ὁ χρυσὸς ὑμῶν καὶ ὁ ἄργυρος κατίωται καὶ ὁ ἰὸς αὐτῶν εἰς μαρτύριον ὑμῖν ἔσται καὶ φάγεται τὰς σάρκας ὑμῶν ὡς πῦρ. Vier parallele Hauptsätze, der letzte mit zwei Prädikaten im Futur. Deshalb werden die drei perfektischen Prädikate vorher sich nicht auf Vorgänge beim kommenden Gericht beziehen, die als schon geschehen vorgestellt sind (so aber Mehrheitsmeinung; proleptisches Pf., vgl. BDR 344,1; Fanning 304f.), sondern auf gegenwärtige Zustände (trotzdem nicht einfach präsentisch übersetzen wie EÜ). Reiche lassen ihre Reichtümer aber im allgemeinen nicht verkommen; also sind die drei Prädikate wohl als kühne Metaphern zu verstehen: die Reichtümer sind dabei zu verrotten und schon so gut wie verrottet, nämlich weil nutzlos gehortet und weil die Reichen daran auch nichts ändern wollen.

Auch Nichtorganisches kann σήπειν (frühchr. nur noch 1Klem 25,3; Herm sim 2,3; vgl. z.B. Aristoteles, Meteor. 379a b ausführlich; Pausanias VIII 18,5 s. unten; EpJer 71; Sir 14,19 πᾶν ἔργον σηπόμενον ἐκλείπει; Philo Aet 125 λίθων οἱ κραταιότατοι ἆρ' οὐ μυδῶσι καὶ σήπονται; „Verwittern nicht die stärksten Steine und werden sie nicht morsch"?, Übers. K. Bormann, vielleicht auch P.Oxy. 1294,13 [μελη]σάτω δέ σοι τῶν ἐν τῷ χειλώματι ἵνα μὴ σαπῇ; TestHi 43,7 σέσηπται αὐτοῦ ὁ θρόνος; von Menschen z.B. Hi 16,7; 40,12). Darum bezeichnet πλοῦτος (→ 1,10) nicht notwendig z.B. Ernteerträge (vgl. Lk 12,16–21) im Unterschied zum Folgenden, sondern wohl bewegliche Sachwerte wie z.B. die folgenden (freilich stört καί dabei). Reichtum ist hier offenbar nicht einfach großer Besitz, sondern das, was über das Produktivvermögen wie Land, Immobilien, Sklaven, Fahrzeuge, Geräte usw. hinaus an Geld- und Sachwerten vorhanden ist oder anfällt und nicht heute und morgen zur Subsistenz nötig ist, sondern Luxus erlaubt oder Truhen und Scheunen füllt. Es sollte aber der Caritas dienen (4,17).

Die Kleidungsstücke (→ 2,2) sind hier als Vermögenswerte gemeint (s. gleich). Sie hingen in der Antike nicht in Schränken, sondern lagen in Truhen (vgl. z.B. JosAs 2,4; 10,8; 14,14; 18,5). Motten(raupen)fraß war geläufig (vgl. z.B. Aristoteles, Hist. an. 557b; Menander, Fr. 540,5; Lukian, Ep. Sat. 21 ἀπὸ δὲ ἱματίων ὅσα κἂν ὑπὸ σητῶν διαβρωθέντα οὐκ ἂν αὐτοὺς ἀνιάσειε; Philo Abr 11 ἐν χαρτιδίοις ὑπὸ σητῶν διαφθαρησομένοις „in Büchern, die von Motten zerfressen werden", Übers. J. Cohn; Horaz, Sat. II 3,118 *stragula vestis, blattarum ac tinearum epulae*; Prov 25,20a LXX; Jes 51,8; Sir 42,13 ἀπὸ γὰρ ἱματίων ἐκπορεύεται σής; LibAnt 40,6 *et stratoria que texuit in genicio meo de iacinctino et purpura vermis ea corrumpat* [Text fraglich]; Mt 6,19f. par.). Aber σητόβρωτος ist ganz selten (z.B. P.Fam.Tebt. 15,36; 24,66; jüd.-gr. und frühchr. nur noch Hi 13,28 ἢ ὥσπερ ἱμάτιον σητόβρωτον, frühester Beleg, Reminiszenz?; Sib Fr. 3,26; vgl. Jes 51,8). Zu γέγονεν (→ 1,12) s. 2,10. Das passierte, weil die Reichen keine Kleidung verschenkten (gegen Jak 2,15f. und z.B. Mt 25,36.38.43f.; Lk 3,11; vgl. Apg 9,39).

3a Gold und Silber (χρυσός und ἄργυρος im Brief nur hier), oft metonymisch für -münzen oder -sachen, sind seit alters ein Paar, gern mit anderen Werten (z.B. JosAs 7,4; 23,3; TestLevi 13,7; Sib III 78–80; äthHen 97,8f.; Mt 10,9; Apg 17,29; 1Kor 3,12; 2Klem 1,6), darunter Kleidung (z.B. Q. Curtius Rufus V 6,3 *In hanc* [Persepolis] *totius Persidis opes congesserant barbari: aurum argentumque cumulatum erat, vestis ingens modus, supellex non ad usum, sed ad ostentationem luxus conparata*; 1Makk 11,24; JosAs 2,4; äthHen 98,2; 1Tim 2,9; Apk 18,12.16), oder nur mit Kleidung (z.B. Gen 24,53; Sach 14,14; Apg 20,33).

Was Gold und Silber hier geschah, ist schwer zu übersetzen. Mit ἰός (→ 3,8, Homonym oder dasselbe Wort?) bezeichnete die Antike das Ergebnis der Korrosion von Metallen durch Rost, Grünspan u.ä.; entsprechend das abgeleitete Verb, hier κατιοῦσθαι (frühchr. sonst nicht, jüd.-gr. nur Sir 12,11, ältester Beleg?; zu χαλκός vgl. auch Ez 24,6.11f.). Was vorging, durchschaute sie nicht (vgl. Plato, Tim. 59c: wenn χαλκός altert, scheidet sich τὸ δ' ἐκ γῆς αὐτῷ μειχθέν ab und wird ἰός genannt). Sie wußte aber, daß ἰός Gold nicht beeinträchtigt (z.B. Theognis, Eleg. 451; Pausanias VIII 18,5 τὸ δὲ αὐτὸ [ἐν] μετάλλοις τοῖς πᾶσι καὶ ὁ χρυσὸς πέπονθε [σήπεσθαι durch Styxwasser]· καίτοι [γε] καθαρεύειν γε τὸν χρυσὸν ἀπὸ τοῦ ἰοῦ ἥ τε ποιήτρια μάρτυς ἐστὶν ἡ Λεσβία καὶ αὐτὸς ὁ χρυσὸς ἐπιδείκνυσιν; Plinius, Nat. hist. XXXIII 19,62; Philo Her 217 ἰὸν οὐ παραδέχεται; Hierokles, In carm. aur. 5 ὁ χρυσὸς μόνος τῶν ἄλλων ἰὸν οὐ ποιῶν; für das bei anderen Metallen Übliche z.B. Epiktet IV 6,14 ὡς ὁπλάρια ἀποκείμενα κατίωται) oder nur unter besonderen Umständen (z.B. Diodor S. II 48,8 καὶ πᾶς ὁ περὶ τὸν τόπον ἄργυρός τε καὶ χρυσὸς καὶ χαλκὸς ἀποβάλλει τὴν ἰδιότητα τοῦ χρώματος „und alles am Ort befindliche Silber und Gold und Kupfer verliert seine charakteristische Farbe", danach Strabo XVI 2,42 ὑφ' ἧς [Dampf des Toten Meeres] κατιοῦται καὶ χαλκὸς καὶ ἄργυρος καὶ πᾶν τὸ στιλπνὸν μέχρι καὶ χρυσοῦ; Dioscurides V 91; vgl. Thr 4,1). Bei Silber, das schwarz werden kann, ist es anders (vgl. besonders Sir 29,10 ἀπόλεσον ἀργύριον δι' ἀδελφὸν καὶ φίλον, καὶ μὴ ἰωθήτω ὑπὸ τὸν λίθον εἰς ἀπώλειαν). In Sammelformulierungen werden Substantiv und Verb aber auch für Gold mitgebraucht (z.B. EpJer 10.23). Was bei ihm genau gemeint ist, bleibt offen (minderwertige Legierung? abgenutzte Vergoldung?), jedenfalls zumindest der Anfang von Zerstörung, nicht nur fehlende Pflege (vgl. Plato, Resp. 609a). Man kann hier mit ‚Rost, rosten' übersetzen (z.B. EÜ), falls Jak Widernatürliches oder Groteskes beschreiben will oder man ihm Unkenntnis unterstellen muß, aber wieso? Falls nicht, ist es schwer, die Paronomasie wiederzugeben. ‚Korrosion, korrodieren' sind stilwidrig. Die gewählte Umschreibung bleibt schwerfällig (und ungenau, falls auch Jak ἰός als Zerfallsprodukt ansah).

Der Befall wird vielmehr εἰς μαρτύριον ὑμῶν sein (μαρτυρ- im Brief nur hier), d.h. wohl nicht euch zum Beweis der Vergänglichkeit von Reichtum oder eurer Raffgier oder eures bevorstehenden Untergangs, sondern gegen euch ein Belastungszeuge im kommenden Gericht (so auch IgnTrall 12,3?) Die Wendung ist so o.ä. wohl Septuagintismus (im belastenden oder jedenfalls warnenden Sinn z.B. Dtn 31,26; Jos 24,27; Mi 1,2; äthHen 96,4, vgl. auch das bloße εἰς μαρτύριον Hi 16,8; Mk 1,44 par.; 6,11 par.; Mt 10,18 par.; dagegen positiv z.B. Lk 21,13; Hebr 3,5). Der Befall bezeugt, daß das Gold und Silber nicht genutzt wurde.

Im folgenden Satz bleibt ἰός Subjekt; ὡς πῦρ (→ 3,5) kommt kaum in Frage, den Mottenfraß darf man nicht hinzudenken. Der Belastungszeuge vollstreckt auch das Todesurteil. Als adäquate Strafe (s. 2,13) zerstört er das Fleisch der Reichen (φαγεῖν und σάρξ im Brief nur hier; der Pl. von σάρξ kann dasselbe bedeuten wie der Sg. oder die Weichteile opp. Knochen wie z.B. Lukian, Dial. mort. 10,5; Epiktet II 9,18; Gen 40,19; Jdt 16,17; TestHi 13,5; Philo Imm 56; Jos Ant XII 211; Apk 19,21; φαγεῖν, καταφαγεῖν, ἐσθίειν, κατεσθίειν mit menschlicher σάρξ Pl. auch z.B. Lev 26,29; ψ 26,2; Mi 3,2f.; Sib V 224; frühchr. noch Apk 17,6; 19,18; Barn 10,4). Man verdirbt die Pointe, wenn man zu Person o.ä. verallgemeinert; aber daß etwa der Geist davonkommt (vgl. 1Kor 5,5), ist auch nicht gesagt.

Einzelheiten bleiben offen. Befällt der ἰός des Metalls (oder ein gleichartiger?) die Betroffenen und wirkt als Hautgift (Erinnerung an ἰός ‚Gift' 3,8?) wie beim Nessushemd? Vernichtet er oder quält er dauernd (vgl. Mk 9,48, auch Jak 3,6)? Zu beidem paßt ὡς πῦρ. Fressendes Feuer läßt aber ohnehin an das Gericht denken (vgl. z.B. Jes 30,27; Am 5,6, ohne ὡς ψ 20,10; Ez 15,7; JosAs 25,6; 1QH 14[6],18f.; Hebr 10,27; Apk 11,5; 20,9f., vgl. Jdt 16,17; 1QH 16[8],30f.; Konradt, Existenz).

3c–4 Ἐθησαυρίσατε ἐν ἐσχάταις ἡμέραις. **4** ἰδοὺ ὁ μισθὸς τῶν ἐργατῶν τῶν ἀμησάντων τὰς χώρας ὑμῶν ὁ ἀπεστερημένος ἀφ' ὑμῶν κράζει, καὶ αἱ βοαὶ τῶν θερισάντων εἰς τὰ ὦτα κυρίου σαβαὼθ εἰσεληλύθασιν. Mindermeinungen ziehen ὡς πῦρ aus V.3b als Objekt zu ἐθησαυρίσατε (schon A, heute z.B. Reicke, Jas) oder πῦρ allein (vgl. Prov 16,27) und schließen in diesem Fall mit ὡς „weil" V.3c an V.3a-b an (z.B. Ropes: Jas, aber ὡς πῦρ ist dafür zu geläufig). Sie nehmen also das Prädikat metaphorisch und beziehen die letzten Tage nicht auf das Sammeln, sondern das Gericht (wie z.B. Röm 2,5 θησαυρίζεις σεαυτῷ ὀργὴν ἐν ἡμέρᾳ ὀργῆς, vgl. 4Esra 7,77; Tob 4,9 BA θέμα γὰρ ἀγαθὸν θησαυρίζεις σεαυτῷ εἰς ἡμέραν ἀνάγκης ist wohl innerweltlich und positiv gemeint). Aber θησαυρίζειν (im Brief nur hier) kann ohne Objekt stehen (z.B. Herodot II 86,28; Philodemus, Oec. S. 71 Jensen; ψ 38,7; Lk 12,21; 2Kor 12,14). Es läßt sich zwanglos auf das Schätzesammeln der Reichen beziehen.

Wann, nicht wofür das geschah, sagt ἐν ἐσχάταις ἡμέραις (ἔσχατος im Brief nur hier, ἡμέρα noch 5,5; die Wendung in LXX nur Jes 2,2 ἐν ταῖς ἐσχάταις ἡμέραις; ἐν ἡμέραις ἐσχάταις Prov 31,26; Dan 11,20; weiter z.B. TestJud 18,1; 4Esra 10,59; Jub 45,14; LibAnt 13,10, frühchr. nur noch 2Tim 3,1; ἐν ταῖς ἐσχάταις ἡμέραις Apg 2,17; Did 16,3; Barn 4,9), d.h. in der Endzeit, die schon im Gang ist (nicht: in den letzten Tagen des Erdenlebens, erst recht nicht: kürzlich). Der Satz ist dann keine Gerichtsansage, sondern unterstreicht, daß die Reichen Toren sind. Gerade weil Endzeit ist, hätten sie ihre Schätze anders nutzen sollen (vgl. Lk 16,9).

Mit ἰδού folgt eine Erläuterung (→ 3,4). Sie gilt wohl zunächst der Zeitangabe in V.3c (s. unten), deutet aber auch an, daß der Reichtum mindestens zum Teil zu Unrecht erworben wurde. Eine starke Geldquelle war Lohnraub wohl nur bei großen Gütern, er ist eher Symbol. Landarbeiter bildeten einen großen Teil der nichtstädtischen Bevölkerung, im Tagelohn und oft nur saisonal beschäftigt, deshalb meist am Rande des Existenzminimums und schlechter dran als Sklaven (zur Sache, auch zu Löhnen und Preisen z.B. Hezser, Stegemann – Stegemann). Tagelöhner mußten nach jüdischer Vorschrift und Moral jeden Abend entlohnt werden (z.B. Lev 19,13; Dtn 24,14f.; Tob 4,14 BA; TestHi 12,3f.; Ps-Phok 19; Philo SpecLeg IV 195f.; Virt 88; Jos Ant IV 288; vgl. Mt 20,1–16; Rabbinisches bei Bill. I 832). Daß Arbeitgeber zu spät oder nicht (alles) zahlen, ist stehende Kritik (z.B. Hi 7,2; Sir 34,22; Jer 22,13; Mal 3,5; auch pagan fehlen Klagen nicht, aber die Mahnung, innerhalb bestimmter Frist zu löhnen, und eine religiöse Begründung).

Der Satz ist ein synthetischer Parallelismus. Man könnte ein Zitat aus der Sozialkritik der Propheten oder Henochs vermuten. Jak (oder Tradition vor ihm?) formuliert aber wohl selber mit Hilfe traditioneller Wendungen, und zwar dramatisch. Die Angeredeten haben Arbeiter (ἐργάτης im Brief nur hier, LXX selten) für die Getreideernte auf ihren Feldern oder Gütern (χώρα im Brief nur hier, Pl. wie z.B. Am 3,10; Lk 21,21; Joh 4,35) eingestellt (ἀμᾶν ‚mähen', frühchr. nur hier, kann auch pars pro toto sein), ihnen aber den Lohn nicht oder nicht ganz gezahlt (μισθός und ἀποστερεῖν im Brief nur hier; geläufige Verbindung, vgl. Plato, Gorg. 519c τούς τε μισθοὺς ἀποστεροῦντες [Sophistenschüler]; Mal 3,5 καὶ ἔσομαι μάρτυς ταχὺς [Gott] ... ἐπὶ τοὺς ἀποστεροῦντας μισθὸν μισθωτοῦ, Anspielung?; Sir 34,22 καὶ ἐκχέων αἷμα ὁ ἀποστερῶν μισθὸν μισθίου; Philo Mos I 142 ὡς ἐν εἰρήνῃ μισθὸν λαμβάνοντες [Israel Ex 12,35f.], ὃν παρ' ἀκόντων πολὺν χρόνον οὐκ ἀποδιδόντων ἀπεστεροῦντο; vgl. Jos Ant IV 288 ὁμοίως δὲ τῷ περὶ παρακαταθηκῶν κἂν μισθόν τις ἀποστερήσῃ τῶν ἐπὶ σώμασι τοῖς αὐτῶν ἐργαζομένων, μεμισήσθω „Genauso wie in Bezug auf die Deposita, wenn jemand denen, die mit ihren Körper(kräfte)n arbeiten, Lohn vorenthält, soll er verhaßt sein"; spricht das für oder gegen die v.l. ἀφυστερημένος, die allein ℵ B* vertreten?). Die Partizipien des Aorists sind vorzeitig (s. 1,12). Das einbehaltene Geld schreit zum Himmel (vgl. z.B. Gen 4,10; Hi 31,38; grHen 7,6; äthHen 22,5–7; 47,1, aber nicht mit κράζειν, das im Brief nur hier vorkommt; auch Gen 18,20f.; 19,13); die Reichen müßten es eigentlich hören, denn es liegt bei ihnen. Eine Mindermeinung zieht ἀφ' ὑμῶν hierher (vgl. Ex 2,23), aber s. zu 1,13.

Der Parallelsatz führt weiter. Die Arbeiter (trotz θερίζειν, im Brief nur hier, dieselben wie vorher) schreien ebenfalls und mit Erfolg. Jak wendet wieder Tradition an. Wie vorher μισθός ist jetzt βοή (frühchr. vor ActPaul 5,34 sonst nicht) personifiziert (wie z.B. 1Sam 9,16; grHen 8,4 τῶν οὖν ἀνθρώπων ἀπολλυμένων ἡ βο<ὴ> εἰς οὐρανοὺς ἀνέβη; vgl. Dtn 24,15; Apg 10,4; Herm vis 3,9,6 βλέπετε οὖν ὑμεῖς οἱ γαυριώμενοι ἐν τῷ πλούτῳ ὑμῶν, μήποτε στενάξουσιν οἱ ὑστερούμενοι, καὶ ὁ στεναγμὸς αὐτῶν ἀναβήσεται πρὸς τὸν κύριον „Seht also zu, ihr, die ihr euch mit eurem Reichtum brüstet, daß die Bedürftigen nicht stöhnen und ihr Stöhnen aufsteigt zum Herrn", Übers. M. Leutzsch; mehr gleich). Ob Verwünschungen oder Gebete, die Schreie kamen Gott zu Ohren (οὖς im Brief nur hier; vgl. ψ 17,7 ἡ κραυγή μου ἐνώπιον αὐτοῦ εἰσελεύσεται εἰς τὰ ὦτα αὐτοῦ; Jes 5,9 ἠκούσθη γὰρ εἰς τὰ ὦτα κυρίου σαβαωθ ταῦτα [daß Leute Häuser und Felder raffen], Reminiszenz?; ähnlich 22,14 diff. MT; grBar 1,5 ἡ γὰρ δέησίς σου ἠκούσθη ἐνώπιον αὐτοῦ καὶ εἰσῆλθεν εἰς τὰ ὦτα κυρίου τοῦ θεοῦ; pagan vgl. Zenobius in Paroem. Gr. 3,49 εἰς θεῶν ὦτα ἦλθεν; parodistisch Lukian, Icarom. 25).

Der Herr (→ 1,1; zum Gottesbild s.o. Einl. 5) ist hier eindeutig Gott. Σαβαώθ (jüd.-gr. gesichert nur LXX in Büchern mit MT, bes. Jes; frühchr. nur noch Röm 9,29 zit. Jes 1,9; 1Klem 34,6 zit. Jes 6,3) wirkt geheimnisvoll, vielleicht drohend. Ob Jak und die Adressaten wußten, daß *ṣ^{e}ba'ôt* „(himmlische?) Heere" bedeutet, steht dahin (wenn die LXX wie meist die Gottesbezeichnung übersetzt, dann mit κύριος παντοκράτωρ oder κύριος τῶν δυνάμεων). Einen indirekten Hinweis auf Botenengel, die Gebete befördern, oder Strafengel (vgl. z.B. Tob 12,12; 2Makk 6,23–34; 3Makk 6,16–21?) hätte Jak deutlicher geben sollen. Das Prädikat (→ 2,2) steht mit Bedacht im Perfekt (anders oben). Gott hat die Beschwerden der Arbeiter zur Entscheidung angenommen (vgl. Sir 35,12–24). Das Ende ist nahe.

5f. Der zweite Grund zum Heulen: Ihr habt gepraßt und den Gerechten verfolgt; jetzt belastet er euch.

5 Ἐτρυφήσατε ἐπὶ τῆς γῆς καὶ ἐσπαταλήσατε, ἐθρέψατε τὰς καρδίας ὑμῶν ἐν ἡμέρᾳ σφαγῆς, **6a** κατεδικάσατε, ἐφονεύσατε τὸν δίκαιον. Drei unverbundene Sätze mit Aorist (komplexiv, vgl. BDR 332), der erste und letzte mit zwei Prädikaten, der erste und zweite sachlich verwandt. Sie klingen nicht ganz so biblisch wie V.2–4, sind aber inhaltlich auch traditionell.

Die Reichen haben erstens üppig gelebt. Τρυφᾶν (jüd.-gr. außer Philo selten, frühchr. nur noch Herm sim 6) und σπαταλᾶν (anders als τρυφᾶν nur negativ, jüd.-gr. nur Ez 16,49; Sir 21,15; frühchr. nur noch 1Tim 5,6; Barn 10,3 und gleich) sind kaum auseinanderzuhalten (Hendiadyoin, s.o. Einl. 3.2, auch Herm sim 6,1,6; 6,2,6; zur Sache vgl. z.B. Jes 5,11f.; Am 6,4–6; Sir 37,29–31; 4Makk 1,27; TestJos 9,2; TestBenj 6,2f.; Philo SpecLeg II 240; IV 91; VitCont 53–56; 2Petr 2,13; Herm mand 6,2,5; 8,3; 12,2,1). Ἐπὶ τῆς γῆς (γῆ noch 5,7.12.18; ἐπὶ τῆς γῆς 5,17, vgl. BDR 253,3; ἐπίγειος 3,15) steht gern opp. Himmel (z.B. Jos 2,11; ψ 72,25; Sap 9,16; Mt 6,10.19 par.; Eph 1,10; Barn 5,7; anders z.B. Lk 16,25). Trotzdem kann man über den Ort des ewigen Lebens (s. 1,12) und gegebenenfalls der ewigen Verdammnis (V.3?) nichts entnehmen.

Was die Reichen zweitens taten, bleibt mehrdeutig. Als Objekt von τρέφειν (im Brief nur hier) kommen Körperteile vor (z.B. Haar Herodot I 82,7; Num 6,5), aber anscheinend nicht das Herz (→ 1,26). Es bezeichnet auch hier das denkende, fühlende und wollende Ich. Die Reichen haben es entweder abgestumpft (vgl. Lk 21,34; Jes 6,9f. zit. in Mt 13,15; Apg 28,27) oder verwöhnt (vgl. z.B. ψ 103,15; Apg 14,17, entfernter Jdc 19,5.8; Lk 12,19) oder enthemmt (vgl. Prov 21,4 θρασυκάρδιος). Den Ton hat wohl die Zeitangabe. Sie ist strittig. Schlachttag (ἡμέρα → 5,3, σφαγή frühchr. nur noch Barn 8,2 und in Zitaten) bezeichnet wohl den Tag, an dem die Reichen getötet werden, nicht vergleichsweise wie Tiere, sondern beim hier endzeitlichen Gericht (vgl. Jes 30,25 diff. LXX; Jer 12,3 ἅγνισον αὐτοὺς [die Frevler] εἰς ἡμέραν σφαγῆς αὐτῶν; grHen 16,1 ἀπὸ ἡμέρας σφαγῆς καὶ ἀπωλείας καὶ θανάτου [der Riesen von Gen 6]; 1QH 7,21[15,17]; ähnlich z.B. Jes 34,8; Joel 2,11; Zeph 1,14f.; äthHen 94,9; Jub 36,10; 1QS 10,19; 1QM 1,9–12; Röm 2,5; Apk 6,17; 19,17–21; vgl. PsSal 8,1; Sib V 377–80; Mehrheitsmeinung). Weniger gut paßt der Tag, an dem die Reichen den Gerechten verfolgten (V.6a, vgl. grHen 100,7; s. unten), gar nicht die Zerstörung Jerusalems, ein Unglückstag, an dem die Reichen davonkamen (z.B. Windisch, Kath), der Tag eines Opferessens im Tempel oder eines beliebigen Schlachtfestes, bei dem die Armen nichts abkriegten. Die Wendung steht V.3c ἐν ἐσχάταις ἡμέραις parallel (ἐν also nicht ‚auf hin'; falls doch, könnte man für τρέφειν sarkastisches ‚mästen' erwägen). Die Reichen genossen ihr Leben, obwohl der Tag ihrer Hinrichtung schon anbrach.

6a Die Reichen haben drittens den Gerechten (→ 1,20) verfolgt. Nimmt man die Prädikate nicht als Hendiadyoin (s.o. Einl. 3,2), kann man zu καταδικάζειν (frühchr. nur noch Mt 12,7.37; Lk 6,37) die juristischen Schikanen der Reichen (2,6; vgl. auch 4,11f.?) und zu φονεύειν die Rücksichtslosigkeit der nach Reichtum Strebenden heranziehen (s. 4,2; vgl. 1Kön 21, bes. V.19; grHen 99,15f.; 103,15; ist der Reiche Lk 16,19–31 mitschuldig an Lazarus' Tod?). Dann ist ὁ δίκαιος (noch 5,16; → 1,20) generisch zu verstehen (vgl. Jes 3,10 δήσωμεν [die judäische Oberschicht] τὸν δίκαιον ὅτι δύσχρηστος ἡμῖν ἐστιν diff. MT; 57,1–4; Prov 1,11 κρύψωμεν δὲ εἰς γῆν ἄνδρα δίκαιον ἀδίκως diff. MT; 11,31; Sap 2,10 καταδυναστεύσωμεν πένητα δίκαιον; 2,12 ἐνεδρεύσωμεν τὸν δίκαιον, ὅτι δύσχρηστος ἡμῖν ἐστιν; äthHen 96,8; CD 1,20f.; entfernter ψ 9,29; 36,32; Mehrheitsmeinung). Wären die Landarbeiter gemeint (vgl. Sir 34,21f.), sollte man den Plural erwarten. Der Singular bezeichnet wohl nicht irgendwelche Unschuldigen (vgl. z.B. Ex 23,7; Mt 23,35), sondern gerechte Christen (vgl. 5,16; Mt 5,10), auch wenn faktisch nicht alle gerecht sind (s. 2,14–26).

Mindermeinungen deuten auf Jesus (vgl. Mt 27,19; Lk 23,47; Apg 3,14; 7,52; 22,14; 1Petr 3,18; 1Joh 2,1.29; 3,7; Barn 6,7 zit. Jes 3,10; Justin, Dial. 16,4; 17,1; schon altkirchlich, heute z.B. Feuillet, Hainthaler) oder seltener den Herrenbruder Jakobus (vgl. Hegesipp bei Euseb, Hist. eccl. II 23,4.7, s.o. Einl. 2.1; zuletzt ausführlich Frankemölle, Jak). Aber nirgends ist belegt, daß Reiche sie zu Tode brachten und am Tag ihrer Hinrichtung praßten; er heißt auch nie Schlachttag.

6b Οὐκ ἀντιτάσσεται ὑμῖν ist wieder eine crux: Aussage oder Frage? Subjekt? Wieso ἀντιτάσσεται (→ 4,6) Präsens? Medium oder Passiv? Anschluß? Wenn Aussage, ist Subjekt der Gerechte, der sich nicht wehren kann oder auf Widerstand verzichtet (vgl. Jes 53, 7; Mt 5,39–42; Röm 12,17–21; 1Petr 2,23 Christus als Vorbild; Herm mand 8,10 μηδενὶ ἀντιτάσσεσθαι, ἡσύχιον εἶναι; Mehrheitsmeinung, auch NA[27] mit Komma und ECM mit Kolon vorher), und sie verschärft den Vorwurf; „er widersteht euch (doch) nicht", aber Gott wird ihn rächen (vgl. ψ 36,39f.). Freilich paßt das Präsens nicht gut zu den Aoristen vorher (entsprechend übersetzen wie EÜ darf man nicht); daß die Verfolgten davonkommen und jetzt keinen Widerstand leisten oder Gerechte schlechthin das nicht tun, gibt hier wenig Sinn. Zu kühn ist eine andere Worteinteilung (Amphoux, Hypothèses 317 auf der Linie seiner oben genannten Gliederung: οὐκ ἄν τι τάσσεται ὑμῖν „il ne vous est rien ordonné de tel", d.h. so zu reden wie V.1-6a).

Wenn also Frage (rhetorisch statt Bejahung, s.o. Einl. 3.2), kann ebenfalls der Gerechte Subjekt sein, aber als Widerstehender, kaum in lebhafter Vergegenwärtigung der Vergangenheit (oder vgl. Sap 2,12–16?), sondern gegenwärtig. Will man nicht doch an die Landarbeiter denken, dann an Zeugnis im Gericht (vgl. z.B. Sap 3,1–10; äthHen 98,12; 1Kor 6,2f.; z.B. Davids: Jas, Klein), zu dem die Verfolgten schon bereitstehen, zumal soweit tot (vgl. Apk 6,9–11; könnte eine Stelle wie Sap 2f. hinter V.5f. insgesamt stecken, vgl. auch Lk 16,19–31, obwohl Lazarus passiv bleibt?). Der Gerichtstag hat ja schon gedämmert. Hört man in ἀντιτάσσεται 4,6 nachklingen, könnte schließlich Gott Subjekt der Frage sein; 5,4 deutete seine Reaktion an (vgl. auch Hos 1,6 LXX; äthHen 99,15f.; heute z.B. Baasland: Literarische Form, Cargal, Johnson: Jas, Konradt: Existenz, Maynard-Reid: Poverty and Wealth, Pretorius: Verklaringsopsies; kaum mit Feuillet Christus). Aber der unbezeichnete Subjektswechsel wäre hart (trotz 1,12; 4,5f., oder erklärt 5,7 ihn nachträglich?).

Als Fazit bleibt wohl nur, daß Frage näher liegt als Aussage. Jak schließt dann mit einer Gerichtsdrohung, den Reichen zur Warnung, den Verfolgten zum Trost. Die Frageform setzt Einverständnis voraus, weil nicht weiter erläutert.

Wirtschaftsethik im Jakobusbrief

Aus 4,1–5,6 lassen sich einige Grundsätze erheben, die man wirtschaftsethisch nennen kann, sofern man beachtet, daß Güter und Dienstleistungen in der Antike nicht vornehmlich arbeitsteilig in einem besonderen Bereich der Gesellschaft erzeugt und verteilt wurden, der in sich vernetzt nach eigenen Regeln funktionierte. Sie blieben vielmehr sozusagen Hausaufgaben, auch wenn das Haus personal betrachtet eine Großfamilie oder ein Patron mit Klientel und bezahlten Arbeitskräften oder Sklaven, organisatorisch eine Werkstatt, ein Bauernhof oder Gut, eine Manufaktur oder eine Gladiatorenkaserne war. Jak spricht von stadtgebundenen Verhältnissen (auch die Grundbesitzer wohnten wohl nicht auf ihren Gütern), in die seine Adressaten und vermutlich auch er selbst gehören. Grundsätzlich gilt, daß Christen nicht ihren Besitz vermehren sollen, weil das Habgier ist. Wem nur Subsistenzwirtschaft möglich ist wie den meisten damals, soll das nicht ändern wollen. Die wenigen anderen brauchen ihren Besitz an Land, Immobilien, Produktionsmitteln nicht aufzugeben. Landwirtschaft und Handel sind Christen erlaubt. Sie müssen aber bleiben, wo sie zu Hause sind, ihre Arbeiter korrekt bezahlen, niemandem geschäftlich schaden, zu Nichtchristen Abstand halten und dürfen nicht expandieren. Für Geldgeschäfte und handwerklichen Großbetrieb, die Jak nicht erwähnt, würde wohl Analoges gelten. Was unter diesen Umständen an Gewinn bleibt und erst recht schon vorhandenes Geld, Wertsachen usw. sollen nicht gehortet oder für höheren Konsum ausgegeben werden, sondern für die innergemeindliche Fürsorge, um Witwen und Waisen und anderen Bedürftigen, die zum Leben zu wenig haben, wenigstens das Existenzminimum zu sichern. Ob Richtwerte bestanden oder dem einzelnen Reichen überlassen blieb, was er spendete, sagt Jak nicht. Für zentrale Verteilung gibt es einen Anhaltspunkt (s. 2,15f.). Als Beitrag zur Weltgestaltung ist das Ganze nicht gemeint, sondern als Teil des Gottesdienstes in Distanz zur Welt (s. 1,27). Der Stadt Bestes zu suchen (Jer 29,7) ist nicht geboten. Insgesamt scheint Jak nicht viel anders zu denken als Matthäus, Lukas, die Pastoralbriefe oder Hermas, auch wenn er die Reichen faktisch dem Gericht zugehen sieht.

5,7–20. Briefschluß.
Ermunterung. Erinnerung an Grundregeln. Verheißung

Wer Jak als Sammlung von paränetischen Sprüchen und kurzen Abhandlungen liest, hält das meist bis zum Ende durch. Nimmt man ihn formal als Brief (1,1) mit summarischer Exposition in 1,2–11 (oder auch länger), die dem folgenden Hauptteil Themen vorgibt, läßt sich 5,7–20 gut als Briefschluß auffassen (s.o. Einl. 3.1). Die Ausführung der Exposition ist mit 5,6 zu Ende. Zu ihr kommt in 5,7–20 nichts mehr dazu, obwohl einiges wieder anklingt. Über die Feingliederung kann man streiten. M.E. nimmt Jak in 5,7–11 aus dem Generalthema 1,2–4 das Geduldigsein wieder auf und ermuntert dazu. Es macht keinen großen Unterschied, wenn man die Verse als Peroratio o.ä. verselbständigt (z.B. Klein). Mit 5,1–6 verbinden und auf die bedrückten armen Christen beziehen (z.B. Laws, Jas) lassen sie sich nicht gut, wenn man V.6 wie oben als Frage auffaßt. In 5,12–18 mahnt Jak Dinge an, die unabhängig vom übrigen Briefinhalt grundsätzlich gelten. 5,19f. sind imperativisch formuliert, sachlich aber eine Verheißung, die den Adressaten Mut macht, das fortzusetzen, was Jakobus mit dem Brief erreichen will.

5,7–11 Habt Geduld bis zum guten Ende bei der Parusie des Herrn

[7]Geduldet euch nun, Brüder, bis zur Parusie des Herrn! Siehe, der Bauer erwartet die kostbare Frucht der Erde, indem er sich ihretwegen geduldet, bis er frühe und späte (Frucht) bekommt. [8]Geduldet auch ihr euch, macht eure Herzen stark, weil die Parusie des Herrn nahegekommen ist. [9]Stöhnt nicht übereinander, Brüder, damit ihr nicht verurteilt werdet. Siehe, der Richter steht vor der Tür. [10]Nehmt als Vorbild, Brüder, der Leidensfähigkeit und der Geduld die Propheten, die im Namen des Herrn redeten. [11]Siehe, wir preisen glücklich die, die aushielten. Die Ausdauer Hiobs habt ihr gehört und das (gute) Ende (auf Veranlassung) des Herrn gesehen, weil der Herr erbarmungsvoll ist und mitleidig.

Literatur: Baker, Speech-Ethics. – A. Bischoff, Τὸ τέλος κυρίου, ZNW 7, 1906, 274–279. – G. Björck, Quelques cas de ἓν διὰ δυοῖν dans le Noveau Testament et ailleurs, CNT 4, 1940, 1–4 (V.10). – Cargal, Restoring the Diaspora. – A. Carr, The Patience of Job (St. James V. 11), Exp. 8th Series, 6, 1913, 511–517. – K. Erlemann, Naherwartung und Parusieverzögerung im Neuen Testament. Ein Beitrag zur Frage religiöser Zeiterfahrung, 1995. – H.A. Fischel, Martyr and Prophet (A Study in Jewish Literature), JQR 37, 1946/47, 265–280. 363–386. – Francis, Form and Function. – von Gemünden, Vegetationsmetaphorik. – R.P. Gordon, Καὶ τὸ τέλος κυρίου εἴδετε (Jas. V. 11), JThS N.S. 26, 1975, 91–95. – Hainthaler, »Ausdauer Ijobs«. – Hartin, James and the Q Sayings. – Karrer, Christus der Herr. – Klein, „Vollkommenes Werk". – Konradt, Existenz. – G. Marconi, La debolezza in forma di attesa. Appunti per un'esegesi di Gc 5,7–12, RivBib 37, 1989, 173–183. – A.L. Moore, The Parousia in the New Testament, 1966. – Penner, James and Eschatology. – E. Preuschen, Jac 5, 11, ZNW 17, 1916, 79. – Ruck-Schröder, Name Gottes. – C.R. Seitz, The Patience of Job in the Epistle of James, in: R.

Bartelmus/T. Krüger/H. Utzschneider (Hg.), Konsequente Traditionsgeschichte (FS K. Baltzer), 1993, 373–382. – O.H. Steck, Israel und das gewaltsame Geschick der Propheten. Untersuchungen zur Überlieferung des deuteronomistischen Geschichtsbildes im Alten Testament, Spätjudentum und Urchristentum, 1967. – A. Strobel, Untersuchungen zum eschatologischen Verzögerungsproblem auf Grund der spätjüdisch-urchristlichen Geschichte von Habakuk 2, 2ff., 1961. – R. Stuhlmann, Das eschatologische Maß im Neuen Testament, 1983. – Tsuji, Glaube.

Drei durch die Bruderanrede unterstrichene Mahnungen V.7f.9.10f., die durch etwas Vertrautes erläutert und mit etwas, was der Herr bzw. der Richter tun wird oder tat, motiviert werden, dies bei der zweiten allerdings nur implizit. Die Mahnung V.7a ist in V.8a vor der Motivierung wiederholt und verdoppelt. V.7f. und 9 gehören enger zusammen. V.10f. stützen beide.

Die erste Mahnung: **7a** Μακροθυμήσατε οὖν, ἀδελφοί, ἕως τῆς παρουσίας τοῦ κυρίου. Die Konjunktion (→ 4,4) folgert hier wohl nichts, weder aus V.6b, falls doch Aussage (dann sollte καὶ ὑμεῖς dastehen), noch aus der Nähe des Gerichts in V.1–6 (V.7ff. mildern sie eher), sondern zeigt die Reprise des Hauptthemas an (vgl. BDR 451,1), hier der Geduld in Anfechtungen (s. 1,2–4). Zu ἀδελφοί s. 1,2. Angeredet sind dieselben wie dort, d.h. anders als in 3,12–5,6 jetzt wieder alle Adressaten.

Μακροθυμεῖν (noch 5,7b.8; μακροθυμία 5,10; Wortgruppe pagan selten und nicht religiös oder philosophisch, fehlt Philo, Josephus; LXX z.B. Bar 4,25) bezeichnet hier geduldiges Warten (wie z.B. TestHi 26,4f. εἰ οὖν τὰ ἀγαθὰ ἐδεξάμεθα ἐκ χειρὸς κυρίου τὰ κακὰ πάλιν οὐχ ὑπομένομεν [diff. Hi 2,10 ὑποίσομεν]; ἀλλὰ μακροθυμήσωμεν ἕως ἂν ὁ κύριος σπλαγχνισθεὶς ἐλεήσῃ ἡμᾶς „*Wenn wir das Gute aus der Hand des Herrn empfangen haben, sollten wir nicht auch das Schlechte ertragen?* Laß[t?] uns doch geduldig sein, bis der Herr voller Mitleid sich unser erbarmt", Übers. B. Schaller; 21,4; 27,7; 28,5; 35,4). Zu Langmut mit anderen (wie z.B. Sir 29,8; TestHi 11,10; Mt 18,26; Lk 18,7?; 1Kor 13,4?; 2Petr 3,9), etwa den Reichen (also keine Selbstjustiz), paßt V.7b nicht, doch s. zu V.9. Zum Aorist s. 1,2; BDR 337,2.

Παρουσία (noch 5,8), ursprünglich ‚Gegenwart, Anwesenheit', ist frühchr. fast immer die noch ausstehende endzeitliche Ankunft des erhöhten Jesus (z.B. Mt 24,3; 1Kor 15,23; 1Thess 2,19; 4,15; 2Thess 2,1; 2Petr 3,4; 1Joh 2,28; παρουσία Gottes Herm sim 5,5,3, aber ohne ὁ κύριος; die irdische παρουσία Jesu IgnPhld 9,2; TestJuda 22,2 ἕως παρουσίας τοῦ θεοῦ τῆς δικαιοσύνης, falls christlich), nicht die Wiederkehr des irdischen (zwei παρουσίαι zuerst Justin, Dial. 49,7f.). Die atl. und frühjüd. Texte, die von Präsenz oder Ankunft Gottes zu verschiedenen Zeiten und Zwecken reden (auf dem Sinai z.B. Jos Ant III 80 τὴν παρουσίαν τοῦ θεοῦ; III 202f.; LibAnt 23,10; im Sinn von Gegenwart Jos Ant IX 55; XVIII 284; ganz selten eschatologisch wie AssMos 10,12; vgl. syrBar 55,6?; sachlich davon zu unterscheiden Dan 7,9; 4Esra 7,33; Apk 20,11, wo das Wort auch fehlt; vom Messias möglicherweise syrBar 30,1 *m'tjt' dmšyḥ'*), nennen ihn dabei nicht einfach Herr. Deshalb meint Jak hier wohl den Herrn Christus (s. 1,1; 2,1; so die meisten, für Gott z.B. Cantinat: Jc, Erlemann). Das setzt voraus, daß ἡ παρουσία τοῦ κυρίου bereits technisch war (und schon deshalb kaum das geschichtliche Gericht über Jerusalem meint, so aber Feuillet).

7b Ἰδοὺ ὁ γεωργὸς ἐκδέχεται τὸν τίμιον καρπὸν τῆς γῆς μακροθυμῶν ἐπ' αὐτῷ ἕως λάβῃ πρόϊμον καὶ ὄψιμον. Zu ἰδού s. 3,4. Landwirtschaft ist seit jeher eine unerschöpfliche Bildspenderin, Ernte ein traditionelles Bildfeld (auch) für endzeitliche Vorgänge (von Gemünden). Der γεωργός (frühchr. nur noch Mk 12,1–11 par.; Joh 15,1; 2Tim 2,6) ist hier nicht Landarbeiter (s. 5,4), auch nicht notwendig Besitzer (schwerlich der Typ des

Reichen 5,1–6), lebt aber vom Ertrag. Gott kann so dargestellt werden (z.B. Jer 31,27f.; 4Esra 8,43f.; Philo Fug 170; Ps-Philo, Jona 209–217: Gott mühte sich um Ninive wie ein Bauer oder Gärtner um Bäume und Pflanzen; Mk 4,26–29); stehende Metapher für Gott ist γεωργός aber nicht. Gott ist darum hier wohl nicht als Vorbild gemeint. Der Artikel ist also generisch, ἐκδέχεσθαι (im Brief nur hier) im Präsens zeitlos (vgl. 2Klem 20,3 οὐδεὶς τῶν δικαίων ταχὺν καρπὸν ἔλαβεν, ἀλλ' ἐκδέχεται αὐτόν „Keiner der Gerechten erhält [erhielt?] schnellgereifte Frucht, sondern er wartet auf sie", Übers. K. Wengst; ἐκδέχεσθαι ἕως z.B. Hebr 10,13).

Der Septuagintismus ὁ καρπὸς τῆς γῆς (z.B. Num 13,26 Trauben und anderes Obst; Mal 3,11 Korn; allgemein ψ 104,35; Pl. Jos Ant XIII 128; 1Klem 4,1 zit. Gen 4,3; frühchr. sonst nicht, doch vgl. Jak 5,18) bleibt unbestimmt; γῆ ‚Land', ‚Feld' oder ‚Boden'?, καρπός umfassend oder Bodenfrüchte wie z.B. Korn?; doch s. gleich (καρπός sonst → 3,17; γῆ → 5,5). Τίμιος (im Brief nur hier; gern bei Steinen, bei καρπός ungewöhnlich, doch vgl. PCZ 59160,10f.; Prov 8,19) schränkt nicht auf teure Früchte ein und deutet keine großen Felder an (alle Erzeuger müssen warten auf alles, was wächst), sondern besagt, daß Feldfrüchte ein respektables Gut sind, oder eher, daß sie entweder dem Erzeuger teuer, weil lebenswichtig sind oder sein Stolz.

Das Partizip (vgl. 2Makk 6,14 οὐ γὰρ ... ἀναμένει μακροθυμῶν ὁ δεσπότης μέχρι τοῦ κολάσαι...; TestHi 28,5 μακροθυμοῦντες ἔμειναν; zu ἐπί vgl. z.B. Sir 18,11; 29,8; 35,19; Mt 18,26; Lk 18,7; BDR 196 Anm. 3; 235,2) präzisiert im Sinn von V.7a (vgl. Mk 4,26–29?). Der Bauer läßt der Natur ihren (relativ kurzen und geregelten) Lauf.

Der Temporalsatz ist strittig, weil zu knapp.

Zu Jakobus 5,7 ἕως λάβῃ πρόϊμον καὶ ὄψιμον

Subjekt des Satzes ist die Frucht (Mehrheitsmeinung) oder eher der Bauer, kaum die Erde. Ἐπ' αὐτῷ und λαμβάνειν (→ 1,7) helfen hierbei nicht weiter. Πρόϊμος und ὄψιμος (beide pagan nicht häufig, jüd.-gr. nur LXX, frühchr. nur noch Barn 3,4 zit. Jes 58,8) können Früh- und Spätregen oder Frucht (dann wohl prädikativ) bezeichnen (vgl. add. ὑετόν A Byz sy$^{p.h}$ usw., καρπόν ℵ^2 398 996 1175 1661 Antioch, καρπὸν τόν ℵ, *txt* P^{74} B 048 945 1241 1739 2298 vg sa). Zusammen stehen sie im Akkusativ Dtn 11,14; Jer 5,24; Joel 2,23; Sach 10,1, im Nominativ Hos 6,4(3), immer bei ὑετός. Dem folgt nach Mehrheitsmeinung Jak hier. Daß er auch über die zwei oder besser drei Regenperioden Bescheid wußte, die für die Levante typisch sind (Übersicht bei von Gemünden 298), womöglich aus eigener Anschauung, läßt sich damit freilich weder belegen noch bestreiten.

Jedoch belegt LXX keinen substantivischen, prädikativen oder elliptischen Gebrauch und keine Verbindung mit λαμβάνειν, das hier ὑετός auch sonst nie als Objekt hat (daß Dtn 11,14 zum Sch^{e}ma gehört, besagt allenfalls etwas, wenn der Brief echt ist). Allein kommen πρόϊμος oder ὄψιμος noch vor bei Erntegut Ex 9,32; Jer 24,2; Hos 9,10, dazu Prov 16,15 ὥσπερ νέφος ὄψιμον; Jes 58,8 πρόϊμον τὸ φῶς σου. Pagan vgl. Xenophon, Oec. 17,4f. πολλοὶ ἤδη διαφέρονται, ὦ Σώκρατες, περὶ τοῦ σπόρου, πότερον ὁ πρώιμος κράτιστος ἢ ὁ μέσος ἢ ὁ ὀψιμώτατος... „[Es] sind schon viele, was die Aussaat betrifft, unterschiedlicher Auffassung, Sokrates: ob die frühe, die mittlere oder die späteste die günstigste ist...", Übers. G. Audring; Geopon. (erst im 10. Jh. aus älterem Material kompiliert) I 12,32 οἱ πρώϊμοι καρποὶ καὶ οἱ ὄψιμοι; vgl. Mark Aurel IV 23,1f. οὐδέν μοι πρόωρον οὐδὲ ὄψιμον τὸ σοὶ εὔκαιρον. πᾶν μοι καρπός, ὃ φέρουσιν αἱ σαὶ ὧραι, ὦ φύσις „nicht ist mir Verfrühtes oder Verspätetes, was dir [dem Kosmos] rechtzeitig ist. Alles ist mir Frucht, was deine Zeiten bringen, o Natur", Übers. W. Theiler; OGIS 56,68 ὅταν ὁ πρώϊμος σπόρος παραστῇ; PSI IV 433,2 τὰ μὲν οὖν παρ' ἐμοὶ ὄψιμα ὄντα ὑπάρξει εἰς φυτείαν; P.Tebt. I 72,361 διὰ τ[ὸ] ὀψίμως σπαρῆν[αι]. Lexikalisch steht es zwischen Regen und Frucht wohl unentschieden.

Heißt ἕως hier „während" (vgl. BDR 455,3a; z.B. Stuhlmann gegen die Mehrheit), ist Regen im Bild und steht für eine gute Gabe (daß er auch schaden kann wie z.B. 4Esra 8,43, ist nicht bedacht), gleich ob für den Bauern oder die Frucht (dann am ehesten als Korn gedacht), die dem Erwarteten wachsen hilft und so die Geduld stützt (s. 1,16–18; 4,6; 5,17f.?, vgl. Lk 21,28–30?). Frucht ist dann wie oft Metapher für gerechte Taten (s. zu 3,12.17f.). Näher liegt aber, den Satz parallel zu ἕως τῆς παρουσίας τοῦ κυρίου V.7a zu verstehen, also „bis" (BDR 455,3b), d.h. bei der Parusie. Dann paßt der Regen, der Monate braucht, schlecht, die Frucht einigermaßen (so z.B. Frankemölle: Jak, Konradt: Existenz, Vouga: Jc); der Bauer ist Subjekt. Zwar dauert es von früher bis später Frucht auch eine Weile (vgl. Ex 9,31f.), zumal wenn die ganze Ernte gemeint ist. Aber eben die fängt mit der Parusie an, nicht erst das Wachsen. Frucht ist dann Metapher für endzeitliche Güter (vgl. 4Esra 4,35; 2Klem 20,3f.), die die Christen als Lohn (μισθός im Brief nur 5,4, aber nicht eschatologisch), Preis, Anerkennung oder was auch immer bekommen (vgl. 1,12; 2,1.5; 3,18; auch 1,25; 2,12?), vielleicht das ganze ewige Leben hindurch. Sie lohnen das Warten. Die Verknüpfung mit der Parusie läßt vermuten, daß Jesus sie gibt (vgl. Mt 25,34; 2Tim 4,8.18; Apk 2,10).

8 Μακροθυμήσατε καὶ ὑμεῖς, στηρίξατε τὰς καρδίας ὑμῶν, ὅτι ἡ παρουσία τοῦ κυρίου ἤγγικεν. Der erste Imperativ deutet V.7b ausdrücklich auf die Adressaten, der zweite fügt etwas dazu (zum Aor. s. 1,2). Στηρίζειν (im Brief nur hier) mit καρδία (→ 1,26) als Objekt ist traditionell (pagan anscheinend nicht; jüd.-gr. nur Jdc 19,5.8; ψ 103,15; 111,8; Sir 6,37; 22,16, vgl. Jes 35,3f.; Dan 7,28 LXX; PsSal 16,12; καρδία immer Sg., nie im Blick auf das Eschaton; frühchr. noch 1Thess 3,13; 2Thess 2,17, vgl. 3,5, immer Pl.). Der Plural und der Kausalsatz sprechen dafür, daß Jak christliche Wachsamkeitsparänese aufgreift (vgl. auch z.B. 1Thess 5,1–11; Lk 21,34–36). Die Geduld soll kein Abwarten sein, das Organ des Denkens, Fühlens und Wollens stark und aktiv.

Der Kausalsatz ist aufmunternd gemeint, wenn die Parusie nach V.7b Gutes herbeibringt. Nähe (→ 4,8) ist frühchr. ihr Prädikat sonst nicht, aber verwandter Wörter (z.B. Mt 3,2; 10,7 par.; Mk 1,15 par.; Lk 21,28; Röm 13,11f.; Hebr 10,25; 1Petr 4,7; Apk 1,3; 22,10; Barn 21,3; vgl. Mk 13,29 par.; Phil 4,5 ὁ κύριος ἐγγύς). Das Perfekt bedeutet vor allem, daß die Zeit für die Parusie reif ist. Das schließt aus, daß Jak die Parusie in weiter Ferne sah, aber nicht ein, daß er alle Zeit als abgelaufen betrachtete und das Ende für sofort erwartete. V.7 spricht dafür, daß er mit erlebbarer Frist rechnete, wenn auch nicht für jedermann (s. 4,14f.; vgl. 1Thess 4,15–17; 1Kor 15,51f.). Falls es unter den Adressaten Enttäuschung über die ausbleibende Parusie gab, so geht Jak jedenfalls nicht darauf ein (anders z.B. 2Petr 3). Er mahnt zur Geduld, weil die Gegenwart schwer ist, nicht weil sie kein Ende zu finden scheint.

Die zweite Mahnung: **9** Μὴ στενάζετε, ἀδελφοί, κατ' ἀλλήλων ἵνα μὴ κριθῆτε· ἰδοὺ ὁ κριτὴς πρὸ τῶν θυρῶν ἕστηκεν. V.9a ist vielleicht mit Mt 7,1 par. verwandt (s.o. Einl. 4.3); der Finalsatz ist nicht geläufig. Falls μὴ στενάζετε Jak zuzuschreiben ist, hätte er die adäquate Vergeltung (s. 2,13; 5,3) verwischt. Aber ohne das wäre V.9a eine bloße Wiederholung von 4,11f. geworden. Anscheinend soll das Verbot in den engeren Kontext passen. Στενάζειν (im Brief nur hier) bedeutet dann ‚vor Ungeduld (nicht Schmerz o.ä.) stöhnen'. Dabei ist κατά wohl ungewöhnlich (jüd.-gr. und frühchr. sonst nie bei στενάζειν); heißt es wie häufig ‚gegen', führt es die ein, die ungeduldig machen, nicht die, denen vorgejammert wird. Ἀλλήλων (→ 4,11) so kurz nach ἀδελφοί (→ 1,2) begrenzt die Verursacher auf Mitchristen. Jak verbietet also, über deren Verhalten zu stöhnen, nicht notwendig nur in ihre Ohren (zum Präs., das hier zwischen den Aor. V.7f.10 auffällt, s. 1,7). Wegen der Sanktion (nicht notwendig Verdammung, s. 2,12) kann das nicht nur Murren, auch kaum allein innerlich sein, und sich nicht auf alltägliche Meinungsverschiedenheiten beziehen. Passend und gute Ergänzung zu V.7f., wo eher Anfechtungen durch die Welt die Geduldsprobe sind, wäre Unmut über Belastungen, die durch Torheit und Verfehlungen von Mitchristen, vielleicht auch ungleiche Lebensumstände und Gaben entstehen (vgl. z.B. Mt 7,1–5; Gal 5,26; 6,3–5; Kol 3,12f.). Protest gegen erfahrenes Unrecht wie das Stöhnen Armer über unsoziale Reiche (s. 5,4, dazu vgl. z.B. 1Klem 15,6 zit. ψ 11,6) ist aber wohl nicht eingeschlossen.

Wenn V.8c aufmunternd gemeint ist, hat vielleicht auch V.9b etwas davon. Wer stöhnt, wird gestraft, aber der Veranlasser auch, falls er sich vergangen hat, und zwar bald. Zu ἰδού s. 3,4; es dürfte auch hier Bekanntes einführen. Richter (→ 2,4) kann Christus sein, ist aber wohl Gott (4,11f.); anders, wenn Jak auch hier κύριος gesagt hätte.

Der Plural von θύρα (im Brief sonst nicht) steht schon klassisch auch für nur eine (ursprünglich zweiflügelige) Tür; also nicht vor jedermanns Haustür oder Hoftor, falls denkbar (vgl. Apk 3,20), sondern dem Portal der Welt? Ἕστηκα (→ 2,3) könnte zusammen mit πρό (noch 5,12; bei θύρα offenbar nicht häufig, aber z.B. Sib III 32; JosAs 5,1; Apg 12,6) besagen, daß der Richter dort verharrt (vgl. JosAs 5,1; Mk 13,29 par.). Die Zeitvorstellung ist nicht anders als in V.7f.

Die dritte Mahnung: **10** Ὑπόδειγμα λάβετε, ἀδελφοί, τῆς κακοπαθίας (-θείας ECM, s.o. Einl. 6.4) καὶ τῆς μακροθυμίας τοὺς προφήτας οἳ ἐλάλησαν ἐν τῷ ὀνόματι κυρίου. Zu ἀδελφοί s. 1,2. Jak macht ihnen Mut zur Geduld durch ein Vorbild (ὑπόδειγμα im Brief nur hier; als Obj. zu λαμβάνειν [→ 1,7] jüd.-gr. und frühchr. nur noch Eupolemus über Alexander Polyh. bei Euseb, Praep. ev. IX 34,7; 1Klem 5,1, aber vgl. attisch παράδειγμα λαμβάνειν z.B. Plato, Men. 77b; zu den Gen. vgl. z.B. 2Makk 6,31 γενναιότητος; Sir 44,16 μετανοίας; Jos Bell II 208 σωφροσύνης; ähnlich 4Makk 17,23 ἀνεκήρυξεν ὁ Ἀντίοχος τοῖς στρατιώταις αὐτοῦ εἰς ὑπόδειγμα τὴν ἐκείνων ὑπομονήν „Antiochos... ließ ihre Standhaftigkeit öffentlich ausrufen, als Beispiel für seine eigenen Soldaten", Übers. H.-J. Klauck).

Κακοπαθ(ε)ία (frühchr. nur hier; zugefügtes oder erduldetes Leiden?; κακοπαθεῖν noch 5,13) und μακροθυμία (→ 5,7) nehmen die Imperative V.7f. und 9 auf (Art. rückweisend); man darf sie aber nicht strikt darauf verteilen (vgl. z.B. 2Makk 2,26f.; 4Makk 9,8 διὰ τῆσδε τῆς κακοπαθείας καὶ ὑπομονῆς; TestJos 2,7 μέγα φάρμακόν ἐστιν ἡ μακροθυμία, καὶ πολλὰ ἀγαθὰ δίδωσιν ἡ ὑπομονή „Denn ein starkes Heilmittel ist die Geduld, und viel Gutes gibt die Ausdauer", Übers. J. Becker; Jos Bell VI 37 πρῶτον μὲν οὖν ὑμῶν γενέσθω προτροπὴ τό τινας ἴσως ἀποτρέπον, ἡ Ἰουδαίων μακροθυμία καὶ τὸ καρτερικὸν ἐν οἷς κακοπαθοῦσιν). Zum Hendiadyoin s.o. Einl. 3.2 (seit Björck hier gelegentlich ‚Geduld im Unglück' o.ä., aber z.B. auch schon Schneckenburger, Jac).

Jak setzt ein Bild vom biblischen (nicht nur Schrift-)Propheten (προφήτης im Brief nur hier) als bekannt voraus, wonach er geduldig das Leiden des Gerechten durchlebt, zu dem ein gewaltsamer Tod gehören kann (vgl. 4Makk 16,19–21; 18,14–19, wo die gesammelten Zitate wohl auch ihre Autoren charakterisieren; Hebr 11,24.35–38; nicht Sir 48f.; Vitae Proph). Der Relativsatz (wohl nicht partitiv) könnte aus der davon zu unterscheidenden, ursprünglich deuteronomistischen Tradition stammen, daß Israel immer die Propheten wegen ihrer Botschaft gewaltsam ablehnt (so die anscheinend einzige genaue Parallele Dan 9,6 Θ καὶ οὐκ εἰσηκούσαμεν τῶν δούλων σου τῶν προφητῶν, οἳ ἐλάλουν ἐν τῷ ὀνόματί σου πρὸς τοὺς βασιλεῖς ἡμῶν καί...; vgl. Jos Ant IX 265–267.281; X 38f.; Mt 5,12 par.; 23,29–39; Apg 7,52; 1Thess 2,15).

Wie dort wird ἐν τῷ ὀνόματι (→ 2,7) κυρίου „im Namen des Herrn" bedeuten, d.h. Gottes (s. auch V.14; vgl. 1Chr 21,19), nicht etwa „unter Nennung des Namens des Herrn Jesu" (vgl. Apg 7,52; 26,22f.; 1Petr 1,11; 1Klem 17,1, anders Mt 7,22). Kaum, daß die Adressaten wie die Propheten geduldig verkündigen sollen (λαλεῖν → 1,13). Vielleicht identifiziert der Relativsatz einfach die gemeinten Propheten: die aus der Schrift bekannten, nicht alle Märtyrer, die christlichen womöglich eingeschlossen. Oder ist opp. V.9 gemeint: statt zu stöhnen (vgl. auch V.13)? Oder denkt Jak an Worte zum Thema Geduld (s. gleich)?

11 Ἰδοὺ μακαρίζομεν τοὺς ὑπομείναντας· τὴν ὑπομονὴν Ἰὼβ ἠκούσατε καὶ τὸ τέλος κυρίου εἴδετε, ὅτι πολύσπλαγχνός ἐστιν ὁ κύριος καὶ οἰκτίρμων. Wie in V.7, 9 und früher führt ἰδού (→ 3,4) etwas Bekanntes ein, was das Vorhergehende stützt, hier etwas, was wir (Christen) als Glückwunsch (μακαρίζειν im NT nur noch Lk 1,48) denen sagen, die durch Ausdauer ausgezeichnet sind (→ 1,12). Gemeint sein könnte der Gebrauch von eschatologischen Seligpreisungen wie 1,12. Die ὑπομείναντες sind dann die Propheten und die Christen, die nach ihrem Vorbild ausharren (Art. generisch) oder besser ausharrten (Ptz. Aor. vorzeitig, s. 1,12). Dann liegt es aber nahe, an gestorbene Christen zu denken (daher v.l. ὑπομένοντας Byz?), doch wieso nur an sie (vgl. Hebr 13,7?)? Eher meint Jak die Propheten allein (Art. rückweisend) und ihre Seligpreisung durch oder verbunden mit Erzählung; dazu paßt, daß es gleich von Hiobs Ausdauer „ihr habt gehört" heißt (vgl. 4Makk 18,13 ἐδόξαζεν δὲ καὶ τὸν ἐν λάκκῳ λεόντων Δανιήλ, ὃν ἐμακάριζεν „Er [der Vater der makkabäischen Märtyrer] rühmte auch den Daniel in der Löwengrube und pries ihn glücklich", wohl weil er gerettet wurde, Übers. H.-J. Klauck; Ipf.: nicht nur bei Kinderlehre, sondern immer wieder?). Der Grund ist jedenfalls wohl wie in 1,12 nicht die durch Ausdauer bewiesene Charakterstärke, sondern der endzeitliche Lohn (vgl. Sap 2,16 μακαρίζει ἔσχατα δικαίων; Philo Praem 152; Herm sim 9,28,6?). Deshalb ist das Vorbild der Propheten nachahmenswert.

Daß Ausdauer so belohnt wird, zeigt das Beispiel Hiobs (*'iyyôb*, Ἰώβ, frühchr. sonst nur 1Klem 17,3; 26,3; 2Klem 6,8). Er dient nicht als ein weiteres Vorbild neben den Propheten (oder aus ihrer Reihe herausgehoben, falls Jak ihn dazu rechnete), obwohl er es sein könnte und nach Mehrheitsmeinung ist. Jak setzt Hiob als bekannt voraus wie Abraham, Rahab, die Propheten und später Elia, und zwar durch ἀκούειν (→ 1,19; s. 3,1; vgl. Mt 5,21.27.33.38.43?). Er liest nicht aus Hi ab, was er unter Hiobs Ausdauer versteht (ὑπομονή fehlt in Hi LXX außer 14,19 ‚Dauer'?, das Verb ist kein Hauptwort für Hiobs Verhalten; μακροθυμ- nur 7,16), sondern schreibt es ihm zu. Das entspricht einem haggadischen Hiobbild, das auch in TestHi begegnet (vgl. 1,5 ἐγὼ γάρ εἰμι ὁ πατὴρ ὑμῶν Ἰὼβ ἐν πάσῃ ὑπομονῇ γενόμενος „Ich bin euer Vater Job, der mit viel Geduld sein Leben zugebracht hat", Übers. B. Schaller; 4,6; 5,1; 26,4f. o. zu V.7a; anders z.B. Carr, Hainthaler, Seitz: ὑπομονή als aktive Ausdauer diff. μακροθυμία verstanden paßt gut auch zum Hiob der Dialoge). Daß V.11 auf TestHi oder dessen Stoff fußt, läßt sich aber kaum beweisen. Falls Jak mit ὑπομονή und τέλος (im Brief nur hier) κυρίου Anfang und Ende der ihm bekannten Hiobsgeschichte meint, entspricht das eher Hi (vgl. Hi 1,21f.; 2,10 und gleich).

Τὸ τέλος κυρίου ist freilich schwierig (Konjekturen bei Dibelius, Jak). Nach Mehrheitsmeinung spricht Jak von Hi 42,10–16 LXX, besser einschließlich V.17a γέγραπται δὲ αὐτὸν πάλιν ἀναστήσεσθαι μεθ' ὧν ὁ κύριος ἀνίστησιν „Es steht aber geschrieben, daß er wieder auferstehen wird mit denen, die der Herr auferweckt", was wohl Rückverweis auf 19,25f. ist (vgl. 1Klem 26,3 zit. Hi 19,26; 2Klem 6,8 mit Anlehnung an Ez 14,14.20). Auch wenn nicht, meint Jak wegen V.11a doch wohl etwas Heilvolles, das über Hiobs Tod hinausreicht. Ob man ‚(gutes) Ende', ‚Vollendung' oder ‚Zweck' (Mindermeinung) übersetzt, macht nicht viel aus. Jedenfalls ist bei dieser Deutung κυρίου Genitivus auctoris. Der ist bei τέλος schwer zu belegen, aber wohl nicht unmöglich (vgl. Jos Bell V 459 τὸ γὰρ τέλος [die Bewahrung des Tempels] εἶναι τοῦ θεοῦ; entfernter Xenophon, Cyrop. III 2,29 ἣν θεὸς ἀγαθὸν τέλος διδῷ ; Menander, Fr. 114 Koerte[2] νῦν δ' ἔλπομαι μέν, ἐν θεῷ γε μὴν τέλος; TestGad 7,4 ὅρον γὰρ κυρίου ἐκδέξασθε „Das Ende des Herrn wartet ab", Übers. J. Becker; nicht hierher Herm sim 8,8,5). Substantiviert Jak Hi 42,12a ὁ δὲ κύριος εὐλόγησεν τὰ ἔσχατα Ἰὼβ ἢ τὰ ἔμπροσθεν? Daß τὸ τέλος κυρίου sowohl Hiobs Ende wie das Ende der Geschichte durch Parusie vermutlich Gottes meint (Strobel, vgl. Hab 2,3; ähnlich Gordon, vgl. Penner 178 Anm. 1), liest zuviel hinein. Bezieht man κυρίου auf Jesus (→ 1,1) und faßt den Genitiv als subjectivus (Mindermeinung, z.B. Bischoff, Vouga: Jc), ist die Fügung einwandfrei, aber τέλος müßte dann die Passion oder besser Passion und Auferstehung bezeichnen; das wäre sehr ungewöhnlich (trotz Mt 26,58), zumal parallel zu Hiobs ὑπομονή.

Biblische Ereignisse kann man sehen (→ 2,22f.; vgl. z.B. TestBenj 4,1 Ἴδετε, τέκνα, τοῦ ἀγαθοῦ ἀνδρὸς [Joseph] τὸ τέλος; Hebr 3,19, vgl. 2,8f.; τέλος ‚sehen' z.B. noch 4Makk 12,3; Mt 26,58; vgl. Hebr 13,7). Die Fügung jedenfalls ist kein Grund, vor εἴδετε ein Kolon zu setzen und den ὅτι-Satz als Objekt zu nehmen (Mindermeinung). Hier steht εἴδετε vielleicht absichtlich opp. ἠκούσατε: Hiobs Ausdauer ist nur aus seinen Worten zu erschließen; sein herrliches τέλος ist zu sehen, weil in Hi 42,10–16(17), falls gemeint, beschrieben.

Der Kausalsatz begründet oder erläutert τὸ τέλος (kaum ἠκούσατε und εἴδετε, dafür ist er zu stark). Von den Adjektiven ist πολύσπλαγχνος selten (wie πολυσπλαγχνία erst frühchr., außer hier Adj. und Subst. nur noch Hermas, später offenbar nur christl.), οἰκτίρμων nicht (jüd.-gr. nur LXX; TJud 19,3; JosAs 11,10; frühchr. noch Lk 6,36; 1Klem 23,1; 60,1; gern von Gott ἐλεήμων καὶ οἰκτίρμων oder umgekehrt, z.B. Ex 34,6; ψ 102,8; 110,4; Hi fehlen σπλαγχν-, ἐλεήμων und οἰκτ-). Gottes Erbarmen gilt hier nicht wie sonst oft Sündern oder Übertrittswilligen, sondern Bedrängten (wie z.B. ψ 85,15; PsSal 10; vgl. Mt 20,15). In dem so begründeten τέλος Hiobs liegt der Beweiswert des Beispiels. Wenn Gott das in seiner Güte sichtbar für den ausdauernden Hiob tat, kann man annehmen, daß er es auch für seinesgleichen wie die Propheten tun wird, deren τέλος noch nicht sichtbar ist. Deshalb kann man sie glücklich preisen. Darum sind sie tröstliche Vorbilder für die Adressaten.

Zukunftshoffnungen im Jakobusbrief

1. Zukunftsaussagen durchziehen den Brief, stellen aber nirgends das Thema. Ihre Hauptaufgabe ist, die Adressaten zu Ausdauer und Rechttun anzuspornen oder von innerer Gespaltenheit und Sünde abzuhalten. Sie begründen aber das Wohlverhalten nicht erst. Es ist begründet in dem Gottesverhältnis, das Gott selber durch das Wort der Wahrheit gestiftet und durch das mit dem Wort gegebene Gesetz der Freiheit geordnet hat (1,12–25). Die Zukunftsaussagen erinnern die, die Gott lieben (1,12; 2,5), an das endzeitliche Lebensziel, das mit dem Gottesverhältnis nicht gesteckt, sondern zugesagt ist, und warnen, es zu verfehlen. Ihre Anlässe sind die bleibende Unvollkommenheit der Christen (s. zu 1,4) und ihre Anfechtungen (1,2f.) durch die gottfeindliche Welt (1,27; 4,4). Enttäuschung über das ausbleibende Ende (vgl. 2Petr 3) scheint nicht dazuzugehören. Da der Brief kurz ist, darf man freilich nicht schließen, daß Jak nichts von dem wußte oder hielt, wovon er schweigt.

2. Die Zukunftsaussagen betreffen nicht Himmel und Erde, Natur und Kultur, sondern nur Menschen, und Menschen vor allem als einzelne. So wie die bisherige Geschichte für Jak kein Thema ist, ist es auch die künftige bis zum Eschaton nicht. Was danach kommt, bleibt überhaupt unentfaltet. Die Zukunft von Nichtchristen ist nur im Fall der Reichen erwähnt (1,9–11; 5,1–6), falls sie nicht wenigstens nominell Christen sind, die Zukunft der Toten vor Christus nur im Fall der exemplarischen biblischen Gestalten (2,21–23.25; 5,10f.17f.) und nur indirekt, die Zukunft der schon gestorbenen Christen nicht einmal so.

3. In erlebbarer Frist findet die Parusie Christi (5,7–9) in Herrlichkeit (2,1) statt. Ihre Zeit ist gekommen, die letzten Tage sind da (5,3). Doch hat anderes in der Welt noch Zeit, so daß die Christen noch mit morgen rechnen müssen (4,13–15). Mit der Parusie ist jedenfalls für sie das Leben in der Welt mit ihren Lockungen und Anfechtungen zu Ende und vermutlich das bisherige irdische Leben überhaupt. Einzelheiten teilt Jak nicht mit. Von endzeitlichen Wirren schweigt er (die Anfechtungen gehören nicht dazu). Totenerweckung ist allenfalls indirekt für die Propheten und Hiob (5,10f.) erwähnt.

4. Es folgt das Gericht über die Christen (2,12f.; 3,1; 4,11f.; 5,9.12). Unklar bleibt, ob es im Rahmen eines universalen Gerichts stattfindet und wenn nicht, ob es daneben ein Gericht über die Nichtchristen als Verhandlung gibt. Richter ist vermutlich Gott (4,11f.), er ist bereit (5,4.9); ob Christus neben ihm eine Rolle spielt, bleibt offen. Maßstab sind die Werke entsprechend dem Gesetz der Freiheit (1,22–25; 2,12f.14–26), besonders Barmherzigkeit. Christen können damit rechnen, daß sie davonkommen, obwohl Sündlosigkeit nicht erreichbar ist, und für Rechttun Lohn erhalten (3,18; 5,7), obwohl nicht erkennbar ist, worin er besteht (z.B. Frieden, s. 3,18?). Dagegen wird den reichen Ausbeutern mit Qualen vergolten (5,3), die böse Zunge (samt Besitzer?) möglicherweise in der Gehenna verbrannt (3,6). Ob das Vernichtung oder dauernde Qual bedeutet, ist nicht erkennbar; ebensowenig, was aus dem Teufel wird.

5. Die Christen, die das Gericht bestanden haben, erben das verheißene Reich Gottes (2,5; ob als Mitherrscher oder nur Nutznießer, bleibt offen) und sind im ewigen Leben. Sie bekommen den Kranz des Lebens (1,12) und wahrscheinlich die Glorie, die den erhöhten Christus auszeichnet (2,1). Niedrige werden erhöht (1,9; 4,10). Wo das ewige Leben stattfindet und wie (in den zwölf Stämmen, 1,1?), ist nicht klar; falls alle toten Frommen schon wie Elia im Himmel sind, vielleicht dort.

5,12–18 Grundsätzlich tut Folgendes

[12]Vor allem aber, meine Brüder, schwört nicht, weder beim Himmel noch bei der Erde noch irgend einen anderen Eid. Es sei vielmehr euer Ja (ein) Ja und Nein (ein) Nein, damit ihr nicht (deswegen) dem Gericht verfallt.

[13]Geht es jemandem unter euch schlecht, der bete. Ist jemand wohlgemut, der singe Lob. [14]Ist jemand unter euch krank, der rufe die Ältesten der Gemeinde, und sie sollen über ihm beten, nachdem sie ihn im Namen des Herrn mit Öl gesalbt haben. [15]Und das Gebet des Glaubens wird den Leidenden retten, und aufrichten wird ihn der Herr; und falls er Sünden begangen hat, wird ihm vergeben werden.

[16]Bekennt nun einander die Sünden, und betet füreinander, damit ihr geheilt werdet. Viel vermag Fürbitte eines Gerechten, energisch betrieben. [17]Elia war ein Mensch, der empfand wie wir, und betete stark, es solle nicht regnen, und es regnete nicht auf der Erde drei Jahre und sechs Monate; [18]und wiederum betete er, und der Himmel gab Regen und die Erde ließ ihre Frucht wachsen.

Literatur: ALTHAUS, Zur Geschichte von Jak 5,16 (s.o. Einl. 7). – W.R. BAKER, 'Above All Else': Contexts of the Call for Verbal Integrity in James 5.12, JSNT 54, 1994, 57–71; Speech-Ethics. – BINDEMANN, Weisheit versus Weisheit. – H.C. BRENNECKE, Heilen und Heilung in der Alten Kirche, in: M. Evang/H. Merklein/M. Wolter (Hg.), Eschatologie und Schöpfung (FS E. Gräßer), 1997, 23–45. – BORD, L'Extrême Onction (s.o. Einl. 7). – G.C. BOTTINI, Confessione e intercessione in Giacomo 5,16,

SBFLA 33, 1983, 193–226; Preghiera. – H. BRUNNER, „Eure Rede sei Ja Ja, Nein Nein" im Ägyptischen, in: W. Helck (Hg.), Festschrift für Siegfried Schott zu seinem 70. Geburtstag am 20. August 1967, 1968, 7–12. – CHR. BURCHARD, Hiob unter den Propheten. Ein biblisches Exempel im Jakobusbrief (5,11), DBAT 30, 1999 (C. Nauerth/R. Grieshammer Hg., FS B.J. Diebner), 13-18. – R.A. CAMPBELL, The Elders: Seniority within Earliest Christianity, 1994. – CARGAL, Restoring the Diaspora. – J. COPPENS, Jacq., V, 13–15 et l'onction des malades, EThL 53, 1977, 201–207 (Lit.). – A. CUSCHIERI, Anointing the Sick. A Theological and Canonical Study, 1993. – R. EISENMAN, Eschatological 'Rain' Imagery in the War Scroll from Qumran and in the Letter of James, JNES 49, 1990, 173–184. – FOUBISTER, Healing (s.o. Einl. 7). – FRANCIS, Form and Function. – FRIESENHAHN, Jak V, 14f. (s.o. Einl. 7). – H. FRANKEMÖLLE, Krankensalbungen im Neuen Testament. Biblische Korrekturen zur sogenannten „Letzten Ölung", in: M. Probst/K. Richter (Hg.), Heilssorge für die Kranken und Hilfen zur Erneuerung eines mißverstandenen Sakraments, 1975, [2]1980, 28–38. – GOLDHAHN-MÜLLER, Grenze der Gemeinde. – HARTIN, James and the Q Sayings. – P. HERRMANN, Der römische Kaisereid, 1968. – R. HIRZEL, Der Eid. Ein Beitrag zu seiner Geschichte, 1902 = 1966. – L.P. HOGAN, Healing. – M. KARRER, Das urchristliche Ältestenamt, NT 32, 1990, 152–188; Der Gesalbte. – KILMARTIN, James 5.14–15 (s.o. Einl. 7). – G. KITTEL, Rabbinica, 1920. – KLEIN, „Vollkommenes Werk". – KLINGHARDT, Gemeinschaftsmahl und Mahlgemeinschaft. – KONRADT, Existenz. – KRAMER/SHELTON, Archiv des Nepheros. – E. KUTSCH, „Eure Rede aber sei ja ja, nein nein", EvTh 20, 1960, 206–218. – E.J. LENGELING, Die Entwicklung des Sakraments der Kranken in der Kirche. Krankensalbung oder Todesweihe?, in: Probst/Richter 39–54; Die Erneuerung der Krankensalbung [durch das II. Vaticanum]. Die Neuordnung von Ölweihe (3. 12. 1970) und Krankensalbung (7. 12. 1972), a.a.O. 55–69. – F. MANNS, «Confessez vos péchés les uns aux autres». Essai d'interprétation de Jacques 5,16, RevSR 58, 1984, 233–241. – G. MARCONI, La malattia come «punto di vista»: esegesi di Gc 5,13–20, RivBib 38, 1990, 57–72. – B. MAYER, Jak 5,13–18 – ein Plädoyer für das Bittgebet in der Kirche, in: R.M. Hübner/B. Mayer/E. Reiter (Hg.), Der Dienst für den Menschen in Theologie und Verkündigung (FS A. Brems), 1981, 165–178. – MEYER, Rätsel. – P.S. MINEAR, Yes or No: The Demand for Honesty in the Early Church, NT 13, 1971, 1–13. – H.K. NIELSEN, Heilung und Verkündigung. Das Verständnis der Heilung und ihres Verhältnisses zur Verkündigung bei Jesus und in der ältesten Kirche, 1987. – M. ÖHLER, Elia im Neuen Testament. Untersuchungen zur Bedeutung des alttestamentlichen Propheten im frühen Christentum, 1997. – PENNER, James and Eschatology. – E. POIROT, Les prophètes Élie et Élisée dans la littérature chrétienne ancienne, 1997. – ROLOFF, Kirche. – RUCK-SCHRÖDER, Name Gottes. – FRIEDERIKE RUPPRECHT, Krankheit als Erfahrung des Lebens. Eine biblisch-exegetische Studie, 1992. – SILY, „Confesaos los unos a los otros los pecados" (s.o. Einl. 7). – G. STÄHLIN, Zum Gebrauch von Beteuerungsformeln im Neuen Testament, NT 5, 1962, 115–143. – E. TESTA, L'Huile de la Foi. L'Onction des malades sur une lamelle du Ier siècle, 1967 (vgl. Rez. durch J. STARCKY, RB 75, 1968, 278–280). – BARBARA E. THIERING, The Three and A Half Years of Elijah, NT 23, 1981, 41–55. – J.C. THOMAS, The Devil, Disease, and Deliverance. James 5:14–16, JPS 2, 1993, 25–50. – TSUJI, Glaube. – H. VORGRIMLER, Buße und Krankensalbung, 1978. – K. WARRINGTON, The Significance of Elijah in James 5:13–18, EvQ 66, 1994, 217–227. – LOUISE WELLS, The Greek language of healing from Homer to New Testament times, 1998. – YSEBAERT, Amtsterminologie. – Mehr s.u. im Exkurs zu 5,12.

5,12 setzt neu ein (oder sollte man den Vers wegen der Warnung vor dem Gericht mit V.7–11 verbinden?). Man kann den Briefschluß auch erst hier anfangen lassen. Was folgt, sind Mahnungen, die unabhängig von dem bisher Verlangten besonders beachtet werden sollen und vermutlich nicht neu sind (vgl. 1Thess 5,14–22; Hebr 13,1–19). Zusammengestellt hat sie wohl Jak. Sie haben es alle mit Reden über oder mit Gott zu tun, in V.14–16(18?) auch mit Sündenvergebung. Wenn es ein gemeinsames Thema gibt, dann vielleicht Beten (zu allgemein z.B. Johnson, Jas 326: „ the positive modes of speech in the community"). Die Auswahl mag beeinflußt haben, daß Aufforderungen zum Gebet, Wünsche für Gesundheit und Wohlergehen, eidliche Versicherungen gern in Briefschlüssen erscheinen, in christlichen auch das Verhalten gegenüber Abweichlern. Das nimmt dem Abschnitt aber nicht sein eigenes Profil.

Gliederungsvorschlag: V.12: Schwört nicht, sagt einfach die Wahrheit. V.13–15: Betet entsprechend der Lebenslage. V.16–18: Bekennt gegenseitig eure Sünden und betet füreinander um Besserung; gerechte Fürbitter werden erhört, siehe Elia.

12 steht für sich. Der Vers ist neben den alttestamentlichen Zitaten die einzige Stelle im Brief, die für mehr als einige Worte eine literarische Parallele hat. Darüber hinaus gibt es Sachparallelen.

Zur Herkunft des Schwurverbots Jakobus 5,12

Literatur, soweit nicht o. hinter der Übers. genannt: G. Dautzenberg, Ist das Schwurverbot Mt 5,33–37; Jak 5,12 ein Beispiel für die Torakritik Jesu?, BZ 25, 1981, 47–66 = in: Dautzenberg, Studien zur Theologie der Jesustradition, 1995, 38–62. – F. Hahn, Das Ja des Paulus und das Ja Gottes. Bemerkungen zu 2Kor 1,12–2,1, in: H.D. Betz/L. Schottroff (Hg.), Neues Testament und christliche Existenz (FS H. Braun), 1973, 229–239. – Haraguchi, Prohibition of Oath-Taking. – A. Ito, The Question of the Authenticity of the Ban on Swearing (Matthew 5.33–37), JSNT 43, 1991, 5–13. – B. Kollmann, Das Schwurverbot Mt 5,33–37 / Jak 5,12 im Spiegel antiker Eidkritik, BZ 40, 1996, 179–193. – Zeller, Die weisheitlichen Mahnsprüche.

1. Jak 5,12 stimmt bis auf Anfang und Schluß gut zu Mt 5,34–37, wo sie parallel laufen, aber Mt ist länger und hat einen durch das Schwurverbot verneinten Satz davor:

Mt 5,33–37	Jak 5,12
[33]Πάλιν ἠκούσατε ὅτι ἐρρέθη τοῖς ἀρχαίοις·	
οὐκ ἐπιορκήσεις, ἀποδώσεις δὲ	
τῷ κυρίῳ τοὺς ὅρκους σου.	
	Πρὸ πάντων δέ, ἀδελφοί μου,
[34]ἐγὼ δὲ λέγω ὑμῖν	
μὴ ὀμόσαι ὅλως·	μὴ ὀμνύετε
μήτε ἐν τῷ οὐρανῷ,	μήτε τὸν οὐρανὸν
ὅτι θρόνος ἐστὶν τοῦ θεοῦ,	
[35]μήτε ἐν τῇ γῇ,	μήτε τὴν γῆν
ὅτι ὑποπόδιόν ἐστιν τῶν ποδῶν αὐτοῦ,	
μήτε εἰς Ἱεροσόλυμα,	μήτε ἄλλον τινὰ ὅρκον·
ὅτι πόλις ἐστὶν τοῦ μεγάλου βασιλέως,	
[36]μήτε ἐν τῇ κεφαλῇ σου ὀμόσῃς,	
ὅτι οὐ δύνασαι μίαν τρίχα	
λευκὴν ποιῆσαι ἢ μέλαιναν.	
[37]ἔστω δὲ ὁ λόγος ὑμῶν ναὶ ναί, οὒ οὔ·	ἤτω δὲ ὑμῶν τὸ ναὶ ναὶ καὶ τὸ οὒ οὔ,
τὸ δὲ περισσὸν τούτων ἐκ τοῦ πονηροῦ ἐστιν.	ἵνα μὴ ὑπὸ κρίσιν πέσητε.

Das Verhältnis ist strittig. Daß Jak hier Mt benutzte oder umgekehrt, vertritt kaum jemand, wohl mit Recht. Also gemeinsame Tradition. Sie muß mindestens die Schnittmenge umfaßt haben (gehören die Schlußsätze dazu?). Unsicher bleibt aber, ob Jak einen Umfang wie Mt 5,33–37 bzw., falls Mt 5,33–34 Anfang matthäisch sind, wie 5,34 ab μὴ ὀμόσαι – 37 raffte oder ob Mt bzw. seine Grundlage einen Umfang wie Jak 5,12 erweiterte. Mehr spricht dafür, daß Jak die ältere Fassung hat (z.B. Dautzenberg, Haraguchi, Kollmann). Das muß nicht heißen, daß er wörtlich zitiert. Zudem ist bei allen solchen Rekonstruktionen möglich, daß die Tradition mehr umfaßte, als die Referenten aufnehmen.

2. Nach Mehrheitsmeinung ist für Jak wie für Mt die Tradition ein echtes Wort Jesu oder zumindest in seinem Sinn (mehr kann man ohnehin meist nicht beweisen). Jak benutzt sie aber wie alle anderen

Traditionen, um ein eigenes Wort zu sagen. Er muß sie nicht als Ausspruch oder Meinung Jesu gekannt haben. Eidkritik war verbreitet bis hin zum Verbot (vgl. z.B. Pythagoras bei Diogenes L. VIII 22 μὴ ὀμνύναι θεούς, ἀσκεῖν γὰρ αὑτὸν δεῖν ἀξιόπιστον παρέχειν „(Er lehrte,) man dürfe nicht bei den Göttern schwören, man müsse ja doch üben, sich glaubwürdig darzustellen"; vgl. Diodor S. X 9,2; Choerilus, Fr. 7 bei Stobaeus III 27,1 ὅρκον δ' οὔτ' ἄδικον χρεὼν ὀμνύναι οὔτε δίκαιον; Isokrates, Or. I 23; II 22; Menander, Sent. mon. 441 ὅρκον δὲ φεῦγε καὶ δικαίως κἀδίκως; Nikolaus Dam. bei Stobaeus IV 2,25 Φρύγες ὅρκοις οὐ χρῶνται, οὔτ' ὀμνύντες, οὔτε ἄλλους ἐξορκοῦντες; Epiktet, Ench. 33,5; Mark Aurel III 5,2; SIG 1268 I, 8 ὅρκῳ μὴ χρῶ; Quintilian IX 2,98 *in totum iurare, nisi ubi necesse est, gravi viro parum convenit* „[Es] schickt sich im ganzen das Schwören nicht für einen Mann von Bedeutung, wenn dazu keine zwingende Veranlassung besteht", Übers. H. Rahn; Sir 23,9–11; 27,14; slHen 49,1f.; Philo SpecLeg II 2 ὁ γὰρ τοῦ σπουδαίου, φησί [das 2. Gebot], λόγος ὅρκος ἔστω, βέβαιος, ἀκλινής, ἀψευδέστατος, ἐρηρεισμένος ἀληθείᾳ; Decal 84 zum 2. Gebot: κάλλιστον δὴ καὶ βιωφελέστατον καὶ ἁρμόττον λογικῇ φύσει τὸ ἀνώμοτον, οὕτως ἀληθεύειν ἐφ' ἑκάστου δεδιδαγμένῃ, ὡς τοὺς λόγους ὅρκους εἶναι νομίζεσθαι. δεύτερος δέ, φασί, πλοῦς τὸ εὐορκεῖν· ἤδη γὰρ ὅ γε ὀμνὺς εἰς ἀπιστίαν ὑπονοεῖται „Am besten, heilsamsten und vernunftgemässesten wäre es ja, gar nicht zu schwören, wenn der Mensch bei jeder Aussage so wahr zu sein lernte, dass die Worte als Eide gelten könnten. ‚Die zweitbeste Fahrt' aber, wie man zu sagen pflegt, ist wahr schwören; denn der Schwörende steht gleich im Verdacht, als ob man ihm nicht recht trauen dürfe", Übers. L. Treitel; Jos Bell II 135 καὶ πᾶν μὲν τὸ ῥηθὲν ὑπ' αὐτῶν ἰσχυρότερον ὅρκου, τὸ δὲ ὀμνύειν [αὐτοῖς] περιίστανται χεῖρον τῆς ἐπιορκίας ὑπολαμβάνοντες [die Essener, was den Beitrittseid II 139–142 nicht ausschließt], vgl. Philo Prob 84 τὸ ἀνώμοτον, τὸ ἀψευδές; Rabbinisches bei Bill. I zu Mt 5,33–37). Trotzdem kann Jak 5,12 auf Jesus zurückgehen (dafür z.B. Ito, Kollmann, dagegen Dautzenberg); zu beweisen ist es nicht.

Das geläufige πρὸ πάντων (z.B. Epiktet III 22,93; Jos Bell V 310; Vita 78; 1Petr 4,8; Did 10,4 v.l., anders z.B. 3Joh 2) ist typisch für briefliche Wohlergehens- und Grußformeln (Ziemann, s.o. Einl. 3.1; durchaus nicht besonders in Schlüssen). Aber V.12 ist keine. Die Wendung hebt entweder den Vers vor den folgenden hervor (z.B. Baker, 'Above All Else', doch wieso?) oder eher sie alle als Mahnungen, die in der Zeit des geduldigen Wartens auf die Parusie besonders wichtig sind (vgl. 1Petr 4,7–11). Zu ἀδελφοί s. 1,2.

Es folgen zwei Sätze, die wohl nicht das Eidverbot doppeln (kein Eid, nur Ja und Nein ohne Schwurformel; auch nicht: kein Eid, erst recht kein Meineid), sondern wie manche Stellen oben im Exkurs den Eid ver- und Wahrhaftigkeit gebieten. Dann wird Jak vor allem an alltägliche Kommunikation denken (vgl. auch 3,9?), nicht an Amtseide, Loyalitätseide (wie den Kaisereid, Inschrift aus Phazimon-Neapolis, 3 v. Chr., Z. 8 ὀμνύω Δία, Γῆν, Ἥλιον, θεοὺς πάντα[ς καὶ πά]σας, aber die Trias ist auch anderswo Schwurformel; Herrmann), Eide vor Gericht oder eidliche Selbstverpflichtungen (wie den Beitrittseid der Essener oben; Plinius d. J., Ep. X 96,7 *adfirmabant autem hanc fuisse summam vel culpae suae vel erroris, quod essent soliti stato die ante lucem convenire carmenque Christo quasi deo dicere secum invicem seque sacramento non in scelus aliquod obstringere, sed ne furta, ne latrocinia, ne adulteria committerent, ne fidem fallerent, ne depositum appellati abnegarent* „Sie versicherten jedoch, ihre ganze Schuld oder ihr ganzer Irrtum habe darin bestanden, daß sie sich an einem bestimmten Tage vor Sonnenaufgang zu versammeln pflegten, Christus als ihrem Gott einen Wechselgesang zu singen und sich durch Eid nicht etwa zu irgendwelchen Verbrechen zu verpflichten, sondern keinen Diebstahl, Raubüberfall oder Ehebruch zu begehen, ein gegebenes Wort nicht zu brechen, eine angemahnte Schuld nicht abzuleugnen", Übers. H. Kasten). Nur hier begegnet frühchr. ὀμνύειν (im Brief sonst nicht) mit dem Schwurgaranten im Akkusativ (wie z.B. pagan seit Homer; Hos 4,15; Jos Ant V 14; MartPol 9,2; 10,1; BDR 149,2). Zum Präsens s. 1,7. An Schwur bei Gott scheint von vornherein nicht gedacht zu sein (deshalb ist fraglich, ob es Jak vor allem um die Heiligung des Gottesnamens geht).

Ausdrücklich verbietet Jak οὐρανός (noch 5,18), γῆ (→ 5,5) und jeden anderen ὅρκος (im Brief sonst nicht, als inneres Objekt bei ὀμνύειν geläufig; ursprünglich ‚Schwurgarant', auch hier?), d.h. alle Schwurgaranten (wie Mt 5,34–36; 23,16–22; anders Philo SpecLeg II 5 ἀλλὰ καὶ προσπαραλαβέτω τις, εἰ βούλεται, μὴ μέντοι τὸ ἀνωτάτω καὶ πρεσβύτατον εὐθὺς αἴτιον, ἀλλὰ γῆν, ἥλιον, ἀστέρας, οὐρανόν, τὸν σύμπαντα κόσμον „Es mag auch einer, wenn er will, einen Zusatz anfügen, nur nicht gleich die höchste und letzte Ursache (alles Seins), sondern Erde, Sonne, Sterne, Himmel oder das ganze Weltall", Übers. I. Heinemann; aber vgl. Dtn 4,26; 30,19; 31,28; Ps-Philo, Jona 50 „Zeuge(n sind) der schwarze Himmel über uns und die freundliche Erde (mit) ihrem (festen) Boden; Zeuge ist das Meereselement, das diesen Sturm über (uns) brachte", Übers. F. Siegert; Rabbinisches bei Bill. I zu Mt 5,34–36) und damit wohl den Eid überhaupt. Ob vor dem ersten μήτε (im Brief nur hier) ein Komma zu denken ist oder nicht, macht dafür keinen Unterschied.

V.12b ist mehrdeutig. Ναὶ (im Brief nur hier) ναί und οὒ οὔ lassen sich wie Mt 5,37 (nach Mehrheitsmeinung, aber gern als Schwurersatzformel gedeutet) und 2Kor 1,17(?) als nachdrückliche Doppel verstehen (vgl. BDR 493,1; kaum: Ja bzw. Nein sowohl auf der Zunge wie im Herzen, vgl. Brunner); ὑμῶν gehört dann zum Prädikat (Stellung wie παρ' ἐμοί 2Kor 1,17; vgl. BDR 162 Anm. 9; ἤτω im NT noch 1Kor 16,22; zum Imp. der 3. Pers. → 1,13). Näher liegt die Mehrheitsmeinung: ὑμῶν gehört zu τὸ ναί, τὸ οὔ und steht deshalb voran; das zweite ναί und οὔ ist prädikativ, bezeichnet aber genau genommen nicht mehr das Wort bzw. metonymisch den damit gebildeten Satz, sondern seine Wahrheit. Beide Auffassungen kommen in der Sache überein: ehrliches Ja und Nein, kein Herumreden. Jak meint wohl nicht nur Antworten, an die mindestens ναί zuerst denken läßt, sondern Äußerungen allgemein, mit und ohne Negation. Sie sollen wahr sein. Kasuistik (z.B. Notlüge?) ist hier nicht zu erwarten (oder sind V.13ff. so gemeint?).

Πίπτειν (→ 1,2) ὑπό ist geläufig (z.B. ὑπ' ἐξουσίαν Diodor S. IV 17,5; Herodian, Hist. I 4,2; 2Makk 3,6; Justin, Dial. 105,4; s. auch 1,2), aber nicht mit κρίσις (→ 2,4; doch vgl. z.B. Sir 29,19 ἁμαρτωλὸς... ἐμπεσεῖται εἰς κρίσεις, d.h. Prozesse). Eschatologisches Verständnis ist nicht so sicher wie meist angenommen (vgl. v.l. εἰς ὑπόκρισιν Byz arm), aber nach V.7–11 wahrscheinlich (andernfalls ist V.12b eine Weisheit). Dann bedeutet κρίσις nicht das Jüngste Gericht als Instanz oder Vorgang (das trifft alle Christen), sondern die dort stattfindende Verurteilung (vgl. 3,1, wohl nicht zum Tode, s. 2,12f.; zur Sache Mt 12,36f., vgl. Ex 20,7 par. Dtn 5,11; 1Petr 4,11, formal Herm sim 9,28,7). Sie stützt sich auf das Gesetz der Freiheit; also gehört V.12 dazu.

13–15 nennen drei leib-seelische Zustände und wie man da beten soll. Gleicher Aufbau: Aussage statt Konditionalsatz (nicht Frage: BDR 298 Anm. 8; 494; Präs.: immer wenn) – Imperativ der 3. Person (lebhafter Stil, vgl. z.B. Demosthenes, Or. de Cor. 274 Ἀδικεῖ τις ἑκών· ὀργὴν καὶ τιμωρίαν κατὰ τούτου. Ἐξήμαρτέ τις ἄκων· συγγνώμην ἀντὶ τῆς τιμωρίας τούτῳ „Jemand tut freiwillig Unrecht: Zorn und Strafe über ihn. Jemand verging sich unfreiwillig: Pardon statt der Strafe für ihn"; Or. XXII c. Androt. 26 Ἀσθενέστερος εἶ, τοῖς ἄρχουσιν ἐφηγοῦ· τοῦτο ποιήσουσιν ἐκεῖνοι. Φοβεῖ καὶ τοῦτο· γράφου; Teles II S. 10 Hense[2]; Mark Aurel VIII 50,1; 1Kor 7,18.21.27; 1Petr 4,11). Nur sind V.13a.b ein kurzes Kontrastpaar; V.14f. ist durch lange Apodosis abgehoben (jetzt Imp. Aor.: nur einmal).

13 Κακοπαθεῖ τις ἐν ὑμῖν, προσευχέσθω· εὐθυμεῖ τις, ψαλλέτω. Opp. V.13b bedeutet κακοπαθεῖν (→ 5,10; frühchr. nur noch an den folgenden Stellen) nicht ‚Übles auf sich nehmen' (speziell ‚schwer arbeiten', z.B. Jona 4,10; Philo SpecLeg II 60 ἀεὶ γὰρ ἐθίζει [das Gesetz] κακοπαθεῖν; 2Tim 4,5), sondern ‚Übles erleiden' (wie z.B. Jos Ap II 203 s.o. bei

1,21; 2Tim 2,9; 2Klem 19,3; ActPaul 8,19), hier eher seelisch (vgl. Arist 241?). Das schließt physische Ursachen nicht aus, aber von Verfolgung steht hier nichts. Zu τίς ἐν ὑμῖν s. 3,13. Wer so leidet, soll beten (→ 1,5); ob um Geduld, Linderung oder Befreiung (wie 5,4, vgl. ψ 49,15; 90,14f.; PsSal 15,1; TestJos 8,1.5; Apg 16,25), bleibt offen.

Opp. κακοπαθεῖν redet εὐθυμεῖν (jüd.-gr. nur TestHi 40,6; LibAnt 12,2? und Josephus, frühchr. nur noch Apg 27,22.25) wohl von heiterer Stimmung (nach überstandenem Leiden?), nicht mittlerer. Ψάλλειν (ursprünglich ‚zupfen', speziell dann ‚ein Saiteninstrument spielen', seit LXX jüd.-gr. auch ‚dazu singen' oder nur ‚singen', dies frühchr. wohl immer, aber nur noch Röm 15,9 zit. ψ 17,50; 1Kor 14,15; Eph 5,19; Barn 6,16 zit. ψ 107,4) wird opp. προσεύχεσθαι (→ 1,5) metonymisch ‚Lob und Dank sagen' bedeuten (vgl. auch ψ 91,2; PsSal 3,2; 15,3; Kol 3,16). Es mag sein, daß die beiden Versteile zusammen sagen sollen: betet in allen Lebenslagen, von denen sie aber nur die Extreme nennen. Jak wird an Privatgebete denken (anders 1Kor 14,26; Eph 5,19; Kol 3,16); ob mit festen Texten, womöglich biblischen Psalmen, ist nicht zu entscheiden.

14 Ἀσθενεῖ τις ἐν ὑμῖν, προσκαλεσάσθω τοὺς πρεσβυτέρους τῆς ἐκκλησίας καὶ προσευξάσθωσαν ἐπ' αὐτὸν ἀλείψαντες [αὐτὸν] ἐλαίῳ ἐν τῷ ὀνόματι τοῦ κυρίου. Was als Krankheit erlebt wird und wem man Hilfe zutraut, ist nach Zeit, Kultur, Schicht, Geschlecht, Alter u.a. verschieden. Hier gehört offenbar wie anderswo zum ἀσθενεῖν (im Brief sonst nicht; κάμνειν 5,15), daß man zum Gehen zu schwach, also schwer krank oder behindert ist und zwar nicht sterben muß, aber vielleicht wird (vgl. z.B. Mk 6,56; Mt 25,36; Joh 4,46f.; 11,4). Helfen können kirchliche Amtsträger (was Jak von Ärzten hielt, wenn sie denn verfüg- und bezahlbar waren, steht dahin).

Subjekt von προσκαλεῖσθαι (im Brief nur hier) ist oft eine Autorität (z.B. Gen 28,1; Sir 13,9; Arist 182, frühchr. sonst immer); daß kommt, wer gerufen wird, ist eingeschlossen. Verleiht oder bestätigt Jak hier ein Recht, das solche Kranke haben? Jedenfalls nimmt er die Presbyter in die Pflicht.

Jak setzt voraus, daß οἱ πρεσβύτεροι τῆς ἐκκλησίας eine bekannte Bezeichnung ist (pagan und jüd.-gr. so nicht, frühchr. noch Apg 20,17, vgl. 14,23; 15,22; 20,28; IgnPhld 5,1; Herm vis 2,4,3 μετὰ τῶν πρεσβυτέρων τῶν προϊσταμένων τῆς ἐκκλησίας; im Brief πρεσβύτερος sonst nicht) und die Institution samt der gleich genannten Funktion bei den Adressaten vorhanden. Nur wenige bezweifeln, daß Jak hier Presbyter (fehlen in den Evangelien und bei Paulus) meint, die alt gewesen sein können, aber nicht müssen (Frauen denkbar?). Ἐκκλησία (im Brief nur hier; in den Evangelien nur Mt 16,18; 18,17) wird die einzelne (Stadt-?)gemeinde sein, die Presbyter ein (das?) leitende(s?) Kollegium dort (zu beidem zuletzt Campbell, Karrer: Ältestenamt, Roloff). Ob es daneben Bischöfe und/oder Diakone gab (Pastoralbriefe, Did, 1Klem, Ign, Polyk, Hermas) oder nicht (Apg, 1Petr?), ist kaum zu entscheiden; gewiß keinen Monepiskopat. Zu Lehrern s. 3,1. Andere Funktionen oder Ämter nennt Jak nicht. Schon deshalb sind Vollmacht und Aufgaben der Presbyter nicht genauer zu bestimmen (rekrutierten sie sich u.a. aus Charismatikern oder traute man Presbytern besonders zu, womit jeder begabt sein konnte?).

Sie sollen kommen (alle?) und über dem (auch der?) vermutlich liegenden Kranken beten (→ 1,5), d.h. fürbitten (vgl. V.16; ἐπί wohl nicht rein lokal, vgl. z.B. Sach 12,10; Lk 23,28; Apg 19,13). Zum Inhalt s. V.15; ob fester Wortlaut, ist nicht zu sagen. Das Salben ist mit Partizip Aorist als Begleitmoment zugeordnet (vgl. V.15a); wohl vorzeitig (s. 1,12; anders z.B. EÜ). Das ἔλαιον (bei ἀλείφειν z.B. 2Kön 4,2; Dan 10,3 LXX; TestLev 8,4, frühchr. noch Mk 6,13; Lk 7,46; im Brief beide Wörter nur hier; χρίειν frühchr. nur metaphorisch) wird Olivenöl sein; ob besonderes oder zubereitetes, ist nicht gesagt. Offen bleibt auch, welcher Körperteil gesalbt wird.

Die Antike benutzte Salböl zu vielen profanen und religiösen Zwecken, oft beiden zugleich (Karrer, Der Gesalbte). Auch der medizinische Gebrauch hatte mindestens einen religiösen Schimmer, selbst wenn professionell (Medikamente wirken nicht chemisch, sondern durch innewohnende „Kräfte"). Er herrscht hier vor wegen ἐν τῷ ὀνόματι τοῦ κυρίου (wie V.10 abgesehen von τοῦ und wohl genauso gemeint, Art. rückweisend); möglich, daß die Wendung ausgesprochen werden sollte (vgl. z.B. Apg 3,6, anders 9,34).

Die Presbyter sollen einen Ritus vollziehen, bestehend aus Gebet und Salbung; von Handauflegung ist nichts gesagt. Da das Gebet wirkt (V.15), soll vielleicht es (oder der Name?) das Öl heilkräftig machen (vgl. JosAs 8,5: der fromme Jude unterscheidet sich vom Heiden u.a. dadurch, daß er χρίεται χρίσματι εὐλογημένῳ ἀφθαρσίας, d.h. wohl mit durch Benediktion zum Mittel von ἀφθαρσία gewordenen Öl, freilich nicht speziell bei Krankheit; zum Text zuletzt Klinghardt). Ob man von Wunder sprechen sollte, ist mir zweifelhaft. Auf Exorzismus (vgl. Mk 9,38 par.; Lk 10,17; Apg 16,18) deutet nichts.

Die Herkunft des Ritus ist unbekannt. Krankensalbung ist frühchr. nur Mk 6,13 belegt, und zwar für die von Jesus ausgesandten Jünger: sie predigten Buße und exorzisierten καὶ ἤλειφον ἐλαίῳ πολλοὺς ἀρρώστους καὶ ἐθεράπευον (das umstrittene Myron Did 10,8, falls ursprünglich, gehört wohl nicht hierher, vgl. zuletzt Klinghardt; zum jüd. Hintergrund des Ritus vgl. vielleicht ApkMos 9,3; 13,1f. par. VitAd 36,2; 40f.; Rabbinisches bei Bill. III 759; der dunkle Text auf einem Silberplättchen [Amulett?], den Testa als Parallele oder sogar Quelle von V.14f. ansieht, hat hier nichts zu suchen). Die wohl markinische Notiz läßt allenfalls vermuten, daß Mk zu seiner Zeit Krankensalbung kannte (womit man noch nicht bei einem innerkirchlichen Ritus wie Jak 5,14f. wäre, der zudem auf Verlangen des Kranken vollzogen wird). Von Auftrag und Namen Gottes oder Jesu sagt er nichts. Es gibt deshalb keinen Beleg dafür, daß der Ritus auf das Vorbild oder gar eine Anweisung Jesu zurückgeht oder daß wenigstens Jak das so sah und ihn als Zeichen des Reiches Gottes verstand (anders z.B. Mayer).

15 Καὶ ἡ εὐχὴ τῆς πίστεως σώσει τὸν κάμνοντα καὶ ἐγερεῖ αὐτὸν ὁ κύριος· κἂν ἁμαρτίας ᾖ πεποιηκώς, ἀφεθήσεται αὐτῷ. Der Satz stellt nicht fest, welcher Bestandteil des Ritus der wirksame ist, sondern was er bewirkt. Εὐχή (→ 1,5) nimmt προσευξάσθωσαν V.14 auf, bedeutet also ‚Gebet' (frühchr. nur noch Did 15,4; Polyk 7,2, sonst wie oft ‚Gelübde'); τῆς πίστεως (→ 1,3), als Attribut zu εὐχή anscheinend nicht üblich, dürfte Genitivus qualitatis oder auctoris sein (also kein Gebet um Glauben des Kranken). Gemeint sein könnte Glaube wie 1,6 (nicht speziell Wunderglaube, vgl. Mk 5,34 par. u.ö., kaum das Charisma 1Kor 12,9; 13,2). Oder ist πίστις umfassend (vgl. o. den 2. Exkurs zu 2,14) und unterscheidet das Gebet der Presbyter von Zauberformeln o.ä.?

Nach V.14 und mit τὸν κύριον als Objekt liest man σώσει anders als → 1,21 am besten medizinisch (wie z.B. Diodor S. I 82,3 κἂν... ἀδυνατήσωσι [die Ärzte] σῶσαι τὸν κάμνοντα; Philo Decal 12 τοῦτον τὸν τρόπον καὶ οἱ τὴν ἰατρικὴν ἀγαθοὶ σῴζουσι τοὺς κάμνοντας „Auf diese Weise retten auch tüchtige Aerzte die Kranken", Übers. L. Treitel; Mehrheitsmeinung) und das Futur nicht gnomisch (vgl. BDR 349,1), sondern als Versicherung (wie z.B. Sir 38,9 Τέκνον, ἐν ἀρρωστήματί σου μὴ παράβλεπε, ἀλλ' εὖξαι κυρίῳ, καὶ αὐτὸς ἰάσεταί σε; vgl. oben zu 1,5), aber doch wohl sub conditione Jacobaea (4,15).

Κάμνειν nimmt ἀσθενεῖ V.14 auf (Art. rückweisend, nicht generisch), in der gleichen Bedeutung (frühchr. sonst nur noch metaphorisch Hebr 12,3; Herm mand 8,10). Absolutes ὁ κάμνων ‚der Kranke, Patient' ist geläufig (s. eben; dagegen können die Ptz. Aor. und Pf. ‚tot' bedeuten). Jak trägt nicht hier den Sonderfall des Todkranken nach.

Da Heilung nicht Auferweckung von den Toten nach sich zieht, ist ἐγείρειν im Futur (das Verb im Brief nur hier; Prädikat jetzt vor Subjekt, Chiasmus) auf der bisherigen Linie zu verstehen, entweder präzisierend (letztlich heilt der Herr, jedenfalls derselbe wie V.14) oder eher weiterführend (der Herr wird den Kranken wieder ganz auf die Beine bringen oder ihm neuen Lebensmut geben).

Dazu könnte V.15b Spezifizierung sein, für den Fall (ἐάν → 1,2), daß der Kranke Sünden auf dem Gewissen hat (zum Pf. Fanning 396f.; Konjunktiv muß umschrieben werden, BDR 352,1; ποιεῖν ἁμαρτίαν ist geläufig), d.h. wohl schwere (→ 1,15; kleine hat jeder). Er gesundet auch moralisch. Von Sündenbekenntnis und Absolution verlautet nichts; die Vergebung (ἀφιέναι nur hier im Brief, ἄφεσις fehlt) scheint in der Heilung eingeschlossen zu sein (Passivum divinum?). Der Kranke muß das aber gewußt und gewollt haben, wenn Jak den Ritus nicht erst einführte; jedenfalls wissen es jetzt die Adressaten. Das Ganze bedeutet nicht, daß nach Jak Sünden im gedachten Fall (Mit)ursache der Krankheit waren oder es grundsätzlich sind (damals auch keineswegs allgemeine Meinung), eher vielmehr, daß schwere Krankheit Sünden sühnt.

Ob von dem Ritus, den 5,14f. belegt, eine historische Linie zum späteren Sakrament der Krankensalbung führt oder wenigstens der Text deren Ausbildung von ihren Anfängen an beeinflußte, ist nicht zu sagen, weil frühe Zeugnisse fehlen. Die ältesten Zitate deuten Jak auf Heilung von Sünden (Origenes, Hom. in Lev II 4; Chrysostomus, Sacerd. III 5,6). Vielleicht belegen Papyrusbriefe aus dem mittleren Drittel des 4. Jh.s erstmals, daß die Stelle auf priesterliche Fürbitte für Kranke bezogen wurde (Kramer – Shelton 21-24 mit Vorsicht). Erst Innozenz I. bezeugt anscheinend die Krankensalbung ausdrücklich (Brief vom 19. März 416 an Decentius von Gubbio); er nennt sie Sakrament und führt Jak 5,14f. an (Vorgrimler 219). Noch lange bestand aber nur wenig Interesse, sie theologisch zu bedenken und liturgisch zu regeln. Erst ab dem 8./9. Jh. wurde sie im Westen mit dem Bußsakrament als dessen Vollendung verquickt und dadurch zur Letzten Ölung verengt, bis das II. Vaticanum sie in Richtung auf die Krankensalbung zurückführte. Mk 6,13 und Jak 5,14f. waren dabei immer unentbehrlich (vgl. Beda in seinen beiden Kommentaren; Jak 5,16 machte er zu einem Beleg für das Bußsakrament, indem er für schwere Sünden Ohrenbeichte vor einem Priester verlangte; Althaus, Sily).

16–18 V.16a.b knüpft an V.14f. an (Sünde, beten, geheilt werden), ist aber keine Ausführungsbestimmung dazu oder nur zu V.15b (sollen die Presbyter dem Kranken beichten?), sondern eine weitere Anweisung. V.16c stützt V.16b mit einer Sentenz, V.17f. geben ein biblisches Beispiel dazu (s.o. Einl. 3.2). Die Sentenz V.16c könnte ein neues Thema geben, aber V.17f. passen besser, wenn sie V.16b begründen sollen. Das Spatium bei NA$^{26.27}$ sollte vor V.16 stehen, nicht vor V.16c.

16a.b Ἐξομολογεῖσθε οὖν ἀλλήλοις τὰς ἁμαρτίας καὶ εὔχεσθε ὑπὲρ ἀλλήλων ὅπως ἰαθῆτε. Die Konjunktion folgert nicht (s. V.7), sondern führt weiter (wenn nicht, kann man V.16a.b vor allem auf die Kranken beziehen). Ἐξομολογεῖσθαι τὰς ἁμαρτίας (→ 1,15; das Verb im Brief nur hier) gehört schon jüdisch zu Umkehr und Bekehrung (z.B. Dan 9,20 LXX; JosAs 11,11; 12,3; fehlt Philo; Jos Ant VIII 129; NT sonst nur Mk 1,5 par., doch vgl. Apg 19,18; 1Joh 1,9; Herm vis 1,1,3; 3,1,5f.; Herm sim 9,23,4; Barn 19,12; pagan vgl. z.B. Plutarch, Mor. 168d ἐξαγορεύει τινὰς ἁμαρτίας, aber abschätzig). Jak meint jedoch wegen des Präsens eine regelmäßige Praxis und mit ἀλλήλοις (→ 4,11) wohl eine gegenseitige (also vgl. nicht Mt 18,15–35; Gal 6,1f.; 1Joh 5,16f.; Did 15,3 oder Mt 5,23–26; Did 14,2), am ehesten im Gottesdienst. Auch sie wird wohl nur eingeschärft, nicht eingeführt. Einzelbeichte aller vor allen (wie Did 4,14a ἐν ἐκκλησίᾳ [fehlt par. Barn 19,12] ἐξομολογήσῃ τὰ παραπτώματά σου, καὶ οὐ προσελεύσῃ ἐπὶ προσευχήν σου ἐν συνειδήσει πονηρᾷ, vgl. 14,1 κατὰ κυριακὴν δὲ κυρίου συναχθέντες κλάσατε ἄρτον καὶ εὐχαριστήσατε προσεξομολογησάμενοι τὰ παραπτώματα ὑμῶν, ὅπως καθαρὰ ἡ θυσία ὑμῶν ᾖ „Wenn ihr aber am Herrentag zusammenkommt, dann brecht das Brot und sagt Dank, nachdem ihr zuvor eure Übertretungen bekannt habt, damit euer Opfer rein sei", Übers. K. Niederwimmer, cj. προεξ-) oder gemeinsames Confiteor (vgl. 1QS 1,22–2,1; CD 20,27–30?; 1Klem 59–61)? Die Presbyter haben hier keine Funktion. Aber kann man rückschließen, daß auch der Kranke beichten mußte? Jedenfalls besagt V.16 auch: wartet nicht so lange.

V.16b meint wohl Gebet (→ 1,5, εὔχεσθαι ὑπέρ und εὔχεσθαι ὅπως sind geläufig, aber frühchr. nur noch Herm sim 5,2,10 ὑπέρ) um Vergebung, nicht ein anderes, das Reinheit von Sünde voraussetzt. Dann muß, falls ὅπως (im Brief nur hier) wie oft bei ‚bitten' u.ä. das Erbetene einführt (statt Inf., vgl. frühchr. nur noch IgnPhld 6,3 ἵνα), ἰᾶσθαι (im Brief nur hier) wie sehr oft metaphorisch gemeint sein (z.B. Dtn 30,3; ψ 40,5; Hi 5,18b zit. in 1Klem 56,7; Jes 6,10 zit. in Mt 13,15; Joh 12,40; Apg 28,27; Jes 53,5 zit. in 1Petr 2,24; 1Klem 16,5; Barn 5,2; Jes 61,1 zit. in Barn 14,9; Jer 3,22; JosAs 11,18 καὶ εἰ θυμῷ κύριος πατάξει με αὐτὸς πάλιν ἰάσεταί με; Sir 28,3; vgl. Philo Migr 124; frühchr. ohne Zitat noch Hebr 12,13; 2Klem 9,7 ὡς ἔχομεν καιρὸν τοῦ ἰαθῆναι, ἐπιδῶμεν ἑαυτοὺς τῷ θεραπεύοντι θεῷ ἀντιμισθίαν αὐτῷ διδόντες „Solange wir Gelegenheit haben, geheilt zu werden, wollen wir uns Gott, der uns ärztlich behandeln kann, anvertrauen, indem wir ihm die Gegenleistung abstatten!", nämlich Buße aus reinem Herzen, Übers. K. Wengst; Herm vis 1,1,9 ἀλλὰ σὺ προσεύχου πρὸς τὸν θεόν, καὶ ἰάσεται τὰ ἁμαρτήματά σου καὶ ὅλου τοῦ οἴκου σου καὶ πάντων τῶν ἁγίων u.ö.; pagan vgl. Appian, Hann. 31; Arrian, Anab. VII 29,2 μόνη γὰρ ἔμοιγε δοκεῖ ἴασις ἁμαρτίας ὁμολογεῖν τε ἁμαρτόντα καὶ δῆλον εἶναι ἐπ' αὐτῷ μεταγιγνώσκοντα; Vettius Valens S. 190,29f. Kroll εἶθ' οὕτως ἀπόροις κατόρθωσιν τῶν πραγμάτων καὶ τῶν φαύλων ἴασιν ἀποτελεῖ). Von Berufung auf Tod oder Fürbitte Jesu verlautet nichts. Die Bitte um Heilung von Sünden besagt mindestens Vergebung, vielleicht aber auch Schutz vor Rückfall. Ausnahmen bleiben unerwähnt (Todsünden?). Von Absolution sagt Jak nichts. Gab es sie nicht (bei dieser Gelegenheit)? Vielleicht fügt Jak deshalb V.16c–18 an. – Zur Nachwirkung s. V.15.

16c–18 Eine Sentenz, die hier besagt, daß das Gebet V.16b erhört wird, dazu ein biblisches Beispiel (s.o. Einl. 3.2).

16c Πολὺ ἰσχύει δέησις δικαίου ἐνεργουμένη. Die Sentenz könnte traditionell sein, aber Parallelen fehlen. Sie ist asyndetisch angeschlossen, d.h. hier eng (s.o. Einl. 3.2). Sie begründet nicht, warum man beten soll, wie V.16c verlangt, sondern daß das Gebet erhört wird. Πολὺ (→ 3,1) ἰσχύειν (das Verb im Brief nur hier, die Wendung frühchr. sonst nicht) heißt hier dann nicht ‚vielerlei vermögen', sondern viel, d.h. so Schweres wie Heilung von Sünden (vgl. Mk 2,9–11 par.). Wie oft bedeutet δέησις (im Brief nur hier) nicht ‚Gebet' (EÜ), sondern ‚Bittgebet'. Zu δικαίου (→ 1,20; Alliteration, s.o. Einl. 3.2) s. 5,6; die Fürbitte V.16b wirkt nicht deswegen, weil z.B. Gott sich gern der Sünder erbarmt (s. 5,11), generell gern gibt (s. 1,5) oder weil alle beten, sondern weil unter ihnen auch Gerechte sind.

Ob das folgende Partizip (ἐνεργεῖν im Brief nur hier) Attribut zu δέησις ist oder konjunkt, macht keinen großen Unterschied. Es ist jedenfalls mehrdeutig, weil absolut: Bekannte Eigenschaft von δέησις δικαίου oder Zusatzbedingung, damit sie viel vermag? Medium oder Passiv, und wenn dieses, ist logisches Subjekt Gott, Geist, Liebe, der Gerechte? Nimmt man ‚sich als wirksam erweisen' an (Med., BDR 316 Anm. 1), sagt Jak, daß das Gebet Gerechter bekanntlich wirksam ist (wie V.17f.; vgl. z.B. ψ 33,16 zit. in 1Petr 3,12; Prov 15,29; syrBar 63,5 „Und der Allmächtige hörte ihn, denn weise war Hiskia[,?] und achtete auf sein Gebet, denn er war rechtschaffen", Übers. A.F.J. Klijn; Philo Migr 121; vgl. Sap 18,21?; Herm sim 2: das einflußreiche Gebet des Armen Ersatz für das kraftlose des Reichen). Konditional gefaßt würde ἐνεργουμένη sich mit πολὺ ἰσχύει reiben und das Argument schwächen. Wählt man ‚(aktiv) betrieben werden' und beachtet das Präsens, kommt man eher auf die andere Bedingung ‚falls anhaltend oder mehrfach angewandt' (vgl. Mk 14,32–42 par.; 2Kor 12,8); dafür vielleicht V.17 (s. dort). ‚Wirksam gemacht werden' scil. durch Tugend wirkt tautologisch, durch Gott (z.B. Schlatter, Jak) ist selbstverständlich.

17f. Ἠλίας ἄνθρωπος ἦν ὁμοιοπαθὴς ἡμῖν, καὶ προσευχῇ προσηύξατο τοῦ μὴ βρέξαι, καὶ οὐκ ἔβρεξεν ἐπὶ τῆς γῆς ἐνιαυτοὺς τρεῖς καὶ μῆνας ἕξ· **18** καὶ πάλιν προσηύξατο, καὶ ὁ οὐρανὸς ὑετὸν ἔδωκεν καὶ ἡ γῆ ἐβλάστησεν τὸν καρπὸν αὐτῆς. Jak stützt V.16b durch eine Episode aus der Wirksamkeit Elias, das fünfte und ausführlichste seiner Beispiele aus der Schrift (s.o. Einl. 3.2). Elia (*'eliyyahû, -yā*, LXX meist ungräzisiert Ἠλείου; biblisch außerhalb 1Kön 17–2Kön 3 selten) war frühjüd. und -chr. eine ihrer wichtigsten Gestalten (fehlt aber z.B. Philo; in Qumran bisher anscheinend nur 4Q558, frühchr. nur NT und lKlem 17,1, häufig rabbin.). Er interessierte freilich mehr als Entrückter (2Kön 2,11), der im Himmel als Fürbitter o.ä., auf Erden als Nothelfer (z.B. Mk 15,35f.? par.) wirkt und zur Vorbereitung des Eschatons wiederkommen wird (zuerst Mal 3,1.23f.; dann z.B. Sir 48,9–11; Mt 11,14 par.; Mk 6,15 par.; 8,28 par.; 9,2–13 par.; Lk 1,17; Joh 1,21.25), weniger wie hier als historische Person (z.B. Sir 48,1–11; syrBar 77,24; Jos Ant VIII 319–354.360–362.417; IX 20–28 hält sich eng an LXX; frühchr. nur noch Lk 4,25f.; Röm 11,2–4; 1Klem 17,1, vgl. Lk 9,54).

V.17f. nehmen in zweimal drei Sätzen Anfang und Ende des Zusammenhangs 1Kön 17f. auf: 17,1 Ankündigung der Dürre als Strafe für Abgötterei, 18,41–45 Regen als Antwort auf das Bekenntnis des Volkes zu Jahve. Dort (einschließlich LXX und Jos) steht nichts vom gerechten Elia, von Gebet (doch vgl. 17,1; 18,42, auch 17,20f.; 18,36f.), dreieinhalb Jahren (doch vgl. 18,1), fruchtbarer Erde; den Regen gibt Gott, nicht der Himmel (doch vgl. 18,45). Jak deutet aber nicht freihändig aus und um (vgl. z.B. 1Makk 2,58 Ἠλίας ἐν τῷ ζηλῶσαι ζῆλον νόμου ἀνελήμφθη εἰς τὸν οὐρανόν „Elija kämpfte mit leidenschaftlichem Eifer für das Gesetz / und wurde in den Himmel aufgenommen", EÜ; ähnlich VitProph 21,12 Rez. Ep2, ursprünglich?; 4Esra 7,106 „Wie aber finden wir jetzt, daß zuerst Abraham für die Sodomiter betete..., 109 Elias für jene, die den Regen erhielten, und für einen Toten, damit er lebe...? 111 Wenn also jetzt, da die Verderbnis gewachsen ist und die Ungerechtigkeit viel geworden ist, Gerechte für Sünder gebetet haben, warum soll es dann [am Tag des Gerichts] nicht auch ebenso sein?", Übers. J. Schreiner; Lk 4,25 ἐκλείσθη ὁ οὐρανὸς ἐπὶ ἔτη τρία καὶ μῆνας ἕξ; zur Zusammenstellung der beiden Gebete vgl. LibAnt 48,1 *et tu claudas celum tunc, et in ore tuo aperietur* „und du [Pinchas gleich Elia, vgl. Bill. IV 462f. 790f.] wirst dann den Himmel verschließen, und durch deinen Mund wird er geöffnet werden", Übers. C. Dietzfelbinger; dagegen fußt VitProph 21,4 Rez. An1 ηὔξατο Ἠλίας καὶ οὐκ ἔβρεχεν ἐπὶ ἔτη τρία καὶ πάλιν ηὔξατο μετὰ τρία ἔτη καὶ γέγονε πολὺς ὑετός wohl auf Jak). Ob Jak eine Nacherzählung wie Josephus, ein Enkomion wie

Sir 48,1–11 oder eine Kurzbiographie wie VitProph 21 voraussetzt (nicht diese selbst) oder haggadische Informationen zusammenstellt, ist nicht zu sagen.

Die Anlässe der Gebete will Jak kaum abblenden; Elia betet gegen götzendienerische und für geständige Sünder (vgl. 4Esra 7,106–111 oben; deshalb taugte 1Kön 17,17–24 hier nicht). Der Gerechte vermag beides, aber sein letztes Wort ist die Fürbitte (vgl. Mt 18,15–20). Zudem sind Dürre und Regen rings um das Mittelmeer elementare Heils- und Unheilserfahrungen. Biblisch gehört deshalb Regenspenden zu Gottes Macht, die Götzen können das nicht (z.B. Hi 5,10; Jer 14,22; EpJer 52; Jub 12,4.18; 20,9); Dürre und Regen sind nicht nur in 1Kön 17f. Zeichen seiner Ab- und Zuwendung (z.B. Dtn 11,13–17; 1Kön 8,35f.; Jer 14,1–15,4; Am 4,7–9; Mt 5,45; mehr s. V.18). An Elia konnte Jak die Doppelmacht des Gebets zu Heil und Unheil exemplarisch zeigen.

17 Der erste Satz begründet mit einem Gemeinplatz, warum der Prophet Vorbild sein kann: er war ἄνθρωπος (→ 1,7; zum Hyperbaton s.o. Einl. 3.2) ὁμοιοπαθὴς ἡμῖν (vgl. z.B. 4Makk 12,13 οὐκ ᾐδέσθης ἄνθρωπος ὤν, θηριωδέστατε, τοὺς ὁμοιοπαθεῖς καὶ ἐκ τῶν αὐτῶν γεγονότας στοιχείων γλωττοτομῆσαι „Obwohl du ein Mensch bist, scheu[te?]st du dich nicht, du verrohte Bestie, denen, die genauso empfinden und aus den gleichen Elementen entstanden sind, die Zunge herauszuschneiden", Übers. H.-J. Klauck; Apg 14,15; Justin, Dial. 48,3; Tatian, Or. Graec. 35,2, entfernter Sap 7,3 ἐπὶ τὴν ὁμοιοπαθῆ κατέπεσον γῆν; ὁμοιοπαθής jüd.-gr. und frühchr. sonst nur Philo Conf 7; vgl. Mark Aurel VI 19 εἴ τι ἀνθρώπῳ δυνατὸν καὶ οἰκεῖον, τοῦτο καὶ σεαυτῷ ἐφικτὸν νόμιζε; Hebr 4,15). Der Ton liegt auf ὁμοιοπαθὴς ἡμῖν: uns Christen, d.h. nach V.16b den mindestens potentiell Gerechten, war Elia gleich, weil auch gerecht und zudem verfolgt (anders Mehrheitsmeinung: uns als hinfälligen oder versuchlichen Menschen, womöglich in Abgrenzung gegen jüd. Verherrlichung Elias).

Προσευχῇ προσηύξατο (→ 1,5) soll wohl biblisch klingen (aus einer Tradition?), obwohl auch klass. möglich (BDR 198,6), ist aber jüd.-gr. und frühchr. sonst so nicht belegt (aber vgl. 2Sam 7,27; 1Kön 8,29.54), erst recht nicht pagan. Nur ein zu Elia passender Stilzug oder steckt seine eidliche Formulierung 1Kön 17,1 dahinter? Hier veranlaßt durch V.16c ἐνεργουμένη? Finaler Infinitiv mit τοῦ (im Brief nur hier; BDR 400,7) scheint bei προσεύχεσθαι nicht üblich zu sein (anders z.B. Jes 5,6 καὶ ταῖς νεφέλαις ἐντελοῦμαι τοῦ μὴ βρέξαι εἰς αὐτὸν ὑετόν; Lk 22,31; Apg 21,12). Γῆ nicht ‚Land' (so z.B. Lk 4,25), sondern opp. Himmel (wie 1Kön 17,7.14, vgl. 18,1; Hi 5,10; so auch Jak 5,5.12.18).

Die Dauer der Dürre (ἐνιαυτός → 4,13; τρεῖς, μήν, ἕξ im Brief nur hier) ergab sich wohl aus 1Kön 18,1 mit Hilfe einer Redensart (halb Sieben als runde Zahl, Kittel: Rabbinica 31–35). Oder Kombination mit Dan 7,25; 12,7 (hiervon ist Apk 11,3 beeinflußt, wonach zwei Endzeitpropheten, von denen einer Elia sein kann, so lange wirken)?

18 Καὶ πάλιν (πάλιν im Brief nur hier) verknüpft die beiden Gebete eng. Daraufhin gab (→ 1,5) der Himmel (→ 5,12) Regen (ὑετός im Brief nur hier) wie sonst Gott (vgl. außer 1Kön 17,14; 18,1 z.B. Lev 26,4; Dtn 11,14; Jer 5,24; PsSal 5,9; Apg 14,17, frühchr. sonst nicht), und die Erde (→ 5,5) ließ sprießen (βλαστᾶν oder βλαστάνειν, im Brief nur hier, frühchr. sonst weder mit γῆ als Subj. wie z.B. Gen 1,11 noch transitiv wie z.B. Sir 24,17) ihre Frucht, d.h. Eßbares (s. V.7; vgl. Jes 55,10; Apg 14,17; Hebr 6,7), nicht Vegetation (Aor. konstatierend oder ingressiv?). Meint Jak das Ereignis 1Kön 18,42–45 oder eher allgemein die Wiederherstellung der natürlichen Ordnung?

Ist der letzte Satz, von dem 1Kön 18 und offenbar auch die sonstige Tradition nichts sagten, angefügt, weil selbstverständliche Folge des Regens, oder steckt ein allegorischer Nebengedanke dahinter: Elias Gebet ließ Feldfrüchte wachsen, das Gebet von Christen füreinander um Heilung (V.16b) ermöglicht je nach Deutung Gesundheit, gute Taten oder Lohn im ewigen Leben (s. V.7)?

5,19f. Wer einen von der Wahrheit abgeirrten Christen auf den rechten Weg zurückbringt, rettet ihn und bereinigt eigene Sünden

[19]Meine Brüder, falls jemand unter euch von der Wahrheit abirrt und jemand ihn zur Umkehr bewegt, [20]der soll wissen, daß wer einen Sünder aus seinem Irrweg zur Umkehr bewegt hat, wird seine Seele aus dem Tod retten und eine Menge Sünden zudecken.

Literatur: BAKER, Speech-Ethics. – C. BARTH, Die Errettung vom Tode in den individuellen Klage- und Dankliedern des Alten Testaments, 1947 = ^{2}1987. – G.C. BOTTINI, Correzione fraterna e salvezza in *Giacomo* 5,19–20, SBFLA 35, 1985, 131–162. – CARGAL, Restoring the Diaspora. – GOLDHAHN-MÜLLER, Grenze der Gemeinde. – HARTIN, James and the Q Sayings. – KLEIN, „Vollkommenes Werk". – KONRADT, Existenz. – A. SCHENK-ZIEGLER, Correctio fraterna im Neuen Testament. Die „brüderliche Zurechtweisung" in biblischen, frühjüdischen und hellenistischen Schriften, 1997. – S. auch o. zu 5,12–18.

V.19f. setzen nicht V.12–18 fort (der Imp. V.20 gebietet kein Handeln), kommen aber nach V.16–18 auch nicht von ungefähr. Vielleicht wirkt das Beispiel Elias noch nach.

19 Ἀδελφοί μου, ἐάν τις ἐν ὑμῖν πλανηθῇ ἀπὸ τῆς ἀληθείας καὶ ἐπιστρέψῃ τις αὐτόν: Zu ἀδελφοί und ἐάν → 1,2, zu τὶς ἐν ὑμῖν s. 3,13. Es geht um Christen, die sich nicht verabschiedet haben, aber verirrt (→ 1,16; von Abweichlern aus den eigenen Reihen z.B. auch TestLevi 16,1; Mt 18,10–14; 2Tim 3,13; 2Petr 2,15 und gleich). Πλανᾶσθαι ἀπὸ τῆς ἀληθείας o.ä. ist keine von Jak geprägte Wendung (frühchr. sonst nicht, aber Sap 5,6 ἄρα ἐπλανήθημεν [die Feinde des Gerechten] ἀπὸ ὁδοῦ ἀληθείας καὶ τὸ τῆς δικαιοσύνης φῶς οὐκ ἔλαμψεν ἡμῖν; 3Makk 4,16 πεπλανημένῃ πόρρω τῆς ἀληθείας φρενί durch Götzenkult; TestAss 5,4 καὶ οὐκ ἐπλανήθην ἀπὸ τῆς ἀληθείας κυρίου, καὶ τὰς ἐντολὰς τοῦ ὑψίστου ἐξεζήτησα κατὰ πᾶσαν ἰσχύν μου „und ich irrte nicht ab von der Wahrheit des Herrn und die Gebote des Höchsten erforschte ich nach meiner ganzen Kraft"; vgl. TestJos 1,3; Herm vis 3,7,1 οὗτοί εἰσιν οἱ πεπιστευκότες μέν, ἀπὸ δὲ τῆς διψυχίας αὐτῶν ἀφίουσιν τὴν ὁδὸν αὐτῶν τὴν ἀληθινήν· δοκοῦντες οὖν βελτίονα ὁδὸν δύνασθαι εὑρεῖν, πλανῶνται καὶ ταλαιπωροῦσιν περιπατοῦντες ἐν ταῖς ἀνοδίαις „diese sind die, die zwar geglaubt, aus ihren Zweifeln heraus aber ihren wahrhaftigen Weg verlassen haben; in der Meinung nun, einen besseren Weg finden zu können, irren sie umher und mühen sich ab, in den Einöden wandelnd", Übers. M. Leutzsch; Herm mand 10,1,5; 11,4; Herm sim 6,2,1 οὗτος [ein böser Engel] ... καταστρέφει αὐτοὺς ἀπὸ τῆς ἀληθείας, ἀπατῶν αὐτοὺς ταῖς ἐπιθυμίαις ταῖς πονηραῖς, ἐν αἷς ἀπόλλυνται; 6,2,4; vgl. 1Joh 1,8). Es ist aber kein Zufall, daß πλανᾶσθαι, ἀλήθεια und weitere Vokabeln aus V.19f. schon vorkamen. Jak spricht von Menschen, die er im Hauptteil des Briefes zur Umkehr rief. Die ἀλήθεια (Art. rückweisend) ist hier die, die das rettende Wort charakterisiert (→ 1,18); πλανηθῇ illustriert sich z.B. durch 1,14f.; 4,1–3. Die Verirrung ist geistig und moralisch zugleich (wie an den genannten Stellen) und führt zum Tod (V.20). Verführerin ist nicht Irrlehre oder ein Dämon, sondern die Begierde (s. 1,14f.). Wenn V.19 nach Einzelfällen klingt, dann weil Jak nur an die schon so gut wie Verlorenen denkt oder eher, weil er sich an den einzelnen Christen wendet, um ihn zu ermutigen, einen Verirrten zurückzuholen.

Das ist möglich durch ἐπιστρέφειν (noch V.20; opp. πλανᾶσθαι z.B. 1Petr 2,25; Polyk 6,1 καὶ οἱ πρεσβύτεροι... ἐπιστρέφοντες τὰ ἀποπεπλανημένα; vgl. TestSeb 9,7; Herm mand 8,10 ἐσκανδαλισμένους ἀπὸ τῆς πίστεως μὴ ἀποβάλλεσθαι, ἀλλ' ἐπιστρέφειν καὶ εὐθύμους ποιεῖν „vom Glauben weg Verleitete nicht hinauswerfen, sondern auf den rechten Weg bringen und fröhlich machen", Übers. M. Leutzsch), d.h. durch Wiederholung der Bekehrung (zum Vollzug s. 1,19–25; 4,7–10; auch 5,16, obwohl nicht speziell darauf gemünzt; vgl. auch Philo Praem 163). Es folgt der Hauptsatz.

20 Γινωσκέτω ὅτι ὁ ἐπιστρέψας ἁμαρτωλὸν ἐκ πλάνης ὁδοῦ αὐτοῦ σώσει ψυχὴν αὐτοῦ ἐκ θανάτου καὶ καλύψει πλῆθος ἁμαρτιῶν. Subjekt ist der τὶς, nicht der Verirrte (vgl. γινώσκετε nur B 69 88 1505 1890 2138 2495 sy^{h}). Jak befiehlt ihm nicht zu bekehren, sondern etwas zu wissen (zum Präs. Fanning 352; falls etwas zu erkennen, dann jedenfalls: jetzt, nicht im Vollzug der Bekehrung). Als bekannt vorausgesetzt (→ 1,3)? Ist womöglich ὁ ἐπιστρέψας - ὁδοῦ αὐτοῦ nicht Generalisierung von V.19, sondern umgekehrt V.19 Anwendung eines in V.20 überlieferten Wortlauts? Das geht sicher zu weit; V.20 erklärt sich als gewollter volltönender Abschluß. Auch ist ἁμαρτωλός (s. 4,8; einer von den dort Angeredeten ist hier gemeint) jüd.-gr. (doch vgl. Tob 13,8 BA) und frühchr. sonst nie Objekt von ἐπιστρέφειν (→ 5,19; Ptz. Aor. komplexiv: wer es geschafft hat, s. 1,12?).

Weil opp. ἀλήθεια V.19 (wie z.B. JosAs 8,9; 1Joh 4,6), wird πλάνη (→ 1,16) Regens sein, nicht ὁδός (→ 1,8, allerdings jüd.-gr. und frühchr. sonst nie von πλάνη abhängig, doch vgl. Sap 12,24; 1Klem 16,6 zit. Jes 53,6). Jak sprach in V.19 auch nicht vom Weg der Wahrheit, obwohl geläufig (z.B. Gen 24,48; Tob 1,3 Pl.; ψ 118,30; Sap 5,6; 2Petr 2,2; 1Klem 35,5 und daher v.l. א usw.).

Zu σῴζειν ψυχήν s. 1,21. Da der ἐπιστρέψας kein ἁμαρτωλός ist, auch wenn er noch sündigt (s. 1,4; 5,16), rettet er die Seele des Verirrten, nicht seine eigene oder auch seine eigene. Unberührt bleibt, daß solche Errettung, weil Christenpflicht (z.B. Mt 18,15–18; 1Joh 5,16; vgl. schon Ez 3,16–21; Jos Ant XIII 290), im Gericht belohnt wird (vgl. z.B. 2Klem 15,1 μισθὸς γὰρ οὐκ ἔστιν μικρὸς πλανωμένην ψυχὴν καὶ ἀπολλυμένην ἀποστρέψαι εἰς τὸ σωθῆναι „Es ist nämlich kein geringer Lohn [dafür da?], eine dem Irrtum verfallene und verlorengehende Seele davon abzubringen mit dem Erfolg, daß sie gerettet wird", Übers. K. Wengst). Zu θάνατος → 1,15 (σῴζειν ἐκ θανάτου schon klassisch, aber genau so jüd.-gr. und frühchr. nur noch Hebr 5,7); falls wie dort zu verstehen, dann besser aus dem als vor dem (erst im Gericht zu erwartenden) Tod.

In den letzten vier Wörtern (καλύπτειν und πλῆθος im Brief nur hier, ἁμαρτία → 1,15) wendet Jak anscheinend eine Sentenz über die Liebe an (vgl. 1Petr 4,8 πρὸ πάντων τὴν εἰς ἑαυτοὺς ἀγάπην ἐκτενῆ ἔχοντες, ὅτι ἀγάπη καλύπτει πλῆθος ἁμαρτιῶν; 1Klem 49,5 ἀγάπη καλύπτει πλῆθος ἁμαρτιῶν; 2Klem 16,4 ἀγάπη δὲ καλύπτει πλῆθος ἁμαρτιῶν, προσευχὴ δὲ ἐκ καλῆς συνειδήσεως ἐκ θανάτου ῥύεται; Jak steht kaum am Anfang). Sie könnte auf Prov 10,12b *w^{e} 'al kål-p^{e}ša'îm t^{e}kassæ 'ăh^{a}bā* zurückgehen (freilich LXX πάντας δὲ τοὺς μὴ φιλονεικοῦντας καλύπτει φιλία, aber vgl. TestJos 17,2 καὶ ὑμεῖς οὖν ἀγαπᾶτε ἀλλήλους καὶ ἐν μακροθυμίᾳ συγκρύπτετε ἀλλήλων τὰ ἐλαττώματα „Und nun, liebt euch gegenseitig und verbergt in Langmut gegenseitig eure Verfehlungen", Übers. J. Becker). Pagan ist sie schon wegen ἁμαρτία nicht (trotz Sokrates bei Stobaeus III 37,26 ἡ μὲν ἐσθὴς τὴν ἀρρυθμίαν [unharmonischen Körperbau], ἡ δὲ εὔνοια τὴν ἁμαρτίαν περιστέλλει; Scholion zu Euripides, Medea 592 ἐσπούδασας Ἑλληνικοῖς γάμοις τὴν προτέραν ἁμαρτίαν καλύψαι), aber vielleicht erst frühchr. Daß Jak unabhängig formuliert, ist jedoch nicht ganz ausgeschlossen (vgl. zu ‚Sünde bedecken' z.B. Neh 3,37; ψ 84,3; Röm 4,7 zit. ψ 31,1; 1Klem 50,6; Diog 9,3, zu πλῆθος ἁμαρτιῶν z.B. Sir 5,6; Ez 28,17f.; ParJer 1,1.7, vgl. 4Esra 7,139, nur formal Jos Ant XII 167).

Strittig ist, um wessen Sünde es geht. Falls um die des Bekehrten (Mehrheitsmeinung), besagt καλύψει, daß der Bekehrende Gottes Vergebung veranlaßt (daß er selbst vergibt, würde nicht im Fut. stehen); aber dann wirkt der Satz antiklimaktisch. Falls um die des Bekehrenden, besagt καλύψει, daß Gott ihm seine Rettungstat mit Vergebung vergilt; aber nicht jeder braucht sie für πλῆθος ἁμαρτιῶν (oder doch, vgl. 3,2?, oder kann man eventual verstehen?). Vielleicht soll man nicht entscheiden (auch die Sentenz ist nicht eindeutig; 1Klem 49,5 meint wohl fremde Sünden, 2Klem 16,4 eigene, 1Petr 4,8 vielleicht ebenfalls beide). Aber wenn Gott die Vergebung bei der Umkehr gewährt und nicht erst im Gericht feststellt, daß die Sünden zugedeckt sind, wirkt die Folge Errettung aus dem Tod – Vergebung sinnvoll und spricht nicht mehr gegen die erste Deutung (Konradt, Existenz).

V. 19f. sind ein passender Schluß. Jak ermutigt die Adressaten, einzeln für einzelne zu tun, was er mit dem Brief für viele von ihnen tun wollte. Ein Eschatokoll mit Grüßen, Plänen usw. muß man bei Jak nicht vermissen. Vielleicht fehlt deswegen auch ein Schlußgruß (vgl. 1Joh).

nach 5,20 Subscriptio

Alle Majuskeln, in denen das Ende des Briefes erhalten ist (auf Papyrus bisher nicht), und viele Minuskeln lassen eine Subscriptio folgen; Fehlen ist typisch für Byz. Die Form schwankt. Relativ häufig ist ἐπιστολὴ Ἰακώβου ℵ Ψ u.a. bzw. Ἰακώβου ἐπιστολή A u.a. Nur B 2344 haben bloß Ἰακώβου. Die übrigen Formen sind voller und vermutlich jünger, ebenso die Nullform. Aber auch die kürzeren stammen wie die Überschrift (s. vor 1,1) aus der Zeit, als Jak schon mit anderen neutestamentlichen Schriften zusammen abgeschrieben wurde. Einige Minuskeln schließen mit Amen oder mit Doxologie und Amen; sicher sekundär.

Handbuch zum Neuen Testament

Herausgegeben von Andreas Lindemann

3 Dieter Lührmann
Das Markusevangelium
1987. XI, 283 Seiten. Broschur und Leinen.

7 Hans Conzelmann
Die Apostelgeschichte
2. Auflage 1972. IV, 168 Seiten. Halbleinen.

8 Ernst Käsemann
An die Römer
4. Auflage 1980. XVI, 411 Seiten. Halbleinen.

9 Hans Lietzmann
An die Korinther I/II
Ergänzt von Werner Kümmel
5. Auflage 1969. III, 224 Seiten. Halbleinen

9/I Andreas Lindemann
Der Erste Korintherbrief
2000. IX, 389 Seiten. Broschur und Leinen.

10 François Vouga
An die Galater
1998. VIII, 162 Seiten. Broschur und Leinen.

12 Hans Hübner
An Philemon. An die Kolosser. An die Epheser
1997. XII, 277 Seiten. Broschur und Leinen.

14 Herbert Braun
An die Hebräer
1984. VI, 485 Seiten. Broschur und Leinen.

15/I Christoph Burchard
Der Jakobusbrief
2000. XI, 217 Seiten. Broschur und Leinen.

15/III François Vouga
Die Johannesbriefe
1990. IX, 92 Seiten. Fadengeheftete Broschur.

16 Heinrich Kraft
Die Offenbarung des Johannes
1974. 297 Seiten. Halbleinen.

17 Andreas Lindemann
Die Clemensbriefe
1992. VI, 277 Seiten. Broschur und Leinen.

18 Henning Paulsen
Die Briefe des Ignatius von Antiochia
und der Brief des Polycarp von Smyrna
2. Auflage 1985. V, 126 Seiten. Fadengeheftete Broschur.